高校入試虎の巻　他にはない 3大 ポイント

問題の質問ができる ‘とらサポ’

無料会員

虎の巻やスペシャルの問題で「わからないなー」「質問したいなー」というときは、
“とらサポ”におまかせください!
必要事項と質問を書いて送るだけで詳しく解説しちゃいます!
何度でもご利用いただけます!　質問は“FAX”か“メール”でできます。

無料会員登録手順

【仮登録】→【本登録】→【会員番号発行】→質問開始!

① 【仮登録】: 下のQRコード／下のURLへアクセス。
http://www.jukentaisaku.com/sup_free/
② メールアドレス（PCアドレス推奨）を入力送信。
③ 入力いただいたアドレスへ【本登録】のURLが届きます。
④ 【本登録】: 届いたURLへアクセスし会員情報を入力。

※ご注意
「確認」では会員登録されていません。
必ず「送信」ボタンを押してください。

STEP. 1
虎の巻でわからない所を専用の質問シートに質問を書き込もう!（コピーして何度でも利用可）FAXで送信するだけ!

STEP. 2
1～2営業日以内にFAXで解説が返信されます。解説に関する質問や、他の問題の質問など何度でも質問OK!

⑤ 【会員番号】が発行され、メールで届きます。
⑥ 【会員番号】が届いたら、質問開始!

左のQRコードが読み取れない方は、下記のURLへアクセスして下さい。
http://www.jukentaisaku.com/sup_free/
※ドメイン拒否設定をされている方は、(本登録)のURLが届きませんので解除して下さい。

とらサポ会員番号　忘れないようにココへ書きましょう

利用方法を裏で紹介♪

とらサポ ‘プレミアム会員’

どんな問題でも質問できる!
◎私立の過去問・塾の宿題・市販の問題集

オンライン『講義映像』中学1年～3年
5教科すべて視聴

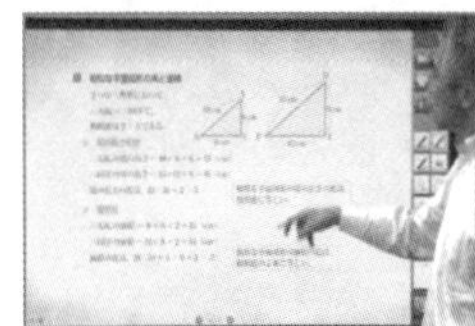

入会金なし
ご利用料金：月額3,300円（税込）
※入会月が15日以降の場合は初月1,100円(税込)
※ご利用期間　2025.3月末迄

プレミアム会員お申し込み方法

左のQRコードが読み取れない方は、下記のURLへアクセスして下さい。
URL: http://www.jukentaisaku.com/sup_pre/
※ドメイン拒否設定をされている方は、(本登録)のURLが届きませんので解除して下さい。

①～④は無料会員登録に同じ
⑤ お申し込みから2営業日以内に【会員のご案内】を発送いたします。
⑥【会員のご案内】が届き次第ご利用いただけます。

中3数学
1 平方根
2 多項式の計算
3 因数分解
4 二次方程式
5 二次方程式の利用
6 関数y=ax2（1）
7 関数y=ax2（2）
8 相似な図形（1）
9 相似な図形（2）
10 三平方の定理
11 円の性質
12 資料の活用
13 式の計算
14 三角形の重心
15 いろいろな問題

リスニング虎の巻 ～高校受験～英検3級まで～

別売
※過去問ではありません

① 聞きながら学習（6回分）
★英単語の　読み・聞き取り・意味　が苦手でも安心して学習
英語のあとにすぐ日本語訳が聞け、聞きながらにして、
即理解 ⇒ 覚える ことができます。

② テスト形式で実践練習　(5回分)
テスト形式に挑戦。
高校入試リスニングの練習に最適です。

【問題】

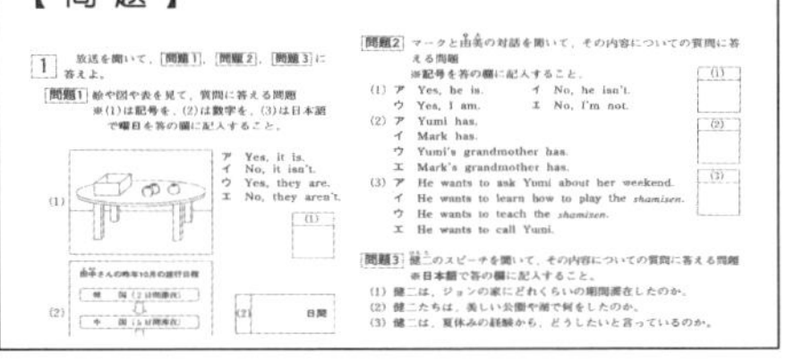

【 台本と録音例 】
Mark:Hi, Yumi.　How are you today ?
こんにちは、由美。今日の調子はどう?
Yumi :Hi, Mark.
こんにちは、マーク。
I'm fine, thank you.　And you ?
元気よ、ありがとう。あなたは?
Mark:Fine, thanks.　Yumi,
元気だよ。
I'd like to ask　you about　something.
由美、僕は君に聞きたいことがあるんだ。
Yumi :OK.　What is it ?
いいわよ。どうしたの?
Mark : Well , I'm　interested　in　traditional
Japanese　music,
ええっと、ぼくは日本の伝統的な音楽に興味

先輩達の【とらサポ質問】＆【感想】

【とらサポの質問方法】

①会員番号を取得
②質問したいところを書く！
　教科・ページ・問題番号
③聞きたい質問を書く。
④作文 や 記述の添削も
　できます！
　（国語・英語・社会 etc）

FAXや
メールで質問もOK!!

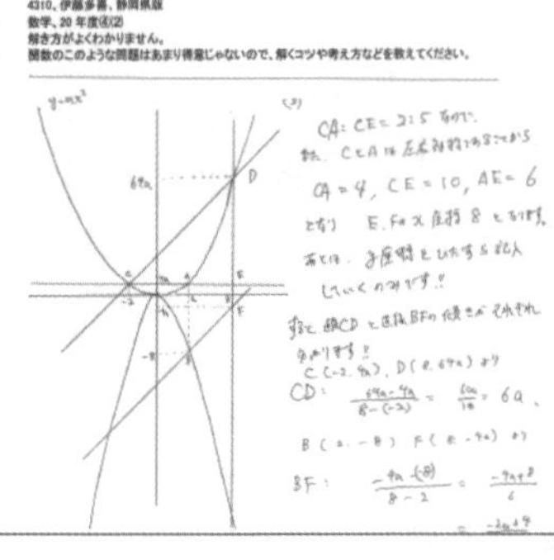

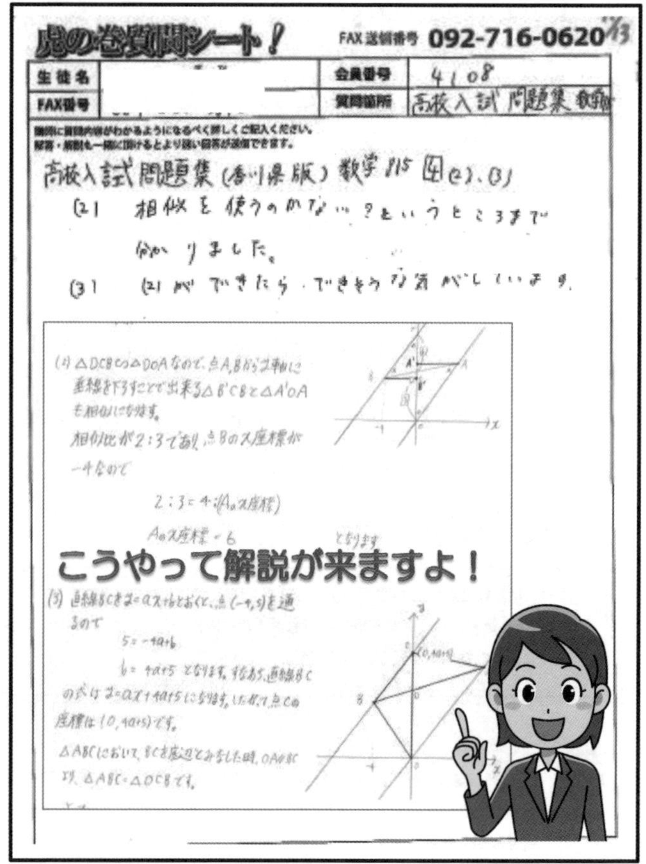

虎の巻様

いつもありがとうございます。今回は質問ではなくお礼を言うためにこれを書きました。
発表でした。私は第一志望の高校に合格することができました！私の行きたい高校は私の学力では足りないと学校の先生から言われ、志望校をおとそうかととても悩みました。しかし、第一志望校も受けないと後悔してしまうと思い、親の反対も振りきって受けました。諦めないで本当によかったです。今回私が合格できたのも虎の巻様が私の質問に丁寧に答えて下さったおかげだと思っています。ページ数と問題内容があってなかったりと様々な迷惑もかけてしまい申し訳なかったです。
4月からは高校生として、国公立大学へ進学するという夢を胸にがんばっていきたいと思います。虎の巻様には感謝してもしても足りません。本当に本当にありがとうございました!!!

To: 虎の巻
Subject: 質問ではありませんが(--;)

質問ではありませんが(^-^)
先日、受験に合格することが出来ました(^^♪
そのお礼を申し上げたく、メールを送らせて頂きます。

私は、受験勉強というものを、どうやら勘違いをしてしまって、
短期集中１ヶ月もやればいい方だろうと思っていました。
しかし、そうではないことに気づき、難関校の受験１ヶ月前に焦って、
何でもいいから何かやらないと間に合わない！と思って手に取ったのが、
虎の巻さんでした。
どうやればいいかなんて全く分からないけど、浅く広くやるのではなく、
とりあえずこれだけはやっておこうと思い、過去問、それからスペシャルの方も
間違えたところは何周も解き直しました。あっていた所もしっかり確認をし、
逆に虎の巻さん以外のものは何もやらないで難関校に挑んだ結果、
類似問題も多く出て見事合格をすることが出来ました。
ほんとにほんとに、虎の巻さんのおかげだと思っています。
感謝の気持ちでいっぱいです。

お忙しいところ、すみません。
読んでいただき、ありがとうございました(^-^)

虎の巻質問シート！

ご利用期間　2025.3月末迄

①生 徒 名		②会員番号		③R7広島県版
④FAX番号		⑤質問箇所		

講師に質問内容がわかるようになるべく詳しくご記入ください。　自分の解き方や考えも一緒にご記入ください。
上記①～⑤の記載があれば、どの用紙でもご質問いただけます。

FAX送信番号　092-716-0620　　メールアドレス　tora@jukentaisaku.com

虎の巻の特色

この問題集は、広島の高校受験生の皆さんの志望校合格に向けて、効率の良い学習を進めることができるように編集作成したものです。したがって、学習したいところから取り組め、確実に得点になる演習ができるように、教科・単元別にしております。また、自分ひとりでも学習できるよう詳しい解説を掲載し、さらに無料で質問できるサービス'とらサポ'が入試直前までの心強い味方です。

虎の巻の使い方

過去13年間の入試問題を見てみると、似た形式の問題が数多く存在します。そこで、実際に出題された問題を単元ごとに集中的に繰り返すことで、パターンを掴みしっかりマスターすることができます。

1回目：1単元ごとにノートに解いてみる。

教科書を見てもよし、誰かに教えてもらいながらでもよいです。実際に問題を解くことで入試のレベルを知り、自分の苦手なところを発見しながら学習を進めましょう。この1回目で間違った問題には印をつけておきましょう。

2回目：何も見ずに解いてみる。

1回目の印をつけた問題は解けるようになりましたか？
ただし、1度解いても忘れるものです。もう一度解く事が復習になり、より一層理解を高めることができます。ここで全体の半分程解く事が出来れば十分です。間違った問題には2回目の印をつけ、理解できるまで何度もやり直しましょう。

3回目：冬休みや入試前に、1つの問題に対して7分～15分で解いてみる。

時間を計って問題を解くことで、入試を想定することができます。
短い時間で正確に問題を解けるようにしましょう。そして、どれだけ力がついたか【本番形式：実践問題】で力試しをしてください。

もくじ

単元別編集

数学	H24～R2	1
英語	H24～R2	29
理科	H24～R2	55
社会	H24～R2	93
国語	H24～R2	166 ※逆綴じ
解答解説	H24～R2（数学）	168
	（英語）	177
	（理科）	189
	（社会）	195
	（国語）	198

実践問題

令和3年	5科問題	203
	解答解説	229
令和4年	5科問題	233
	解答解説	259
令和5年	5科問題	263
	解答解説	287
令和6年	5科問題	291
	解答解説	316

付　録 …… 321

（注１）編集上、掲載していない問題が一部ございます。
（注２）著作権の都合により、実際の入試に使用されている写真と違うところがございます。
＊上記（注１）（注２）をあらかじめご了承の上、ご活用ください。

公立高校入試出題単元

過去9年間
(平成24年～令和2年迄)

数　学

計算問題　2P
- ■平成24年 [1] 8題
- ■平成25年 [1] 8題
- ■平成27年 [1] 8題
- ■平成28年 [1] 4題
- ■平成29年 [1] 7題
- ■平成30年 [1] 8題
- ■平成31年 [1] 8題
- ■令和2年 [1] 8題

文字と式・方程式　5P
- ■平成26年 [4]
- ■平成28年 [2] (1)
- ■平成29年 [2] (2) (4)　[3] (1)
- ■令和2年 [2] (3)
- ■平成31年 [3]

関数小問　7P
- ■平成24年 [2] (3) 2次関数　[3] (2) 反比例
- ■平成26年 [2] (3) 2次関数　[3] (3) 1次関数
- ■平成27年 [2] (2)
- ■平成28年 [2] (3)　[3] (3)　[4] (1) (3)
- ■平成30年 [2] (2)
- ■平成31年 [2] (2)

関数　8P
- ■平成24年 [5] 1次関数
- ■平成26年 [6] 反比例・1次関数
- ■平成27年 [4]　[6]
- ■平成28年 [6]　[7]
- ■平成29年 [6]　[5]
- ■平成30年 [4]　[5]
- ■平成31年 [6]
- ■令和2年 [6]

平面図形小問　13P
- ■平成24年 [2] (1) 角度　[3] (1) 弧の長さ
- ■平成25年 [2] (1) 角度 (3) 線分の長さ
- ■平成25年 [3] (3) 相似と線分比
- ■平成26年 [2] (1) 角度 (2) 面積
- ■平成27年 [2] (1)　[3] (1) (3)
- ■平成29年 [2] (1)
- ■平成31年 [2] (1)
- ■令和2年 [2] (2)

立体図形小問(1)　15P
- ■平成25年 [3] (1) 面積
- ■平成26年 [3] (1) 面積
- ■平成27年 [3] (2)
- ■平成28年 [2] (2)　[3] (1)
- ■平成29年 [2] (3)

平面図形と証明　16P
- ■平成24年 [6] 合同証明・点と直線の距離
- ■平成26年 [7] 相似証明
- ■平成27年 [7]
- ■平成28年 [5]　[8]
- ■平成29年 [4]　[7]
- ■平成30年 [3]　[6]
- ■平成31年 [4]　[5]
- ■令和2年 [5]

資料の整理　21P
- ■平成24年 [2] (2) 度数分布・中央値
- ■平成25年 [2] (2) 度数分布
- ■平成26年 [5] 度数分布
- ■平成27年 [5]
- ■平成28年 [2] (4)
- ■平成31年 [2] (3)
- ■令和2年 [2] (1)　[3]

文字を使った説明　25P
- ■平成24年 [3] (3) 2次関数
- ■平成25年 [3] (2) 1次関数
- ■平成26年 [3] (4) 文字式
- ■平成27年 [3] (4)
- ■平成28年 [4] (2)
- ■平成29年 [3] (3)
- ■平成30年 [2] (3)
- ■令和2年 [4]

場合の数と確率　28P
- ■平成24年 [4]
- ■平成25年 [4]
- ■平成27年 [2] (3)
- ■平成28年 [3] (2)
- ■平成29年 [3] (2)
- ■平成30年 [2] (1)

計算問題

■平成24年度問題

1 次の（1）〜（8）に答えなさい。

（1）$24 \div (7-4)$ を計算しなさい。

（2）$\frac{1}{2}+\frac{2}{5}$ を計算しなさい。

（3）$7+(-3)\times 4$ を計算しなさい。

（4）$(5x-y)-3(x-5y)$ を計算しなさい。

（5）下の連立方程式を解きなさい。

$$\begin{cases} x=3y-2 \\ 4x-7y=2 \end{cases}$$

（6）$\sqrt{32}-\sqrt{8}+\sqrt{2}$ を計算しなさい。

（7）x^2-36y^2 を因数分解しなさい。

（8）方程式 $x^2+7x+2=0$ を解きなさい。

(1)	
(2)	
(3)	
(4)	
(5)	
(6)	
(7)	
(8)	

■平成25年度問題

1 次の（1）〜（8）に答えなさい。

（1）$3+9\times 6$ を計算しなさい。

（2）$\frac{2}{5}\div\frac{4}{7}$ を計算しなさい。

（3）$-8+1-4$ を計算しなさい。

（4）$6(x+3y)+5(2x-y)$ を計算しなさい。

（5）下の連立方程式を解きなさい。

$$\begin{cases} 3x+8y=4 \\ x-2y=6 \end{cases}$$

（6）$(\sqrt{7}+1)^2$ を計算しなさい。

（7）$x^2+17x+72$ を因数分解しなさい。

（8）方程式 $2x^2+5x-4=0$ を解きなさい。

(1)	
(2)	
(3)	
(4)	
(5)	
(6)	
(7)	
(8)	

■平成27年度問題

1 次の（1）〜（8）に答えなさい。

（1）$15-9\div 3$ を計算しなさい。

（2）$\frac{2}{7}\times\frac{3}{4}$ を計算しなさい。

（3）$-5-3+7$ を計算しなさい。

（4）$(3x-2y)+5(x-4y)$ を計算しなさい。

（5）下の連立方程式を解きなさい。

$$\begin{cases} 3x+y=2 \\ x+2y=-6 \end{cases}$$

（6）$\sqrt{15}\times\sqrt{6}+\sqrt{10}$ を計算しなさい。

（7）$x^2-2x-63$ を因数分解しなさい。

（8）方程式 $2x^2+9x+8=0$ を解きなさい。

(1)	
(2)	
(3)	
(4)	
(5)	
(6)	
(7)	
(8)	

■平成28年度問題

1 次の（1）〜（4）に答えなさい。

（1）$6+5\times(-2)$ を計算しなさい。

（2）下の連立方程式を解きなさい。

$$\begin{cases} x+6y=9 \\ 2x-3y=3 \end{cases}$$

（3）$\sqrt{28}\div\sqrt{7}$ を計算しなさい。

（4）方程式 $x^2-3x-5=0$ を解きなさい。

(1)	
(2)	
(3)	
(4)	

広2→

■平成29年度問題

1 次の（1）～（7）に答えなさい。

(1)	
(2)	
(3)	
(4)	cm^3

（1）$8+(-5)-6$　を計算しなさい。

（2）$(7x+4y)-2(3x+y)$　を計算しなさい。

（3）$x^2-14x+48$　を因数分解しなさい。

（4）半径 $\frac{3}{2}$ cm の球の体積は何 cm^3 ですか。ただし，円周率は π とします。

（5）関数 $y=-\frac{3}{5}x$ のグラフをかきなさい。

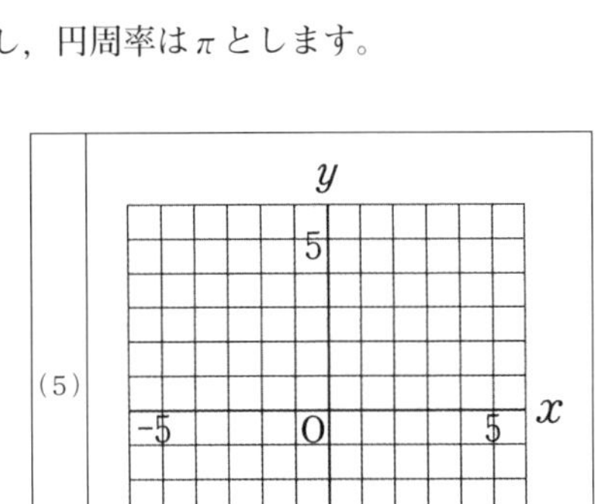

（6）右下の図は，ある学級の生徒 40 人の通学時間について調べ，その結果をヒストグラムに表したものです。このヒストグラムから，例えば，通学時間が 0 分以上 5 分未満の人は 3 人いたことが分かります。下の①～④の階級の中で，中央値が含まれるものはどれですか。その番号を書きなさい。

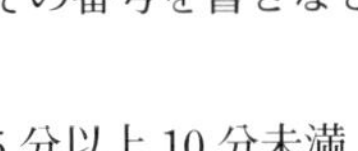

① 5 分以上 10 分未満
② 10 分以上 15 分未満
③ 15 分以上 20 分未満
④ 20 分以上 25 分未満

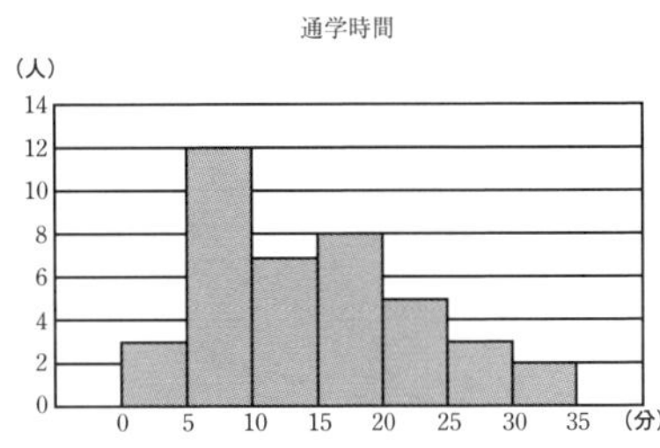

（7）下の①～④の数の中で，無理数はどれですか。その番号を書きなさい。

①　$-\frac{3}{7}$　②　2.7　③　$\sqrt{\frac{9}{25}}$　④　$-\sqrt{15}$

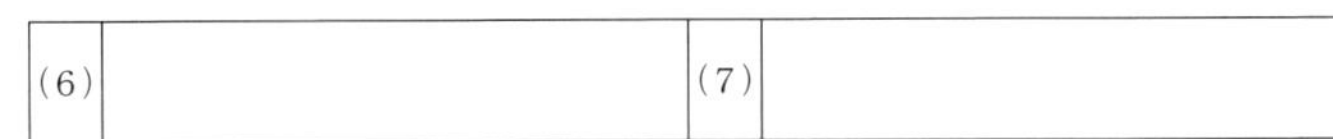

■平成30年度問題

1 次の（1）～（8）に答えなさい。

（1）$(-56)\div(-8)$　を計算しなさい。

（2）$2(3x+y)+(4x-y)$　を計算しなさい。

（3）$(\sqrt{13}+2)(\sqrt{13}-2)$　を計算しなさい。

（4）部屋にいる生徒全員に，りんごを配ります。1 人に 8 個ずつ配ると 5 個不足し，7 個ずつ配ると 9 個余ります。部屋にいる生徒の人数は何人ですか。

（5）右の図の△ABC を，直線 ℓ を軸として対称移動した図形を，方眼を利用してかきなさい。

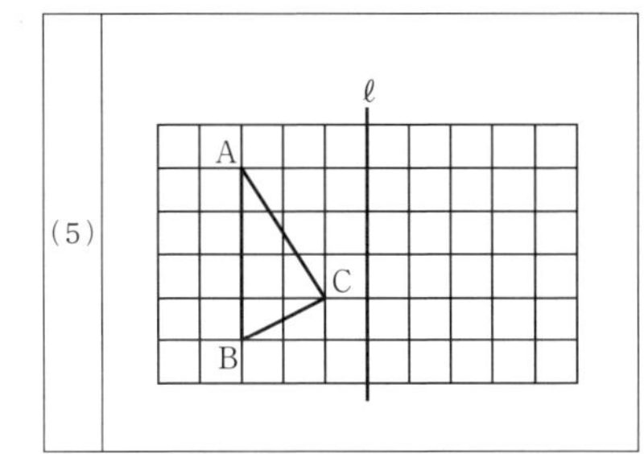

（6）右の図のように，底面の半径が 5cm で，高さが 6cm の円すいがあります。この円すいの体積は何 cm^3 ですか。ただし，円周率は π とします。

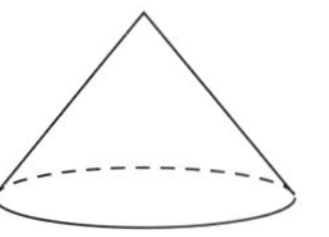

（7）優花さんが電子体温計で自分の体温を測ってみたところ，36.4℃と表示されました。この数値は小数第 2 位を四捨五入して得られた値です。このときの優花さんの体温の真の値を a℃としたとき，a の範囲を不等号を使って表しなさい。

（8）$-3\leqq x\leqq -1$ の範囲で，x の値が増加すると y の値も増加する関数を，下の①～④の中から全て選び，その番号を書きなさい。

①　$y=4x$　②　$y=\frac{6}{x}$　③　$y=-2x+3$　④　$y=-x^2$

(6)	cm^3	(7)		(8)	

■平成31年度問題

1　次の（1）～（8）に答えなさい。

(1)	
(2)	
(3)	
(4)	
(5)	cm^2
(6)	度
(7)	
(8)	

（1）$-7+9-8$　を計算しなさい。

（2）$8x^2\div4x$　を計算しなさい。

（3）下の連立方程式を解きなさい。

$$\begin{cases}2x-y=1\\-3x+y=2\end{cases}$$

（4）$\dfrac{4}{\sqrt{2}}+\sqrt{18}$　を計算しなさい。

（5）半径$\dfrac{1}{3}$cm の球の表面積は何 cm^2 ですか。ただし，円周率は π とします。

（6）正五角形の１つの内角の大きさは何度ですか。

（7）y は x に反比例し，$x=-4$ のとき $y=5$ です。y を x の式で表しなさい。

（8）３枚の硬貨を同時に投げるとき，１枚が表で２枚が裏になる確率を求めなさい。

■令和２年度問題

1　次の（1）～（8）に答えなさい。

(1)	
(2)	
(3)	
(4)	
(5)	
(6)	
(7)	
(8)	

（1）$4+6\div(-3)$　を計算しなさい。

（2）$4(2x-y)-(7x-3y)$　を計算しなさい。

（3）$x^2+3x-28$　を因数分解しなさい。

（4）$(\sqrt{2}+\sqrt{7})^2$　を計算しなさい。

（5）方程式 $4x^2+7x+1=0$ を解きなさい。

（6）右の図は，ある立体の投影図です。この立体の展開図として適切なものを，下の①～④の中から選び，その番号を書きなさい。

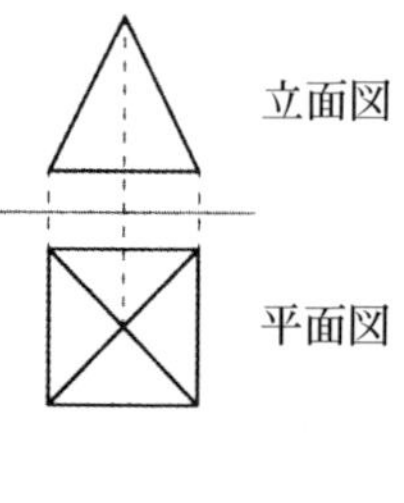

①

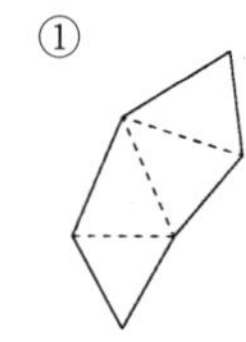

②

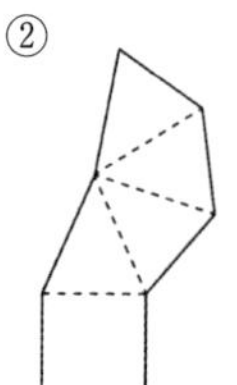

③

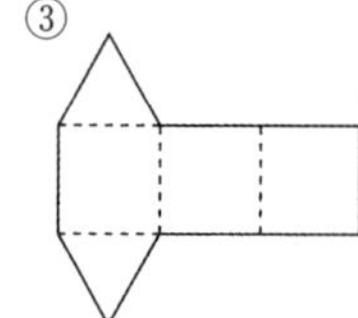

④

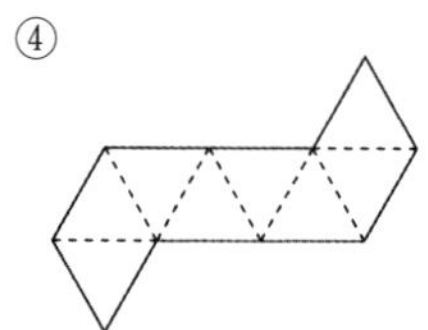

（7）１辺の長さが x cm の正三角形があります。この正三角形の周の長さを y cm とすると，y は x に比例します。その比例定数を答えなさい。

（8）正しく作られた大小２つのさいころを同時に１回投げるとき，出る目の数の和が 10 になる確率を求めなさい。

文字と式・方程式

■平成26年度問題

4　右の写真はドアとドア枠の一部を示したものです。太郎さんと花子さんが，このドアの前で話をしています。

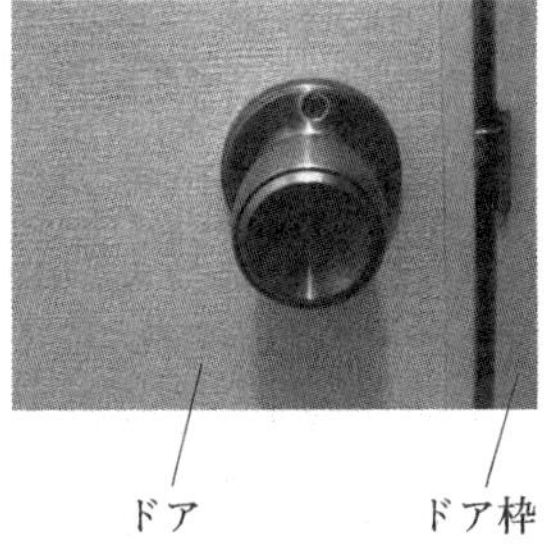

ドア　　ドア枠

> 太郎さん「ドアとドア枠との間には，すき間があるね。どうしてかな？」
> 花子さん「そうね。他のドアにもすき間があるのかしら？調べてみましょう。」

2人がいろいろなドアを調べてみると，調べたドアとドア枠との間にはすき間があることがわかりました。

> 花子さん「ドアにすき間がないと，何か困ることがあるのかしら？」
> 太郎さん「すき間がないと，ドアを開けたり閉めたりできないんだと思うよ。」
> 花子さん「ドアを開けたり閉めたりするには，どれだけのすき間が必要になるの？」

太郎さんは，ドアを上から見た図をかいて，ドアを開けたり閉めたりするために必要なすき間について，次のように説明しました。

【太郎さんの説明】

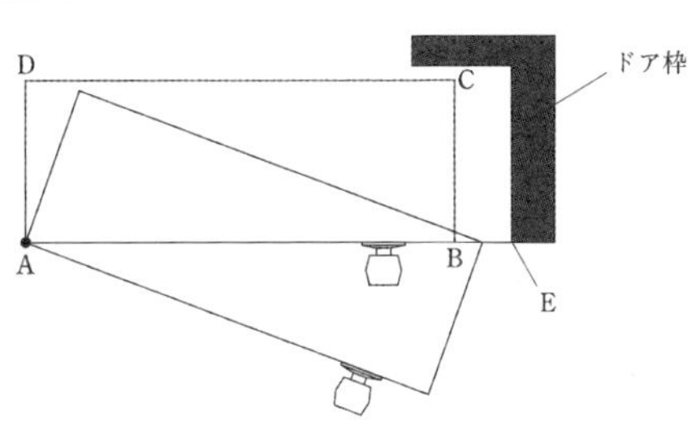

上の図はドアを上から見た図で，長方形ABCDは閉じた状態のドアを表し，点Aを中心に回転できるものとする。また，閉じた状態のドアとドア枠とのすき間をBEとする。

ドアを開けたり閉めたりするには，AEはACよりも長くなければならない。つまり，すき間BEはAC−ABよりも長くなければならない。

したがって，AB=$a$cm，AD=$b$cmとすると，閉じた状態のドアとドア枠とのすき間は（□−a）cmよりも長くする必要がある。

【太郎さんの説明】の□にあてはまる式をa，bを用いて表しなさい。

■平成28年度問題

2　(1) $a=13$のとき，a^2-3aの値を求めなさい。

(1)	

■平成29年度問題

2　(2) 水が30L入った水槽があります。この水槽から一定の割合で水を抜きます。水を抜き始めてから6分後に，水槽の中の水の量は18Lになりました。この水槽の中の水の量が2Lになるのは，水を抜き始めてから何分後ですか。

(4) ある池にいるコイの数を調べるために，池のコイを56匹捕まえ，そのすべてに印を付けて池に戻しました。数日後，同じ池のコイを45匹捕まえたところ，その中に印の付いたコイが15匹いました。この池にいるコイの数は，およそ何匹と推測されますか。一の位を四捨五入して答えなさい。

(2)	分後	(4)	およそ　　　匹

3　(1) 健太さんは，ある店で，セーターとズボンをそれぞれ1枚ずつ買いました。定価で買うと代金の合計は5300円ですが，セーターは定価の30％引き，ズボンは定価の40％引きになっていたため，代金の合計は3430円でした。このセーターとズボンの値引き後の値段はそれぞれ何円ですか。

(1)	セーター	円	ズボン	円

■令和2年度問題

2　(3) Aさんは，P地点から5200m離れたQ地点までウォーキングとランニングをしました。P地点から途中のR地点までは分速80mでウォーキングをし，R地点からQ地点までは分速200mでランニングをしたところ，全体で35分かかりました。P地点からR地点までの道のりとR地点からQ地点までの道のりは，それぞれ何mですか。なお，答えを求める過程も分かるように書きなさい。

(3)

(求める過程)

(答) P地点からR地点までの道のり　　m，R地点からQ地点までの道のり　　m

■平成31年度問題

3 ある中学校で，花いっぱい運動の取組として，生徒玄関の近くの場所に新しく花だんを作ることになりました。美化委員長の小川さんと副委員長の山根さんは，美化委員会で決めたことを下のようにまとめ，それを見ながら教室で話をしています。

> **新しく作る花だんについて**
>
> **●花だんを作る場所**
> ・縦が 6m，横が 9m の長方形の場所①
> ・縦が 6m，横が 8m の長方形の場所②
>
> **●花だんを作る際の条件**
> ・場所①，②のそれぞれについて，右の〔完成イメージ図〕のように，幅の等しいまっすぐな２本の道を垂直に交わるように作り，残りを花だんにする。
> ・花だんの面積は，各学級とも同じ（$10m^2$）になるようにする。
>
> 〔完成イメージ図〕
>
> 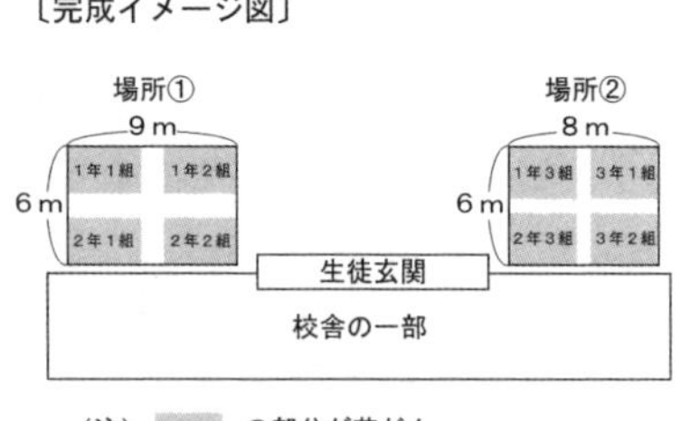
>
>
> （注） の部分が花だん

小川「花だんの面積を各学級とも $10m^2$ にしようと思ったら，場所①と場所②では道の幅が違ってきそうだね。」
山根「そうだね。それぞれどのくらいの道の幅になるのか，考えてみようよ。」

２人は，はじめに場所①の道の幅について考えることにしました。山根さんは，下のような図とその説明をかきました。

【図と説明】

> ・四角形 ABCD は，長方形の場所①で，AB＝6m，AD＝9m である。
> ・四角形 EFGH と四角形 IJKL は，２本の道で，それぞれ長方形である。
> ・線分 EF と線分 IL の長さは道の幅で，EF＝IL である。
> ・それぞれの花だんの面積は $10m^2$ で，場所①の花だんの面積の合計は $40m^2$ である。
>
> 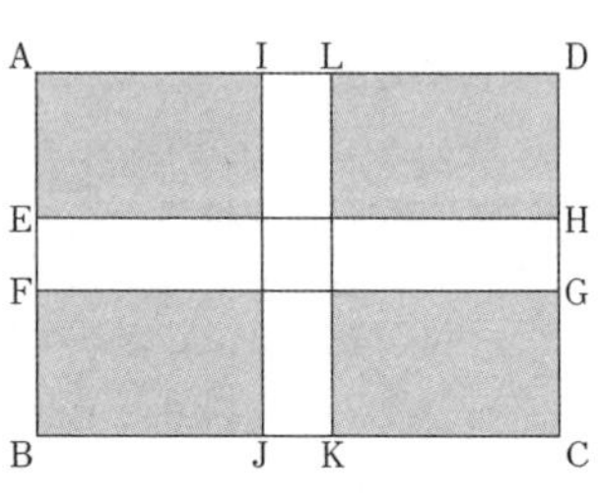
>

２人は，【図と説明】を参考に，場所①の道の幅が何 m になるのかを，方程式をつくって考えることにしました。

山根「場所①の道の幅を xm としたら，x^2－［ア］x＋［イ］＝0 という方程式をつくることができるね。」
小川「そうだね。この方程式を解くと，２つの解が出てくるけれど，場所①の道の幅は 6m 未満でなければいけないから［ウ］m になることが分かるね。」

２人は，次に，場所②の道の幅について考えることにしました。小川さんは，場所①の道の幅を求めた考え方と同じようにして場所②の道の幅を求めました。

小川「場所②の道の幅を求めると，$(7-\sqrt{41})$m になるわ。」
山根「$(7-\sqrt{41})$m って，実際に測るにはイメージしにくいよね。$\sqrt{41}$ は 6 より大きく，7 より小さい数だけど，このことだけでは場所②の道の幅はよく分からないね。」
小川「$\sqrt{41}$ を小数で表してみたらいいんじゃないかしら。」

２人は，$\sqrt{41}$ を小数で表すとどんな値になるのかを調べていきました。

山根「$\sqrt{41}$ の小数第１位は［エ］だね。」
小川「小数第２位も求めると 0 になったよ。」
山根「だったら，$\sqrt{41}$＝6.［エ］として考えてよさそうだね。」
小川「そうだね。この小数で表した値を使うと場所②の道の幅は［オ］m になるわ。」
山根「場所①と場所②では道の幅が意外と違ってくるんだね。」
小川「そうね。でも，場所②の道の幅を［オ］m として花だんの面積の合計を求めると $40m^2$ にかなり近くなったから，この道の幅で花だんを作っていけばよいと思うわ。」

次の（１）・（２）に答えなさい。

（１）会話文の［ア］～［ウ］に当てはまる数をそれぞれ求めなさい。

（２）会話文の［エ］・［オ］に当てはまる数をそれぞれ求めなさい。なお，［エ］については，答えを求める過程も分かるように書きなさい。

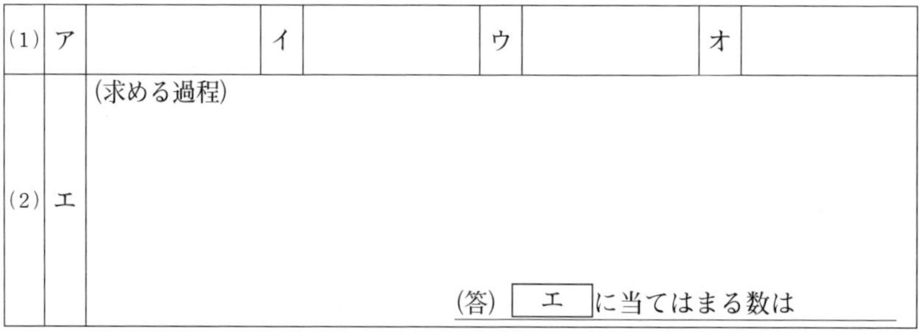

(1)	ア		イ		ウ		オ	
(2)	エ	(求める過程) (答) ［エ］に当てはまる数は						

関数小問

■平成24年度問題

2 (3) 右の図のように，底面がAB＝2 BCの長方形ABCDで，高さが4cmの四角すいがあります。辺ABの長さが$x$cmのときの四角すいの体積をy cm³とします。xの変域が$2 \leqq x \leqq 5$のとき，yの変域を求めなさい。

(3)

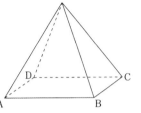

3 (2) 右の図のように，関数$y=\dfrac{10}{x}$のグラフ上にx座標が正の数である2点A，Bがあります。点A，Bからy軸に平行な直線をひき，x軸との交点をそれぞれC，Dとします。AC＝5BD，CD＝6のとき，点Aのx座標を求めなさい。

(2)

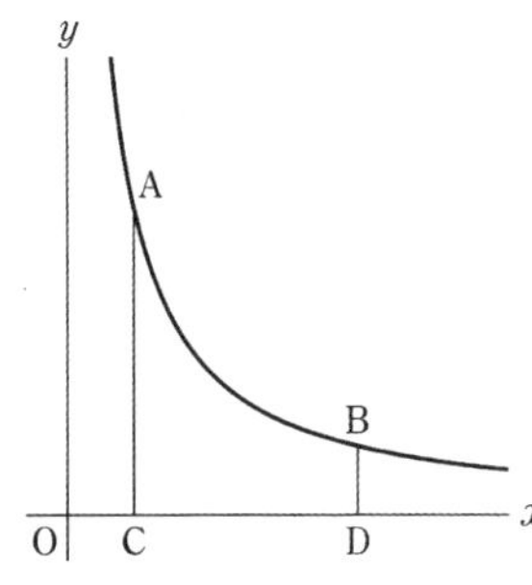

■平成26年度問題

2 (3) 右の図のように，関数$y=ax^2$のグラフ上に2点A，Bがあります。点A，Bのx座標は，それぞれ-2，4です。直線ABの傾きが$\dfrac{2}{3}$のとき，aの値を求めなさい。

(3) $a=$

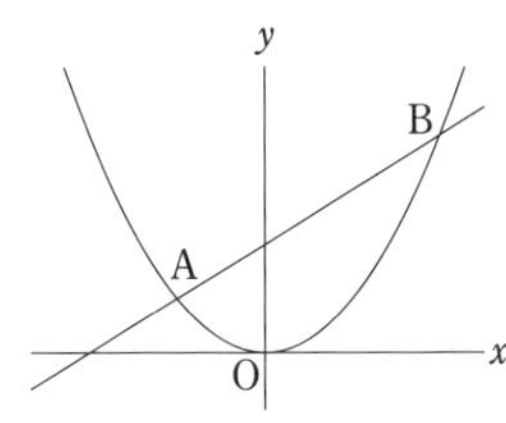

3 (3) 右の図のように，y軸上に点A(0, 5)があります。点Aを通り，x軸に平行な直線をひきます。この直線上に点Bをとり，直線OBの傾きをaとします。点Bを通り，傾きが$-a$の直線が2点C(6, 0)，D(8, 0)を結ぶ線分CD上の点を通るとき，aの値の範囲を求めなさい。

(3)

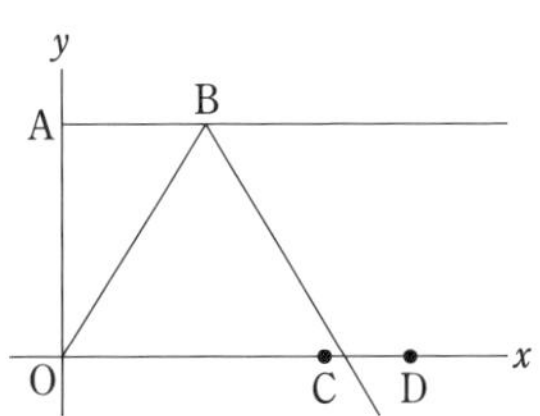

■平成27年度問題

2 (2) 下の表は，yがxに反比例する関係を表したものです。表の□にあてはまる数を求めなさい。

(2)

x	…	3	…	6	…	9	…
y	…	-6	…	□	…	-2	…

■平成28年度問題

2 (3) yはxに反比例し，$x=2$のとき$y=8$です。yをxの式で表しなさい。

(3)

3 (3) 関数$y=ax^2$において，xの値が1から4まで増加するときの変化の割合が-5であるとき，aの値を求めなさい。

(3)

■平成28年度問題

4 (1) yがxの関数であるものを，下の①～④の中からすべて選び，その番号を書きなさい。

① 年齢の差がx歳である2人の年齢の和はy歳である。
② 底辺が$x$cmの平行四辺形の面積は$y$cm^{2}である。
③ 500gの砂糖からxg使ったときの残りの量はygである。
④ 1本100円のボールペンをx本買ったときの代金はy円である。

(1)

(3) 拓也さんの家から1500m離れた学校まで，まっすぐで平らな道があります。拓也さんは，7時に家を出発し，この道を分速50mの速さで学校へ向かっていましたが，途中で忘れ物をしていることに気付き，分速100mの速さで家まで取りに帰りました。その後，忘れ物を家まで取りに帰ったときと同じ速さですぐに学校に向かったところ，7時30分に学校に着きました。はじめに家を出発してからx分後の拓也さんと家との距離をymとして，xとyの関係を表すグラフを下の図にかきなさい。ただし，家に帰ってから忘れ物を取り再び家を出るまでの時間は考えないものとします。

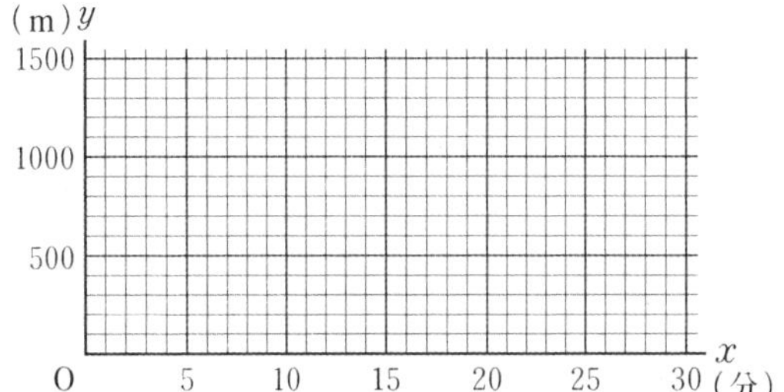

■平成30年度問題

2 （2）右の図のように，BC＝15cm の△ABC があり，辺 BC を底辺としたときの△ABC の高さは 12cm です。点 P は，辺 BC 上を B から C まで動きます。線分 BP の長さを $x$cm，△ABP の面積を $y$cm^2 として，x と y の関係を表すグラフをかきなさい。ただし，点 P が点 B の位置にあるときの y の値は 0 とします。

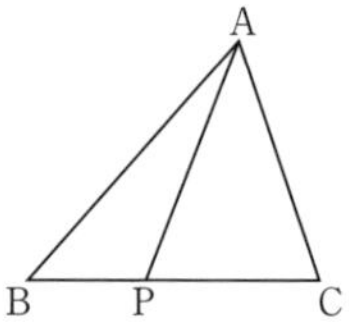

（2）

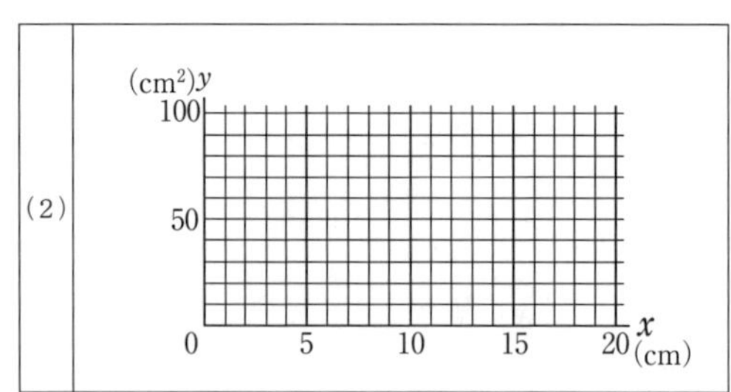

■平成31年度問題

2 （2）右の図のように，関数 $y=ax^2$ のグラフ上に 2 点 A，B があり，関数 $y=-ax^2$ のグラフ上に点 C があります。線分 AB は x 軸に平行，線分 BC は y 軸に平行です。点 B の x 座標が 1，AB＋BC＝$\frac{16}{3}$ のとき，a の値を求めなさい。ただし，$a>0$ とします。

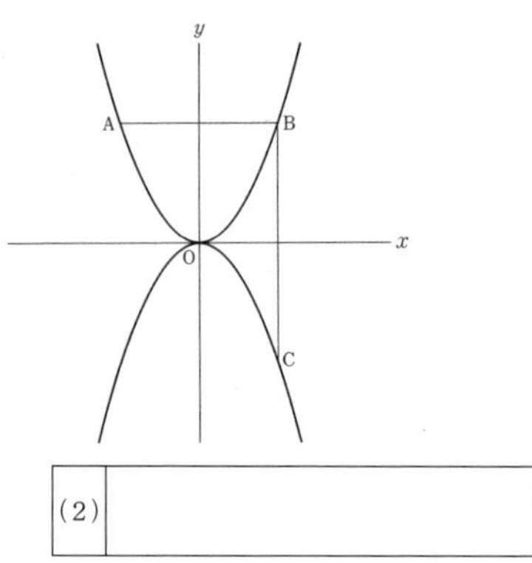

(2)	

関数

■平成24年度問題

5 右の図のように，関数 $y=ax$ のグラフ上を $x>0$ の範囲で動く点 A があります。点B（−4，5）を通り関数 $y=ax$ のグラフに平行な直線をひき，y 軸との交点をCとします。また，線分ABと y 軸との交点をDとします。ただし，$a>0$ とします。

これについて，次の（1）〜（3）に答えなさい。

（1）点Aの座標が（4，8）のとき，a の値を求めなさい。

（2）CD：DO＝2：3 となるとき，点 A の x 座標を求めなさい。

（3）△ABCの面積が20となるとき，直線BCの式を求めなさい。

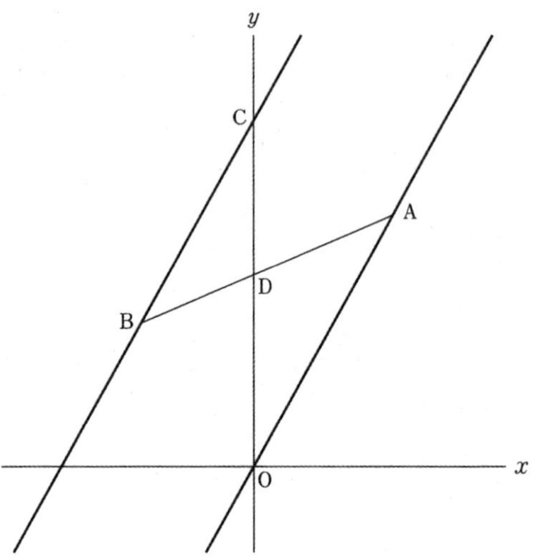

(1)		(2)		(3)	

■平成26年度問題

6 右の図のように，関数 $y=\frac{12}{x}$ のグラフ上を $x>0$ の範囲で動く点 A，$x<0$ の範囲で動く点 B があります。点 B の x 座標の絶対値は点 A の x 座標の 3 倍であり，線分 AB と x 軸との交点を C とします。また，x 軸上に点 D(5，0) があります。

これについて，次の（1）・（2）に答えなさい。

（1）点 A の x 座標が 2 のとき，直線 AD の式を求めなさい。

（2）△ABD の面積が 28 となるとき，△ACD の面積を求めなさい。

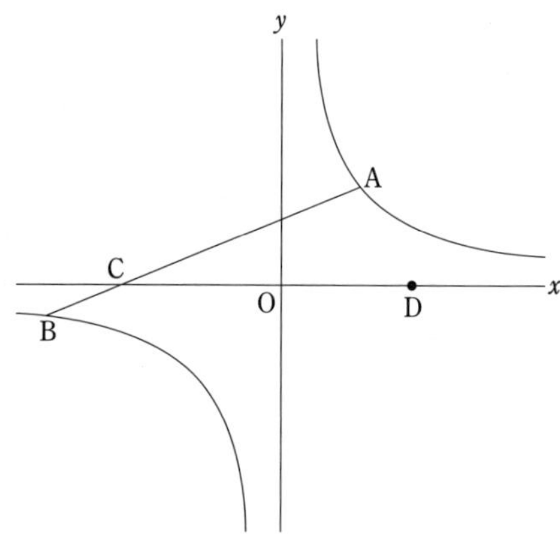

(1)		(2)	

■平成27年度問題

4　下の写真は因島と生口島を結ぶ生口橋の一部を示したものです。大輝さんと美咲さんが，この写真を見ながら教室で話をしています。

> 大輝さん「生口橋の長さは約 800m あるんだよ。」
> 美咲さん「それなら，私は歩いて 20 分で 1 往復できるわ。」
> 大輝さん「僕は 20 分あれば，自転車で 3 往復できるよ。」
> 美咲さん「もし 2 人が橋の両側から同時にスタートしたら，私が 1 往復する間に，途中で何回か大輝さんとすれちがったり，大輝さんに追いこされたりするわね。」
> 大輝さん「2 人が進むようすをグラフに表すと，いろんなことがわかるよ。」

美咲さんは因島側から歩き始めて 20 分間で生口橋をちょうど 1 往復し，大輝さんは生口島側から自転車で走り始めて 20 分間で生口橋をちょうど 3 往復するとします。また，生口橋の長さは 800m とし，2 人はそれぞれ一定の速さで進むものとします。下の図は，2 人が同時にスタートしてから x 分後の因島側からの距離を ym として，2 人が進むようすをグラフに表したものです。

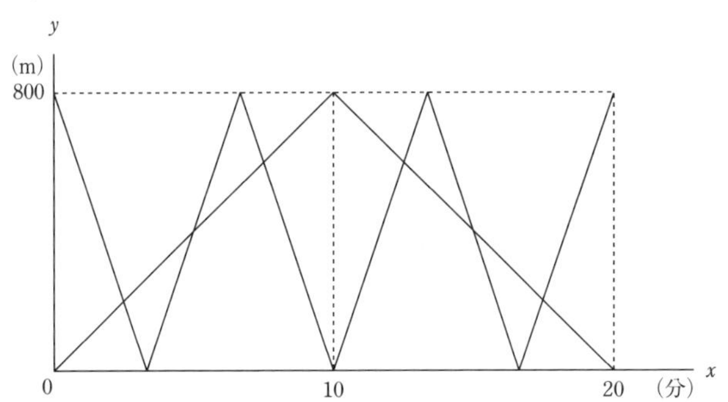

> 美咲さん「この図から，私が生口橋を 1 往復する 20 分間で，大輝さんに ア 回追いこされることがわかるわ。」
> 大輝さん「そうだね。この図から，2 人が最後にすれちがうのはスタートしてからちょうど イ 分 ウ 秒後だということもわかるね。」

上の会話文の ア ～ ウ にあてはまる数を求めなさい。

ア		イ		ウ	

6　下の図のように，関数 $y=\frac{1}{4}x^2$ のグラフ上に 2 点 A $(-4,\ 4)$，B $(6,\ 9)$ があります。また，このグラフ上を $x>0$ の範囲で動く点 C があります。

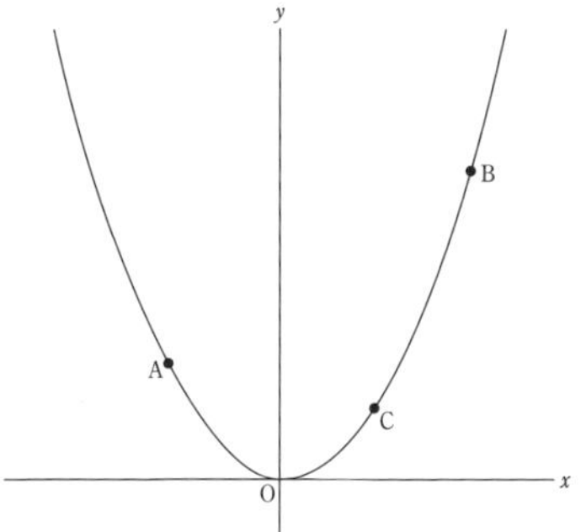

これについて，次の（1）・（2）に答えなさい。

（1）この関数について，x の変域が $-4 \leqq x \leqq 6$ のとき，y の変域を求めなさい。

（2）AB∥OC となるとき，点 C の x 座標を求めなさい。

(1)	$\leqq y \leqq$	(2)	

■平成28年度問題

6　健太さん，お父さん，お母さんの 3 人が，お父さんの運転する自家用車で中国やまなみ街道を通っており，車内で話をしています。

> お父さん「思ったよりも自動車の数が多いな。」
> お母さん「車間距離を十分とって運転してね。」
> 健太さん「車間距離はどのくらいとればいいの？」
> お父さん「自動車の速度が速くなると，自動車が停止するまでの距離も長くなるから，速度によって必要な車間距離は変わってくるんだよ。」
> 健太さん「今は，時速何 km で，車間距離は何 m あるの？」
> お父さん「時速 50km で，車間距離は約 40m だよ。」
> 健太さん「<u>①この速度で車間距離が 40m だったら，前を走っている自動車が急に止まっても追突しないで停止できるのかな</u>？」

健太さんは，下線部①について確かめようと思い，自宅に帰ってから，自動車の速度と自動車が停止するまでの距離との関係について調べてみました。その結果，次のことが分かりました。

【自動車の速度と自動車が停止するまでの距離との関係】

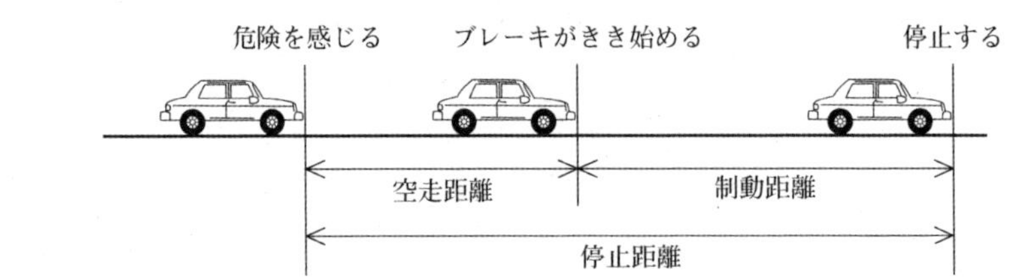

空走距離 … 自動車を運転していて運転者が危険を感じてからブレーキを踏み，ブレーキが実際にきき始めるまでの間に自動車が進む距離
・時速 x km のときの空走距離を y m とすると，y は x に比例する。

制動距離 … ブレーキがきき始めてから自動車が停止するまでの距離
・時速 x km のときの制動距離を y m とすると，y は x の2乗に比例する。

停止距離 … 空走距離と制動距離の和（危険を感じてから自動車が停止するまでの距離）

これについて，次の（1）・（2）に答えなさい。

（1）【自動車の速度と自動車が停止するまでの距離との関係】から，自動車の速度が3倍になるとき，空走距離と制動距離は，それぞれ何倍になりますか。

（2）健太さんは，さらに，空走距離と制動距離について調べ，下の表と図を見付けました。表は，自動車の速度と空走距離との関係を表したものです。図は，自動車の速度と制動距離との関係をグラフで表したもので，x 軸に自動車の速度を，y 軸に制動距離をとっています。健太さんは，この表と図と【自動車の速度と自動車が停止するまでの距離との関係】から，自動車が時速50km で走っているとき車間距離が40m あれば，前を走っている自動車が急に止まったとしてもその自動車に追突することなく停止することができると判断しました。そのように判断できるのはなぜですか。その理由を説明しなさい。

速度（km/h）	20	40	60	80
空走距離（m）	6	12	18	24

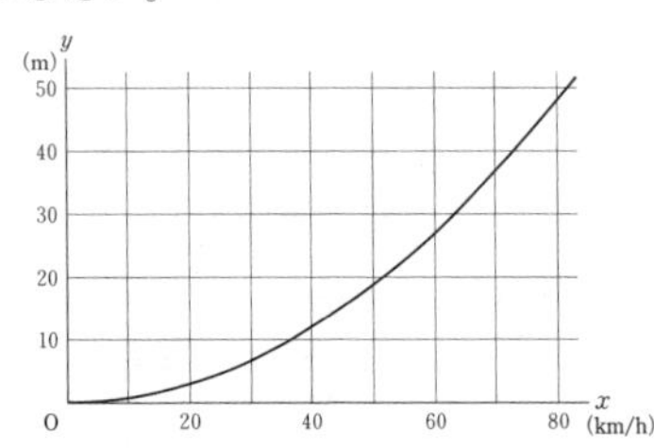

(1)	空走距離　　倍	制動距離　　倍
(2)		

■平成28年度問題

7　右の図のように，関数 $y=-\frac{1}{3}x+4$ のグラフ上に点A（3，3）があり，このグラフと y 軸との交点をBとします。また，関数 $y=-\frac{1}{3}x$ のグラフ上を $x<0$ の範囲で動く点C，y 軸上に点D（0，3）があります。

これについて，次の（1）・（2）に答えなさい。

（1）四角形ABCOが平行四辺形となるとき，点Cの座標を求めなさい。

（2）点Dを通り，△ABOの面積を2等分する直線の式を求めなさい。

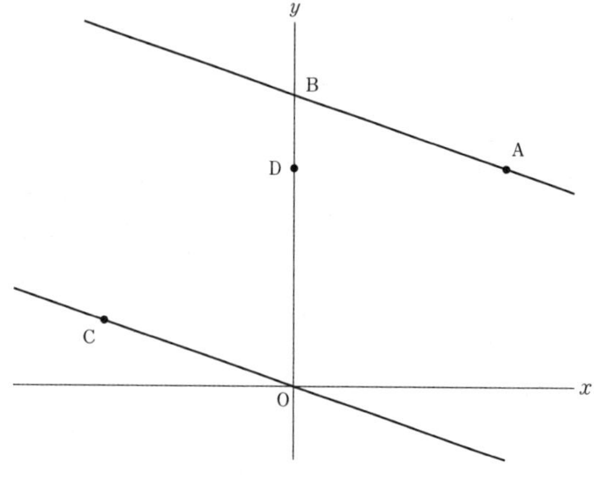

(1)		(2)	

■平成29年度問題

6　右の図のように，関数 $y=\frac{4}{x}$ のグラフ上に，点A（2, 2）と $x>2$ の範囲で動く点Bがあり，2点A，Bから x 軸にそれぞれ垂線AC，BDを引きます。

これについて，次の（1）・（2）に答えなさい。

（1）CD＝3となるとき，点Bの y 座標を求めなさい。

（2）AB＝BCとなるとき，△ACBの面積を求めなさい。

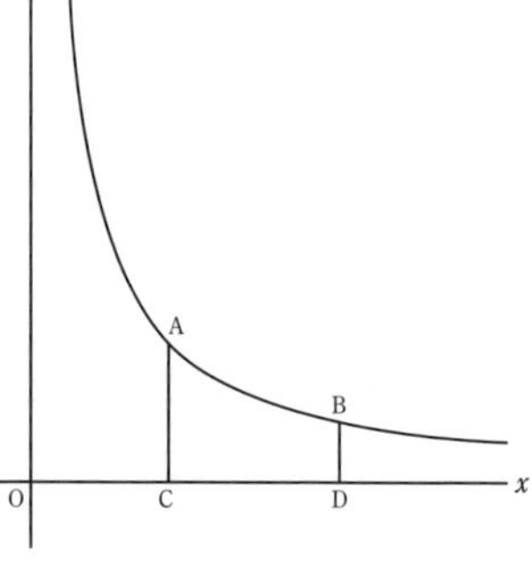

(1)		(2)	

■平成29年度問題

5 　大輝さんと直樹さんが，ペットボトルで作ったロケットを固定された発射台から斜めに発射し，そのロケットを地面から 8m の高さにあるリングに上から通す方法について，教室で話をしています。

大輝さん「ロケットを飛ばしてリングに通すには，どうすればいいのかな？」
直樹さん「図をかいて考えてみようよ。そのためには，ロケットがどんな軌道を描いて飛ぶのかが分からないといけないね。」
大輝さん「ボールを投げたら放物線の軌道を描くから，ロケットの軌道も放物線になると思うよ。」
直樹さん「そうか。放物線なら数学の授業で学習したから図がかけるね。」
大輝さん「そうだね。僕が図をかいてみるよ。」

大輝さんは，ロケットの軌道は放物線であり，ロケットはリングを通すのに十分な高さまで飛ぶものと考えて，ロケットがリングを通るときの図とその説明を次のようにかきました。

・4点A，B，C，Dは，平らな地面にある点で，一直線上に並ぶ点とする。
・点Aから発射したロケットは，放物線の軌道を描き，頂点Eを通った後に，水平に設置したリングの中心である点Fを通り，点Dに落下する。

・点B，Cはそれぞれ点E，Fの真下にある点である。
・地面からリングの中心までの高さ CF は 8m である。

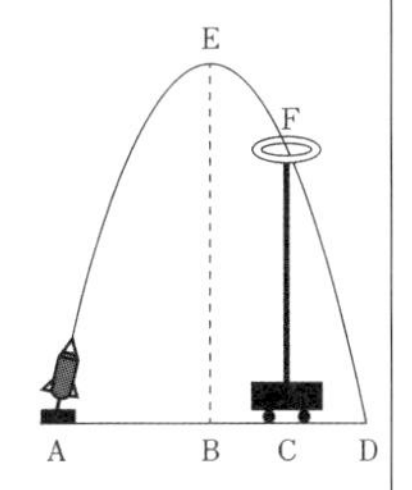

大輝さん「放物線は2乗に比例する関数のグラフだと学習したよね。その関数の式が分かれば，リングをどの位置に置けばいいかが予想できるんじゃないかな？」
直樹さん「そうだね。大輝さんがかいた図の点Eを原点Oにしたグラフをかいて，関数の式を考えてみようよ。」

直樹さんは，下のような図をかきました。

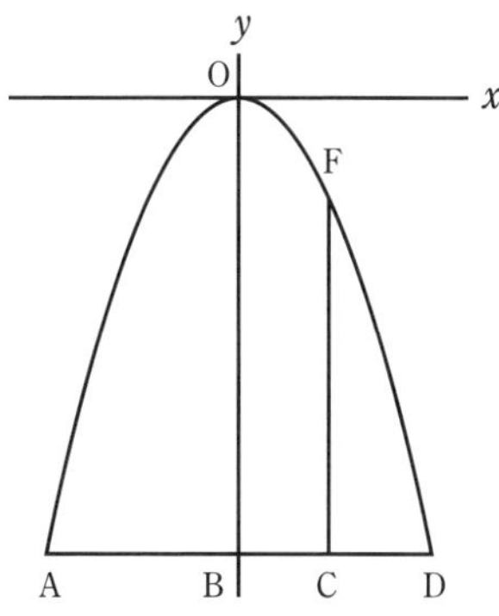

直樹さん「僕がかいた図の線分 AD の長さと線分 BO の長さが分かれば，放物線を表す関数の式を求めることができるよ。」
大輝さん「なるほど。放物線を表す関数の式が分かれば，線分 CF の長さは分かっているから，線分 AC の長さを求めることができるよ。」
直樹さん「線分 AC の長さが分かれば，リングをどの位置に置けばいいかが予想できるね。今から校庭で実際にロケットを飛ばしてみて，線分ＡＤの長さと線分 BO の長さを計測してみようよ。」

2人がロケットを発射して，線分 AD の長さと線分 BO の長さを計測すると，AD＝10m，BO＝12.5m でした。

大輝さん「直樹さんがかいた図に，計測した結果を当てはめて考えると，放物線を表す関数の式は，$y=$［ア］x^2 であることが分かるね。」
直樹さん「そうだね。この関数の式を用いて考えると，AC＝［イ］m になるね。」
大輝さん「これでリングをどの位置に置けばいいかが予想できたから，実際にリングを置いて，もう一度ロケットを飛ばしてみようよ。」

上の会話文の［ア］・［イ］に当てはまる数を求めなさい。

ア		イ	

4 下の図1は，A国とB国の平均寿命の推移を示したグラフです。桃子さんと大輝さんが，この図1を見ながら，教室で話をしています。

図1　A国とB国の平均寿命の推移

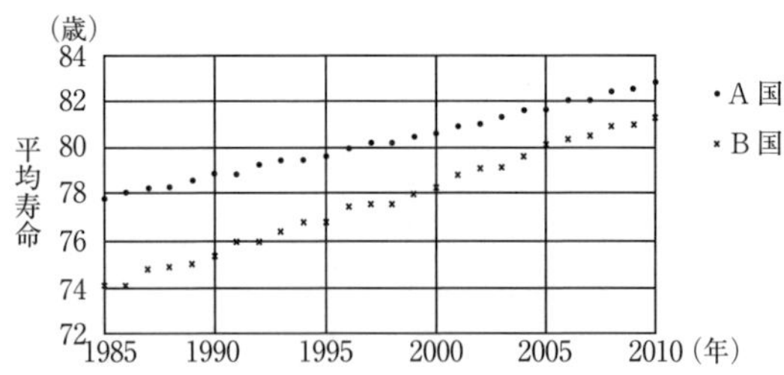

桃子さん「A国もB国も平均寿命が延び続けているけど，このペースで延び続けるとしたら，A国の平均寿命は2030年には何歳になるのかしら？」

大輝さん「僕は，B国の平均寿命がA国に追いつくのは西暦何年になるのか気になるな。」

桃子さん「年ごとの平均寿命を表す点がほぼ一直線上に並んでいるので，一次関数とみなして考えることができるんじゃないかしら？」

2人は，図1のA国とB国のそれぞれのグラフを一次関数として表すために，下の図2のように点の集まりのなるべく真ん中を通る直線を引き，1985年から経過した年数をx，平均寿命をyとして考えることにしました。

図2　A国とB国の平均寿命の推移

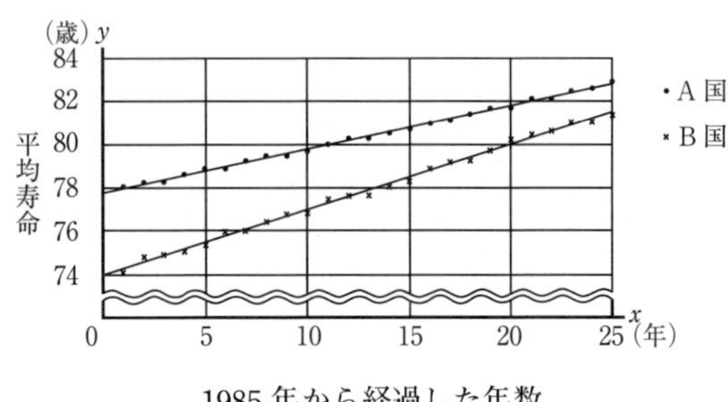

1985年から経過した年数

2人は，図2を見て，いくつかの点が直線上にあることに気付き，それらの点のxとyの関係を，A国，B国について，それぞれ表1，表2にまとめました。

表1　A国

x	0	4	11	16	18	24
y	77.8	78.6	80.0	81.0	81.4	82.6

表2　B国

x	3	8	12	19	22
y	74.9	76.4	77.6	79.7	80.6

桃子さん「表1を使えば，2030年のA国の平均寿命を予想できそうね。表1から一次関数の式を求めて，2030年のA国の平均寿命を予想すると，［ア］歳となるわね。」

大輝さん「僕は，表2も使って，B国の平均寿命がA国に追いつくのは西暦何年になるのかを予想してみるよ。表2から一次関数の式を求めると，［イ］と表すことができるから，B国の平均寿命がA国に追いつくのは［ウ］年と予想できるよ。」

桃子さん「関数を使うことで，将来のことを予想できるのね。」

上の会話文の［ア］・［ウ］に当てはまる数をそれぞれ求めなさい。また，［イ］に当てはまる式をx，yを用いて表しなさい。

ア		イ		ウ	

5 下の図のように，関数$y=x^2$のグラフ上に，2点A（2，4），B（−2，4）と$0<x<2$の範囲で動く点Cがあります。点Cを通りx軸に平行な直線と，関数$y=\frac{1}{2}x^2$のグラフとの2つの交点のうち，x座標が小さい方をDとします。

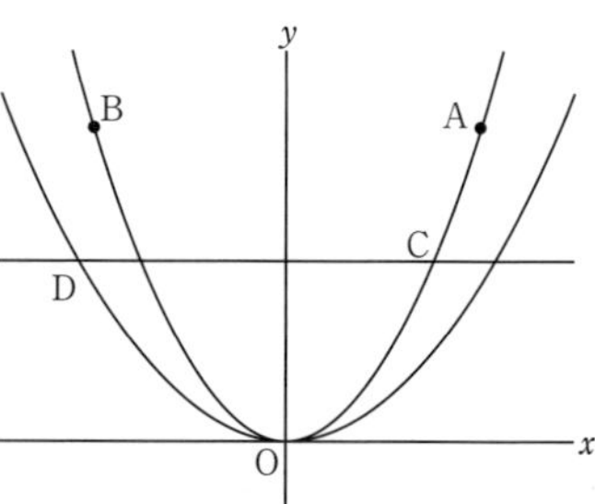

これについて，次の（1）・（2）に答えなさい。

（1）四角形BDCAが平行四辺形となるとき，線分CDの長さを求めなさい。

（2）△BDCと△DOCの面積が等しくなるとき，直線ODの式を求めなさい。

(1)		(2)	

■平成31年度問題

6　下の図のように，関数$y=ax$…①のグラフと，関数$y=-\frac{2}{3}x+4$…②のグラフがあります。関数①，②のグラフの交点をAとします。また，関数②のグラフとy軸との交点をBとします。ただし，$a>0$とします。

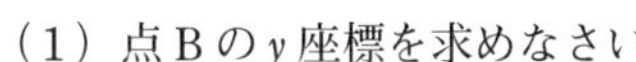

次の（1）・（2）に答えなさい。

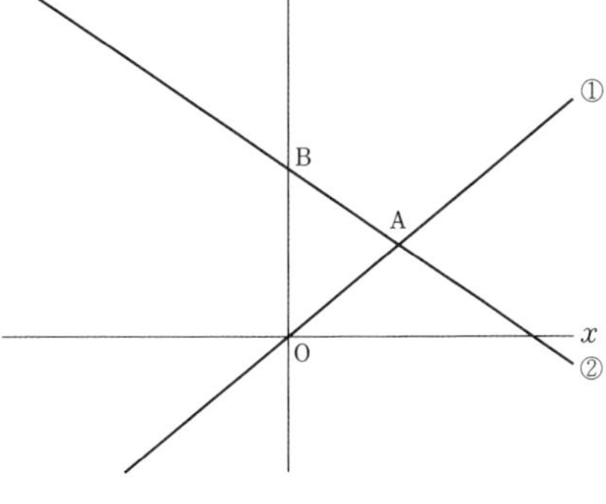

（1）点Bのy座標を求めなさい。

（2）線分OA上の点でx座標とy座標がともに整数である点が，原点以外に1個となるようなaの値のうち，最も小さいものを求めなさい。

(1)		(2)	

■令和2年度問題

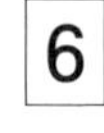

6　下の図のように，関数$y=x^2$のグラフ上に点A（2，4），y軸上にy座標が4より大きい範囲で動く点Bがあります。点Bを通りx軸に平行な直線と，関数$y=x^2$のグラフとの2つの交点のうち，x座標が小さい方をC，大きい方をDとします。

また，直線CAとx軸との交点をEとします。

次の（1）・（2）に答えなさい。

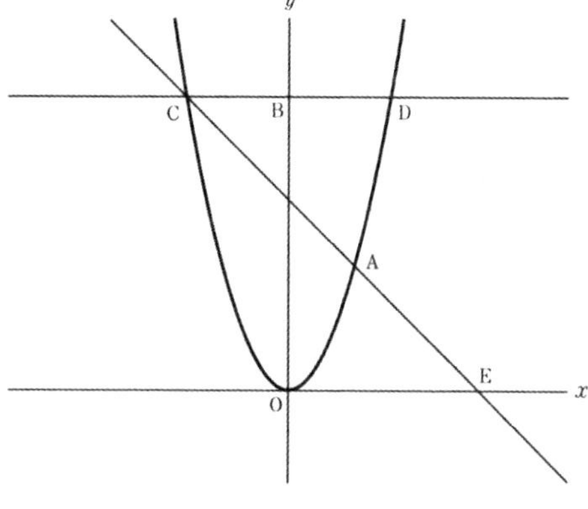

（1）点Eのx座標が5となるとき，△AOEの面積を求めなさい。

（2）CA＝AEとなるとき，直線DEの傾きを求めなさい。

(1)		(2)	

平面図形小問

■平成24年度問題

2　（1）右の図のように，AD//BCの台形ABCDがあり，AB＝ACです。∠CAD＝64°のとき，∠BACの大きさは何度ですか。

(1)	度

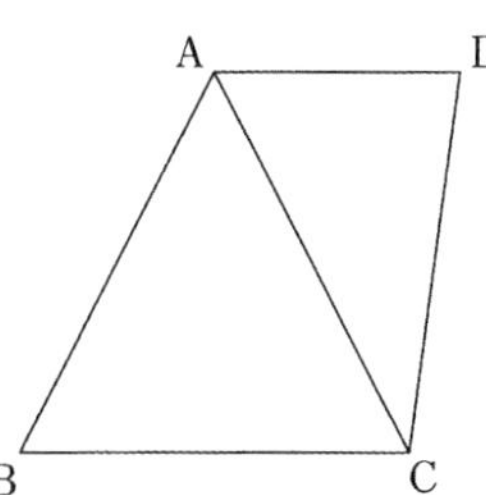

3　（1）下の①～④はそれぞれ，半径OA，OBと$\overset{\frown}{AB}$で囲まれたおうぎ形です。①～④の中に，$\overset{\frown}{AB}$の長さが等しいものが2つあります。それはどれとどれですか。その2つの番号を書きなさい。ただし，3点O，A，Bは方眼紙の縦の線と横の線の交点です。

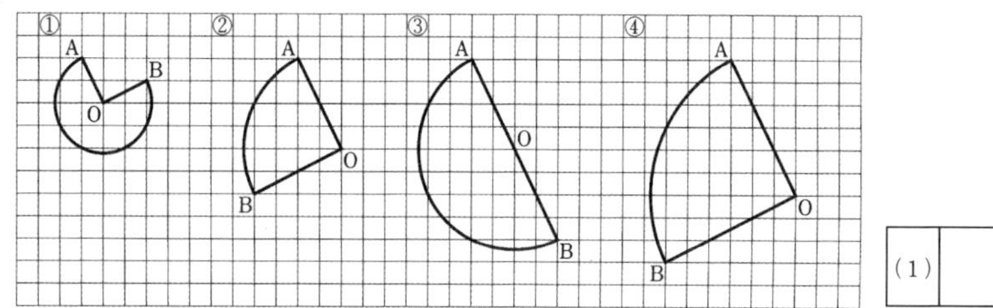

(1)	

■平成25年度問題

2　（1）右の図のように，∠BAD＝∠BCDである四角形ABCDがあります。∠ABC＝67°，∠ADC＝141°のとき，∠BADの大きさは何度ですか。

(1)	度

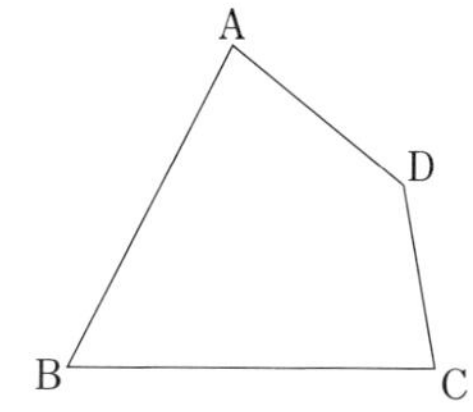

（3）右の図のように，△ABCの辺BC上に点Dがあり，∠CAD＝30°，AD⊥BCです。AB＝3cm，AC＝2cmのとき，辺BCの長さは何cmですか。

(3)	cm

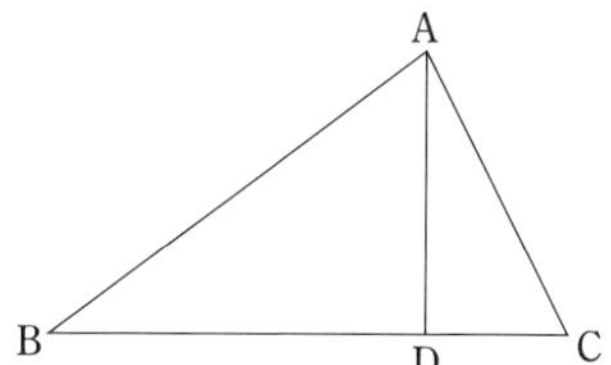

■平成25年度問題

3 （3）長方形の紙ABCDの辺ADを3等分する点は，次の①～④の手順で求めることができます。

【辺ADを3等分する点を求める方法】

① 辺ADが辺BCに重なるように折り，辺ABの中点Eをとる。

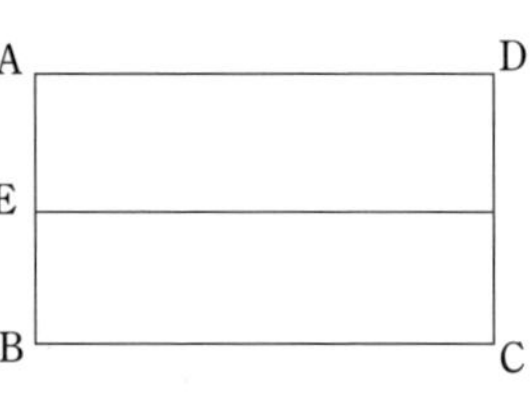

② 線分AC，DEをひき，その交点Fをとる。また，線分BD，CEをひき，その交点Gをとる。

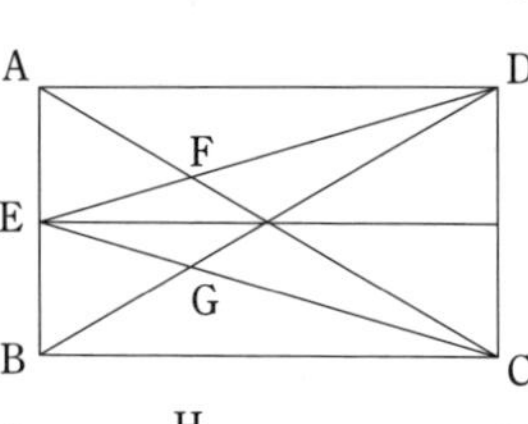

③ 2点F，Gを通る直線をひき，辺ADとの交点Hをとる。

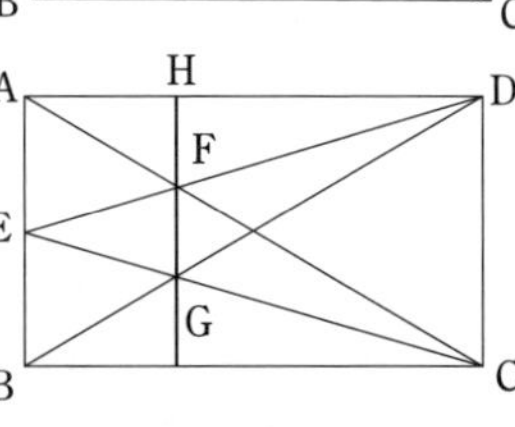

④ 辺CDが直線FGに重なるように折り，線分DHの中点Iをとる。

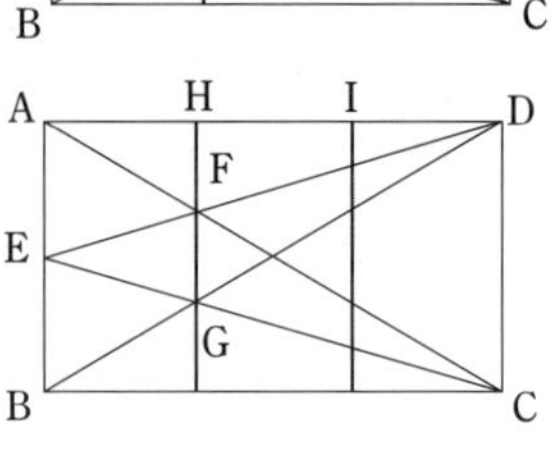

【辺ADを3等分する点を求める方法】では，EF：DF＝1：2となることを利用して点Hをとっています。EF：DF＝1：2となるわけを説明した下の文章中の ア ， イ にあてはまる記号を書きなさい。

三角形AEFと三角形 ア は相似であるから，EF：DF＝AE： イ である。点Eは辺ABの中点であるから，AE： イ ＝1：2である。したがって，EF：DF＝1：2となる。

（3）	ア		イ	

■平成26年度問題

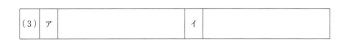

2 （1）右の図のように，△ABCの辺BCを延長してCDとし，辺CAを延長してAEとします。∠ABC＝41°，∠ACD＝124°のとき，∠BAEの大きさは何度ですか。

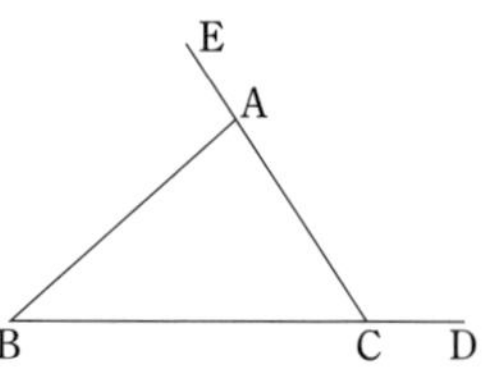

（1）	度

（2）右の図のように，半径が9cmの円Oの円周上に，2点A，Bがあります。おうぎ形OABの弧の長さが円Oの円周の長さの$\frac{2}{9}$であるとき，おうぎ形OABの面積は何cm^2ですか。ただし，円周率はπとします。

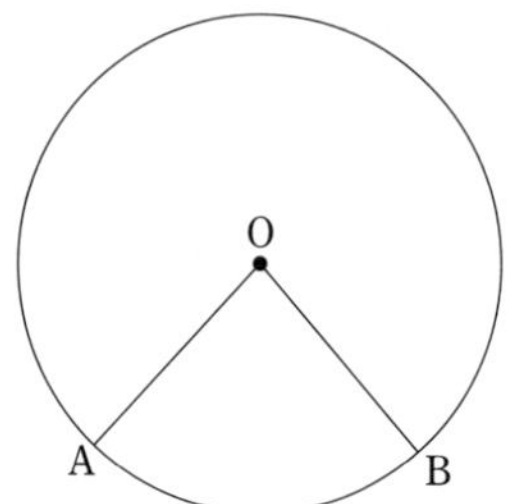

（2）	cm^2

■平成27年度問題

2 （1）右の図のように，平行な2直線ℓ，mがあり，直線ℓ上に2点A，B，直線m上に2点C，Dがあります。AB＝BC，∠BCD＝42°のとき，∠BACの大きさは何度ですか。

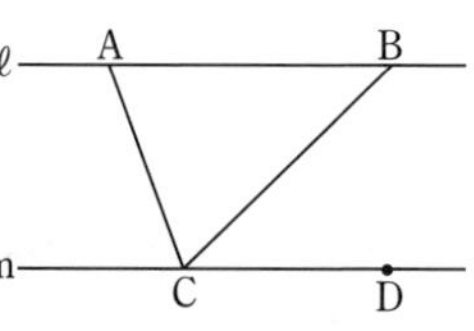

（1）	度

■平成27年度問題

3 （1）右の図のように，円周上の4点A，B，C，Dを頂点とする四角形ABCDがあります。辺ADの中点をEとし，辺ADの延長上にDF＝DEとなるように点Fをとります。このとき，下の①～④の中で，角度が最も大きいものはどれですか。その番号を書きなさい。

① ∠BAC　② ∠BEC　③ ∠BDC　④ ∠BFC

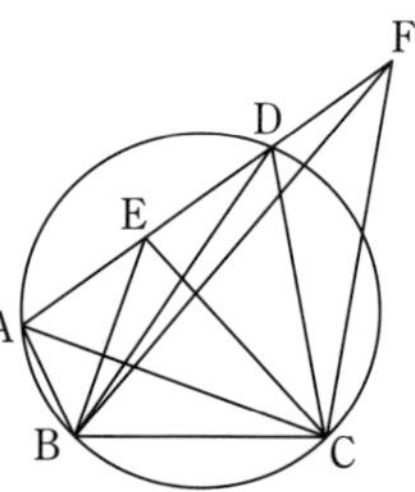

（3）右の図のように，平行四辺形ABCDの辺BC上に点Eがあり，線分AEと対角線BDとの交点をFとします。AF＝CE，∠AFD＝90°，AD＝5cm，BE＝2cmのとき，線分BFの長さは何cmですか。

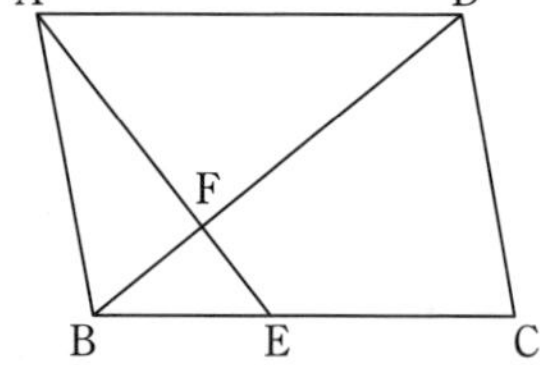

（1）		（3）	cm

■平成29年度問題

2 （1）右の図のように，円周上に４点 A，B，C，D があり，線分 AC と線分 BD の交点を E とします。∠ACD = 35°，∠AEB = 95°のとき，∠BAC の大きさは何度ですか。

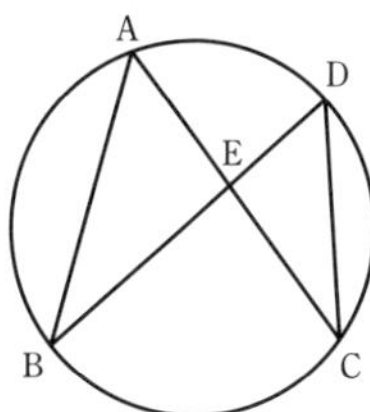

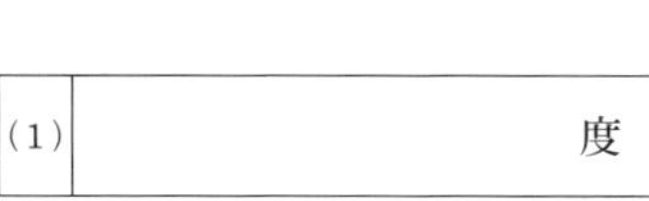

■平成31年度問題

2 （1）右の図のように，円周上に４点 A，B，C，D があり，$\overset{\frown}{BC}=\overset{\frown}{CD}$ です。線分 AC と線分 BD の交点を E とします。∠ACB=76°，∠AED=80°のとき，∠ABE の大きさは何度ですか。

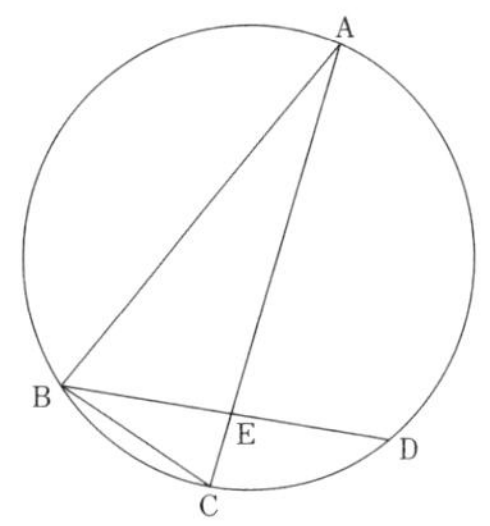

■令和２年度問題

2 （2）右の図のように，１辺の長さが 3cm の正方形 ABCD と，１辺の長さが 5cm の正方形 ECFG があり，点 D は辺 EC 上にあります。７つの点 A，B，C，D，E，F，G から２点を選び，その２点を結んでできる線分の中で，長さが$\sqrt{73}$cm になるものを答えなさい。

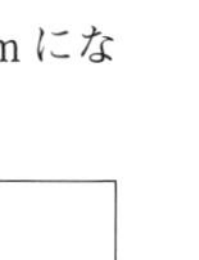

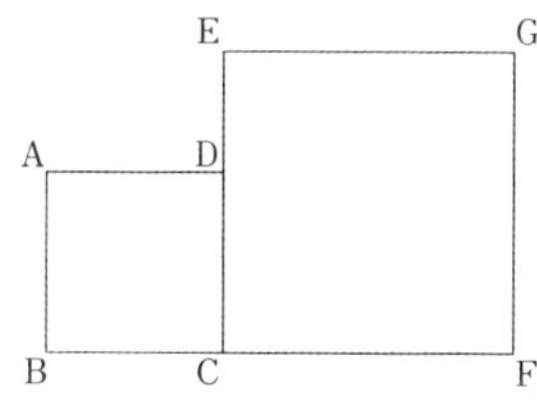

(2)

立体図形小問

■平成25年度問題

3 （1）右の図のように，２つの面が長方形 ABCD と長方形 BEFC である直方体があります。辺 AD，BC の中点をそれぞれ G，H とします。また，辺 EF の中点を I，線分 FI の中点を J とします。このとき，下の①～④の三角形の中で，面積が最も小さいものはどれですか。その番号を書きなさい。

①△GHE　②△GHI　③△GHJ　④△GHF

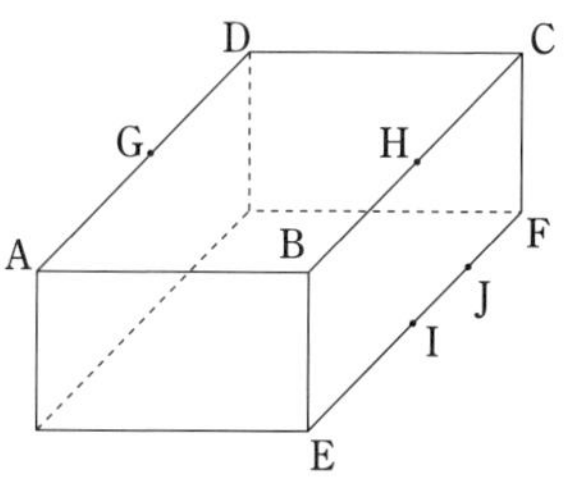

■平成26年度問題

3 （1）下の①～④はそれぞれ，同じ大きさの立方体を４つ合わせてつくった１つの立体を図に表したものです。①～④の中で，表面積が最も小さいものはどれですか。その番号を書きなさい。

①

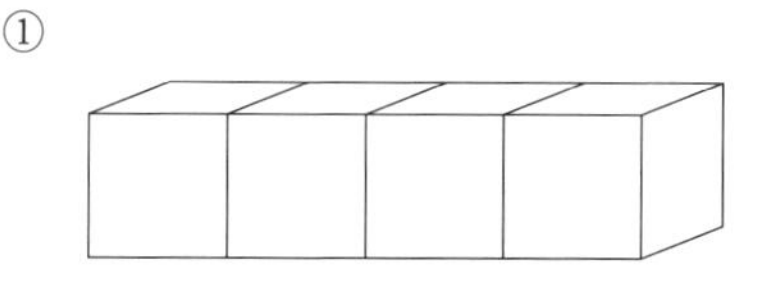

②

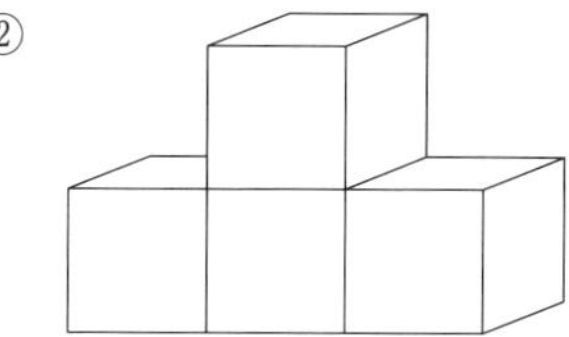

③

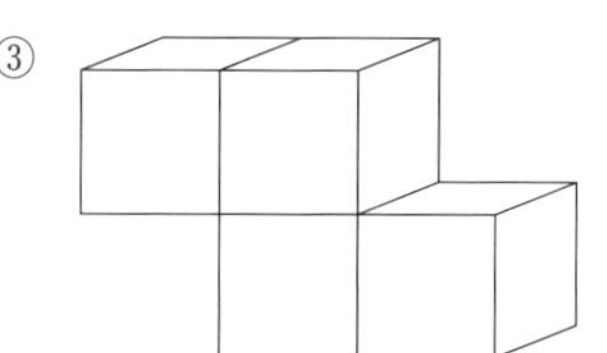

④

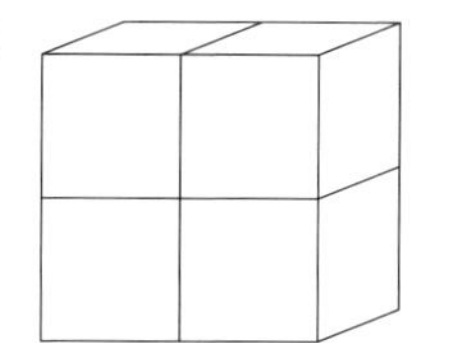

■平成27年度問題

3 （2）右の図のように，∠AOB＝90°のおうぎ形OABと∠BOC＝90°の直角三角形BCOがあります。おうぎ形OABを線分AOを軸として1回転させてできる立体の体積と直角三角形BCOを辺COを軸として1回転させてできる立体の体積が等しいとき，線分AOと辺COの長さの比を，最も簡単な整数の比で表しなさい。

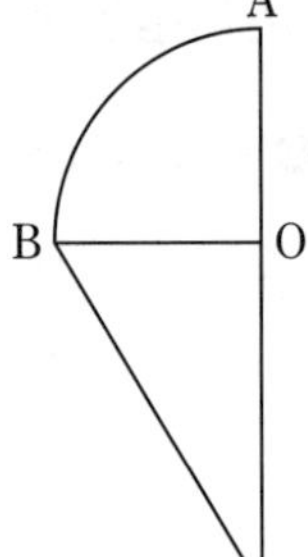

(2)	AO：CO=　　：

■平成28年度問題

2 （2）右の図のように，点A，B，C，D，E，F，G，Hを頂点とする立方体があります。この立方体において，辺ADと平行な辺をすべて書きなさい。

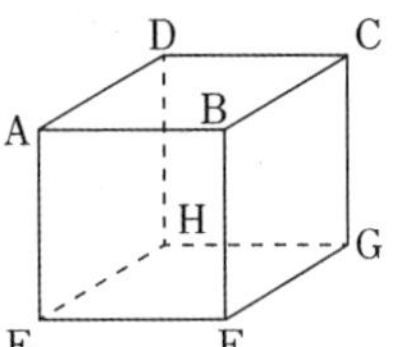

(2)	

3 （1）右の図は，円柱の投影図で，立面図は一辺の長さが10cmの正方形です。この円柱の体積は何cm^3ですか。ただし，円周率はπとします。

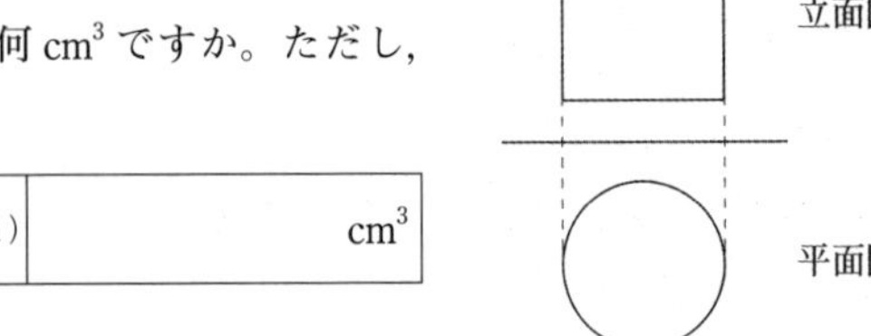

(1)	cm^3

■平成29年度問題

2 （3）下の①～④は，立方体の展開図です。これらの展開図を組み立ててそれぞれ立方体を作ったとき，辺ABと辺CDがねじれの位置にあるのはどれですか。その展開図の番号を書きなさい。

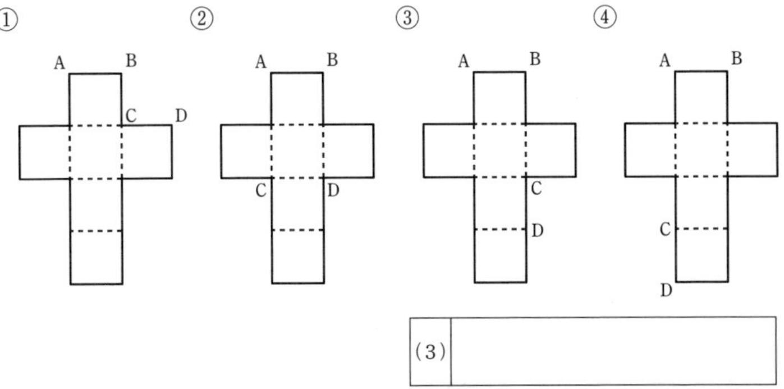

(3)	

平面図形と証明

■平成24年度問題

6 下の図のように，円Oの円周上に3点A，B，Cがあり，∠AOC＝90°です。点Bにおける円Oの接線と線分OCの延長との交点をDとします。線分OAの延長上にEO＝ODとなるように点Eをとります。点Eから直線OBに垂線をひき，直線OBとの交点をFとします。

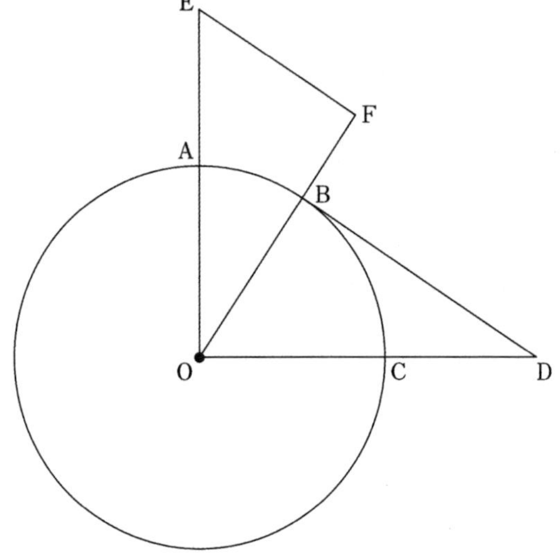

これについて，次の（1）・（2）に答えなさい。

（1）EF＝OBであることを証明しなさい。

（2）円Oの半径が$3\sqrt{2}$cm，四角形AOCBの面積が11cm^2のとき，点Bと直線ACとの距離は何cmですか。

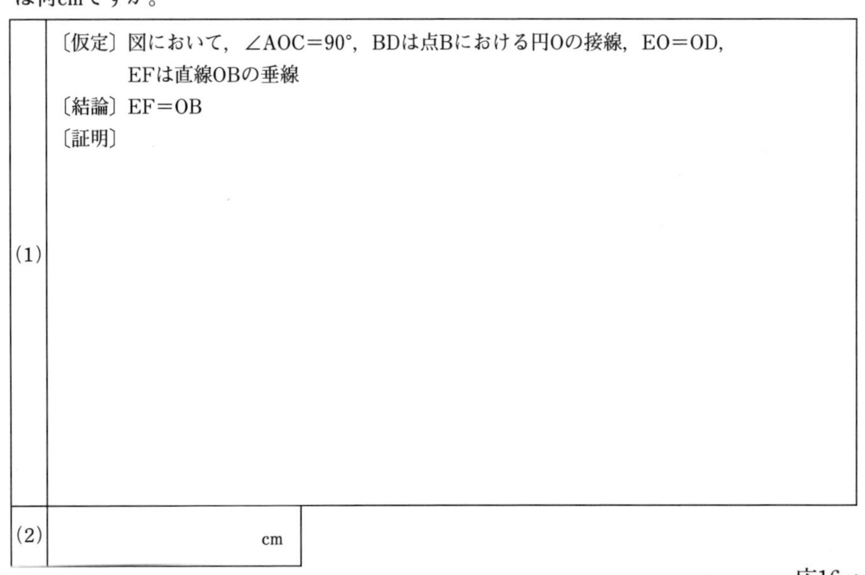

(1)	〔仮定〕図において，∠AOC=90°，BDは点Bにおける円Oの接線，EO=OD，EFは直線OBの垂線 〔結論〕EF=OB 〔証明〕
(2)	cm

■平成26年度問題

7 右の図のように，円Oの円周上に3点A，B，Cがあり，ACは円Oの直径です。点Aにおける円Oの接線と線分CBの延長との交点をDとします。また，線分ADの中点をEとします。このとき，△ABC∽△EAOであることを証明しなさい。

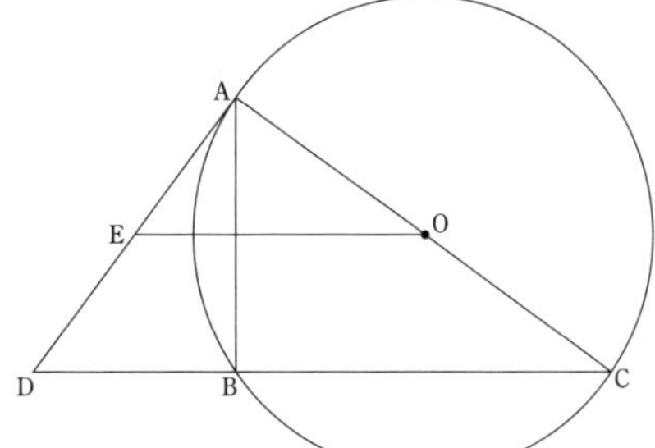

■平成27年度問題

7 右の図のように，1つの平面上に∠BAC＝90°の直角二等辺三角形ABCと正方形ADEFがあります。ただし，∠BADは鋭角とします。このとき，△ABD≡△ACFであることを証明しなさい。

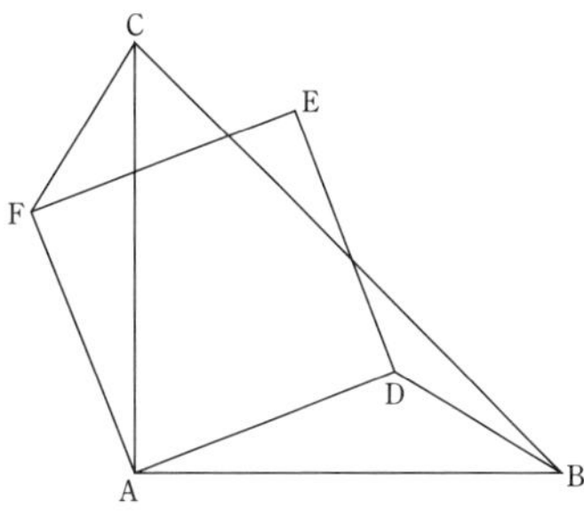

〔仮定〕 図において，△ABCは∠BAC＝90°の直角二等辺三角形，四角形ADEFは正方形
〔結論〕 △ABD≡△ACF
〔証明〕

■平成28年度問題

5 大輝さん，直樹さん，美咲さんの3人が，面積が$10m^2$になる正方形の花だんの作り方について，教室で話をしています。

大輝さん「1mごとに印が付いている20mのロープを使って，自宅の庭に，面積が$10m^2$の正方形の花だんを作ろうと思うんだ。面積が$10m^2$になる正方形は，どうすれば作れるかな？」
直樹さん「面積が$10m^2$になる正方形の一辺の長さは，$\sqrt{10}$mになるはずだよ。でも，$\sqrt{10}$は無理数だね。$\sqrt{10}$の長さは，どうすればとれるかな？」
美咲さん「①方眼紙があれば，三平方の定理を利用して$\sqrt{10}$の長さをとれるわ。」
大輝さん「そうか。それならとれそうだね。でも，庭では方眼紙が使えないよ。」
直樹さん「方眼紙が使えなくても，直角が作れれば三平方の定理が使えるよね。ロープを使えば，二等辺三角形が作れるから，それから直角を作ることができるよ。」

直樹さんは，直角を作る方法を，下のように説明しました。

【直樹さんの説明】

まず，AB＝AC＝5m，BC＝4mの二等辺三角形ABCを作る。
次に，辺BCの中点Dをとり，線分ADを引くと，∠ADB＝90°となる。

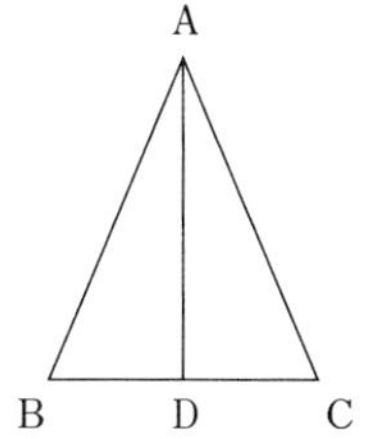

大輝さん「なるほど。それなら，ロープを使って作れそうだね。その方法を聞いて，僕は②直角を作る別の方法を思い付いたよ。」
美咲さん「どんな方法なの？　私にも教えてよ。」

これについて，次の（1）・（2）に答えなさい。

（1）下線部①について，美咲さんは，右の方眼紙に$\sqrt{10}$の長さの線分をかきました。この方眼の1目盛りを1として，$\sqrt{10}$の長さの線分を右図にかきなさい。

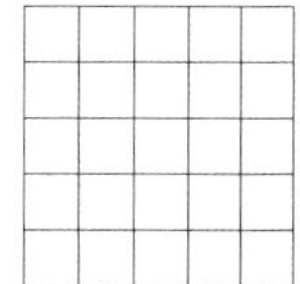

（2）下線部②について，大輝さんは，1m ごとに印が付いている 20m のロープのみを使って，直樹さんとは別の方法で直角を作りました。このロープを使って直角を作る方法は，二等辺三角形から作る方法のほかに，どのような方法が考えられますか。【直樹さんの説明】のように直角を作る方法を説明しなさい。ただし，ロープは 20m すべてを使わなくてもよいものとし，ロープを曲げたり押さえたり線を引いたりするために必要な人や道具，ロープの太さについては考えなくてよいものとします。なお，説明には図を用いなくても構いません。

8 下の図のように，△ABC の辺 AB 上に点 D，辺 AC 上に点 E があり，DE∥BC です。また，線分 CD 上に点 F があり，∠AFD＝∠ACB です。このとき，4 点 A，D，F，E は 1 つの円周上にあることを証明しなさい。

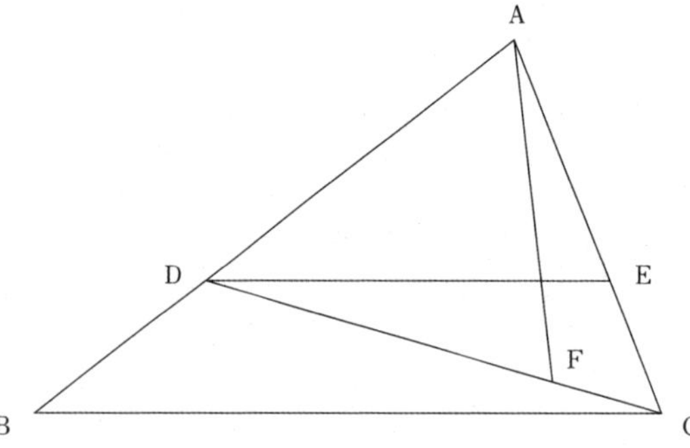

〔仮定〕 図において，DE∥BC，∠AFD＝∠ACB
〔結論〕 4 点 A，D，F，E は 1 つの円周上にある。
〔証明〕

■**平成29年度問題**

4 右の写真はトンネルの一部を示したものです。拓也さんと桃子さんが，この写真を見ながら教室で話をしています。

拓也さん「トンネルの入り口は半円の形をしていると思っていたけど，よく見るとそうじゃないね。」
桃子さん「そうね。高い車高のトラックなどが通れるように，写真のような形になってるのかしら？」
拓也さん「トンネルの入り口の形について，調べてみようよ。」

拓也さんと桃子さんがトンネルの入り口の形について調べてみると，入り口の形が，右の図のような円の弧とその両端を結ぶ弦で囲まれた弓形という図形と同じ形のものがあることが分かりました。そして，拓也さんは，入り口の形がこの形をしたトンネルにおいて，天井にぶつからずに通ることができる自動車の高さを次のように図をかいて考えました。

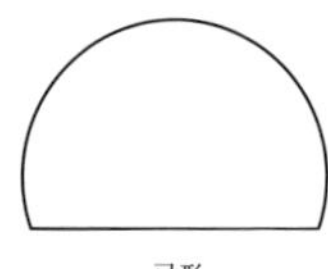
弓形

【天井にぶつからずにトンネルを通ることができる自動車の高さ】

右の図のような弓形の形をしたトンネルの入り口において
・車道の幅は弦 AB の長さとする。
・車道の端の点 A を通り弦 AB に垂直な直線を引き，$\overset{\frown}{AB}$との交点を C とすると，車道部分の天井で一番低い部分は点 C である。
・線分 AC の長さよりも低い自動車の高さを，天井にぶつからずにトンネルを通ることができる自動車の高さとする。

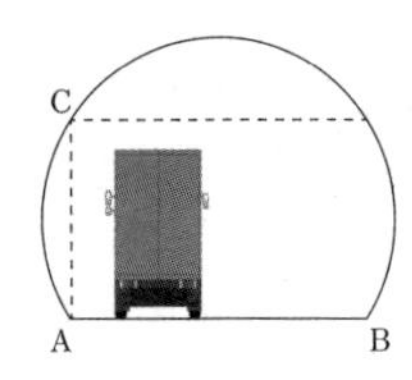

拓也さん「弓形は円の一部分になっているから，線分 BC はその円の直径と考えることができるね。線分 BC と弦 AB の長さが分かれば，天井にぶつからずにそのトンネルを通ることができる自動車の高さが分かるんじゃないかな？」
桃子さん「そうね。弓形の形をしたトンネルの入り口なら，その面積も分かると思うわ。」

これについて，次の（1）・（2）に答えなさい。

（1）拓也さんは，【天井にぶつからずにトンネルを通ることができる自動車の高さ】から，入り口の形が弓形の形をしたトンネルにおいて，線分 BC の長さが 7m で，弦 AB の長さが 6m であれば，高さ 3m の自動車は天井にぶつからずに通ることができると判断しました。そのように判断できるのはなぜですか。その理由を説明しなさい。

（2）桃子さんは，自宅の近くにあるトンネルの入り口の形を調べてみると，弓形の形をしていることが分かり，図をかいてその面積を求めようと考えました。右の図は，桃子さんがかいたもので，$\overset{\frown}{AB}$と弦 AB で囲まれた弓形の形をしたトンネルの入り口を表しています。点 A を通り弦 AB に垂直な直線を引き、$\overset{\frown}{AB}$との交点を C とします。線分 BC の長さが 6m，線分 AC の長さが 3m のとき，この弓形の形をしたトンネルの入り口の面積は何 m^2 ですか。ただし，円周率は π とします。

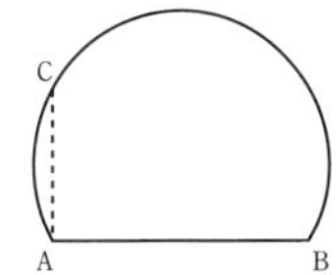

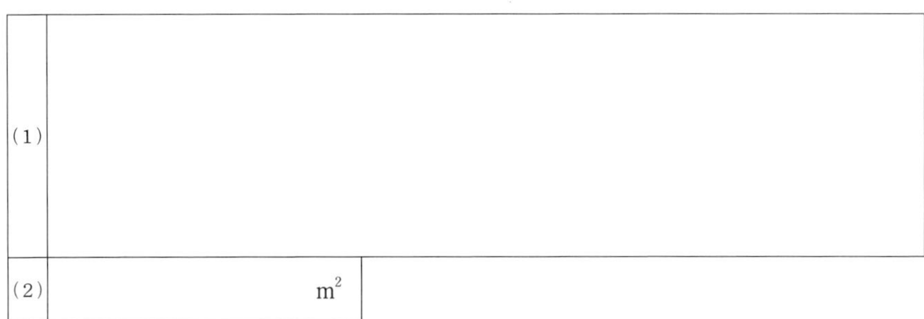

7 右の図のように，AD∥BC の台形 ABCD があり，∠BCD＝∠BDC です。また，対角線 BD 上に点 E があり，∠ABD＝∠ECB です。このとき，AB＝EC であることを証明しなさい。

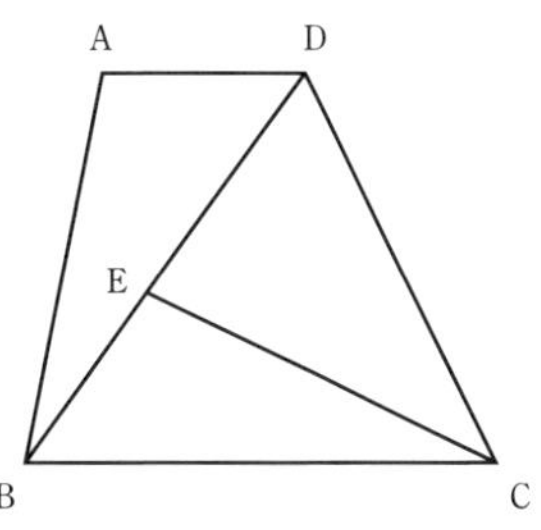

［仮定］図において，AD∥BC，∠BCD＝∠BDC，∠ABD＝∠ECB
［結論］AB＝EC
［証明］

■平成30年度問題

3 右の写真は，飲料水を入れる容器を示したものです。バレーボール部の部長の若菜さんと副部長の春香さんが，この写真を見ながら部室で話をしています。

若菜さん「部活動で使うために飲料水を入れる容器を買ってもらおうと思うんだけど，高さは 50cm のものでいいかしら？」
春香さん「待って。使用する水道は，地面から蛇口まで 50cm もないわ。高さが 50cm の容器だと傾けないと水を入れることができないから，容器を傾けずに水を入れることができる 40cm の高さの容器の方がいいと思うわ。」
若菜さん「どうして？　傾けて水を入れることになっても，高さ 50cm の容器の方が，一度にたくさんの水が入るからいいんじゃない？」
春香さん「そうかしら？　高さ 50cm の容器を傾けた状態でその容器に入る水の量が最大になるまで水を入れるよりも，高さ 40cm の容器を傾けずに満水になるまで水を入れる方が，たくさん水が入る気がするけどな。」
若菜さん「どちらの方がたくさん水が入るのか，考えてみましょうよ。」

2 人は，容器の形を円柱とみなして考えることにしました。容器 a は底面の直径が 30cm で高さが 50cm の円柱，容器 b は底面の直径が 30cm で高さが 40cm の円柱とし，容器の厚さは考えないものとします。春香さんは，水平な地面に対して傾けた状態の容器 a に入る水の量が最大になったときの様子を真横から見た図とその説明を次のようにかきました。

【図と説明】

・四角形 ABCD は，AB＝50cm，AD＝30cm の長方形で，点 B は水平な地面にある点である。
・点 A から地面に垂線 AE を引くと，AE＝40cm である。
・点 F は辺 CD 上の点で，線分 AF は，地面に対して傾けた状態の容器 a に入る水の量が最大になったときの水面を表しており，AF∥EB である。

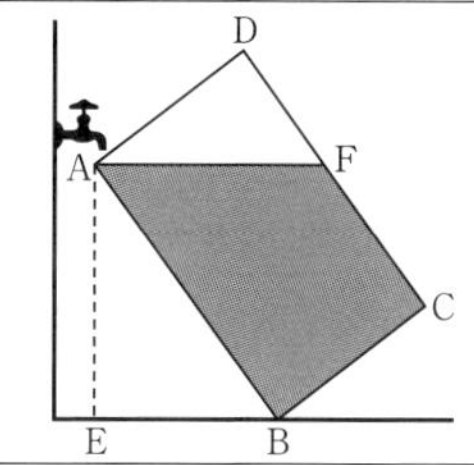

2 人は，【図と説明】の中の容器 a に入っている水の量と，水平な地面に傾けずに置いた容器 b に満水になるまで入れた水の量では，どちらの方が水の量が多いのかを考えることにしました。

春香さん「容器 a と容器 b は底面積が等しいから，それぞれの容器の中の水の量を直接求めなくても水の量を比較できるわ。」
若菜さん「そうね。①<u>【図と説明】の中の容器 a を水平な地面に置き直したときの地面から水面までの高さと，容器 b の地面から水面までの高さである 40cm を比較すればいいわね。</u>」

これについて，次の（1）～（3）に答えなさい。

（1）線分 BE の長さは何 cm ですか。

（2）右の図の長方形 ABCD は，【図と説明】の中の容器 a を水平な地面に置き直したものを表しています。点 F は【図と説明】における辺 CD 上の点です。ア～ウの破線は線分 DF を 4 等分した点から水平に引いた線分を，エの破線は点 F から水平に引いた線分を表しています。ア～エの中で，【図と説明】の中の容器 a を水平な地面に置き直したときの水面を表しているものはどれですか。その記号を書きなさい。

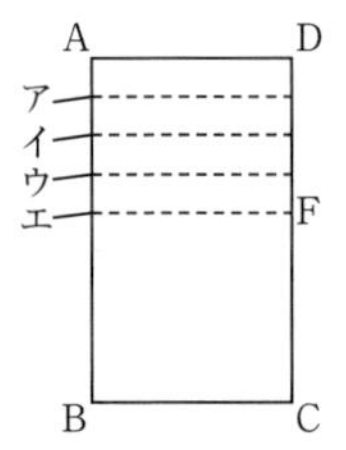

（3）下線部①について，若菜さんは，容器 b の方が容器 a よりも地面から水面までの高さが高くなると判断しました。そのように判断できるのはなぜですか。その理由を説明しなさい。ただし，△AEB∽△ADF であることは証明せずに用いてよいものとします。

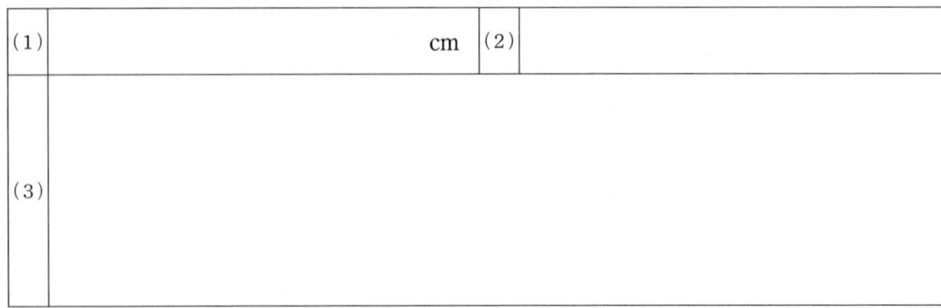

（1）	cm	（2）	
（3）			

6

右の図のように，△ ABC があり，点 A は BC を直径とする半円の $\overset{\frown}{BC}$ 上の点です。$\overset{\frown}{AB}$ 上に $\overset{\frown}{AD}=\overset{\frown}{DB}$ となるような点 D をとり，点 D から直径 BC に垂線 DE を引きます。また，辺 AB と線分 CD との交点を F とします。このとき，∠AFC＝∠CDE であることを証明しなさい。

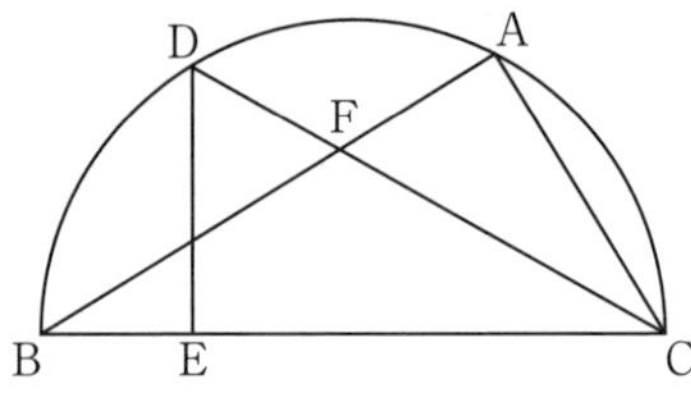

〔仮　定〕 図において，点 A は BC を直径とする半円の $\overset{\frown}{BC}$ 上の点，$\overset{\frown}{AD}=\overset{\frown}{DB}$，DE ⊥ BC

〔結　論〕 ∠ AFC ＝∠ CDE

〔証　明〕

■平成31年度問題

4

ある学級の数学の授業で，先生から下の【課題】が提示されました。上田さんたちは，この【課題】について各自で考えた後，グループで自分たちの考えたことを話し合いました。

【課題】

△ABC の辺 BC 上に BD=2CD となる点 D をとります。辺 AB と線分 AD の中点をそれぞれ E，F とします。このとき，四角形 EDCF はどんな形になるでしょうか。

この【課題】に対して，上田さんと高橋さんは，自分のノートに下のような図をそれぞれかきました。

上田さんがかいた図

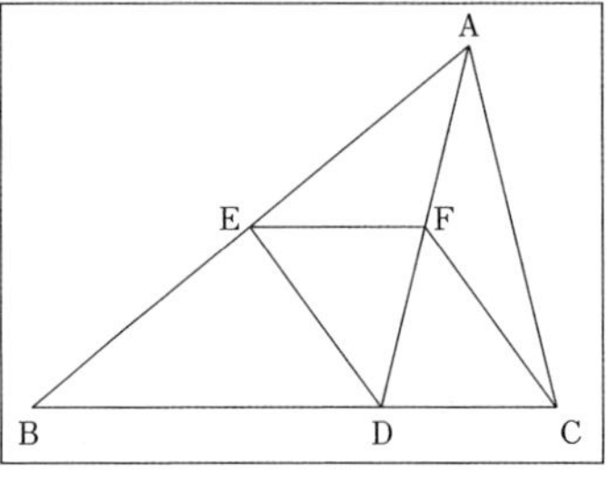

高橋さんがかいた図

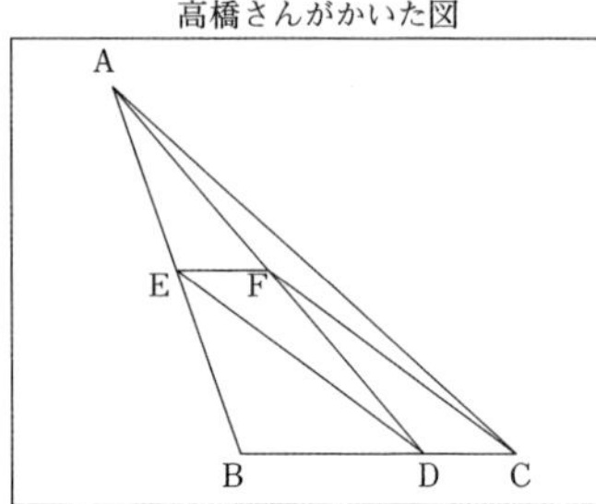

上田さんたちは，自分たちがかいた図から，四角形 EDCF はどんな形になるのかを考えることにしました。

上田「僕と高橋さんがかいた図を見ると，四角形 EDCF はどちらも平行四辺形になっているように見えるね。」
高橋「本当だね。中村さんと森山さんのかいた図はどんなふうになったの？」
中村「私がかいた図でも，上田さんや高橋さんと同じように四角形 EDCF は平行四辺形のようになったわ。」
森山「私のかいた図では，四角形 EDCF はひし形のようになったわ。」
高橋「ひし形は平行四辺形の特別な場合だよね。」
上田「そうだったね。みんなの図から，△ ABC がどのような三角形でも，四角形 EDCF は平行四辺形になると予想できるね。」
森山「そうだね。それにしても，どんな条件を加えれば，四角形 EDCF がひし形になるのかな。」

次の（1）・（2）に答えなさい。

（1）上田さんは，自分が予想した「△ABC がどのような三角形でも，四角形 EDCF は平行四辺形」が成り立つことを明らかにしたいと考えました。そこで上田さんは，四角形 EDCF が平行四辺形になることの証明を，次のようにノートに書きました。

【上田さんのノート】

〔仮　定〕 図において，BD=2CD，点Eは辺ABの中点，点Fは線分ADの中点
〔結　論〕 四角形EDCFは平行四辺形
〔証　明〕
点Eは辺ABの中点，点Fは線分ADの中点だから，

【上田さんのノート】の［　　］に〔証明〕の続きを書き，〔証明〕を完成させなさい。

（2）森山さんは，(1)の【上田さんのノート】の〔仮定〕に［ア］=［イ］という条件を加えることで，〔結論〕が「四角形EDCFはひし形」になることに気付きました。［ア］・［イ］に当てはまる線分を，下の①～⑤の中からそれぞれ選び，その番号を書きなさい。

① AB　② AC　③ AD　④ AE　⑤ AF

(2)	ア		イ	

5 右の図のように，AB=BC=6cmの直角二等辺三角形ABCを，頂点Aが辺BCの中点Mに重なるように折りました。折り目の直線と辺ABとの交点をDとします。このとき，線分BDの長さは何cmですか。なお，答えを求める過程も分かるように書きなさい。

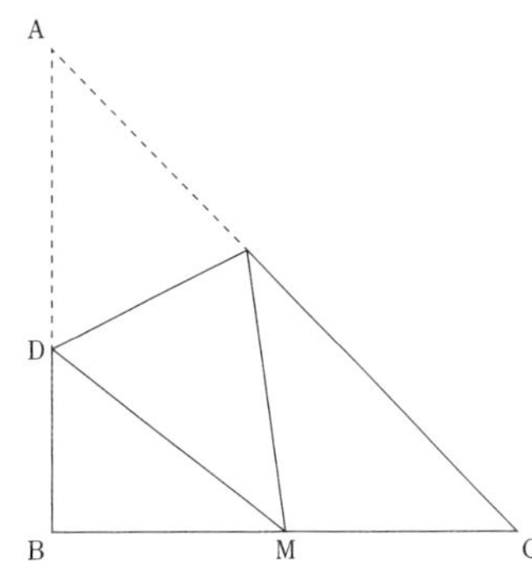

(求める過程)

(答) BD=　　　cm

■令和２年度問題

5 右の図のように，半径OA，OBと$\overset{\frown}{AB}$で囲まれたおうぎ形があり，∠AOB=90°です。$\overset{\frown}{AB}$上に，2点C，Dを$\overset{\frown}{AC}=\overset{\frown}{BD}$となるようにとります。点C，Dから半径OAに垂線CE，DFをそれぞれ引きます。このとき，△COE≡△ODFであることを証明しなさい。

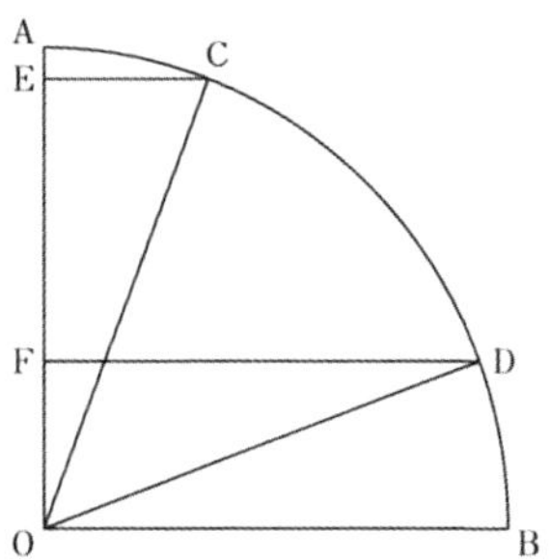

〔仮　定〕 図において，∠AOB=90°，$\overset{\frown}{AC}=\overset{\frown}{BD}$，CE⊥OA，DF⊥OA
〔結　論〕 △COE≡△ODF
〔証　明〕

資料の整理

■平成24年度問題

2 （2）下の①～④はそれぞれ，生徒15人について，1週間に図書室を利用した回数を調べ，回数ごとの人数を表にまとめたものです。①～④の中で，生徒15人が1週間に図書室を利用した回数の中央値が最も大きいものはどれですか。その番号を書きなさい。

(2)	

①

回数	0	1	2	3	4	5
人数	6	3	3	2	1	0

②

回数	0	1	2	3	4	5
人数	3	2	1	1	3	5

③

回数	0	1	2	3	4	5
人数	0	2	6	3	3	1

④

回数	0	1	2	3	4	5
人数	1	1	2	4	6	1

■平成25年度問題

2 （2）右の表は，ある学級のハンドバール投げの記録を度数分布表に整理したものです。度数が最も多い階級の相対度数を求めなさい。

階級(m)	度数(人)
以上　未満	
10 ～ 15	2
15 ～ 20	5
20 ～ 25	7
25 ～ 30	4
30 ～ 35	1
35 ～ 40	1
計	20

(2)	

■平成26年度問題

5　太郎さんと花子さんが，自分たちの住んでいる町の1月と2月の気温について話をしています。

花子さん「2月は最高気温と最低気温の差が大きい日が多かったわね。」
太郎さん「そうかな。僕は1月の方が多かったと思うけどな。」
花子さん「毎日の気温差について，1月と2月で調べてみましょう。」

2人は，自分たちの住んでいる町の1月と2月における毎日の気温差について調べ，その結果をそれぞれ下のヒストグラムに表しました。例えば，「1月における毎日の気温差」のヒストグラムから，気温差が8℃以上10℃未満であった日数が9日あったことがわかります。

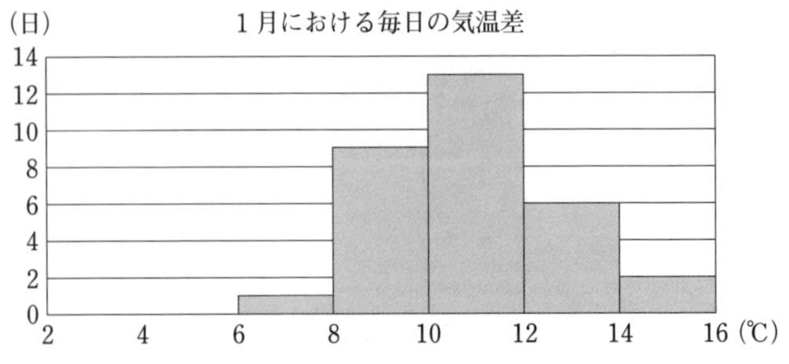

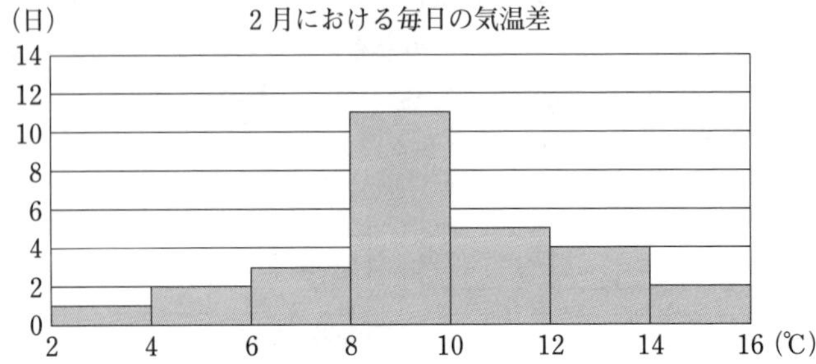

ヒストグラムに表すことによって，太郎さんは，「1月の方が2月よりも気温差が大きい日が多かった」という自分の推測が正しいと考えました。その根拠として適切なものを，下の①～④の中から1つ選び，その番号を書きなさい。

① 気温差の分布の範囲を比べると，1月の方が2月よりも大きい。
② 気温差が8℃未満の日数を比べると，1月の方が2月よりも多い。
③ 気温差が10℃以上の日数の相対度数を比べると，1月の方が2月よりも大きい。
④ 中央値をふくむ階級の日数を比べると，1月の方が2月よりも少ない。

■平成27年度問題

5　健太さんと直樹さんが，広島交響楽団のコンサート会場の観客席で話をしています。

健太さん「たくさんの人がコンサートに来てるね。」
直樹さん「そうだね。観客は女性より男性の方が少ない気がするけど，男性は何人くらいいるのかな？」
健太さん「標本調査をすれば，およその人数がわかるよ。」

健太さんは，観客席のどの場所においても，男女はほぼ一定の割合で座っていると考えました。そこで，次の〔1〕～〔4〕のような方法で標本調査をすれば，このコンサートに来ている男性の観客のおよその人数がわかると考えました。

【健太さんが考えた標本調査の方法】

〔1〕「コンサートに来ている観客」を母集団とし，「2人が座っている観客席と同じ横列に座っている観客」を標本とする。
〔2〕「2人が座っている観客席と同じ横列に座っている観客」の人数を数える。
〔3〕「2人が座っている観客席と同じ横列に座っている観客」のうち，男性の人数を数える。
〔4〕〔2〕の人数，〔3〕の人数，コンサートの観客総数を使って，男性の観客の人数を推測する。

これについて，次の（1）・（2）に答えなさい。

（1）【健太さんが考えた標本調査の方法】で，「2人が座っている観客席と同じ横列に座っている観客」を標本として考えた根拠として最も適切なものを，下の①～④の中から選び，その番号を書きなさい。
① 標本として取り出した横列に，男性の観客がたくさんふくまれる。
② 標本として取り出した横列に，男性の観客がほとんどふくまれない。
③ 標本として取り出した横列が，母集団の性質をよく表している。
④ 標本として取り出した横列が，母集団の性質をほとんど表していない。

（2）【健太さんが考えた標本調査の方法】で，「2人が座っている観客席と同じ横列に座っている観客」の人数は63人で，そのうちの男性の人数は27人でした。このコンサートの観客総数が1578人のとき，男性の観客の人数は，およそ何人と推測されますか。一の位を四捨五入して答えなさい。

(1)		(2)	およそ　　　　人

■平成28年度問題

2 (4) ある飲食店で，定食のご飯の適切な量について，客にアンケート調査をしました。右の表は，その結果を度数分布表に整理したものです。ご飯の適切な量の最頻値は何gですか。

階級(g) 以上　未満	度数(人)
100 ～ 140	6
140 ～ 180	17
180 ～ 220	38
220 ～ 260	12
260 ～ 300	7
300 ～ 340	5
計	85

(4) ［　　　　］g

■平成31年度問題

2 (3) 右の表は，ある中学校のソフトテニス部の10人の部員A～Jのうち，欠席したCさん以外の9人について，握力を測定し，小数第1位を四捨五入した記録を示したものです。後日，Cさんの握力を測定し，小数第1位を四捨五入した記録をこの表に加えたところ，10人の記録の中央値は，Cさんの記録を加える前の9人の記録の中央値から1kg増加しました。表に加えたCさんの記録は何kgですか。

部員	記録（kg）
A	31
B	52
C	—
D	29
E	32
F	31
G	35
H	30
I	48
J	36

(3) ［　　　　］kg

■令和2年度問題

2 (1) ある国語辞典があります。右の図は，この国語辞典において，見出し語が掲載されているページの一部です。Aさんは，この国語辞典に掲載されている見出し語の総数を，下の**【手順】**で標本調査をして調べました。

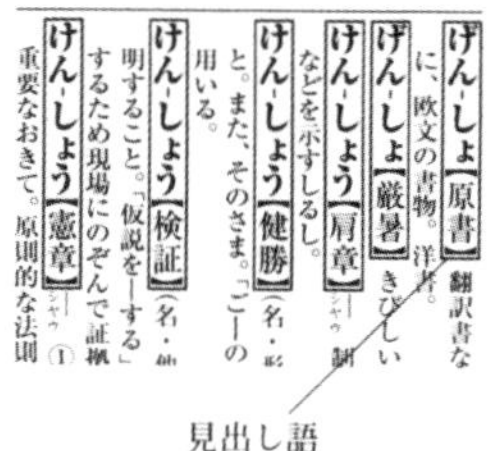

【手順】

〔1〕 見出し語が掲載されている総ページ数を調べる。
〔2〕 コンピュータの表計算ソフトを用いて無作為に10ページを選び、選んだページに掲載されている見出し語の数を調べる。
〔3〕〔2〕で調べた各ページに掲載されている見出し語の数の平均値を求める。
〔4〕〔1〕と〔3〕から，この国語辞典に掲載されている見出し語の総数を推測する。

Aさんが，上の**【手順】**において，〔1〕で調べた結果は，1452ページでした。また，〔2〕で調べた結果は，下の表のようになりました。

選んだページ	763	176	417	727	896	90	691	573	1321	647
見出し語の数	57	43	58	54	55	58	53	55	67	60

Aさんは，〔3〕で求めた見出し語の数の平均値を，この国語辞典の1ページあたりに掲載されている見出し語の数と考え，この国語辞典の見出し語の総数を，およそ［　　］語と推測しました。

［　　］に当てはまる数として適切なものを，下の①～④の中から選び，その番号を書きなさい。

① 65000　② 73000　③ 81000　④ 89000

(1) ［　　　　］

3 中学生の結衣さんが住んでいる町には，遊園地があります。その遊園地には多くの人が来場し，人気があるアトラクション（遊園地の遊戯設備）にはいつも行列ができています。結衣さんは，姉で大学生の彩花さんと，次の日曜日又は学校行事の振替休日である次の月曜日のどちらかに，その遊園地に一緒に遊びに行くことについて話をしています。

結衣さん「遊園地に遊びに行くのは，日曜日と月曜日のどちらがいいかな？」
彩花さん「私はどちらでもいいよ。」
結衣さん「できるだけ多くの人気アトラクションを楽しみたいから，待ち時間が少しでも短い方がいいな。だから平日の月曜日の方がいいんじゃないかな。」
彩花さん「そうだね。休日の方が遊園地に来場している人の数が多そうだから，平日の方が待ち時間が短そうだね。実際にどうなのか調べてみたらいいと思うよ。」

結衣さんは，遊園地についての情報が掲載されているウェブページから，過去１年間の休日と平日における人気アトラクションの平均待ち時間について調べ，下のように【まとめⅠ】を作成しました。

【まとめⅠ】過去１年間の休日と平日における人気アトラクションの平均待ち時間について

度数分布表

階級(分)	休日		平日	
	度数(日)	相対度数	度数(日)	相対度数
以上　未満 0 ～ 20	1	0.01	2	0.01
20 ～ 40	8	0.07	65	0.27
40 ～ 60	29	0.24	108	0.44
60 ～ 80	30	0.25	40	0.16
80 ～ 100	38	0.31	18	0.07
100 ～ 120	12	0.10	9	0.04
120 ～ 140	3	0.02	2	0.01
計	121	1.00	244	1.00

度数分布多角形(度数折れ線)

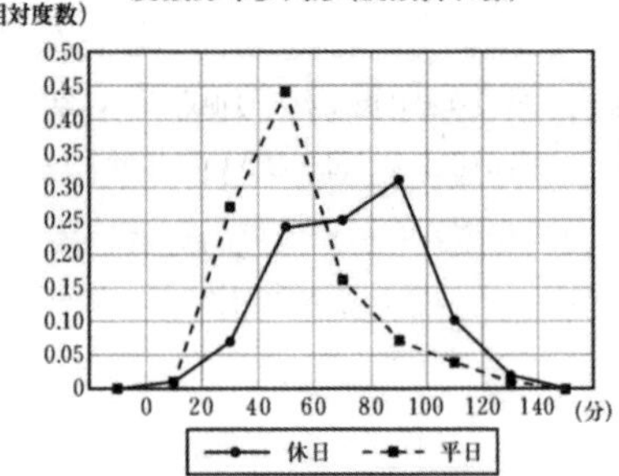

結衣さん「【まとめⅠ】の度数分布多角形から，やっぱり平日の方が休日に比べると待ち時間が短そうだよ。」
彩花さん「そうだね。でも，天気予報によると次の日曜日は雨で，次の月曜日は雨が降らないようだよ。雨が降ったら休日でも待ち時間が短くなるんじゃない？」
結衣さん「そうかもしれないね。遊びに行くのには雨が降らない方がいいけれど，私は待ち時間が少しでも短くなるのなら雨でもいいわ。」
彩花さん「だったら，雨が降った休日と雨が降らなかった平日の平均待ち時間についても同じように調べた上で，どうするかを考えたらいいと思うよ。」

結衣さんは，過去１年間の雨が降った休日と雨が降らなかった平日における人気アトラクションの平均待ち時間についても同じように調べ，下のように【まとめⅡ】を作成しました。

【まとめⅡ】過去１年間の雨が降った休日と雨が降らなかった平日における人気アトラクションの平均待ち時間について

度数分布表

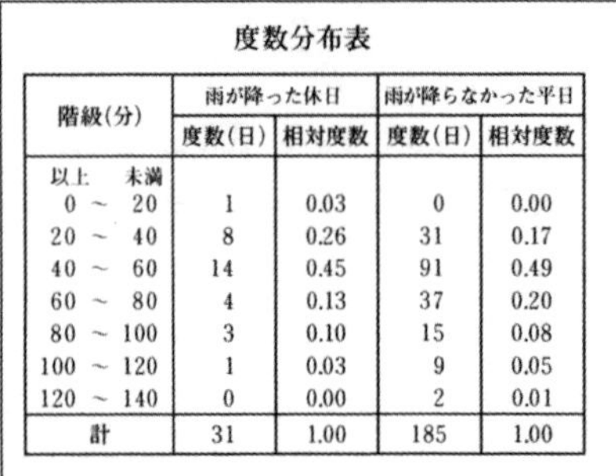

階級(分)	雨が降った休日		雨が降らなかった平日	
	度数(日)	相対度数	度数(日)	相対度数
以上　未満 0 ～ 20	1	0.03	0	0.00
20 ～ 40	8	0.26	31	0.17
40 ～ 60	14	0.45	91	0.49
60 ～ 80	4	0.13	37	0.20
80 ～ 100	3	0.10	15	0.08
100 ～ 120	1	0.03	9	0.05
120 ～ 140	0	0.00	2	0.01
計	31	1.00	185	1.00

度数分布多角形(度数折れ線)

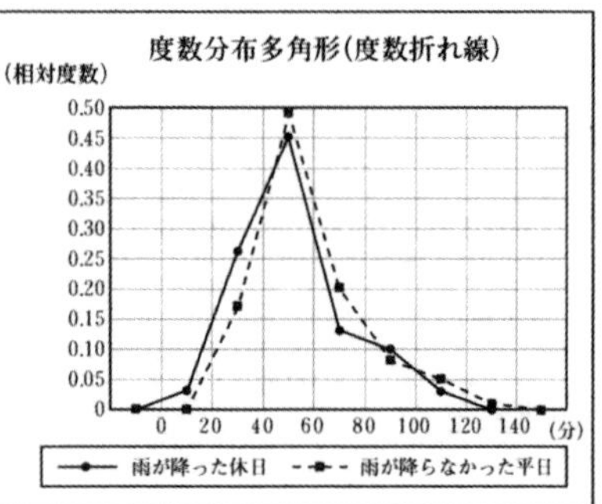

次の（1）・（2）に答えなさい。

（1）【まとめⅠ】において，過去１年間の休日における人気アトラクションの平均待ち時間の最頻値は何分ですか。

（2）結衣さんは，【まとめⅡ】の度数分布多角形からは，はっきりとした違いが分からないと判断しました。そこで，人気アトラクションの平均待ち時間が40分未満の２つの階級の相対度数に着目し，下のように考えました。

【結衣さんが考えたこと】

人気アトラクションの平均待ち時間が40分未満の２つの階級の相対度数の合計を求めると，雨が降った休日は［ア］で，雨が降らなかった平日は［イ］であるから，天気予報どおりなら，次の［ウ］の方が人気アトラクションの待ち時間が短くなりそうである。

【結衣さんが考えたこと】の［ア］・［イ］に当てはまる数をそれぞれ求めなさい。また，［ウ］に当てはまる言葉を，下の①・②の中から選び，その番号を書きなさい。

①　日曜日　　②　月曜日

(1)		分			
(2)	ア		イ		ウ

文字を使った説明

■平成24年度問題

3 (3) 右の図のように，関数 $y=x^2$ のグラフ上に2点A，B，関数 $y=4x^2$ のグラフ上に2点C，Dがあります。点A，Cの x 座標は負の数，点B，Dの x 座標は正の数で，線分AD，BCは x 軸に平行，線分BDは y 軸に平行です。このとき，線分ADの長さは線分BCの長さの2倍となります。このわけを，点Bの x 座標を a として，a を使った式を用いて説明しなさい。

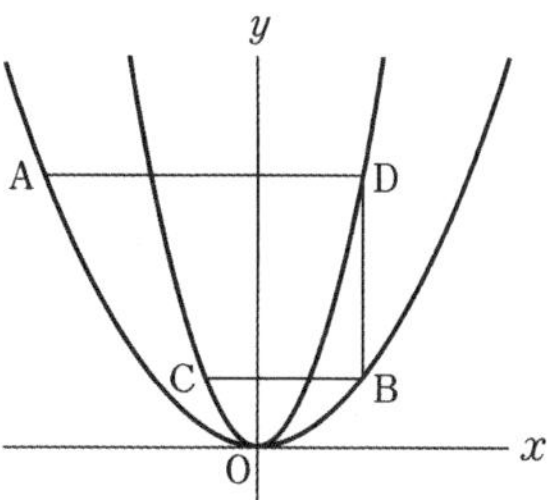

■平成25年度問題

3 (2) 右の図のように，方程式 $y=\frac{1}{2}x+3$ のグラフ上に x 座標が正の数である点A，x 軸上に点Bがあり，線分ABは y 軸に平行です。点Aを通り x 軸に平行な直線上に，AC＝ABとなるように点Cをとると，点Cは方程式 $y=\frac{1}{3}x+2$ のグラフ上の点となります。このわけを，点Aの x 座標を a として，a を使った式を用いて説明しなさい。ただし，点Cの x 座標は点Aの x 座標より大きいものとします。

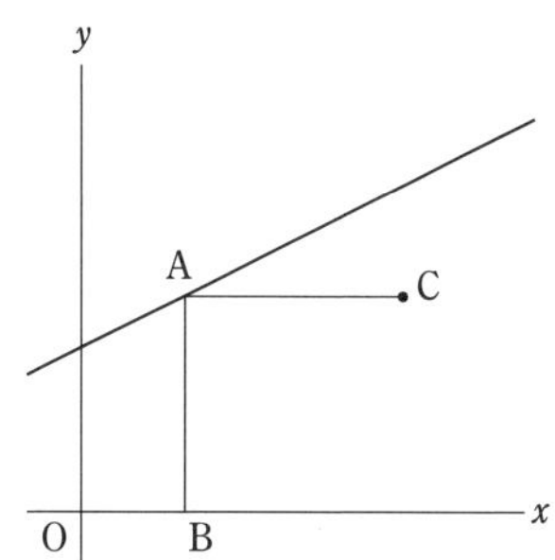

■平成26年度問題

3 (4) 2けたの正の整数があります。この整数の十の位の数と一の位の数を入れかえた整数をつくります。このとき，入れかえた整数の2倍ともとの整数の和は，3の倍数になります。このわけを，もとの整数の十の位の数を x，一の位の数を y として，x と y を使った式を用いて説明しなさい。

■平成27年度問題

3 (4) 連続する3つの整数を小さい順に a，b，c とします。このとき，c^2-4b は a^2 となります。このわけを，a を使った式を用いて説明しなさい。

(4)

■平成28年度問題

4 (2) 優花さんは，千の位の数と一の位の数，百の位の数と十の位の数がそれぞれ等しい4桁の自然数が11の倍数であることを，下のように説明しました。

【優花さんの説明】

千の位の数と一の位の数，百の位の数と十の位の数がそれぞれ等しい4桁の自然数は，千の位の数と一の位の数を x，百の位の数と十の位の数を y とすると，$1000x+100y+10y+x$ と表すことができる。

したがって，千の位の数と一の位の数，百の位の数と十の位の数がそれぞれ等しい4桁の自然数は，11の倍数である。

【優花さんの説明】の［　］に説明の続きを書き，説明を完成させなさい。

■平成29年度問題

3 （3）右の表は，小学校で学習したかけ算九九の表です。優花さんは，この表の数の並びについて，どのような性質が成り立つかを調べようと思い，表中の太線で囲んでいる左上から右下に並んだ3つの数，12，20，30について考え，下のことに気が付きました。

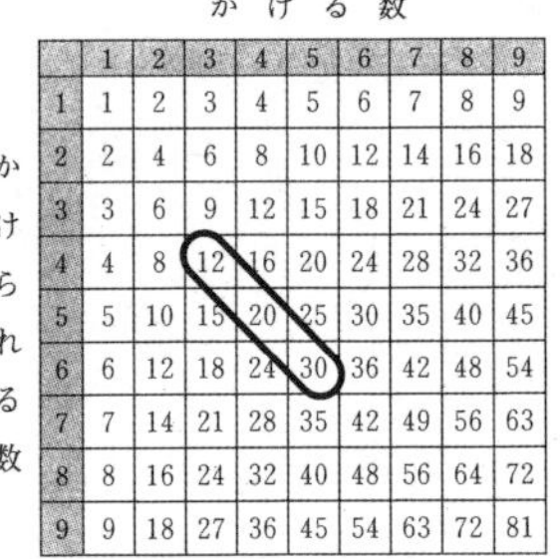

かける数

かけられる数	1	2	3	4	5	6	7	8	9
1	1	2	3	4	5	6	7	8	9
2	2	4	6	8	10	12	14	16	18
3	3	6	9	12	15	18	21	24	27
4	4	8	12	16	20	24	28	32	36
5	5	10	15	20	25	30	35	40	45
6	6	12	18	24	30	36	42	48	54
7	7	14	21	28	35	42	49	56	63
8	8	16	24	32	40	48	56	64	72
9	9	18	27	36	45	54	63	72	81

> 太線で囲まれた，左上，中央，右下の3つの数のうち，左上と右下の数の和は，中央の数の2倍より2だけ大きい。
> $12+30=2\times20+2$

さらに，優花さんは，表中の太線で囲んだ数のように，左上から右下に並んだ3つの数についていくつかの場合を調べると，いずれの場合においても「左上から右下に並んだ3つの数のうち，左上と右下の数の和は，中央の数の2倍より2だけ大きい。」ことが成り立ちました。そこで，優花さんは，この性質がいつでも成り立つと考え，下のように説明しました。

【優花さんの説明】

> 左上から右下に並んだ3つの数のうち，中央の数について，かけ算九九の表のかけられる数を a，かける数を b とすると，中央の数は ab と表すことができる。
>
> （空欄）
>
> したがって，左上から右下に並んだ3つの数のうち，左上と右下の数の和は，中央の数の2倍より2だけ大きい。

【優花さんの説明】の に説明の続きを書き，説明を完成させなさい。

■平成30年度問題

2 （3）健太さんと拓也さんが，教室で話をしています。

> 健太さん「数を使った面白いゲームを考えたんだ。好きな自然数を1つ思い浮かべてみて。」
> 拓也さん「分かった，思い浮かべたよ。」
> 健太さん「ある手順にしたがって計算すると，必ず思い浮かべた自然数になるんだ。」
> 拓也さん「へえ，どんな手順なの？」

健太さんは，考えた手順をあとのように説明しました。

【考えた手順】

> 〔1〕好きな自然数を1つ思い浮かべる。
> 〔2〕〔1〕の自然数とは別に，十の位の数が2である2桁の自然数を1つ選ぶ。
> 〔3〕〔2〕で選んだ2桁の自然数の十の位の数と一の位の数を足す。
> 〔4〕〔3〕で求めた数に，〔1〕の自然数を足す。
> 〔5〕〔4〕で求めた数から，〔2〕で選んだ2桁の自然数を引く。
> 〔6〕〔5〕で求めた数に，18を足す。

> 拓也さん「本当だ！　手順にしたがって計算すると，僕が思い浮かべた自然数と同じ数になった。どうしてこんなことが起きるの？」
> 健太さん「それじゃあ，理由を説明してあげるね。」

健太さんは，【考えた手順】にしたがって計算した結果が，〔1〕で思い浮かべた自然数と同じ数になる理由を，下のように説明しました。

【健太さんの説明】

> 〔1〕で思い浮かべる自然数を a とする。また，〔2〕で選ぶ2桁の自然数の一の位の数を b とすると，〔2〕で選ぶ2桁の自然数は $20+b$ と表すことができる。
>
> （空欄）
>
> よって，【考えた手順】にしたがって計算した結果は，〔1〕で思い浮かべた自然数と同じ数になる。

【健太さんの説明】の に説明の続きを書き，説明を完成させなさい。

4　佐藤さんは，数学の授業で，連続する２つの整数や連続する３つの整数について成り立つ性質を学習し，そのことをきっかけに，連続する４つの整数についても何か性質が成り立つのではないかと考え，調べています。

２，３，４，５について，$5\times4-2\times3=14$，$2+3+4+5=14$
７，８，９，10について，$10\times9-7\times8=34$，$7+8+9+10=34$
13，14，15，16について，$16\times15-13\times14=58$，$13+14+15+16=58$

佐藤さんは，これらの結果から下のことを予想しました。

【予想】

> 連続する４つの整数について，大きい方から１番目の数と大きい方から２番目の数の積から，小さい方から１番目の数と小さい方から２番目の数の積を引いたときの差は，その連続する４つの整数の和に等しくなる。

次の（1）・（2）に答えなさい。

（1）佐藤さんは，この【予想】がいつでも成り立つことを，下のように説明しました。

【説明】

> 連続する４つの整数のうち，小さい方から１番目の数を n とすると，連続する４つの整数は，n，$n+1$，$n+2$，$n+3$ と表される。
>
> ［　　　　　　　　］
>
> したがって，連続する４つの整数について，大きい方から１番目の数と大きい方から２番目の数の積から，小さい方から１番目の数と小さい方から２番目の数の積を引いたときの差は，その連続する４つの整数の和に等しくなる。

【説明】の［　　］に説明の続きを書き，説明を完成させなさい。

（2）佐藤さんは，連続する４つの整数について，ほかにも成り立つ性質がないかを調べたところ，下の【性質Ⅰ】が成り立つことが分かりました。

【性質Ⅰ】

> 連続する４つの整数について，小さい方から２番目の数と大きい方から１番目の数の積から，小さい方から１番目の数と大きい方から２番目の数の積を引いたときの差は，［　　　　　　　　］の和に等しくなる。

さらに，佐藤さんは，連続する５つの整数についても，小さい方から２番目の数と大きい方から１番目の数の積から，小さい方から１番目の数と大きい方から２番目の数の積を引いたときの差がどうなるのかを調べたところ，下の【性質Ⅱ】が成り立つことが分かりました。

【性質Ⅱ】

> 連続する５つの整数について，小さい方から２番目の数と大きい方から１番目の数の積から，小さい方から１番目の数と大きい方から２番目の数の積を引いたときの差は，［　　　　　　　　］の和に等しくなる。

【性質Ⅰ】・【性質Ⅱ】の［　　　　　　　　］には同じ言葉が当てはまります。［　　　　　　　　］に当てはまる言葉を書きなさい。

場合の数と確率

■平成24年度問題

4　下の図のように，線分ABの延長上に点Cがあり，AB＝13cm，BC＝10cmです。正しくつくられた大小2つのさいころを同時に１回投げ，出た目の数の和をxとします。線分AB上にAP＝$x$cmとなるように点Pをとります。

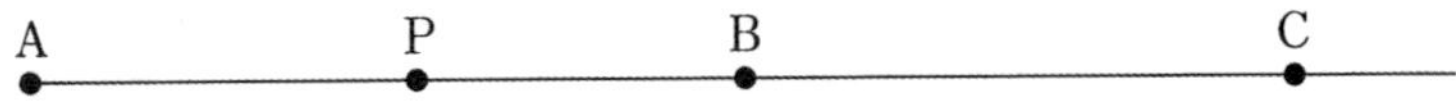

これについて，次の（1）・（2）に答えなさい。

（1）線分CPの垂直二等分線が点Bを通るとき，xの値を求めなさい。

（2）点Aを，点Pを中心として180°回転移動した点が，線分BC上にある確率を求めなさい。

(1)		(2)	

■平成25年度問題

4　下の図は，●，▲，✚，★の４種類のカードを，左から順に，●が４枚，▲が３枚，✚が３枚，★が３枚となるように，１列に並べたものです。正しくつくられた大小２つのさいころを同時に１回投げます。大きい方のさいころの出た目の数をxとして，左からx番目のカードとそれより左にあるすべてのカードを列から取り除きます。また，小さい方のさいころの出た目の数をyとして，右からy番目のカードとそれより右にあるすべてのカードを列から取り除きます。

(左) 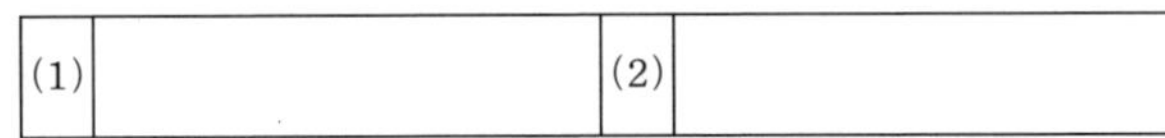 (右)

これについて，次の（1）・（2）に答えなさい。

（1）取り除かれずに残っているカードが５枚のとき，yをxの式で表しなさい。

（2）取り除かれずに残っているカードの種類が，３種類となる確率を求めなさい。

(1)		(2)	

■平成27年度問題

2　（3）数字を書いた３枚のカード，1，2，3が袋Aの中に，数字を書いた５枚のカード，1，2，3，4，5が袋Bの中に入っています。それぞれの袋からカードを１枚ずつ取り出すとき，その２枚のカードに書いてある数の積が奇数になる確率を求めなさい。

(3)	

■平成28年度問題

3　（2）正しく作られた大小２つのさいころを同時に１回投げるとき，出る目の数の積が６になる確率を求めなさい。

(2)	

■平成29年度問題

3　（2）右の図のように，∠ABC＝90°である直角二等辺三角形ABCと長方形ADEBがあります。辺BEの中点をFとすると，AB＝BFです。また，文字を書いた５枚のカード，B，C，D，E，Fが袋の中に入っています。この袋の中から２枚のカードを同時に取り出します。このとき，それらのカードと同じ文字の点と点Aの３点を頂点とする三角形が，直角三角形になる確率を求めなさい。

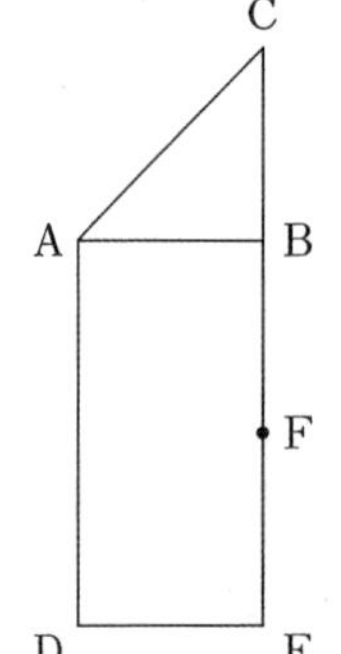

(2)	

■平成30年度問題

2　（1）下の①～④のそれぞれの文中にある下線部aと下線部bのことがらが同様に確からしいといえるものを，①～④の中から全て選び，その番号を書きなさい。

①　男子２人，女子３人の５人の中から，くじ引きで１人を選ぶとき，$_a$男子が選ばれることと$_b$女子が選ばれること。

②　１枚の硬貨を投げるとき，$_a$表が出ることと$_b$裏が出ること。

③　３枚のカード，●，▲，★が袋の中に入っており，この袋の中から１枚のカードを取り出すとき，$_a$●のカードが取り出されることと$_b$★のカードが取り出されること。

④　正しく作られた１つのさいころを投げるとき，$_a$4の目が出ることと$_b$4以外の目が出ること。

(1)	

公立高校入試出題単元

過去9年間
(平成24年～令和2年迄)

英語

対話文 30P

■ 平成24年 2 (適語適文補充・内容把握・英質英答)
■ 平成25年 2 (適語適文補充・内容理解)
■ 平成26年 2 (適語補充・内容理解)
■ 平成27年 2 (適語補充・内容理解)
■ 平成28年 2 (適語補充・内容理解・英作文)
■ 平成29年 2 (適語補充・内容理解)
■ 平成30年 2 (空欄補充・内容把握・英作文)
■ 平成31年 2 (適語適文補充・内容把握)
■ 令和2年 2 (適語適文補充・英作文)

英作文 40P

■ 平成26年 4
■ 平成27年 4
■ 平成28年 4
■ 平成29年 4
■ 平成30年 4
■ 平成31年 4
■ 令和2年 4

長文読解 44P

■ 平成24年 3 (内容把握・空欄補充・並べ替え・英質英答)
■ 平成25年 3 (内容理解・適語選択・英質英答・内容真偽・英作文)
■ 平成26年 3 (内容理解・適語適文挿入・並べ替え・内容把握)
■ 平成27年 3 (内容理解・適語適文挿入・並べ替え・内容把握)
■ 平成28年 3 (英質英答・内容理解)
■ 平成29年 3 (英質英答・内容理解・英作文)
■ 平成30年 3 (英質英答・空欄補充・並べ替え・内容把握)
■ 平成31年 3 (内容把握・並び替え・適文挿入・英作文)
■ 令和2年 3 (内容把握・適語補充・適文挿入・英作文)

リスニング問題と放送文 53P

■ 平成31年 1
■ 令和2年 1

対話文

■平成24年度問題

2 次の対話は，シンガポールから来た留学生のピーターと高校生の達雄が達雄の家で話したものであり，右のちらしは，そのとき達雄が持っていたものです。これに関して，あとの１～５に答えなさい。

Peter : Hi, Tatsuo, what are you doing?

Tatsuo : Oh, hi, Peter. I'm choosing books to take to the library. There's an event in the Chuo Library this Sunday. Would you like to go there with me?

Peter : OK, but what kind of [A] is it?

Tatsuo : Here's a leaflet about it. We can bring books we don't need to the library and we can get ones we want to read. We're encouraged to read more books and recycle them through this event. I think recycling books is good for the environment.

Peter : That's true. It's a great way to save trees. There's a similar event in my country, too.

Tatsuo : Really? [B] about it?

Peter : Sure. It started a few years ago. We can bring some books to the library before the event and we can get a coupon for each book. For example, if you bring three books, you can [C]. Then, you can get three books you want to read in exchange for those coupons. Last year more than 70,000 books were brought to the library and over 6,000 people joined the event.

Tatsuo : Wow, so many? ①That's great. So you joined it, right?

Peter : Yes. I got a lot of interesting books about Japan. They're very useful for learning about your country. Now I want to read some books written in easy Japanese, but I don't have any books to take.

Tatsuo : Oh, you don't have to at this event.

Peter : Oh, really? It's a little different. So what time does the event start?

Tatsuo : At ten in the morning. So shall we take a bus at nine?

Peter : All right.

Tatsuo : Oh, I have one thing to tell you. [D]

Peter : OK. I want to find a lot of books so I need a big one. I can't wait.

(注) choose 選ぶ　event 行事　leaflet ちらし
be encouraged to ～ ～するように奨励されている　recycle リサイクルする
environment 環境　save 守る　similar よく似た　coupon 交換券
in exchange for ～ ～と引き替えに

本の交換市
～不要になった本はありませんか～

日　時 ： 11月６日（日）　10時～16時
場　所 ： 中央図書館　１階ロビー
参加料 ： 無料
主　催 ： 中央図書館
※持ち帰りはお一人様10冊までです。(持ち帰りだけでもかまいません。)
※本を入れる袋をお持ちください。

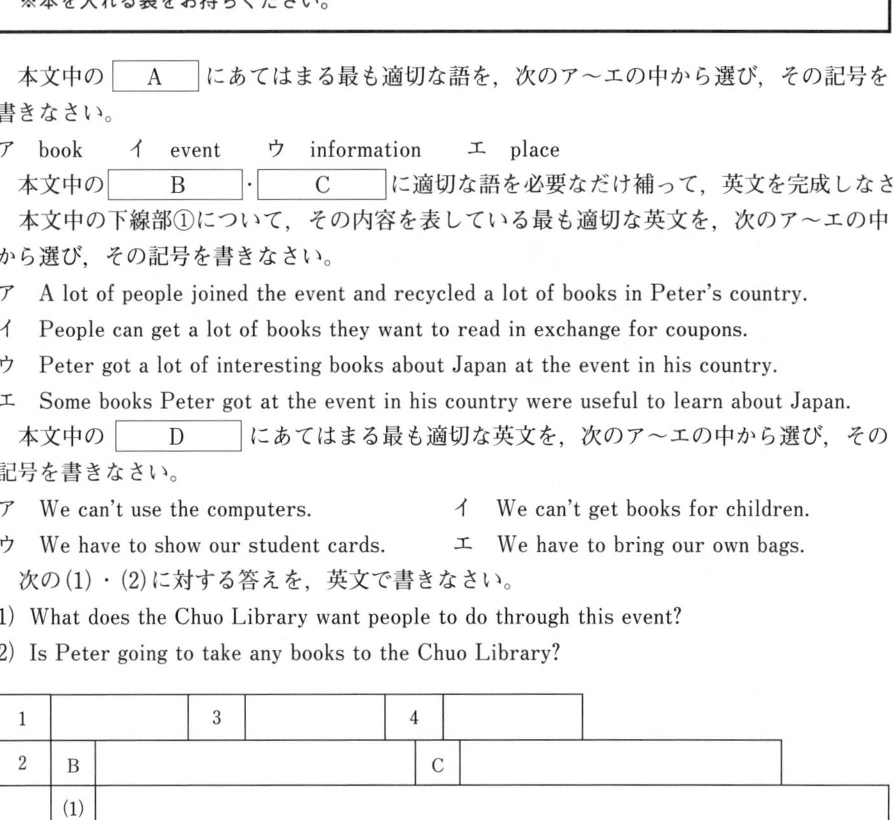

1　本文中の [A] にあてはまる最も適切な語を，次のア～エの中から選び，その記号を書きなさい。
ア　book　　イ　event　　ウ　information　　エ　place

2　本文中の [B]・[C] に適切な語を必要なだけ補って，英文を完成しなさい。

3　本文中の下線部①について，その内容を表している最も適切な英文を，次のア～エの中から選び，その記号を書きなさい。
ア　A lot of people joined the event and recycled a lot of books in Peter's country.
イ　People can get a lot of books they want to read in exchange for coupons.
ウ　Peter got a lot of interesting books about Japan at the event in his country.
エ　Some books Peter got at the event in his country were useful to learn about Japan.

4　本文中の [D] にあてはまる最も適切な英文を，次のア～エの中から選び，その記号を書きなさい。
ア　We can't use the computers.　　イ　We can't get books for children.
ウ　We have to show our student cards.　　エ　We have to bring our own bags.

5　次の(1)・(2)に対する答えを，英文で書きなさい。
(1) What does the Chuo Library want people to do through this event?
(2) Is Peter going to take any books to the Chuo Library?

1		3		4	
2	B		C		
5	(1)				
	(2)				

■平成25年度問題

2 次の対話は，生徒会役員である高校生の直子とカナダから来た留学生のトムが放課後に教室で行ったものであり，右のメモは，そのとき直子が持っていたものです。これに関して，あとの１～６に答えなさい。

Naoko : Hi, Tom. I was looking for you.

Tom : What's up?

Naoko : Can you help me? It's about a welcome meeting. Next month, fifteen British students from our sister school will visit our school. We will welcome them.

Tom : Oh, I was also welcomed on my first day here. OK, tell me more.

Naoko : Look at this. We will have a welcome ceremony. It starts at ten thirty. Then, lunch time will be over at [A]. They want to do something with the students of our school. So, they will do an activity with us, ten members of the student council. But we haven't decided what to do yet. Each member has to think about this by tomorrow. I'm wondering whether *origami* is good.

Tom : Last month, I made *origami* and really enjoyed it with Japanese students. I think *origami* is an example of Japanese culture.

Naoko : Oh, do you think so, too? I think they will like *origami*, because they are interested in Japanese culture. Well, [B]?

Tom : I made a box, a flower and a crane. Then, I was so excited to make them, but it was difficult for me, and I needed more time. Well, how long do you have for the activity?

Naoko : Only forty minutes, because they will join the classes after the activity. Is that long enough?

Tom : I think it's short. Then, [C]?

Naoko : Oh, that's a good idea.

Tom : Well, how will you teach it to the British students?

Naoko : I think that one of us will show how to make it in front of them. And the other nine members will help them. So, they can talk with us.

Tom : Wonderful! When I made *origami*, I enjoyed talking with the students who helped me. So, *origami* will be good for them.

Naoko : Thank you, Tom. I'll tell other members about ①my idea tomorrow.

Tom : I hope it'll be OK.

(注) welcome meeting　歓迎会　British　イギリス人の　sister school　姉妹校
welcome　歓迎する　welcome ceremony　歓迎式典　activity　活動
student council　生徒会役員会　wonder whether ～　～かしらと思う
culture　文化　crane　ツル（鳥の一種）

イギリス人生徒のスケジュール
10：30～11：20　歓迎式典
11：30～12：20　昼　食
12：20～13：00　活　動
13：10～　授　業

＊次の役員会までに考えること
○内容
・日本文化に関すること
・生徒と交流できるもの
○②役割分担

1　本文中の[A]にあてはまる適切な英語を，次のア～エの中から選び，その記号を書きなさい。

ア　ten thirty　イ　eleven twenty　ウ　eleven thirty　エ　twelve twenty

2　本文中の[B]に適切な語を必要なだけ補って，英文を完成しなさい。

3　本文中の[C]にあてはまる最も適切な英語を，次のア～エの中から選び，その記号を書きなさい。

ア　why don't you make a crane only
イ　why don't you make a box, a flower and a crane
ウ　will you make a crane only
エ　will you make a box, a flower and a crane

4　次の(1)・(2)に対する答えを，英文で書きなさい。

(1)　When did Tom make *origami* with Japanese students?
(2)　Does Naoko think *origami* is an example of Japanese culture?

5　次の表は，本文中の下線部①について，直子がよいと考えた活動の内容とそのように考えた理由をまとめたものです。[(1)]・[(2)]に適切な語をそれぞれ２語補って，英文を完成しなさい。

What?	*Origami*.
Why?	British students want to know about [(1)]. British students can [(2)] with the students.

6　メモ中の下線部②について，直子は，活動に参加する生徒会役員の役割分担をどのようにすればよいと考えましたか。日本語で書きなさい。

1		2		3	
4	(1)				
	(2)				
5	(1)		(2)		
6					

■平成26年度問題

2 次の対話は，英語部員である高校生の香奈がアメリカから来た留学生のサムに教室でインタビューしたときのものであり，右のメモは，そのとき香奈が書きとったものの一部です。これに関して，あとの１～５に答えなさい。

Kana : Welcome to our school. We are going to write about you in our English school newspaper. I'll ask you two questions about [A] in America. First, at your school in America, what club are you in?

Sam : I am in the basketball club.

Kana : You are also in the basketball club at our school. Are there any differences?

Sam : Yes. Here, you can join any club you like, but there, we have to pass a tryout to join some clubs.

Kana : Wow. Those clubs can choose only good players, right?

Sam : That's right. And if we want to stay in the club, we have to do well on the exams. So we study a lot.

Kana : Oh, that sounds hard! OK, then I'll ask the second question. Where did you go on your school trip?

Sam : Excuse me, but I don't know what a school trip is. Please tell me about your school trip.

Kana : OK. We, all of the second-year students visited Okinawa. [B]

Sam : Now I understand. Actually we don't go on a school trip together like you. But, during our summer vacation, each student usually joins a summer program or a volunteer activity.

Kana : Did you join a summer program or a volunteer activity?

Sam : Yes. I did both last year. As a summer program, I stayed at a farm for two weeks. I helped to give cows water and food. I sometimes cleaned the cows' house. Those jobs were hard, but I enjoyed nature and fresh milk. Also, as a volunteer activity, I cleaned a library and read some books to children there.

Kana : Interesting! I'd like to write about your program and volunteer activity, too. Well, ①<u>can you bring any pictures for each story tomorrow?</u>

Sam : Sure, I'll bring some pictures of my club activity and program, but I don't have any pictures of my volunteer activity.

Kana : No problem. Then, thank you very much, Sam.

Sam : You're welcome.

(注) pass 合格する　tryout 入部テスト　both 両方とも　farm 農場
cow 乳牛　fresh 新鮮な　volunteer ボランティア　activity 活動

インタビューメモ

質問	サムの答え
部活動	・バスケットボール部所属 ・トライアウトという入部テストがある。 ・部活動を続けるために，[C]。
修学旅行	・私たちのような修学旅行はない。

1 本文中の [A] にあてはまる適切な英語を，次のア～エの中から選び，その記号を書きなさい。

ア your classes　イ your exams
ウ your school life　エ your school newspapers

2 香奈はサムに修学旅行の内容について説明しました。あなたが香奈なら，どのように説明しますか。次の表に示されている修学旅行の内容の中から２つ選び，本文中の [B] に修学旅行の内容を表す英文を書いて，対話を完成しなさい。ただし，２文になってもかまいません。

修学旅行の内容
・伝統的な建物を見学した。 ・森で鳥を観察した。 ・人々から昔の話を聞いた。 ・沖縄の踊りを教わった。

3 メモ中の [C] は，香奈がサムの答えとしてインタビュー中に書き込んだものです。[C] にあてはまる内容を，日本語で書きなさい。

4 本文中の下線部①について，次のア～エの中に，サムがインタビューの翌日に持ってきたと考えられる写真の内容を示したものが２つあります。それはどれとどれですか。その２つの記号を書きなさい。

ア

イ

ウ

エ

5 次の英文は，香奈がサムにインタビューした内容をまとめて書いた記事の一部です。この英文中の [(1)]・[(2)] に適切な語をそれぞれ２語補って，英文を完成しなさい。

After hearing about the club activity, I asked Sam about his [(1)]. I got an interesting answer : the students in his school don't go on a trip together like us. But each of the students usually joins a program or a volunteer activity during the [(2)].

1		2			
3				4	
5	(1)		(2)		

■平成27年度問題

2 次の対話は，オーストラリアから来た留学生のジョンと高校生の大輝が放課後に教室で行ったときのものであり，右のポスターは，対話のあとで大輝が作成したものの一部です。これに関して，あとの１～５に答えない。

John ：Hi, Daiki. What are you doing?

Daiki：I'm preparing for my presentation. We learned some important facts about water in English class, and I'm going to talk about them at the school festival next week.

John ：That sounds interesting! What did you learn in the class?

Daiki：Well, many things. For example, about 70% of the earth's surface is water. You may be surprised, but about 97% of the water on the earth is salt water. Actually, we can easily use only about 0.01% of all the water on the earth.

John ：Oh, I've heard about that. There is much water on the earth, but the water we can use is [A]. Daiki, I know other important facts about water.

Daiki：Really? Please tell me.

John ：Sure. In some countries, water problems are really serious. About 770 million people in the world can't use clean water. Sometimes wars happen because people want to get more water.

Daiki：I can't believe it! It's very sad to fight over water. How did you know that?

John ：I learned about it in Australia. Australia is a dry country, and water is very valuable. So we study about water at school.

Daiki：Oh, I see. John, I think we should also save water. Do you have any ideas to save water?

John ：Well, for example, people in Australia often take a shower very quickly. Some people use rain water for everyday life.

Daiki：Sounds interesting. I will talk about the ideas in my presentation. Oh, now I remember, John! We sometimes save water in Japan, too.

John ：Really? Tell me about it.

Daiki：[B]

John ：That's a really good idea, Daiki. Well, I hope everyone will like your presentation.

Daiki：Now I understand each of us has to think about how to solve water problems. I think I should say that in my presentation. Thank you, John!

（注）prepare for ～　～の準備をする　　presentation　発表　　fact　事実
surface　表面　　serious　深刻な　　fight over ～　～を巡って争う
dry　乾燥した　　valuable　貴重な　　save　節約する
take a shower　シャワーを浴びる　　quickly　すばやく　　solve　解決する

「水」についてあなたはどれくらい知っていますか？

人々が容易に利用できる水の割合

①

オーストラリアに住む人々の節水の工夫
（例）・シャワーの時間を短くする。
・雨水を日々の生活に利用する。

↓

日本でも様々な節水の工夫が行われています。
（例）・ふろの水を洗濯に使う。
・米を洗った水を植木にやる。

【まとめ】水問題を解決する方法について，[C]。

1　本文中の[A]にあてはまる最も適切な英語を，次のア～エの中から選び，その記号を書きなさい。

ア　enough　　イ　too clean　　ウ　not enough　　エ　not clean

2　大輝はジョンに日本で行われている節水の工夫の例を説明しました。あなたが大輝なら，どのように説明しますか。ポスターに示されている日本の節水の工夫の例からいずれか１つを選び，本文中の[B]にあてはまる英文を書いて，対話を完成しなさい。

3　ポスター中の①には，大輝が作成した，地球上のすべての水のうち人々が容易に利用できる水の割合を示すグラフが入ります。そのグラフとして最も適切なものを，次のア～エの中から選び，その記号を書きなさい。

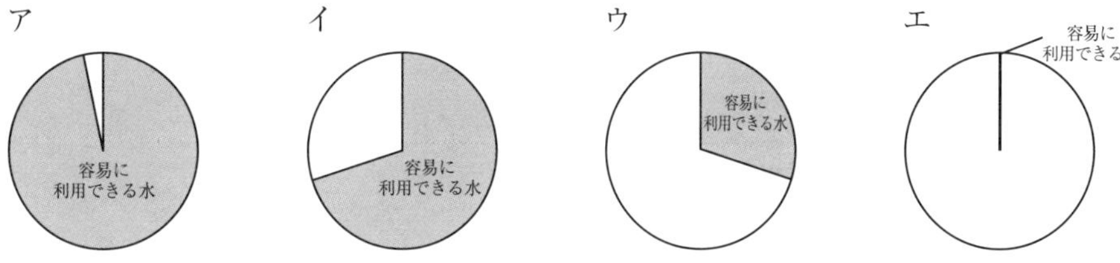

4　ポスター中の[C]は，大輝が，ジョンとの対話に基づいて，水問題についての自分の意見を書き込んだものです。[C]にあてはまる内容を日本語で書きなさい。

5　次の英文は，ジョンが大輝と話した日に書いた日記の一部です。この英文中の[(1)]・[(2)]に適切な語をそれぞれ２語ずつ補って，英文を完成しなさい。

Today, I talked with Daiki about water problems. I told him about people living [(1)]. They are trying some interesting ideas to save water, and Daiki is going to talk about that at the [(2)]. I should go to see his presentation.

1		2	
3		4	
5	(1)		(2)

■平成28年度問題

2 高校生の美咲たちは，英語の授業で，「日本は救急車の利用を有料化すべきか」というテーマで議論を行うことになりました。次のグラフ１～４は，美咲たちがテーマについて調べて準備したものの一部であり，会話は，美咲，大輝，さくら，留学生のジョージの４人が議論を行ったときのものです。これに関して，あとの１～５に答えなさい。

グラフ１

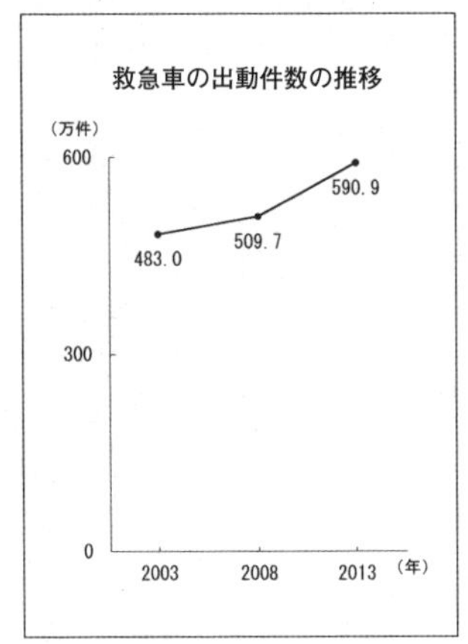

グラフ２

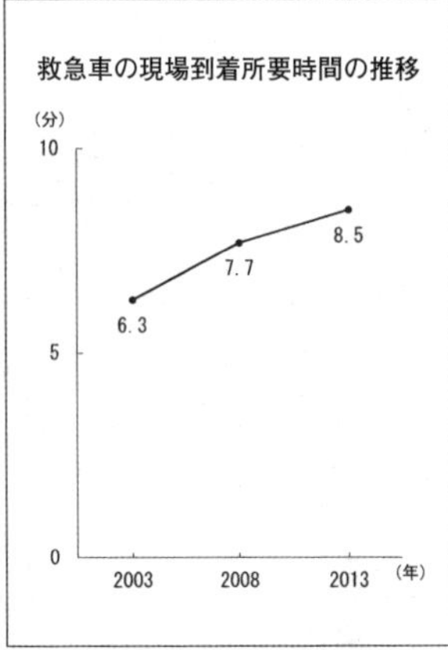

グラフ３

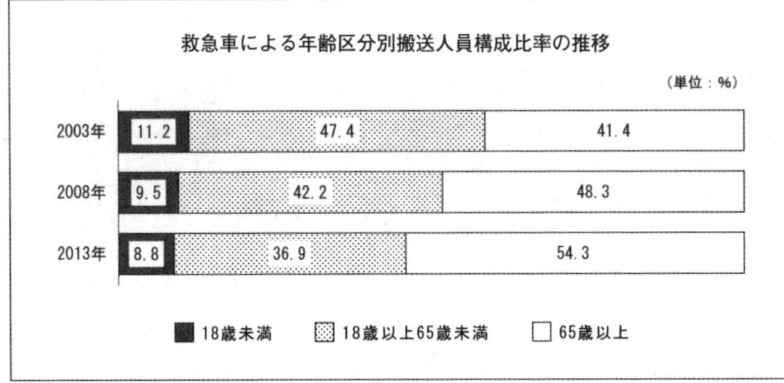

グラフ４

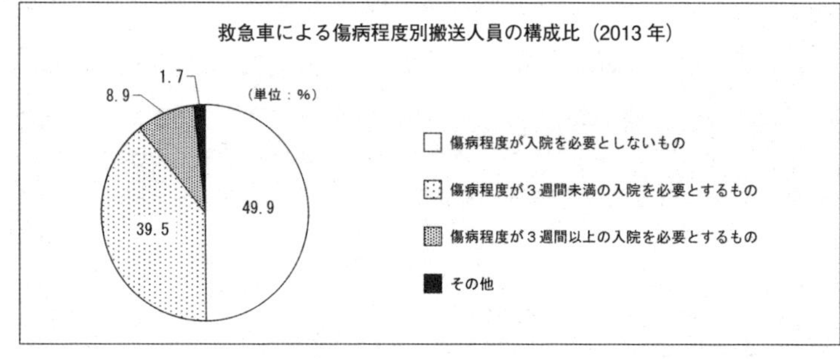

（グラフ１～４　救急・救助の現況　平成26年版　による。）

Misaki : Now, let's start our discussion. Should people in Japan pay for the ambulance service? What do you think, Daiki?

Daiki : I think we should pay for the ambulance service. Look at Graph 1 and Graph 2. From 2003 to 2013, the number of ambulance callouts increased rapidly, so it took longer for ambulance workers to get to their destinations. This is a big problem. I'm afraid some people may lose their lives before an ambulance arrives. I hear some people call an ambulance because they have no car, because they don't know which hospital to go to, or because they don't want to wait long at a hospital. I don't think they should call an ambulance.

Misaki : How about you, Sakura?

Sakura : I don't agree with Daiki. Look at Graph 3. In 2013, a lot of old people were taken to hospitals by ambulance. In Japan, many old people live alone, and some of them can't go to hospitals by themselves. So they need to call an ambulance. But if they have to pay a lot of money, they may not call an ambulance. Then their illnesses may become more serious. I'm afraid they may lose their lives.

Misaki : How about you, George?

George : I think we should pay for the ambulance service. I hear that Japan paid about 2,000,000,000,000 yen for fire brigade charges in 2013. Look at Graph 4. About [A]% of the people who are taken to hospitals by ambulance don't have to be hospitalized. Do they really need an ambulance? If they have to pay a lot of money, they may not call an ambulance. I think Japan can save a lot of money.

Misaki : What do you think about George's idea, Sakura?

Sakura : We have to think about this problem carefully. Now in Japan, we don't have to pay money, so we can call an ambulance easily. Actually, it has saved a lot of people. I think we should call an ambulance right away to see a doctor.

Daiki : Well, Sakura may be right. But I think we should call an ambulance only when [B].

Misaki : All of you have good ideas. Now, let's talk more to find out our own answers.

（注）discussion　議論　　pay　（代金を）払う　　the ambulance service　救急事業
ambulance callouts　救急出動　　increase　増加する　　rapidly　急速に
took　（時間が）かかった　　ambulance　救急車　　destination　目的地
alone　ひとりで　　by themselves　自分で　　illness　病気
serious　重大な　　fire brigade charges　消防費　　hospitalize　入院させる
save　節約する，救う　　right away　すぐに

1　本文中で，大輝は，人々が救急車を利用する理由を３つ述べています。それらの中から２つ選び，日本語で書きなさい。

2　本文中の[A]にあてはまる最も適切な数字を，次のア～エの中から選び，その記号を書きなさい。

ア　50　　イ　40　　ウ　9　　エ　2

3　本文中の［ B ］にあてはまる最も適切な英語を，次のア～エの中から選び，その記号を書きなさい。

ア　we don't need a doctor　　　イ　we need to save old people

ウ　we don't have money　　　エ　we have serious illnesses

4　次のメモは，美咲が，議論を行いながらそれぞれの意見をまとめて書いたものの一部です。このメモ中の［ (1) ］・［ (2) ］に適切な語をそれぞれ2語補って，英文を完成しなさい。

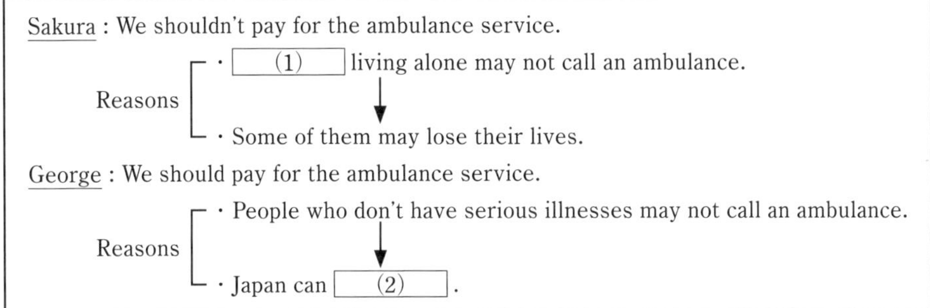
Sakura : We shouldn't pay for the ambulance service.

Reasons
- ［ (1) ］ living alone may not call an ambulance.
- ↓
- Some of them may lose their lives.

George : We should pay for the ambulance service.

Reasons
- People who don't have serious illnesses may not call an ambulance.
- ↓
- Japan can ［ (2) ］.

5　救急車を本当に必要としている人が確実に利用できるようにするために，身近な生活の中であなたはどのようなことができると考えますか。本文の内容を踏まえて，あなたの考えを25語程度の英語で書きなさい。なお，2文以上になってもかまいません。

1			2			
3		4	(1)		(2)	
5						

■平成29年度問題

2　次の会話は，ひばり高校の生徒会役員である海斗，サラ，晴香，翼が，地域の高齢者と行うプロジェクトについて話し合ったときのものであり，グラフ1～3は，海斗たちがその話し合いの際に用いたものの一部です。これに関して，あとの1～6に答えなさい。

Kaito　: Everyone, look at Graph 1. In 2013, 60.1% of households in Japan were nuclear families, and 26.5% were one-person households.

Sarah　: You mean most households in Japan today are nuclear families and one-person households?

Kaito　: That's right. Now, look at Graph 2. The number of old people who are living alone is increasing. In 2010, about ［ A ］ million old people were living alone. What do you think about these graphs, everyone?

Haruka : Well, actually, my grandmother is living alone, and I don't have much time to talk with her. I'm afraid that the relationship between young people and old people is becoming weak.

Sarah　: I think so, too, Haruka. That is one of the social problems in Japan now. As high school students, I think we should find something we can do ［ B ］.

Kaito　: I agree with you, Haruka and Sarah. Now, look at Graph 3. It shows that 59.9% of old people want to communicate with young people. I think this will be a big hint about our project.

Tsubasa : Well, I have an idea. Old people have a lot of knowledge and wisdom. They also know ① old traditions that we should learn. We don't have a lot of opportunities to talk with them, but if we work together with old people, I think we can learn a lot of things from them. How about making an opportunity to talk with each other?

Sarah　: I think that's a great idea. When I was living in England, I joined a project called "Historypin." Many people collected old photos of our town, and we used them as a tool to make new relationships between young people and old people. My grandfather also joined this project, and he talked about his old memories with young people. We had a very good time.

Haruka : That sounds interesting. My grandmother sometimes shows her old photos to me, and she talks about her memories. Her stories are always very interesting. I ask her many questions and imagine what her life was like a long time ago. Through the photos, we can share ［ C ］.

Tsubasa : Listen, everyone. Why don't we tell the students to collect old photos of this town? Then, let's use those photos to talk with old people about their memories. I think ② this will be the beginning of building a relationship between young people and old people of our community.

Sarah　: I agree with you, Tsubasa! How about you, Kaito and Haruka?

（注）household　世帯　　nuclear family　核家族　　increase　増加する
relationship　関係　　hint　手がかり　　project　企画　　knowledge　知識
wisdom　知恵　　opportunity　機会　　Historypin　ヒストリーピン（世代を超えた交流を生み出す取り組み）　　tool　手段　　community　地域社会

グラフ1

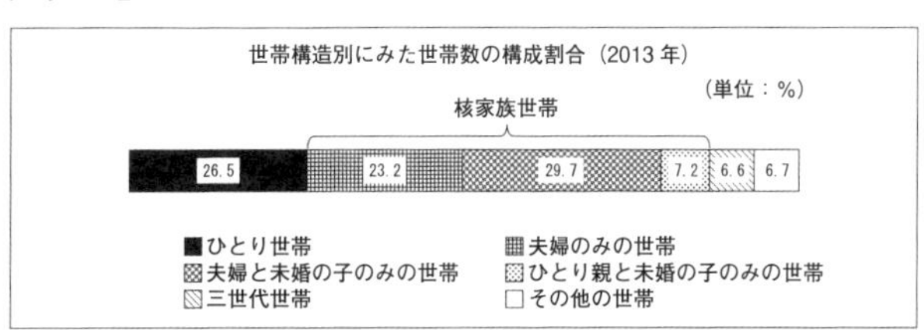

（厚生労働省大臣官房統計情報部　「平成26年　グラフでみる世帯の状況」による）

グラフ2

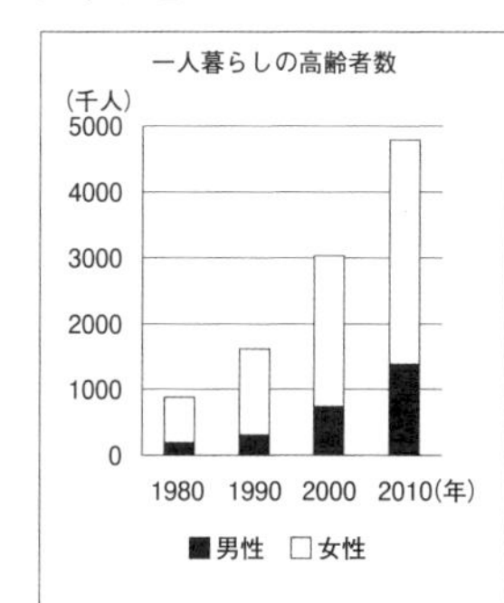

1　本文中の[A]に当てはまる最も適切な数字を，次のア～エの中から選び，その記号を書きなさい。

ア　5　　イ　50　　ウ　500　　エ　5000

2　本文中の[B]に当てはまる最も適切な英語を，次のア～エの中から選び，その記号を書きなさい。

ア　for old people who want to know more about social problems
イ　for young people who are living alone
ウ　to build a strong relationship between teachers and students
エ　to make the relationship between young people and old people stronger

3　本文中の下線部①について，あなたなら高齢者からどのようなことを学びたいと考えますか。具体的な例を１つ挙げ，それを挙げた理由を含めて，あなたの考えを25語程度の英語で書きなさい。なお，２文以上になっても構いません。

グラフ３

若い世代との交流機会への高齢者の参加意向（2013年）

(単位：%)

積極的に参加したい	14.0
できる限り参加したい	45.9
あまり参加したくない	23.9
全く参加したくない	14.0
わからない	2.4

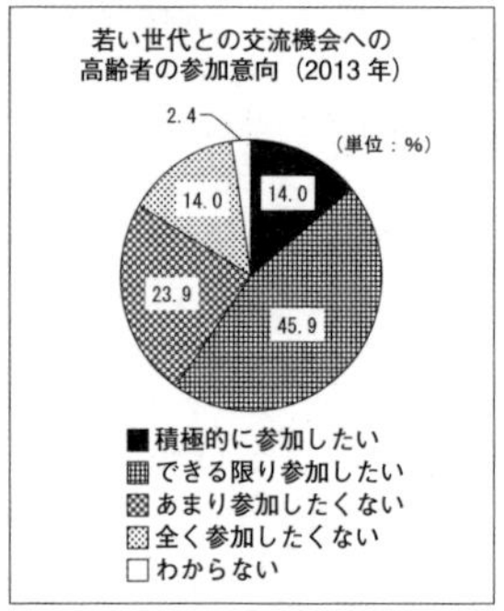

（グラフ２・３　内閣府「平成28年版　高齢社会白書」による）

4　本文中の[C]に適切な語を２語補って，英文を完成しなさい。

5　本文中の下線部②の内容を，日本語で書きなさい。

6　次の会話は，後日，海斗とサラが，自分たちのプロジェクトについて海斗の祖母と話したときのものです。この会話中の[(1)]・[(2)]に適切な語をそれぞれ４語以上補って，会話を完成しなさい。

Kaito : Grandmother, we need some old photos. Will you show us your favorite ones?
Grandmother : Sure. But why do you need them?
Sarah : We would like to [(1)] to make new relationships between young people and old people.
Grandmother : Oh, that sounds interesting! Please tell me more.
Kaito : Well, high school students [(2)] with old people, so we've decided to make an opportunity to meet with each other. Will you join our project?
Grandmother : Of course!

1		2	
3			
4		5	
6	(1)	(2)	

■平成30年度問題

2　次の会話は，高校生の美咲，駿，ジャックが，地域の人々と開催するイベントの実行委員として，今年のイベントの内容について話し合ったときのものです。また，グラフ１とグラフ２は，そのとき美咲たちが用いたものの一部です。これに関して，あとの１～６に答えなさい。

Misaki : Listen, Shun and Jack. Yesterday, I watched the news about the Tokyo Olympics and Paralympics, and I became interested in the exercise habits of Japanese people. Now, look at Graph 1. About [A]% of people in Japan aren't getting enough exercise. What do you think about this?

Shun : Well, I'm surprised to hear that. I hope they will start getting more exercise for their health.

Misaki : I hope so, too, Shun. Now, look at Graph 2. Most people in Japan think getting exercise is important for their health. But actually, as Graph 1 shows, they aren't getting enough exercise. What do you think about ①this situation?

Shun : Well, I think we should find something we can do for their health.

Jack : I agree with you, Shun. I think we should make an opportunity for everyone to enjoy exercise. How about holding a sports event that people living in this town can join?

Misaki : Please tell us more, Jack.

Jack : OK. Look at Graph 2 again. It also shows that people want to interact with each other through exercise. So, if we hold an interesting sports event, I think they will enjoy meeting each other.

Misaki : I see. If we hold ②an event like that, I would like many people to come. What should we do to hold such a big event?

Shun : Well, I think we should invite a famous sports player. How about asking him or her to teach exercise or a sport that people of all ages can enjoy? If we do so, [B]. Then, if they come and enjoy exercise together, some of them may start getting more exercise.

Misaki : You may be right, Shun. But we need a lot of [C] to hold such an event, right? I think that will be a big problem.

Jack : Well, I have an idea. Why don't we try crowdfunding? On the Internet, we can ask people around the world to support our idea and donate to us. If a lot of people support our plan, we may be able to solve the problem.

Shun : That sounds interesting, Jack. It may not be easy, but we can try!

Jack : Actually, I've heard about it from my uncle. He tried it for the event last year, and I'm sure he will help us.

Misaki : I agree with you, Shun and Jack. Now, ③what exercise or sports should we choose for our event?

Jack : Well, that's an important point, Misaki. Let's talk about it more.

（注）exercise　運動　　habit　習慣　　opportunity　機会　　interact　交流する
crowdfunding　クラウドファンディング（インターネットを通じて多くの人から資金を集める方法）
donate　寄付する　　solve　解決する

グラフ１

「運動不足ですか」に対する回答結果

(単位：%)

38.7 / 38.3 / 15.1 / 5.7 / 2.2

■大いに当てはまる
▨当てはまる
▨あまり当てはまらない
▨当てはまらない
□わからない

グラフ２

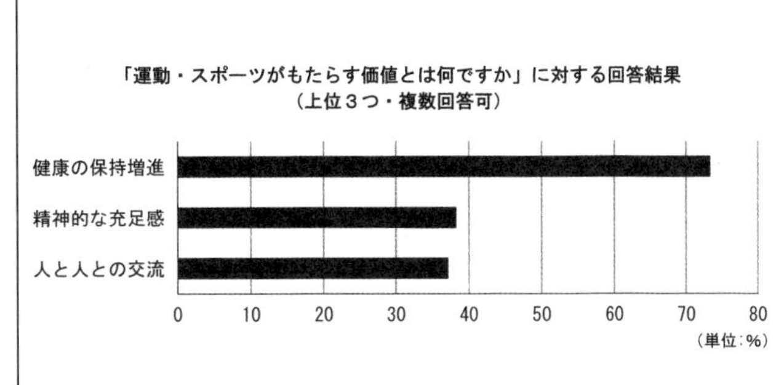

（グラフ１・２　スポーツ庁「スポーツの実施状況等に関係する世論調査」平成28年11月調査による。）

1　本文中の A に当てはまる最も適切な数字を，次のア～エの中から選び，その記号を書きなさい。

ア　10　　イ　20　　ウ　50　　エ　80

2　次の文は，本文中の下線部①について，その具体的な内容をまとめたものです。この文中の (1) ・ (2) に適切な日本語をそれぞれ補って，文を完成しなさい。

(1) と考えているが，実際には (2) という状況。

3　本文中の下線部②について，その内容を表している最も適切な英語を，次のア～エの中から選び，その記号を書きなさい。

ア　an event that famous sports players are going to hold for children

イ　an event that Misaki, Shun and Jack want to hold for high school students

ウ　an event for people who want to enjoy meeting each other through exercise

エ　an event for people who watched the news about the Tokyo Olympics and Paralympics

4　本文中の B に当てはまる最も適切な英語を，次のア～エの中から選び，その記号を書きなさい。

ア　many people will become interested in the event

イ　famous sports players won't teach exercise

ウ　only young people will start getting exercise

エ　many famous sports players will join the event

5　本文中の C に適切な語を補って，英文を完成しなさい。

6　本文中の下線部③について，あなたがこのイベントを開催するとしたら，どのような運動・スポーツを選ぶべきだと考えますか。本文の内容に基づいて，具体的な運動・スポーツを１つ挙げ，それを挙げた理由を含めて，あなたの考えを25語程度の英語で書きなさい。なお，２文以上になっても構いません。

1		2	(1)		(2)	
3		4		5		
6						

■平成31年度問題

2　拓海，明日香，ジェーンは，「科学技術と人々の生活」をテーマとした，高校生による国際会議の発表者として選ばれました。次の会話は，拓海たちが発表する内容について事前に話し合ったときのものです。また，グラフ１～３は，そのとき拓海たちが用いたものの一部です。これらに関して，あとの１～５に答えなさい。

Takumi：We've already decided to talk about AI in our lives at the international conference. AI is like a brain in a machine, right?

Asuka：Yes. In our lives, we can see many kinds of machines with AI, like smartphones, robot cleaners, and air conditioners.

Jane：Last weekend, I found a robot with AI at a new shopping mall. It said, "I will give you the information about this shopping mall." I asked where I could buy a CD there, then the robot answered ① the question quickly. I was very surprised.

Takumi：First, we will show examples of machines with AI at the conference.

Asuka：All right. I've brought Graph 1 and Graph 2. With these graphs, we can show how people feel when they have to work with machines with AI.

Takumi：Graph 1 shows that about 75% of the American people are not happy to work with machines with AI. Why is that, Jane?

Jane：In America, people are often evaluated by their work performance. So, they are afraid of losing their jobs when machines with AI do a better job than them.

Asuka：I see. Graph 2 shows that more than 50% of the Japanese people think it is OK to work with machines with AI.

Takumi：Many Japanese people like stories with robots in comic books and movies. I hear this is part of Japanese culture. So, I think it is OK for many Japanese people to work with machines with AI.

Jane：That's interesting. Why don't we talk about this difference between Japanese and American people after showing examples of machines with AI?

Asuka：That sounds good. Takumi, you have brought Graph 3. Will you tell us about it?

Takumi：Well, people over 20 years old answered the question on Graph 3. It shows that about A % of the Japanese people say there aren't any skills they want to learn to use AI. I believe the Japanese people will need to learn the skills.

Jane：We should find something we can do to B the situation. I think Japanese people should be ready to live with machines with AI.

Asuka：You're right. But from Graph 3, we can also see that some of the Japanese people want to understand AI and think about how to use it. I'm sure a lot of Japanese high school students are interested in AI.

Takumi：I think so, too. Machines with AI are part of our lives. We should think about how to improve our lives by using AI.

Jane：Then, shall we ask questions about living with AI to the students at the conference?

Takumi：OK. Let's talk about ② what questions we will ask at the conference now !

（注）AI　人工知能（artificial intelligence の略）　conference　会議　brain　頭脳　machine　機械　smartphone　スマートフォン　robot cleaner　ロボット掃除機　air conditioner　エアコン　shopping mall　ショッピングモール　evaluate　評価する　performance　成果　skill　技能

グラフ１

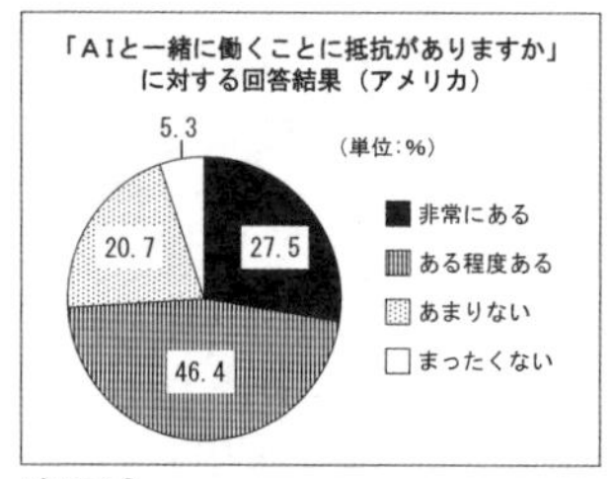

グラフ２

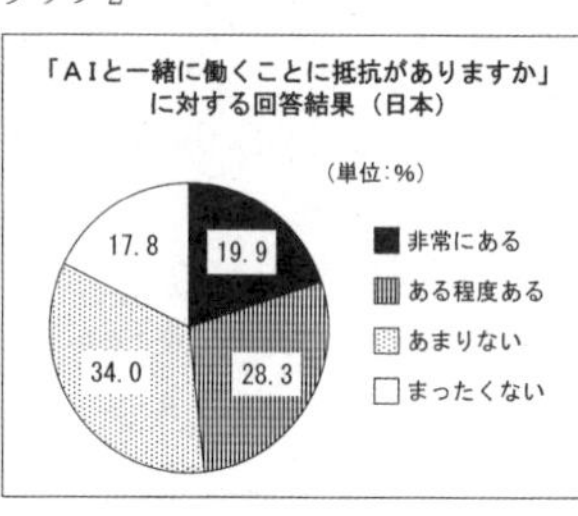

グラフ３

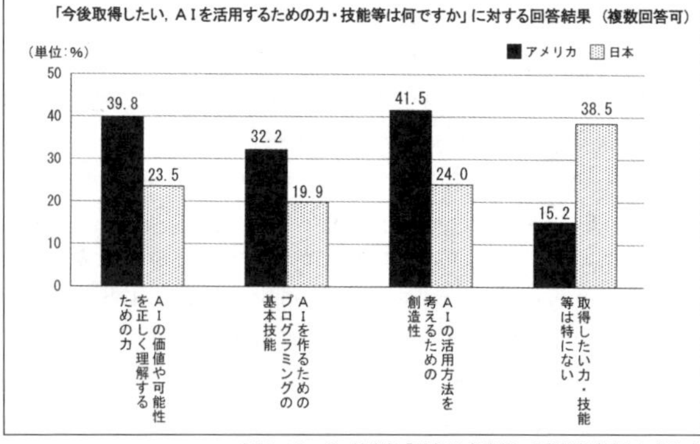

（グラフ１～３　総務省「平成28年度版　情報通信白書」による。）

1　本文中の下線部①について，その内容を表している最も適切な英文を，次のア～エの中から選び，その記号を書きなさい。

ア　"How can I go to the shopping mall?"　　イ　"When will you give me the information?"
ウ　"Where can I buy a CD in this shopping mall?"　　エ　"Why are you surprised?"

2　本文中の［　A　］に当てはまる最も適切な数字を，次のア～エの中から選び，その記号を書きなさい。

ア　15　　イ　20　　ウ　30　　エ　40

3　本文中の［　B　］に適切な語を１語補って，英文を完成しなさい。

4　次のメモは，本文で示されている話し合いに基づいて，国際会議での発表の流れやそこで話す内容を，ジェーンがまとめたものの一部です。このメモ中の［　(1)　］・［　(2)　］に適切な語をそれぞれ１語補って，メモを完成しなさい。また，（　a　）～（　d　）に当てはまる最も適切な英語を，あとのア～カの中からそれぞれ選び，その記号を書きなさい。ただし，文頭に来る語も小文字で示されています。

> Things to do at the international conference
>
> 1. Show some ［　(1)　］ of machines with AI
> 2. Talk about the difference between American and Japanese people
>   ＊difference：（　a　）of the American people think it is OK to work with machines with AI, but（　b　）of the Japanese people think so.
>   ＊reasons　：American people（　c　）.
>   　　　　　　Japanese people（　d　）.
> 3. Talk about our ［　(2)　］ with AI and ask some questions

ア　about 25%　　イ　about 75%　　ウ　more than half
エ　like stories with robots in comic books and movies
オ　think they don't want to learn the skills to use AI
カ　worry about losing their jobs

5　本文中の下線部②について，あなたならどのような質問をしますか。本文の内容に基づいて，具体的な質問を英文で書きなさい。

1		2		3			
4	(1)			(2)			
	a		b		c		d
5							

■令和２年度問題

2　次の会話は，高校生の香里，ポール，翔太が，地域で開催される国際交流イベントの企画委員として，その内容について話し合ったときのものです。また，グラフ１～３は，そのとき香里たちが用いたものの一部です。これらに関して，あとの１～５に答えなさい。

Kaori　: We are going to have the Tokyo Olympics and Paralympics soon. I can't wait!

Paul　: Many people will come to Japan from abroad, so Japanese people will have a chance to introduce Japanese culture to the people who will visit Japan.

Shota　: Next month, our town will also hold an international sports event. Local people and people from other countries will join the event. Our town asked us to decide what food to serve at the food stand to the people at the event.

Paul　: That's right, Shota. We have some information about what food to serve.

Shots　: Do you know that the main purpose of foreign people visiting Japan is to eat Japanese food ? Look at Graph 1. About ［　A　］% of the foreign people answered "I wanted to eat Japanese food before coming to Japan."

Paul　: Now Japanese food is very popular around the world. I hear that the number of Japanese restaurants around the world doubled in five years after traditional Japanese cuisine was registered as a UNESCO's Intangible Cultural Heritage in 2013.

Kaori　: That means ［　B　］. I hope we can tell foreign people at the event about Japanese culture through the food we'll serve.

Paul　: I agree with you, Kaori. Let's choose the food from popular Japanese food.

Shota　: Yes. But what Japanese food is popular among foreign people visiting Japan? Is it *sushi* or *tempura*?

Kaori　: I've brought Graph 2 and Graph 3. In Graph 2, we can see that the meat dishes are the most popular and *ramen* is also very popular among the foreign people.

Shota　: *Raman*? I thought *ramen* was Chinese food.

Kaori　: In many places in Japan, there are many kinds of special *ramen* with local ingredients. I hear that we can enjoy local food culture when we eat *ramen*.

Paul　: My American friends and I think *ramen* is Japanese food. *Ramen* is one of my favorite Japanese foods.

Shota　: I see. Then, ①I think (call can food Japanese *ramen* we).
Paul　: Graph 2 shows that *sushi* is also very popular among the foreign people.
Kaori　: Oh, now I remember! I got a letter from the town. It says that we can't serve raw food.
Paul　: Then, we can't serve *sushi* for the event, right?
Kaori　: That's right. Paul.
Shota　: I like *okonomiyaki*. Is *okonomiyaki* popular among the foreign people?
Kaori　: *Okonomiyaki* is a flour dish, so from Graph 2, I don't think it is very popular.
Paul　: What does Graph 3 show about the flour dishes, Shota?
Shota　: Well, the foreign people who liked the flour dishes were asked why they liked those dishes. About 40% of the answers are that they are traditional and unique to Japan. We can think about that point when we decide what food we'll serve.
Paul　: OK. Then, ②what food should we choose for the people joining the event?
Shota　: Let's talk about it more.

(注) local　地元の　　serve　(料理を) 出す　　stand　屋台　　purpose　目的
double　2倍になる　　cuisine　料理　　register　登録する
UNESCO's Intangible Cultural Heritage　ユネスコ無形文化遺産　　meat　肉
ingredient　材料　　raw　生の　　flour　小麦粉　　unique　特有の

グラフ1

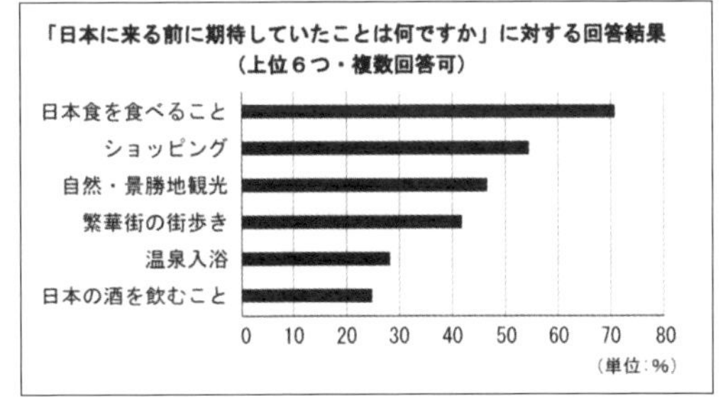

グラフ2

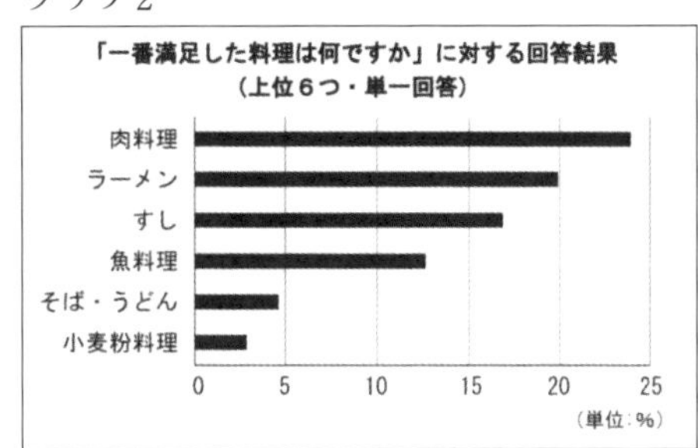

グラフ3

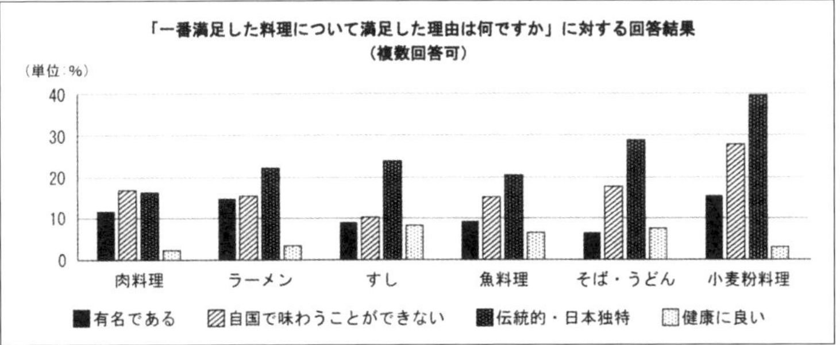

(グラフ1～3　観光庁「訪日外国人の消費動向　2018年　年次報告書」による。)

1　本文中の［　A　］に当てはまる最も適切な数字を，次のア～エの中から選び，その記号を書きなさい。
ア　40　　イ　45　　ウ　55　　エ　70

2　本文中の［　B　］に当てはまる最も適切な英語を，次のア～エの中から選び，その記号を書きなさい。
ア　we are going to have the Olympics and Paralympics in Tokyo
イ　many people around the world have more chances to eat Japanese food now
ウ　people in the town and from other countries will enjoy our town's event
エ　*sushi* and *tempura* are the most popular Japanese foods among foreign people

3　本文中の下線部①が意味の通る英語になるように，(　　) 内の語を並べかえて，英語を完成しなさい。

4　次のメモ1は，本文で示されている話し合いをするために，ポールが事前に準備したものの一部です。このメモ1中の［　(1)　］に適切な語を2語補って，メモ1を完成しなさい。また，メモ2は，本文で示されている話し合いの内容をポールがまとめたものの一部です。このメモ2中の［　(2)　］～［　(5)　］に当てはまる最も適切な英語を，あとのア～カの中からそれぞれ選び，その記号を書きなさい。ただし，文頭に来る語も小文字で示されています。

メモ1

・Traditional Japanese cuisine : Registered as a UNESCO's Intangible Cultural Heritage in 2013
・The number of［　(1)　］around the world : About 55,000 in 2013
↓
About 118,000 in 2017

メモ2

・［　(2)　］: My favorite food
It is［　(3)　］among the foreign people visiting Japan.
・［　(4)　］: Shota's favorite food
It is［　(5)　］among the foreign people visiting Japan.

ア *okonomiyaki*　　イ *ramen*　　ウ *sushi*　　エ not very popular
オ the most popular　　カ very popular

5　本文中の下線部②について，このイベントが，現在あなたが住んでいる町で開催されるとしたら，あなたはどのような料理を選ぶべきだと考えますか。本文の内容に基づいて，具体的な料理を1つ挙げ，それを挙げた理由を含めて，あなたの考えを25語程度の英文で書きなさい。なお，2文以上になっても構いません。

1		2		3						
4	(1)			(2)		(3)		(4)		(5)
5										

英作文

■平成26年度問題

4 次の資料は，ある料理教室のちらしの一部です。ブラウン夫人はこのちらしを見てその料理教室に参加しました。また，下の対話は，ブラウン夫人が料理教室に参加した日の夜に息子のトムと話したときのものであり，絵は，このときの２人の様子を表しています。資料と絵に基づいて，この対話中の［ A ］・［ B ］に，あなたの考える内容をそれぞれ３語以上の英文で書いて，対話を完成しなさい。

資料 *THE BEST CHEF IS COMING!!*

～ The Cooking Class by Mr. King ～

Do you want to cook better? Do you want to make your family happier by cooking? If so, please join us!

One of the best chefs in our country, Mr. King will show you how to cook better and give you his new cake recipes. You can also make the cakes.

Just call us, 666-777-8xxx.

Date：December 12th（Thursday） Time：10：00 ～ 13：00

Place：The Sun Hotel

（注）chef 料理長
cooking class 料理教室
recipe 調理法
hotel ホテル

Mrs. Brown : Tom, would you like one more cake?

Tom : ［ A ］ I can't eat. Well, why did you make cakes today?

Mrs. Brown : ［ B ］ In his cooking class, he said, "Cooking better makes your family happier." Tom, my cakes have made you happier, right?

Tom : Well, I think so.

A	
B	

■平成27年度問題

4 次の資料は，もみじ高等学校の吹奏楽部による定期演奏会のちらしの一部です。もみじ高等学校に通うエミリーと沙紀は，このちらしを見て定期演奏会に行くことにしました。また，下の対話は，エミリーと沙紀がそれぞれこのちらしを見ながら電話で話したときのものであり，絵は，このときの２人の様子を表しています。資料と絵に基づいて，この対話中の［ A ］・［ B ］にそれぞれ３語以上の英文を書いて，対話を完成しなさい。

資料

もみじ高等学校　吹奏楽部
第40回　定期演奏会
日時：３月28日（土）
14：00開演（16：30終演予定）
場所：もみじコンサートホール
（もみじ駅から徒歩10分）
もみじ駅
エミリー
沙紀

Emily : Hello?

Saki : Hello. ［ A ］ May I speak to Emily?

Emily : Speaking. Hi, Saki! What's up?

Saki : On Saturday, we will go to the brass band concert, right?

Emily : That's right.

Saki : What time and where will we meet?

Emily : Well, do you have any ideas, Saki?

Saki : Let's see ... ［ B ］ Then we will walk to Momiji Concert Hall. We can get there thirty minutes before the concert. Is that all right?

Emily : Sure. See you then. Bye.

Saki : Bye.

（注）What's up? どうしたの。

A	
B	

■平成28年度問題

4 次の対話は，高校生の拓也が，みどり駅前で外国人旅行者の男性に話しかけられたときのものです。また，下の資料①は，みどり駅前のバス乗り場に掲示された時刻表の一部であり，右の資料②は，このとき拓也が思い浮かべたみどり駅周辺の地図です。資料①と資料②に基づいて，この対話中の［ A ］・［ B ］にそれぞれ適切な英文を書いて，対話を完成しなさい。

Man　: Excuse me. I want to go to a flea market held in Manabi Park, and I'm waiting for the 8:25 bus. It's already 8:35, but it hasn't come.

Takuya : Well, the 8:25 bus only comes from Monday to Friday. It's Saturday today.

Man　: Oh, I see! Then, what time will the next bus come?

Takuya : ［ A ］

Man　: Really? The flea market starts at 9:00, so I want to get to Manabi Park before that.

Takuya : All right. You can also walk from here to Manabi Park. It takes only about fifteen minutes. You will probably get there at 8:50.

Man　: That's a good idea. Could you tell me how to get there?

Takuya : Sure. ［ B ］

Man　: OK. I will enjoy walking. Thank you very much.

Takuya : You're welcome. Have a good time!

（注）flea market　フリーマーケット　　take（時間が）かかる　　probably　たぶん

資料①

みどり駅　バス乗り場　まなび公園行き

月曜日～金曜日				土曜日・日曜日・祝日		
時	分			時	分	
7	05	25	45	7	15	55
8	05	25	45	8	15	55
9	05	25	45	9	15	55

資料②

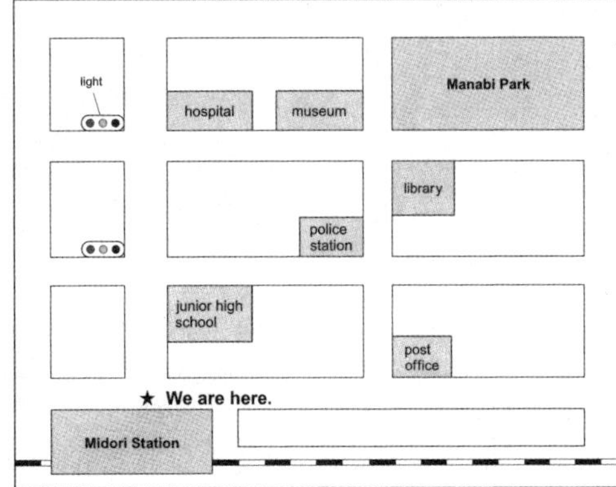

A	
B	

■平成29年度問題

4 高校生の七海は，夏休みに短期留学でハワイに行き，ホームステイをすることになりました。次の英文は，ホームステイ先のロバーツさんと七海がやりとりした電子メールの一部です。また，あとの資料①はハワイの観光地について七海が調べた情報の一部であり，資料②は七海の短期留学の行程表です。ロバーツさんからの電子メールに対して，あなたならどのような返事を書きますか。資料①と資料②に基づいて，電子メール中の［　　］に３文以上の英文を書いて，電子メールを完成しなさい。

件名：Hello from Hawaii

Dear Nanami

Thank you for your e-mail.
My family and I are so happy to welcome you to our house next month.

From your e-mail, we know that you want to have special experiences in Hawaii.
You are going to stay with us only for a short time, but we would like to take you to a special place. In Hawaii, there are many places that are very popular among tourists from all over the world. If you find a place you want to visit, we can drive you there.

First, decide where you want to go and what you want to do there.
Then, tell me when we can do it together. We can't go out together on August 9, on the morning of August 12 and on the afternoon of August 17, because my family and I are busy.

I hope to hear from you soon.

Your host mother,
Tina Roberts

件名：Hello from Hiroshima

Dear Mrs. Roberts

Hello. Thank you for your e-mail.

［　　　　　　　　　　］

I hope to hear from you soon again.

Nanami Suzuki

（注）host mother　ホームステイ先の一家の母親

資料①

Ala Moana Shopping Center	Waikiki Beach
 ・営業時間：月曜日～土曜日　9:30～21:00 日曜日　10:00～19:00 ・ホームステイ先から車で約15分	 ・ホームステイ先から車で約20分
Diamond Head	**Honolulu Zoo**
 ・毎日6:00～18:00　登山可能 （所要時間：往復約2時間） ・ホームステイ先から車で約7分	動物園の写真 ・営業時間：毎日9:00～16:30 ・ホームステイ先から車で約10分

資料②

8/7（月）	8/8（火）	8/9（水）	8/10（木）	8/11（金）	8/12（土）	8/13（日）
午後，ホノルル空港に到着 夕方，ホームステイ開始	学校 9:00～13:00 自由 13:00～	学校 9:00～13:00 自由 13:00～	学校 9:00～13:00 自由 13:00～	学校 9:00～13:00 自由 13:00～	終日自由	終日自由
8/14（月）	**8/15（火）**	**8/16（水）**	**8/17（木）**	**8/18（金）**	**8/19（土）**	
学校 9:00～16:30 自由 16:30～	学校 9:00～16:30 自由 16:30～	学校 9:00～16:30 自由 16:30～	学校 9:00～16:30 自由 16:30～	学校 9:00～13:00 お別れパーティー 14:00～16:00	午前，ホノルル空港へ出発	

■平成30年度問題

4　高校生の優香は，アメリカの姉妹校から来る生徒たちに，日本で体験してもらいたい活動を提案するプレゼンテーションを行うことになりました。次の資料①は活動を提案するために優香が作成したものの一部であり，優香はこれらの活動からいずれか1つを選んで提案しようとしています。また，資料②は優香がプレゼンテーションの原稿を作成するために，ジョーンズ先生からの助言をまとめて書いたものの一部です。あなたが優香なら，どのような原稿を書きますか。資料①と資料②に基づいて，あとの原稿中の[　　　]に3文以上の英文を書いて，原稿を完成しなさい。

資料①

Wearing a *yukata*	Playing the *wadaiko*	Learning *shodo*	Making *okonomiyaki*

資料②

How to give a good presentation to the students from our sister school

1. Which activity is the best?
   I should choose one activity that I want them to try.
2. How should I explain the activity?
   They don't know much about Japanese culture, so I should tell them what it is.
3. Why is the activity good for them?
   I should give them at least one reason to support my idea.

（注）presentation　プレゼンテーション　　explain　説明する　　at least　少なくとも

原稿

Hello, everyone. My name is Yuka.
I'm going to tell you about the activity that I want you to try.

[　　　　　　　　　　]

That's all. Thank you for listening.

■平成31年度問題

4 中学生の香織の家に，香織の学校を訪れることになっているケイティがホームステイをすることになっています。来日後すぐに実施される職場体験に，ケイティも参加する予定です。香織は，担任の先生から，ケイティに職場を１つ推薦するように頼まれました。次の電子メール①はケイティから香織に送られたものです。また，あとの資料は，先生から渡された参加できる職場のリストです。香織は，資料の中から職場を１つ選び，あとの電子メール②によってケイティに返信しようとしています。あなたが香織なら，どのような返事を書きますか。電子メール①と資料に基づいて，電子メール②中の［　　　］に，推薦する職場とその理由について 25 語程度の英文を書いて，電子メール②を完成しなさい。なお，２文以上になっても構いません。

電子メール①

件名：About the things I do in my free time

Hi, Kaori.

Thank you for your message.
I am glad to know that you will recommend a place for my internship.
I will write about the things I do in my free time, and I hope this information will be useful.

I have a little brother, and I play with him when I am free. He enjoys it so much.
I have two dogs. I walk them every morning and brush their hair every evening.
I cook dinner for my family on weekends, and they really like it. I read more than three books every month and talk about the stories with my friends.

I am waiting for your e-mail!

Katy

（注）recommend　推薦する　　internship　職場体験　　brush　ブラシをかける

電子メール②

件名：Internship

Hello, Katy.

I recommend this place for your internship.

［　　　　　　　　　　］

I think you will have a good experience there.
What do you think?
Ask me if you have any questions.

Kaori

資料

（注）Nursery school　保育所

■令和２年度問題

4 次のイラストと英文は，高校生の恵と留学生のボブが，家庭での時間の過ごし方について話したときのものです。①～⑥の順に対話が自然につながるように，［ A ］～［ C ］に英語を書いて，対話を完成しなさい。ただし，［ C ］については，15 語程度で書きなさい。

Last night ...

① Megumi, you look very sad. What happened to you?

② Oh, Bob. Last night, my mother ［ A ］ because ［ B ］.

③ When I entered high school, I made rules with my family about how to spend time at home. How about making your own rules?

④ Well, ...

⑤ I have a good idea! I will ［ C ］.

⑥ That sounds nice!

（注）rule ルール

A		B	
C			

長文読解

■平成24年度問題

3 次の英文を読んで，あとの1～7に答えなさい。

Miki is a Japanese high school student in Hiroshima. Her friend Cindy, a Canadian girl, came to Japan and stayed with Miki's family for a month last spring. So this summer Miki went to Canada to see Cindy and her parents. She was glad to see them at the airport. Cindy's parents said to her, "Miki, welcome to our city. We're also happy to see you." When they got to Cindy's house, Cindy said to Miki, "I will show you around our city tomorrow."

Next morning, Miki and Cindy took a streetcar to go to the highest tower in the city. Cindy said, "The streetcar is useful for us to go around the city." Miki answered, "I know. We also have streetcars in Hiroshima." "Yes. I remember you took me to some famous places by streetcar," Cindy said.

From the top of the tower, Miki and Cindy saw a lot of high buildings. Cindy said, "Our city is one of the big cities in Canada and a lot of ethnic groups live together here. They have their own towns, for example, Greek Town or Little Italy." Miki remembered a lot of people from different countries on the streetcar. Some people were speaking English and other people were speaking other foreign languages. Cindy said, "I know a good restaurant in Greek Town. Why don't we have lunch there?" Miki said, "That's ① a good idea!" It was exciting for Miki to visit Greek Town.

In Greek Town, Miki saw a lot of national flags of Greece. Names of streets, shops, and restaurants were written in English and Greek. Miki was surprised and said, "Are we really in [A] ?" Then, they enjoyed lunch at Cindy's favorite restaurant.

After having lunch, Miki and Cindy went to a big park. There were some people playing music and singing on the stage. Miki said, "Cindy, look at them! They are playing *taiko*, *fue*, and *shamisen*. They are all Japanese musical instruments." Cindy said, "Let's go there and watch them!" ②Around the stage some Japanese (*yukata* people were wearing) dancing. "They are dancing *Bon-odori*. We usually dance it in summer festivals," Miki said. "Wow! I want to try, too," Cindy said. "OK. Let's dance together," Miki said. There were a lot of Canadian people around the stage and some of them were dancing together. Everyone looked happy. Miki was so happy to find that they were interested in Japanese culture.

One month later, Miki came back to Hiroshima and wrote a letter to Cindy and her parents. In the letter, she said, "Now I know a lot of ethnic groups live together in your city and try to keep their own cultures. They're also interested in other cultures. I will [B] to understand foreign people and their cultures. I want to visit Canada again."

(注) Canadian カナダの　airport 空港　streetcar 路面電車　tower 塔　top 最上階　ethnic group 民族　Greek Town グリークタウン（ギリシャ系住民が多く住む町）　Little Italy リトルイタリー（イタリア系住民が多く住む町）　foreign 外国の　flag 旗　Greece ギリシャ　Greek ギリシャ語　stage 舞台　musical instrument 楽器　culture 文化

1 次の(1)・(2)に対する答えを，日本語で書きなさい。
(1) みきとシンディが塔の最上階へ上ったとき，そこから何が見えましたか。
(2) みきとシンディが行った公園の舞台の上で，人々は，何をしていましたか。

2 本文中の下線部①の内容を，具体的に日本語で書きなさい。

3 本文中の[A]にあてはまる最も適切な語を，本文中から抜き出して書きなさい。

4 本文中の下線部②が意味の通る英文になるように，（ ）内の語を並べかえて，英文を完成しなさい。

5 次の(1)・(2)に対する答えを，英文で書きなさい。
(1) What do Miki and Cindy think about the streetcar?
(2) Did Cindy want to join *Bon-odori* in the park?

6 次のア～エの中で，本文の内容に合っているものを1つ選び，その記号を書きなさい。
ア Miki and Cindy had to speak two languages in Greek Town.
イ It was the first time for Cindy to play Japanese musical instruments.
ウ Miki knew a lot of ethnic groups were interested in other cultures in Cindy's city.
エ Miki wanted Cindy to visit other foreign countries to learn about their cultures.

7 本文中の[B]にどんな英語を補えばよいと考えますか。あなたが考えた英語を書きなさい。

1	(1)		(2)	
2				
3				
4	Around the stage some Japanese （ ） dancing.			
5	(1)			
	(2)			
6		7		

■平成25年度問題

3 次の英文を読んで，あとの１～７に答えなさい。

A high school student Misaki went to a city in Australia last October to study English. She stayed there with the Smith family. In the family, there were Mr. Smith, Mrs. Smith, and their child, Ann.

About two months passed. It was one Sunday evening before Christmas time. Misaki decorated a Christmas tree with Mr. Smith and Ann. After that, Mr. Smith told Misaki, "We also write Christmas cards at this time. We'll show you the cards." He asked Ann to bring some cards from her room. After coming back with the cards, she showed them to Misaki and told her some English expressions □ on Christmas cards. Ann asked, "Well, in Japan, do you write them?" Misaki said, "Yes, but many people usually write New Year's cards." Ann asked her what to write on them. "Well... New Year's resolutions... And we often write the *kanji* for an animal, because we have an animal for each year," Misaki said. Mr. Smith got interested in Misaki's story. "What kind of animals do you have?" Misaki said, "For example, a dog or a tiger. Oh, a next year's animal is a dragon." Ann looked excited and asked Misaki to write the *kanji*. She wrote it on a piece of paper and showed it to them. They saw the *kanji* and Mr. Smith said, "Misaki, it looks like an image of a dragon." Misaki said to them, "Do you like it? If so, I'll write Ann's name in Japanese."

Just then, they heard Mrs. Smith from the kitchen. "It's time for dinner." Ann said to her, "OK, but now Misaki is writing my name in Japanese. Come here." Her mother came and Misaki showed the paper to her, "This is Ann's name written in three ways." "In three ways?" She was surprised to hear ①that and all the family wanted to know more about those ways. It was not easy for Misaki to tell them about those ways. But she tried, "This is *katakana*, and the next one is *hiragana*. Then, the last one is *kanji*. *Kanji* has sounds and meanings. I chose this *kanji* for you. Its sound is 'an' and one of its meanings is 'peace of mind'." Mrs. Smith said, "It's good for you, Ann." "Thank you very much, Misaki. I'll show them to my friends!" Ann looked very happy. ②Misaki also felt (to them something happy teach) interesting about Japan. She wrote Mr. and Mrs. Smith's names in Japanese, too. They were glad and said "Thank you" to her. Then, the Smith family and Misaki enjoyed having dinner and talking. It was a wonderful night for her.

Before going to bed, Misaki wrote to her English teacher in Japan. In the letter, she told him about her New Year's resolutions. "During my stay here, I'll tell the people more about Japan. This is one of my New Year's resolutions. And one more. After coming back to Japan, I want to do something that builds a bridge between Australia and Japan."

(注) pass 経過する　decorate 飾る　expression 表現
New Year's card 年賀状　resolution 決意　tiger トラ　dragon リュウ
a piece of ～ 一枚の～　image 姿　kitchen 台所　sound 音
bridge かけ橋

1 次の(1)・(2)に対する答えを，日本語で書きなさい。
(1) みさきは，年賀状に，新年の決意のほかに何を書くと言いましたか。
(2) みさきは，スミス夫妻の名前を日本語で書いたあと，スミス一家と何をしましたか。

2 本文中の□にあてはまる最も適切な語を，次のア～エの中から選び，その記号を書きなさい。
ア use　イ uses　ウ used　エ using

3 本文中の下線部①の内容を，日本語で書きなさい。

4 本文中の下線部②が意味の通る英文になるように，( ) 内の語を並べかえて，英文を完成しなさい。

5 次の(1)・(2)に対する答えを，英文で書きなさい。
(1) Did Ann like her name Misaki wrote in *kanji*?
(2) What did Misaki decide to do during her stay in Australia as her New Year's resolutions?

6 次のア～エの中で，本文の内容に合っているものを１つ選び，その記号を書きなさい。
ア Misaki went to Australia to see the Smith family again.
イ Mrs. Smith wasn't interested in Japanese, so she didn't listen to Misaki's story about it.
ウ Ann told her mother to come to see Ann's name Misaki wrote in three different *kanji*.
エ Misaki will work for Australia and Japan after she is back in her country.

7 次の英文は，日本にいる英語の先生がみさきの手紙に対して書いた返事の一部です。この英文の□に，あなたの考える内容を英語で書いて，英文を完成しなさい。

> I'm happy to know you have made resolutions. It's a good idea to tell the people more about Japan.
> I also try to tell my friends from other countries about my country. To do that, □. I think this is a useful way.
> So, please try it!

1	(1)		(2)	
2				
3				
4				
5	(1)			
	(2)			
6		7		

■平成26年度問題

3 次の英文は，高校生の勇太が，英語の授業において「私の宝物」というテーマで１枚の絵を見せながら行ったスピーチの原稿です。これに関して，あとの１～６に答えなさい。

What is my treasure? My friends or family? Of course they are important for me, but today I'm going to talk about this picture. 【 あ 】

In February, we had our school marathon and we had to run 8.5 kilometers. It was very [A] and I was not good at running, so I decided to run every day. I had three weeks before the race. I began to run along the river near my house after school. At first I ran fast, but soon I got tired. Then I ran slowly to the turning point. Around there, I saw an old man. Every day, he sat on one of the benches there and drew a picture. 【 い 】

One day, after one week passed, I felt so tired and sat on one of the benches for a long time. Then the old man came to me from another bench and said, "Are you OK?" I said, "Yes, but I feel so tired. I have practiced for our school marathon since last week, but I can't do it any more." The old man smiled and said, "I see. I know you do very well every day. Look at this picture." I looked at the picture. ① It was the (running a of boy picture) along the river. The old man said, "This is you. I can't finish it if you stop running. I believe you can do it!" I was so glad to hear his words. Someone was watching me! That made me happy. I said to him, "I will do my best. So please show me the picture when you finish it." 【 う 】

After that day, I didn't stop running or sit on the bench. I waved to the old man and he cheered me on. Two more weeks passed. The day of our school marathon came. The race began. When I felt tired during the race, I remembered the old man and his picture. I kept running. Finally, I reached the goal! After the race, I went to see the old man and said "Thank you" to him. He said, "I'm so glad! You did a really good job! I also finished my picture." Then he gave this picture to me. 【 え 】

Look at me in the picture. I am running hard. When I see it, I always feel I won't give up anything. This picture taught me an important thing : Never give up. So this is my treasure. Thank you for listening.

(注) treasure 宝物　school marathon 校内マラソン大会　kilometer キロメートル
be good at ～ ～が得意だ　race レース　slowly ゆっくりと
turning point 折り返し点　bench ベンチ　do my best 最善を尽くす
wave 手を振る　cheer ～ on ～を応援する　reach the goal ゴールインする

1 次の(1)・(2)に対する答えを，日本語で書きなさい。
(1) 勇太の学校の校内マラソン大会は何月にありましたか。
(2) 勇太は，校内マラソン大会のあと，老人に対して何をしましたか。

2 本文中の[A]にあてはまる適切な語を，次のア～エの中から選び，その記号を書きなさい。
ア deep　イ large　ウ long　エ tall

3 本文中の下線部①が意味の通る英文になるように，(　)内の語を並べかえて，英文を完成しなさい。

4 次の英文は，本文中から抜き出したものです。この英文を入れる最も適切なところを本文中の【 あ 】～【 え 】の中から選び，その記号を書きなさい。
That day changed me and I really wanted to reach the goal.

5 次のア～エの英文は，本文中の出来事をそれぞれ表しています。ア～エを本文の流れに沿って並べかえて，その順に記号を書きなさい。
ア Yuta felt happy to find that an old man was watching him.
イ Yuta decided to run every day for his school marathon.
ウ Yuta remembered the old man's words and his picture during the race.
エ Yuta began to practice for the race, but he ran slowly because he felt tired soon.

6 次の英文は，勇太のスピーチを聞いたあとでクラスメートが勇太に書いたコメントの一部です。この英文中の[　　]に適切な語を３語補って，英文を完成しなさい。
I think you have got a great picture. From it, you have learned you should [　　] anything. So I think the picture is a wonderful treasure for you!

1	(1)		(2)	
2		3		
4		5		
6				

■平成27年度問題

3 次の英文は，高校生の涼太が，アメリカに帰国したスミス先生に書いた手紙の一部です。これに関して，あとの1～6に答えなさい。

Dear Ms. Smith,

I would like to thank you very much for your English classes. When I tried to speak English in your class, you always praised me. I really enjoyed them for a year.

At first, I was very nervous in your class. In fact, when you asked me some questions, I didn't say any words and always just smiled. I didn't want to make mistakes in front of my classmates. 【 あ 】

Do you remember Ken? Ken speaks English well. One day, after your class, he said to me, "Ryota, you don't speak English in class. Why?" I said, "①Because (say know don't to what I) in English." "But Ms. Smith showed us some pictures and English words. You can use them. Just say the word!" When he said that, I thought he couldn't understand my feelings. 【 い 】

After the summer vacation, I went to the teachers' room to hand in my notebook. When the phone rang, you stood up and answered it in Japanese. After the phone call, you asked a teacher some questions about your Japanese. You repeated some Japanese words again and again. I was surprised because you tried to speak Japanese and were not afraid of making mistakes. 【 う 】

A few days later, in your class, you began to talk about your summer vacation. You showed us a lot of pictures. Then you called my name and asked me, "Ryota, what did you do during the summer vacation?" I wanted to say something in English, but I didn't answer your question right away. Then Ken said to me in a small voice, "Say something! Say a word!" I tried to find a word to say and said, "River... I cleaned the river with my classmates." "Oh, really? How did you feel after cleaning?" "I was very [A], but I felt good!" You smiled at me and said, "Good job! You worked so hard! Ryota, your English is wonderful." I was very glad to hear that. After the class, Ken said to me, "You did it!" Since then, Ken and I have been best friends. 【 え 】

The next day, I went to the teachers' room and enjoyed talking with you for the first time. I wanted to speak English more, and then I visited you many times. You always smiled at me and helped me to talk in English. As a result, my English got better.

Now, Ken and I practice English together every day, and we sometimes talk about visiting your country, America, to meet you again.

I really thank you for your classes. I hope I will meet you soon.

Sincerely yours,
Ryota

(注) praise ほめる　nervous 緊張して　in fact 実際
make mistakes 間違える　hand in ～ ～を提出する　rang 鳴った
after the phone call 電話のあとで　repeat 繰り返す
again and again 何度も何度も　right away すぐに
You did it! やったね。　as a result その結果

1 次の(1)・(2)に対する答えを，日本語で書きなさい。
(1) 涼太は，スミス先生の授業をどのくらいの期間受けましたか。
(2) 涼太は，夏休みの間に，同級生と一緒に何をしましたか。

2 本文中の下線部①が意味の通る英文になるように，( ) 内の語を並べかえて，英文を完成しなさい。

3 本文中の[A]にあてはまる最も適切な語を，次のア～エの中から選び，その記号を書きなさい。
ア excited　イ happy　ウ sorry　エ tired

4 次の英文は，本文中から抜き出したものです。この英文を入れる最も適切なところを本文中の【 あ 】～【 え 】の中から選び，その記号を書きなさい。
Something changed in my mind, and I decided to speak English in your class.

5 次のア～エの英文は，本文中の出来事をそれぞれ表しています。ア～エを本文の流れに沿って並べかえて，その順に記号を書きなさい。
ア Ryota and Ken became best friends.
イ Ryota talked about his summer vacation in English.
ウ Ryota often visited Ms. Smith because he wanted to talk with her.
エ Ryota was very nervous, and he didn't speak English in class.

6 次の英文は，スミス先生が涼太の手紙に対して書いた返事の一部です。この英文中の[ ]に適切な語を4語以上補って，英文を完成しなさい。

Dear Ryota,
Thank you for your letter. I'm very happy to know that you [ ] with Ken.
Now you know it's OK to make mistakes. Don't be nervous when you speak English!

1	(1)		(2)	
2				
3		4		5 → → →
6				

■平成28年度問題

3 次の英文は，アメリカで活躍する和菓子職人が紹介された地元新聞の記事の一部です。これに関して，あとの１～５に答えなさい。

Wagashi building bridges between cultures

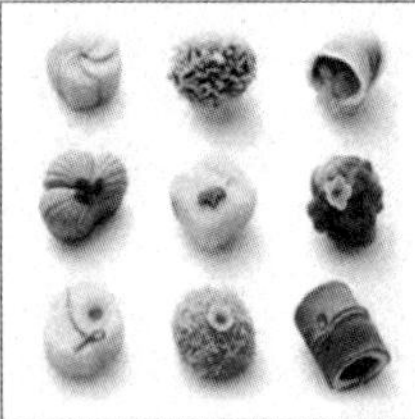

Look at these beautiful small things. What are these? You may not believe it, but these are traditional Japanese sweets called *wagashi*.

This weekend, we will have the second international food festival in our town. You can try many kinds of food from all over the world. Kumiko Aoki, a *wagashi* maker from Japan, will join this festival again with her beautiful sweets.

Wagashi is usually made of sweet bean paste, sugar and rice flour. It is very healthy, and also a kind of art that we can eat. The shapes of *wagashi* are often flowers, leaves and fruits. When you see those shapes and colors, you will feel the beautiful nature of Japan.

In our town, we can buy *wagashi* only in Kumiko's shop. Here in America, how did she start working as a *wagashi* maker? When she was 15 years old, she came to our town for the first time. She stayed with a host family for about two weeks during the summer vacation. One day, she made Japanese sweets called *warabimochi* for them. Kumiko says, "My host family was always kind to me, so I wanted to thank them." They really liked the sweets that she made, and they looked happy. She says, "When I saw their faces, I wanted to make sweets again for people who didn't know much about Japan." This was the beginning of her dream.

After finishing high school, she began to work as a *wagashi* maker in a famous sweets shop in Kyoto. She worked there for ten years. She says, "It was hard. But I learned how to make *wagashi*, and I also learned Japanese hospitality." The seventy-year-old shop owner often said, "Today will never come again." And he tried to make his best sweets every day. His sweets were always delicate and beautiful. Kumiko tried to make sweets like him, but she couldn't. ①<u>She was sad and almost gave up her dream</u>. But the shop owner said to her, "Never give up. You have a wonderful dream."

Three years ago, she came back to our town and opened her shop. But she had hard days again. People didn't know much about *wagashi*, and they didn't even visit her shop. She says, "I wanted people to know the delicate Japanese culture through *wagashi*, but I didn't know what to do." Last year, she heard about the first international food festival in our town. Then she decided to show how to make *wagashi* at the festival. Many people came to see her, and they got interested in *wagashi*.

After this festival, more people have started visiting her shop. She makes different *wagashi* every day. So people who visit her shop often ask her, "What kind of meaning do the shapes and colors have?" She is glad when they ask her questions about *wagashi*. It is very important for her to talk with them. ②<u>Kumiko feels that she can be a bridge between cultures</u> when people say to her, "*Wagashi* is so beautiful! Someday, I want to visit Japan."

（注）sweets　甘い菓子　　international　国際的な　　maker　作る人
sweet bean paste　あんこ　　sugar　砂糖　　rice flour　米粉
healthy　健康によい　　shape　形　　leaves　葉
host family　ホームステイ先の家族　　hospitality　親切なもてなし
shop owner　店主　　delicate　繊細な

1　次の(1)・(2)に対する答えを，英文で書きなさい。

(1)　Is Kumiko going to join the second international food festival?

(2)　What did Kumiko do to thank her host family?

2　本文中の下線部①について，久美子がそのような気持ちになったのはなぜですか。次のア～エの中から，その理由を表す英文として最も適切なものを選び，その記号を書きなさい。

ア　She didn't have enough money to open her own shop.

イ　She didn't have to learn how to make *wagashi* from the shop owner.

ウ　She couldn't make delicate and beautiful sweets like the shop owner.

エ　She couldn't make Japanese sweets for people in America.

3　次の対話は，本文中の下線部②について，この記事を書いた新聞記者が久美子にインタビューを行ったときのものです。この対話中の［　　　］に適切な語を２語補って，対話を完成しなさい。

Reporter : Kumiko, how do you feel when you talk with people who visit your shop?
Kumiko : Well, I feel that I can be a bridge between cultures.
Reporter : Why?
Kumiko : Because I can tell them about［　　　］through *wagashi*. I'm so glad when they want to know more about Japan.

4　次のア～エの英文は，本文中の出来事をそれぞれ表しています。ア～エを本文の流れに沿って並べかえて，その順に記号を書きなさい。

ア　Many people saw Kumiko at the first international food festival.

イ　Kumiko started working in a famous sweets shop in Japan.

ウ　People didn't come to Kumiko's shop, but she didn't know what to do.

エ　Kumiko stayed with her host family for about two weeks in America.

5　次の対話は，英語の授業で，先生と生徒が本文の内容について話したときのものです。先生からの質問に対して，あなたならどのように答えますか。この対話中の［(1)］・［(2)］に，あなたの答えをそれぞれ英文で書いて，対話を完成しなさい。なお，［(2)］については，２文以上になってもかまいません。

Teacher : Do you think Kumiko's dream has already come true?
Student : ［(1)］
Teacher : Why do you think so?
Student : ［(2)］

1	(1)		(2)		2	
3			4	→ → →		
5	(1)		(2)			

■平成29年度問題

3 次の英文は，アフリカで稲作指導を行う直輝が，ウェブページで発信している体験記の一部です。これに関して，あとの１～５に答えなさい。

Making a New Future for Africa Together

If you see hungry people, what will you do for them? You may say that you will give them food. If you do so, they may say, "Thank you," and you may feel happy about it. But what will happen after they finish eating that food? They can survive that one day, but what will happen to them the next day?

In 2004, my life changed when I talked with Tatsuya Oishi in Japan. He came to my high school as a rice farming specialist, and he talked about his experiences in Uganda. He left Japan in 1997 and started teaching African people how to grow rice. In his lecture, he gave us one question. He said, "What should we do to help hungry people in the world?" I raised my hand and said, "Well, I think we should give them something." Mr. Oishi smiled at me and said, "Your answer is not bad, but giving hungry people something is not the only way to help them. We need to think about their future — tomorrow, next week, next year, and even 50 years from now. So, I teach African people rice farming."

Mr. Oishi's words touched my heart, and I wanted to know more about Africa. I started reading a book written by Mr. Oishi to study the situation in Africa. In Africa, many people were hungry and poor. They didn't have enough food. They couldn't go to hospitals even though they were sick, and their children couldn't go to school. Rice was expensive, so they ate it only on special occasions. I thought, "If farmers learn how to grow rice, they will be able to eat it every day. If they get more rice, they will sell it and get some money. Then, with the money they get, they will be able to go to hospitals and send their children to school. Rice can change the future of Africa!"

In 2011, I went to Uganda to join Mr. Oishi's rice farming team. At that time, we started teaching in one village. At first, African farmers thought making rice was too difficult, and they didn't believe that it could change their future. I was sad, but I encouraged them to work together every day. Then, little by little, farmers started joining us. They didn't know anything about rice farming, so I had to teach them everything. It was hard, but I didn't want to give up. Several months later, we finally had a large harvest of rice. When the farmers ate the rice they made, they looked happy.

One day, one farmer spoke to me. He said, "Naoki, I've got a dream. I want to send my children to school with the money I make from rice farming." I said to him, "I'm sure we can. I will never give up until every child in Africa goes to school." He said, "We are making a new future together." When I heard his words, ① <u>I almost cried</u>.

Today, about 20 countries in Africa grow rice. After spending years in Uganda, now I understand Mr. Oishi's words. If you want hungry people to change their lives by themselves, think about their future and help them. You may see the results 50 years from now.

（注）survive　生き残る　farming　農業　specialist　専門家　grow　育てる　lecture　講演
even though ～　～だけれども　occasion　行事　encourage　励ます　little by little　少しずつ
harvest　収穫　by themselves　彼ら自身で　result　成果

１　次の(1)・(2)に対する答えを，英文で書きなさい。

(1) When did Mr. Oishi go to Naoki's high school as a rice farming specialist?

(2) Why did Naoki have to teach everything about rice farming to farmers in Uganda?

２　直輝は大石さんによって書かれた本を読んでアフリカについて調べました。次のメモは，そのときに直輝が書いたものの一部です。本文の内容に基づいて，このメモ中の［(1)］・［(2)］に適切な語をそれぞれ２語補って，英文を完成しなさい。

Many people in Africa are hungry and poor.

↓

If they learn how to grow rice, they can get ［(1)］ to eat.

↓

If they get more rice, they will sell it and get some money.

↓

If they get money,
・they can go to hospitals when they are sick.
・their children can go to school.

↓

★ They may be able ［(2)］ the situation in Africa.

３　次の文は，本文中の下線部①について，直輝がそのような気持ちになった理由をまとめたものです。この文中の(　　　　)に25字程度の適切な日本語を補って，文を完成しなさい。

(　　　　)という思いを，一人の農夫と共有できたと実感したから。

４　次のア～エの中で，本文の内容に合っているものを１つ選び，その記号を書きなさい。

ア　Mr. Oishi became a rice farming specialist in 1997, and he started teaching how to grow rice at a high school in Japan.

イ　Mr. Oishi believes that giving food to hungry people is the best way to make a new future for Africa.

ウ　African farmers didn't become interested in rice farming, so Naoki gave up teaching rice farming in Uganda.

エ　Naoki has taught rice farming in Uganda for years, and now he understands what Mr. Oishi really meant.

1	(1)		(2)		2	(1)		(2)	
3								4	

５　次の対話は，英語の授業で，先生と生徒が本文の内容について話したときのものです。先生からの質問に対して，あなたならどのように答えますか。この対話中の［(1)］・［(2)］に，あなたの答えをそれぞれ英語で書いて，対話を完成しなさい。ただし，［(2)］については，２文以上で書きなさい。

Teacher : What will Naoki do next after working in Uganda for years? Please tell me your own ideas.

Student : (1)

Teacher : Why do you think so?

Student : (2)

■平成30年度問題

3 次の英文は，栃木県の益子(ましこ)町で陶芸を学ぶウィリアムが，自身のウェブページに掲載したエッセイの一部です。これに関して，あとの１～７に答えなさい。

"How long have you been in Japan?" Japanese people who visit our studio often ask me this question. At first, I was going to stay in Japan just for a few years. However, more than five years have already passed since I came here. Now I'm still on my way to becoming a better potter in Mashiko.【 あ 】

In 1990, I was born in Bendigo, Australia. It is an old city which has a long history of pottery. When I was 14 years old, I started learning pottery. To become a good potter, I had to study hard, but it was very interesting to me. When I became a university student in Bendigo, I majored in pottery. One day, Ms. Brown, one of my university teachers, showed me a simple dish made in Mashiko. I saw such a beautiful dish for the first time in my life, so I was [A]. She said, "Mashiko is one of the most famous towns for pottery in Japan, and potters from around the world live there. If you have a chance to go there, you may find your own way."【 い 】

After graduating from university, I came to Mashiko. I wanted to learn more to grow as a potter. I started working at a studio with some Japanese potters, and I was glad to learn the Japanese way of making pottery. I tried my best to make dishes and bowls every day. Almost two years passed, but I still wasn't satisfied with my works. I couldn't forget the dish Ms. Brown showed me before. I wanted to make such a beautiful dish, but I couldn't. It made me really sad, and ①I started thinking of going back to Australia.【 う 】

A few months later, I still wanted to grow as a potter here in Mashiko. So, I asked Ryota, my best friend, to give me some advice about my works. Ryota and I were working at the same studio. Then, one day, he invited me to his house for dinner. When he served dinner to me, I found that he was using some of my works. He said, "Don't try to be someone else, William. Just make your own works. They look so beautiful when they are served with traditional Japanese food. I believe many people will enjoy their daily lives with your works."【 え 】

Last December, Ryota and I held an exhibition together for the first time. One day, Ms. Brown came to our exhibition from Australia. When I saw her, I was very surprised. I sent her an e-mail about it a few months before, but I didn't think she would come. She took one of my works in her hands and said, "Oh, this is wonderful! The red color reminds me of Uluru. I want to use this dish to enjoy my dinner." Her words encouraged me a lot. I said, "Thank you, Ms. Brown. ②Now I (can something I make know) special as an Australian potter who loves Japan so much. I hope someday a lot of people around the world will enjoy their lives with my works." When I saw her smiling face, tears fell from my eyes.

(注) studio 工房　pass 経過する　potter 陶芸家　Bendigo ベンディゴ(オーストラリアの都市)
pottery 陶芸　major 専攻する　bowl 茶わん　be satisfied with ～ ～に満足する　work 作品
advice 助言　serve 出す　daily 日々の　exhibition 展覧会　remind 思い出させる
Uluru ウルル(オーストラリアにある有名な一枚岩)　encourage 励ます

1 次の(1)・(2)に対する答えを，英文で書きなさい。
(1) Did William start learning pottery when he was 14 years old?
(2) Why was William surprised when he saw Ms. Brown at his exhibition?

2 本文中の[A]に当てはまる最も適切な語を，次のア～エの中から選び，その記号を書きなさい。
ア angry　イ bored　ウ excited　エ worried

3 次の文は，本文中の下線部①について，ウィリアムがそのように考えた理由をまとめたものです。この文中の(　　)に30字程度の適切な日本語を補って，文を完成しなさい。

日本に来て約２年が経過したにもかかわらず，(　　　　)ため。

4 本文中の下線部②が意味の通る英文になるように，(　　)内の語を並べかえて，英文を完成しなさい。

5 次の英文は，本文中から抜き出したものです。この英文を入れる最も適切なところを本文中の【 あ 】～【 え 】の中から選び，その記号を書きなさい。
I thought of those words many times, and I decided to try again.

6 次のア～エの中で，本文の内容に合っているものを１つ選び，その記号を書きなさい。
ア William has lived in Japan for more than five years, and he is going back to Australia soon.
イ William came to Mashiko to learn more about pottery after he graduated from university.
ウ William gave Ryota some advice about his works when they were having dinner together.
エ Ms. Brown visited William's exhibition last December, but she didn't try to take his works in her hands.

7 次の対話は，英語の授業で，先生と生徒が本文の内容について話したときのものです。先生からの質問に対して，あなたならどのように答えますか。この対話中の[(1)]・[(2)]に，あなたの答えをそれぞれ英語で書いて，対話を完成しなさい。なお，[(2)]については，２文以上になっても構いません。

Teacher : At the end of the story, tears fell from William's eyes. How did he feel when he saw Ms. Brown's smiling face? Please tell me your own ideas.
Student : [(1)]
Teacher : Why do you think so?
Student : [(2)]

1	(1)		(2)	
2		3		
4		5		6
7	(1)			
	(2)			

■平成31年度問題

3 次の英文は，日本の里山で暮らすジェームズについて，国際交流を推進する団体のウェブページに掲載された記事の一部です。これに関して，あとの１～６に答えなさい。

James Johnson is a Canadian who has lived in Japan for fifteen years. He is married to a Japanese woman named Yuri and now they have two young sons. When James visited Yuri's parents in Japan for the first time, he fell in love with the town. James and Yuri thought they should bring up their children in this beautiful town, so they decided to live there.

James and Yuri's dream was to run a cafe in an old Japanese traditional house. They found a nice house in the town. James told Yuri, "I think this will be a good place for our cafe. I hope everyone will have a wonderful time here." Then they bought the house and opened their cafe.【 あ 】

Soon, many people in the town began to come to the cafe. James and Yuri always enjoyed talking with the people at their cafe. One day, James and his friends were talking about their town. His friends said, "Many people are leaving our town because they think it is better to live in the city. This is a big problem for our town." When James heard that, he was sad. "We have a lot of good things in this town, but many people don't know that." James said to his friends. James asked Yuri, "What can we do to solve this problem in our town?"

① <u>James and Yuri (know wanted people many to) the great things in their town</u>, so they tried to make a website about the town. James collected information about popular places in the town and made a map for the website. He also joined many traditional events in the town and met a lot of people there. He learned the histories and traditions about the events. James and Yuri wrote about them in English and Japanese, and they put the stories on the website.【 い 】

A few months later, people from other towns and countries began to come to the town because they saw James and Yuri's website. James's friends were excited because people from other places were interested in the town. They thanked James and Yuri a lot. They said to James, "Is there anything we can do to help you?" James told them, "I want to make some tour programs. Will you be the tour guides for the programs?"

James, his friends, and some of the people in the town became the tour guides and made ② <u>some interesting tour programs</u>. Many people from other places in Japan and from other countries around the world visited the town and had a great time during the tour programs. For example, they could visit the popular places on James's map, join a town festival, or harvest rice with people in the town. After the tours, the visitors went to James and Yuri's cafe. They talked about the great charm of the town. People in the town were very glad to hear that.【 う 】

James said, "Now people in the town know there are many beautiful things here. They are proud of their town, and they want to tell visitors about it." Yuri said, "Sometimes, our sons help us with the tour programs. We hope more young people will understand the charm of our town and live here in the future."【 え 】

(注) Canadian カナダ人　be married to ～ ～と結婚している　for the first time 初めて
fell in love with ～ ～が大好きになった　bring up ～ ～を育てる　run 経営する　cafe カフェ
solve 解決する　tradition 伝統　tour program 観光プログラム　harvest 収穫する
visitor 訪問者　charm 魅力　be proud of ～ ～を誇りに思う

1　次の(1)・(2)に対する答えを，英文で書きなさい。

(1) How long has James lived in Japan?

(2) What did James and Yuri enjoy at their cafe?

2　本文中の下線部①が意味の通る英語になるように，(　　)内の語を並べかえて，英語を完成しなさい。

3　本文中の下線部②について，その具体的な内容を表している適切な英文を，次のア～エの中から全て選び，その記号を書きなさい。

ア　The visitors could become the guides in the tour programs with people in the town.

イ　The visitors could make a map about some popular places in the town.

ウ　The visitors could go to a festival and enjoy it with people in the town.

エ　The visitors could harvest rice with people in the town.

4　次の英文は，本文中から抜き出したものです。この英文を入れる最も適切なところを本文中の【 あ 】～【 え 】の中から選び，その記号を書きなさい。

So people all over the world could read them.

5　次のア～エの中で，本文の内容に合っているものを１つ選び，その記号を書きなさい。

ア　People in the town built a Japanese traditional house for James and Yuri.

イ　James's friends asked James to be a guide for the tour programs.

ウ　People in Japan and people from other countries enjoyed the tour programs.

エ　James and Yuri's sons sometimes help them with making their website.

6　次の対話は，英語の授業で，生徒がペアになって本文の内容について話したときのものです。優太からの質問に対して，あなたが菜月ならどのように答えますか。この対話中の［(1)］・［(2)］に，あなたの答えをそれぞれ英文で書いて，対話を完成しなさい。なお，それぞれ２文以上になっても構いません。

Yuta　: James has done several things to try to solve the problem of the town. What should he do next to try to solve it? Please tell me your own ideas.
Natsuki : ［(1)］
Yuta　: I see. Why do you think so?
Natsuki : ［(2)］

1	(1)		(2)			
2						
3			4		5	
6	(1)					
	(2)					

■令和２年度問題

3 次の英文は，アフリカで活躍する実業家の美紀について，国際協力に関わる組織の広報誌に掲載された記事の一部です。これに関して，あとの１～６に答えなさい。

When you create something new and wonderful, what do you need? Many of us think we need a great idea. Then, what else do we need? Miki Yamamoto said, "I also need people I can trust and get to the same goal together." She is successful in business and now lives in Nigeria. How did she create great products in Nigeria?

【 あ 】Miki studied about problems in Africa in her university days. She always thought about how to help poor people there. After university, she started working in Nigeria for people who needed help.

In Nigeria, she often went to markets and enjoyed seeing new things. At a market, she became interested in African fabric. There were many beautiful patterns, and she never saw such patterns in Japan. When she saw it, she thought, "I can use this fabric to help [　　　] in Nigeria!"

【 い 】Miki saw many kinds of clothes made of African fabric in the markets in Nigeria, but she couldn't find any clothes designs Japanese people liked. She thought, "Then, I will make and sell clothes Japanese people want to buy!" However, she didn't have any skills to make clothes, so she decided to hire people in Nigeria.

Miki started working with two women in Nigeria. The women had to work and make money for their children. Miki was glad to give them a place to work because she thought it was one way to solve problems in Africa. Miki wanted to make this business successful for the two women. Miki told them, "Let's make clothes for Japanese people with beautiful African fabric together."

【 う 】Miki and the two women started making clothes for Japanese people. At first, Miki couldn't pay them enough money. Miki said, "I am sorry that I can't pay you enough." Then, one woman said, "Miki, we are proud of our work, African fabric is a symbol of our culture. We really want Japanese people to wear clothes made of it" The two women smiled at Miki. ①<u>Miki was very happy</u> to know that they were working for the same goal.

【 え 】Miki kept asking her Japanese friends for advice about the clothes they were making. The two women studied popular Japanese clothes designs. Finally, Miki and the two women created beautiful clothes.

【 お 】Miki opened a small store in Nigeria to sell their products. She also made a website to introduce and sell their clothes on the Internet. Soon, Japanese people became interested in their clothes through the Internet.

Now this business is successful, and Miki and the two women are very proud of their business. When Miki was asked why her business was successful, she answered, "It was successful because I saw beautiful African fabric and got a great idea to make clothes for Japanese people, But the most important thing is that I could meet people who worked very hard with me for the same goal." Miki and the two women are now very excited to think about creating new products for the people around the world.

(注) trust 信頼する　goal 目標　successful 成功した　business 事業
Nigeria ナイジェリア（アフリカ西部の国）　product 製品　university 大学　market 市場
fabric 布　pattern 模様，柄　design デザイン　skill 技術　hire 雇う　solve 解決する
pay 支払う　be proud of ～ ～を誇りに思う　symbol 象徴

1 次の (1)・(2) に対する答えを，英文で書きなさい。
(1) What did Miki study about when she was a university student?
(2) Where did Miki open a small store to sell her products?

2 本文中の[　　　]に適切な語を１語補って，英文を完成しなさい。

3 本文中の下線部①について，その理由を表している最も適切な英文を、次のア～エの中から選び，その記号を書きなさい。
ア Miki knew that the two women could make enough money for their children.
イ Miki knew that African fabric was a symbol of the two women's culture.
ウ Miki knew that the two women wanted Japanese people to wear clothes made of African fabric.
エ Miki knew that the two women studied popular Japanese clothes designs to create clothes made of African fabric.

4 次の英文は，本文中から抜き出したものです。この英文を入れる最も適切なところを本文中の【 あ 】～【 お 】の中から選び，その記号を書きなさい。
Miki and the two women tried to create new clothes designs every day.

5 次のア～エの中で、本文の内容に合っているものを全て選び，その記号を書きなさい。
ア Miki saw many beautiful patterns of African fabric when she was in Japan.
イ Miki didn't find any clothes designs Japanese people liked at the markets in Nigeria.
ウ Miki asked her Japanese friends for advice to make beautiful clothes with African fabric.
エ Miki thought her business was successful because she had the skill to make clothes.

6 次の対話は，英語の授業で，生徒がペアになって本文の内容について話したときのものです。詩織からの質問に対して，あなたが圭太ならどのように答えますか。この対話中の[　(1)　]・[　(2)　]に，あなたの答えをそれぞれ英文で書いて，対話を完成しなさい。なお，それぞれ２文以上になっても構いません。

Shiori : Miki said that there were two things she needed to create great products.
What else do you need to create something new? Please tell me your own ideas.
Keita : [(1)]
Shiori : I see. Why do you think so?
Keita : [(2)]

1	(1)			
	(2)			
2		3		4	
5				
6	(1)			
	(2)			

リスニング 放送内容も含む （H24～H30までは省略しております。）※音源はついておりません。

■平成31年度問題

1 放送を聞いて答えなさい。

問題A　これから，No.1～No.4まで，対話を4つ放送します。それぞれの対話を聞き，そのあとに続く質問の答えとして最も適切なものを，ア～エの中から選んで，その記号を書きなさい。

（放送の内容）

No.1　A：Good morning, Judy. It's Sunday today. Are you going to go out?
B：Yes. I'm going to go shopping with my friends this afternoon. I hope it'll be sunny.
A：Let's see. The Internet says it'll be cloudy in the morning but rainy in the afternoon.
B：Oh, no!
Question No.1: How will the weather be on Sunday?

No.2　A：What sport do you like the best, Mr. Jones?
B：I like soccer the best. What's your favorite sport, Ayaka?
A：I like basketball the best. But in my class, soccer is more popular than basketball.
B：I see. Is soccer the most popular sport in your class?
A：No. Look at this graph, Mr. Jones. Baseball is more popular than soccer in my class.
Question No.2: Which graph are Ayaka and Mr. Jones looking at?

No.3　A：Emma, I'm sorry I'm late.
B：Ken! I said, "We'll meet at the station at 3:00 p.m."
A：Sorry, but I couldn't finish my homework.
B：It's already 3:20. The concert will start soon.
A：Yes. We have only ten minutes before the concert starts.
B：Let's go!
Question No.3: What time will the concert start?

No.4　A：Eric, you came back home so soon. Did you enjoy reading at the library?
B：No, I didn't. I just borrowed some books.
A：Oh. Were there too many people there?
B：No. I was too hungry to read any books there.
A：All right. Please have some cake. Here you are.
B：Thank you.
Question No.4: Why did Eric come back from the library so soon?

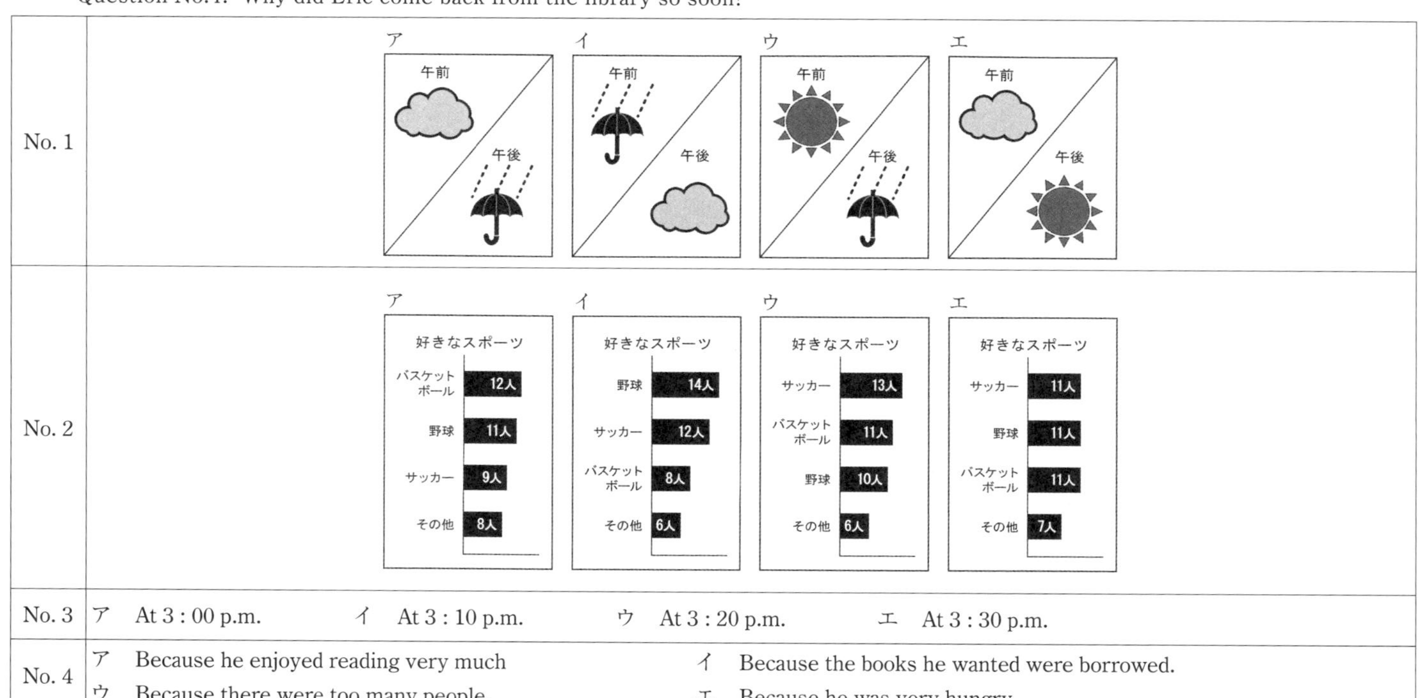

No. 3	ア At 3 : 00 p.m.　イ At 3 : 10 p.m.　ウ At 3 : 20 p.m.　エ At 3 : 30 p.m.
No. 4	ア Because he enjoyed reading very much　イ Because the books he wanted were borrowed. ウ Because there were too many people.　エ Because he was very hungry.

問題B　これから放送する英文は，英語の授業で，先生がクラスの生徒に対して話したときのものです。先生の質問に対して，あなたならどのように答えますか。あなたの答えを英文で書きなさい。なお，2文以上になっても構いません。

（放送の内容）

On New Year's Day, I get a lot of beautiful New Year's cards from my friends. I also send many New Year's cards to my friends. But some people say that we don't need to send New Year's cards. What do you think about this idea? And why do you think so?

■令和２年度問題

1 放送を聞いて答えなさい。

問題A　これから，No.1 ～ No.4 まで，対話を４つ放送します。それぞれの対話を聞き，そのあとに続く質問の答えとして最も適切なものを，ア～エの中から選んで，その記号を書きなさい。

（放送の内容）

No.1　A ：How was your birthday party, Nanako?
B ：It was great, Tom. My mother made a cake for me. It was very good.
A ：That's nice. What did you get for your birthday?
B ：I got some flowers from my sister, and my brother gave me a cup.
A ：I think you had a wonderful time.
B ：Of course.
Question No.1: What did Nanako get from her sister?

No.2　A ：We've just finished the English class. I enjoyed it very much.
B ：What is the next class, Daiki? Is it P. E. ?
A ：No, Sarah. It's math. P.E. is in the afternoon. We'll play soccer today.
B ：Sounds exciting.
Question No.2: Which schedule are Daiki and Sarah talking about?

No.3　A ：Hello, Mr. Davis. Are you interested in playing table tennis?
B ：Yes, but I've never played it. Is it fun, Momoka?
A ：Yes. I'm in the table tennis club. Would you like to join us?
B ：Sure. Where do you practice?
A ：We practice in the school gym. We always practice from Tuesday to Friday.
B ：OK. I'll join you this Friday.
Question No.3: How many days does the table tennis club practice in a week?

No.4　A ：What will you do on Sunday, Emily?
B ：I'll go to the library in the morning, and after that I'll go to the park near our school.
A ：What will you do in the park?
B ：I'll do volunteer work with my friends. We'll clean the park.   Will you join us, Ryoma?
A ：I'd like to join, but I'm going to play baseball with my friends on Sunday.
B ：Oh, I see. Maybe next time.
Question No.4: Why will Emily go to the park on Sunday?

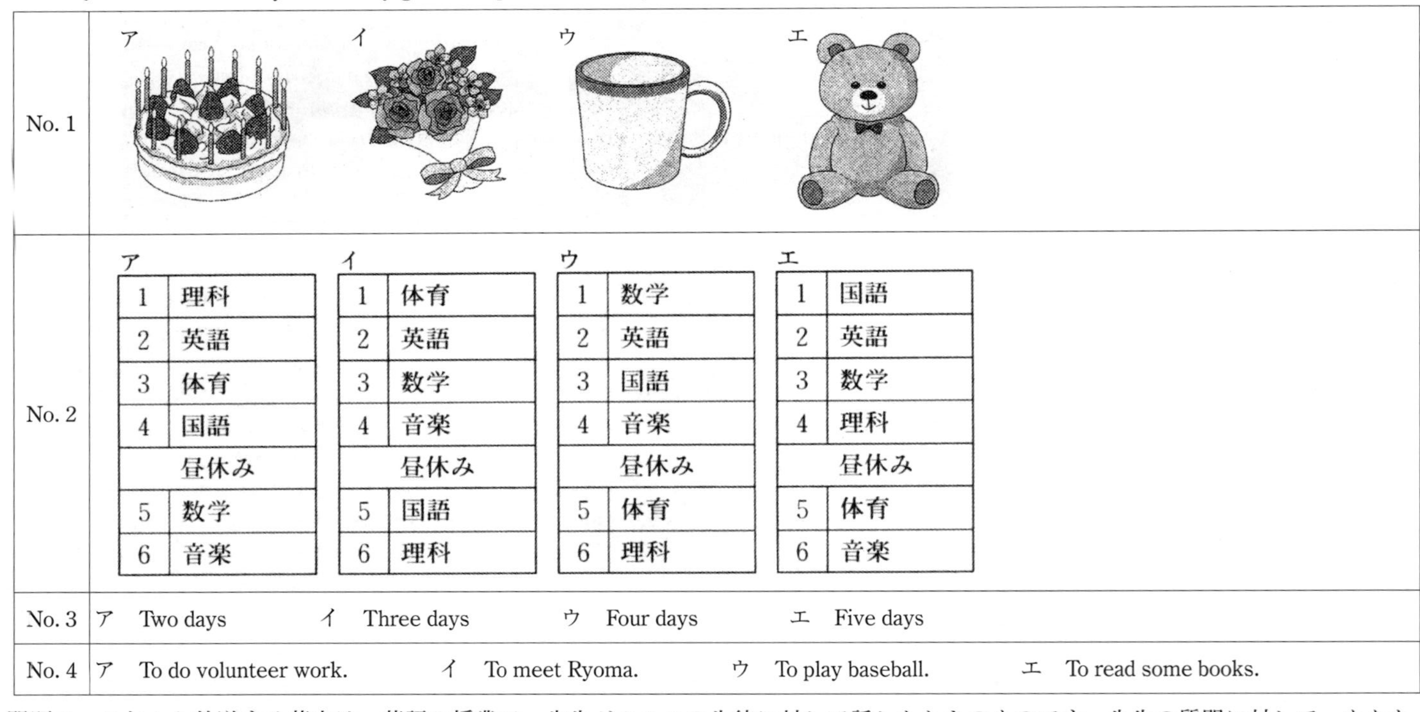

No. 1　ア　イ　ウ　エ

No. 2

ア

1	理科
2	英語
3	体育
4	国語
	昼休み
5	数学
6	音楽

イ

1	体育
2	英語
3	数学
4	音楽
	昼休み
5	国語
6	理科

ウ

1	数学
2	英語
3	国語
4	音楽
	昼休み
5	体育
6	理科

エ

1	国語
2	英語
3	数学
4	理科
	昼休み
5	体育
6	音楽

No. 3	ア　Two days	イ　Three days	ウ　Four days	エ　Five days
No. 4	ア　To do volunteer work.	イ　To meet Ryoma.	ウ　To play baseball.	エ　To read some books.

問題B　これから放送する英文は，英語の授業で，先生がクラスの生徒に対して話したときのものです。先生の質問に対して，あなたならどのように答えますか。あなたの答えを英文で書きなさい。なお，２文以上になっても構いません。

（放送の内容）

When I came to this classroom after school yesterday, I saw many students studying here with their friends for the next week's test. However, some people say that it is better to study without friends when they study for a test. What do you think about this idea? And why do you think so?

公 立 高 校 入 試 出 題 単 元

過去９年間
（平成24年〜令和２年迄）

理　　科

◎1分野

身近な科学　56P

■ 平成26年 1 3（光「光ファイバー」）
■ 平成29年 3（光）

化学変化と物質の性質　58P

■ 平成24年 1 1（中和・水溶液の性質）
■ 平成25年 1 1（気体の性質と化学変化）
■ 平成26年 1 1（物質の性質）2（原子と分子「モデル」）
■ 平成27年 1 1（イオン・水溶液の溶解度）
■ 平成28年 1（食塩水濃度・カイロの仕組み）
■ 平成29年 2（電池・回路）
■ 平成30年 4（二酸化炭素）
■ 平成31年 1（蒸留）
■ 令和２年 4（水溶液・化合）

電流と磁界　66P

■ 平成25年 1 2（電流・電力）
■ 平成31年 3（電磁誘導・フレミングの法則）

力・運動とエネルギー　68P

■ 平成24年 1 2（斜面上の台車・合力）
■ 平成27年 1 2（滑車）
■ 平成28年 3（バネ・浮力）
■ 平成30年 3（力の向き・斜面上の運動）
■ 令和２年 1（物体と運動）

◎2分野

植物のつくりとはたらき　74P

■ 平成25年 2 1（生殖）
■ 平成26年 2 1（分類）
■ 平成28年 2（細胞分裂・実験器具）
■ 平成29年 4（種子植物・遺伝）
■ 平成31年 2（分類）

動物のからだのしくみとはたらき　79P

■ 平成24年 2 1（神経系・筋肉・目）
■ 平成26年 2 2（セキツイ動物の分類）
■ 平成27年 2 1（消化と吸収）
■ 平成30年 1（メダカ）
■ 令和２年 3

天気の変化　83P

■ 平成25年 2 2（天気図・前線）
■ 平成29年 1（天気記号・湿度・飽和水蒸気量）

大地の変化　85P

■ 平成24年 2 2（堆積岩・化石）
■ 平成27年 2 2（火成岩）
■ 平成30年 2（地震）
■ 令和２年 2（地層）

天体　89P

■ 平成26年 2 3（地球と太陽系）
■ 平成28年 4（太陽の動き）
■ 平成31年 4（太陽系の惑星）

生物界のつながり　92P

■ 平成26年 3（炭素の循環・生態系）

◎１分野
身近な科学

■平成26年度問題

1 3　美咲さんは，光が光ファイバーの中を進んで遠くまで伝わることに興味をもち，その仕組みを実験で調べることにしました。次の文章は，この実験をしたときの先生と美咲さんの会話の一部です。これについて，下の（1）・（2）に答えなさい。

美咲：先生，情報通信などに使われている光ファイバーは，どんな構造になっているのですか。

先生：図１のように，光ファイバーは内側と外側の２種類のガラスからできています。光は内側のガラスの中だけを進んで，外側のガラスの中を進むことはありません。

図１

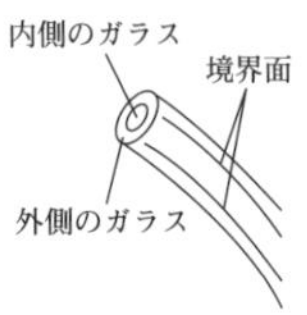

内側のガラス　境界面　外側のガラス

美咲：光ファイバーは曲げることができますよね。曲げても，光が光ファイバーの中だけを進むのはなぜですか。

先生：それは，２種類のガラスの境界面での光の進み方が関係しています。それでは，ガラス製の半円形レンズと光源装置を用いて，空気とガラスの境界面での光の進み方を調べてみましょう。まず，図２のように，空気中からレンズの中心Oに向けて斜め上から光を当ててみましょう。入射角をいろいろ変えてみてください。

図２

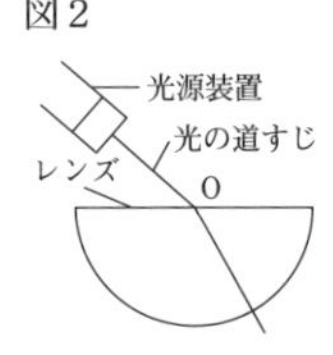

美咲：光の進む道すじが境界面で折れ曲がっています。

先生：そうですね。次は，図３のように，光がガラスの中を通って，①ガラスから空気中へ出ていくように，レンズの斜め下からレンズの中心Oに光を当ててみましょう。

図３

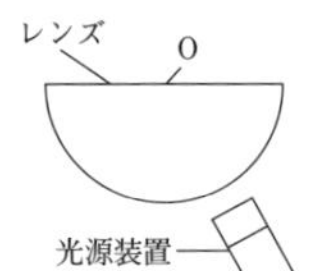

美咲：この場合は，入射角よりも屈折角が［　A　］なっていますね。

先生：それでは，入射角を変化させてみましょう。

美咲：あれ？　入射角を［　A　］していくと，②平らな境界面で屈折する光がなくなって反射する光だけになりました。そうか，光ファイバーでは，曲げても，内側のガラスと外側のガラスの境界面で，光が［　B　］進んで遠くまで伝わるのですね。

（1）下線部①のように光を当てたときの，ガラスから出た光の道すじを示したものは，右の図中のa・bのうちどちらですか。その記号を書きなさい。また，文章中の［　A　］にあてはまる語は，次のア・イのうちどちらですか。その記号を書きなさい。

　ア　大きく　　　イ　小さく

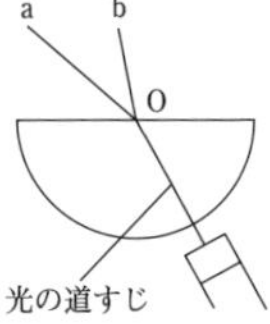

(1)	光の道すじ		A	

（2）文章中の［　B　］にあてはまる語句を，下線部②の現象の名称を用いて簡潔に書きなさい。

(2)	

■平成29年度問題

3　七海さんは，凸レンズによってできる像について疑問に思ったことを調べて，レポートにまとめました。次に示したものは，七海さんのレポートの一部です。あとの１～５に答えなさい。

凸レンズによってできる像

〔疑問〕

同じ凸レンズを使っても，次のように，物体の見え方や映り方が違うのはなぜだろうか。

凸レンズで近くの物体を見ると，同じ向きで大きく見える。	凸レンズで遠くの物体を見ると，上下左右が逆で小さく見える。	遠くの物体は，凸レンズを通して紙に上下左右が逆の像を映すことができる。	近くの物体は，凸レンズを通して紙に像を映すことができない。

〔方法１〕

Ⅰ　あとの図１のように，筒状の黒い箱１の片方の端には凸レンズを，筒状の白い箱２の片方の端には半透明の紙をそれぞれ取り付け，箱１が箱２の外側になるように組み合わせて，簡易カメラを作る。

Ⅱ　あとの図２のように，図１の簡易カメラと物体を置き，箱１を固定して，凸レンズと物体の間の距離を変え，半透明の紙にはっきりと像が映るように箱２を動かして調節する。そのときの凸レンズと像の間の距離と，像の大きさと向きを調べる。

図１

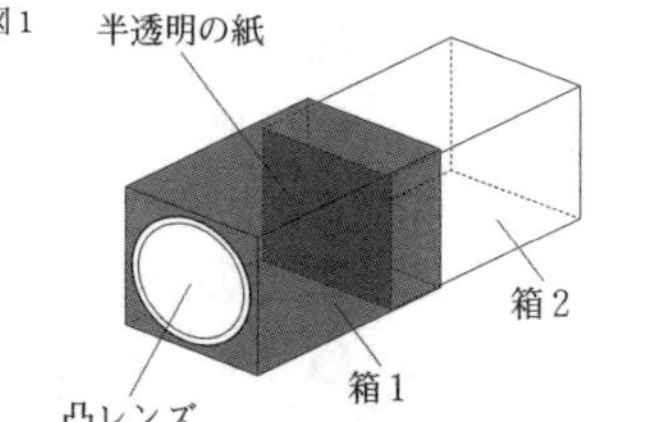

〔方法１の結果〕

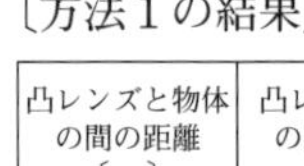

凸レンズと物体の間の距離〔cm〕	凸レンズと像の間の距離〔cm〕	像の大きさ	像の向き
20	12	物体より小さい	上下左右が逆
15	15	物体と同じ大きさ	上下左右が逆
10	30	物体より大きい	上下左右が逆
5	測れない	半透明の紙に像は映らない	

図２

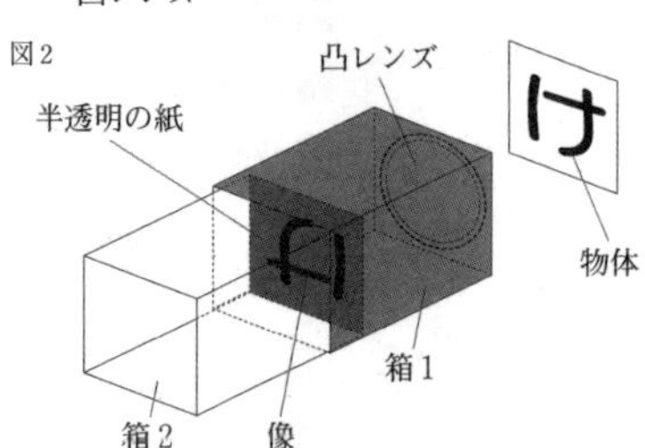

広56→

〔方法２〕

〔方法１の結果〕で，半透明の紙に像が映らなかったとき，箱２を外して，凸レンズを通して物体を見てみる。

〔方法２の結果〕

物体より大きく，物体と同じ向きの像が見えた。

〔考察〕

1　凸レンズで，太陽の光を１点に集めることはできますが，部屋の天井にある蛍光灯の光を１点に集めることはできません。凸レンズで部屋の天井にある蛍光灯の光を１点に集めることができないのはなぜですか。その理由を簡潔に書きなさい。

2　レポート中の図２について，次の図は，ある位置に置いた物体のはっきりとした像が半透明の紙に映っているときの，物体，凸レンズ，半透明の紙の位置関係を模式的に示したものです。この凸レンズの焦点の位置はどこですか。図中の物体と凸レンズの間にある焦点の位置に•印をかきなさい。

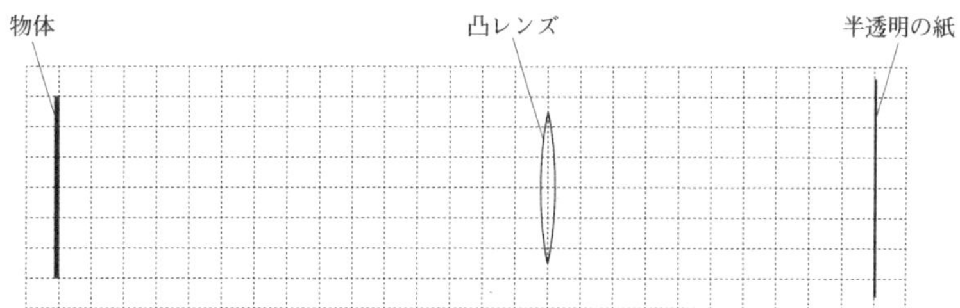

3　レポート中の〔方法１の結果〕から，この凸レンズの焦点距離は何 cm ですか。

4　レポート中の〔方法２〕・〔方法２の結果〕について，次の（1）・（2）に答えなさい。

（1）このとき凸レンズを通して見えた像のことを何といいますか。その名称を書きなさい。

（2）物体を〔方法２〕のときの位置から凸レンズにさらに近付けていくと，凸レンズを通して見える像の大きさは，〔方法２の結果〕のときと比べてどうなりますか。次のア～エの中から適切なものを選び，その記号を書きなさい。

ア　しだいに大きくなる。

イ　しだいに小さくなるが，物体より小さくなることはない。

ウ　しだいに小さくなり，やがて物体より小さくなる。

エ　変わらない。

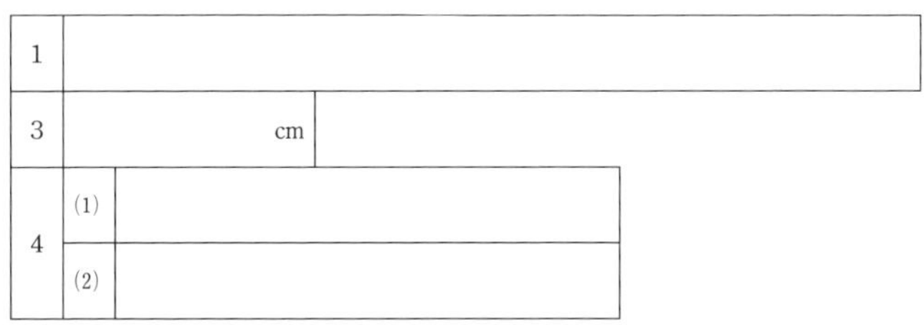

1		
3	cm	
4	(1)	
	(2)	

5　七海さんは，レポートの考察のあと，上の写真のような双眼鏡で遠くの物体を見ると，凸レンズが用いられているのに上下左右が逆に見えないことに疑問をもち，写真中のAの内部に何か仕組みがあると予想しました。そして，レポート中の図２の像の上下左右を逆にする仕組みを考えました。次に示したものは，七海さんが考えた，像の上下左右を逆にする仕組みについて述べたものです。［　　］に当てはまるものを，次のア～エの中から選び，その記号を書きなさい。

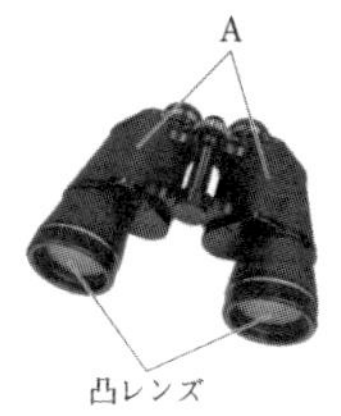

像の上下左右を逆にする仕組み

○　右の図のような，立方体をその面の対角線を通る平面で二等分し，できた断面に鏡を貼り付けた「反射台」を４つ用いる。

○　図の「反射台」は，この鏡に当たる像からの光の入射角が 45° になるように用いる。

○　図の「反射台」４つを［　　］のように配置すれば，像から鏡１に入射した光は，鏡１で反射された後，順に鏡２，鏡３，鏡４で反射されて，鏡４には像が［け］のように映って見える。

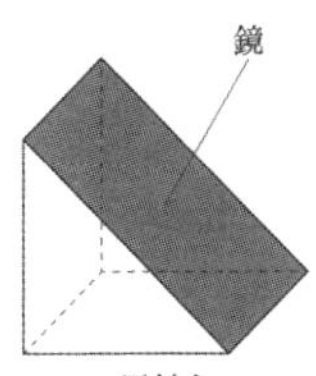

ア

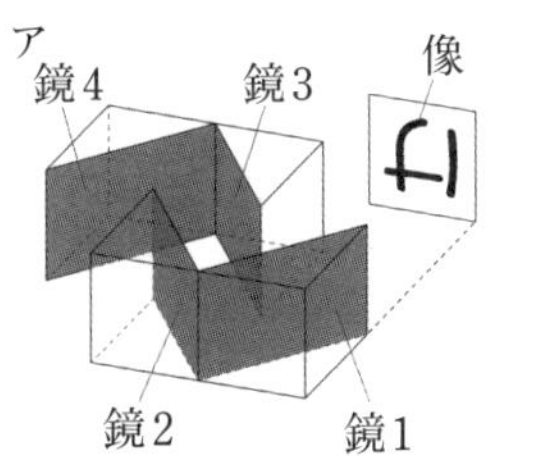

イ

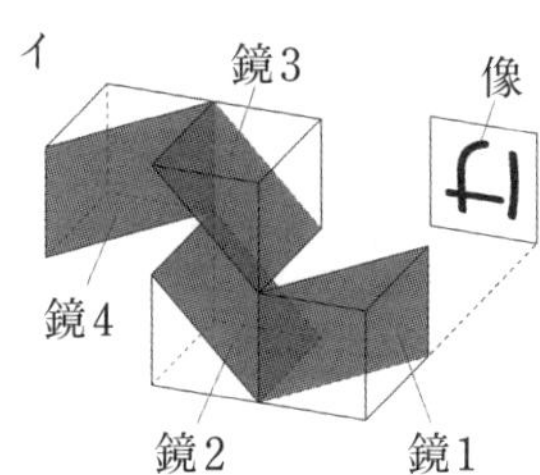

ウ

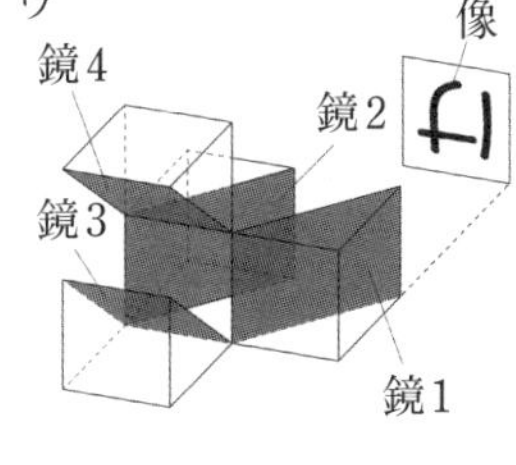

エ

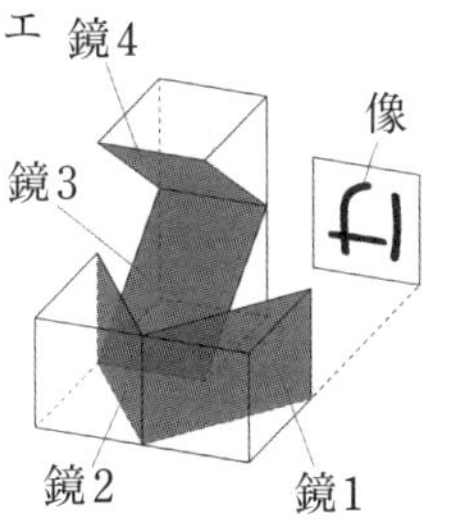

5	

化学変化と物質の性質

■平成24年度問題

1 1　図に示した装置を用いて，BTB溶液を数滴加えたうすい塩酸を入れたビーカーに，うすい水酸化ナトリウム水溶液を少しずつ加えて，ビーカー内の水溶液の性質の変化を調べる実験をしました。これに関して，下の（1）～（4）に答えなさい。

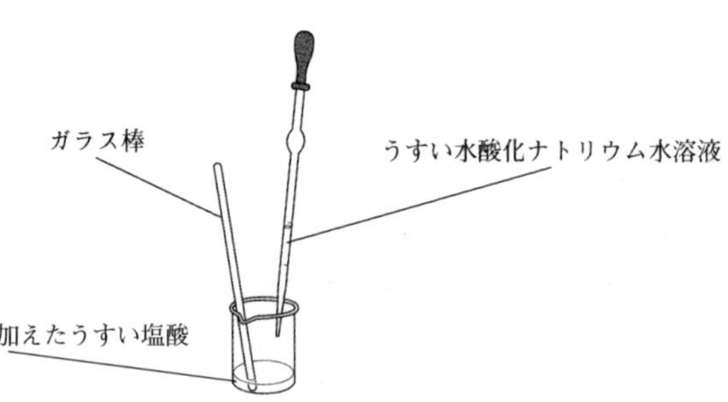

（1）次の文章は，この実験で，ビーカー内の水溶液の色が変化する様子について述べたものです。文章中の［ ① ］・［ ② ］にあてはまる語はそれぞれ何ですか。下のア～エの中から適切なものをそれぞれ選び，その記号を書きなさい。

　ビーカー内の，BTB溶液を数滴加えたうすい塩酸の色は［ ① ］である。この水溶液にうすい水酸化ナトリウム水溶液を少しずつ加えていくと，やがてビーカー内の水溶液の色は緑色に変化し［ ② ］へと変化する。

ア　無色　　イ　紫色　　ウ　青色　　エ　黄色

（2）この実験で，ビーカー内の水溶液の色が緑色に変化したとき，この水溶液をスライドガラスに１滴とり，水を蒸発させ，残った物質を顕微鏡で観察しました。右の図は，この観察した物質の結晶を撮影したものです。この物質は何ですか。その物質の化学式を書きなさい。

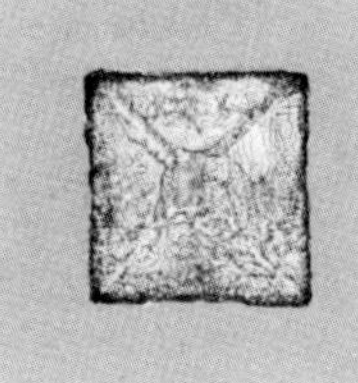

（3）この実験で，ビーカー内の水溶液の色が緑色に変化したのは，うすい塩酸とうすい水酸化ナトリウム水溶液がたがいの性質を打ち消し合う反応を起こしたためです。このような反応を何といいますか。その名称を書きなさい。

（4）次の表は，身のまわりの溶液のうち，しょうゆ，牛乳，石けん水のpHを測定した結果を示したものです。表中のしょうゆ，牛乳，石けん水の中で，アルカリ性のものはどれですか。その名称を書きなさい。また，その溶液がアルカリ性だと考えた理由を，pHの値と関連づけて簡潔に書きなさい。

溶液	しょうゆ	牛乳	石けん水
pHの値	4.8	6.7	9.5

(1)	①		②		(2)		(3)	
(4)	名称		理由					

■平成25年度問題

1 1　図に示した装置を用いて酸素を発生させ，その性質を調べる実験をしました。これに関して，下の（1）～（4）に答えなさい。

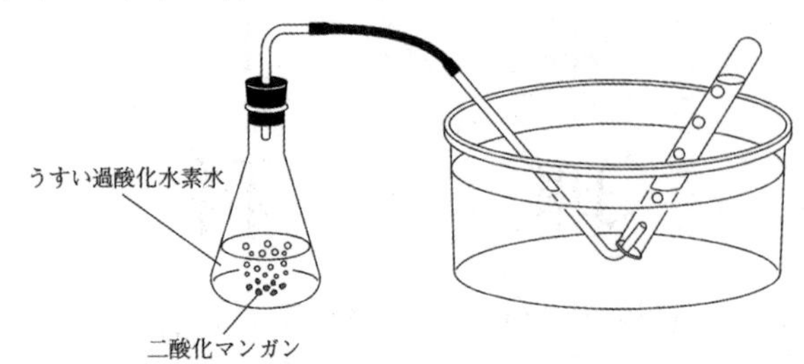

（1）この実験では，はじめに試験管に集めた気体は酸素の性質を調べるのに使いません。それはなぜですか。簡潔に書きなさい。

（2）この実験で，酸素を集めた試験管の中に火のついた線香を入れると，線香のようすはどのようになりますか。簡潔に書きなさい。

（3）酸素は，さまざまな方法で発生させることができます。次のア～エの中で，酸素を発生させる方法はどれですか。その記号を書きなさい。

ア　石灰石にうすい塩酸を加える。　　イ　亜鉛にうすい塩酸を加える。
ウ　炭酸水素ナトリウムを加熱する。　エ　酸化銀を加熱する。

（4）ある学級の理科の授業で，化学反応式について学習しました。右の表は，この授業でＡさんとＢさんがそれぞれ書いた，水が水素と酸素に分解するときの化学反応式を示したものです。また，次の文章は，この化学反応式を書いたあとの，ＡさんとＢさんの会話の一部です。文章中の［ ① ］・［ ② ］にあてはまる語をそれぞれ書きなさい。

Ａさん	$H_2O \rightarrow H_2 + O_2$
Ｂさん	$2H_2O \rightarrow 2H_2 + O_2$

Ａさん：なぜ，Ｂさんの化学反応式には，H_2O と H_2 の前にそれぞれ２がついているの？
Ｂさん：それは，この化学反応式をつくるときには，化学変化の前後で，水素［ ① ］の数と酸素［ ① ］の数をそれぞれ［ ② ］するため，H_2O と H_2 の前にそれぞれ２をつけたんだよ。
Ａさん：そうか。なるほどね。

(1)		(2)		(3)	
(4)	①		②		

■平成26年度問題

1　1　健太さんは，カルメ焼きを自宅でつくり，そのことをレポートにまとめました。次に示したものは，健太さんのレポートの一部です。これについて，下の（1）・（2）に答えなさい。

> カルメ焼きづくり
>
> 〔目的〕
> 　理科の授業で紹介されたカルメ焼きをつくってみる。
>
> 〔準備物〕
> 　砂糖，水，炭酸水素ナトリウム，玉じゃくし，割りばし，ガスコンロ
>
> 〔方法〕
> 　Ⅰ　砂糖を玉じゃくしに入れ，水を加え，加熱する。
> 　Ⅱ　ある程度煮つめたら，玉じゃくしを火から外す。
> 　Ⅲ　煮つめた砂糖水に炭酸水素ナトリウムを加え，割りばしでかき混ぜる。
> 　Ⅳ　全体が白くなったら，かき混ぜるのをやめ，ふくらむのを待つ。
>
> 〈1回目〉
>
> 〔結果〕
> 　炭酸水素ナトリウムを入れる前に，右の図のように，黒くこげて失敗した。
>
> 
>
>
> 〔考察〕
> 　砂糖水を加熱するとき，火が強すぎたのかもしれない。次回は，弱火でゆっくり加熱する。また，黒くこげたことから，砂糖には，［　A　］が含まれていることがわかった。
>
> 〈2回目〉

（1）レポート中の［　A　］にあてはまる原子は何ですか。その原子の記号を書きなさい。

（2）右の図は，ふくらんだカルメ焼きの断面を撮影したものです。下の文は，カルメ焼きがふくらんだ理由について述べたものです。文中の［　①　］・［　②　］にあてはまる語をそれぞれ書きなさい。

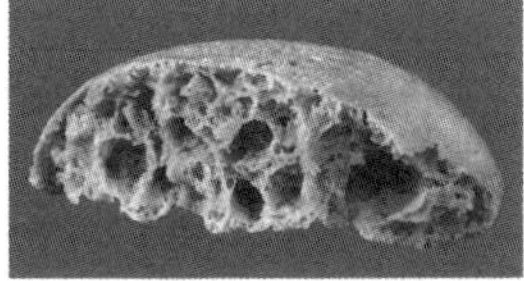

　カルメ焼きがふくらんだのは，［　①　］が分解し，［　②　］という気体が発生したためである。

1	(1)	A		(2)	①		②	

2　優花さんは，化学反応式の学習のあと，次のようなクイズをつくりました。これについて，下の（1）・（2）に答えなさい。

> 次の２つの化学変化を原子のモデルで表しました。
>
> ・①<u>マグネシウム</u>を加熱したときの化学変化
>
> ○　○　＋　●●　→　○●
○●
>
> ・②<u>酸化銀</u>を加熱したときの化学変化
>
> □●□
□●□　→　□　□
□　□　＋　●●
>
> これらの○，●，□はそれぞれ何の原子でしょうか。

（1）クイズ中の○，●，□のモデルで表される原子はそれぞれ何ですか。その名称を書きなさい。

（2）物質には，単体や化合物などがあります。次の文は，単体について述べたものです。文中の［　　］にあてはまる語句を書きなさい。また，クイズ中の下線部①・②の物質のうち，単体はどちらですか。その番号を書きなさい。

　単体とは，［　　］からできている物質のことである。

2	(1)	○		●		□	
	(2)	語句		番号			

■平成27年度問題

1　1　塩化ナトリウム4gが入った試験管A，硝酸カリウム4gが入った試験管Bがあります。試験管A・Bに，次のⅠ～Ⅲの操作をしました。表は，その結果を示したものです。これについて，あとの（1）～（3）に答えなさい。

【操作】

> Ⅰ　試験管A・Bにそれぞれ水5cm^{3}を加え，よく振り混ぜて，全部溶けるかどうかを調べる。
>
> Ⅱ　Ⅰの操作をした試験管A・Bを約60℃の湯に入れて加熱し，しばらくおいてから試験管A・Bを取り出し，よく振り混ぜて，全部溶けるかどうかを調べる。
>
> Ⅲ　Ⅱの操作をした試験管A・Bを水に入れて冷やし，中の様子を調べる。

【結果】

	操作Ⅰ	操作Ⅱ	操作Ⅲ
試験管A	全部は溶けなかった	加熱する前とほとんど変わらなかった	冷やす前とほとんど変わらなかった
試験管B	全部は溶けなかった	全部溶けた	固体が出てきた

（1）次の文章は，塩化ナトリウムや硝酸カリウムが水に溶けた液体について述べたものです。文章中の［①］・［②］にあてはまる語をそれぞれ書きなさい。

この液体で，塩化ナトリウムや硝酸カリウムのように，水に溶けている物質を［①］という。また，水のように，［①］を溶かしている液体を［②］という。

（2）右の図は，試験管の中に入れた少量の塩化ナトリウムの様子を，ナトリウムイオンを●，塩化物イオンを○として，モデルを用いて示したものです。この試験管に多量の水を加えて全部溶かし，しばらくおいたときの，液体中のナトリウムイオンと塩化物イオンの様子をモデルを用いて表すとどうなりますか。次のア～エの中から適切なものを選び，その記号を書きなさい。

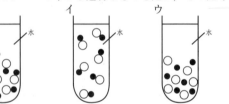

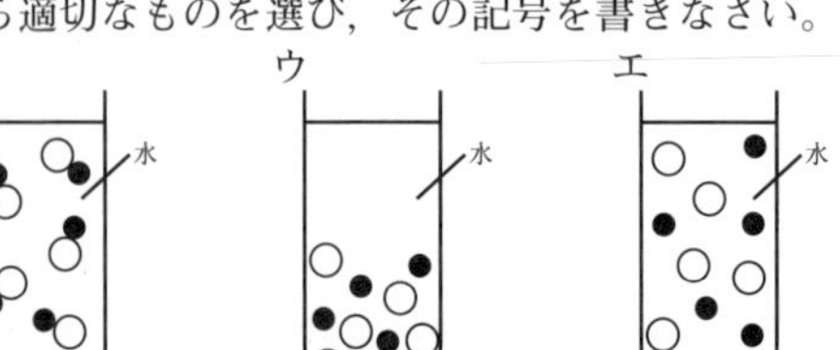

（3）右の図は，塩化ナトリウムと硝酸カリウムの溶解度曲線を示したものです。次の①・②に答えなさい。

① 試験管Aの中の，操作Ⅰで溶け残った塩化ナトリウムの量が，操作Ⅱの後も操作Ⅲの後もほとんど変わらなかったのはなぜですか。その理由を，「溶解度」の語を用いて簡潔に書きなさい。

② 操作Ⅲで，試験管Bの中の液体の温度が20℃になったとき，試験管Bの中に出てきた硝酸カリウムの固体の質量は何gだと考えられますか。次のア～エの中から適切なものを選び，その記号を書きなさい。

ア 1.6g　イ 1.8g　ウ 2.4g　エ 3.9g

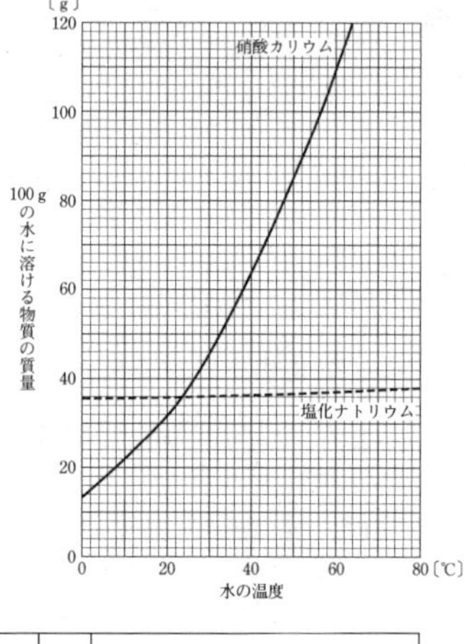

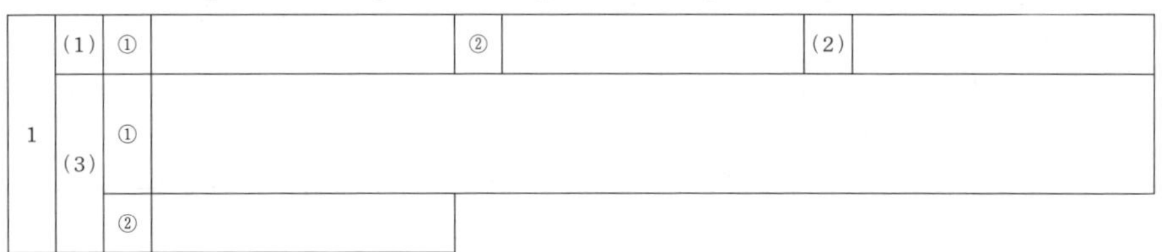

1	(1)	①		②		(2)	
	(3)	①					
		②					

■平成28年度問題

1 ある学級の理科の授業で，化学カイロの成分を使って，化学変化による温度の変化を調べる実験をしました。この実験では，図1に示した装置を用いて，鉄粉5gと活性炭3gを混ぜたものが入っているビーカーに，濃度が5％の食塩水を加え，よくかき混ぜてから，1分ごとに温度を測定しました。図2は，この測定の結果をグラフで示したものです。下の文章は，このときの生徒の会話の一部です。あとの1～4に答えなさい。

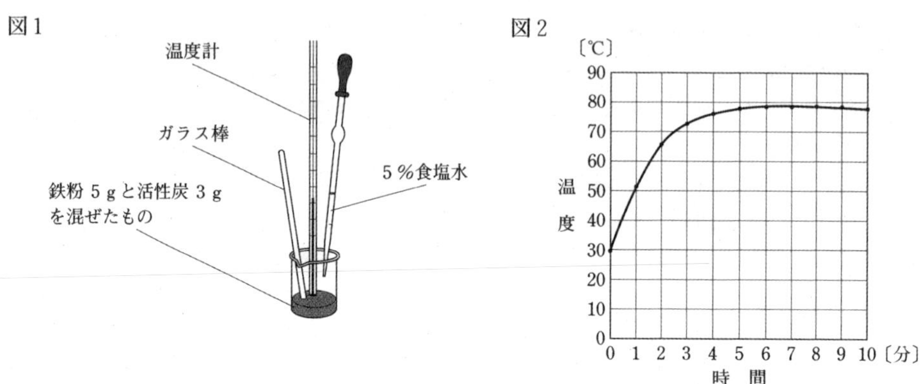

大樹：食塩水が化学変化に関係していると思うのだけど，濃度を変えたら最高温度はどうなるのかな。僕は，①<u>食塩水の濃度が高いほど最高温度は高くなる</u>と思うのだけど，どう思う？
拓海：僕も，そう思うよ。
美月：私は，②<u>食塩水の濃度は最高温度とは関係ない</u>と思うわ。
優花：私は，③<u>食塩水の濃度が高いほど最高温度は低くなる</u>と思うわ。カイロは食塩水の濃度を高くすることで熱くなりすぎないようにしているんじゃないかな。
大樹：誰の予想が正しいのか，実験してみないと分からないね。食塩水の濃度と最高温度との関係について，さっそく調べてみよう。

1 この実験では，濃度が5％の食塩水を用いています。濃度が5％の食塩水を50gつくるのに必要な食塩と水は，それぞれ何gですか。

2 この実験で，化学カイロの成分を混ぜたものの温度が上がったのは，化学変化によって熱を放出したためです。このように，熱を放出する化学変化を何といいますか。その名称を書きなさい。また，次の（ア）～（エ）の中で，熱を放出する化学変化について述べているものはどれですか。その記号を書きなさい。

（ア） 手のひらをこすり合わせると，こすり合わせたところがあたたかくなる。
（イ） 電子レンジで水を加熱すると，水があたたかくなる。
（ウ） ガスコンロに点火すると，炎から熱と光が出る。
（エ） 白熱電球に電流を流すと，熱と光が出る。

広60→

3　会話のあと，大樹さんたちは，この実験と同じ条件で，食塩水の濃度が５％のものと，濃度を2.5％，7.5％，10％に変えたもので実験をしました。右の図は，その実験における温度の測定の結果をグラフで示したものです。これについて，次の（1）・（2）に答えなさい。

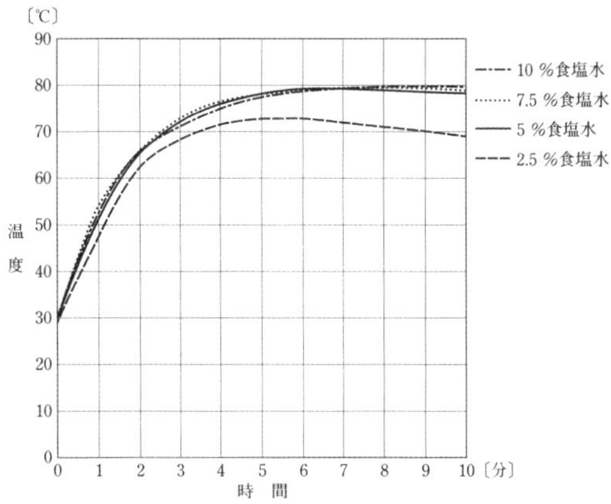

（1）優花さんは，この図から，下線部①～③の予想はどれも正しくなかったと判断しましたが，下線部①・②は考察の参考になると考えました。この図から，食塩水の濃度と最高温度との関係について分かることは何ですか。下線部①・②のそれぞれの内容と関連付けて簡潔に書きなさい。

（2）次の文章は，この実験のあとの，先生と生徒の会話の一部です。文章中の［　　］に当てはまる内容として適切なものを，下のア～オの中から選び，その記号を書きなさい。

> 先生：食塩水には，化学カイロの化学変化を速めたり，温度の維持をよくしたりする働きがあります。このグラフをよく見て，気付いたことを話し合ってみてください。
> 大樹：濃度が2.5％の食塩水を用いたものは，最高温度に早く達して，すぐに温度が下がり始めているよ。きっと，一番早く化学変化が終わってしまうんだろうな。
> 優花：そうかしら。私は，2.5％の食塩水のものが一番長く化学変化を続けると思うわ。
> 拓海：どうしてそう思うの？
> 優花：化学変化が始まってから終わるまでに放出する熱の量を考えてみたの。食塩水の濃度の異なるもので，この熱の量を比較すると，［　　］ので，最高温度が低い方が長い時間化学変化を続けることができると考えたのよ。
> 美月：なるほどね。そういえば，市販のカイロは，ちょうどよい温度で長く使えるものね。

ア　最高温度に早く達した方が多い　　イ　最高温度に遅く達した方が多い
ウ　最高温度が高い方が多い　　エ　最高温度が低い方が多い
オ　最高温度に関係なくどれも等しい

1	食塩	g	水	g	2	名称		記号	
3	(1)								
							(2)		

4　大樹さんが家に帰ってこの実験のことを姉に話したところ，姉が，「昨日，市販のカイロを10時間使ったあと，袋に入れて密閉したの。20時間ほど使えるはずだから，まだ使えると思うんだけど。」といって，カイロを持ってきてくれました。右の図は，この密閉されたカイロを撮影したものです。これについて，次の（1）・（2）に答えなさい。

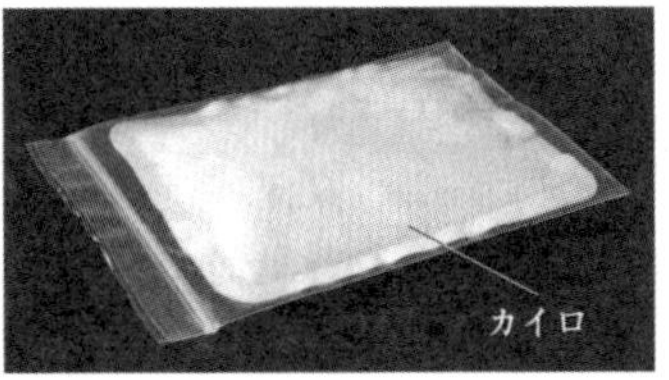

（1）袋に入れて密閉することでカイロの化学変化に必要なある物質がなくなります。このなくなる物質は何ですか。その物質の化学式を書きなさい。

（2）大樹さんは，姉が持ってきたカイロがまだ使えることを，袋を開けないで確かめたいと思い，調べてレポートにまとめました。次に示したものは，大樹さんのレポートの一部です。姉のカイロがまだ使えることは，どのようにして調べればよいですか。レポート中の［①］～［③］に当てはまる内容をそれぞれ簡潔に書きなさい。

> 〔方法〕
> Ⅰ　姉が持ってきたカイロと同じカイロで化学変化が終わったものを用意し，別の同じ袋に入れる。
> Ⅱ　［①］。
> 〔結果〕
> 姉のカイロの方が，［②］。
> 〔考察〕
> このような結果になったのは，姉のカイロの方が［③］からなので，姉のカイロはまだ使えると考えられる。

(1)		
(2)	①	
	②	
	③	

■平成29年度問題

2　ある学級の理科の授業で，図１に示した装置を用いて，うすい塩酸に入れた亜鉛板と銅板から電流を取り出す実験をしました。表は，この実験後の亜鉛板と銅板の表面の様子をまとめたものです。次の文章は，このときの生徒の会話の一部であり，図２は，図１の装置で，電流が流れる仕組みをモデルで表したものです。あとの１～５に答えなさい。

図１

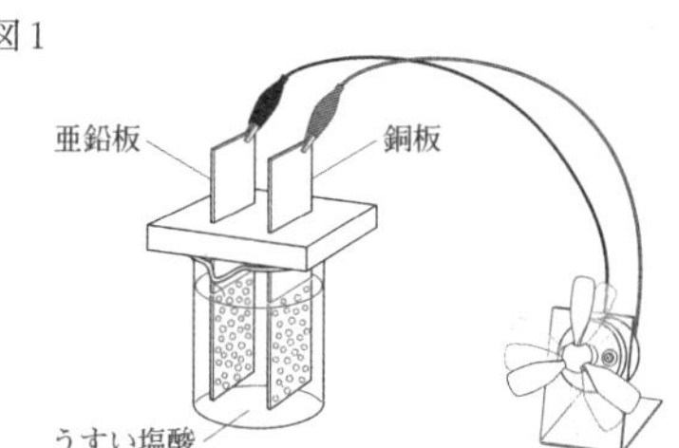

【実験後の亜鉛板と銅板の表面の様子】

亜鉛板	うすい塩酸に入っていた部分は，ざらついていた。
銅　板	うすい塩酸に入っていた部分に変化は見られなかった。

海斗：この実験で，モーターが回ったことから，電流が流れたことが分かるね。①うすい塩酸に亜鉛板と銅板を入れると電池ができるんだね。

直樹：そうだね。でも，どうして電流が流れたんだろう。何か化学変化が起こっているのかな。

奈美：そうだと思うわよ。モーターが回っているとき，どちらの金属板の表面にも泡が発生していたもの。

直樹：そうだね。亜鉛板と銅板の表面でどのような化学変化が起こって電流が流れるのか，図2を使ってその仕組みを説明してみようよ。

図2

奈美：私が説明してみるわね。図2で，モーターが回っているとき，［　　　］。

優花：なるほどね。化学変化によって電流が流れる仕組みは分かったわ。でも，ちょっと待って。【実験後の亜鉛板と銅板の表面の様子】から，化学変化によって，亜鉛板は溶けて表面に泡が発生して，②銅板は溶けないで表面に泡が発生するということよね。説明してくれた化学変化では，亜鉛板の表面に泡が発生することは分からないわよ。

海斗：そうだよ。亜鉛板の表面に泡が発生したのは，③酸性の水溶液の性質によるものだからね。

1　下線部①について，この電池で，＋極となっている電極は，亜鉛板と銅板のどちらですか。その名称を書きなさい。また，選んだ方が電池の＋極であることを確認するためにモーターの代わりに用いる電気器具として適切なものを，次のア～ウの中から選び，その記号を書きなさい。

ア　豆電球　　イ　電熱線　　ウ　電子オルゴール

2　文章中の［　　　］に当てはまる内容を，「イオン」，「電子」，「移動」の語を用い，下線部②と関連付けて簡潔に書きなさい。

3　下線部③について，酸性の水溶液の性質には，亜鉛などの金属を入れると泡が発生するほかに，どのようなものがありますか。酸性の水溶液の性質を１つ，簡潔に書きなさい。

4　図１の装置に対して，次のア～エのような変更をしました。このとき，その変更を行ってもモーターに電流が流れるものはどれですか。その記号を全て書きなさい。

ア　うすい塩酸を砂糖水にかえる。　　イ　うすい塩酸を食塩水にかえる。
ウ　銅板をマグネシウムリボンにかえる。　　エ　銅板を亜鉛板にかえる。

1	＋極		記号	
2				
3			4	

5　この実験のあと，海斗さんたちの班は，図１の装置でモーターを速く回したいと考え，電池の電圧と電流を大きくする条件について調べる実験をして，それぞれでレポートにまとめました。次に示したものは，海斗さんのレポートの一部です。あとの（1）・（2）に答えなさい。

〔仮説〕
塩酸の濃度を高くすると，電圧と電流が大きくなるのではないだろうか。また，亜鉛板と銅板の塩酸に入れる面積を広くしても，電圧と電流が大きくなるのではないだろうか。

〔準備物〕
濃度が0.3％と3％の塩酸，ビーカー，亜鉛板，銅板，発泡ポリスチレン，モーター，導線，電圧計，電流計

〔方法〕
右の図のように装置を組み立て，塩酸の濃度及び亜鉛板と銅板の塩酸に入れる面積を次の表のように変えて電池Ａ～電池Ｄとし，それぞれのときの亜鉛板と銅板の間の電圧及びモーターを流れる電流の大きさを測定する。

	電池Ａ	電池Ｂ	電池Ｃ	電池Ｄ
塩酸の濃度〔％〕	0.3	3	0.3	3
亜鉛板と銅板の塩酸に入れる面積〔cm²〕	15	15	30	30

【装置】

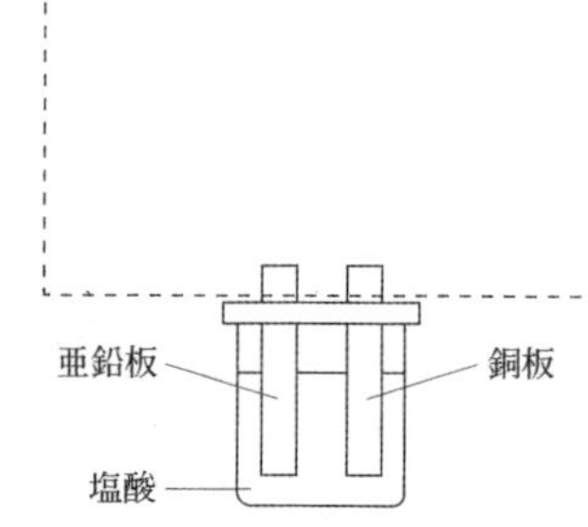

〔結果〕

	電池Ａ	電池Ｂ	電池Ｃ	電池Ｄ
電圧〔Ｖ〕	0.11	0.22	0.17	0.27
電流〔mA〕	18.7	40.3	26.5	45.3

〔考察〕
〔結果〕の電池Ａと電池Ｄを比べると，電池Ｄの方が電圧と電流のどちらとも大きくなっている。したがって，〔仮説〕は正しく，塩酸の濃度を高くしたり，亜鉛板と銅板の塩酸に入れる面積を広くしたりすると，電圧と電流が大きくなるといえる。

（1）レポート中の〔方法〕について，【装置】の［　　］内には，亜鉛板と銅板の間の電圧及びモーターを流れる電流の大きさが測定できるように，右に示した電気用図記号を用いて回路の図がかかれています。その回路の図を［　　］へかきなさい。

モーター	電圧計	電流計
Ⓜ	Ⓥ	Ⓐ

（2）レポート中の〔考察〕について，班で話し合ったところ，班員の一人が下線部の内容では〔仮説〕が正しいことを示す根拠にならないと指摘しました。下線部の内容では〔仮説〕が正しいことを示す根拠にならないのはなぜですか。その理由を簡潔に書きなさい。

5	(2)	

4 科学部の海斗さんたちが，二酸化炭素が発生する化学変化について話し合っています。次の文章は，このときの会話の一部です。あとの１～５に答えなさい。

海斗：身の回りで，二酸化炭素が発生する化学変化には何があるかな。
菜月：鍋をきれいにするときなどに使う重曹は，冷たい水に入れても何も起こらないけど，熱湯に入れると泡が出るよね。このとき，二酸化炭素が発生しているんじゃないかな。
七海：発生している気体が二酸化炭素なら，①下方置換法で集められるね。
拓也：そうだね。早速，②実験して，発生した気体が二酸化炭素かどうか確かめてみようよ。

1　下線部①について，この集め方は，どのような性質の気体を集めるのに適していますか。その性質を簡潔に書きなさい。

2　下線部②について，海斗さんたちは，右の図に示した装置を用いて気体を発生させ，発生した気体を下方置換法で集気びんに集めました。これについて，次の（1）・（2）に答えなさい。

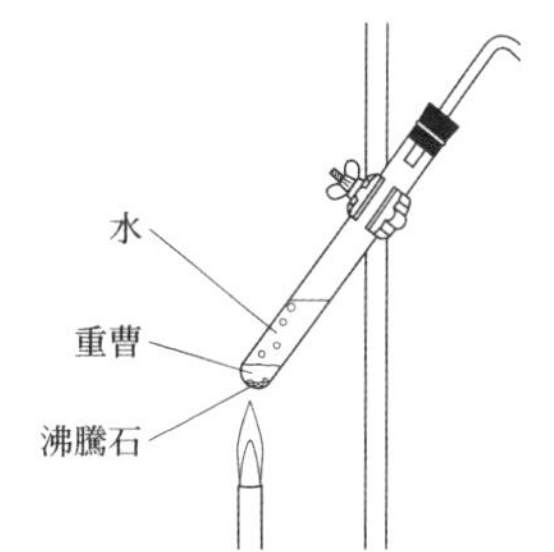

（1）気体が発生しているとき，試験管の上部の内側に液体が付きました。この液体が水かどうかを確かめるためには，どのようにして調べればよいですか。その方法と，この液体が水であった場合の結果を，簡潔に書きなさい。

（2）海斗さんたちは，発生した気体が二酸化炭素かどうかを石灰水と火のついた線香で確かめました。次に示したものは，その結果です。そして，海斗さんたちは，この結果について話し合いました。下に示したものは，このときの会話の一部です。［　　］に当てはまる内容を簡潔に書きなさい。

〔結果〕
・集気びんの中に石灰水を入れて振ったところ，石灰水が白く濁った。
・集気びんの中に火のついた線香を入れたところ，線香の火はしばらくついたままだった。

海斗：石灰水が白く濁ったから，二酸化炭素が発生したことが分かるね。
拓也：そうだね。だけど，集気びんの中で線香の火は消えないでしばらくついたままだったよね。これって，どういうことなんだろう。酸素も発生したということかな。
七海：そうね。酸素が発生した可能性も考えられるわね。だけど，ほかにも原因が考えられるわよ。
菜月：そうか，酸素が発生したことのほかに，集気びんの中に［　　］ことも考えられるということね。原因を確かめないといけないわね。

1		2	(2)		
2	(1)	方法		結果	

海斗さんたちが行った実験の様子を見ていた先生が，話しかけてきました。次の文章は，このときの会話の一部です。

先生：二酸化炭素の中では，物は③燃焼しないのかな？
海斗：はい。二酸化炭素の中では線香の火が消えます。つまり，物は燃焼しないということです。
先生：なるほど。では，ここにマグネシウムリボンがあるんだけど，空気中で火をつけてから，二酸化炭素の中に入れてごらん。
菜月：二酸化炭素の中でも燃焼するの？　面白そうだね。早速，実験してみよう。

海斗：実験，楽しかったね。この実験の結果をまとめると，次のようになるね。

・マグネシウムリボンは，二酸化炭素の中でも激しく燃焼した。
・④マグネシウムリボンは，燃焼した後，光沢のない白色の物質になり，その表面や内部に黒色の物質ができていた。

拓也：二酸化炭素の中でも燃焼する物質があるなんて驚きだね。
菜月：そうだね。それに，燃焼した後にできた黒色の物質は何かな。
七海：そうね。⑤二酸化炭素の中でのマグネシウムリボンの燃焼がどんな化学変化なのか，原子のモデルで考えてみたら，分かるんじゃないかな。

3　下線部③について，次の文は，燃焼について述べたものです。文中の［ a ］～［ c ］に当てはまる語をそれぞれ書きなさい。

燃焼とは，物質が［ a ］や［ b ］を発しながら激しく［ c ］されることである。

4　下線部④について，マグネシウムリボンは，燃焼した後，燃焼する前とは異なる物質になったと考えられます。下線部④で述べられている見た目の変化のほかに，燃焼する前とは異なる物質になったことを示す変化に何がありますか。その変化を１つ，簡潔に書きなさい。

3	a		b		c	
4						

5　下線部⑤について，マグネシウムリボンが二酸化炭素の中で燃焼したときの化学変化を，マグネシウム原子をⓂg，酸素原子をⓄ，炭素原子をⒸとして，モデルを用いて表すとどうなりますか。次の［　　］内に当てはまるものをかき，下のモデルの式を完成させなさい。

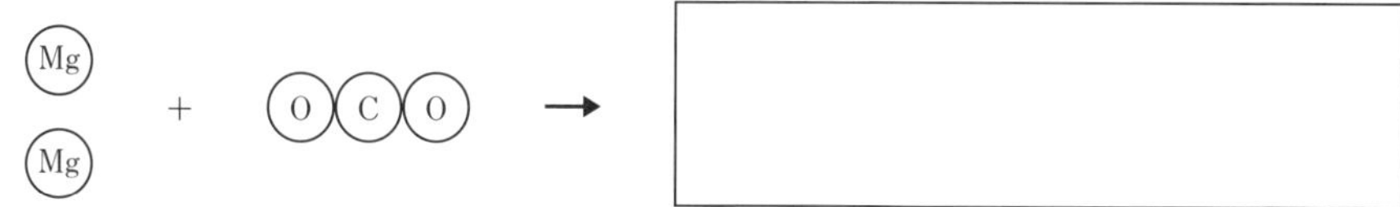

1 ある学級の理科の授業で，美咲さんたちは，液体どうしの混合物を加熱して取り出した液体を調べる実験をして，それぞれでノートにまとめました。次に示した【ノート】は，美咲さんのノートの一部です。あとの１～５に答えなさい。

【ノート】

〔方法〕

Ⅰ　右の図のように装置を組み立て，水 20cm^3 とエタノール 5 cm^3 の混合物を加熱し，出てきた液体を順に３本の試験管Ａ～Ｃに約３cm^3 ずつ集めたら①加熱をやめる。１本集めるごとに②出てくる気体の温度を測定する。

Ⅱ　３本の試験管にたまった液体のにおいをそれぞれ調べる。また，３本の試験管にたまった液体にそれぞれ浸したろ紙を蒸発皿に置き，そこにマッチの火を近付けたときの様子を調べる。

《装置》

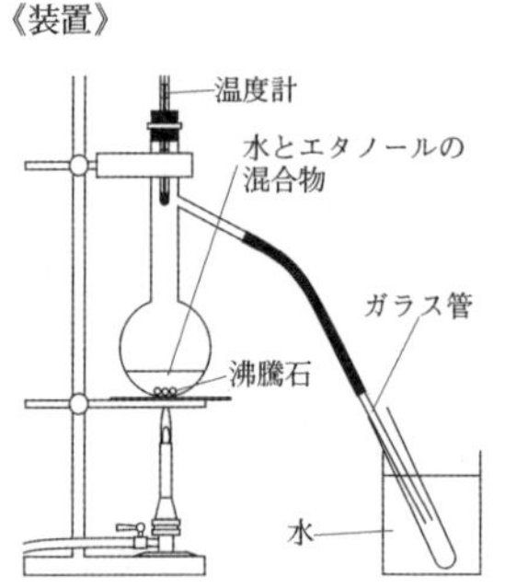

〔結果〕

試験管	Ａ　１本目	Ｂ　２本目	Ｃ　３本目
温度〔℃〕	85.3	89.5	93.0
におい	エタノールのにおいがした	少しエタノールのにおいがした	においはしなかった
火を近付けたときの様子	よく燃えた	燃えるがすぐ消えた	燃えなかった

〔考察〕

〔結果〕から，３本の試験管にたまった液体を比べると，１本目の③試験管Ａはエタノールを最も多く含んでいるが，２本目の試験管Ｂ，３本目の試験管Ｃの順に，次第に水を多く含むようになることが分かる。

1　この実験のように，液体を加熱して沸騰させ，出てくる気体を冷やして再び液体として取り出す方法を何といいますか。その名称を書きなさい。

2　下線部①について，加熱をやめるときには，《装置》のガラス管が，試験管にたまった液体の中に入っていないことを確認する必要があります。これは，ある現象が起こることを防ぐためです。それはどのような現象ですか。簡潔に書きなさい。

3　下線部②について，このとき出てくる気体は、枝つきフラスコの中の液体が状態変化したものです。物質が液体から気体に状態変化するときの，物質をつくる粒子の様子はどのように変化しますか。次のア～エの中から最も適切なものを選び，その記号を書きなさい。

ア　粒子の数が増える。　　イ　粒子の大きさが大きくなる。

ウ　粒子どうしの間隔が広がる。　　エ　粒子の種類が変わる。

4　下線部③について，次の（1）・（2）に答えなさい。

（1）試験管Ａにたまった液体に，エタノールが最も多く含まれるのはなぜですか。その理由を，「沸点」という語を用いて，簡潔に書きなさい。

（2）美咲さんたちは，試験管Ａにたまった液体には，どのくらいエタノールが含まれているのだろうかという疑問をもちました。次のグラフは，疑問を解決するために美咲さんたちが見付けた，水とエタノールの混合物に含まれるエタノールの質量パーセント濃度と20℃における密度の関係を示したものです。また，下の表は，学級の全ての班の試験管Ａにたまった液体の残りを集めて，20℃にして体積と質量をはかった結果を示したものです。試験管Ａにたまった液体に含まれるエタノールの質量パーセント濃度は何％ですか。

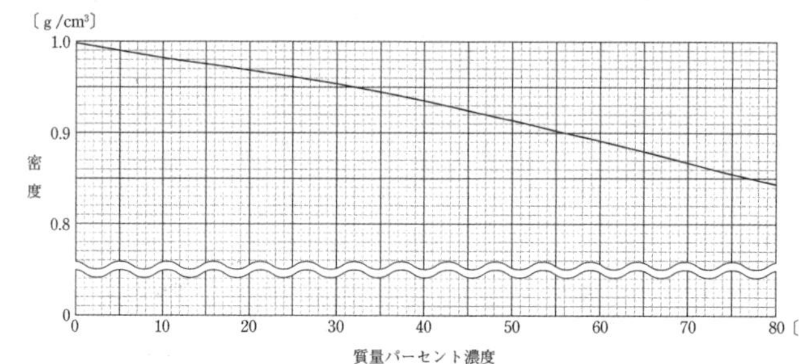

〔液体の体積と質量〕

体積〔cm^3〕	質量〔g〕
18.0	15.3

5　エタノールに含まれている原子の種類を調べるために，エタノールを燃焼させて，生じる物質を調べる実験をしました。次に示したものは，その方法と結果です。〔結果〕から，エタノールに含まれていると判断できる原子の種類は何ですか。その原子の記号を全て書きなさい。

〔方法〕　Ⅰ　エタノールを燃焼さじにとり，火をつけ，集気びんに入れる。火が消えたら燃焼さじを集気びんから取り出す。

Ⅱ　集気びんの内側に付いた液体を，塩化コバルト紙につける。

Ⅲ　集気びんに石灰水を入れ，ふたをしてよく振る。

〔結果〕　・塩化コバルト紙が青色から赤色に変化した。

・石灰水が白くにごった。

1		2			
3		4	(2)	％	5
4	(1)				

■令和２年度問題

4 ある学級の理科の授業で，雅人さんたちは，化学変化の前後における物質の質量の変化を調べる実験をして，それぞれでレポートにまとめました。次に示した【レポート】は，雅人さんのレポートの一部です。あとの１～５に答えなさい。

【レポート】

◆実験１

〔方法〕

Ⅰ　うすい硫酸 20cm^3 とうすい水酸化バリウム水溶液 20cm^3 を別々のビーカーに入れ，その２つのビーカーの質量をまとめて電子てんびんではかる（図１）。

Ⅱ　うすい硫酸が入っているビーカーにうすい水酸化バリウム水溶液を加え，反応の様子を観察する。

Ⅲ　反応後，２つのビーカーの質量をまとめて電子てんびんではかる（図２）。

図１

図２

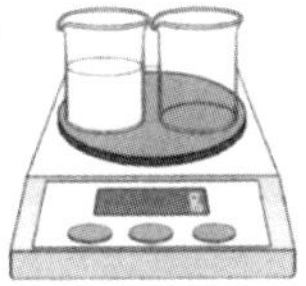

〔結果〕

・２つの水溶液を混合すると，白い沈殿ができた。

	反応前	反応後
２つのビーカーの質量の合計	100.94 g	100.94 g

〔考察〕

・反応の前後で，２つのビーカーの質量の合計は変化しなかった。

・この反応を化学反応式で表すと，H_2SO_4 ＋ $Ba(OH)_2$ → $BaSO_4$ ＋ $2H_2O$ となり，白い沈殿は［ A ］だと考えられる。

◆実験２

〔方法〕

Ⅰ　プラスチック容器の中にうすい塩酸 15cm^3 が入った試験管と，炭酸水素ナトリウム 0.50 g を入れて，ふたをしっかりと閉め，容器全体の質量を電子てんびんではかる（図３）。

図３

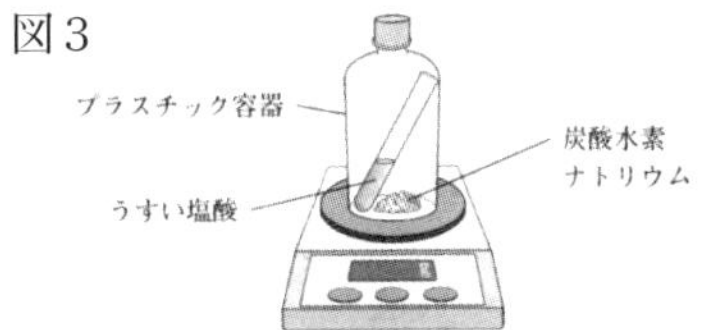

Ⅱ　プラスチック容器を傾けて，うすい塩酸と炭酸水素ナトリウムを混ぜ合わせ，反応させる。

Ⅲ　反応後，プラスチック容器全体の質量を電子てんびんではかる（図４）。

図４

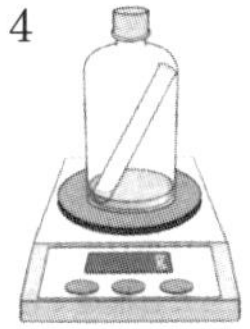

〔結果〕

・炭酸水素ナトリウムとうすい塩酸を混合すると，気体が発生した。

	反応前	反応後
プラスチック容器全体の質量	81.88 g	81.88 g

〔考察〕

・反応の前後で，プラスチック容器全体の質量は変化しなかった。

・この反応を化学反応式で表すと，$NaHCO_3$ ＋ HCl → ［ B ］＋ H_2O ＋ CO_2 となり，発生した気体は二酸化炭素だと考えられる。

1　実験１の〔方法〕の下線部について，この２つの水溶液を混合すると，互いの性質を打ち消し合う反応が起こります。このような反応を何といいますか。その名称を書きなさい。

2　実験１の〔考察〕の［ A ］に当てはまる物質は何ですか。その物質の名称を書きなさい。また，実験２の〔考察〕の［ B ］に当てはまる物質は何ですか。その物質の化学式を書きなさい。

3　実験１・２の結果から分かるように，化学変化の前後で物質全体の質量は変わりません。この法則を何といいますか。その名称を書きなさい。また，次の文章は，この法則が成り立つことについて雅人さんと博史さんが話したときの会話の一部です。会話中の［ X ］・［ Y ］に当てはまる語をそれぞれ書きなさい。

雅人：以前，化学反応式のつくり方を学んだよね。そのとき，化学反応式は反応前の物質と反応後の物質を矢印で結び，その矢印の左側と右側で，原子の［ X ］と［ Y ］は同じにしたよね。

博史：そうか。化学変化の前後で，原子の組み合わせは変わるけど，原子の［ X ］と［ Y ］が変わらないから，化学変化の前後で物質全体の質量は変化しないんだね。

4　実験２の〔方法〕Ⅲの後，プラスチック容器のふたをゆっくりと開けて，もう一度ふたを閉めてからプラスチック容器全体の質量を再びはかると，質量はどうなりますか。次のア～ウの中から適切なものを選び，その記号を書きなさい。また，その記号が答えとなる理由を簡潔に書きなさい。

ア　増加する　　イ　減少する　　ウ　変わらない

1		2	A		B	
3	名称		X		Y	
4	記号		理由			

5　雅人さんたちは，その後の理科の授業で，金属を空気中で熱して酸素と化合させたとき，加熱後の物質の質量がどのように変化するのかを調べる実験をしました。次に示したものは，その方法と結果です。下の（1）～（3）に答えなさい。

〔方法〕

Ⅰ　ステンレス皿の質量をはかった後，銅の粉末 1.00 g をステンレス皿に入れる。

Ⅱ　右の写真のように，ステンレス皿に入っている銅の粉末をガスバーナーで５分間加熱する。

Ⅲ　よく冷ました後，ステンレス皿全体の質量をはかる。

Ⅳ　Ⅱ・Ⅲの操作を６回繰り返す。

Ⅴ　結果をグラフに表す。

〔結果〕

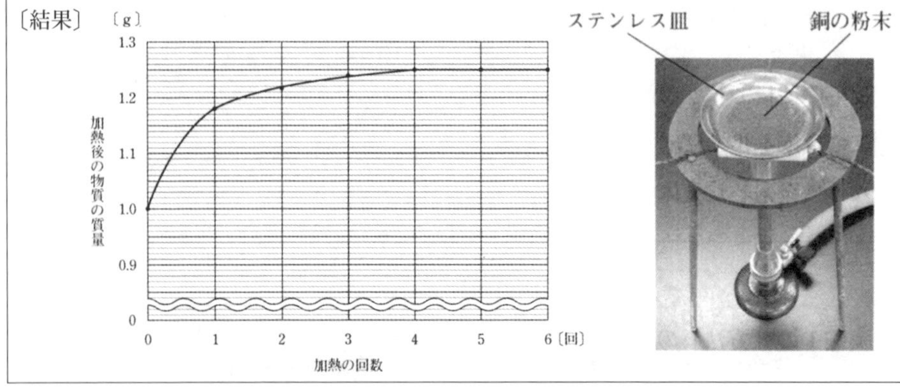

（1）〔結果〕のグラフから，１回目の加熱で，銅に化合した酸素の質量は何 g だと考えられますか。次のア～エの中から適切なものを選び，その記号を書きなさい。

ア　0.18　　イ　0.25　　ウ　1.18　　エ　1.25

（2）〔結果〕のグラフについて，加熱を繰り返すと，ある加熱の回数から，加熱後の物質の質量が変化しなくなりました。加熱後の物質の質量が変化しなくなった理由を，簡潔に書きなさい。

（3）雅人さんたちは，この実験を，銅の粉末の質量を 1.00 g から 0.80 g に変えて行いました。その結果，1.00 g のときと同じように，ある加熱の回数から，加熱後の物質の質量が変化しなくなりました。このとき，銅に化合した酸素の質量は何 g だと考えられますか。〔結果〕のグラフを基に求め，その値を書きなさい。

電流と磁界

■平成25年度問題

1　2　図は，電熱線に電流を流して発熱させ，水をあたためる装置を示したものです。電熱線A，電熱線B，電熱線Cそれぞれに６Ｖの電圧で同じ時間だけ電流を流して発熱させ，水の上昇温度をそれぞれ測定しました。表は，この測定の結果を示したものです。これに関して，下の（1）～（4）に答えなさい。

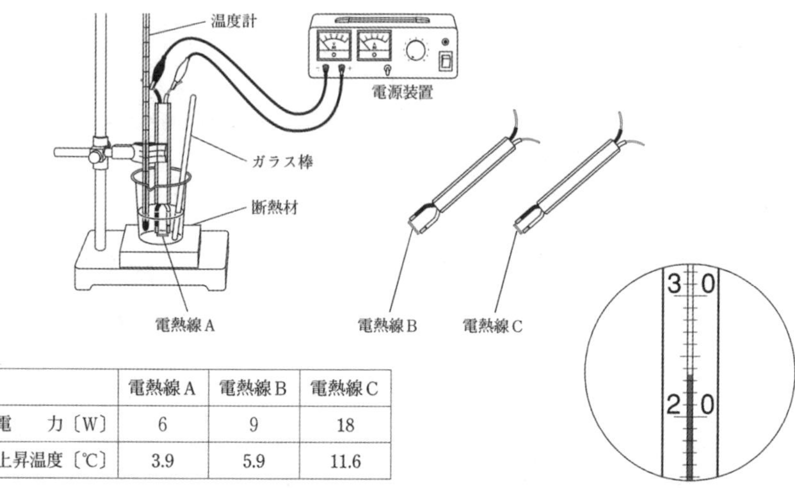

	電熱線A	電熱線B	電熱線C
電　力〔W〕	6	9	18
上昇温度〔℃〕	3.9	5.9	11.6

（1）右の図は，この実験で，電熱線に電流を流す直前の温度計の一部を示したものです。このときの水の温度は何℃ですか。

（2）６Ｖの電圧で電流を流したときの電熱線Cの電気抵抗は何Ωですか。

（3）表をもとに，電熱線が消費する電力と水の上昇温度との関係を表すグラフをかきなさい。

（4）右の図は，６Ｖの電圧で電流を流したときに 24W の電力を消費する電熱線Dを示しています。電熱線Dを用いて，この実験と同じ条件で実験をすると，水の上昇温度は何℃になると考えられますか。また，そのように考えられる理由を，「関係」の語を用いて簡潔に書きなさい。

電熱線D

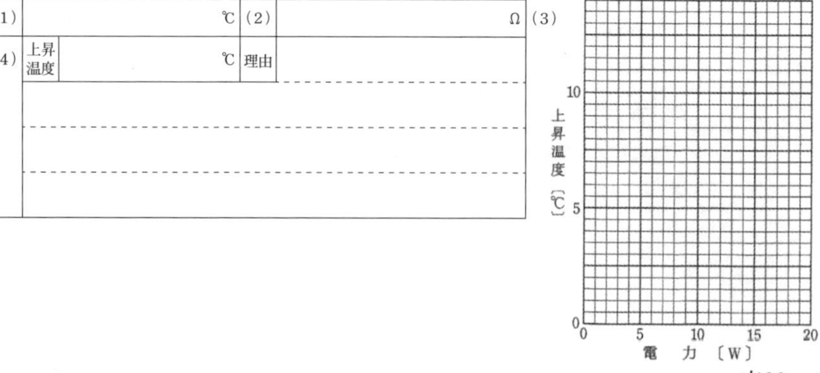

■平成31年度問題

3 翔太さんたちは，マイク，スピーカー，ビデオカメラをつないだノートパソコンを使って，他県の中学校の生徒と，インターネットを介した会議を行いました。翔太さんたちは，会議のはじめ，マイクを間違えてノートパソコンのスピーカーを接続する端子につないでいたにもかかわらず，マイクから相手の生徒の声がかすかに聞こえることに気付きました。マイクを正しくつなぎ直して会議を終えたあとで，なぜマイクから音が出たのか疑問に思い，マイクについて調べたり予想したりしたことをレポートにまとめました。次に示した【レポート】は，このレポートの一部です。あとの１・２に答えなさい。

【レポート】

〔疑問〕
マイクから音が出たのはなぜだろうか。

〔調べたこと〕
マイクは音を電気信号に変える装置であり，その構造を模式的に示すと，右の図のようになる。

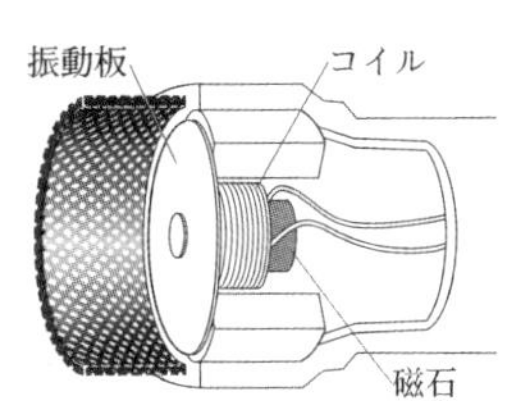

〔予想〕
マイクには，磁石，コイル，振動板が内蔵されており，コイルと振動板はつながっていることから，マイクが音を電気信号に変える仕組みは，次のように考えられる。

空気の振動が振動板を振動させることで，それとつながっているコイルが振動し，①コイルが磁石に近付いたり磁石から遠ざかったりして，電流が発生するのだろう。

マイクから音が出たのは，②コイルが振動したことで，それとつながっている振動板が振動したからだろう。コイルが振動したのは，磁石の近くにあるコイルに電流が流れたからだろう。

1　下線部①について，翔太さんたちは、次の図１に示した装置を用いて，電流が発生するかどうかを調べる実験をしました。表は,この実験の結果を示したものです。あとの（1）～（3）に答えなさい。

図１

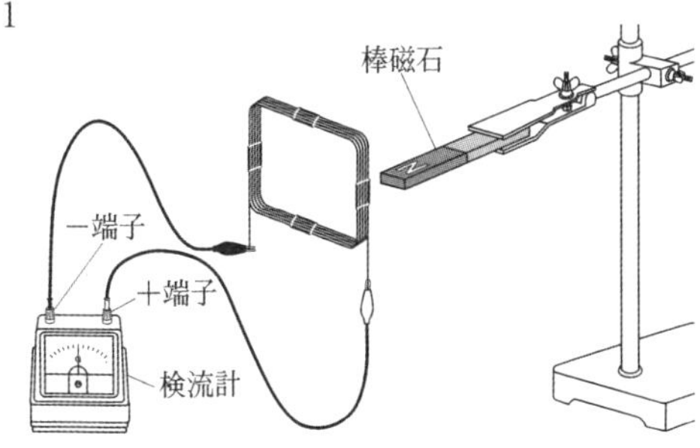

〔結果〕

	検流計の指針
コイルを棒磁石のＮ極に近付ける	右側に振れる
コイルを棒磁石のＮ極に近付けたまま動かさない	振れない
コイルを棒磁石のＮ極から遠ざける	左側に振れる

（1）〔結果〕から，コイルを棒磁石のＮ極に近付けたまま動かさないときには電流が発生しないことが分かります。コイルを棒磁石のＮ極に近付けたまま動かさないときには電流が発生しないのはなぜですか。その理由を，「磁界」という語を用いて，簡潔に書きなさい。

（2）翔太さんたちは，図１の実験器具を用いて，次のア～エに示した操作をしました。検流計の指針が右側に振れるものを，ア～エの中から全て選び，その記号を書きなさい。ただし，コイルと検流計は図１と同じでつなぎ変えておらず，コイルや棒磁石はそれぞれの図の位置から矢印の向きに動かすものとします。

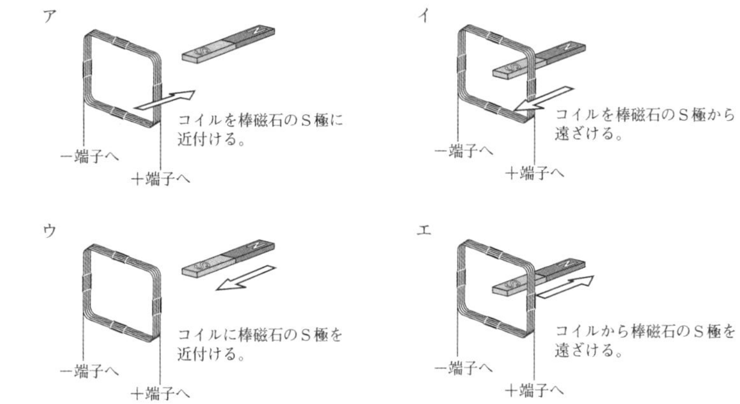

（3）翔太さんたちは，コイルを棒磁石に近付けたり棒磁石から遠ざけたりしたときに発生する電流を大きくする方法を調べて，次のようにまとめました。［　　］に当てはまる内容を書きなさい。

・コイルの巻き数を多くする。　・磁力が強い棒磁石を使う。　・［　　　　］。

2　下線部②について，翔太さんたちは，コイルが振動するのは，コイルの動く向きが変化するからだと考えました。そこで，コイルの動く向きを変えるには，コイルに流す電流の向きを変えればよいと考え，図２に示した装置を用いて，コイルに流す電流の向きとコイルの動く向きの関係を調べる実験をすることにしました。あとの(1)～(3)に答えなさい。

図２

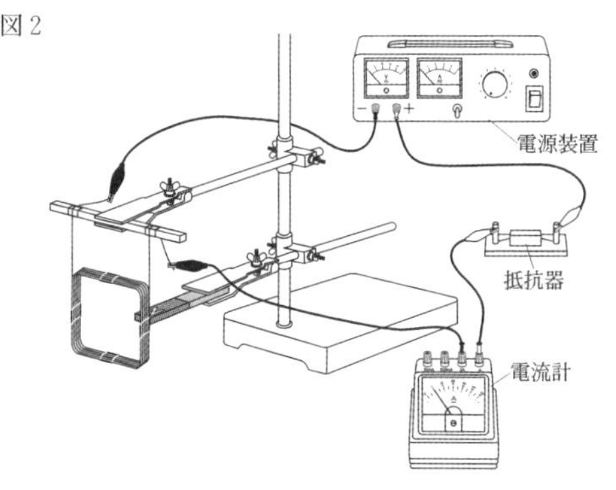

（1）図２で，回路に抵抗器を入れているのは，電流計が壊れるのを防ぐためです。回路に抵抗器を入れると，電流計が壊れるのを防ぐことができるのはなぜですか。その理由を簡潔に書きなさい。

（2）次の文は，電流について説明したものです。文中の［X］に当てはまる記号は，＋・－のうちどちらですか。その記号を書きなさい。また，［Y］に当てはまる語を書きなさい。

回路を流れる電流の正体は，［X］の電気をもった［Y］の流れである。

（3）翔太さんたちは，図２に示した装置を用いて実験を行う前に，どのような実験結果になるのかを，右の図３を用いて話し合いました。図３は，話し合いのために翔太さんがかいたもので，点Ｐはコイルで囲まれた空間の中央を示しており，点Ｐの東側には磁針を置いています。次に示した【会話】は，このときの会話の一部です。【会話】中の［a］・［c］に当てはまる方位を，北・東・南・西からそれぞれ選び，その語を書きなさい。また，［b］に当てはまる記号は，Ｎ・Ｓのうちどちらですか。その記号を書きなさい。

図３

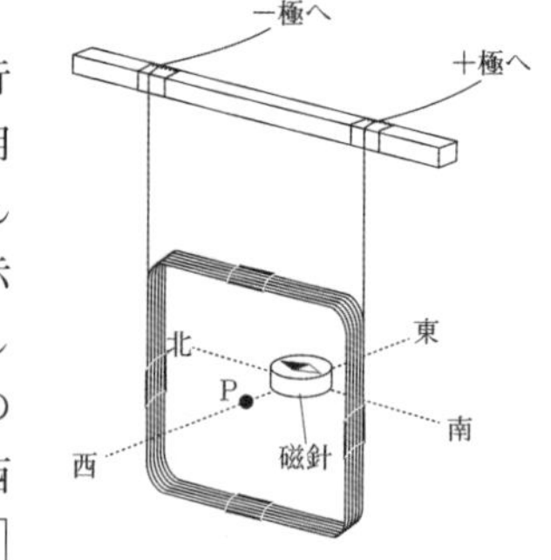

【会話】

> 翔太：まずは図３を使って，コイルに流した電流がつくる磁界について考えてみよう。
> 真紀：図３の位置に置いた磁針は，電流を流す前にはＮ極が北を指しているけれど，電流を流すとＮ極が［a］を指すと考えられるね。
> 拓也：そうすると，点Ｐより東側には磁石の［b］極と同じような磁界ができているから，コイルの東側には，磁石の［b］極があるのと同じだと考えられるね。
> 翔太：そうだね。そして，図３の東側に棒磁石のＮ極を，図２のように置いたとすると，コイルは［c］側に動くと考えられるよ。
> 真紀：それが正しければ，電流の向きを反対にすると，コイルも反対に動くと考えられるね。
> 拓也：そうだとすると，電流の向きを小刻みに変えながらマイクに電流を流せば，コイルと，コイルにつながっている振動板が振動して，マイクから音が出るんじゃないかな。

1	(1)											
	(2)					(3)						
2	(1)											
	(2)	X		Y		(3)	a		b		c	

力・運動とエネルギー

■平成24年度問題

1

2　図１に示した装置を用いて，点Oの位置まで引いた輪ゴムにはたらく２力の合力を調べる実験をしました。また，図２に示した装置を用いて，斜面上に置いた台車にはたらく斜面方向の力の大きさを調べる実験をしました。これに関して，下の（1）～（4）に答えなさい。

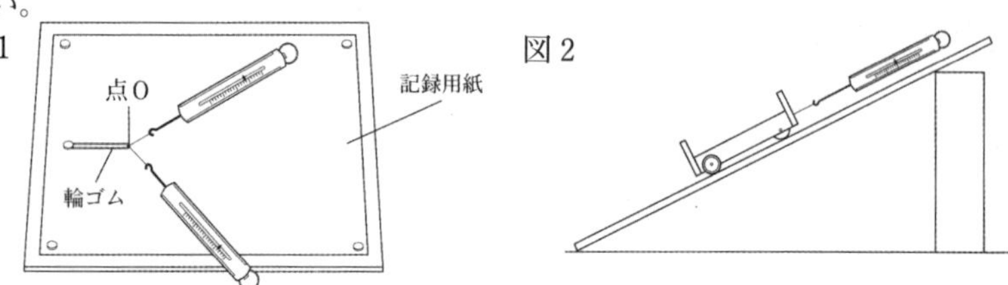

（1）図１，図２の実験では，力の大きさを調べるために，いずれもばねの性質を利用しています。次の文は，この性質について述べたものです。文中の［　］にあてはまる語を書きなさい。

ばねには，ばねを引く力の大きさとばねの［　］は比例するという性質がある。

（2）解答欄の図は，図１の装置を用いて実験したときの記録用紙の一部を示したものです。図中の２つの矢印は，点Oの位置まで引いた輪ゴムにはたらく２力をそれぞれ示しています。図中の点Oにはたらく２力の合力を表す矢印をかきなさい。

（3）右の図は，図２の装置の一部を示したものです。図中の２つの矢印は，台車にはたらく斜面方向の力と重力をそれぞれ示しています。斜面の傾きを大きくしたとき，これらの力の大きさはそれぞれどうなりますか。次の①・②の〔　〕内のア～ウの中からそれぞれ選び，その記号を書きなさい。

斜面方向の力

重力

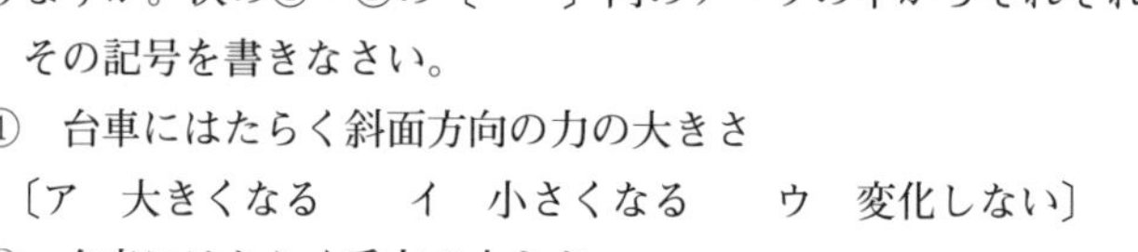

①　台車にはたらく斜面方向の力の大きさ
〔ア　大きくなる　　イ　小さくなる　　ウ　変化しない〕

②　台車にはたらく重力の大きさ
〔ア　大きくなる　　イ　小さくなる　　ウ　変化しない〕

（4）斜面上に置いた台車を斜面に沿って上向きに手で一瞬おしたところ，台車は斜面をのぼっていきました。このとき，斜面をのぼる台車の速さはしだいにおそくなっていきました。このように，台車の速さがおそくなるのはなぜですか。その理由を，「運動」の語を用いて簡潔に書きなさい。

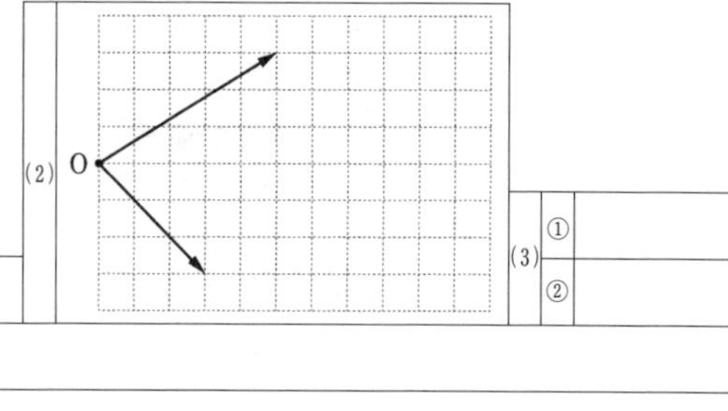

(1)		(2)	(3) ①	
			(3) ②	
(4)				

■平成27年度問題

1 2　ある学級の理科の授業で，図1，図2に示した装置を用いて，力学台車をそれぞれ15cm引き上げるときの糸を引く力の大きさと糸を引いた距離を調べる実験をしました。表は，この実験の結果を示したものです。あとの文章は，このときの生徒の会話の一部です。これについて，あとの（1）～（4）に答えなさい。

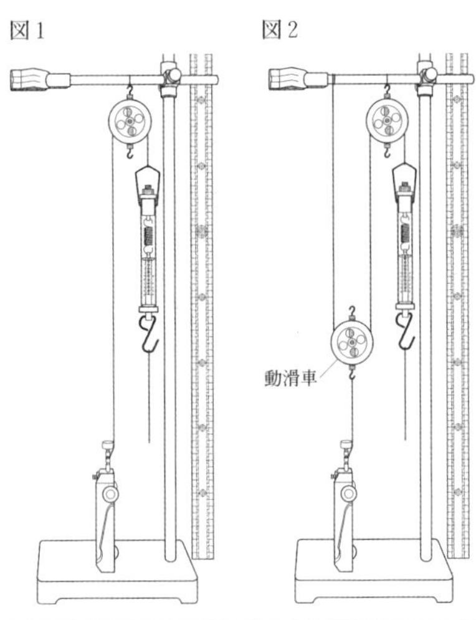

【結果】

	糸を引く力の大きさ〔N〕	糸を引いた距離〔m〕
図1の装置	10.0	0.15
図2の装置	5.0	0.30

彩花：この実験で，動滑車を使うと，動滑車を使わないときと比べて，糸を引く力の大きさは［　A　］になって，糸を引いた距離は［　B　］になっているから，仕事の量は［　C　］ことがわかるわね。

優太：そうだね。動滑車と同じようなはたらきを利用するものが，身のまわりに何かないかな。

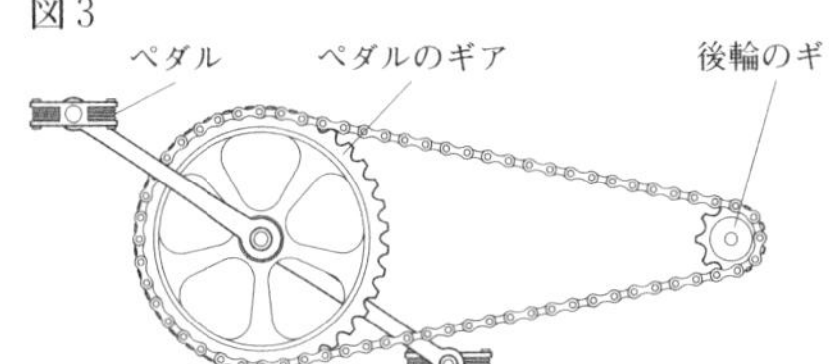

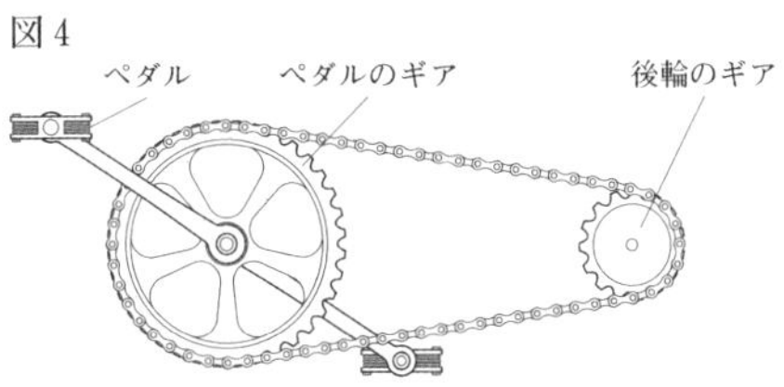

彩花：そうね。自転車があるわ。私が乗っている自転車には変速機がついていて，ギアを切り換えるとペダルを踏む力が変わるわよ。これってどんな仕組みになっているのかしら。

優太：自転車の変速機は，図3，図4のように，ペダルのギアと後輪のギアの歯数の比率を変えられる仕組みになっているよ。たとえば，図3のように後輪のギアの歯数が少ないと，進むときにペダルを強く踏まないといけなくなるよ。だから，坂道を上るには適さないんだ。

彩花：なるほどね。坂道を上るときは，ギアを切り換えて，図4のように後輪のギアの歯数を多くするといいのね。こうすると，仕事の量は小さくなるのかしら。

優太：どうかな。後輪のギアの歯数を多くすると，同じ距離を進むとき，後輪のギアの歯数が少ないときと比べて，［　D　］から，仕事の量は［　C　］はずだよ。

（1）右の図は，滑車を用いて，糸上の点Oに力を加えて力学台車を引き上げ，静止させている様子を示したものです。図中の矢印は，力学台車にはたらく重力を示しています。図中の点Oに加えている力を表す矢印をかきなさい。

（2）図2の装置を用いて力学台車を15cm引き上げる仕事の量は何Jですか。

（3）文章中の［　A　］・［　B　］にあてはまる語を，次のア～エの中からそれぞれ選び，その記号を書きなさい。また，文章中の［　C　］にあてはまる語句を書きなさい。

ア　4分の1　　イ　2分の1　　ウ　2倍　　エ　4倍

（4）文章中の［　D　］にあてはまる説明として適切なものを，次の（ア）～（エ）の中から選び，その記号を書きなさい。

（ア）ペダルを踏む力は大きくなって，ペダルを踏む回数は多くなる
（イ）ペダルを踏む力は大きくなって，ペダルを踏む回数は少なくなる
（ウ）ペダルを踏む力は小さくなって，ペダルを踏む回数は多くなる
（エ）ペダルを踏む力は小さくなって，ペダルを踏む回数は少なくなる

2	(2)	J	(3)	A		B		C		(4)	

■平成28年度問題

3　翔太さんと海斗さんは，はかりの仕組みに興味をもち，自分たちではかりを作ってみることにしました。次に示した【Ⅰ】は，翔太さんが考えたはかりについて説明したときの会話の一部です。あとの1～6に答えなさい。

【Ⅰ】

翔太：僕は，ばねを使うことにしたんだ。①ばねの伸びは，ばねに働く力の大きさに比例するから，その性質を利用しようと思ってね。図1のように，グラフ用紙を貼った板にねじでばねをつるして，ばねばかりを作ろうと考えたんだ。重さが0.1 Nのおもりを用い，おもりの数を増やしながらこのばねにつるしていき，ばねの伸びを測定したんだ。図2は，この②測定値を・印で記入したものだよ。

図1
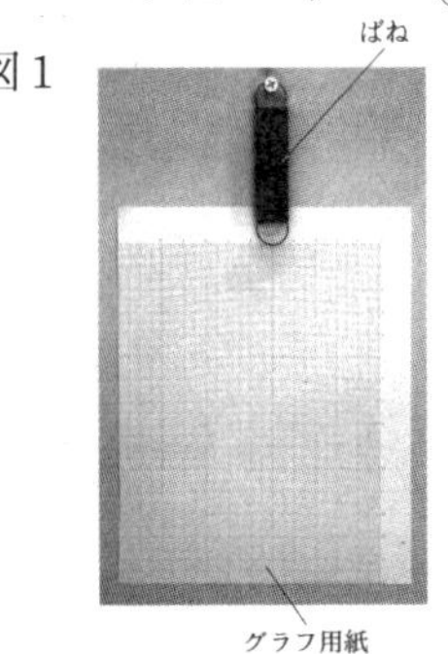

図2
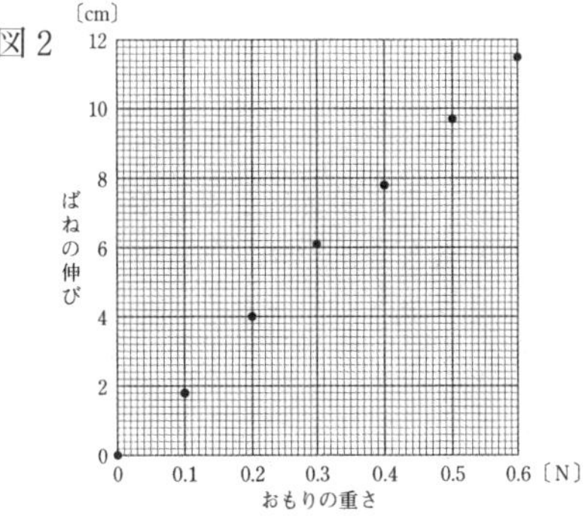

海斗：実験で使うばねばかりとは少し違うけれど，これで，本当に重さがはかれるの？

翔太：③図２中に，おもりの重さとばねの伸びとの関係を表すために線を引いて，このばねの性質をはっきりさせれば，このばねにつるしたものの重さが分かるんだよ。この線を引いてから，試しに何かの重さをはかってみよう。

海斗：キーホルダーをつるすと，ばねの伸びが6.80cmになったよ。つまり，このキーホルダーの重さは［　A　］Nということになるね。重さは，ばねの伸びで表せるんだね。

翔太：そうだね。あとは，図１中のグラフ用紙に，重さを示す目盛りを記入して，このばねばかりの完成だよ。

1　【Ⅰ】の下線部①について，ばねが伸びたのは，力の「物体を変形させる」働きによるものです。力の働きには，「物体を変形させる」働きのほかに，どのようなものがありますか。その力の働きを１つ，簡潔に書きなさい。

2　次の文章は，【Ⅰ】の下線部②について述べたものです。文章中の［　　］に当てはまる語を書きなさい。

　測定値は，測定する方法や使用する器具の違いなどによって，真の値からわずかにずれてしまう。この真の値と測定値とのずれを，［　　］という。

3　【Ⅰ】の下線部③について，図２のグラフを完成させなさい。また，［　A　］に当てはまる値はいくらですか。その値を小数第２位まで書きなさい。

次に示した【Ⅱ】は，海斗さんが考えたはかりについて説明したときの会話の一部です。

【Ⅱ】

海斗：僕は，象を船に乗せて重さをはかっている映像をテレビで見たことを思い出したんだ。その仕組みを確かめたいのもあって，水に浮かべたものの沈み具合から重さをはかろうと考えたんだ。

翔太：そうなんだ。それで，どんなはかりを考えたの？

海斗：ペットボトルを使ったはかりだよ。ペットボトルの底の方を切り取り，キャップのある方を下にして水槽に浮かべて，このペットボトルに入れたものの重さをはかろうと考えたんだ。ものを入れると，図３のように沈んだよ。

図３

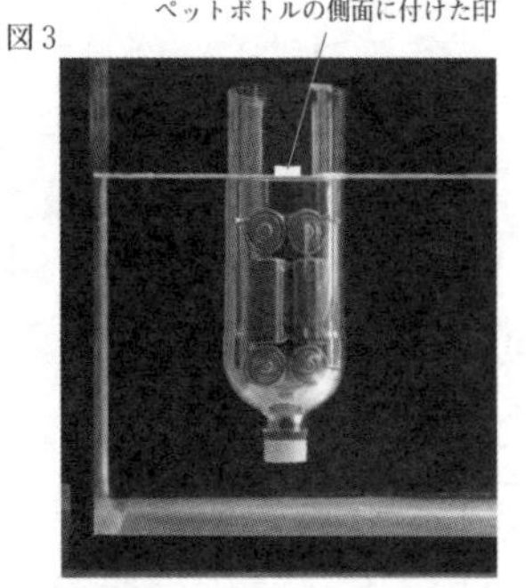
ペットボトルの側面に付けた印

翔太：それで，どうやったら重さがはかれるの？

海斗：はかりたいものをペットボトルに入れると，重さで沈むから，このときの水面の位置を示す印をペットボトルの側面に付けておくんだ。そのあと，入れたものを取り出して，代わりに重さが分かっているおもりを［　B　］まで入れていき，そのときの［　C　］を調べれば，はかりたいものの重さが分かるんだよ。

翔太：なるほど。④浮力にはこんな使い方もあるんだね。この仕組みを利用することで，とても重たい象の重さもはかれるなんて，すごいね。

4　【Ⅱ】の［　B　］・［　C　］に当てはまる内容をそれぞれ簡潔に書きなさい。

5　【Ⅱ】の下線部④について，次の図のように，糸でつるした直方体の物体を水の中に沈めていきました。物体が図中のそれぞれの位置にあるとき，物体が水から受ける浮力の大きさをそれぞれX〔N〕，Y〔N〕，Z〔N〕とすると，X，Y，Zの間には，どのような関係がありますか。下のア～エの中から適切なものを選び，その記号を書きなさい。

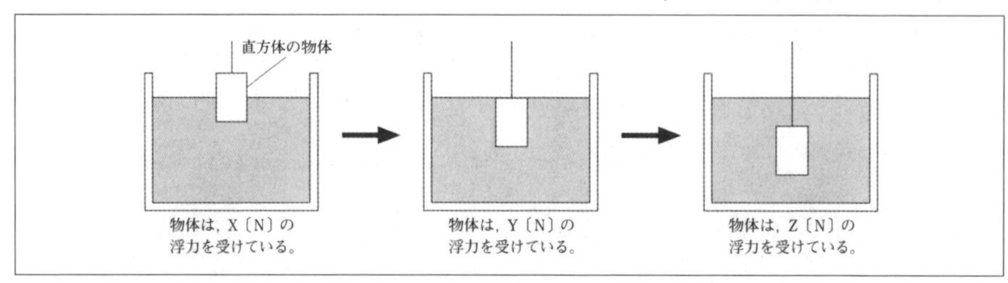
直方体の物体
物体は，X〔N〕の浮力を受けている。
物体は，Y〔N〕の浮力を受けている。
物体は，Z〔N〕の浮力を受けている。

ア　X＞Y＞Z　　イ　X＞Y＝Z　　ウ　X＜Y＝Z　　エ　X＜Y＜Z

6　次の文章は，【Ⅰ】・【Ⅱ】の会話のあとの，翔太さんと海斗さんの会話の一部です。文章中の［　①　］に当てはまる語句として適切なものを，下のア・イから選び，その記号を書きなさい。また，［　②　］に当てはまる内容を，「基準」の語を用いて簡潔に書きなさい。

翔太：今回作ったはかりで，それぞれ重さをはかったけれど，本当に重さだったのかな。

海斗：それって，重さと質量のことだよね。そうか，実は質量をはかっていたのに，重さで表していたのかもしれないんだね。

翔太：そうなんだ。それで，地球上より重力の小さい月面上で同じ操作をしたらどうなるか考えてみたら，［　①　］は，質量をはかっていたことに気付いたんだ。

海斗：つまり，［　①　］だと，月面上でも結果が変わらないんだよね。どうしてかな？

翔太：それは，このはかりは，［　②　］ため，重力に影響されないからだよ。

海斗：そうか。そう考えたら，重さと質量の違いがはっきりするね。

ア　【Ⅰ】のばねを使ったはかり　　イ　【Ⅱ】のペットボトルを使ったはかり

1			2	
3	A		5	
4	B		C	
6	①		②	

■平成30年度問題

3 隆さんは，サイクリングをしているときに気付いたことや疑問に思ったことについて，考えたり実験をしたりしました。あとの1～5に答えなさい。

隆さんは，道端に立っている電柱の中に，右の写真のように，支線とよばれる鉄線が地面から斜めに張られた電柱があることに気付きました。そこで，このような支線が電柱を引く力について考えて，レポートにまとめました。次に示したものは，このレポートの一部です。

【支線が電柱を引く力の大きさ】

図1のように，真横から見て，電柱が傾かないということは，電線と支線がそれぞれ電柱を引く力の合力が真下に向いていると考える。図1中の矢印は，この合力を表している。このとき，支線が電柱を引く力を矢印で表すと，どうなるだろうか。

図1

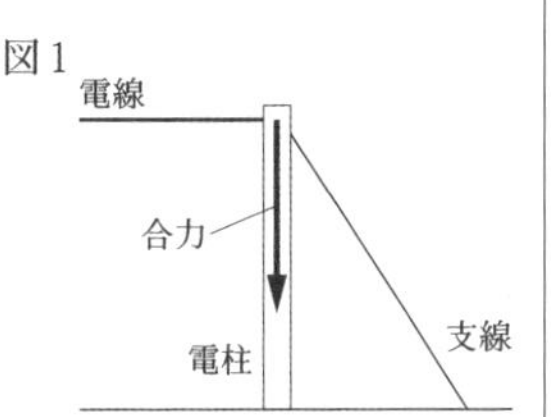

【支線が電柱を引く力の向き】

図1とは別の電柱で，図2のように，真上から見て，地面に平行な電線が電柱で向きを変える場合を考える。このままでは電柱が傾くと考えられるので，1本の支線で電柱が傾かないようにする。2本の電線がそれぞれ電柱を引く力の大きさが同じであるとき，支線が電柱を引く力の向きは，どうなるだろうか。

図2

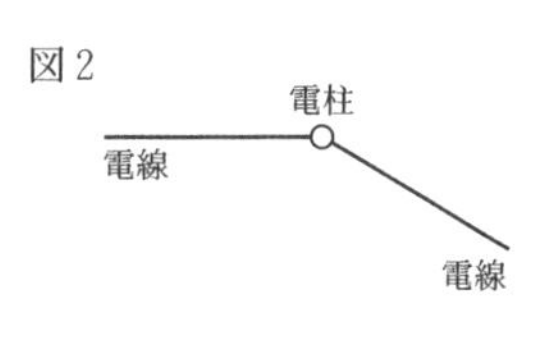

1 レポート中の【支線が電柱を引く力の大きさ】について，隆さんは，右の図のように，電線と支線がそれぞれ電柱を引く力が点Oに働いているとして，支線が電柱を引く力を考えることにしました。図中の矢印は，図1中の合力と同じものを表しています。このとき，点Oに働いている「支線が電柱を引く力」を表す矢印を右の図へかきなさい。

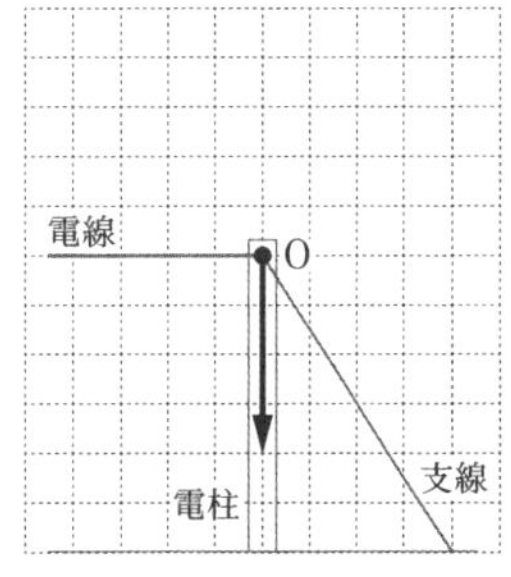

2 レポート中の【支線が電柱を引く力の向き】について，図2中に支線が電柱を引く力の向きを矢印で表すとどうなりますか。次のア～エの中から適切なものを選び，その記号を書きなさい。

ア イ ウ エ

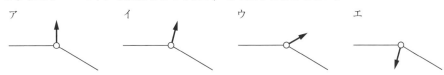

次に，隆さんは，自転車で緩やかな坂道と急な坂道を同じ高さから下ると，坂道の下に達したときの速さがどうなるのか疑問に思いました。そこで，斜面の傾きと物体の速さとの関係を調べる実験をして，レポートにまとめました。次に示したものは，このレポートの一部です。

〔準備物〕

斜面と水平面からなる台，小球，デジタルカメラ，ストロボスコープ，ものさし

〔方法〕

Ⅰ 斜面の傾きが小さな場合と大きな場合で，それぞれ水平面からの高さが同じ斜面上から小球をはなし，ストロボスコープを使って0.1秒ごとの小球の位置を撮影する。

Ⅱ Ⅰで撮影したそれぞれのストロボ写真を基に，小球が0.1秒間に進んだ距離と時間との関係をそれぞれグラフに表す。

〔結果〕

○ ストロボ写真

【斜面の傾きが小さな場合】

【斜面の傾きが大きな場合】

○ 小球が0.1秒間に進んだ距離と時間との関係を表したグラフ

【斜面の傾きが小さな場合】 【斜面の傾きが大きな場合】

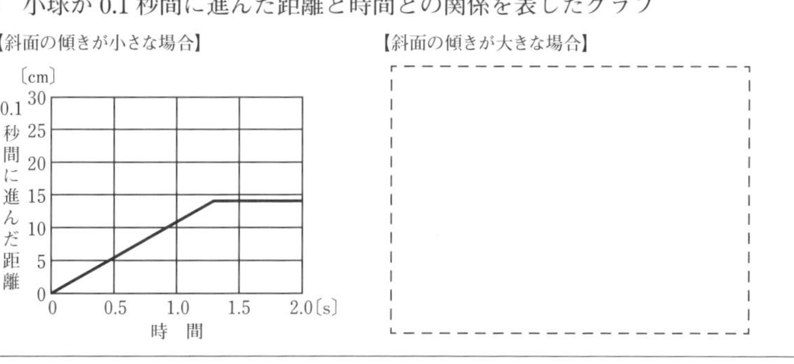

3 〔結果〕のストロボ写真から，【斜面の傾きが小さな場合】と【斜面の傾きが大きな場合】のどちらでも，斜面を下る小球の速さは時間とともに速くなっていることが分かります。斜面を下る小球の速さが時間とともに速くなるのはなぜですか。その理由を簡潔に書きなさい。

4 〔結果〕のグラフについて，【斜面の傾きが大きな場合】の[　　]内に当てはまるグラフを，次のア～エの中から選び，その記号を書きなさい。

ア
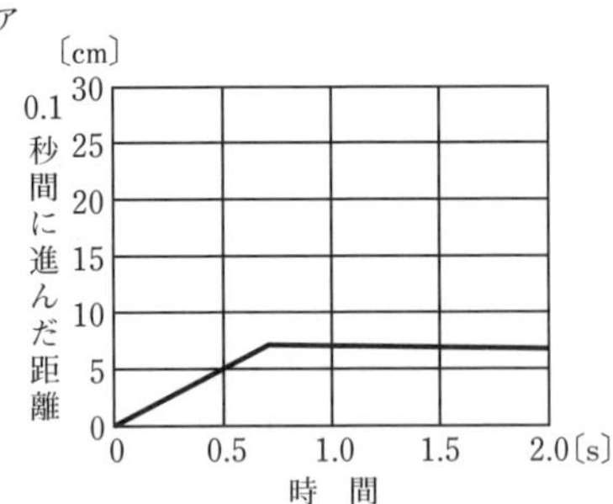

イ
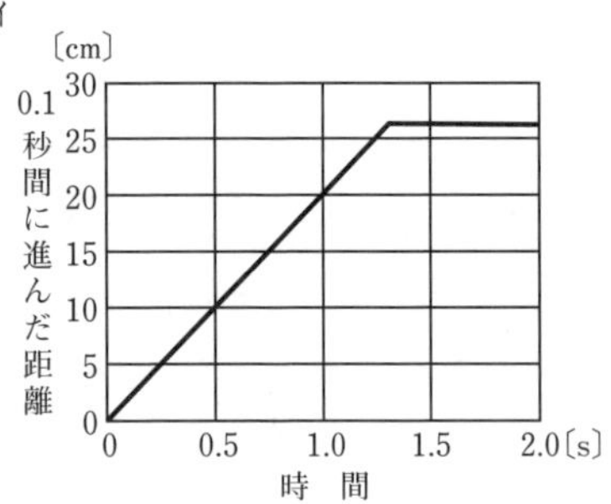

ウ
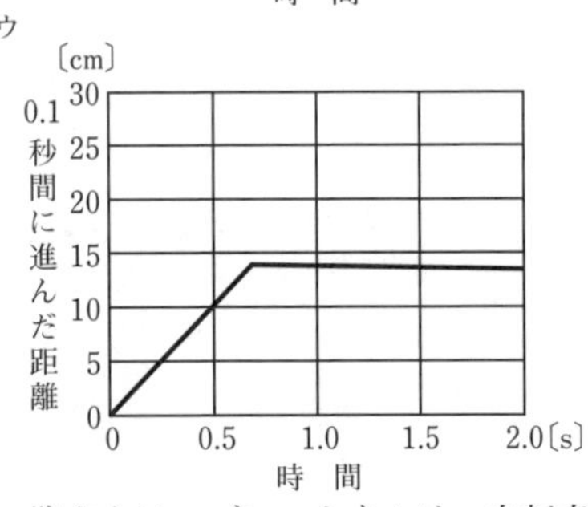

エ
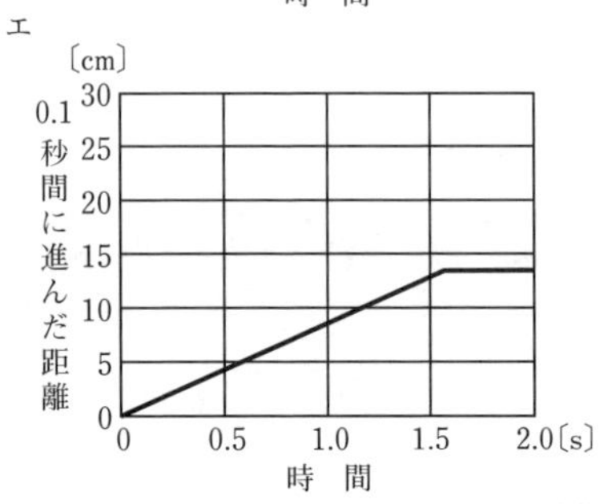

5 隆さんは，ブレーキをかけ，自転車が坂道を一定の速さで下っているときの運動について考えました。次の（1）・（2）に答えなさい。

（1）自転車の速さが一定になっているとき，自転車に働く坂道の傾きに沿った向きの力はどのようになっていますか。次のア～エの中から適切なものを選び，その記号を書きなさい。

ア 坂道を上る向きの力だけが働いている。
イ 坂道を下る向きの力より，坂道を上る向きの力の方が大きくなっている。
ウ 坂道を下る向きの力より，坂道を上る向きの力の方が小さくなっている。
エ 坂道を下る向きの力と，坂道を上る向きの力の大きさは等しくなっている。

（2）坂道を一定の速さで下る間，自転車のもつ力学的エネルギーはどうなりますか。次のア～ウの中から選び，その記号を書きなさい。また，その記号が答えとなる理由を簡潔に書きなさい。

ア 増え続ける。　イ 減り続ける。　ウ 一定に保たれる。

2		3				
4		5	(1)		(2) 記号	
5	(2)	理由				

■令和２年度問題

1 ある学級の理科の授業で，成美さんたちは，小球を斜面から転がし，木片に当てて，木片が移動する距離を調べる実験をして，それぞれでレポートにまとめました。次に示した【レポート】は，成美さんのレポートの一部です。あとの１～５に答えなさい。

【レポート】

〈装置〉

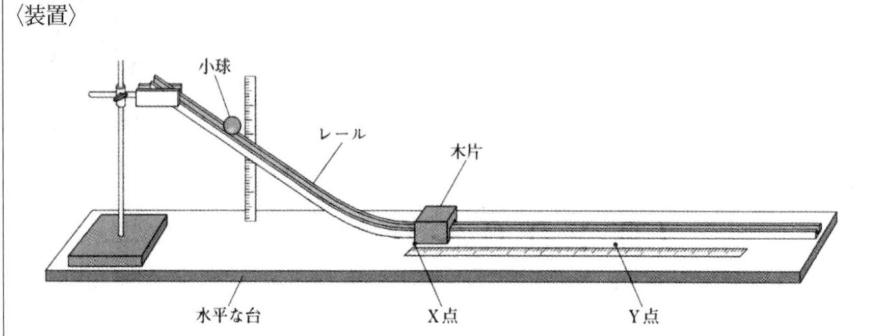

〔方法〕

Ⅰ 上の図のように装置を組み立て，水平な台の上に置く。

Ⅱ この装置を用いて，質量が 20.0 g と 50.0 g の小球を，10.0cm，20.0cm，30.0cm の高さからそれぞれ静かに転がし，X点に置いた木片に当てる。

Ⅲ 小球が木片に当たり，木片が移動した距離をはかる。

Ⅳ 小球の高さと，木片が移動した距離との関係を表に整理し，グラフに表す。

〔結果〕

小球の質量が 20.0 g のとき

小球の高さ〔cm〕	10.0	20.0	30.0
木片が移動した距離〔cm〕	3.6	8.3	12.0

小球の質量が 50.0 g のとき

小球の高さ〔cm〕	10.0	20.0	30.0
木片が移動した距離〔cm〕	13.3	26.7	40.0

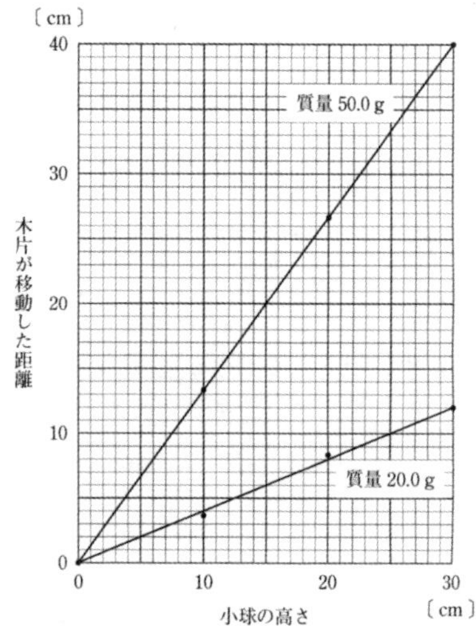

1　〔方法〕の下線部について，質量 50.0 g の小球の重さは何Nですか。また，水平な台の上にある質量 50.0 g の小球を，水平な台の上から 20.0cm の高さまで持ち上げる仕事の量は何Jですか。ただし，質量 100 g の物体に働く重力の大きさを1Nとします。

2　右の図は，この装置を用いて実験したときの，小球と木片の様子を模式的に示したものです。右の図中の矢印は，小球が当たった後の木片の移動の向きを示しています。木片が右の図中の矢印の方向へ移動しているとき，木片に働く水平方向の力を矢印で表すとどうなりますか。次のア～エの中から適切なものを選び，その記号を書きなさい。

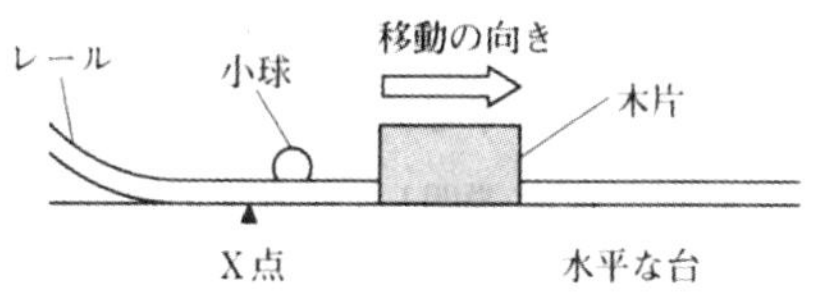

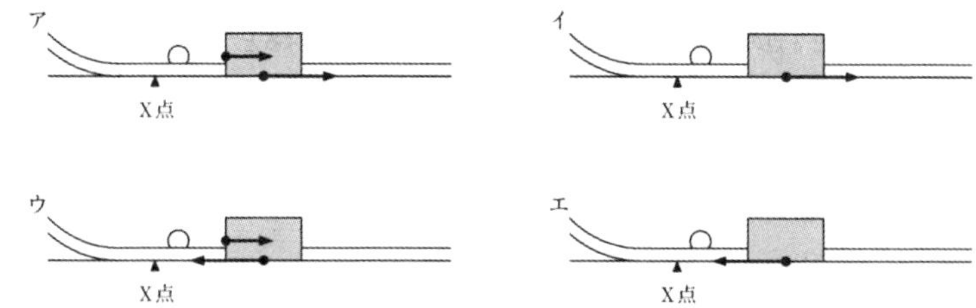

3　〔結果〕のグラフから，質量 20.0 g の小球を 30.0cm の高さから静かに転がしたときの木片の移動距離と同じ距離だけ木片を移動させるためには，質量 50.0 g の小球を何 cm の高さから静かに転がせばよいと考えられますか。その値を書きなさい。

4　成美さんたちは，木片を置く位置を〈装置〉のX点からY点に変えて，質量 20.0g の小球を 10.0cm の高さから静かに転がし，Y点に置いた木片に当てる実験をしました，このとき，木片が移動した距離は，X点に木片を置いて実験したときの 3.6cm よりも小さくなりました。それはなぜですか。その理由を簡潔に書きなさい。

1	小球の重さ	N	仕事の量	J
2		3	cm	
4				

5　成美さんたちは，授業で学んだことを基に，ふりこについて考えることにしました。右の図は，ふりこのおもりを，糸がたるまないようにa点まで持ち上げ静かに手を離し，おもりがb点を通り，a点と同じ高さのc点まで上がった運動の様子を模式的に示したものです。次のア～オの中で，図中のおもりがもつエネルギーの大きさについて説明している文として適切なものはどれですか。その記号を全て書きなさい。ただし，糸は伸び縮みしないものとし，おもりがもつ位置エネルギーと運動エネルギーはそれらのエネルギー以外には移り変わらないものとします。

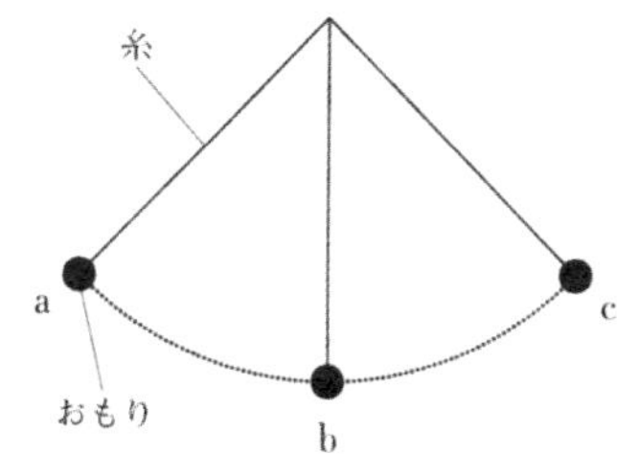

ア　a点とb点のおもりがもつ運動エネルギーの大きさを比べると，b点の方が大きい。
イ　b点とc点のおもりがもつ運動エネルギーの大きさを比べると，同じである。
ウ　b点とc点のおもりがもつ位置エネルギーの大きさを比べると，b点の方が大きい。
エ　a点とc点のおもりがもつ位置エネルギーの大きさを比べると，同じである。
オ　a点とb点とc点のおもりがもつ力学的エネルギーの大きさを比べると，全て同じである。

5	

◎２分野
植物のつくりとはたらき

■平成25年度問題

2 1　図1はジャガイモのからだの一部を，図2はエンドウのからだの一部を，それぞれ模式的に示したものです。これに関して，あとの（1）～（4）に答えなさい。

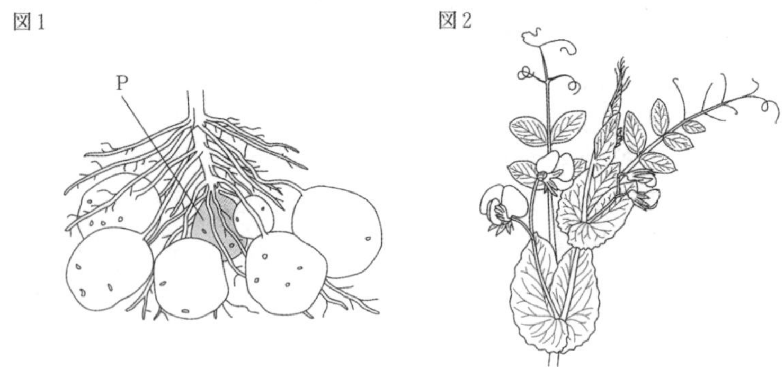

（1）図1のジャガイモは，Pのいもから育ったものです。このように，ジャガイモはいもによってふえるのが一般的です。次の文章は，このような生殖について述べたものです。文章中の［①］・［②］にあてはまる語はそれぞれ何ですか。下のア～エの組み合わせの中から適切なものを選び，その記号を書きなさい。

ジャガイモのいもを土に植えておくと，芽や根が出て新しい個体となる。このように，受精という過程を経ない生殖を［①］生殖という。［①］生殖では，新しい個体は親と［②］組み合わせの遺伝子をもつことになる。

ア ［①］：有性　［②］：同じ
イ ［①］：有性　［②］：異なる
ウ ［①］：無性　［②］：同じ
エ ［①］：無性　［②］：異なる

（2）遺伝子は，形質のもとになるもので，親から子へと伝えられます。遺伝子の本体は，染色体に含まれる何という物質ですか。その名称を３文字で書きなさい。

（3）エンドウは，図2のように花を咲かせ，受粉することで種子をつくってふえます。右の図は，エンドウの花の断面を模式的に示したものです。めしべの柱頭についた花粉はどのように変化しますか。「胚珠」の語を用いて，簡潔に書きなさい。

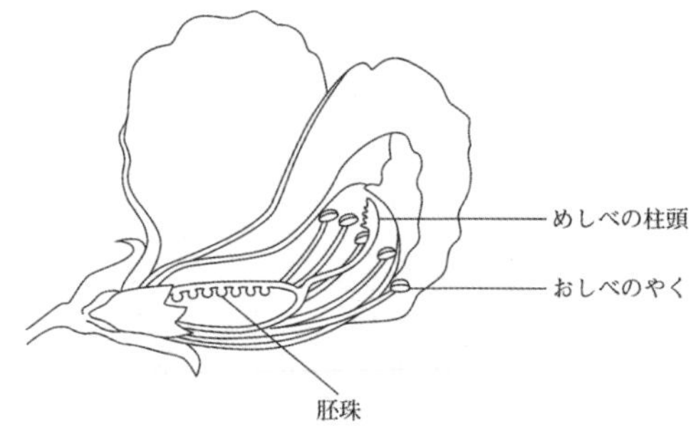

（4）次の図は，エンドウの遺伝子の伝わり方を，親Xと親Yの細胞の染色体の数をそれぞれ２本として模式的に示したものです。図中のAはエンドウの種子を丸くする遺伝子を，aはしわにする遺伝子を，それぞれ示しています。親Xと親Yのかけ合わせによりできた種子は，丸の種子としわの種子の数の比がおよそいくらになると考えられますか。それを最も簡単な整数の比で書きなさい。ただし，Aはaに対して優性とします。

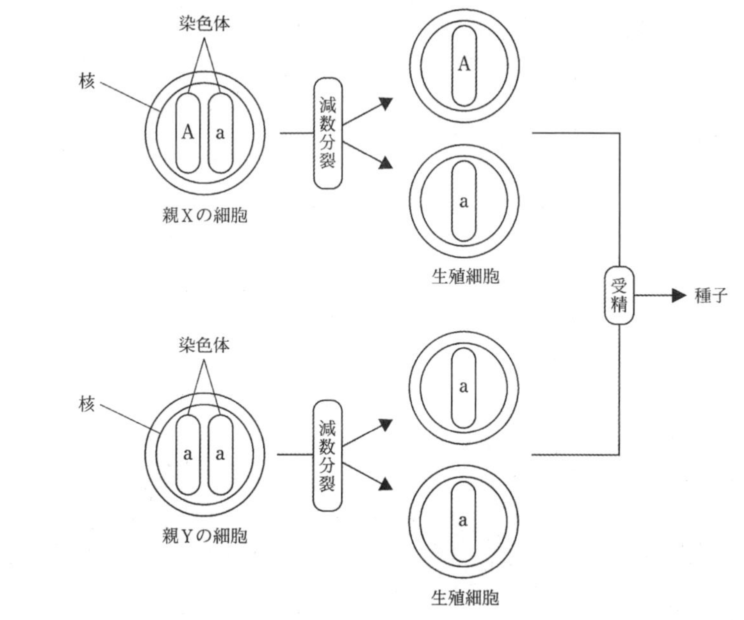

(1)		(2)		(4)	
(3)					

■平成26年度問題

2 1　図１は，植物の分類を示したものです。図２は，ある種子植物の一部を撮影したものです。これについて，下の（1）・（2）に答えなさい。

図１

- 植　　物
  - 種子をつくらない植物
    - コケ植物
    - シダ植物
  - 種子植物
    - 裸子植物 — A
    - 被子植物
      - 単子葉類 — B
      - 双子葉類
        - 離弁花類 — C
        - 合弁花類 — D

図２

（1）次の文と表は，図１中の種子をつくらない植物の特徴について整理したものです。文中の［　①　］にあてはまる語を書きなさい。また，表中の②～⑤にあてはまる語はそれぞれ何ですか。下のア～エの組み合わせの中から適切なものを選び，その記号を書きなさい。

コケ植物やシダ植物は，種子のかわりに［　①　］をつくってふえる。

	根・茎・葉の区別	維管束
コケ植物	②	③
シダ植物	④	⑤

ア［②：あり　③：あり／④：なし　⑤：なし］　イ［②：あり　③：なし／④：あり　⑤：なし］

ウ［②：なし　③：あり／④：なし　⑤：あり］　エ［②：なし　③：なし／④：あり　⑤：あり］

（2）次の２つの図は，図２中の花の断面と葉の一部をそれぞれ撮影したものです。図１中のＡ～Ｄの中で，この種子植物はどれに分類されますか。その記号を書きなさい。また，そのように分類した理由を，次の２つの図それぞれにもとづいて簡潔に書きなさい。

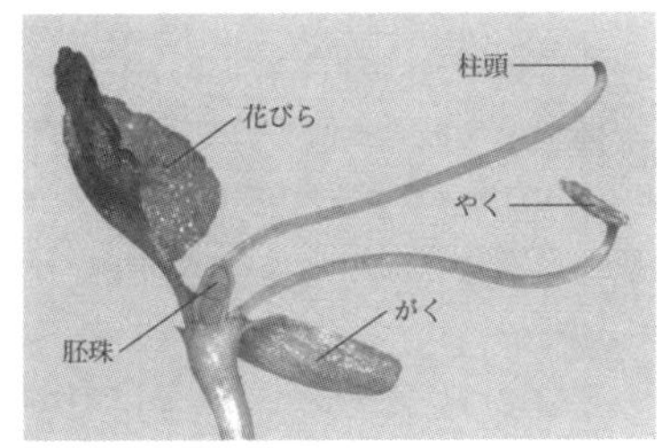

（1）	①		記号	
（2）	記号		理由	

■平成28年度問題

2　悠人さんは，ネギの葉を切り取って残った部分を土に植えると再び葉が成長することを知り，姉の奈未さんと一緒にネギの葉の成長の観察をしました。図１は，この観察に用いた，葉を切り取る前のネギを撮影したものです。図２は，悠人さんが，葉を切り取ったネギを土に植え直してからのネギの高さの変化をグラフにして示したものです。下の文章は，図１，図２についての悠人さんと奈未さんの会話の一部です。あとの１～４に答えなさい。

図１

図２

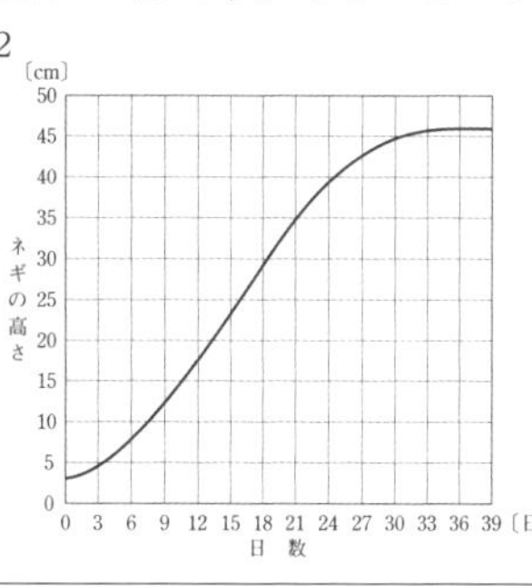

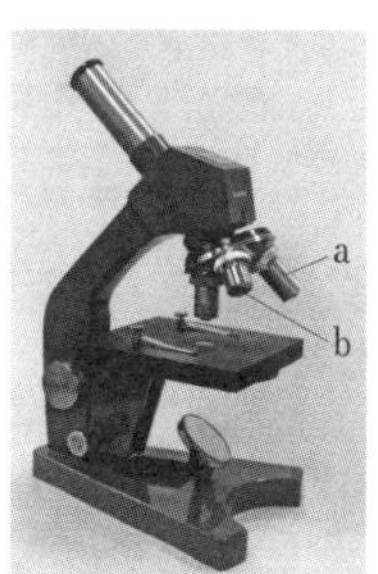

> 悠人：ネギの葉を切り取って，３cm ぐらい土から出るように植え直したんだ。それから観察を始めて，３日ごとに高さをはかったんだよ。
> 奈未：図２のグラフから，ネギの葉が最も速く成長する頃には，１日に［　　　］高くなっていることや，33 日目頃から，ほとんど成長しなくなることが読み取れるわね。
> 悠人：そうだよ。それで，観察をやめて抜いたんだけど，根も植える前より伸びていたよ。
> 奈未：ほんとね。今度は私が<u>ネギの根の成長の仕組み</u>について調べてみようかな。

1　次の（ア）～（エ）の中で，図１中の根の特徴によって，ネギと同じ種類に分類される植物はどれですか。その記号をすべて書きなさい。

（ア）　アブラナ　　（イ）　イネ　　（ウ）　エンドウ　　（エ）　トウモロコシ

2　文章中の［　　　］に当てはまる長さとして適切なものを，次のア～エの中から選び，その記号を書きなさい。

ア　約１cm　　イ　約２cm　　ウ　約３cm　　エ　約４cm

3　下線部について，図３は，奈未さんが，観察に用いたネギの根の先端から２cm の部分を撮影したものです。図３のネギの根について，図４はＡの部分の細胞の様子を，図５はＢの部分の細胞の様子を，それぞれ撮影したものです。これについて，次の（1）～（3）に答えなさい。

図３

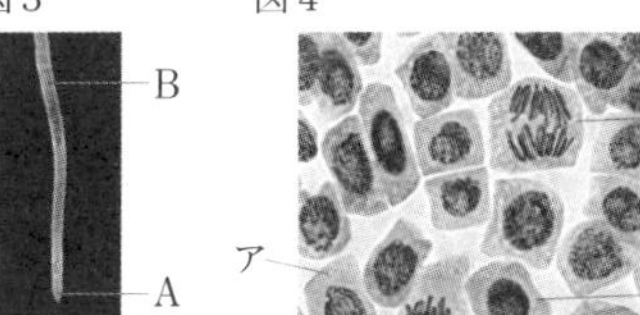

図４

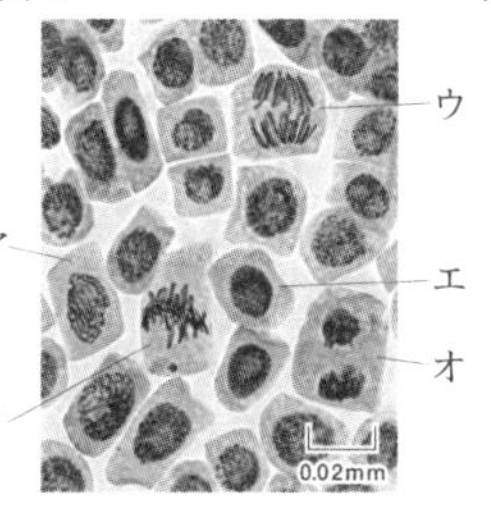

図５

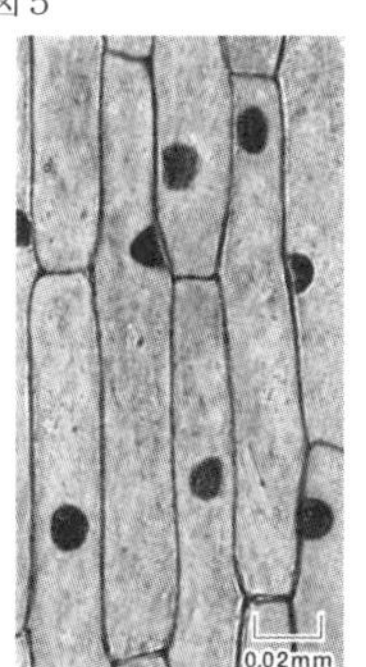

（1）前の図は，ネギの根の細胞の観察で使った顕微鏡を撮影したものです。図中のａ・ｂのうち，倍率を高くして観察するときに用いる対物レンズはどちらですか。その記号を書きなさい。また，倍率を高くすると，観察したときの視野の範囲と明るさは，それぞれどのようになりますか。次のア～エの中から適切なものを選び，その記号を書きなさい。

ア　視野は，広くなって明るくなる。　イ　視野は，広くなって暗くなる。

ウ　視野は，狭くなって明るくなる。　エ　視野は，狭くなって暗くなる。

（2）図４中のア～オの細胞を，細胞分裂の順に並べるとどうなりますか。オを最後として，その記号を書きなさい。

（3）次の文は，図３～図５をもとに，ネギの根の成長の仕組みについて考察したものです。文中の［　　］に当てはまる内容を簡潔に書きなさい。

ネギの根は，［　　］によって成長すると考えられる。

4　奈未さんは，ネギの葉を成長させる細胞分裂がどのあたりで盛んに行われているのか疑問に思い，調べてレポートにまとめました。次に示したものは，奈未さんのレポートの一部です。レポート中の［①］に当てはまる語句として適切なものは，下のア・イのうちどちらだと考えられますか。その記号を書きなさい。また，［②］に当てはまる内容を簡潔に書きなさい。

ア　葉の先端のあたり　　イ　葉の付け根のあたり

〔方法〕

ネギの葉に等間隔に９つの・印を付け，その３日後の様子を調べる。

〔考察〕

結果から，ネギの葉を成長させる細胞分裂が盛んに行われているところは，［①］であると考えられる。なぜなら，［②］からである。

〔結果〕

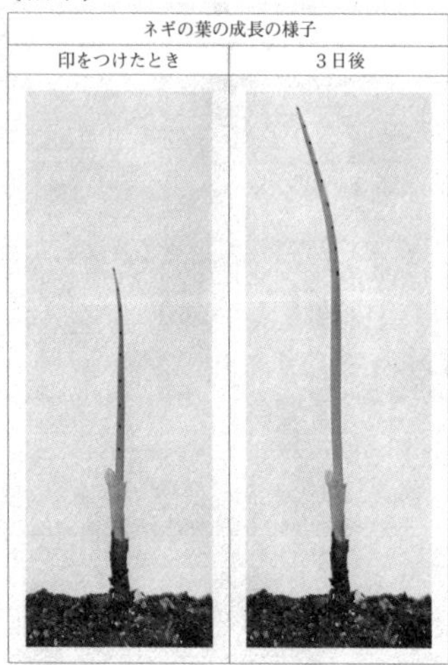

<table>
<tr><td>1</td><td colspan="3"></td><td>2</td><td colspan="2"></td></tr>
<tr><td rowspan="3">3</td><td>(1)</td><td>対物レンズ</td><td></td><td>範囲と明るさ</td><td colspan="2"></td></tr>
<tr><td>(2)</td><td colspan="5">→　→　→　→オ</td></tr>
<tr><td>(3)</td><td colspan="5"></td></tr>
<tr><td>4</td><td>①</td><td></td><td>②</td><td colspan="3"></td></tr>
</table>

■平成29年度問題

4　生物部の真紀さんは，夏休みに彩香さんの家で，赤い花を見付けました。次の文章は，このときの会話の一部です。あとの１～４に答えなさい。

真紀：庭に，きれいな赤い花が咲いているわね。
彩香：うん。これは，マツバボタンの花よ。
真紀：そうなんだ。私も育ててみたいな。
彩香：この茎を切って持って帰って，土に植えるといいよ。きっと根付くはずよ。
真紀：そうなの？　①種子から育てるのかと思ったわ。
彩香：マツバボタンは，種子をまいても，茎を切って植えても，新しい個体を殖やすことができるのよ。帰るときに１本切ってあげるね。
真紀：ありがとう。家に帰ったら，早速プランターに植えてみるわ。楽しみだな。
彩香：きっと②赤い花が咲いて，たくさん種子がとれるから，来年は，その種子から育ててみるといいよ。

1　下線部①について，右の図は，被子植物のめしべの断面の一部を模式的に示したものです。図中のア・イのうち，受精後に種子になる部分はどちらですか。その記号を書きなさい。また，選んだ部分を何といいますか。その名称を書きなさい。

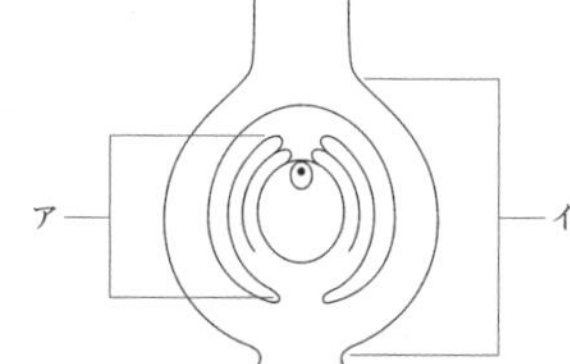

2　下線部②について，赤い花を咲かせたマツバボタンの茎を切って植えると，その茎からできた新しい個体に赤い花が咲くといえるのはなぜですか。その理由を，「遺伝子」の語を用い，生殖方法と関連付けて簡潔に書きなさい。

彩香さんの言ったとおり，もらった１本の茎からできた新しい個体に赤い花が咲き，たくさん種子がとれました。春になり，真紀さんは，昨年とれた種子をまいて育てました。今年も昨年と同じ赤い花が咲くだろうと思っていたら，赤い花だけでなく白い花も咲いたので驚きました。そして，このことを学校で先生と生物部の生徒に話しました。次の文章は，このときの会話の一部です。

真紀：先生，赤い花からとれた種子をまいたのに，どうして白い花も咲いたのでしょうか。
先生：その品種のマツバボタンの花の色は赤と白の２色で，赤色が白色に対して優性ということが分かっています。昨年育てた赤い花からとれたたくさんの種子には，赤い花を咲かせる種子と白い花を咲かせる種子があったということだね。マツバボタンの花の色の遺伝の仕組みを，遺伝子を用いて，みなさんで考えてみたらどうですか。
真紀：分かりました。考えてみます。昨年私が育てたマツバボタンは，赤い花を咲かせたので優性の遺伝子をもっていたことになるわね。
太一：そうだね。では，種子ができるための受粉について考えてみるよ。育てた赤い花のめしべと受粉したのは，別の場所で白い花を咲かせていたマツバボタンの花粉が考えられるね。
智美：そうかもしれないし，別の場所の赤い花の花粉でも考えられるわよ。

裕也：別の場所の花との受粉ではなくて，育てた赤い花の自家受粉でも考えられるよ。

真紀：３人の考えで白い花が咲くことは，それぞれどのように説明できるのかしら。花の色を赤にする遺伝子をＡ，白にする遺伝子をａとして，花の色とその個体の遺伝子の組み合わせを図に整理してみるわね。

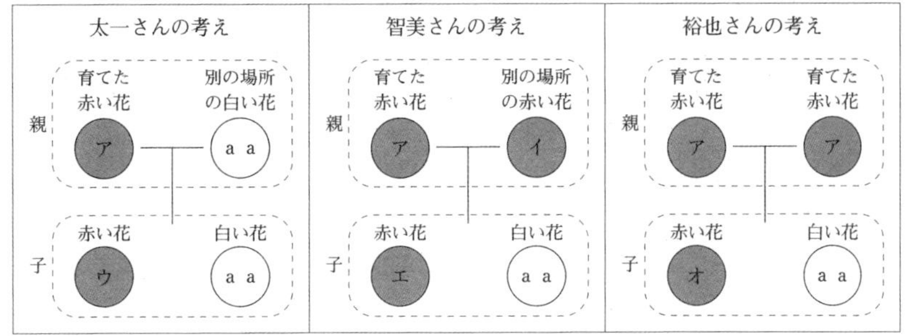

真紀：なるほどね。遺伝子を用いて考えたら，どれも白い花が咲くことが説明できるわね。

3　図中のア～オの遺伝子の組み合わせの中から，当てはまるものがＡＡとＡａのどちらであるか特定できないものを全て選び，その記号を書きなさい。また，ある赤い花の個体の遺伝子の組み合わせが，ＡＡかＡａのどちらであるか特定できないとき，その個体の遺伝子の組み合わせを特定するには，どのような方法を用いればよいと考えられますか。その方法と，その方法を行った場合の特定の仕方を，簡潔に書きなさい。

さらに，真紀さんは，遺伝について疑問に思っていることについて話しました。次の文章は，このときの会話の一部です。

真紀：親から遺伝子を受け継いで，この受け継いだ遺伝子は世代を超えて伝えられていくよね。

太一：そのはずだよ。

真紀：でも，生物は長い年月をかけて世代を重ねるうちに変化し，その結果，さまざまな種類の生物が出現することを習ったよね。遺伝子が受け継がれているのに，どうしてさまざまな種類の生物が出現するのかしら。

智美：それは，まれに［　X　］からじゃないかな。

真紀：なるほどね。この品種のマツバボタンもいつか［　X　］ことで，赤や白以外の色の花を咲かせるかもしれないわね。

4　文章中の［　X　］に当てはまる内容を，「遺伝子」の語を用いて簡潔に書きなさい。

<table>
<tr><td rowspan="2">1</td><td>記号</td><td></td><td>名称</td><td></td><td>2</td><td></td></tr>
<tr><td colspan="6"></td></tr>
<tr><td rowspan="2">3</td><td>記号</td><td></td><td>方法</td><td colspan="3"></td></tr>
<tr><td>特定の仕方</td><td colspan="5"></td></tr>
<tr><td>4</td><td colspan="6"></td></tr>
</table>

■平成31年度問題

2　彩香さんが，自宅で植物を育てたいと思っていることを大輝さんに伝えたところ，大輝さんがいろいろな種類の植物を持ってきてくれました。次に示した【会話Ⅰ】・【会話Ⅱ】は，このときの会話の一部です。あとの１～６に答えなさい。

【会話Ⅰ】

大輝：僕が家で育てたホウセンカの苗，ツユクサの苗，サボテンを持ってきたよ。

彩香：ありがとう。でも，サボテンは分かるけれど，他の２つは見分けられないわ。

大輝：ホウセンカは双子葉類，ツユクサは単子葉類なんだ。葉を見てごらん。ツユクサの葉は，葉脈が［　X　］ことから，ホウセンカと区別できるよ。

彩香：植物って葉脈の様子で仲間分けできるのね。あれ？　サボテンには葉がないわ。どうやって仲間分けするのかしら。

大輝：そうだね。理科の教科書に載っている①植物の仲間分けを示した図。（右図）を使って，一緒に調べてみよう。

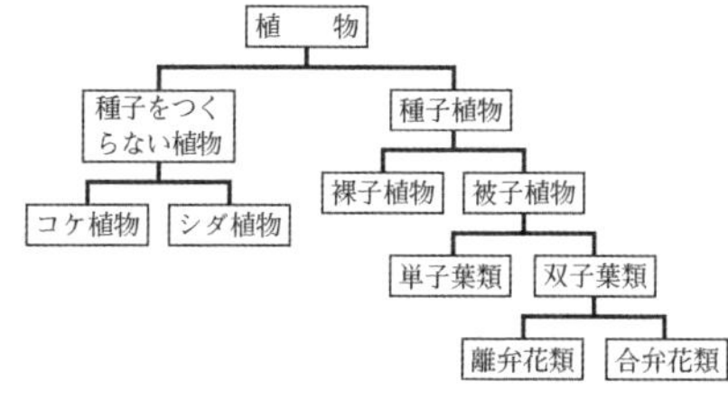

彩香：まずは種子植物かどうかだよね。

大輝：このサボテンは種子から育てたから，種子植物だよ。

彩香：裸子植物，被子植物では，どちらの仲間に入るのかしら。

大輝：それを判断するためには，②胚珠を観察すればいいんだけれど，今は胚珠ができていないんだ。でも，このサボテンには花弁をもつ花が咲くんだよ。これは裸子植物には見られない特徴だから，被子植物だと考えられるよ。

彩香：そうなんだ。じゃあ次に，単子葉類，双子葉類のどちらの仲間に入るかを考えましょう。子葉の枚数を観察したいところだけれど，そのためには③種子を発芽させないといけないから，すぐにはできないわね。他の方法はないかしら。

大輝：じゃあ，根の様子を調べてみよう。

《大輝，サボテンを掘り起こす。》

大輝：ひげ根のように見えるね（写真１）。

写真１

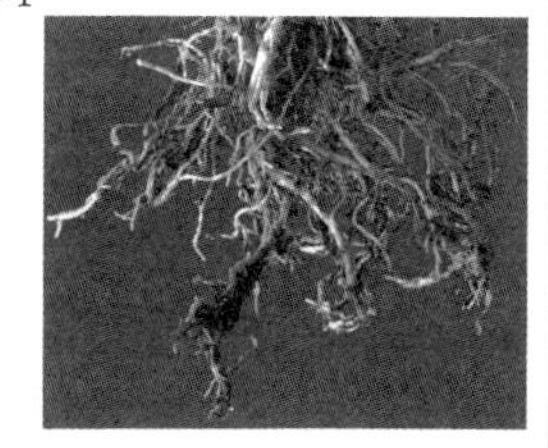

彩香：もしこれがひげ根だとしたら，［　a　］の仲間に入ると考えられるわね。でも，太い根があるようにも見えるし，ひげ根かどうか分からないな。

大輝：じゃあ，維管束がどのように並んでいるのかを調べてみよう。

大輝さんたちは，サボテンを色水につけてしばらく置いたあと，サボテンの維管束の並び方を観察し，サボテンの仲間分けについて話し合いました。

【会話Ⅱ】

大輝：色水で染めた茎の横断面の中心部が観察できるようにしたよ（写真2）。
彩香：色水で染まっている部分が維管束よね。
大輝：この維管束の並び方から，サボテンは［ b ］の仲間に入ることが分かるね。

写真2

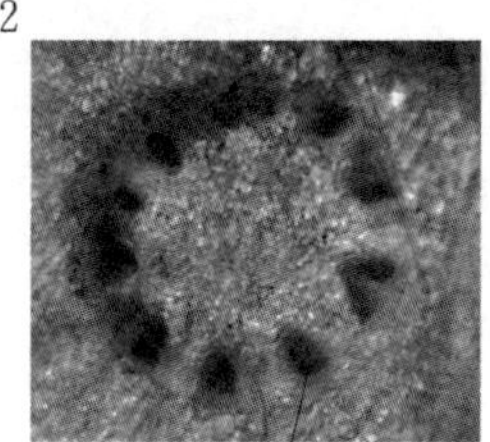

色水で染まっている部分

1　下線部①について，図中の植物のうち，シダ植物の特徴を述べているものを，次のア～エの中から全て選び，その記号を書きなさい。

ア　胞子で殖える。　　イ　葉，茎，根の区別がある。

ウ　維管束がある。　　エ　花粉をつくる。

2　下線部②について，裸子植物の胚珠を観察したときに見られる，被子植物の胚珠との違いを，「子房」の語を用いて，簡潔に書きなさい。

3　下線部③について，右の図は，マツの種子を観察した結果をスケッチに表したものです。このスケッチは，適切ではないスケッチの仕方で輪郭の線がかかれています。輪郭の線のどのようなところが適切ではないですか。簡潔に書きなさい。

4　【会話Ⅰ】中の［ X ］に当てはまる内容を簡潔に書きなさい。
また，【会話Ⅰ】中の［ a ］と【会話Ⅱ】中の［ b ］に当てはまる語として適切なものを，次のア・イからそれぞれ選び，その記号を書きなさい。

ア　単子葉類　　イ　双子葉類

彩香さんは，葉がないサボテンには気孔がないのではないかと考え調べたところ，サボテンの気孔は茎にあることが分かりました。また，サボテンの気孔は，昼間は閉じており，夜間に開くという特徴をもつことが分かりました。彩香さんは，これらのことから新たな課題を見いだし，それを確かめる実験をしてノートにまとめ，大輝さんに見せました。次に示した【ノート】は，このノートの一部です。

【ノート】

〔課題〕

夜間に④気孔を開くサボテンは，夜間に蒸散を行っているのだろうか。

〔方法〕

右の写真のように，密閉した透明な容器の中に，鉢植えのサボテンと，温度計と湿度計が一体となった機器を置いたものを，日没後，屋外に置き，1時間ごとに，容器の中の温度と湿度を記録する。

〔結果〕

時間〔時間〕	0	1	2	3	4
温度〔℃〕	18.0	17.0	16.3	15.6	15.1
湿度〔%〕	72	78	83	86	88

〔考察〕

〔結果〕で，容器の中の湿度が上がっていることから，サボテンは夜間に蒸散を行っていることが分かった。

5　下線部④について，蒸散における水蒸気の放出は，主に気孔を通して起こります。右の図は，サボテンの茎の表皮を顕微鏡で観察したときの様子を模式的に示したものです。右の図で，蒸散における水蒸気の主な出口はどの部分ですか。図中のその部分を黒く塗りつぶしなさい。

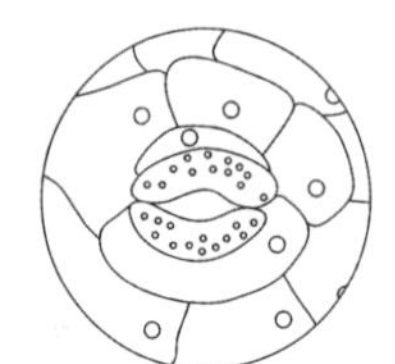

6　【ノート】を見た大輝さんは，この〔方法〕で行った実験では，〔考察〕に示された「サボテンは夜間に蒸散を行っている」ことは判断できないと考えました。そして，そう考えた理由をまとめ，彩香さんに伝えました。次に示した文章は，そのとき大輝さんがまとめたものです。文章中の［　　］に当てはまる内容を，〔結果〕と関連付けて，簡潔に書きなさい。

〔考察〕に示されたことが判断できない理由
・土など，サボテン以外からも水蒸気が出ている可能性があるため。
・サボテンが蒸散を行わず，容器の中の空気に含まれる水蒸気量が変化しなかったとしても，［　　］と考えられるため。

1		2			
3					
4	X		a		b
6					

動物のからだのしくみとはたらき

■平成24年度問題

2 1　図は，ヒトが刺激を受けとってから反応するまでのしくみを模式的に示したものです。これに関して，下の（1）～（4）に答えなさい。

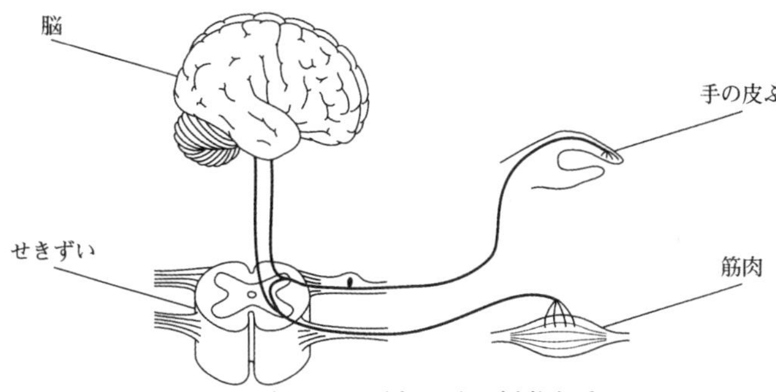

（1）手の皮ふには，あたたかさや冷たさ，圧力などの刺激を受けとるはたらきがあります。このように，まわりからの刺激を受けとる器官のことを何といいますか。その名称を書きなさい。

（2）ヒトは，お湯を沸かしたやかんのような熱いものにふれたとき，熱いと感じる前に手を引っこめます。このような反応を何といいますか。その名称を書きなさい。また，このとき熱いと感じる前に手を引っこめるのはなぜですか。その理由を，「せきずい」の語を用いて簡潔に書きなさい。

（3）右の図は，ヒトのうでの筋肉と骨の一部を模式的に示したものです。ヒトがうでを動かすとき，うでの筋肉は縮んだりゆるんだりします。右の図のような状態から，うでを伸ばすとき，筋肉A，筋肉Bはそれぞれどうなりますか。簡潔に書きなさい。

（4）右の図は，ヒトの目の一部を模式的に示したものです。図中のこうさいには，ひとみの大きさを大きくしたり小さくしたりするはたらきがあります。こうさいがこのようなはたらきをするのはなぜですか。その理由を，「光」の語を用いて簡潔に書きなさい。

ひとみ

こうさい

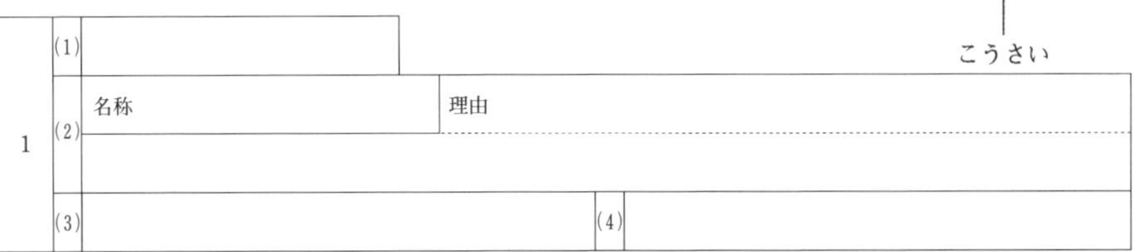

1	(1)		
	(2)	名称	理由
	(3)		(4)

■平成26年度問題

2 2　次の文章は，ある学級の理科の授業における先生と生徒の会話の一部です。これについて，下の（1）・（2）に答えなさい。

先生：今まで学習したセキツイ動物の分類に関する知識を使って，クジラとコウモリが何類なのかを考えてみましょう。

一樹：生活の仕方から考えると，クジラは海で泳いでいるので魚類で，コウモリは空を飛ぶので鳥類だと思います。

七海：クジラは，たまに海面に浮き上がって息をしているように見えるので，えら呼吸ではなく肺呼吸をしていると思います。それに，確か，胎生だったと思います。だから，クジラは魚類ではなく［A］だと思います。

翔太：コウモリは，［B］。だから，コウモリは鳥類ではなく［A］だと思います。

一樹：なるほど，クジラとコウモリは同じ仲間なんですね。

先生：そうですね。セキツイ動物は，呼吸の仕方や子の生まれ方，体温などの特徴によって分類するのでしたね。それでは，クジラとコウモリについて，もう少し考えてみましょう。右の図は，コウモリの翼，クジラのひれ，ヒトのうでの骨格の一部をそれぞれ示したものです。これらは，すべて動物の前あしにあたる部分です。気づいたことはありませんか。

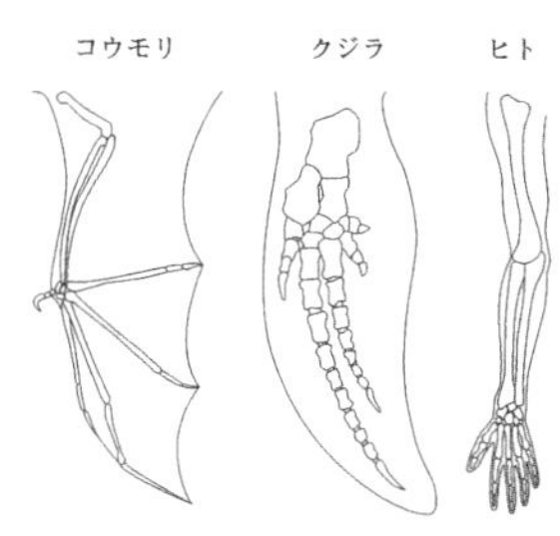

七海：それぞれの形は異なっていますが，基本的なつくりはよく似ていると思います。

一樹：それぞれの動物の生活の仕方に適した形になっていると思います。

翔太：もしかして，これらの違いは，昔のセキツイ動物の基本的なつくりが，それぞれの生活の仕方に適した形に変化することによって生じたのではないですか。

先生：そうですね。図のように，同じものから変化したと考えられる体の部分を［C］といいます。［C］は，ある生物が変化して別の生物が生じることを示す証拠の一つと考えられています。生物が，長い年月をかけて世代を重ねるうちに変化することを生物の［D］といいます。

（1）文章中の［A］にあてはまる語を書きなさい。また，右の図は，コウモリの一部を撮影したものです。文章中の［B］にあてはまる語句を，図にもとづいて簡潔に書きなさい。

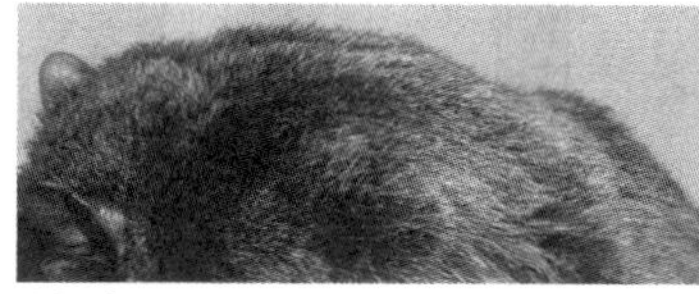

（2）文章中の［C］・［D］にあてはまる語をそれぞれ書きなさい。

2	(1)	A		B	
	(2)	C		D	

■平成27年度問題

2 1　図は，ヒトの消化に関係するつくりを模式的に示したものです。これに関して，あとの（1）～（3）に答えなさい。

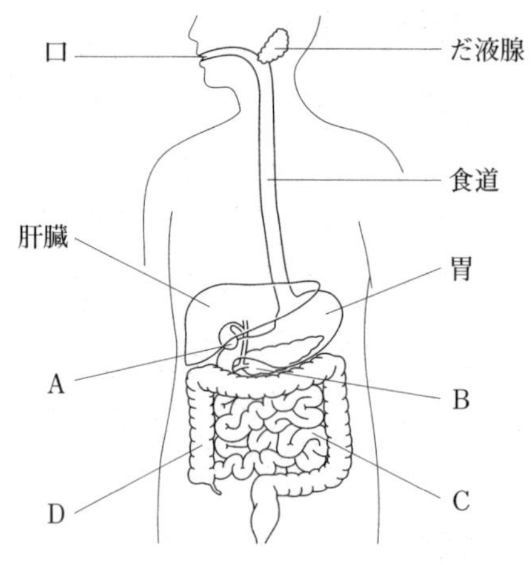

（1）次の文章は，食物の消化と吸収について述べたものです。文章中の［①］・［②］にあてはまる語をそれぞれ書きなさい。また，文章中の［③］にあてはまる器官を，図中のA～Dの中から選び，その記号を書きなさい。

口から取り入れた食物は歯でかみくだかれて飲みこまれ，消化管を通っていく。このとき，食物にふくまれるデンプン，タンパク質，脂肪などの栄養分のうち，［①］は，胃液中の［②］という消化酵素のはたらきで一部が分解され，さらに消化管を進み，別の消化酵素のはたらきで最終的にからだに吸収される形にまで分解される。ほかの栄養分も，消化酵素などのはたらきで吸収される形にまで分解される。これらの最終的に分解されたものの多くは，図中の［③］の壁から吸収される。

1	(1)	①		②		③	

（2）だ液のはたらきを調べる実験をしました。次のⅠ～Ⅲは，この実験の操作について述べたものです。表は，この実験の結果を示したものです。これについて，下の①・②に答えなさい。

【操作】

Ⅰ　試験管Xにデンプン溶液10cm^{3}と水2cm^{3}を入れ，試験管Yにデンプン溶液10cm^{3}とうすめただ液2cm^{3}を入れ，それぞれよく振り混ぜて，約36℃の湯に10分間入れた。
Ⅱ　試験管Xの溶液を2つに分けて試験管a・bに入れ，試験管Yの溶液を2つに分けて試験管c・dに入れた。
Ⅲ　試験管a・cにヨウ素溶液を加えた。また，試験管b・dにベネジクト液を加えて加熱した。

【結果】

	試験管の中の液体の色の変化	
	ヨウ素溶液との反応	ベネジクト液との反応
デンプン溶液と水を入れた試験管X	試験管a：青紫色に変化	試験管b：変化なし
デンプン溶液とだ液を入れた試験管Y	試験管c：変化なし	試験管d：赤褐色に変化

①　この実験では，だ液以外の条件を同じにした実験をしています。このように，調べようとしている条件以外の条件を同じにして行う実験のことを何といいますか。その名称を書きなさい。

②　次の文章は，この実験からわかることについて述べたものです。文章中の［i］・［ii］にあてはまるものを，下のア～エの中からそれぞれ選び，その記号を書きなさい。

この実験では，［i］の結果から，だ液のはたらきによってデンプンがなくなったことがわかる。また，［ii］の結果から，だ液のはたらきによってブドウ糖がいくつかつながったものなどができたことがわかる。

ア　試験管aと試験管b　　イ　試験管aと試験管c
ウ　試験管bと試験管d　　エ　試験管cと試験管d

（3）体内に吸収された栄養分が，血液で全身の細胞に送られ，からだをつくる細胞の活動や成長に使われると，二酸化炭素や水のほかに有害なアンモニアなどの物質が生じます。このアンモニアは，血液中に取り込まれた後，どのように体外に排出されますか。「尿素」の語を用いて，肝臓とじん臓のそれぞれのはたらきと関連づけて簡潔に書きなさい。

1	(2)	①		②	i		ii	
	(3)							

■平成30年度問題

1 生物部の真央さんは，メダカを飼育するために，美月さんと池へメダカを捕まえに行きました。2人が話をしながら池に近づいたところ，メダカが逃げていきました。次に示したものは，このときの会話の一部です。あとの1～5に答えなさい。

真央：メダカが私たちに気付いて逃げちゃったね。私たちの①姿が見えたからだろうね。
美月：そうかもしれないけど，私たちの話し声が聞こえたからかもしれないよ。
真央：そうだね。でも，メダカなどの魚に目があるのは分かるけど耳があるようには見えないよ。②魚はどうやって音を聞いているのかな。
美月：ほんとね。あとで調べてみようよ。

1　下線部①について，次の図は，人で反射した光がメダカに届いてから，メダカが逃げるまでに，体の中を刺激または命令が伝わる順を示したものです。図中の［a］～［d］に当てはまる語を，下のア～エの中からそれぞれ選び，その記号を書きなさい。

光がメダカに届く →［a］→［b］→ 中枢神経 →［c］→［d］→ 逃げる

ア　感覚器官　　イ　運動器官　　ウ　感覚神経　　エ　運動神経

1	a		b		c		d	

2　下線部②について，次に示したものは，真央さんが「魚はどうやって音を聞いているのか」について調べて，まとめたものの一部です。これについて，下の（1）・（2）に答えなさい。

〔調べたこと〕
　魚には，体の外から見える耳の部分はないが，体の中に音を刺激として受け取るものがある。ほかにも，右の図のように，体の側面に側線とよばれる，音を刺激として受け取る器官があるようだ。この側線についてさらに調べてみると，水流や水圧を刺激として受け取る器官であることが分かった。

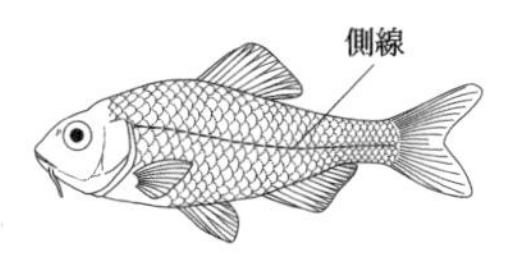

〔考察〕
　魚が，側線で音を刺激として受け取ることができるのはなぜだろうか。音は，水中では水を［ A ］させて伝わり，魚の体の表面に届く。こうして届いた水の［ A ］は，体の表面に加わる水圧を変化させるので，側線で音を刺激として受け取ることができる。

（1）〔調べたこと〕の下線部について，右の図は，ヒトの耳を模式的に示したものです。図中のア～ウの中で，音を刺激として受け取る特別な細胞がある所はどれですか。その記号を書きなさい。また，選んだ所を何といいますか。その名称を書きなさい。

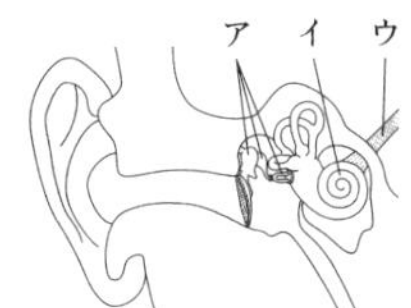

（2）〔考察〕の［ A ］に当てはまる語を書きなさい。

　真央さんは，メダカを捕まえて，家で飼育し始めました。そして，右の図のように，粒状のえさを与えていたとき，メダカがこのえさに近づくのを見て，どうやってえさを認識するのか疑問に思い，調べてレポートにまとめて美月さんに見せました。次に示したものは，このレポートの一部です。

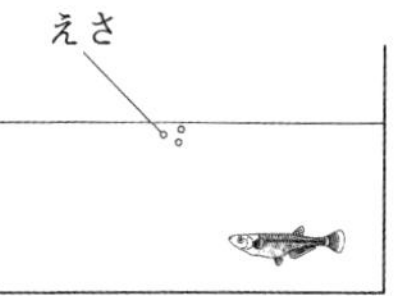

〔方法と結果〕

	Ⅰ	Ⅱ	Ⅲ
方法	ラップフィルム えさ えさをラップフィルムに包んで水面に落とした。	ラップフィルム えさの入っていないラップフィルムを水面に落とした。	えさをとかした液体 えさをすりつぶして水にとかした無色透明な液体をスポイトで水面に落とした。
結果	ラップフィルムに近づいてきた。	ラップフィルムに近づいてこなかった。	液体を落とした辺りに近づいてきた。

〔考察と結論〕
　〔方法と結果〕のⅠ～Ⅲより，メダカが，えさを見て近づくことと，えさのにおいを感じて近づくことが分かった。したがって，メダカは，えさを視覚でも嗅覚でも認識すると考えられる。

3　このレポート中の〔考察と結論〕の内容が正しいとすると，〔方法と結果〕のⅠ～Ⅲの中で，暗室で行っても結果が同じになると考えられるものはどれですか。その記号を全て書きなさい。

4　このレポートを見た美月さんは，〔考察と結論〕のうち，メダカがえさを嗅覚でも認識することは，この〔方法と結果〕からでは判断できないことに気付きました。そして，このことを判断するためには，追加の実験が必要であると真央さんに助言しました。追加の実験としてどのような方法が考えられますか。その方法と，その方法を行ったときの結果を，簡潔に書きなさい。

5　真央さんは，メダカを長く飼育するために，水槽の中に一つの生態系をつくろうと思い，水槽の水の中に入れるものを考えました。次に示したものは，真央さんが考えたものです。［　　］に当てはまる生物として何が考えられますか。その名称を書きなさい。また，その生物は生態系においてどのような働きをしますか。その働きを簡潔に書きなさい。

〔水槽の水の中に入れるもの〕
［　　］，ミジンコ，メダカ，メダカを捕まえた池の底の土

2	(1)	記号		名称		(2)		3	
4	方法				結果				
5	生物			働き					

■令和２年度問題

3　科学部の翔太さんたちは，山へ野外観察に行き，見たことがない生物を見付けて観察しました。右の図は，そのとき翔太さんがスケッチしたものです。次に示した【会話】は，このときの先生と生徒の会話の一部です。あとの１～４に答えなさい。

【会話】

翔太：この生物って，どの動物の仲間なのかな。
先生：しっかりと観察して，その結果をノートにまとめて，みんなで考えてみましょう。
ノートのまとめ

・背骨がある。	・あしがある。
・うろこがない。	・体長は約 12cm である。
・体表の温度が気温とほぼ同じである。	

先生：このノートのまとめを見て，皆さんはどの動物の仲間だと思いますか。
翔太：背骨があるということは①無セキツイ動物ではなくセキツイ動物ですね。
希実：見た目がトカゲに似ているから，私はハチュウ類だと思うわ。
翔太：僕はノートのまとめから考えて，②この生物はハチュウ類ではないと思うよ。両生類じゃないかな。
希実：この生物が両生類であるとすると，ほかにどんな特徴が観察できるかな。
翔太：③子のうまれ方も特徴の一つだよね。
先生：そうですね。では，図鑑を使ってこの生物を何というのか調べてみましょう。
希実：図鑑から，きっとブチサンショウウオだと思うわ。今まで，このような生物なんて見たことがなかったわ。私たちの周りにはたくさんの種類の生物がいるよね。なぜかな。
先生：それは，④生物が長い年月をかけて，さまざまな環境の中で進化してきたからだといわれています。

1　下線部①について，無セキツイ動物の仲間には，軟体動物がいます。軟体動物の体の特徴を次の（ア）・（イ）から選び，その記号を書きなさい。また，次の（ウ）～（キ）の中で，軟体動物はどれですか，その記号を全て書きなさい。

体の特徴	（ア）外骨格	（イ）外とう膜			
生物名	（ウ）バッタ	（エ）アサリ	（オ）クモ	（カ）イカ	（キ）メダカ

2　下線部②について、翔太さんがこの生物はハチュウ類ではないと考えた理由を，ノートのまとめを基に，簡潔に書きなさい。

3　下線部③について．次の（ア）～（オ）のセキツイ動物の仲間の中で．殻のない卵をうむ仲間はどれですか，その記号を全て書きなさい。

（ア）　ホニュウ類　（イ）　鳥類　（ウ）　ハチュウ類　（エ）　両生類　（オ）　魚類

4　下線部④に関して，次の（1）～（3）に答えなさい。

（1）生物が進化したことを示す証拠として，重要な役割を果たすものに化石があります。次の資料は，シソチョウの化石についてまとめたものです。資料中の［A］～［D］に当てはまる特徴はそれぞれ何ですか。資料中の［特徴］のア～エの中からそれぞれ選び，その記号を書きなさい。

［シソチョウの化石］

［特徴］ア　口には歯がある
　イ　体全体が羽毛でおおわれている
　ウ　前あしが翼になっている
　エ　前あしの先にはつめがある

［シソチョウの化石が進化の証拠だと考えられる理由］
［A］という特徴と［B］という特徴は現在のハチュウ類の特徴で，［C］という特徴と［D］という特徴は現在の鳥類の特徴であり，ハチュウ類と鳥類の両方の特徴をもつことから，シソチョウの化石は進化の証拠であると考えられる。

（2）生物が進化したことを示す証拠は、現存する生物にも見られます。右の資料は，ホニュウ類の前あしの骨格を比べたものです。これらは相同器官と呼ばれ，進化の証拠だと考えられています。次の文章は，このことについて説明したものです。文章中の［X］・［Y］に当てはまる語をそれぞれ書きなさい。また，［Z］に当てはまる内容として適切なものを，下のア～エの中から選び，その記号を書きなさい。

ホニュウ類の前あしの骨格の比較

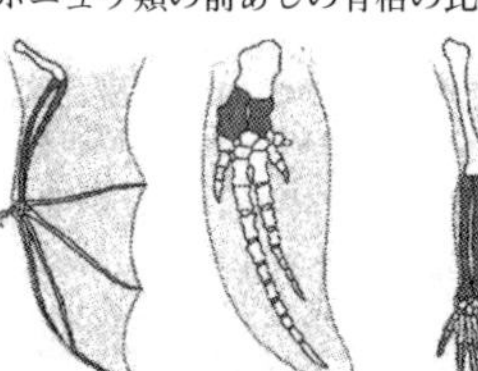

コウモリの翼　クジラのひれ　ヒトの腕

資料中のホニュウ類の前あしを比べてみると，形やはたらきは［X］のに，骨格の基本的なつくりは［Y］ことから，これらはもとは同じ器官であったと推測できる。このような器官のことを相同器官といい，相同器官の存在から，現在のホニュウ類は，［Z］といえる。

ア　地球上にほぼ同じころ出現した　イ　どのような環境でも生活することができる
ウ　陸上での生活に適した形をしている　エ　共通の祖先が変化して生じたものである

（3）生物は環境と密接な関係の中で生きています。ある生物が生きていた場所の当時の環境を推定することができる化石を示相化石といい，その例としてサンゴの化石があります。ある場所でサンゴの化石が見付かったとき，そのサンゴが生きていた場所の当時の環境は，どのような環境だったと推定できますか。簡潔に書きなさい。

1	体の特徴			生物名				
2				3				
4	(1)	A		B		C		D
	(2)	X		Y		Z		(3)

天気の変化

■平成25年度問題

2 2　図1は，ある日の天気図を示したものです。これに関して，あとの（1）～（4）に答えなさい。

図1

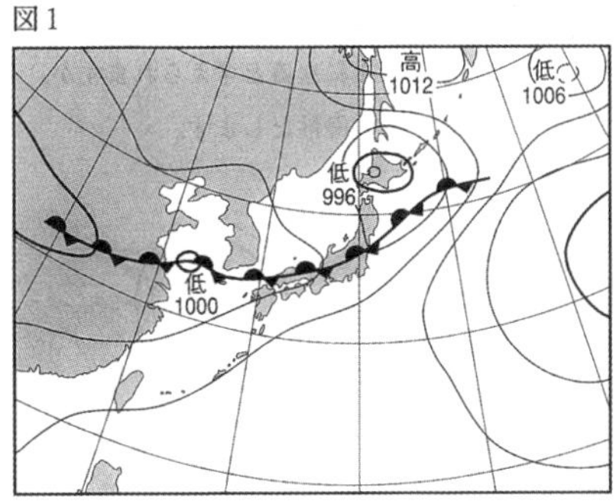

（1）図1中には，気圧を表す数値がいくつか記入されています。これらの数値の単位は何ですか。その単位を記号で書きなさい。

（2）次のア～エの中に，図1と同じときの雲画像を示したものがあります。それはどれですか。その記号を書きなさい。

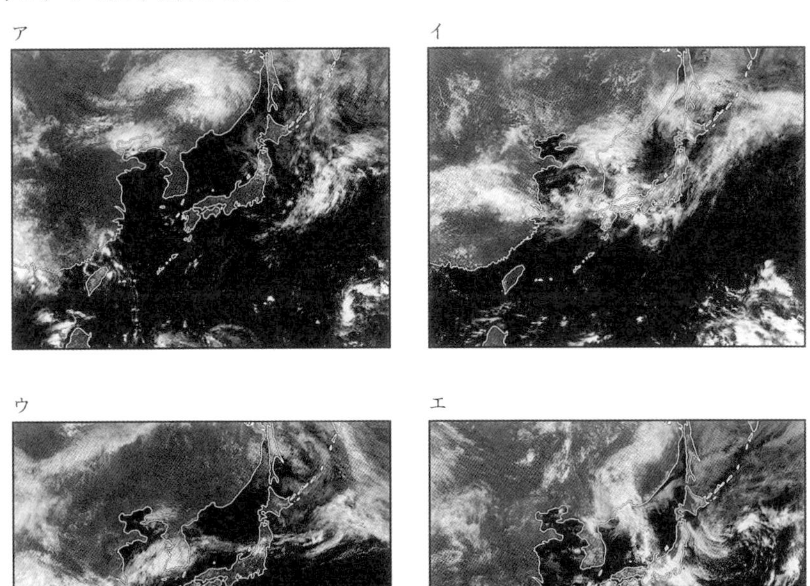

（気象庁ホームページによる。）

（3）図1中の前線は，停滞前線です。図2は図1のときから7日後の天気図を，図3は図1のときから14日後の天気図を示したものです。これら3つの天気図の変化から，図1中の停滞前線が消えたことが判断できます。この停滞前線は何前線だと考えられますか。下のア・イから選び，その記号を書きなさい。また，このように停滞前線が消えたことは，ある気団の勢力が強まったことと深く関連があると考えられます。その気団の名称を書きなさい。

図2

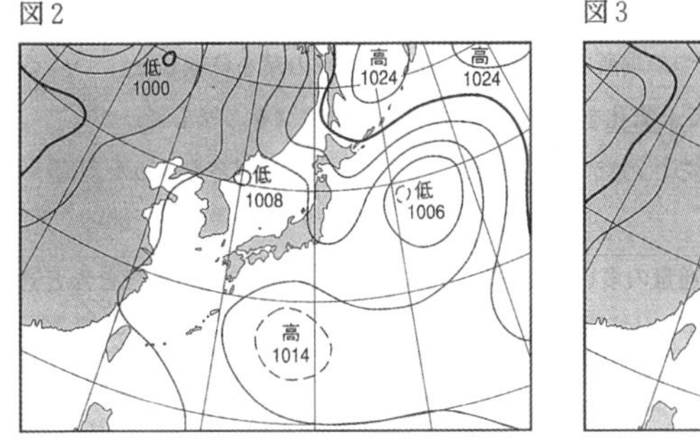

図3

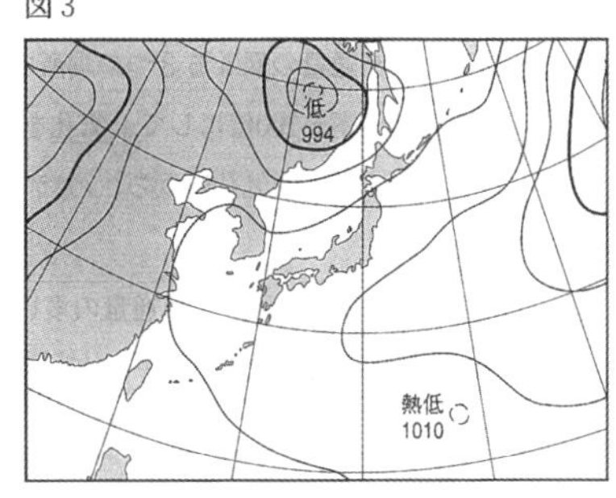

ア　梅雨前線　　　イ　秋雨前線

（4）次の文章は，太平洋側に住むAさんと日本海側にある中学校に転校したBさんの電話での会話の一部です。文章中の［　　　　　　　　］にあてはまる語句を，「水蒸気」の語を用いて簡潔に書きなさい。

Aさん：こんにちは。久しぶりだね。元気にしている？　毎日寒いね。
Bさん：うん，元気だよ。こっちは寒いだけでなく，雪が多いから大変だよ。
Aさん：そっちは雪が多いの？　こっちの冬の空気は冷たくて乾燥しているけれど，どうしてそっちでは雪が多く降るの？
Bさん：それは，冬の季節風の空気は，大陸では冷たくて乾燥しているけれど，［　　　　　　　　］ことで雲ができて，日本列島の山脈にぶつかって上昇するとき雲が発達して雪を降らすためだよ。
Aさん：そうなんだ。それで雪が多く降るんだね。

(1)		(2)	
(3) 記号		名称	
(4)			

■平成29年度問題

1　ある学級の理科の授業で，図１に示した装置を用いて，くみ置きの水を金属製のコップに入れ，このコップの水の中に，氷を入れた試験管を入れて水温を下げていき，コップの表面がくもり始めるときの水温を測定しました。表は，この測定の結果を示したものです。図２は，気温による飽和水蒸気量の変化をグラフで示したものです。あとの文章は，このときの生徒の会話の一部です。あとの１～６に答えなさい。

図２

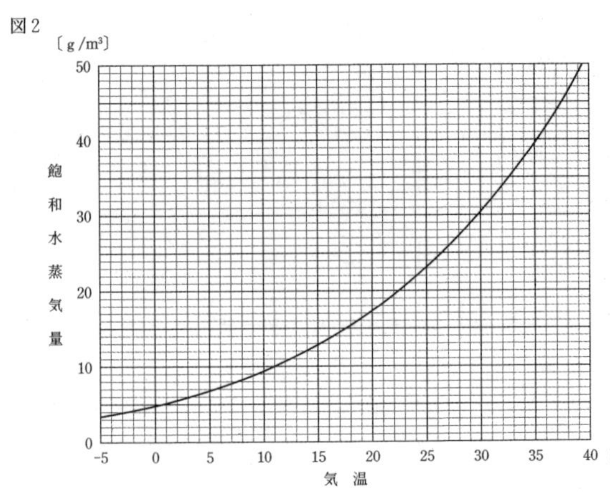

図１

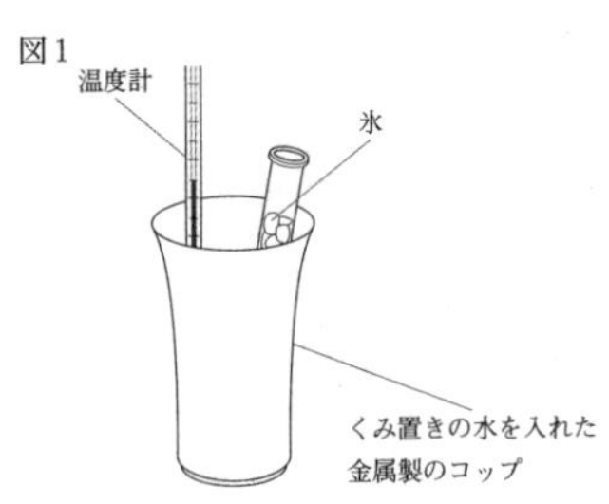

【結果】

天気・場所	①快晴・理科室
気温〔℃〕	25.0
試験管を入れる前の水温〔℃〕	25.0
くもり始めるときの水温〔℃〕	11.0

翔太：【結果】から，この実験をしたときの露点が分かるね。そうすると，図２のグラフから，この理科室の空気１m^3中に含まれている水蒸気量が分かるね。

拓也：そうだね。あと，気温が25.0℃の，この理科室の空気の湿度は［　A　］％だと考えられるね。コップの表面がくもり始めるときの水温を測ると，いろいろなことが分かるんだね。

翔太：そうだね。湿度は②乾湿計でも測れるけど，この実験の方が湿度の意味がよく分かるね。

美咲：ほんとね。そういえば，湿度のことで疑問に思っていることがあるんだけど。

優子：どんなこと？

美咲：夏は晴れた日でも蒸し暑いでしょ。一方，冬は寒くて空気が乾いているよね。ということは，冬は，外に干した洗濯物が乾きやすいと思うんだけど，実際には夏に比べて乾きにくいよね。どうしてかな。

優子：確かにそうね。夏に比べて冬に洗濯物が乾きにくいことは，図２を使うと説明できるんじゃないかな。例えば，気温は異なるけれど湿度は同じとして考えてみたらどうかしら。

美咲：そうか。ちょっと待ってね。ええと，夏に比べて冬に洗濯物が乾きにくいのは，たとえ湿度が同じでも，冬は［　B　］からなのね。

優子：そうなんだね。そうそう，冬で乾燥といえば，乾燥した部屋の湿度を上げて適度に保つとインフルエンザの予防に効果があるって聞いたことがあるけど，部屋の湿度を上げるには，どのような方法があるかな。加湿器を使うのはすぐに思い付くけど，ほかに何かない？

拓也：観葉植物を置くとか，石油ファンヒーターを使うといいんじゃないかな。

優子：どうして石油ファンヒーターを使うといいの？

拓也：灯油は有機物なので，［　C　］からだよ。

優子：なるほどね。でも，換気には気を付けないといけないわね。

１　下線部①について，快晴を表す天気記号をかきなさい。

２　文章中の［　A　］に当てはまる値を，小数第２位を四捨五入して，小数第１位まで書きなさい。

３　下線部②について，別の日に理科室の湿度を乾湿計と湿度表を用いて測定しました。下の表は，湿度表の一部です。下の図は，そのときの理科室の乾湿計の一部を示したものです。このときの湿度は何％ですか。

４　文章中の［　B　］に当てはまる内容を，「気温」と「飽和水蒸気量」の語を用いて簡潔に書きなさい。

５　文章中の［　C　］に当てはまる内容を簡潔に書きなさい。

乾球の示度〔℃〕	乾球と湿球の示度の差〔℃〕				
	1	2	3	4	5
17	90	80	70	61	51
16	89	79	69	59	50
15	89	78	68	58	48
14	89	78	67	57	46
13	88	77	66	55	45
12	88	76	65	53	43
11	87	75	63	52	40
10	87	74	62	50	38

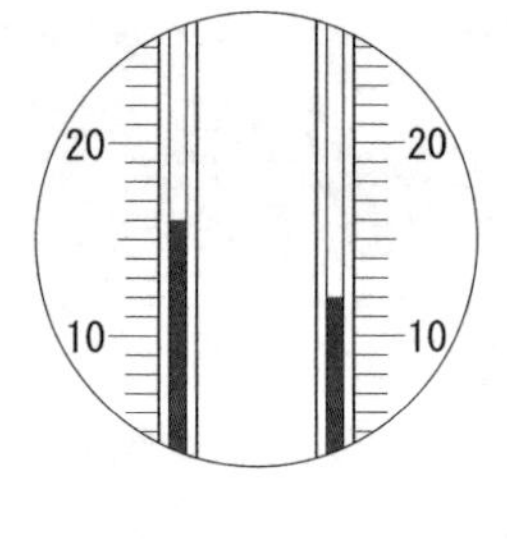

1		2		3	％
4					
5					

6　翔太さんは，身の回りで水滴が生じる現象について考えていたとき，焼いた食パンをのせた皿の表面に水滴が付くことを思い出し，この現象について調べてレポートにまとめました。次に示したものは，翔太さんのレポートの一部です。レポート中の［①］に当てはまる内容を簡潔に書きなさい。また，［②］に当てはまる語句として適切なものを，あとのア・イから選び，その記号を書きなさい。

ア　水滴が付く　　イ　水滴が付かない

焼いた食パンをのせた皿の表面に付く水滴

〔現象〕

食パンを，トースターで焼いて皿にのせて，しばらくしてから皿から持ち上げた。すると，右の写真のように，皿の表面の，食パンをのせていた辺りに水滴が付いていた。

〔考察〕

右の図は，焼いた食パンをのせた皿の表面に水滴が付いたときの様子を模式的に示したものである。皿の表面に水滴が付いたのは，図中の皿と食パンの間の空気に含まれるあたたかい水蒸気が皿で冷やされたためである。この水滴は，部屋の空気にもともと含まれている水蒸気だけでできるのだろうか。それとも，食パンに含まれている水分がないとできないのだろうか。

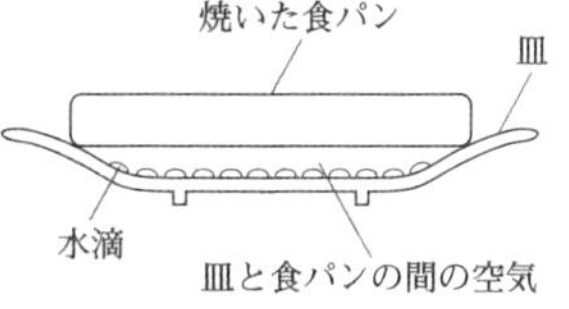

皿の表面に付く水滴が，部屋の空気にもともと含まれている水蒸気だけでできるとする。この場合，食パンを焼いた後，「皿にのせる前に，焼いた食パンを［①］」ということをしてから皿にのせておくと，皿の表面に［②］と考えられる。この考えが正しいかどうかを実験で確かめたい。

〔実験〕

6	①		②	

大地の変化

■平成24年度問題

2　2　図1はれき岩を，図2はアンモナイトの化石を，それぞれ撮影したものです。これに関して，下の（1）～（4）に答えなさい。

図1

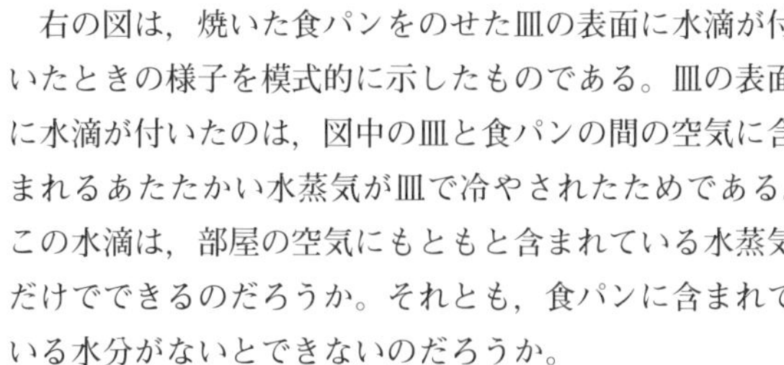

図2

（1）図1のれき岩には，Aのようなれきがふくまれています。次の文は，れきについて述べたものです。文中の［　］にあてはまる値を書きなさい。

れきとは，粒の大きさが［　］mm以上の岩石の破片のことである。

（2）たい積岩には，図1に示したれき岩のほかに，石灰岩や凝灰岩などがあります。あるたい積岩が石灰岩であるかどうかを確かめるために，うすい塩酸を用いて実験する方法があります。石灰岩にうすい塩酸を数滴かけると，石灰岩の表面にどのような現象が見られますか。簡潔に書きなさい。

（3）図2に示したアンモナイトの化石は，地質年代を推定することができる示準化石として用いられます。次の図は，地球の誕生から現在までの約46億年間を，地質年代によってア～エの4つに区分して示したものです。アンモナイトの化石は，どの地質年代の示準化石ですか。図中のア～エの中から選び，その記号を書きなさい。

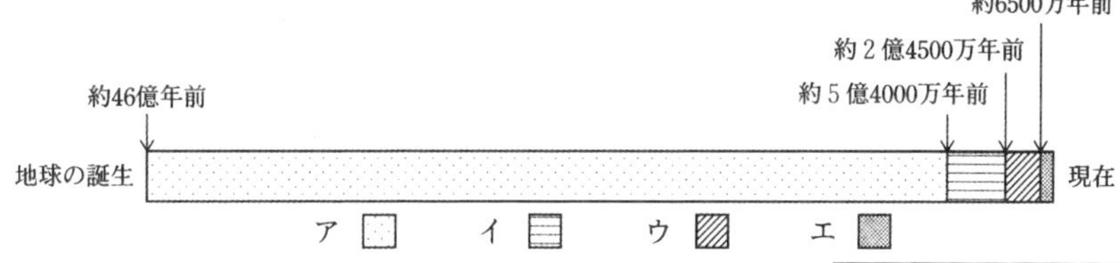

（4）次の文章は，示相化石について述べたものです。文章中の［　］にあてはまる語句を簡潔に書きなさい。

示相化石とは，地層がたい積した当時の環境を推定することができる化石のことであり，サンゴやブナなどの化石が示相化石として用いられる。それは，サンゴやブナなどが［　］生物だからである。

(1)		(2)		(3)	
(4)					

■平成27年度問題

2 2　隆さんは，神社で見かけたこま犬とその台座に使われている岩石の種類が異なっていることに興味をもち，調べてレポートにまとめました。次に示したものは，隆さんのレポートの一部です。図1は，このこま犬と台座の一部を撮影したものです。図2はこま犬の表面を，図3は台座の表面をそれぞれ近くで撮影したものです。これについて，あとの（1）～（4）に答えなさい。

〔目的〕
こま犬とその台座に使われている岩石の種類を調べる。

〔観察記録〕

○こま犬に使われている岩石の特徴
- 肉眼で見ると，全体的に黒っぽく，2mmよりも小さな粒でできていた。
- 拡大して見ると，図2のように，ほぼ同じ大きさの粒がぎっしりと集まっていて，①これらの粒の多くは丸みを帯びていた。

○台座に使われている岩石の特徴
- 肉眼で見ると，全体的に白っぽく，比較的大きな粒でできていた。また，ところどころに黒っぽい粒が混ざっていた。
- 拡大して見ると，図3のように，②粒と粒がすき間なく組み合わさっていて，これらの粒はどれも角ばっていた。

〔考察〕
岩石の特徴から，こま犬に使われている岩石は［A］で，台座に使われている岩石は［B］だと考えられる。

（1）このこま犬や台座の表面は，欠けたり角がとれたりしています。このように，地表に出ている岩石が，気温の変化や水のはたらきなどによって表面からもろくなってくずれることを何といいますか。その名称を書きなさい。

（2）下線部①について，岩石をつくっている粒が丸みを帯びていたのはなぜだと考えられますか。その理由を簡潔に書きなさい。

（3）下線部②について，岩石のこのようなつくりを何といいますか。その名称を書きなさい。また，このようなつくりになったのはなぜだと考えられますか。次の（ア）～（エ）の中から適切なものを選び，その記号を書きなさい。

（ア）　火山灰などが堆積した後，長い時間をかけて押し固められたため。
（イ）　生物の死がいなどが堆積した後，長い時間をかけて押し固められたため。
（ウ）　マグマが地表付近で，短い時間で冷やされたため。
（エ）　マグマが地下深くで，長い時間をかけて冷やされたため。

（4）レポート中の［A］・［B］にあてはまる岩石の種類はそれぞれ何だと考えられますか。次のア～カの中から適切なものをそれぞれ選び，その記号を書きなさい。

ア　花こう岩　　イ　玄武岩　　ウ　砂岩　　エ　はんれい岩
オ　流紋岩　　カ　れき岩

2	(1)		(2)	
	(3)	名称	記号	
	(4)	A	B	

■平成30年度問題

2

ある学級の理科の授業で，真紀さんたちは，地震について学習しました。図1は，ある地震の震度を○印の地点ごとに示したものであり，×印は震央を示しています。図2は，この地震が起きたときの，地点A・地点B・地点Cでの地震計による記録の一部を示したものです。この授業では，まず，図1・図2を見て気付いたことについて班で話し合いました。次の文章は，このときの，真紀さんたちの班の会話の一部です。あとの1～5に答えなさい。

図1

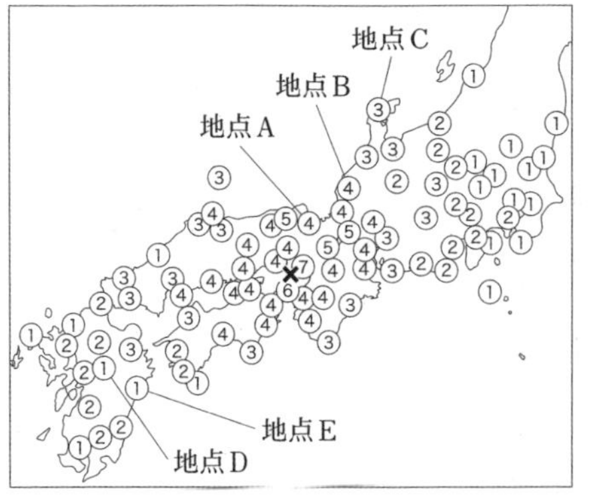

図2

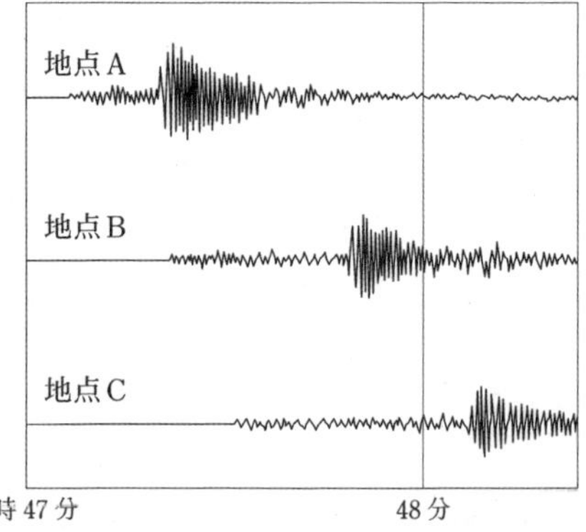

真紀：図１で，震央からの距離と震度に着目すると，震度は震央から離れるにつれて小さくなっているね。
美咲：そうだね。だけど図１中の地点Ｄや地点Ｅは，震央からの距離からいえば震度３か震度２になると思うんだけど震度１だよ。ほかにも同じような地点があるよね。どうしてかな。
翔太：そうだね。震度は観測地点における［ Ｘ ］を表しているよね。だから，震央からの距離が同じでも，地盤のかたさなどの違いによって震度が異なることがあるんじゃないかな。
美咲：なるほどね。
悠人：図２を見ると，どの地点の地震計にも初めに小さな揺れが記録され，その後に大きな揺れが記録されているよね。この地震の震源では，初めに小さな揺れが生じ，その後に大きな揺れが生じたのかな。
真紀：どうだろう。音で考えると，小さな音も大きな音も同じ速さで伝わるでしょ。地震でも，小さな揺れも大きな揺れも同じ速さで伝わるとするよ。この地震の震源で，初めに小さな揺れが生じ，その後に大きな揺れが生じたとしたら，図２は，このようにはならなくて，［ Ｙ ］になるはずだよ。だから，初めに小さな揺れが生じ，その後に大きな揺れが生じたのではないと思うよ。
悠人：そうか。図２からどんなことが分かるのか，もっとよく考えてみよう。

1　文章中の［ Ｘ ］に当てはまる内容を簡潔に書きなさい。

2　右の図は，地震計が地震の揺れを記録している様子を模式的に示したものです。地震計に地震の揺れが伝わると，記録紙に揺れが記録できるのはなぜですか。次のア～エの中から適切なものを選び，その記号を書きなさい。

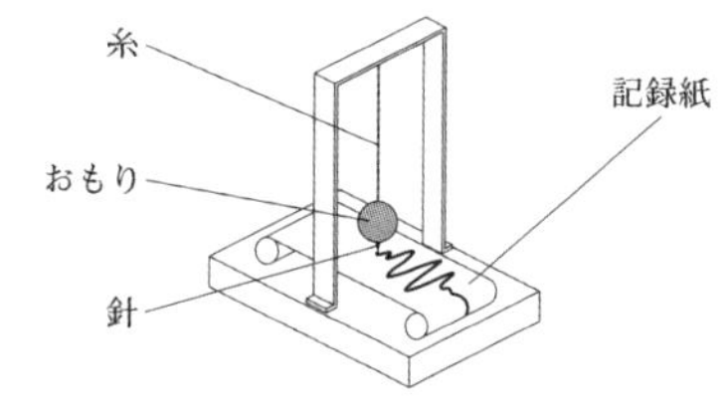

ア　おもりと針はほとんど動かずに，記録紙は地面の揺れと同じ方向に動くため。
イ　おもりと針はほとんど動かずに，記録紙は地面の揺れと反対の方向に動くため。
ウ　おもりと針は地面の揺れと同じ方向に動いて，記録紙はほとんど動かないため。
エ　おもりと針は地面の揺れと反対の方向に動いて，記録紙はほとんど動かないため。

3　図２中の地点Ｂでの記録について，この地震の震源から地点Ｂまでの距離は195km，この地震が起きてから初めて揺れが記録されるまでに要した時間は31秒でした。この揺れが伝わる速さは何km/sですか。その値を，小数第２位を四捨五入して，小数第１位まで書きなさい。また，この揺れが伝わる速さと次に示した３つのものの速さの合計４つを速い順に並べると，この揺れが伝わる速さは速い方から何番目ですか。

・100 mを10秒で走る人の平均の速さ
・空気中を１秒間で340ｍ伝わっている音の速さ
・時速900kmで飛んでいるジェット機の速さ

4　文章中の［ Ｙ ］には，下線部の内容が正しいとしたときの，地点Ａ・地点Ｂ・地点Ｃでの地震計による記録から読み取れることが当てはまります。その内容を簡潔に書きなさい。

図３は，1994～2003年の間に日本付近で起きたマグニチュード5.0以上の地震の震央を○印で示したものであり，震源の深さにより○印の濃さを４段階の濃淡で示しています。図４は，日本付近のプレートの境界を━で示したものです。図５は，東北地方の，ある地域の垂直断面を模式的に示したものであり，•印は地震の震源を示しています。真紀さんたちは，この授業で，図３～図５を用いてプレートの動きによって地震が起こる仕組みについて学習しました。

図３

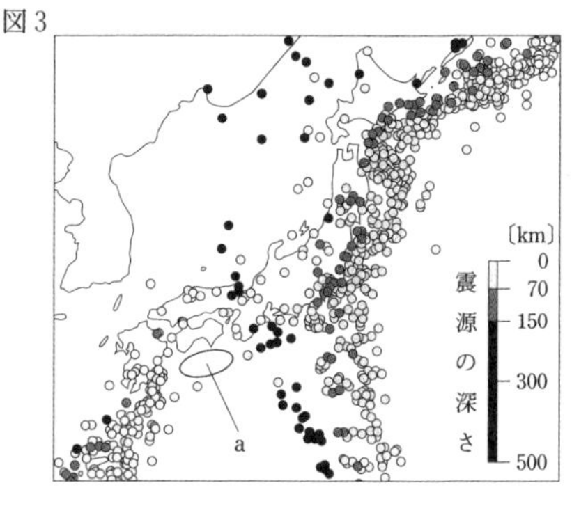

図４

図５

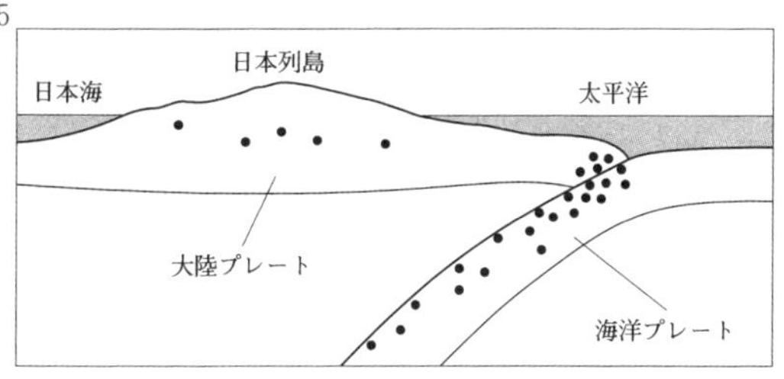

5　真紀さんは，図３中の⬭で示したａの辺りには，1994～2003年の間は地震が起きていないけれど，地震が起こりやすい特徴があると考えました。真紀さんが，ａの辺りには地震が起こりやすい特徴があると考えたのはなぜですか。その理由を，「沈み込む」の語を用い，図３～図５と関連付けて簡潔に書きなさい。

1					2	
3	速さ	m/s	順番	番目		
4						
5						

■令和２年度問題

2 図１は，あるがけに見られる地層の様子を模式的に示したものです。あとの１～５に答えなさい。

図１

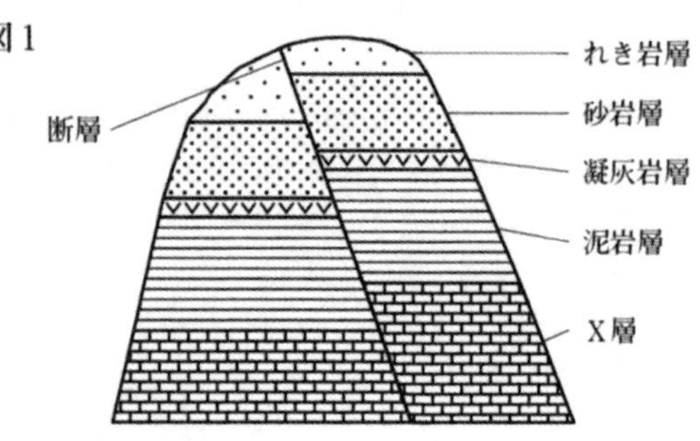

図２

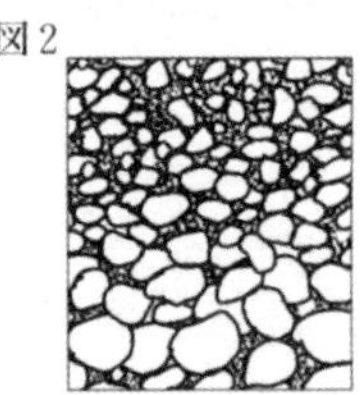

1　図２は，図１のれき岩層を観察し，スケッチしたものです。このスケッチに示された粒の形には，丸みを帯びたものが多く見られます。このような形になるのはなぜですか。その理由を簡潔に書きなさい。

2　次のア～エは，花こう岩，安山岩，砂岩，泥岩のいずれかの表面の様子を撮影したものです。図１中の砂岩層の砂岩を示しているものはどれですか。ア～エの中から最も適切なものを選びその記号を書きなさい。

ア
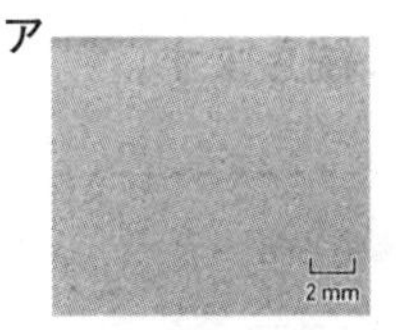

イ
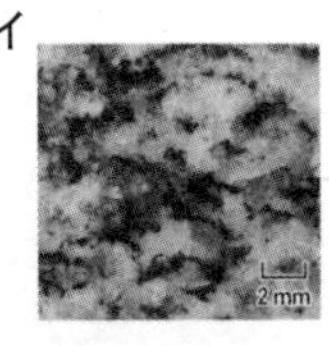

ウ
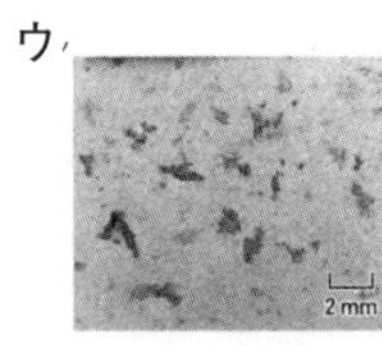

エ

3　図１中のX層の岩石には，砂岩や泥岩などに見られる特徴が観察されなかったため，「X層の岩石は石灰岩である」という予想を立てました。そして，この予想を確かめるために，X層の岩石にうすい塩酸を２，３滴かける実験を行いました。この予想が正しい場合，この実験はどのような結果になりますか。簡潔に書きなさい。

4　図１の断層は，図１中のそれぞれの層ができた後に生じたものと考えられます。そのように考えられる理由として適切なものを，次のア～エの中から２つ選び，その記号を書きなさい。

ア　断層の右と左で，れき岩層の厚さが異なっている。
イ　断層の右と左で，それぞれの層の下からの順番が同じである。
ウ　断層の右と左のどちらも，それぞれの層の境目がはっきりと分かれている。
エ　断層の右と左で，砂岩層，凝灰岩層，泥岩層のそれぞれの層の厚さが同じである。

1			
2		4	
3			

5　次の文章は，先生と生徒が図１を見ながら話したときの会話の一部です。下の(1)・(2)に答えなさい。

先生：図１は，あるがけに見られる地層の様子を模式的に示したものです。この地層の中に，離れた地域の地層を比較するのに役立つかぎ層があります。それはどの層でしょうか。
美子：［A］層です。
先生：なぜ，その岩石の層は，離れた地域の地層を比較することに役立つのでしょうか。
美子：［A］は［B］からできており，［B］は［C］にわたって降り積もるので，地層の広がりを知る手がかりになります。
先生：その通りです。
海斗：先生，そのほかに，図１を見て不思議に思うことがあります。
先生：何ですか。
海斗：図１の地層全体をみると，下になるほど小さい粒でできている層になっています。普通は，下になるほど粒が大きくなるはずなのに，なぜですか。
先生：よく気が付きましたね。その疑問を解決するためには，図１の地層ができた場所の環境の変化に着目して考えるといいですよ。
海斗：そうか。泥岩層が下側にあって，れき岩層が上側にあることから，泥岩層の方が［D］，図１の地層ができた場所は水深がだんだんと［E］なってきたと考えられるね。その理由は，粒の大きさが大きいほど，河口から［F］ところに堆積するからだよね。
先生：そうです。地層の見方が分かれば，大地の歴史が分かりますね。

(1) 会話中の［A］に当てはまる岩石の種類は何ですか。その名称を書きなさい。また，［B］・［C］に当てはまる語句をそれぞれ書きなさい。

(2) 会話中の［D］～［F］に当てはまる語として適切なものを，それぞれ次のア・イから選び，その記号を書きなさい。

D	ア　新しく	イ　古く
E	ア　浅く	イ　深く
F	ア　近い	イ　遠い

5	(1)	A		B		C	
	(2)	D		E		F	

天体

■平成26年度問題

2 3　ある冬の日の放課後に，科学部の生徒が先生と理科室から空を見て星を観察しました。次の文章は，このときの先生と生徒の会話の一部です。図１は，そのとき肉眼で見た月と金星を模式的に示したものです。図２は，天体望遠鏡で観察して記録した金星の像を肉眼で見たときの向きに直して示したものです。これに関して，あとの（1）～（4）に答えなさい。

海斗：あっ，月の近くに１番星を見つけました。
先生：月の近くに見えるその明るい星は，何という星か知っていますか。
海斗：確か，金星だったと思います。
先生：そのとおりです。
海斗：金星の光り方は，月と同じですよね。
先生：そうですね。金星も月と同じように，太陽の光を反射して明るく光ります。
海斗：光って見えるけれど，星座をつくる星とは光り方が違うのですね。
先生：そうですね。肉眼では小さくて様子がよくわからないので，天体望遠鏡で金星を観察してみましょう。今日は金星がどのように見えるかな。
海斗：あれ？　金星の形が丸くない。
先生：そうだね。金星の形が丸く見えなくなるのは，月の満ち欠けと同じように，<u>太陽と金星と地球の位置関係</u>が変化しているからですよ。
海斗：そうなんですね。金星の形は，肉眼ではわからないけれど，こうして天体望遠鏡で観察するとよくわかりました。

図１

金星　月

図２

（1）地球のまわりを回る月のような天体のことを何といいますか。その名称を書きなさい。

（2）図１中の月は，新月から３日後のものです。次のア～エの中に，この月を見た日から４日後の月の見え方を示したものがあります。それはどれですか。その記号を書きなさい。

ア

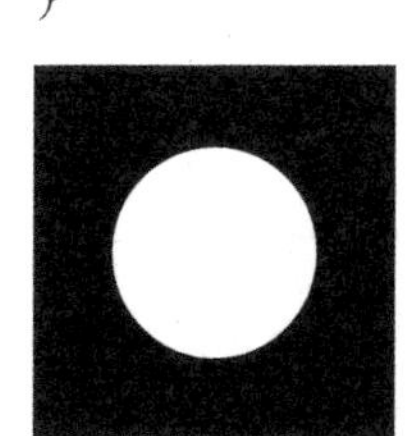

イ

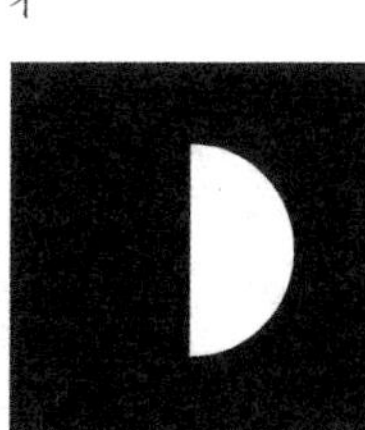

ウ

エ

（3）右の表は，金星と地球の公転周期を示したものです。金星を天体望遠鏡で観察すると，その形や見かけの大きさは日がたつにつれて変化して見えます。次のア・イのうち，金星の見かけの大きさが大きいのはどちらですか。その記号を書きなさい。また，選んだ方が大きく見える理由を，表と関連づけて簡潔に書きなさい。

	公転周期〔年〕
金星	0.62
地球	1.00

ア　丸い形に見えるとき　　　イ　三日月の形に見えるとき

（4）金星と地球の見え方について，次の①・②に答えなさい。

①　文章中の下線部について，右の図は，太陽，金星，地球の位置関係を模式的に示したものです。図中のア～エの中で，図２のように見えたときの金星の位置はどれだと考えられますか。その記号を書きなさい。ただし，図中の↶は地球の自転の向きを表しています。

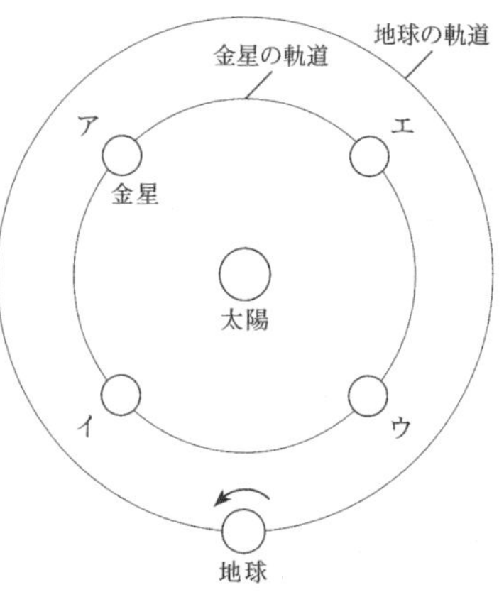

②　右の図は，月探査機の「かぐや」が月面上空から地球と月面の一部を撮影したものです。下の図は，太陽，地球，月の位置関係を模式的に示したものです。下の図中のア～エの中で，右の図が撮影されたときの月の位置はどれだと考えられますか。その記号を書きなさい。ただし，下の図中の↶は地球の自転の向きを表しています。

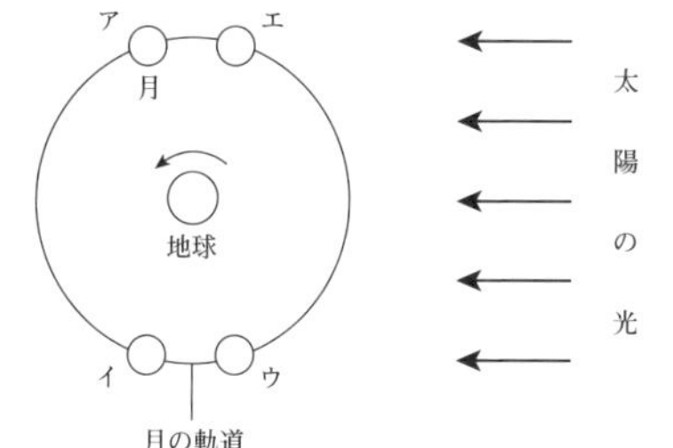

©JAXA/NHK

(1)		(2)		(3) 記号	
(3) 理由					
(4) ①		②			

■平成28年度問題

4 広島県に住んでいる美咲さんは，季節によって昼間の長さが変化することに興味をもち，インターネットで調べて，広島における1年間の日の出と日の入りの時刻の変化をグラフにしました。図は，このとき，美咲さんが作成したグラフを示したものです。あとの1～4に答えなさい。

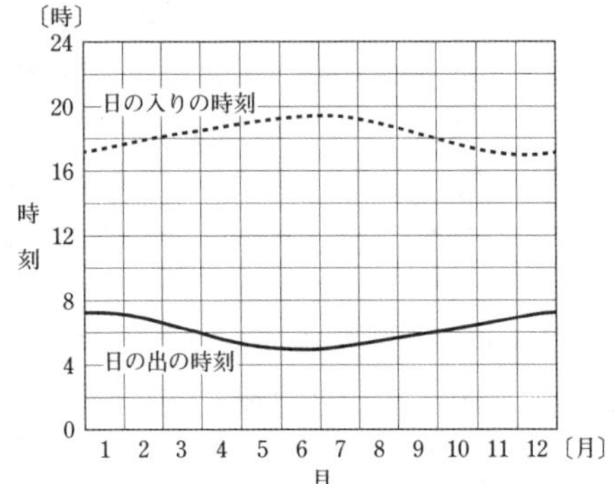

1 美咲さんは，日の出と日の入りの時刻について調べているときに，アサガオには日没から約9時間後に開花するものがあることを知りました。このアサガオが午前3時に開花するのはいつ頃だと考えられますか。次のア～エの中から適切なものを選び，その記号を書きなさい。

ア 6月末頃　イ 8月中頃　ウ 9月末頃　エ 11月中頃

2 もし，地球の地軸が地球の公転面に対して垂直だとしたら，広島における日の出の時刻の変化をグラフで示すとどうなりますか。次のア～エの中から最も適切なものを選び，その記号を書きなさい。

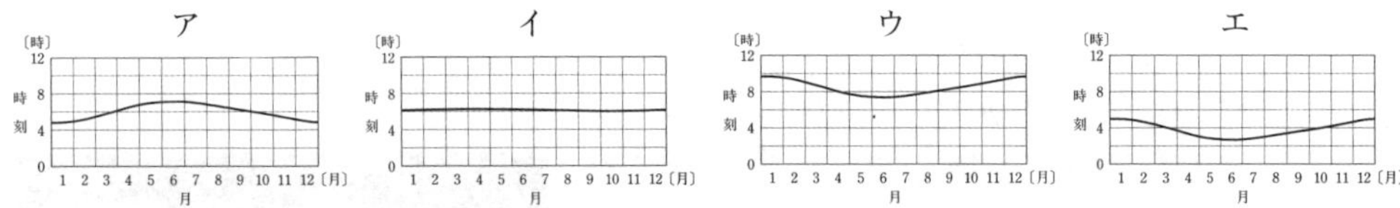

3 太陽の光によってできる影の長さと向きは，時間の経過とともに変化します。美咲さんは，右の図に示した装置を用いて，家の近くで，秋分の日の8時から16時まで，太陽の光によってできる棒の影の先端の位置を1時間ごとに記録用紙に記録し，滑らかな線で結びました。これについて，次の（1）・（2）に答えなさい。

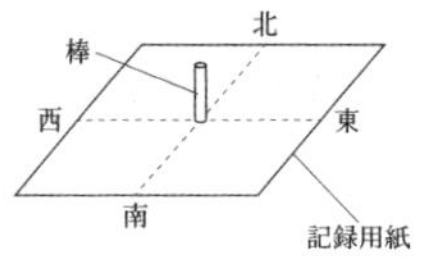

（1）次の文章は，太陽の動きについて述べたものです。文章中の［　　］に当てはまる語を書きなさい。

棒の影の向きが時間の経過とともに変化するのは，太陽が朝，東の地平線から昇り，夕方西の地平線に沈んでいくからである。太陽のこの動きは，地球の自らの回転によって生じる見かけの動きである。この見かけの動きを太陽の［　　］という。

1		2		3	(1)	

（2）次のア～エの中に，図中の記録用紙にかかれた線を示したものがあります。それはどれですか。その記号を書きなさい。

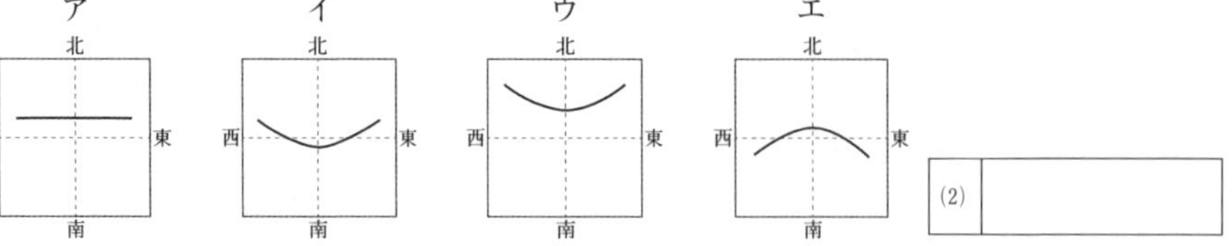

(2)	

4 美咲さんは，屋根に設置された太陽光発電のパネルを見て，効率よく太陽の光を受けて発電する光電池の傾きについて興味をもち，光電池の傾きと発電される電力との関係を調べる実験をしました。次に示したものは，この実験の方法と結果です。また，右の表は，この実験をした場所における春分，夏至，秋分，冬至の日の太陽の南中高度を示したものです。これについて，下の（1）・（2）に答えなさい。

	太陽の南中高度〔度〕
春分の日	56.0
夏至の日	79.5
秋分の日	56.0
冬至の日	32.6

〔方法〕

Ⅰ 右の図に示した，性能が同じ光電池とモーターをつないだ装置を2つ用意する。

Ⅱ 家の近くで，秋分の日の正午頃，図中の光電池Aは水平になるように，光電池Bは南中した太陽の光が垂直に当たるように，それぞれ日なたに置き，太陽の光を当ててモーターの回る速さを調べる。

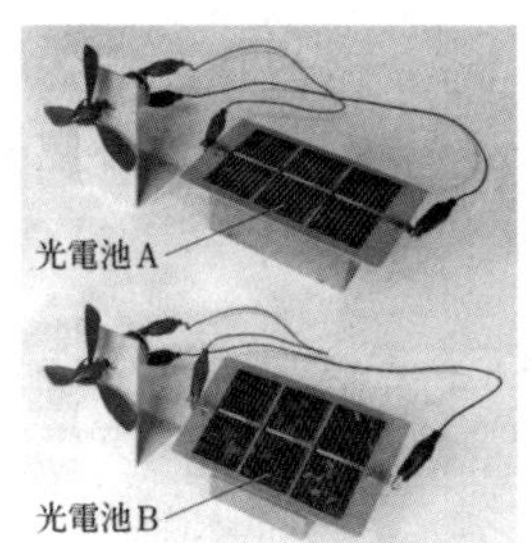

〔結果〕

・光電池Bにつないだモーターの方が速く回った。

・光電池Bの水平な地面からの角度は，［　　］度であった。

（1）〔結果〕の［　　］に当てはまる値を書きなさい。

（2）美咲さんは，広島で，光電池を日当たりのよい場所に水平になるように置いたとき，春分，夏至，冬至の日の中で，1日に発電される電力量が最も多くなる日について考察しました。次の文章は，美咲さんの考察の一部です。文章中の［①］に当てはまる日を，下のア～ウの中から選び，その記号を書きなさい。また，［②］に当てはまる内容を，「光電池」の語を用いて簡潔に書きなさい。

1日に発電される電力量が最も多くなる日は，［①］だと考える。それは，ほかの日に比べて，［②］から，1日に光電池が太陽から受ける光エネルギーの量が多くなるためである。

ア 春分の日　イ 夏至の日　ウ 冬至の日

4	(1)		(2)	①		②	

■平成31年度問題

4

海斗さんと優花さんは，ある日の午後８時頃，広島県のある中学校で行われていた星空の観察会に参加しました。次に示した【会話】は，このとき校庭にいた先生との会話の一部です。図１は，そのとき肉眼で見た惑星を模式的に示したものです。あとの１～５に答えなさい。

【会話】

海斗：南東の山際近くに，赤っぽくて明るい星が輝いていますね。

先生：それは火星です。火星ほど明るくはありませんが，その右上に土星も見えています。これらの星の共通点が分かりますか？

優花：太陽系の惑星です。

海斗：惑星という名は，①星座をつくる星の間をさまようように動いて見えることから付けられているんだよね。

優花：西の山際近くや南西の空にも，明るく目立つ星が見えますね。

先生：西の山際近くに見えている方が金星，もう一方が木星です。金星は他の３つの惑星と違って，地球よりも内側の軌道を公転しているから，真夜中には［ X ］。定期的に観測すると，他の３つの惑星との違いが確認できますよ。

海斗：そうなんですね。それにしても，②地球の公転軌道の内側を公転する惑星と，外側を公転する惑星を，同時に観察できるのはどうしてだろう。

先生：惑星の位置関係を，図を用いて考えてみるといいですよ。

図１

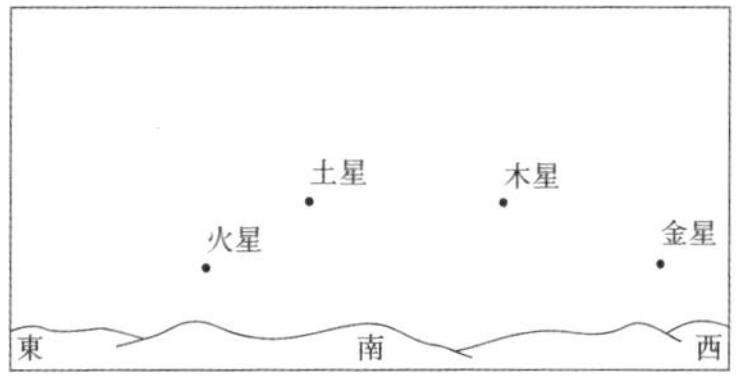

土星　木星　火星　金星

東　南　西

１　下線部①について，星座をつくる星は，太陽と同じように自ら光を出して輝いている天体です。このような天体を何といいますか。その名称を書きなさい。

２　【会話】中の［ X ］に当てはまる内容を書きなさい。

３　次の文章は，図１中の４つの惑星に関して述べたものです。文章中の［ a ］に当てはまる語を書きなさい。また，［ b ］に当てはまる説明として最も適切なものを，下のア～エの中から選び，その記号を書きなさい。

図１中の４つの惑星のうち，木星型惑星とよばれているのは，木星と［ a ］である。これらは，［ b ］。

ア　主に岩石と金属でできており，太陽系の惑星の中では比較的半径が大きい

イ　主に岩石と金属でできており，太陽系の惑星の中では比較的半径が小さい

ウ　主に水素やヘリウムでできており，太陽系の惑星の中では比較的半径が大きい

エ　主に水素やヘリウムでできており，太陽系の惑星の中では比較的半径が小さい

４　下線部②について，海斗さんと優花さんは，星空の観察会のときの金星，地球，火星の位置関係を，次に示した図２を用いて考えました。図２は，太陽と公転軌道上の金星，地球，火星の位置関係を模式的に示したもので，↶は地球の自転の向きを示しています。下の（１）・（２）に答えなさい。

図２

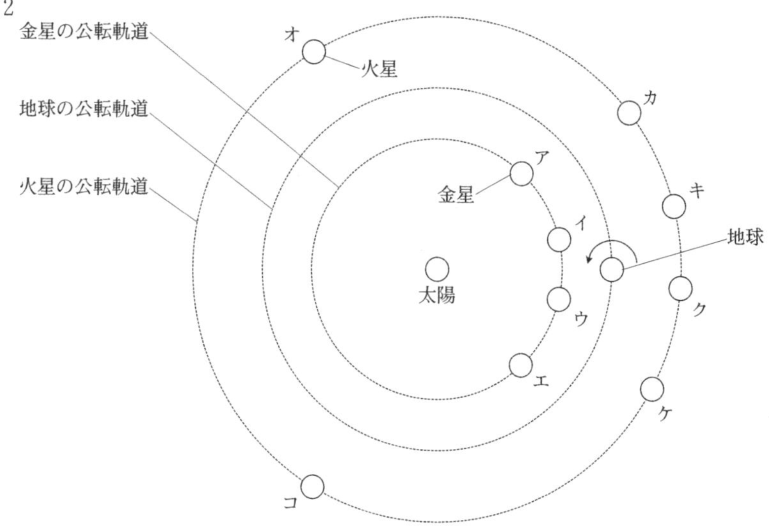

（１）右の図は，星空の観察会のときに天体望遠鏡で観察して記録した金星の像を肉眼で見たときの向きに直して示したものです。星空の観察会のときの金星の位置は，どこだと考えられますか。図２中のア～エの中から選び，その記号を書きなさい。

（２）星空の観察会のときの火星の位置は，どこだと考えられますか。図２中のオ～コの中から選び，その記号を書きなさい。

５　海斗さんは，星空の観察会から帰宅後の午後９時頃，天頂付近に夏の大三角をつくる星の一つである，こと座のベガを見付けました。この日から30日後，海斗さんの自宅から見て，ベガが星空の観察会の日の午後９時頃とほぼ同じ位置にあるのは，およそ午後何時だと考えられますか。その時刻を書きなさい。

1		2			
3	a		b		
4	(1)		(2)	5	午後　　　　時

生物界のつながり

■平成26年度問題

3 図は，生態系における炭素の循環について模式的に示したものです。図中の矢印は，炭素を含む物質の移動を表しています。これに関して，あとの1～6に答えなさい。

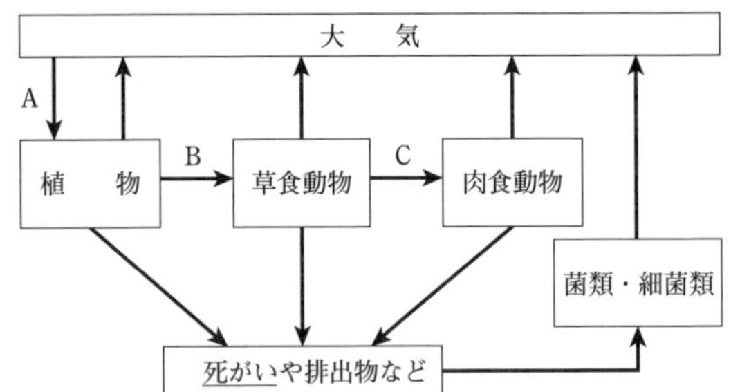

1　図中の矢印Aは，大気中から植物への炭素を含む物質の移動を表しています。次の文章は，この物質を用いた植物のはたらきについて述べたものです。文章中の［①］・［②］にあてはまる語をそれぞれ書きなさい。

植物は，太陽からの光エネルギーを利用して，この物質と［①］から，デンプンや酸素をつくり出している。植物が行うこのはたらきを［②］という。

2　図で，生態系における役割から，草食動物や肉食動物を消費者といいます。このとき，植物を何といいますか。その名称を書きなさい。

3　次のア～エの中で，図中の矢印Bと矢印Cについて述べている文として適切なものはどれですか。その記号を書きなさい。

ア　図中の矢印Bと矢印Cは，どちらも無機物の移動を表している。
イ　図中の矢印Bと矢印Cは，どちらも有機物の移動を表している。
ウ　図中の矢印Bは無機物，矢印Cは有機物の移動を表している。
エ　図中の矢印Bは有機物，矢印Cは無機物の移動を表している。

4　図中の下線部に関して，生物の死がいが長い年月をかけて石炭や石油などのエネルギー資源になることがあります。このエネルギー資源のことを何といいますか。その名称を書きなさい。

5　次のⅠ～Ⅴは，土の中の菌類・細菌類のはたらきを調べる実験の操作について述べたものです。表は，この実験の結果を示したものです。Ⅰの［①］とⅡの［②］にあてはまる語句はそれぞれ何ですか。下のア・イの組み合わせから適切なものを選び，その記号を書きなさい。また，表で，試験管cの中の液体の色が変化しなかったのはなぜですか。その理由を，菌類・細菌類のはたらきと関連づけて簡潔に書きなさい。

Ⅰ　ペットボトルaに，採取した花だんの土100gを［①］入れた。
Ⅱ　ペットボトルbに，採取した花だんの土100gを［②］入れた。
Ⅲ　ペットボトルa・bにうすいデンプンのり200cm^3をそれぞれ加え，ふたをして室内に3日間放置した。
Ⅳ　試験管cにペットボトルaの中の液体を，試験管dにペットボトルbの中の液体を，それぞれ5cm^3入れた。
Ⅴ　試験管c・dにヨウ素溶液をそれぞれ数滴加えた。

	試験管の中の液体の色の変化
試験管c	変化なし
試験管d	青紫色に変化

ア［①：そのまま　②：十分に焼いてから］
イ［①：十分に焼いてから　②：そのまま］

6　次の文章は，小笠原諸島の生態系について述べたものです。生態系のつり合いを保つための取り組みとして考えられることを，この文章で述べられている取り組みの例のほかに1つ，簡潔に書きなさい。

小笠原諸島は過去に一度も大陸と陸続きになったことがない海洋島で，ほかでは見られない貴重な野生の動植物が生息・生育している。一方，小笠原諸島固有の生態系は人間の活動の影響を受けやすい。そのため，生態系保護地域への立ち入りを指定ルートに限定するなど，さまざまな取り組みが行われている。

1	①		②			
2		3		4		
5	記号		理由			
6						

広92→

公 立 高 校 入 試 出 題 単 元

過去９年間
(平成24年～令和２年迄)

社　　会

※印は問題を割愛しています。

世界地理 94P

■ 平成24年 1 (緯線・雨温図・貿易・記述)
■ 平成27年 1 (地図読み取り・資源の輸出入)
■ 平成28年 1 (グラフ読み取り・食糧の輸出入)
■ 平成30年 1 (インド)

日本地理 98P

■ 平成25年 1 (経度・雨温図・産業・地形図)
■ 平成26年 1 (地形図読み取り・人口)
■ 平成29年 1 (降水量について原因と利用)
■ 平成31年 1 (地形・各県の特色・記述)
■ 令和２年 1 (各県の特色・記述)

歴史総合 105P

■ 平成25年 2 (日本の文化・世界の動き・政治)
■ 平成26年 2 (資料より考える)
■ 平成27年 2 (日本と外国との関わり・政治に与えた影響)
■ 平成28年 2 (地域社会の歴史)
■ 平成29年 2 (交通と流通の歴史・産業の発展)
■ 平成30年 2 (古代～現代)
■ 平成31年 2 (日本と外国との関わり)
■ 令和２年 2 (税と政治のかかわり)

公民 114P

■ 平成24年 3 (政治・経済・記述)
■ 平成25年 3 (国家の仕組み・司法制度・社会保障・国際社会)
■ 平成26年 3 (内閣の仕組み「国会」・経済「為替相場」)
■ 平成27年 3 (日本の人口変化・資料読取・地方自治)
■ 平成28年 3 (地方自治・財政)
■ 平成29年 3 (選挙について)
■ 平成30年 3 (経済)
■ 平成31年 3 (国際社会)
■ 令和２年 3 (裁判)

複合問題 124P

■ 平成24年 4 ※(地理・歴史・公民・記述)
■ 平成25年 4 ※(歴史・公害問題・記述問題)
■ 平成26年 4 ※(地理・歴史・公民)
■ 平成27年 4 ※(循環型社会・記述問題)
■ 平成28年 4 ※(グローバル化・資料読み取り・記述問題)
■ 平成29年 4 (自然災害・地形図より記述)
■ 平成30年 4 (地理・歴史・公民・記述)
■ 平成31年 4 (地理・歴史・公民)
■ 令和２年 4 (地理・歴史・公民)

世界地理

■平成24年度問題

1 次の地図を見て，あとの１～５に答えなさい。

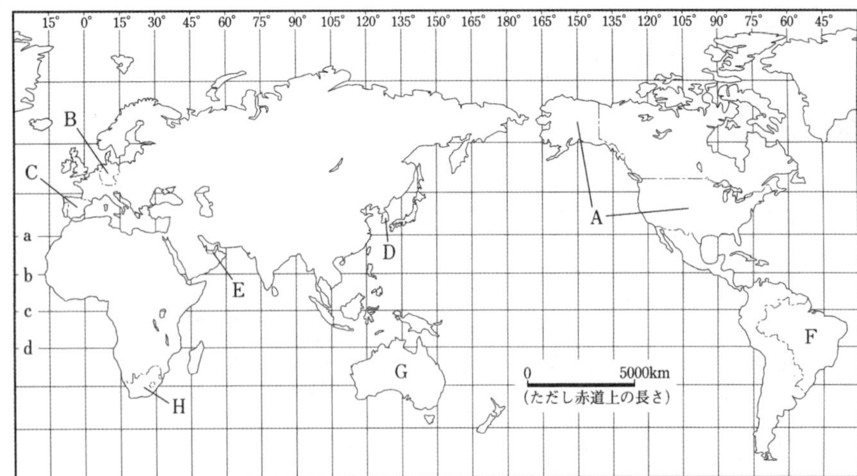

1 地図中のａ～ｄの緯線のうち，赤道にあたるものはどれですか。その記号を書きなさい。

2 右の資料は，地図中のＣの国の地中海沿岸で見られるオリーブの栽培の様子を示しています。下のア～エのグラフのうち，オリーブの栽培に適したこの地域の月平均気温と月降水量を示しているものはどれですか。その記号を書きなさい。

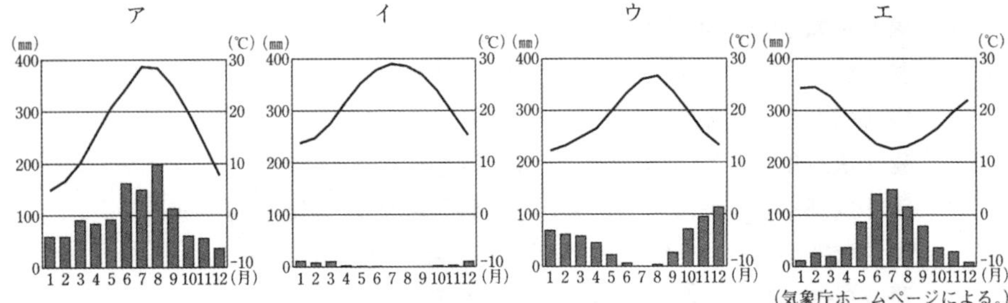

(気象庁ホームページによる。)

3 右の表中のア～エの国は，日本と地図中のＢ，Ｆ，Ｈのいずれかの国と一致します。ア～エのうち，Ｂの国にあたるものはどれですか。その記号を書きなさい。

国	人口（千人）	年齢別人口（％）		
		０～14歳	15～64歳	65歳以上
ア	128,056	13.2	63.7	23.1
イ	189,613	26.5	67.0	6.5
ウ	49,321	31.4	63.7	4.9
エ	82,002	13.6	66.0	20.4

（世界国勢図会 2011/12年版による。）

4 次のア～エのグラフは，それぞれ地図中のＤ～Ｇのいずれかの国の，日本への輸出額と主な輸出品の割合を示しています。ア～エのうち，Ｇの国の日本への輸出額と主な輸出品の割合を示しているものはどれですか。その記号を書きなさい。

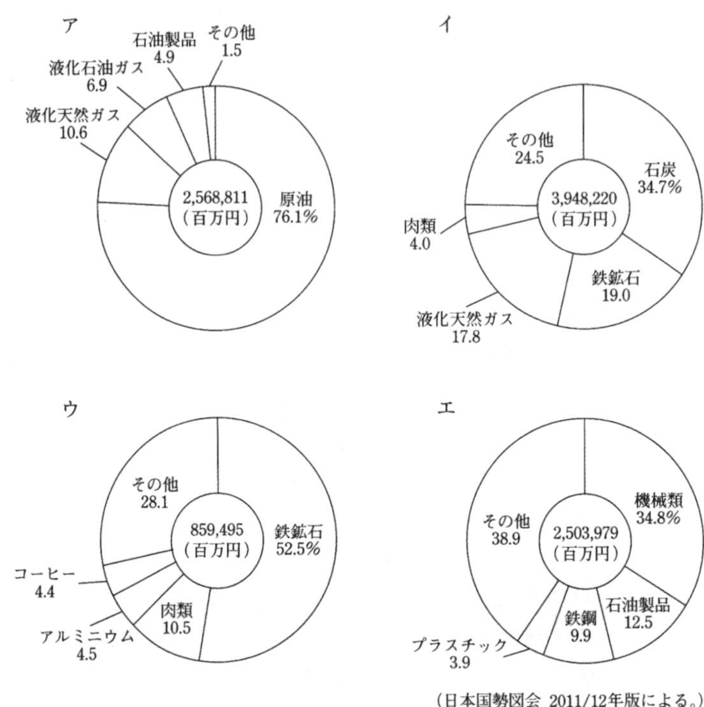

（日本国勢図会 2011/12年版による。）

5 次の表は日本と地図中のＡの国の耕地面積と農業従事者一人あたりの耕地面積を示し，資料はＡの国で見られる収穫の様子を示しています。Ａの国の農業にはどのような特色がありますか。表と資料をもとに，簡潔に書きなさい。

国	耕地面積（千ha）	一人あたりの耕地面積（ha）
日本	4,308	2.6
A	170,500	63.8

（世界の統計 2011年版による。）

1		2		3		4	
5							

■平成27年度問題

1 あるクラスの社会科の授業で，資源に関する日本と世界の結びつきについて学習しました。次の文章は，このときの先生と生徒の会話の一部です。これを読んで，あとの１～４に答えなさい。

先生　：日本は石油などの資源をほとんど外国に依存しており，鉄鉱石についてもほぼ100％輸入しています。表Ⅰを見てください。日本の輸入先上位の国はどこですか。

表Ⅰ
日本の鉄鉱石の輸入先上位５か国とその量

国名	輸入量（万t）
オーストラリア	8,020
ブラジル	3,650
南アフリカ共和国	460
インド	340
チリ	130
輸入合計	12,840

（日本国勢図会　2013/14年版による。）

花子さん：オーストラリア，ブラジル，南アフリカ共和国などです。

太郎さん：①遠いところから輸入していますね。なぜこんな遠い国から輸入しているのかな。

次郎さん：オーストラリアやブラジルでは，日本などの企業を受け入れて大規模に開発を進めていることを学習したね。鉄鉱石を大量に産出するから輸出するのではないかな。

花子さん：アフリカにも，②さまざまな資源のある国が多く，それらの国の中には経済を③特定の資源の輸出に依存している国があることも学習したよね。

次郎さん：だから，鉄鉱石の産出量が多い国は，日本などへ鉄鉱石をたくさん輸出しているんだね。

先生　：必ずそうなるといえるでしょうか。鉄鉱石に関わる統計を調べてみましょう。

花子さんたちは，鉄鉱石の産出量，輸入量，鉄鋼（粗鋼）の生産量の上位５か国とその量について調べ，表Ⅱを作成しました。

表Ⅱ

鉄鉱石の産出量の上位５か国とその量		鉄鉱石の輸入量の上位５か国とその量		鉄鋼（粗鋼）の生産量の上位５か国とその量	
国名	産出量（万t）	国名	輸入量（万t）	国名	生産量（万t）
中国	41,200	中国	68,670	中国	70,190
オーストラリア	27,700	日本	12,840	日本	10,760
ブラジル	24,800	韓国	6,480	アメリカ	8,630
インド	15,400	ドイツ	3,960	インド	7,340
ロシア	6,000	オランダ	3,340	ロシア	6,880
世界計	139,000	世界計	114,030	世界計	153,590

（日本国勢図会　2014/15年版，Steel Statistlcal Yearbook 2013による。）

次郎さん：あれ，表Ⅱを見ると，産出量は中国が最大だよ。産出量も多く距離も近いのにどうして表Ⅰの日本の輸入先上位５か国になっていないのかな。

太郎さん：それは，［　A　］からだと考えられます。

先生　：そうですね。だから鉄鉱石については，産出量が多くて距離も近い中国よりも，遠いオーストラリア，ブラジルなどの国と日本は結びついているのですね。

１　下線部①に関して，次の（1）・（2）に答えなさい。

輸送方法	海上輸送	航空輸送
総輸入額（億円）	552,497	151,302
総輸入量（万t）	79,904	159
主な品目	原油 液化ガス 石炭 鉄鉱石	医薬品 半導体等電子部品 事務用機器 科学光学機器

（国土交通省ウェブページ，日本国勢図会　2013/14年版・2014/15年版による。）

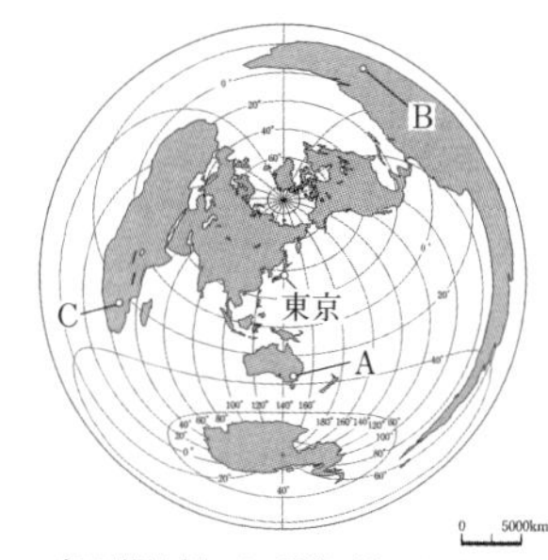

（この地図は東京からの距離と方位が正しくあらわされています。）

（1）右の地図中のＡ～Ｃは，オーストラリア，ブラジル，南アフリカ共和国のそれぞれの首都を示しています。Ａ～Ｃの首都を，東京との距離が近い順に並べ，その記号を書きなさい。

（2）上の表は，日本における海上輸送と航空輸送について，総輸入額，総輸入量，主な品目をそれぞれ示しています。どのような品目が海上輸送に適していると考えられますか。表をもとに，簡潔に書きなさい。

２　下線部②に関して，現在，コンピュータ，携帯電話などの電化製品や自動車などの生産にはさまざまな資源が使われています。これらの資源のうち，埋蔵量が非常に少ない金属や，純粋なものを取り出すことが技術的・経済的に難しいため生産量が少ない金属があります。これらの金属の総称を何といいますか。その名称を書きなさい。

３　下線部③に関して，花子さんは，アフリカの国々の経済について学習を進め，エジプトとナイジェリアのさまざまな統計を比較してみました。右のグラフは，エジプトとナイジェリアの国民総所得の推移をそれぞれ示しています。ナイジェリアの国民総所得が，エジプトの国民総所得と比較して右のグラフのように変動しているのはなぜだと考えられますか。その理由を，下のグラフⅠ～Ⅲをもとに，簡潔に書きなさい。

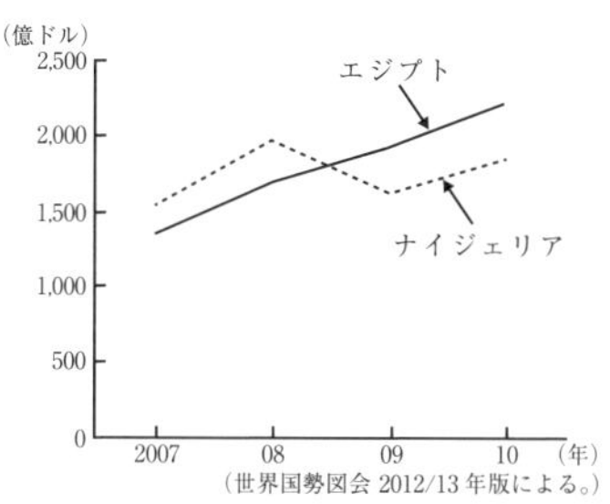

（世界国勢図会 2012/13年版による。）

グラフⅠ
エジプトの輸出品の割合（％）

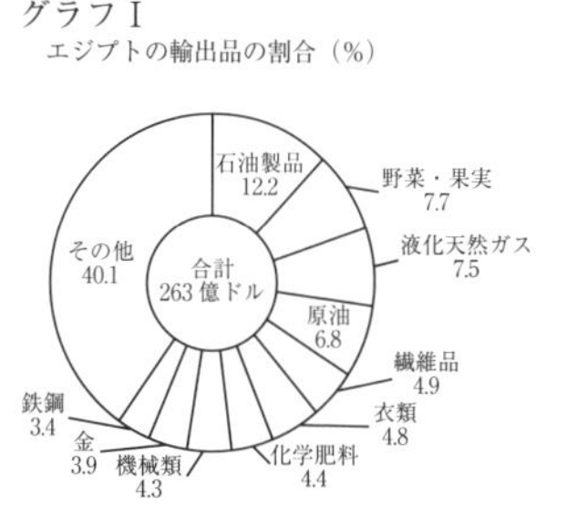

グラフⅡ
ナイジェリアの輸出品の割合（％）

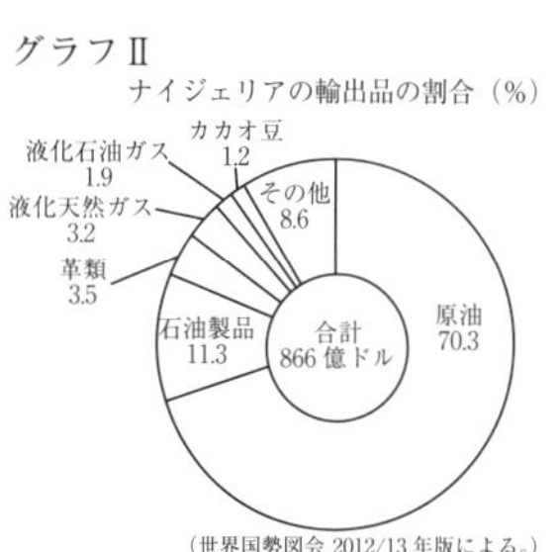

（世界国勢図会 2012/13年版による。）

グラフⅢ
1バレルあたりの原油価格の推移
（1バレル＝約59リットル）

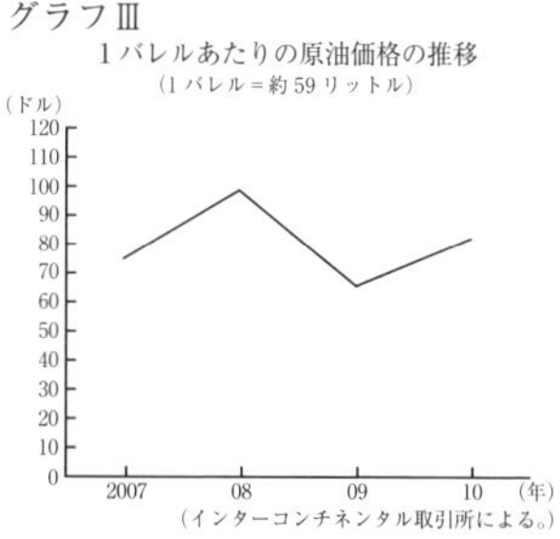

（インターコンチネンタル取引所による。）

４　［　A　］に関して，なぜ，中国は日本の鉄鉱石の輸入先上位５か国に入っていないのかという次郎さんの問いに対して，太郎さんは表Ⅱをもとに意見を述べました。太郎さんの意見はどのようなものだと考えられますか。［　A　］にあてはまるように書きなさい。

1	(1)	→ →	(2)	
2		3		
4				

■平成28年度問題

1 あるクラスの社会科の授業で，「食料自給率からみた日本と世界」というテーマで班に分かれて学習しました。右のグラフは，この授業のはじめに先生が提示した，2011年（平成23年）の日本と諸外国の食料自給率を示しています。また，次のカードⅠ～Ⅲは日本の食料自給率が低い原因について，A～C班がそれぞれ予想した内容を示しています。これらを見て，あとの1～4に答えなさい。

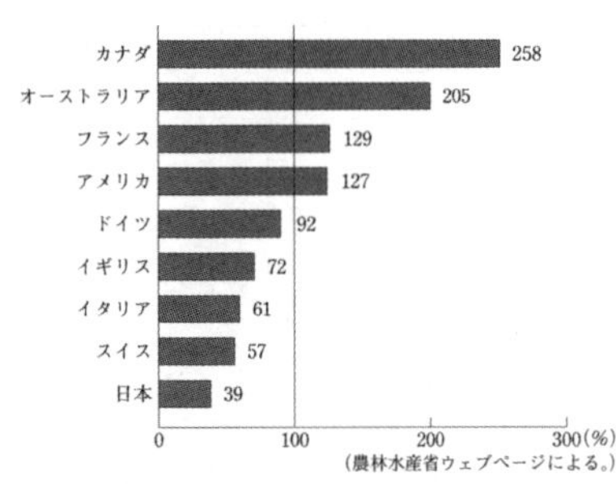

（農林水産省ウェブページによる。）

カードⅠ	カードⅡ	カードⅢ
A班が予想した内容	B班が予想した内容	C班が予想した内容
日本の食料自給率が低いのは，地形が原因ではないか。①けわしい山地が多く，山がちな地形で国土の大部分が占められているため，耕地面積が狭く，農産物の生産量が少ないのだと思う。	日本の食料自給率が低いのは，農産物の輸入の自由化が原因ではないか。自由化によって，②農産物の輸入が増加し，その影響で国内の農産物の生産量が少なくなったのだと思う。	日本の食料自給率が低いのは，③海外で生産される食料に対する需要が高いことが原因ではないか。日本は経済的に豊かな先進国になり，食料の輸入が増えたのだと思う。

1　このクラスでは，グラフ中の食料自給率が100％を超える4か国の共通点を考えました。次のア～エのうち，この4か国の共通点として適切なものはどれですか。その記号を書きなさい。

ア　北半球に位置している。　　イ　国土の大部分が温帯に属している。

ウ　日本よりも総人口が少ない。　エ　日本よりも国土面積が広い。

2　下線部①に関して，次の（1）・（2）に答えなさい。

（1）A班では，グラフ中の国で日本についで食料自給率が低い3か国について，国土の大部分がけわしい山地で占められている国かどうかを調べました。あとの地図は，けわしい山地が分布する地域を示しています。あとの（ア）～（ウ）のうち，国土の大部分が，けわしい山地が分布する地域で占められている国をすべて選び，その記号を書きなさい。

（ア）スイス　（イ）イタリア　（ウ）イギリス

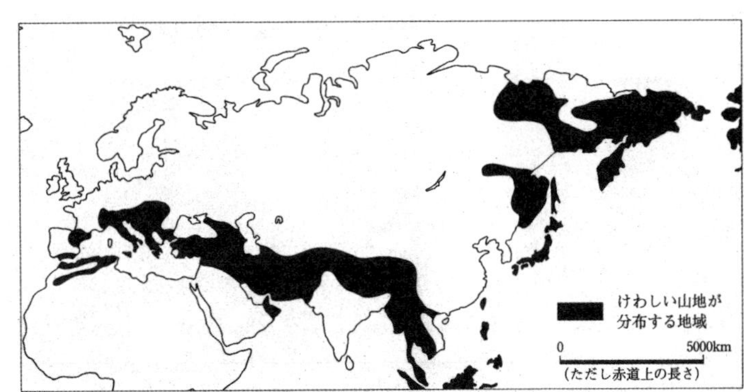

（2）A班では，日本において山がちな地形でどのように農業が行われているかを調べ，右の写真のように傾斜地でも工夫をして水田がつくられていることがわかりました。傾斜地で水田をつくるためにどのような工夫が行われていますか。写真をもとに具体的に書きなさい。

3　下線部②に関して，B班では，1991年から輸入が自由化された牛肉の国内の生産量と輸入量を調べ，下のグラフを作成し，自由化以降，輸入量は増加しているのに，国内の生産量はあまり減少していないことに気付きました。B班では，その理由を考えるため，牛肉の国内生産の様子について調べてみました。下の資料はそのとき見付けたものです。資料から，自由化以降，牛肉の国内の生産量があまり減少していないのはなぜだと考えられますか。資料をもとに，「需要」の語を用いて，簡潔に書きなさい。

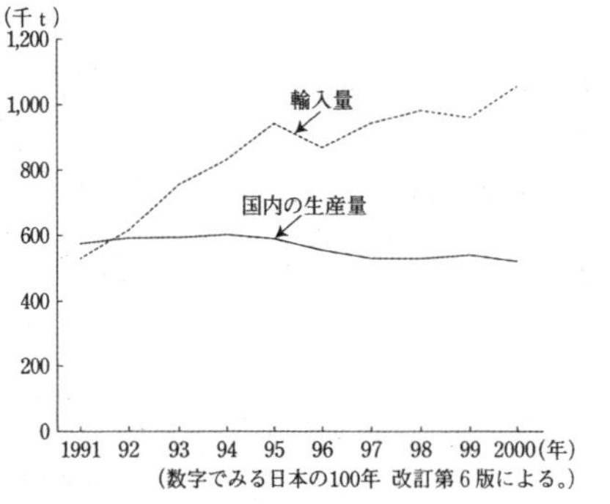

（数字でみる日本の100年 改訂第6版による。）

資料　日本には，いわゆる「ブランド牛」の産地が2003年で189か所あります。これらの産地の多くは「ブランド牛」の定義を作って，登録認証組織が認証した牛肉を生産・販売しています。認証されるためには，高い品質と安全性に対する配慮などが求められ，与える飼料や飼育方法が細かく決められている産地もあります。

4　下線部③に関して，C班では，日本がどのような食料を輸入しているかを調べました。右の表は食料の輸入額上位5品目の輸入額と輸入量を示しています。これを見てあとの（1）・（2）に答えなさい。

主な品目	輸入額（億円）	輸入量（千t）
魚介類	14,660	4,081
肉類	11,662	2,635
野菜	4,832	3,137
とうもろこし	4,637	14,637
果実	4,535	4,711

（日本国勢図会 2014/15年版，日本の統計 2015年版による。）

（1）C班では，輸入額が最も多い魚介類について，日本の漁業形態別の漁獲量と輸入量の推移を調べ，次のグラフを作成しました。グラフ中のア～エは，沿岸漁業，遠洋漁業，沖合漁業，海面養殖業のいずれかの漁業形態による漁獲量と一致します。ア～エのうち，海面養殖業にあたるものはどれですか。その記号を書きなさい。

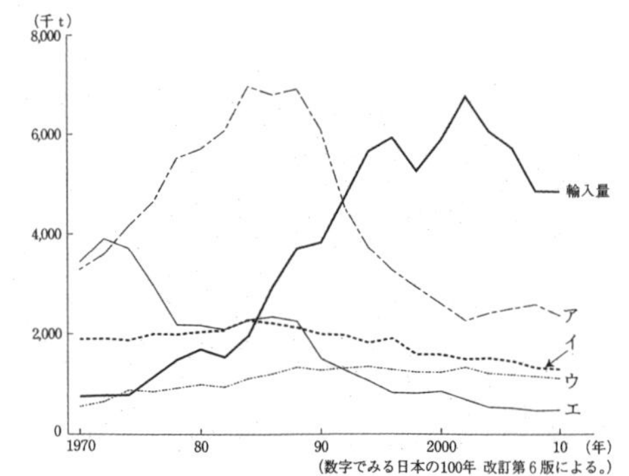

（数字でみる日本の100年 改訂第6版による。）

広96→

（2）C班では，輸入量が最も多いとうもろこしについて調べ，次のグラフⅠ・Ⅱと資料を見付け，これらをもとに日本のとうもろこしの輸入相手国の変化について話し合いました。下の会話はそのときのものです。会話の中で次郎さんはどのように述べたと考えられますか。会話中の［　　　］にあてはまるように，資料をもとに，簡潔に書きなさい。

日本のとうもろこしの輸入総額と輸入相手国の割合（%）

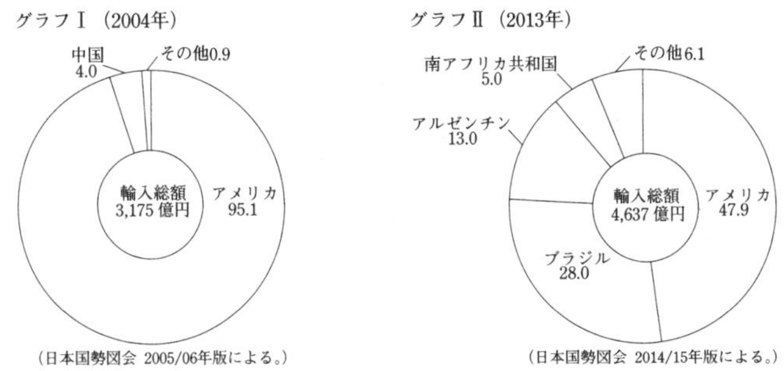

（日本国勢図会 2005/06年版による。）　（日本国勢図会 2014/15年版による。）

資料　とうもろこしの輸入相手国でのできごと

・アメリカは，2005 年から政府主導でバイオエタノールの生産拡大をはかっている。その結果，2007 年には原料となるとうもろこしの国内需要が急増してとうもろこしの価格が高騰した。

・アルゼンチンは，2006 年にとうもろこしが不作となり，輸出を禁止した。

次郎さん：グラフⅠ・Ⅱから，2004 年と 2013 年を比べると，とうもろこしの輸入相手国が大きく変化していることがわかるね。

太郎さん：2004 年では大部分をアメリカから輸入していたけど，2013 年では他の国からも多く輸入するようになっているね。どうしてかな。

花子さん：2004 年に比べて 2013 年では輸入総額が増えているから，アメリカから輸入できる量では足りなくなって，他の国からも輸入したんだと思うわ。

次郎さん：そうかもしれないけど，重要な輸入品だからより多くの国から輸入するようにしたんだと思うよ。その理由を資料をもとに説明すると，多くの国から輸入する方が［　　　］から，日本にとって有利だと思うんだよ。

1		2	(1)		(2)	
3						
4	(1)					
	(2)					

■平成30年度問題

1　あるクラスの社会科の授業で，生徒がそれぞれ関心のある国を一つ取り上げてテーマを設定し，追究する学習をしました。取り上げる国を考えていた太郎さんは，右のグラフⅠを見付け，中国と並んで経済成長率の高いインドに注目し，「なぜインドの経済成長率は高いのだろう」というテーマを設定し，追究することにしました。あとの1～3に答えなさい。

グラフⅠ　アジアの主な国の経済成長率の推移

(%) 15, 12, 9, 6, 3, 0, -3, -6 / 2000, 05, 10, 15(年) / インド, 中国, 韓国, 日本

（世界国勢図会 2006/07年版・2010/11年版・2016/17年版による。）

1　太郎さんは，インドの産業別就業人口割合の特徴をグラフⅠ中の他の３か国と比べて考えることにしました。そのために，インドの第１次産業，第２次産業，第３次産業について，就業人口の割合の高い順を調べ，割合の高い産業から順にA，B，Cとして右のグラフⅡを作成しました。次のア～エの組み合わせのうち，適切なものはどれですか。その記号を書きなさい。

グラフⅡ　主な国の産業別就業人口割合

インド, 中国, 韓国, 日本 / 0, 20, 40, 60, 80, 100(%) / □A ■B ■C

（世界国勢図会 2013/14年版・2014/15年版による。）

	ア	イ	ウ	エ
A	第１次産業	第１次産業	第２次産業	第２次産業
B	第２次産業	第３次産業	第１次産業	第３次産業
C	第３次産業	第２次産業	第３次産業	第１次産業

2　太郎さんは，インドでは工業が発展して工業製品の輸出額が増加しているのではないかと予想し，インドの主な輸出品の変化について調べ，右の表を作成しました。太郎さんは表を基に，インドの工業の発展についてあとのようにまとめました。あとのア～エのうち，太郎さんのまとめの中の［　　　］に当てはまる語句として最も適切なものはどれですか。その記号を書きなさい。

インドの輸出額上位５品目

1995 年		2014 年	
品目	輸出額（億ドル）	品目	輸出額（億ドル）
繊維製品	85	石油製品	620
ダイヤモンド	46	繊維製品	359
機械類	24	ダイヤモンド	241
米	14	機械類	237
魚介類	10	自動車	135
輸出総額	317	輸出総額	3, 175

（世界国勢図会 1999/2000 年版・2016/17 年版による。）

太郎さんのまとめ

インドの工業については，表の品目や輸出額から，1995 年に比べて 2014 年では，［　　　］が発展したことが分かる。

ア　軽工業に加えて，重化学工業　　イ　軽工業が衰退し，重化学工業

ウ　重化学工業に加えて，先端技術産業　　エ　重化学工業が衰退し，先端技術産業

3　太郎さんはインドの経済成長にともなって，日本の企業がインドに進出し，日本の企業の工場や事業所の数が増えていることを知りました。次のグラフⅢは太郎さんがその理由を考えるために集めた資料の一部です。あとの（1）・（2）に答えなさい。

グラフⅢ

インドに進出した日本の企業の工場・事業所数の業種別割合（2013年）

非製造業（50.2）
製造業（49.8）
金融・保険
卸売・小売
その他非製造業
機械
自動車
その他製造業
0　20　40　60　80　100（%）
（在インド日本国大使館資料による。）

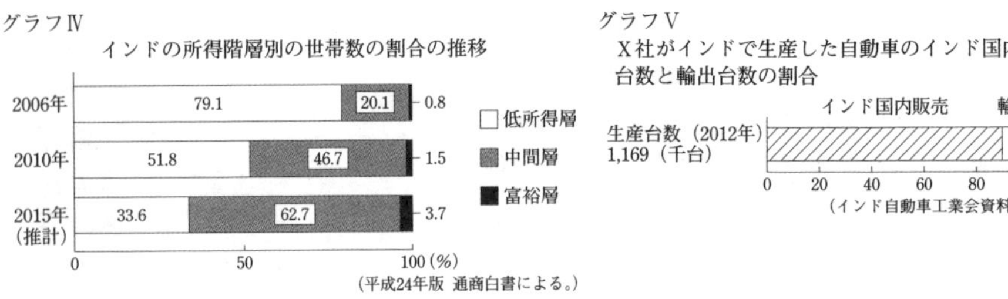

（1）太郎さんはグラフⅢを見て，インドに進出した日本の企業の工場や事業所のうち，約半分が金融・保険や卸売・小売などの非製造業であることに気付き，その理由を考えるために資料を集めました。グラフⅣはその一部です。太郎さんはグラフⅣを使って，非製造業の企業の進出の理由を説明しました。太郎さんの説明はどのようなものだと考えられますか。グラフⅣを基に簡潔に書きなさい。

（2）太郎さんはグラフⅢを見て，インドに進出している製造業のうち自動車工業に興味をもち，X社について調べ，グラフⅤを見付けました。太郎さんはグラフⅤを見て，X社がインドに進出した理由には，「関税」が関係しているのではないかと考え，X社がインドに進出した理由を説明しました。太郎さんの説明はどのようなものだと考えられますか。グラフⅤを基に，「関税」の語を用いて，簡潔に書きなさい。

1		2	
3	(1)		
	(2)		

日本地理

■平成25年度問題

1　次の地図を見て，あとの1～4に答えなさい。

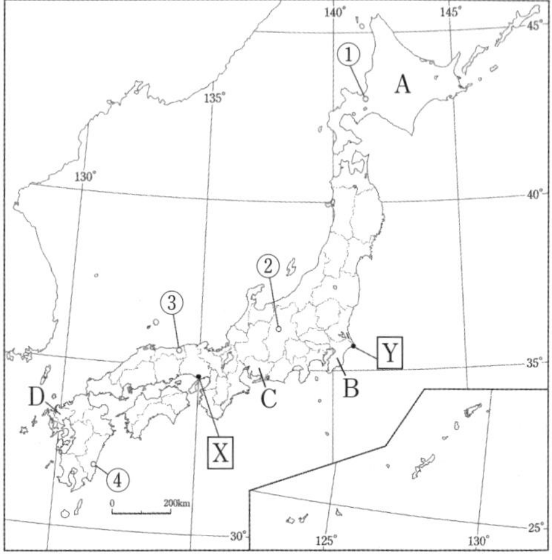

1　地図中のXの都市には，東経135度の経線が通っています。Xの都市から東経135度の経線上を北に進み，そのまま北極を通過すると，西経何度の経線上を南に進むことになりますか。その経度を書きなさい。

2　次のア～エのグラフは，地図中の①～④の都市のいずれかの月平均気温・月降水量を示しています。ア～エのうち，②の都市の月平均気温・月降水量を示しているものはどれですか。その記号を書きなさい。

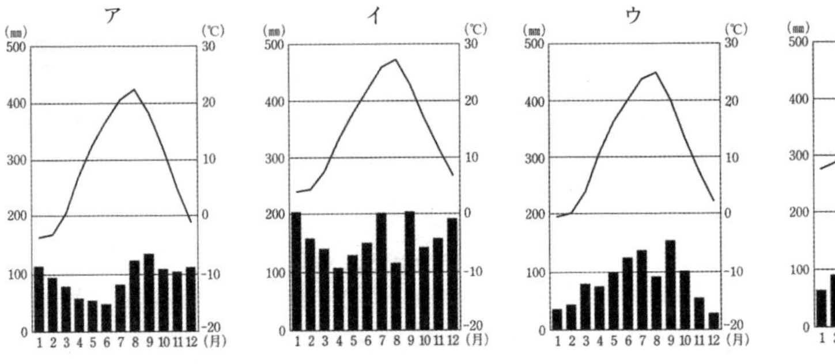

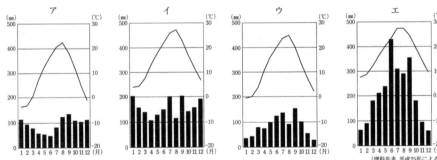

3　次の表中のア～エの道県は，地図中のA～Dのいずれかの道県と一致します。ア～エのうち，Bにあたる県はどれですか。その記号を書きなさい。

道県	乳用牛飼育頭数（百頭）	輸送用機械器具出荷額（億円）	小売業商品販売額（十億円）
ア	8,279	2,666	6,157
イ	41	1,845	818
ウ	311	166,720	8,292
エ	384	1,494	5,755

（データでみる県勢2012年版による。）

4　次の２万５千分の１の地形図は，地図中の[Y]の都市の一部とその周辺地域を示しています。これを見て，あとの（1）・（2）に答えなさい。

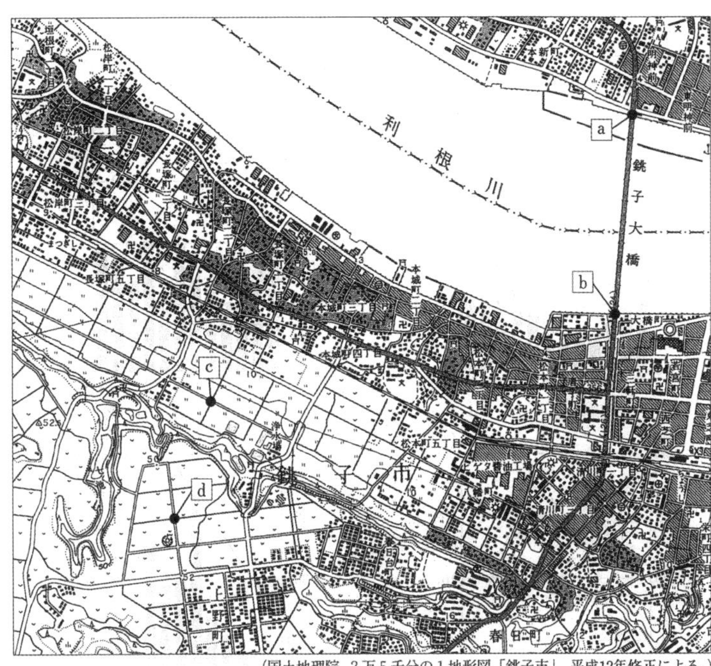

（国土地理院　２万５千分の１地形図「銚子市」 平成12年修正による。）

（1）地形図中の地点[a]から地点[b]までの直線の長さは，地形図上で 3.8cm あります。これは，実際の距離にすると何mになりますか。次のア～エのうちから選び，その記号を書きなさい。

ア　190m　　イ 380m　　ウ　950m　　エ　1,900m

（2）次のア～エの組み合わせのうち，地形図から読み取れることとして適切なものはどれですか。その記号を書きなさい。

ア ┌ 地点[c]より地点[d]の方が標高が高い。
　 └ 地点[c]のまわりには畑が多く見られ，地点[d]のまわりには水田が多く見られる。

イ ┌ 地点[c]より地点[d]の方が標高が高い。
　 └ 地点[c]のまわりには水田が多く見られ，地点[d]のまわりには畑が多く見られる。

ウ ┌ 地点[c]より地点[d]の方が標高が低い。
　 └ 地点[c]のまわりには畑が多く見られ，地点[d]のまわりには水田が多く見られる。

エ ┌ 地点[c]より地点[d]の方が標高が低い。
　 └ 地点[c]のまわりには水田が多く見られ，地点[d]のまわりには畑が多く見られる。

1		2		3		4	(1)		(2)	

■平成26年度問題

1　あるクラスで，班に分かれて自分たちが住んでいる地域の調査を行いました。次の手順は，A班が行った調査について示したものです。これを見て，あとの１～３に答えなさい。

【テーマの設定】	→	【調査方法】	→	【まとめ】
・①野外観察をして情報を集める。 ・集めた情報をもとにテーマを決める。	→	・②新旧の地形図を比較する。 ・③聞き取り調査をする。 ・文献や統計などの資料を調べる。	→	・④調査した結果を整理する。 ・新たに発見した⑤地域の課題について話し合う。

1　A班では，地形図を使って学習を進めました。次の地形図Ⅰと地形図Ⅱは，それぞれ平成８年と昭和８年に発行された，同じ地域の２万５千分の１の地形図の一部であり，いずれも同じ範囲を示しています。これらを見て，あとの（1）～（3）に答えなさい。

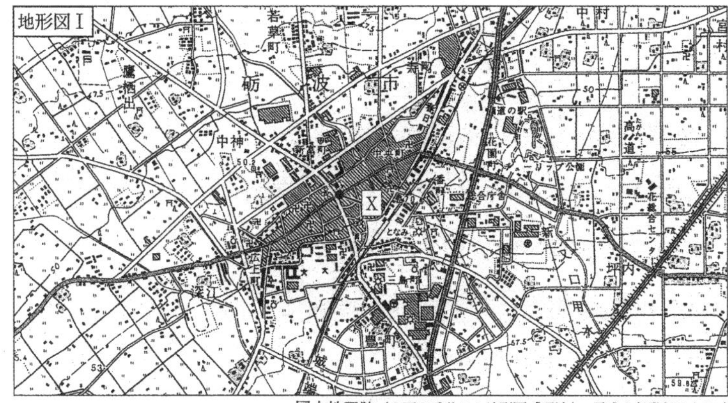

国土地理院（２万５千分の１地形図「砺波」 平成８年発行による。）

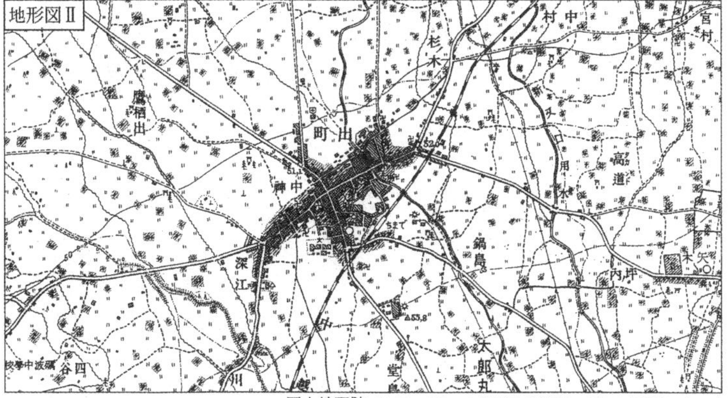

国土地理院（２万５千分の１地形図「出町」 昭和８年発行による。）

（1）下線部①に関して，A班では，身近な地域で見られる伝統的な住居を観察し，強い風から住居を守る工夫がされていることがわかりました。右の写真は，この地域の様子を示しています。強い風から住居を守る工夫は，写真のどのような点から読み取ることができますか。具体的に書きなさい。

（著作権保護のため掲載していません）

周囲が樹木で囲まれている住居の写真

（2）下線部②に関して，A班では，身近な地域の変化の様子を調べることにしました。次のア～エのうち，地形図Ⅰ・Ⅱから読み取れる変化について述べた文として適切なものはどれですか。その記号を書きなさい。

ア　地形図Ⅱ中の鉄道の駅の名称は，地形図Ⅰ中の駅と同じである。
イ　地形図Ⅱ中の鉄道の駅の西側の町役場は，地形図Ⅰ中の同じ場所で市役所になっている。
ウ　地形図Ⅰ中の鉄道の駅の東側では，広い道路がつくられ道路沿いに道の駅がつくられた。
エ　地形図Ⅰ中の鉄道の線路の西側では，市街地の周辺に工業団地がつくられた。

（3）　下線部③に関して，A班では，警察署などで聞き取り調査をすることにしました。次の【1】～【6】は，A班が決めた聞き取り調査の道順を示したものであり，その道順に従って地形図Ⅰ上に聞き取り調査のルートを書き込みました。下のア～エのうち，地形図Ⅰ上に書き込まれたルートとして最も適切なものはどれですか。その記号を書きなさい。

【1】地形図Ⅰ中のXの地点を出発し北東の方向へ約500m進むと交差点があります。
【2】交差点を左に曲がり，約300m進むと右手に警察署があり，そこで聞き取りをします。
【3】警察署付近の交差点から南西の方向へ約700m進むと右手に病院があり，そこで聞き取りをします。
【4】病院を出て，南西の方向へ進むとすぐに交差点があります。
【5】交差点を南東の方向に曲がり，約500m進むと踏切があります。
【6】踏切を越えて約100m進むと左手に工場があり，そこで聞き取りをします。

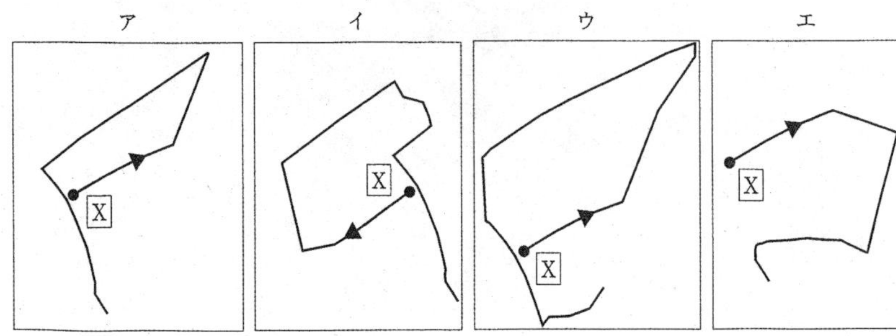

2　下線部④に関して，A班では，自分たちが住んでいる富山県の高齢化の様子について調べ，65歳以上の人口の割合を市町村別に比較する地図を作成することにしました。次のア～エのうち，この地図の表し方として最も適切なものはどれですか。その記号を書きなさい。

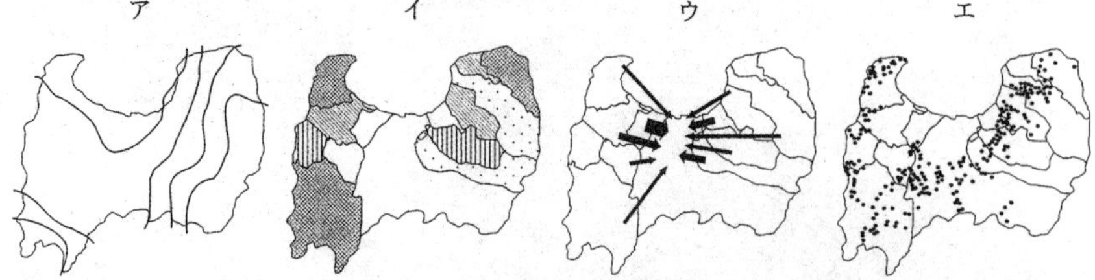

3　下線部⑤に関して，A班では，富山県の交通の課題についてまとめているとき，富山県は乗用車の一世帯あたり保有台数が国内で上位にあることがわかり，その理由について話し合いました。太郎さんは，右のグラフをもとに，次の意見をまとめました。花子さんは，下の表をもとに，太郎さんの意見が必ずしも正しいとはいえないと判断しました。花子さんがそのように判断したのはなぜだと考えられますか。表をもとに，簡潔に書きなさい。

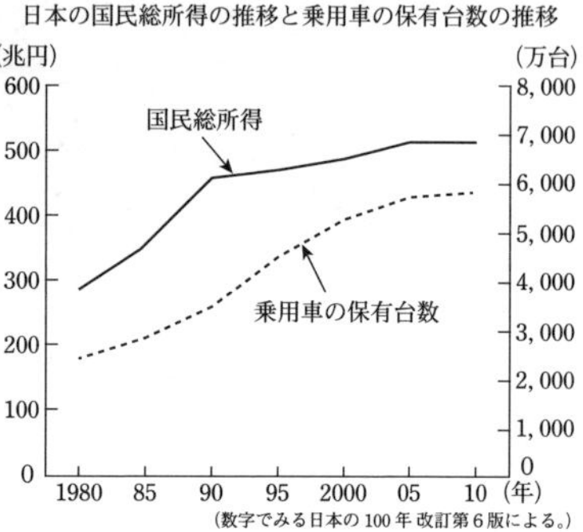

太郎さんの意見

国民総所得が増加するにつれて乗用車の保有台数は増加する傾向がある。このことから，県民一人あたり平均個人所得が多い県ほど乗用車の一世帯あたり保有台数が多くなると考えられる。

そこで，富山県における乗用車の一世帯あたり保有台数が多いのは，県民一人あたり平均個人所得が多いからだと考えた。

都県	県民一人あたり平均個人所得（万円）	乗用車の一世帯あたり保有台数（台）
東京	324.67	0.498
神奈川	284.84	0.766
愛知	276.46	1.346
埼玉	265.36	1.042
千葉	254.39	1.030

（データでみる県勢2012年版，日本国勢図会2013/14年版による。）

1	(1)		(2)		(3)	
2		3				

■平成29年度問題

1 あるクラスの社会科の授業で,「水と私たちの生活」というテーマで班ごとに課題を設定して解決する学習をしました。次のグラフⅠと地図Ⅰは,この授業のはじめに先生が提示したものです。グラフⅠは主な国の年平均降水量を,地図Ⅰは都道府県別に1984年(昭和59年)から2013年までの間で給水制限のあった年数を,それぞれ示しています。下の文章は,ある班がグラフⅠと地図Ⅰをもとに課題を設定しているときの会話の一部です。これを読んで,あとの1～5に答えなさい。

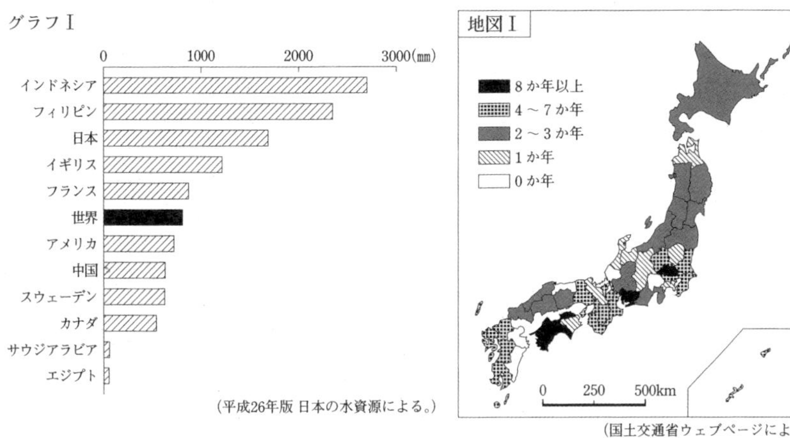

(平成26年版 日本の水資源による。)　(国土交通省ウェブページによる。)

太郎さん:	グラフⅠから,日本は世界平均よりも降水量が多いことが分かるから,比較的①降水量の多い国といえるんじゃないかな。
花子さん:	そうね。でも,地図Ⅰから,日本の各地で給水制限が行われていることが分かるわね。日本は降水量が多い国なのに,どうして水不足が起こるのかしら?
次郎さん:	そうだね。主に川から取水するよね。日本の川は取水しにくいのかな。僕は,②日本の川の特徴を調べてみるよ。
咲子さん:	私は,水を使う量が多いからだと思うわ。私は,③水の使い方を調べてみるわ。
太郎さん:	水不足が何度も起こっている地域は限られているから,僕は,④地域による降水量の違いを調べてみるよ。

1 下線部①に関して,この班では,グラフⅠ中で比較的降水量の多いインドネシア,フィリピン,日本の3か国の共通点を考えました。次のア～エのうち,この3か国の共通点として最も適切なものはどれですか。その記号を書きなさい。

ア 国土を赤道が通っている。　　イ 偏西風の影響を受ける。

ウ 島国である。　　エ 国土の大部分が温帯に属している。

2 下線部②に関して,次郎さんは,日本の川の特徴を調べ,グラフⅡを見付けました。グラフⅡは信濃川とナイル川のそれぞれについて,河口からの距離と標高の関係を示しています。次郎さんは,このグラフⅡから分かったことを下のようにまとめました。次郎さんのまとめはどのようなものだと考えられますか。次郎さんのまとめの中の[　　　]に当てはまるように,グラフⅡをもとに書きなさい。

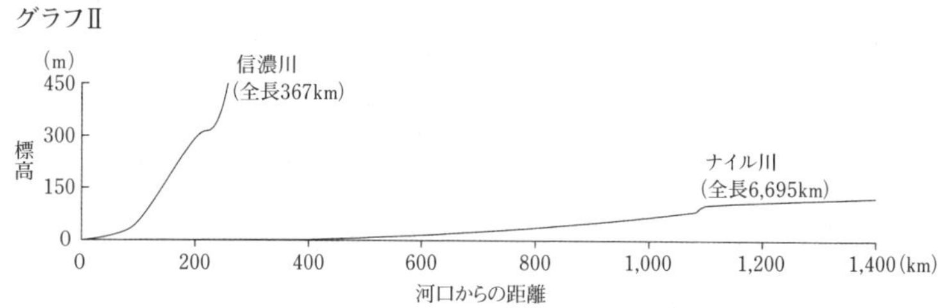

標高450m以上,河口からの距離1,400km以上の部分は省略している。　(日本の自然3　日本の川による。)

> 次郎さんのまとめ
> 信濃川は,ナイル川に比べて[　　　]ため,川の水が短時間で海まで流れてしまうと考えられる。

3 下線部③に関して,咲子さんは,グラフⅠ中の先進国のうち世界平均よりも降水量の多い日本,イギリス,フランスの3か国の水の使い方について調べ,右のグラフⅢを作成しました。グラフⅢは3か国それぞれの一人当たりの年間取水量とその用途別の内訳を示しています。日本の一人当たりの年間取水量がイギリスやフランスに比べて多いのはなぜだと考えられますか。その理由を,グラフⅢをもとに日本の農業の特色と関連付けて,簡潔に書きなさい。

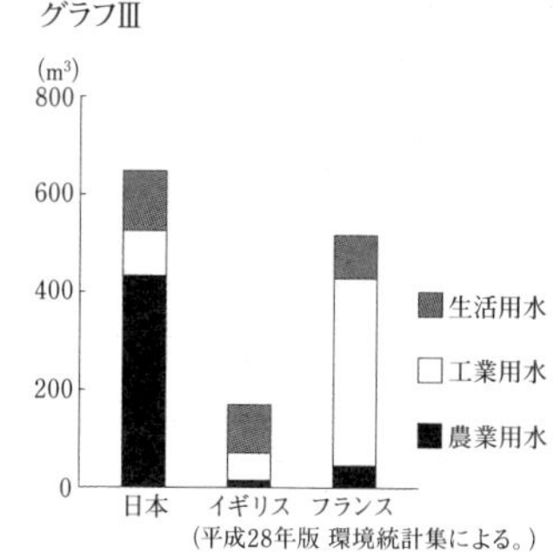

(平成28年版 環境統計集による。)

4 下線部④に関して,太郎さんは,地域による降水量の違いを調べ,地図Ⅱを見付けました。これを見て,次の(1)・(2)に答えなさい。

(1) 地図Ⅱ中の高松市は,年間降水量が1400mm未満であり,比較的降水量の少ない地域です。高松市の年間降水量が少ないのはなぜだと考えられますか。その理由を,「山地」と「季節風」の語を用いて簡潔に書きなさい。

(2) 太郎さんは,地図Ⅱ中の高松市の周辺を調べ,ため池が多いことに気付き,地図Ⅲを見付けました。太郎さんは,地図Ⅱと地図Ⅲを比較して疑問を出し,その疑問を考察してレポートにまとめることにしました。太郎さんは,まず地図Ⅱと地図Ⅲを比較して疑問を出しました。太郎さんが出した疑問はどのようなものだと考えられますか。地図Ⅱ・Ⅲをもとに,都道府県を一つ挙げて,「……のに,……のはなぜだろう。」の形式で書きなさい。

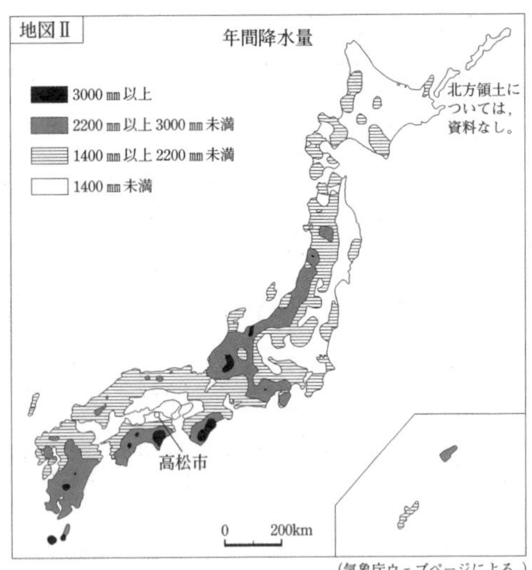

（気象庁ウェブページによる。）

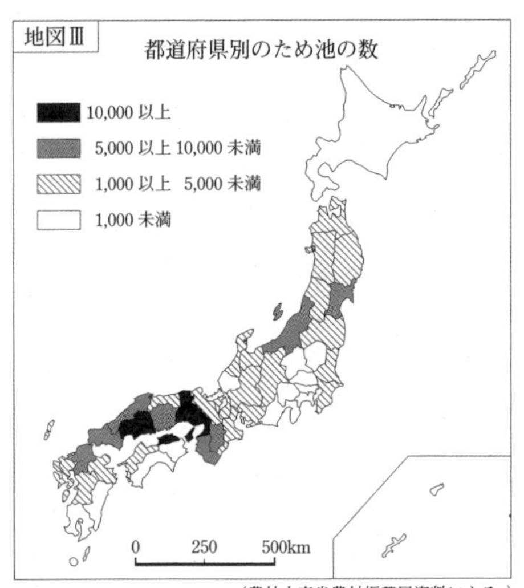

（農林水産省農村振興局資料による。）

5　この班では，「水と私たちの生活」について調べるうちに，洪水を防ぐための施設が都市部で設置されていることを知りました。次の資料は，都市部で洪水を防ぐために新たに設置された施設の見学会のちらしです。資料で示された施設を設置することが，都市部で洪水を防ぐことにつながるのはなぜだと考えられますか。その理由を，都市部の地表の特徴にふれて簡潔に書きなさい。

資料

雨水貯留施設の見学をしてみませんか？
～野球場の地下にある巨大な空間～

あまり知られていませんが，当球場の地下には広大な雨水貯留施設が設置されています。普段は見ることのできない施設の中に入って，冒険気分を味わってみませんか？

実施日時　平成28年9月1日（木）

第1回 15時30分～　　第2回 16時30分～

雨水貯留施設内部の様子

（国土交通省中国地方整備局資料による。）

1		2	
3			
4	(1)		
	(2)		
5			

■平成31年度問題

1　ある学級の社会科の授業で，「東北地方の特色を産業に注目して考える」というテーマで班に分かれて課題を設定し，追究する学習をしました。あとの1～3に答えなさい。

1　A班では，東北地方の漁業について調べ，右の地図を見付けました。地図中の●は，東北地方で水揚げ量の多い港を示しています。A班では，この地図を基に「東北地方の太平洋側で漁業が盛んなのはなぜだろう。」という課題を設定し，追究しました。次の（1）～（3）に答えなさい。

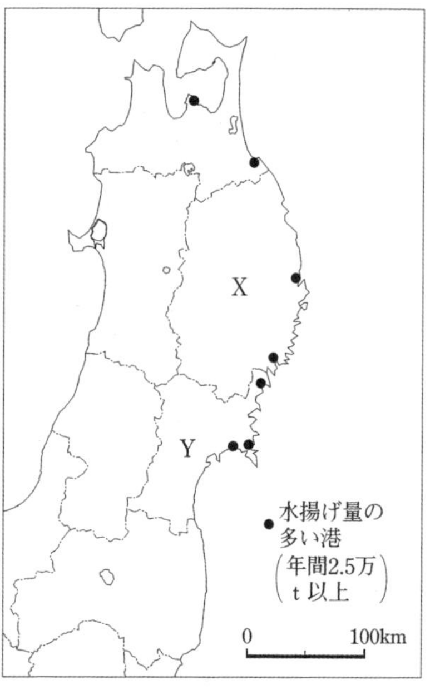

（1）A班で調べると，太平洋側に位置する三陸海岸の沖は豊かな漁場であり，それは暖流と寒流がぶつかる潮目となっているためであることが分かりました。三陸海岸の沖を流れる寒流を何といいますか。その名称を書きなさい。

（2）A班で調べると，地図中のX・Yの県では，リアス海岸の地形を利用して，かきやわかめの養殖が盛んに行われていることが分かりました。X・Yに当たる県を，次のア～カのうちからそれぞれ選び，その記号を書きなさい。

ア　青森県　　イ　秋田県　　ウ　岩手県

エ　福島県　　オ　宮城県　　カ　山形県

（3）地図中のX・Yの県でみられるリアス海岸で，かきやわかめの養殖が盛んに行われているのはなぜだと考えられますか。その理由を，海岸の地形の特徴と関連付けて簡潔に書きなさい。

2　B班では，次のグラフⅠを基に，東北地方の農業のうち稲作に着目して話合いました。下の太郎さんたちの会話はそのときのものです。あとの（1）・（2）に答えなさい。

グラフⅠ

米の生産量の地方別割合（%）（2016年）

北海道 7.2
東北 26.9
中部 21.5
関東 15.4
九州 10.5
中国・四国 10.0
近畿 8.5
合計 804万t

（データでみる県勢 2018年版による。）

太郎さん：米の生産量の割合は，東北地方が最も高いね。

次郎さん：そうだね。東北地方の米の生産量は日本全体の生産量の4分の1を超えているから，東北地方の農業は稲作が中心だね。

花子さん：そうかしら。グラフⅠから，①東北地方では稲作が盛んなことは分かるけれど，②東北地方の農業は稲作が中心かどうかを確かめるためには，ほかの資料が必要だと思うわ。

（1）下線部①について，B班では，「東北地方では，稲作についてどのような工夫が行われているのだろう。」という課題を設定し，稲作に関する工夫について調べました。次のア～エのうち，東北地方で行われている稲作に関する工夫として適切なものを全て選び，その記号を書きなさい。

ア　二期作を行っている。　　　　　イ　銘柄米を開発し栽培している。

ウ　寒さに強い品種を開発し栽培している。　　エ　抑制栽培を行っている。

（2）下線部②について，どのような資料が必要だと考えられますか。具体的に一つ書きなさい。

3　C班では，東北地方で最もりんごの栽培が盛んな青森県のりんご農家について調べるうちに，次のグラフⅡを見付け，「青森県のりんご農家は，所得の減少に対してどのような取組を行っているのだろう。」という課題を設定しました。下のメモは，C班でこのとき調べたことをまとめたものの一部です。メモに示された取組〔ア〕・〔イ〕が，所得を増やすことにつながるのはなぜだと考えられますか。取組〔ア〕・〔イ〕のうちどちらか一つを選び，その理由を簡潔に書きなさい。なお，選んだ取組の記号も書きなさい。

グラフⅡ
青森県のりんごの栽培面積10 a 当たりの農家の所得

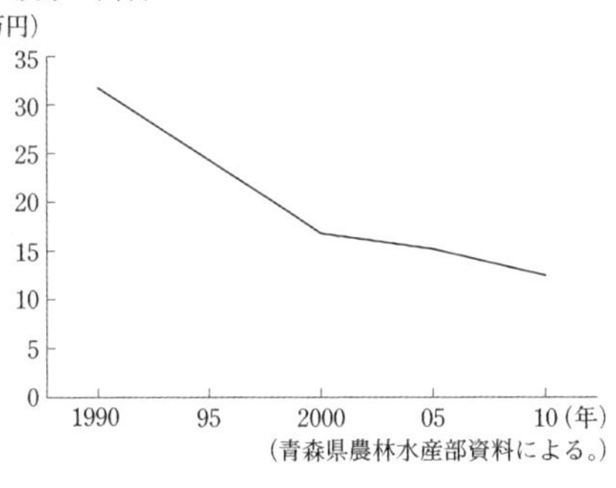

（青森県農林水産部資料による。）

メモ

2011年に始まった青森県のりんご農家の取組
〔ア〕栽培したりんごを，直売所やインターネットを利用して販売している。
〔イ〕栽培したりんごのうち，規格外の大きさのものなどをジュースにしたり，すぐ食べられるようにカットしたりして販売している。

<table>
<tr><td rowspan="2">1</td><td>(1)</td><td></td><td>(2)</td><td>X</td><td></td><td>Y</td><td></td></tr>
<tr><td>(3)</td><td colspan="6"></td></tr>
<tr><td rowspan="2">2</td><td>(1)</td><td colspan="6"></td></tr>
<tr><td>(2)</td><td colspan="6"></td></tr>
<tr><td>3</td><td>記号</td><td></td><td>理由</td><td colspan="4"></td></tr>
</table>

■令和２年度問題

1　ある学級の社会科の授業で，「日本と世界の各地域における特色を農業の比較から考える」というテーマで班に分かれて課題を設定し，追究する学習をしました。太郎さんたちの班では，次のグラフⅠ・Ⅱを見付け，これらのグラフを基に茶の主な生産地に着目して話し合いました。下の会話はそのときのものです。あとの１～４に答えなさい。

グラフⅠ　茶の生産量の県別割合（%）（2016年）

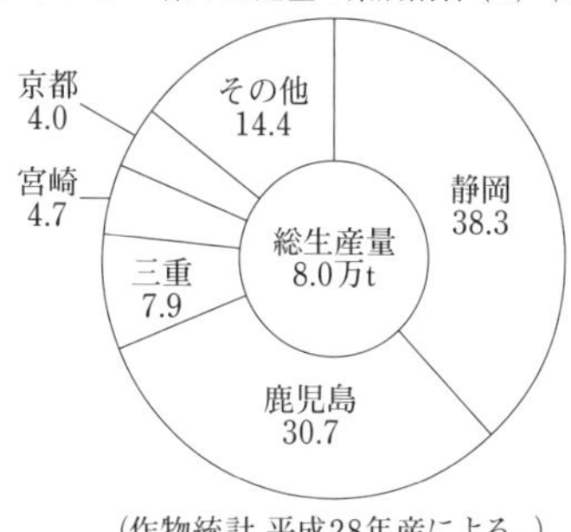

（作物統計 平成28年産による。）

グラフⅡ　茶の生産量の国別割合（%）（2016年）

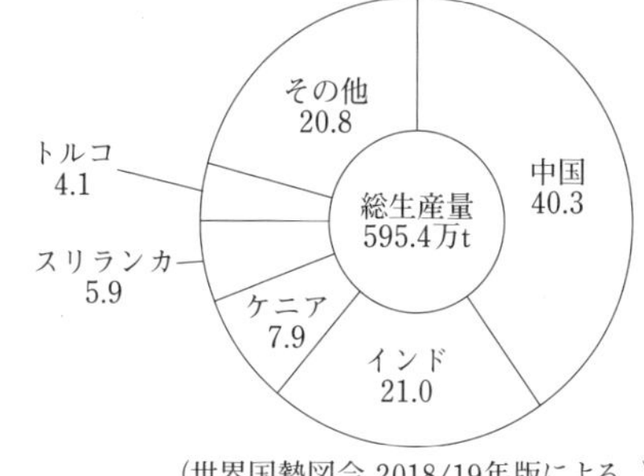

（世界国勢図会 2018/19年版による。）

太郎さん：グラフⅠでは，日本の茶の生産量は静岡県が最も多く，次に多いのが鹿児島県だね。この二つの県だけで日本の総生産量の約７割を占めているよ。

次郎さん：静岡県と①鹿児島県の茶の生産地には，どのような特色があるのかな。

太郎さん：②この二つの県の茶の生産について調べ比較すれば，両県の茶の生産地の特色を捉えられるんじゃないかな。調べてみようよ。

花子さん：グラフⅡでは，世界の茶の生産量は中国が最も多く，次に多いのがインドだね。この二つの国だけで世界の総生産量の約６割を占めているよ。③世界の茶の生産地には，どのような特色があるのかな。

咲子さん：世界の茶の生産地も調べて比較してみよう。

1　下線部①に関して，鹿児島県の茶畑の分布を調べると，その多くは火山の噴出物が積み重なってできた台地に分布していることが分かりました。九州南部に広がっているこのような台地を何といいますか。その名称を書きなさい。

2　下線部②に関して，太郎さんたちの班では，静岡県と鹿児島県の茶の生産について調べたことを次の表Ⅰにまとめ，両県の茶の生産について比較することにしました。下の（1）・（2）に答えなさい。

表Ⅰ

県	茶の栽培面積（ha）	茶の収穫用の乗用大型機械の導入面積（ha）
静岡	17,100	10,194
鹿児島	8,430	8,024

茶の収護用の乗用大型機械の導入面積：茶の栽培面積のうち乗用大型機械を使用して収穫した面積

（「かごしま茶」未来創造プラン平成31年による。）

（1）太郎さんは，表Ⅰを見て，鹿児島県の方が静岡県よりも茶の栽培面積に対する茶の収穫用の乗用大型機械の導入面積の割合が高く，機械化が進んでいることに気付きました。機械化が進むと茶の生産にどのような利点があると考えられますか。「労働力」の語を用いて簡潔に書きなさい。

（2）太郎さんは，「静岡県が鹿児島県ほど乗用大型機械による機械化が進んでいないのはなぜだろう。」という疑問をもち，その理由について調べ，次の地形図Ⅰ・Ⅱを見付けました。地形図Ⅰ・Ⅱはそれぞれ静岡県と鹿児島県において，茶畑が分布している地域の主な地形を示しています。太郎さんは地形図Ⅰ・Ⅱを基に，静岡県が鹿児島県ほど乗用大型機械による機械化が進んでいない理由を下のようにまとめました。太郎さんのまとめはどのようなものだと考えられますか。太郎さんのまとめの中の［　　　　］に当てはまるように，適切な内容を書きなさい。

(国土地理院２万５千分の１地形図「島田」平成28年発行による。)

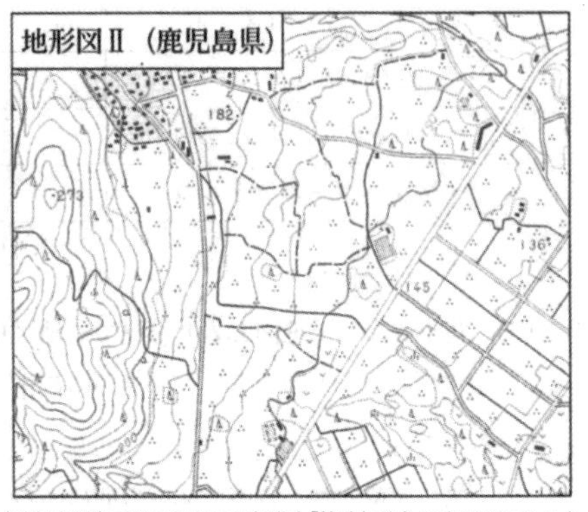

(国土地理院２万５千分の１地形図「枕崎」平成15年発行による。)

> 太郎さんのまとめ
> 鹿児島県よりも静岡県の茶畑の方が，主に［　　　　］ので，乗用大型機械の導入は難しいと考えられる。

3　下線部③に関して，太郎さんたちの班では，世界の茶の生産地の特色について調べました。花子さんは，世界の茶の生産上位国と日本について，茶の主な生産地付近の都市の位置と気温を調べ，次の地図と下の表Ⅱを作成しました。地図は，それらの都市を示しています。また，表Ⅱは，それらの都市の年平均気温を示しています。あとの（1）・（2）に答えなさい。

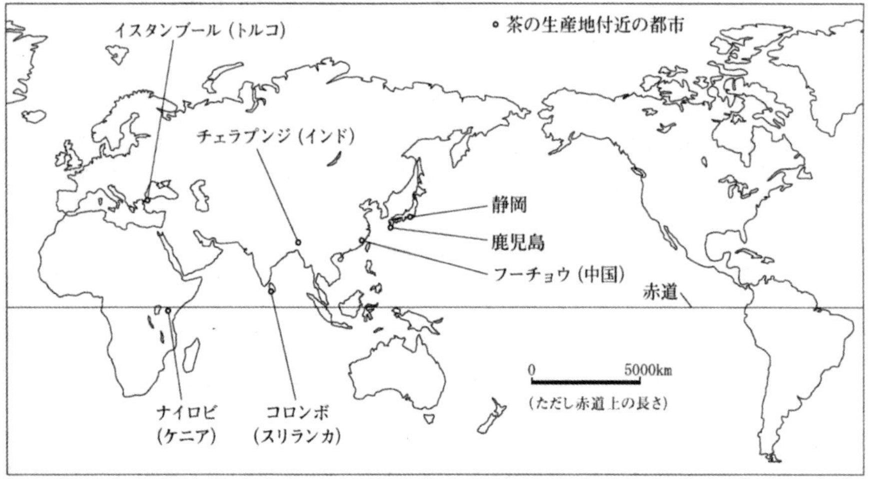

（1）花子さんは，地図と表Ⅱを見て，地図中の茶の生産付近の７つの都市の共通点を考えました。次のア～エのうち，この７つの都市の共通点として適切なものを全て選び，その記号を書きなさい。

ア　北緯50度から南緯50度の間にある。

イ　本初子午線から東経135度の間にある。

ウ　冷帯と寒帯のどちらの地域にも含まれない。

エ　砂漠の広がる地域に含まれる。

表Ⅱ

茶の生産地付近の都市	年平均気温(℃)
静岡	16.5
鹿児島	18.6
フーチョウ(中国)	20.2
チェラプンジ(インド)	17.5
ナイロビ(ケニア)	19.6
コロンボ(スリランカ)	27.7
イスタンブール(トルコ)	14.7

(理科年表 2019 による。)

（2）咲子さんは地図と表Ⅱを見て，ケニアのナイロビは，スリランカのコロンボより赤道に近いのに，コロンボより年平均気温が低いことに疑問をもちました。ナイロビがコロンボより年平均気温が低いのはなぜだと考えられますか。その理由を，簡潔に書きなさい。

4　次郎さんは，世界の茶の生産と消費のかかわりについて興味をもち，世界の茶の消費量を上位５か国まで調べ，表Ⅲを作成しました。次郎さんはグラフⅡと表Ⅲを見て，ケニアは，茶の生産量は３位で多いが，消費量が５位までに入っていないことに疑問をもちました。ケニアは，茶の生産量は多いのに，消費量が少ないのはなぜだと考えられますか。その理由を「商品作物」の語を用い，ケニアの経済の特徴に触れて簡潔に書きなさい。

表Ⅲ　茶の消費量(2014～2016年の平均値)

順位	国	消費量(万ｔ)
1	中国	179.1
2	インド	94.7
3	ロシア	25.7
4	トルコ	24.7
5	アメリカ	13.0

(静岡県茶業の現状，データブック オブ・ザ・ワールド 2019年版による)

1				
2	(1)			
	(2)			
3	(1)		(2)	
4				

歴史総合

■平成25年度問題

2 下の略年表を見て，次の１～６に答えなさい。ただし，略年表中の①・②は，それぞれ→の示す期間を表したものです。

世紀	日本の外交の主なできごと
7	小野妹子が隋に派遣される
8	↓
9	①
10	↓
11	↓
12	A 平清盛が港を整備し宋と貿易を行う
13	
14	
15	B 足利義満が勘合貿易を始める
16	
17	オランダ人が長崎の出島に移される
18	②
19	C 岩倉使節団が欧米に派遣される
20	D サンフランシスコ平和条約が結ばれる

1 ①の期間中に，国風文化とよばれる日本の風土や生活にあった文化が，貴族の間で栄えました。このころ，かな文字を使って「枕草子」を書いたのはだれですか。その人物名を書きなさい。

2 Aに関して，次のア～エのうち，武士のなかではじめて平清盛がついた職はどれですか。その記号を書きなさい。

ア 太政大臣　　イ 征夷大将軍　　ウ 関白　　エ 執権

3 次のア～エのうち，Bのころの東アジアの動きについて述べた文はどれですか。その記号を書きなさい。

ア 日本が，百済を救援するために朝鮮半島に大軍を送った。
イ 日本と清が，対等の地位を相互に認めた条約を結んだ。
ウ 日本人を中心とした倭寇が，朝鮮半島や中国大陸沿岸をおそった。
エ 薩摩藩の支配を受けた琉球が，将軍の代がわりごとに幕府に使節を送った。

4 次の文は，②の期間内の都市や交通のようすについて述べたものです。文中の［ a ］と［ b ］にあてはまる語はそれぞれ何ですか。下のア～エの組み合わせのうちから選び，その記号を書きなさい。

商業や金融の中心地として発展し「天下の台所」とよばれた［ a ］には，諸藩の蔵屋敷がおかれ，東北地方の日本海沿岸から瀬戸内海を通る［ b ］航路を利用して年貢米や特産物が運び込まれました。

ア a 江戸　b 東まわり
イ a 江戸　b 西まわり
ウ a 大阪　b 東まわり
エ a 大阪　b 西まわり

1		2		3		4	

5 Cのころ，日本政府が近代化政策を進めるために行ったある取り組みにより，人々の生活様式に変化がみられました。前の資料は，このころの東京の銀座付近のようすを示しています。資料を見て，あとの（1）・（2）に答えなさい。

（1）このころ生活様式が変化したことは，資料のどのような点から読み取ることができますか。具体的に一つ書きなさい。

（2）このころ生活様式が変化したのは，政府が近代化政策を進めるためにどのような取り組みを行ったからだと考えられますか。簡潔に書きなさい。

6 Dのころ，占領下の日本では選挙法の改正などさまざまな改革が行われました。次の表は，衆議院議員総選挙が行われた1942年（昭和17年）と1946年における有権者数と総人口をそれぞれ示しています。1942年に比べて1946年の有権者数が大きく変化しているのはなぜですか。その理由を，選挙法の改正の内容と関連づけて，簡潔に書きなさい。

年	有権者数（万人）	総人口（万人）
1942	1,459	7,288
1946	3,688	7,575

（日本長期統計総覧による。）

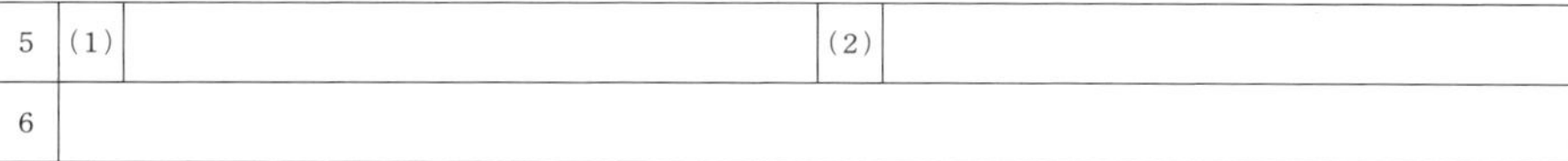

■平成26年度問題

2 次のカードⅠ～Ⅳは，昔の人々の生活に影響をあたえたことがらについて，あるクラスで，文書や絵をもとに調べ，わかったことをそれぞれまとめたものです。これらを見て，あとの１～５に答えなさい。

カードⅠ

（著作権保護のため掲載していません）

大宝２年筑前国嶋郡川邊里戸籍の写真

戸主 うらべのもそ 年四十九歳
母 かどのべのいしめ 年七十四歳
妻 うらべのほせずめ 年四十七歳
男 うらべのくろまろ 年十九歳
（左の戸籍の一部をわかりやすくしたもの）

・戸籍には人々の家族関係，姓名，［ a ］，性別などが記されていました。
・戸籍をもとに［ a ］や性別に応じて口分田があたえられたことがわかりました。

カードⅡ

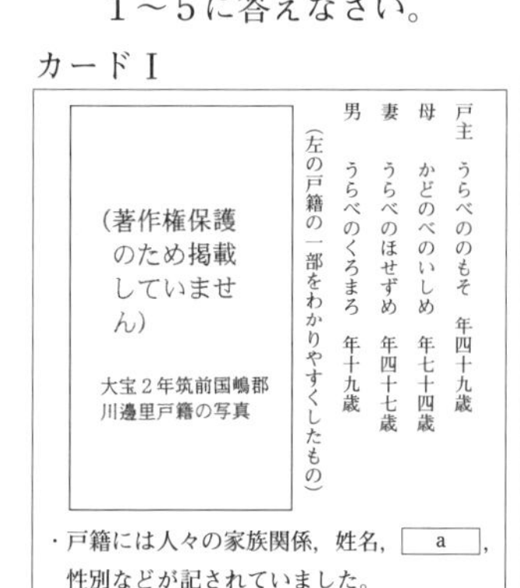

（著作権保護のため掲載していません）
正長の土一揆の刻文の写真

・石碑の文書には，神戸（かんべ）四か郷では正長元年までの［ b ］と記されていました。
・近江の馬借や京都周辺の農民が，徳政令を求める一揆を起こしたことがわかりました。

カードⅢ

（著作権保護のため掲載していません）

検地の様子をあらわした絵

・絵には田畑の面積や土地のよしあしを調べる様子がえがかれていました。
・土地を耕作する権利を認められた農民は，領主となった武士に年貢を納めるようになったことがわかりました。

1　カードⅠについて，文中の[a]にあてはまる語を書きなさい。

2　カードⅡの石碑の文書は，「正長元年よりさきは，神戸（かんべ）四か郷に負い目あるべからず」と読むことができます。これは一揆の目的が達成されたことを宣言したものです。どのような目的が達成されたと考えられますか。カードⅡの文中の[b]にあてはまるように適切な語句を書きなさい。

3　豊臣秀吉は，カードⅢに示されているような政策を全国で行いました。この政策によって，公家や寺社などの荘園領主が勢力を失ったのはなぜだと考えられますか。その理由を，カードⅢをもとに，簡潔に書きなさい。

カードⅣ

（著作権保護のため掲載していません）

米騒動の様子をあらわした絵

・絵には民衆の起こした騒動が軍隊に鎮圧される様子がえがかれていました。
・シベリア出兵を見こして商人が米の買い占めを行ったことに対して，米の安売りを要求する騒動が全国に広がったことがわかりました。

4　下の略年表は，カードⅣに示された騒動が起こったころの日本の外交の主なできごとを示したものです。また，略年表中のア～エは，それぞれ──►の示す期間を表したものです。カードⅣに示された騒動が始まったのは，ア～エのうち，どの期間にあたりますか。その記号を書きなさい。

5　このクラスでは，さらに，現代の人々の生活に影響をあたえた家庭電化製品の普及率の推移について調べることにしました。次のグラフ中のア～エは，1957年（昭和32年）から2010年にかけての電気冷蔵庫，白黒テレビ，カラーテレビ，エアコンのいずれかの普及率と一致します。ア～エのうち，カラーテレビにあたるものはどれですか。その記号を書きなさい。

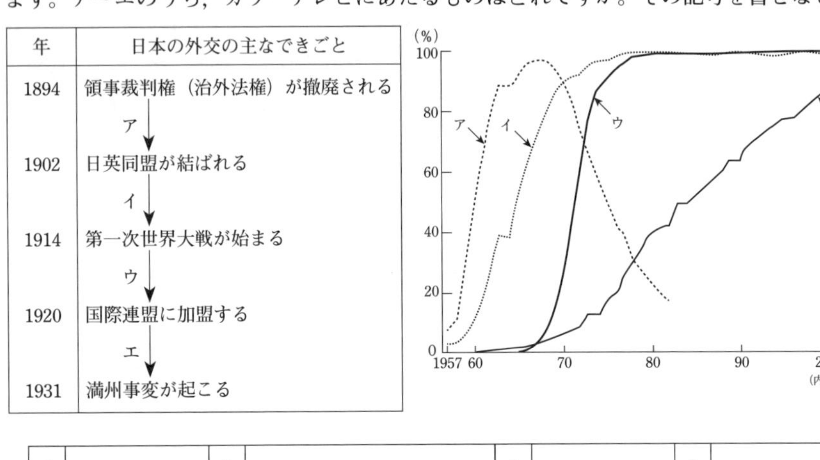

年	日本の外交の主なできごと
1894	領事裁判権（治外法権）が撤廃される
	ア↓
1902	日英同盟が結ばれる
	イ↓
1914	第一次世界大戦が始まる
	ウ↓
1920	国際連盟に加盟する
	エ↓
1931	満州事変が起こる

1		2		4		5	
3							

■平成27年度問題

2　あるクラスの社会科の授業で，「日本は外国からどのような影響を受けてきたか」という視点から，各時代のできごとについて学習しました。次のA～Dのカードは，各時代のできごとに関わる絵や写真について調べ，わかったことをそれぞれまとめたものです。これらを見て，あとの1～6に答えなさい。

A

帝国衆議院絵図

○帝国議会の開設
左の絵は，日本で最初に開かれた帝国議会の様子を示しています。帝国議会はヨーロッパの立憲主義の影響を受けて開設されました。また，この帝国議会が開設されるまでに，①国民の間でさまざまな運動が行われたことがわかりました。

B

聖堂講釈図

○寛政の改革
左の絵は，幕府の学問所で，武士が学んでいる様子を示しています。②寛政の改革を進めた松平定信は，秩序を重視するため，中国から伝えられた朱子学を武士に学ばせました。また，政治を立て直すため，徳川吉宗の政治を理想とした政策を行ったことがわかりました。

C

東大寺の大仏

○東大寺大仏の造立
左の写真は，東大寺にある大仏を示しています。聖武天皇がこの大仏をつくらせたころ，中国から伝えられた仏教は国家の保護を受けていました。そして，聖武天皇は，仏教には[a]と考えていたために，大仏をつくらせたことがわかりました。

D

○国際連合への加盟
左の写真は，日本の国際連合への加盟の翌年に発行された切手を示しています。第二次世界大戦後，日本は世界の平和に貢献する国際協調の考え方を取り入れました。しかし，日本の加盟は，戦後すぐにではなく，[b]をきっかけに，ようやく認められたことがわかりました。

1　下線部①に関して，民選議院設立建白書の提出をきっかけに，政府に対して国民の権利や議会政治の実現を求める運動が起こりました。この運動を何といいますか。次のア～エのうちから選び，その記号を書きなさい。

ア　護憲運動　　イ　尊王攘夷運動　　ウ　自由民権運動　　エ　五・四運動

2　下線部②について，寛政の改革は，それ以前に田沼意次が行った政策とは異なる方針で進められました。次のア～エは，松平定信が行った政策と田沼意次が行った政策のいずれかを示しています。ア～エのうち，松平定信が行った政策はどれですか。二つ選び，その記号を書きなさい。

ア　旗本や御家人の借金を帳消しにした。　　イ　長崎から海産物をさかんに輸出した。

ウ　株仲間をつくることを奨励した。　　　　エ　都市への農民の出かせぎを制限した。

3　Cのカードに関して，次の文は，大仏がつくられたころに起こったできごとについて述べたものです。聖武天皇は，仏教にはどのような力があると考えて大仏をつくらせましたか。この文をもとに，［ a ］にあてはまるように書きなさい。

> 聖武天皇の即位後，伝染病が流行して有力な貴族が相ついで病死したり，大宰府の役人が反乱を起こしたりした。

4　［ b ］にあたるできごとは何ですか。次のア～エのうちから選び，その記号を書きなさい。

ア　日中国交正常化　　　　　　イ　日ソ国交回復

ウ　日米安全保障条約の締結　　エ　第一回主要国首脳会議の開催

5　次のア・イは，室町時代と江戸時代にえがかれた絵のいずれかを示しています。ア・イのうち，室町時代にえがかれた絵はどちらですか。その記号を書きなさい。また，その記号が答えとなる理由を，右の資料から読み取れる室町時代の文化の特色と関連づけ，「禅宗」の語を用いて，簡潔に書きなさい。

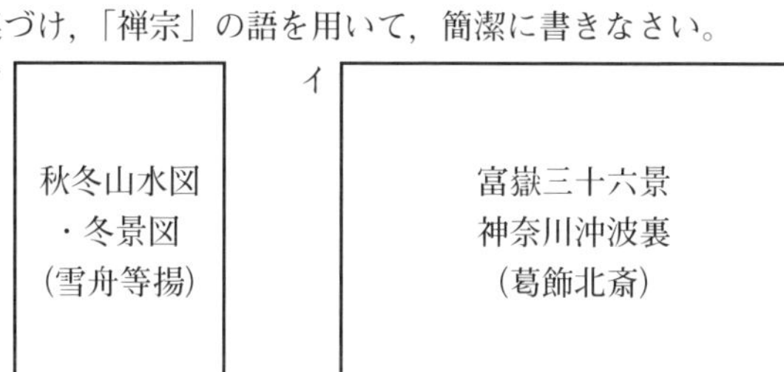

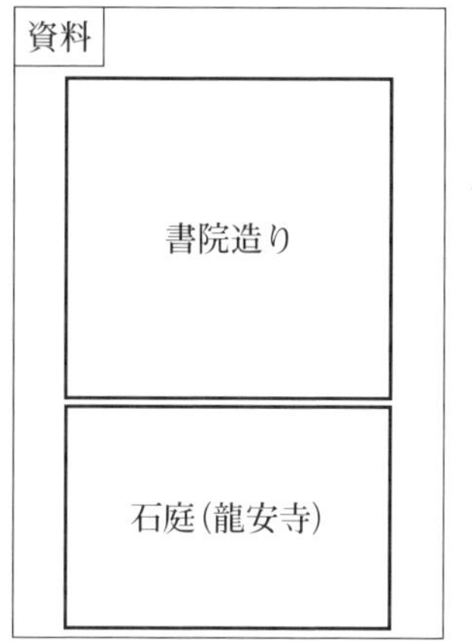

6　次のXは，日本の政治に影響を与えた外国のできごとを示しています。A～DのカードとXにそれぞれ示されたできごとを年代の古い順に並べると，Xのできごとは，A～Dのカードに示されたできごとのうち，どのできごととどのできごとの間に入りますか。その記号を書きなさい。

X　アヘン戦争が始まる。

1		2		3	
5	記号		4		6	→ X →
	理由					

■平成28年度問題

2　広島県のある中学校の社会科の授業で，身近な地域の歴史について班ごとにテーマを決めて調べました。次の会話は，ある班がテーマを決めたときのものであり，下の資料は，この班がテーマに沿って調べた内容の一部です。これらを読んで，あとの1～5に答えなさい。

> 花子さん：郷土資料館にはいろいろな展示があったわね。わたしは「麻作り」の展示で，麻の布ができあがるまでの過程がよくわかったわ。
> 太郎さん：麻の布を触ったけれど，かさかさしていたね。着心地はどうだったのかな。
> 花子さん：そうね。着心地は涼しいけれど，木綿に比べて少し固い感じがするかもしれないわ。
> 次郎さん：ぼくたちが住んでいる地域で，昔は麻がたくさん作られていたなんて知らなかった。木綿も作られていたのかな。
> 太郎さん：わからないけれど，室町時代には①日本は木綿をたくさん輸入していたことを学習したよね。だから，作られていなかったかもしれないね。
> 次郎さん：でも，明治時代には綿糸を輸出していたんじゃなかったかな。どうして輸出できるようになったんだろう。
> 花子さん：言われてみると，麻や木綿についてあまりよく知らないわね。私たちの班は「麻と木綿の歴史」について調べてみましょうか。

資料

- 麻は，古くから身近な繊維だった。②平安時代の中期に安芸（あき）（広島県）から都に麻を税として納めた記録も残っている。
- 室町時代には，日本は木綿を朝鮮などから大量に輸入していた。室町時代後期ころから三河（愛知県）などで綿の栽培が始まり，安芸や備後（びんご）（広島県）でも綿が栽培されるようになったと考えられている。木綿は衣服のほか，鉄砲の火縄などにも利用された。
- 江戸時代になると，③広島藩や福山藩は綿の栽培を奨励した。綿の栽培には大量の肥料が必要だった。
- 江戸時代になると，④麻は漁網などに加工されることが多くなった。安芸や備後は，上野（こうずけ）（群馬県）や下野（しもつけ）（栃木県）などとともに主要な産地の一つだった。
- 明治時代になると，広島紡績所などの近代的な工場がつくられた。1890年代には，⑤綿糸の生産が拡大し，主要な輸出品になった。
- その後も綿糸は繊維産業の中心だったが，第二次世界大戦後，次第に化学繊維が普及するようになり，⑥高度経済成長期の1960年代には，化学繊維の生産量が綿糸の生産量を上回った。

1　下線部①に関して，室町時代には，商人や手工業者による同業者の組合が木綿などのさまざまな品物の生産や販売を独占していました。この同業者の組合を何といいますか。その名称を書きなさい。

2　下線部②に関して，次のア～エのうち，このころの地方の政治の様子について述べた文はどれですか。その記号を書きなさい。

ア　戦国大名が実力で領国を支配した。
イ　朝廷から派遣された国司が政治を行った。
ウ　政府から任命された府知事や県令が統治した。
エ　将軍から領地を与えられた大名が支配した。

3　下線部③に関して，太郎さんは綿の栽培について調べ，わかったことを次の図Ⅰにまとめました。また，下線部④に関して，花子さんは麻の用途について調べ，わかったことを図Ⅱにまとめました。花子さんは，さらに干鰯（ほしか）という肥料について調べ，下の資料を見付けました。この資料は，18世紀初めころの干鰯の値段の変化に関するものです。資料に示されたように，18世紀初めころに干鰯の値段が変化したのはなぜだと考えられますか。その理由を，図Ⅰ・Ⅱをもとに，「新田開発」の語を用いて，簡潔に書きなさい。

図Ⅰ

幕府や各藩は，収入を増やすために新田開発を行った。	⇨	農地の面積は，17世紀初めころに比べて18世紀初めころには全国で約2倍に拡大した。	⇨	各藩は，拡大した農地で収入の増加を目指し米や商品作物の栽培を重視した。	⇨	広島藩や福山藩では，綿の栽培を奨励した結果，18世紀初めころから綿の生産量が増大した。

図Ⅱ

麻を材料とした強い漁網が作られるようになった。	⇨	麻の漁網を使ったいわし漁が，九十九里浜（千葉県）などで盛んになった。	⇨	いわしは，食用のほか，干鰯に加工された。	⇨	干鰯は，17世紀初めころから綿などを栽培する肥料として販売された。

資料　昔は，金1両で干鰯を50俵から60俵買うことができたが，今では，金1両で7俵から8俵しか買うことができない。

4　下線部⑤に関して，次郎さんは，綿糸の生産の拡大に関わる主なできごとを次の略年表にまとめました。次郎さんはさらに，日本が綿糸を輸出できるようになった理由を考えるために当時の紡績工場について調べ，下の写真と資料を見付けました。写真は1883年（明治16年）に開業した紡績会社の工場の様子を，資料は紡績工場の労働者の様子を示しています。綿糸の生産が拡大して輸出できるようになったのはなぜですか。その理由を，写真と資料をもとに，簡潔に書きなさい。

年	綿糸の生産の拡大に関わる主なできごと
1883	大阪で日本最大規模の紡績会社が開業する
1890	綿糸の生産量が輸入量を上回る
1897	綿糸の輸出量が輸入量を上回る

紡績工場の様子

資料　紡績工場の労働者のほとんどは女子労働者で，多くの工場で労働時間は1日12時間，1897年の平均賃金は当時の男子労働者の3分の1以下だった。

5　下線部⑥に関して，次の（ア）～（エ）のうち，このころの社会の様子について述べた文はどれですか。その記号を書きなさい。
（ア）　株式や土地の価格が異常に値上がりするバブル経済となった。
（イ）　ラジオ放送が始まり，家庭に情報が早く伝わるようになった。
（ウ）　太陽暦が採用され，西洋風の生活様式が取り入れられた。
（エ）　重化学工業が発展し，国民総生産が初めて資本主義国第2位となった。

1		2		5	
3					
4					

■平成29年度問題

2　ある中学校の校区で古代の道路の跡が発見され，発掘調査が行われました。次の文章は，発掘調査をもとに博物館で開催された「交通と流通の歴史」の展示を見学した中学生と博物館の学芸員の会話の一部です。これを読んで，あとの1～4に答えなさい。

学芸員：今回，発見されたのは，7世紀から8世紀にかけて整備されたと考えられる古代の山陽道の一部です。①山陽道は九州と都を結ぶ重要な道路でした。
太郎さん：僕は，道路は建物などと違って，ずっと使われ続けるイメージがあったので，道路の跡が発見されるというのがとても意外でした。
学芸員：確かに昔から場所を変えずに使われ続けている道路もありますが，このあたりでは，中世以降の社会の変化とともに山陽道の一部が海に近いルートに変わっているので，古代の道路の場所は分からなくなってしまい，記録をもとに推定している状況です。
次郎さん：道路が海に近いルートに変わったのは，なぜですか？
学芸員：中世から近世にかけて，河口付近に②新たに町がつくられたり，③海上交通が盛んになったりしたことなどが原因であると考えられています。
花子さん：道路の跡が見付かっただけだと思っていました。道路を通して，その時代に繁栄した場所や開発が進んだ場所なども分かるのですね。
学芸員：その通りです。④各時代の交通や流通の様子が分かるように展示を工夫していますので，ゆっくり見学してください。

1　下線部①に関して，太郎さんたちは，博物館の展示から，山陽道が古代に重要な道路であったのは，九州に大宰府という役所が置かれていたことが理由の一つであることが分かりました。次のア～エのうち，古代における大宰府の主な役割として，最も適切なものはどれですか。その記号を書きなさい。
ア　蝦夷に対する支配を進める。　　イ　朝廷を監視する。
ウ　西日本の大名を監視する。　　エ　外交や防衛を行う。

2　下線部②に関して，右の資料は新たにつくられたある町の模式図の一部を示しています。次郎さんはこの町が発展したことに興味をもち，この町の特徴については資料をもとに，発展した理由についてはさらに調べ，あとのようにまとめました。次郎さんのまとめはどのようなものだと考えられますか。次郎さんのまとめの中の［A］と［B］に当てはまるように，適切な語句をそれぞれ書きなさい。

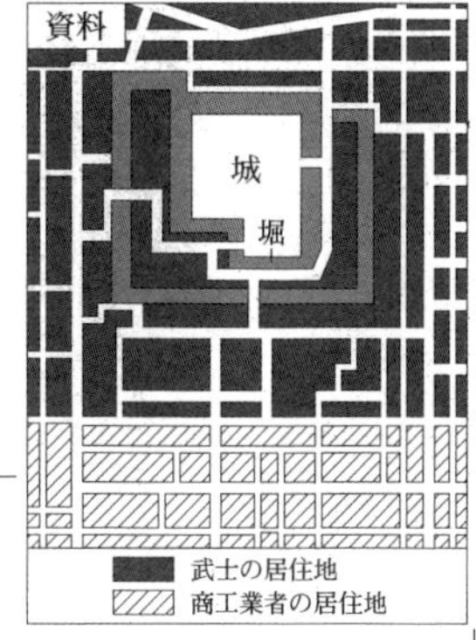

> 次郎さんのまとめ
> 〔特徴〕
> ○大名の城を守るために［A］などの工夫がみられる。
> ○武士と商工業者の居住地が分けられている。
> 〔発展した理由〕
> ○領国内の武士がこの町に集められ，大名と有力な家臣が城内で領国のさまざまなことがらを決定したことなどから政治の中心となった。
> ○［B］を認める楽市・楽座の政策によって，各地からこの町に商工業者が集まり，商工業が活発になり経済の中心となった。

3　下線部③に関して，花子さんは，江戸時代の海上交通の展示を見学して，西まわり航路が開かれた17世紀後半，東北地方の日本海沿岸に位置する酒田という港町が繁栄したことに興味をもち，調べたことを次の図Ⅰと図Ⅱにまとめました。図Ⅰは西まわり航路が開かれるまでのルートと西まわり航路が開かれてからのルートを，図Ⅱは西まわり航路によって酒田からの物資が運ばれた大阪の発展について，それぞれまとめたものです。17世紀後半，酒田が以前よりも繁栄したのはなぜだと考えられますか。その理由を，図Ⅰ・Ⅱをもとに簡潔に書きなさい。

図Ⅰ

〔西まわり航路が開かれるまでのルート〕	〔西まわり航路が開かれてからのルート〕
酒田　荷物（米や特産物）が船に積み込まれる。	酒田　荷物（米や特産物）が船に積み込まれる。
⇩〔船〕	⇩〔船〕
敦賀（つるが）　荷物が馬に積み替えられる。	敦賀　荷物が船に積まれたまま。
⇩〔馬〕	⇩〔船〕
琵琶湖沿いの港町　荷物が小型の船に積み替えられる。	下関　荷物は船に積まれたまま。
⇩〔小型の船〕	⇩〔船〕
大津　荷物の保管や売買が行われ京都や大阪など各地に送られる。	大阪　荷物の保管や売買が行われ京都や江戸など各地に送られる。

図Ⅱ

17世紀後半，政治の中心地として発展した江戸でさまざまな物資の需要量が増加した。

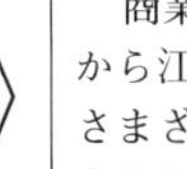

商業の中心地である大阪から江戸に菱垣廻船などでさまざまな物資が運ばれるようになった。

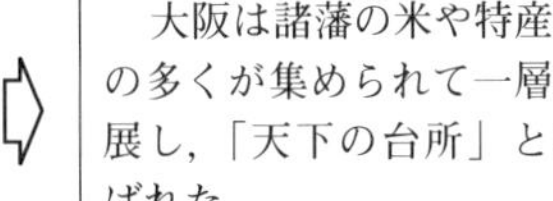

大阪は諸藩の米や特産物の多くが集められて一層発展し，「天下の台所」と呼ばれた。

4　下線部④に関して，太郎さんたちは，展示を見学して，交通の発達は産業の発展に関連していることが分かり，日本の産業が大きく発展した19世紀後半と20世紀後半の交通と産業の関係についてそれぞれ次のカードⅠとカードⅡにまとめました。これらを読んで，下の（1）・（2）に答えなさい。

> カードⅠ　鉄道の建設は東京の新橋・横浜間に始まり，ついで大阪・神戸間で行われ，国内で3番目の鉄道の建設が北海道で1880年に始まりました。1880年代には鉄道網の発達とともに産業も発展し，紡績，製糸などの軽工業の分野から産業革命が始まりました。

> カードⅡ　高度経済成長期になると鉄鋼などの重化学工業が発展し，国民の所得も増え家庭電化製品や自動車も普及し始めました。大量生産・大量消費が進み，さまざまな物資の輸送量が増大しました。東海道新幹線や高速道路が開通し，移動にかかる時間も短縮されました。

（1）カードⅠの下線部に関して，太郎さんたちは，国内で3番目の鉄道の建設が北海道で行われた理由を考えるために調べ，右の地図を見付けました。地図はこの鉄道の路線を示しています。この鉄道が国内で比較的早い時期に建設されたのはなぜだと考えられますか。その理由を，カードⅠと地図をもとに簡潔に書きなさい。

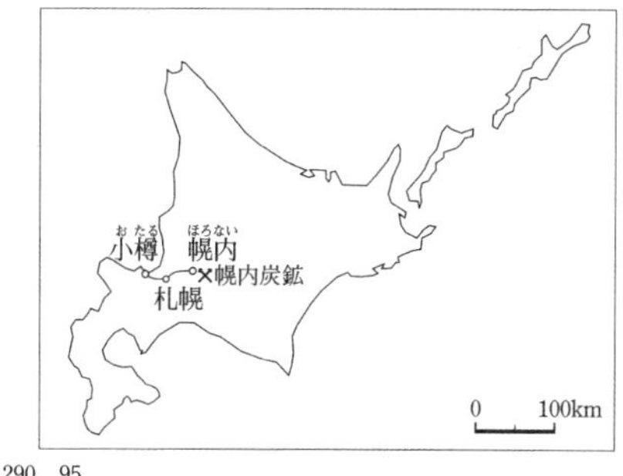

（2）太郎さんたちは，高度経済成長により交通と流通がどのように変わったのかを調べ，右のグラフを作成しました。グラフは，1955年（昭和30年）と1975年の日本国内の鉄道，船舶，自動車による交通機関別の貨物輸送量をそれぞれ示しています。太郎さんたちはグラフから1955年に比べて1975年では自動車だけでなく，船舶の貨物輸送量も伸びていることに気付きました。高度経済成長により船舶の貨物輸送量が伸びたのはなぜだと考えられますか。その理由を，カードⅡをもとに簡潔に書きなさい。

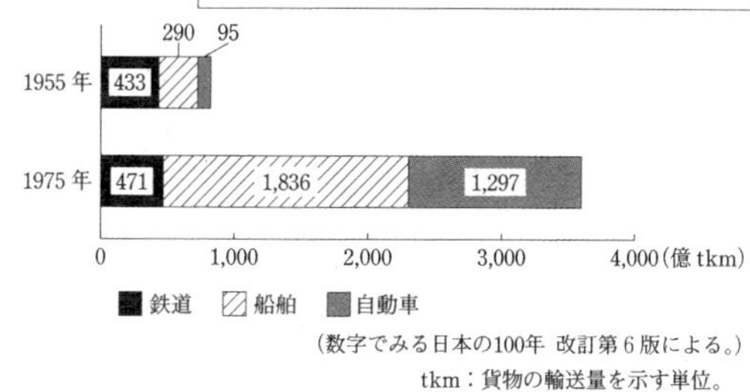

（数字でみる日本の100年 改訂第6版による。）
tkm：貨物の輸送量を示す単位。1tkmは，1tの貨物を1km運んだことを示す。

1		2	A		B	
3						
4	(1)					
	(2)					

■平成30年度問題

2 あるクラスの社会科の授業で，歴史的分野の学習のまとめとして，古代・中世・近世・近代・現代の時代区分に注目し，班ごとに時代の特色をまとめる学習を行いました。次の図Ⅰはこの学習のはじめに先生が提示したものです。太郎さんたちの班では，政治の展開に注目して，まず下のカードⅠ～Ⅴをそれぞれ作成しました。あとの1～5に答えなさい。

図Ⅰ

世紀	6	7	8	9	10	11	12	13	14	15	16	17	18	19	20	21
時代区分	古代							中世				近世			近代	現代
	古墳	飛鳥	奈良	平安				鎌倉	南北朝	室町	戦国 安土桃山	江戸			明治 大正 昭和	平成

カードⅠ　古代には天皇と貴族を中心とする朝廷による政治が行われた。そのうち，奈良時代には，律令に基づく政治が確立して①朝廷への権力集中が進み，朝廷の支配する地域も拡大した。

カードⅡ　中世には②武士が台頭し，武士による政権が成立した。幕府のしくみは，御恩と奉公による将軍と御家人の主従関係を基に成り立っていた。

カードⅢ　近世には③武士による強力な統一政権が成立した。江戸時代になると，幕府と藩による政治が行われた。幕府は大名や朝廷などを法で統制して政治を行った。

カードⅣ　近代には天皇を中心とする新政府が成立した。④近代化を目指し，廃藩置県や学制，兵制，税制などのさまざまな改革が行われ，大日本帝国憲法が制定され，帝国議会が開かれた。

カードⅤ　現代には国民主権の考え方に基づく政治が行われるようになった。第二次世界大戦後，⑤民主化政策が行われ，日本国憲法が制定され，議院内閣制が導入された。

1　下線部①に関して，次のア～エのうち，日本の国のおこりや天皇を中心とする朝廷が日本を治める由来などを示すことを目的として，奈良時代につくられた書物はどれですか。その記号を書きなさい。

ア 「源氏物語」　イ 「解体新書」　ウ 「新古今和歌集」　エ 「日本書紀」

2　下線部②に関して，太郎さんは武士が11世紀半ばから12世紀半ばころにかけて勢力を伸ばし，政治に力を及ぼすようになったことに興味をもちました。太郎さんはその理由を考えるために，次のA・Bのできごとにおける武士の役割について調べ，それを基に下のようにまとめました。11世紀半ばから12世紀半ばころにかけて，武士が勢力を伸ばし，政治に力を及ぼすようになったのはなぜだと考えられますか。太郎さんのまとめの中の［　　］に当てはまるように書きなさい。

A　11世紀半ばころ，東北地方で豪族の反乱が起こる。

B　12世紀半ばころ，保元の乱・平治の乱が起こる。

太郎さんのまとめ
Aでは地方の反乱を鎮めるために武士が動員されたのに対し，Bでは［　　］の決着をつけるために武士が動員された。このことから，武士の役割が次第に大きくなり，政治に力を及ぼすようになったことが分かる。

3　下線部③に関して，花子さんは江戸幕府が強い権力を維持するために行ったことに興味をもち，調べると次の地図のように江戸から離れた西日本にも幕府が直接支配した地域があることが分かりました。地図中のⓍの都市を直接支配することが，権力を維持することにつながったのはなぜだと考えられますか。その理由を，地図中のⓍの都市名を挙げて，簡潔に書きなさい。

4　下線部④について，次郎さんはさまざまな改革の中で廃藩置県が最初に行われた理由に興味をもち，19世紀のアジアの状況が関係しているのではないかと考え，その状況と廃藩置県が最初に行われたことを関連付けて次の図Ⅱにまとめました。下の（1）・（2）に答えなさい。

図Ⅱ

19世紀のアジア諸国は，清がアヘン戦争で敗れ，イギリスと不平等な条約を結んだり，ベトナムがフランスの植民地になったりするなど，欧米諸国の圧迫を受けていた。 ⇨ 欧米諸国に対抗できる力を付けるため，日本ではさまざまな改革を進めようとした。 ⇨ 日本では廃藩置県を行い，政府が府知事や県令を地方に派遣することで［　　］をつくった。 ⇨ その後，政府は全国で学制や徴兵令，地租改正などのさまざまな改革を進めた。

（1）図Ⅱ中の下線部について，清がイギリスに香港を譲り，上海など五つの港を開くことになったこの条約を何といいますか。その名称を書きなさい。

（2）図Ⅱ中の［　　］に当てはまる内容を書きなさい。

5　下線部⑤に関して，咲子さんは戦後の民主化政策の一つとして農地改革が行われたことに注目しました。咲子さんは右のグラフを見て，農地改革が行われた結果，農村において，経済面での平等化が進んだと考えました。咲子さんがそのように考えた理由を，グラフを基に簡潔に書きなさい。

農地改革前後の自作・小作別農家数の割合

農地改革前（1941年）
農地改革後（1950年）
0　20　40　60　80　100（%）
■自作農　□自作農兼小作農　▩小作農
（日本長期統計総覧による。）

1		2	
3			
4	(1)	(2)	
5			

■平成31年度問題

2　ある学級の社会科の授業で，「日本と外国との関わり」に注目して時代の特色を考える学習を行いました。このとき太郎さんたちの班では，各時代のできごとを調べ，次のメモⅠ～Ⅴを作成しました。あとの１～５に答えなさい。

メモⅠ

7世紀後半，日本は唐と新羅の連合軍と戦って敗れた。その後，日本では全国的な戸籍の作成など，改革が進められた。①遣唐使が何度も派遣された奈良時代には，唐の影響を受けた国際色豊かな文化が栄えた。

メモⅡ

14世紀後半，明は朝貢する国と国交を結び貿易を許可するようになった。足利義満は明と国交を結び，勘合貿易を始めた。②勘合貿易では，日本は明から銅銭を大量に輸入し，日本の経済は影響を受けた。

メモⅢ

16世紀には，ポルトガルやスペインはアジアに進出するようになった。ポルトガルやスペインの貿易船は日本にも来航した。③貿易船でイエズス会の宣教師も来日し，日本でキリスト教の布教が行われた。

メモⅣ

19世紀後半，日本はアジアに進出した欧米諸国と不平等条約を結んだ。日本は条約改正を目指して近代化政策を進めた。④近代化政策は富国強兵をスローガンに，政治や経済など様々な分野に及んだ。

メモⅤ

第二次世界大戦後，日本は経済の復興に努めた。日本では1950年代半ばから高度経済成長が始まった。しかし，⑤1973年（昭和48年）の中東戦争をきっかけに日本の経済は打撃を受け，高度経済成長は終わった。

1　メモⅠに関して，次の（1）・（2）に答えなさい。

（1）下線部①に関して，次のア～エのうち，唐の都はどれですか。その記号を書きなさい。

　ア　上海　　イ　長安　　ウ　奉天　　エ　北京

（2）太郎さんたちの班では，奈良時代に派遣された遣唐使について調べるうちに，日本から中国に派遣された使節の主な目的が，弥生時代と奈良時代では違っていることに気付きました。太郎さんたちの班では，使節の主な目的の違いは，日本の国内の様子の違いと関係があるのではないかと考え，次の表を作成し，表を基に話し合いました。下の会話はそのときのものです。表中の［A］と会話中の［B］には，どのような内容が当てはまると考えられますか，適切な内容をそれぞれ書きなさい。

弥生時代	奈良時代
〔使節の様子〕 ・邪馬台国の女王卑弥呼が使節を魏に送った。使節は，魏の皇帝から卑弥呼への「倭王」の称号や金印，銅鏡などを授かり，帰国した。 〔国内の様子〕 ・倭国（日本）は多くの小国に分かれていて，争いが絶えなかった。邪馬台国の女王卑弥呼は，多くの小国のうち30ほどの小国を従えて政治を行った。 〔使節の主な目的〕 ・魏の皇帝に倭国（日本）の支配権を認めてもらうこと。	〔使節の様子〕 ・朝廷が使節を唐に送った。使節には大使ら役人のほか，多くの留学生や僧も含まれた。留学生や僧は唐に長期間滞在したのち，帰国した。 〔国内の様子〕 ・朝廷は日本の各地を国や郡に分け，役人を派遣して統治した。平城京には寺院や多くの役所が建てられ，役人は律令に基づいて政治を行った。 〔使節の主な目的〕 ・［A］。

太郎さん：時代によって使節の主な目的が違うのは，やはり国内の様子と関係がありそうだね。
花子さん：そうね。こうして比べてみると，奈良時代と弥生時代では国内の様子がずいぶん違うわね。
次郎さん：国内の様子から，奈良時代の使節の主な目的が達成されていることが分かるね。でも，弥生時代は，なぜ国の支配権を認めてもらうことが主な目的だったのかな。
咲子さん：それも国内の様子と関係があるんじゃないかしら。卑弥呼は小国を従えたのちに使節を魏に送ったのよね。それは，魏の皇帝に倭国（日本）の支配権を認めてもらうことで，［B］ためだと思うわ。

2　下線部②に関して，太郎さんたちの班では，勘合貿易が行われたころの日本の経済の様子に興味をもち，調べました。次のア～エのうち，勘合貿易が行われたころの日本の経済の様子について述べた文として最も適切なものはどれですか。その記号を書きなさい。

　ア　両替商が経済力をもち，三井などの有力商人が大名への貸し付けを行った。
　イ　地租改正が行われ，土地所有者が現金で地租を納入した。
　ウ　各地で都市が発展し，土倉や酒屋が高利貸しを営んだ。
　エ　都の中に市が設けられ，各地から運ばれた庸や調などの産物が取り引きされた。

3　下線部③に関して，太郎さんたちの班では，当時，イエズス会の宣教師が日本を含むアジアでキリスト教の布教を行ったことに疑問をもちました。イエズス会の宣教師が日本を含むアジアでキリスト教の布教を行ったのはなぜだと考えられますか。その理由を，「プロテスタント」の語を用いて簡潔に書きなさい。

4　下線部④に関して，太郎さんたちの班では，明治時代に行われた近代化政策に興味をもち，調べました。次のア～エのうち，明治時代に行われた近代化政策はどれですか。二つ選び，その記号を書きなさい。

　ア　帝国議会の開設　　イ　教育基本法の制定
　ウ　財閥の解体　　　　エ　官営模範工場の設立

5　下線部⑤に関して，太郎さんたちの班では，「中東戦争が起こったことで，なぜ日本の経済は打撃を受けたのだろう。」という疑問をもち，その理由を調べました。次のグラフは，そのとき見付けたものです。太郎さんたちの班ではこのグラフを見て，日本の経済が打撃を受けたのは，高度経済成長期の日本の主な産業と関係があることに気付きました。中東戦争が起こったことで，日本の経済が打撃を受けたのはなぜだと考えられますか。その理由を，グラフを基に高度経済成長期の日本の主な産業を踏まえて，簡潔に書きなさい。

日本のエネルギー消費量（1973年度）

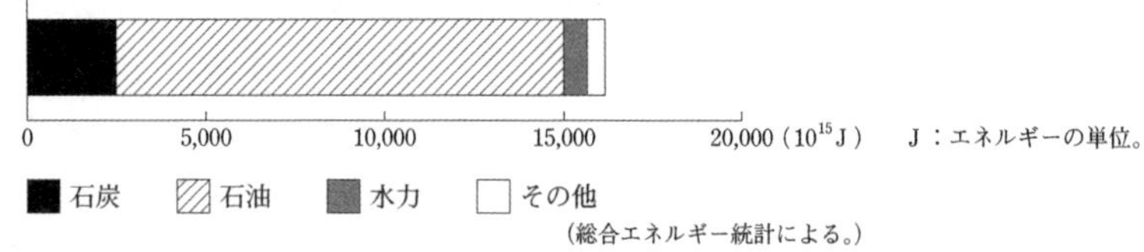

（総合エネルギー統計による。）

<table>
<tr><td rowspan="3">1</td><td>(1)</td><td></td><td>2</td><td></td><td>4</td><td></td></tr>
<tr><td rowspan="2">(2)</td><td>A</td><td colspan="5"></td></tr>
<tr><td>B</td><td colspan="5"></td></tr>
<tr><td>3</td><td colspan="6"></td></tr>
<tr><td>5</td><td colspan="6"></td></tr>
</table>

■令和２年度問題

2　ある学級の社会科の授業で，「税と政治とのかかわり」に注目して時代の特色を考える学習を行いました。このとき太郎さんたちの班では，各時代の納税と政治とのかかわりについて調べ，次のメモⅠ～Ⅴを作成しました。あとの１～５に答えなさい。

メモⅠ

> 飛鳥時代には，天皇を中心とした政治が目指され，大宝律令が定められた。人々は①口分田を利用した生活を営み，大宝律令に規定された租・調・庸という税や②防人などの兵役の義務が課された。

メモⅡ

> 鎌倉時代や室町時代には，国ごとに守護が，荘園や公領ごとに地頭が置かれ，守護は次第に守護大名として一国を支配するようになった，③惣と呼ばれる自治組織が作られ，団結した農民が守護大名や荘園領主と交渉して年貢を下げさせることがあった。

メモⅢ

> 江戸時代には，幕府と藩が全国を支配するようになった。幕府と藩は，農民の納める年貢米を主な財源としていたが，米の値段が安くなったことなどにより，財政難に直面した。18世紀には商工業者は，④株仲間という同業者組合を作った。

メモⅣ

> 明治時代には，大日本帝国憲法で天皇は国の元首とされ，衆議院と貴族院で構成される帝国議会が開かれることとなり，⑤国民の選挙により衆議院議員が初めて選ばれた。人々は地租改正により地価の３％の地租を現金で納め，この地租が政府の歳入の多くを占めるようになった。

メモⅤ

> 第二次世界大戦後には，国民主権を柱の一つとする日本国憲法が公布され，天皇は日本国と日本国民統合の象徴となった。治安維持法が廃止され，国民には政治活動の自由が認められ，選挙権が満20歳以上の男女に与えられた。また，⑥現在の税金の基本となる法律が整えられた。

1　次の（1）・（2）に答えなさい。

（1）下線部①について，次のア～エのうち，古代の土地と税との関係について述べた文として最も適切なものはどれですか。その記号を書きなさい。

ア　地主の土地が小作人に安く売り渡され，自分の土地で税を納められる者が増加した。
イ　自分が耕作する土地の価値や面積，税額などを記した地券を所持していた。
ウ　人々は国から農地を与えられ，そこからの収穫物で税を納め，死後は国に返した。
エ　自分の土地を持つ本百姓から村役人が選ばれ，年貢の納入に責任を負った。

（2）下線部②に関して、太郎さんは、防人が九州に置かれた理由について、次の資料を基に、下のようにまとめました。太郎さんのまとめはどのようなものだと考えられますか。太郎さんのまとめの中の［　　　］に当てはまるように，適切な内容を書きなさい。

資料
7世紀半ばの朝鮮半島でのできごと
・660年：唐と新羅が連合して百済を滅ぼした。
・663年：日本は，親交のあった百済の復興を助けるために大軍を送ったが，敗れた。

太郎さんのまとめ
資料のできごとの後の日本では，［　　　］ことが予想されたため，防人が九州に置かれた。

2　下線部③に関して，自治の広まりを背景に，複数の村が共通の目的のために団結し，武装した農民が，酒屋や土倉を襲い，借金の帳消しなどを求めました，このような動きを何といいますか。その名称を書きなさい。

3　下線部④について，花子さんは，株仲間について調べ，株仲間は幕府と商工業者のそれぞれの立場にとって利点があることが分かり，次の表Ⅰを作成しました。株仲間による利点はそれぞれどのようなものだと考えられますか。表Ⅰ中の［A］と［B］に当てはまるように，適切な内容をそれぞれ書きなさい。

表Ⅰ

幕府の立場	商工業者の立場
商工業者が株仲間を作ることを認めることにより，［A］ことができ，収入を増やすことができる。	株仲間を作ることを幕府に認められることにより，［B］ことができ，利益を増やすことができる。

1	(1)	
	(2)	
2		
3	A	
	B	

4　下線部⑤に関して，次郎さんは，広島県で実施された第15回と第16回の衆議院議員総選挙について調べ，次の表Ⅱを作成しました。広島県で実施された第15回と第16回の衆議院議員総選挙の議員一人当たりの有権者の数が表Ⅱのように変化したのは，この二つの選挙の間で選挙権が与えられる資格に変更があったからです。それは，どのような変更ですか。第15回と第16回のそれぞれの衆議院議員総選挙において選挙権が与えられた資格の違いに触れて，簡潔に書きなさい。

表Ⅱ

	実施年（年）	人口（人）	議員一人当たりの有権者（人）	議員（人）
第15回	1924（大正13）	1,584,100	7,760	14
第16回	1928（昭和３）	1,665,600	27,227	13

（日本帝国統計年鑑による。）

5　下線部⑥に関して，太郎さんたちの班では，自分たちの生活に身近な消費税について調べ，消費税は1989年（平成元年）に新たな税として日本に導入されたことが分かりました。太郎さんたちの班では，「消費税が導入されたのはなぜだろう。」という疑問をもち，その理由を調べました。次のグラフⅠ・Ⅱはそのとき見付けたものです。消費税が導入されたのはなぜだと考えられますか。その理由を，グラフⅠ・Ⅱを基に簡潔に書きなさい。

グラフⅠ

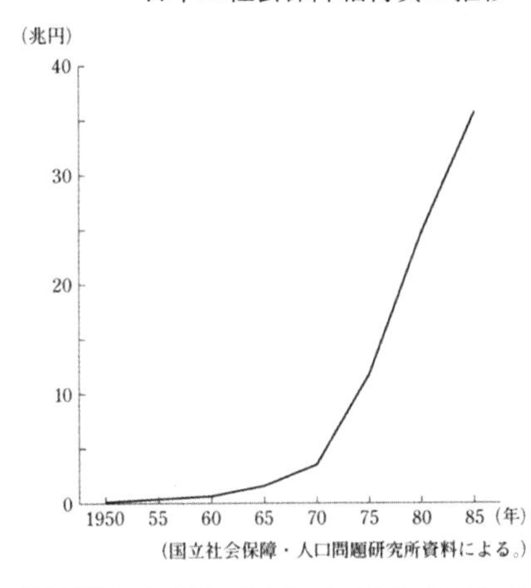

（国立社会保障・人口問題研究所資料による。）

グラフⅡ

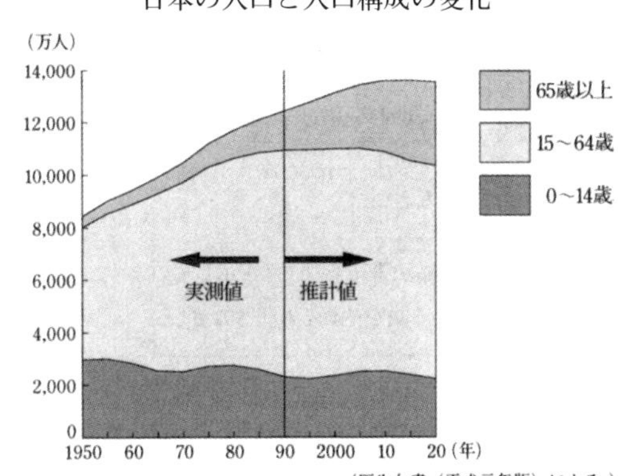

（厚生白書（平成元年版）による。）

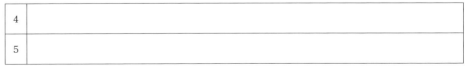

4	
5	

公民

■平成24年度問題

3 次の図を見て，あとの１～６に答えなさい。

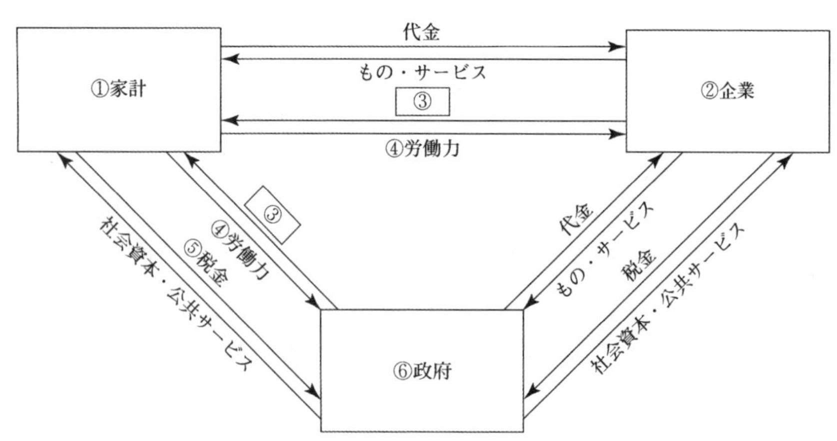

1　図中の①に関して，私たちは，さまざまなものやサービスにお金を使っています。次の（ア）～（オ）のうち，サービスにあたるものをすべて選び，その記号を書きなさい。

（ア）パソコン　（イ）掃除機　（ウ）クリーニング　（エ）コンサート　（オ）鉛筆

2　図中の②に関して，製品の欠陥によって消費者が被害を受けた場合，企業は消費者に賠償しなければならないという法律が定められています。この法律を何といいますか。次のア～エのうちから選び，その記号を書きなさい。

ア　独占禁止法　イ　情報公開法　ウ　製造物責任法　エ　消費者契約法

3　図中の［③］には，家計が労働力とひきかえに企業や政府から受けとるものがあてはまります。次のア～エのうち，［③］にあてはまるものはどれですか。その記号を書きなさい。

ア　賃金　イ　配当　ウ　資金　エ　利子

4　次の文は，図中の④に関する日本国憲法第27条の第１項です。文中の［a］と［b］にあてはまる語をそれぞれ書きなさい。

すべて国民は，勤労の［a］を有し，［b］を負ふ。

5　図中の⑤に関して，家計が政府に支払う税金の一つに所得税があり，この税には累進課税の制度がとられています。右のア，イの表のうち，税額が累進課税の制度にもとづいていると考えられるものはどちらですか。その記号を書きなさい。また，その記号が答えとなる理由を，簡潔に書きなさい。

ア

所得（万円）	税額（万円）
400	40
800	80
1200	120

イ

所得（万円）	税額（万円）
400	40
800	120
1200	240

1		2		3		4	a		b	
5	記号		理由							

6　図中の⑥に関して，政府は税金を財源として，社会資本や公共サービスを家計や企業に提供しています。次のグラフⅠは日本の国債残高の変化を示し，グラフⅡは日本の歳出総額と税収および国債発行額の推移を示しています。グラフⅠが示すように，日本の国債残高が増加してきたのはなぜだと考えられますか。その理由を，グラフⅡをもとに，簡潔に書きなさい。

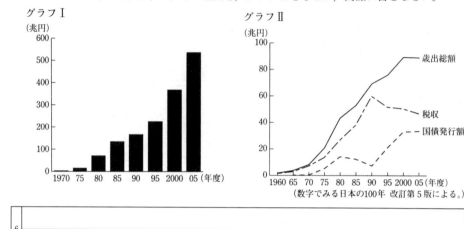

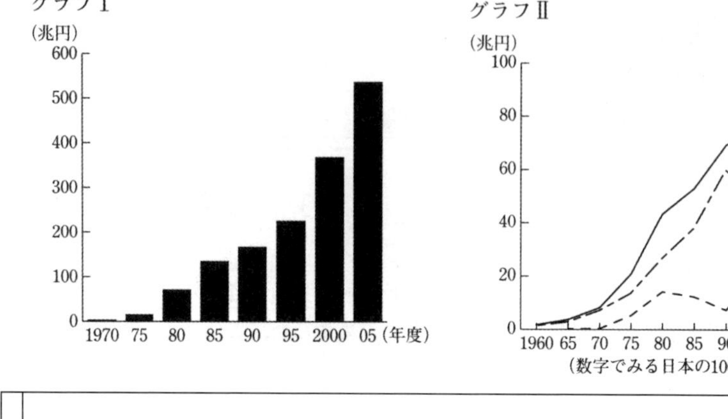

（数字でみる日本の100年 改訂第５版による。）

6	

■平成25年度問題

3 次の１・２に答えなさい。

1　次の図を見て，あとの（1）～（4）に答えなさい。

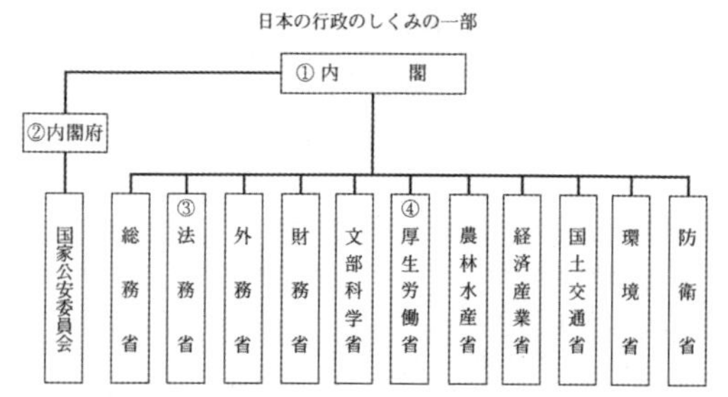

（1）図中の①では，内閣総理大臣とすべての国務大臣が出席して，行政の運営を決定する会議が行われます。この会議を何といいますか。その名称を書きなさい。

（2）図中の②には，市場における公正で自由な競争を維持するために，独占禁止法にもとづいて企業の活動を監視する機関がおかれています。この機関を何といいますか。その名称を書きなさい。

（3）図中の③に関して，次の文は，司法制度の改革の一環として導入された裁判員制度について述べたものです。文中の［a］と［b］にあてはまる語句はそれぞれ何ですか。下のア～エの組み合わせのうちから選び，その記号を書きなさい。

裁判員制度は，国内の有権者の中からくじで選ばれた６人の裁判員が，[a]に関する刑事裁判の第一審に参加し，３人の裁判官といっしょに[b]を決める制度です。

ア　a　殺人などの重大な犯罪
　　b　被告人の有罪・無罪

イ　a　罰金以下の刑罰にあたる犯罪
　　b　被告人の有罪・無罪

ウ　a　殺人などの重大な犯罪
　　b　被告人の有罪・無罪と有罪の場合の刑罰

エ　a　罰金以下の刑罰にあたる犯罪
　　b　被告人の有罪・無罪と有罪の場合の刑罰

（4）図中の④に関して，次のグラフⅠは日本の社会保障給付費と社会保険料収入の推移を示し，グラフⅡは日本の年齢別人口の推移を示しています。グラフⅠが示すように，1995 年度（平成７年度）から 2005 年度にかけて，社会保障給付費と社会保険料収入との差が増大しているのはなぜだと考えられますか。その理由を，グラフⅡをもとに，簡潔に書きなさい。

グラフⅠ

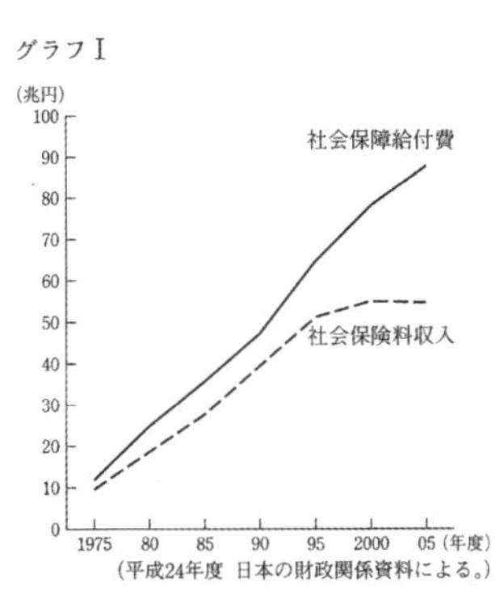

（平成24年度 日本の財政関係資料による。）

グラフⅡ

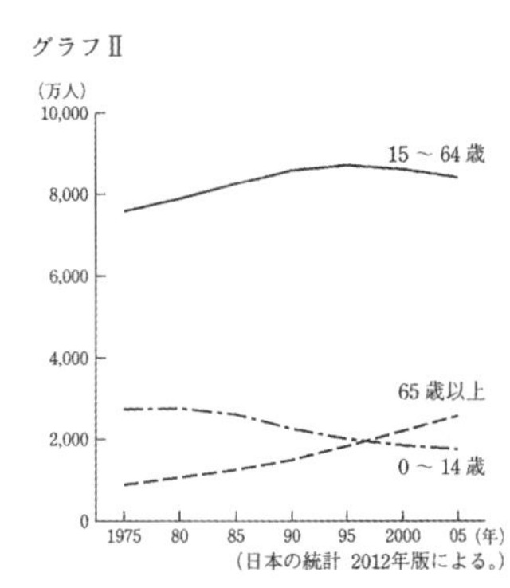

（日本の統計 2012年版による。）

2　国際社会の諸課題に関して，次の（1）・（2）に答えなさい。

（1）経済問題などを解決するために，特定の地域における国家間の協力関係を強める組織がつくられています。次の（ア）～（エ）のうち，このような組織にあたるものはどれですか。その記号を書きなさい。

（ア）UNESCO　　（イ）NAFTA　　（ウ）WTO　　（エ）IMF

（2）右のグラフは，日本企業の海外における自動車の生産台数の推移を示しています。グラフ中のア～エは，アジア，ヨーロッパ，北アメリカ，中南アメリカのいずれかの地域における生産台数と一致します。ア～エのうち，アジアにあたるものはどれですか。その記号を書きなさい。

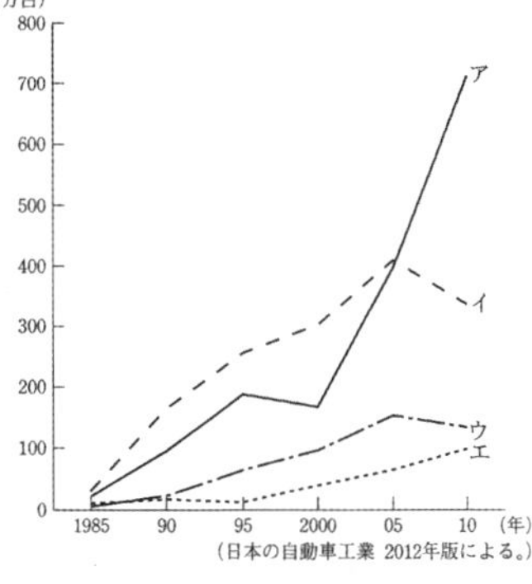

（日本の自動車工業 2012年版による。）

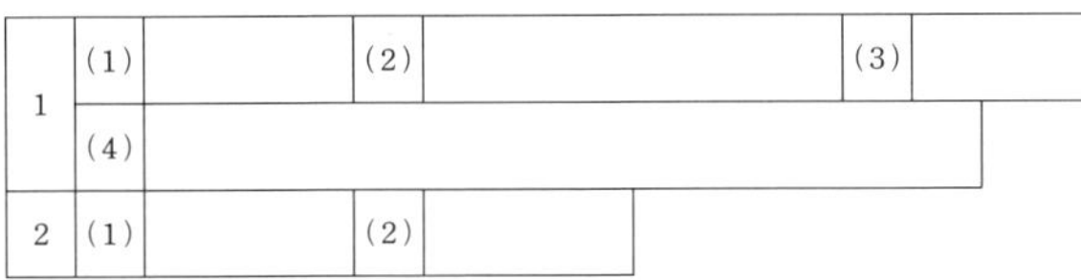

1	(1)		(2)		(3)	
	(4)					
2	(1)		(2)			

■平成26年度問題

3　次の１・２に答えなさい。

1　次の図を見て，下の（1）～（3）に答えなさい。

日本の議院内閣制のしくみの一部

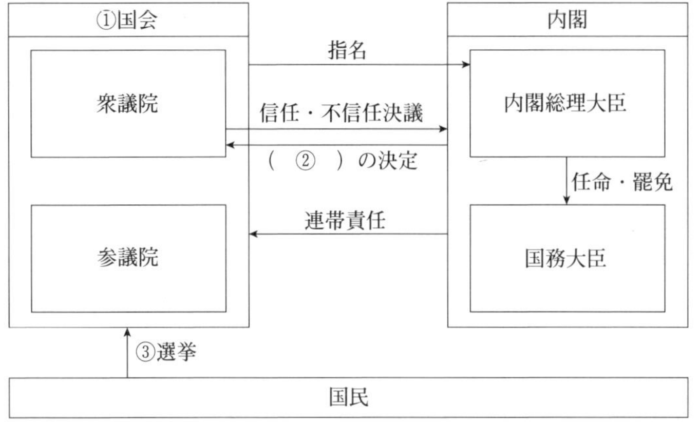

（1）図中の①に関して，次のア～エのうち，国会の仕事にあたるものはどれですか。その記号を書きなさい。

ア　法律の制定　　イ　違憲立法の審査　　ウ　条約の締結　　エ　条例の制定

（2）図中の（　②　）には，衆議院で内閣不信任の決議案が可決された場合，内閣が衆議院に対して行うことができる決定があてはまります。（　②　）にあてはまる語を書きなさい。

（3）図中の③に関して，次のア・イの図は，それぞれ衆議院議員総選挙の小選挙区制と比例代表制のどちらかの投票用紙の様式の一部を示しています。ア・イのうち，比例代表制の投票用紙を示しているのはどちらですか。その記号を書きなさい。また，その記号が答えとなる理由を，簡潔に書きなさい。

ア

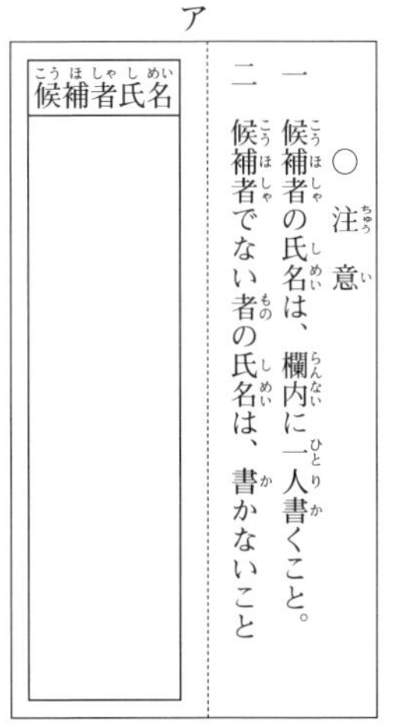

イ

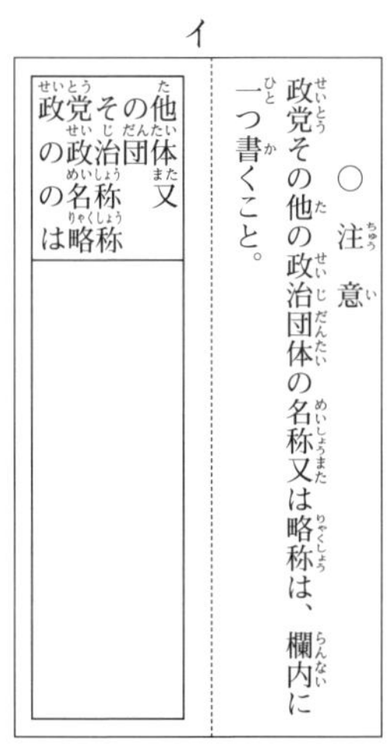

2　国民経済に関して，次の（1）～（3）に答えなさい。

（1）次のア～エのうち，感染症の予防や上下水道の整備などを行う社会保障制度はどれですか。その記号を書きなさい。

ア　公的扶助　　イ　社会福祉　　ウ　社会保険　　エ　公衆衛生

（2）次の文章は，為替相場について述べたものです。文章中の［ a ］と［ b ］にあてはまる語はそれぞれ何ですか。下のア～エの組み合わせのうちから最も適切なものを選び，その記号を書きなさい。

為替相場は，異なる通貨の交換比率のことであり，輸出品や輸入品の価格などに影響をあたえます。例えば，１ドル＝100円の交換比率が，１ドル＝110円になった場合には，日本ではアメリカから輸入した商品の価格が［ a ］，アメリカでは日本から輸出された商品の価格が［ b ］ことになると考えられます。

ア［a 上がり　b 上がる］　イ［a 上がり　b 下がる］　ウ［a 下がり　b 上がる］　エ［a 下がり　b 下がる］

（3）次の資料は新聞記事をもとに作成したものであり，グラフはある野菜の入荷量と価格の動きを示しています。資料中のＡ社が，工場での野菜の栽培に乗り出したのはなぜだと考えられますか。その理由を，グラフから入荷量と価格との関係を読み取り，読み取った内容と関連づけて，簡潔に書きなさい。

資料

外食産業を営むＡ社は自社の食材に使う野菜の栽培に乗り出す。神奈川県横須賀市の食材加工拠点に発光ダイオード（ＬＥＤ）を光源とする植物工場を設置，６月から生産を始める。年間を通して安定的に収穫できる利点を生かしサラダなどの加工品を開発する。

（平成24年6月1日付　日本経済新聞による。）

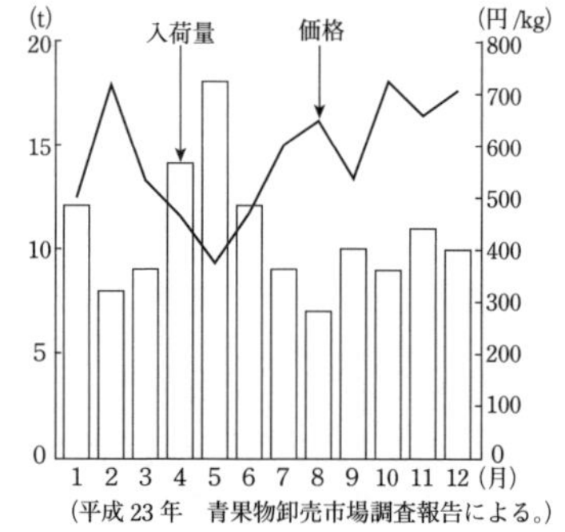

（平成23年　青果物卸売市場調査報告による。）

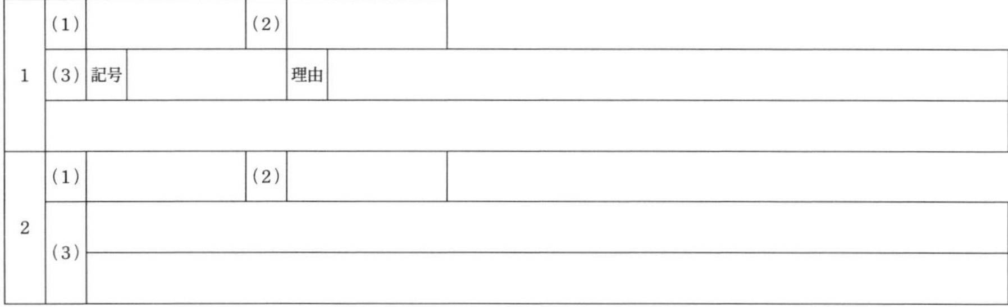

■平成27年度問題

3　右のグラフは，1940年（昭和15年）から2010年までの日本の人口の推移を――で，2011年から2040年までの日本の人口の将来推計を┅┅で示しています。このグラフにもとづいて，あるクラスの社会科の授業で，「人口の変化と日本の社会」というテーマについて，班に分かれてそれぞれ話し合いました。下のカードⅠとカードⅡは，Ａ班とＢ班が自分たちの主張とその根拠をそれぞれまとめたものです。これらを見て，あとの１～６に答えなさい。

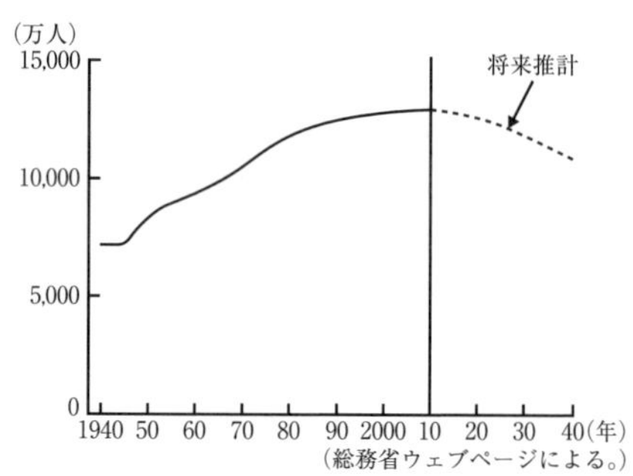

（総務省ウェブページによる。）

カードⅠ

Ａ班の主張
活力ある社会をつくるためには人口の減少を防ぐことが必要です。
根拠 ・労働者が減少すると，企業は生産の規模を縮小しなければなりません。 ・消費者が減少すると，①消費支出も減少するので，市場の規模も縮小します。 ・介護をする人が減少するなど，社会保障制度の維持が難しくなります。 ・過疎化が進むと，②地方公共団体の財政の維持が難しくなるので，住民に対してサービスを十分に提供できなくなります。

カードⅡ

Ｂ班の主張
活力ある社会をつくることは人口が減少してもできます。
根拠 ・③制度を充実させ，これまで就業しにくかった人々も働きやすくすることができます。 ・市場の規模に合わせて消費活動を行うなどの取り組みができます。 ・地域で支え合うしくみをつくるなど，社会保障制度を充実させる方法があります。 ・地方公共団体が地域の特色に合わせてさまざまな取り組みを行ったり，④住民が行政に働きかけやすくなったりします。

1　次のア～エは，それぞれ1950年（昭和25年），1980年，2010年と，将来推計である2040年の日本の人口ピラミッドのいずれかを示しています。ア～エのうち，2010年にあたるものはどれですか。その記号を書きなさい。

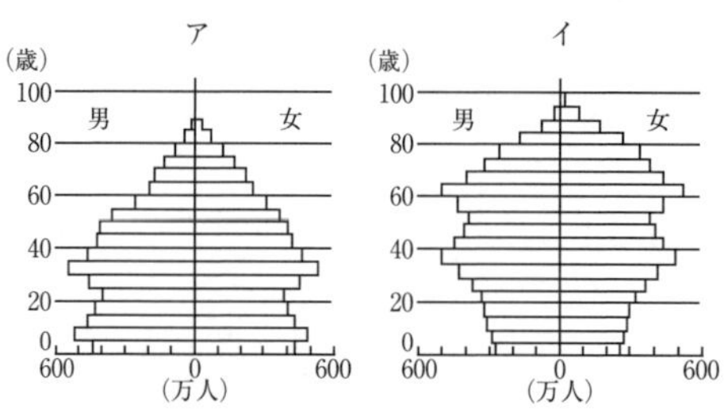

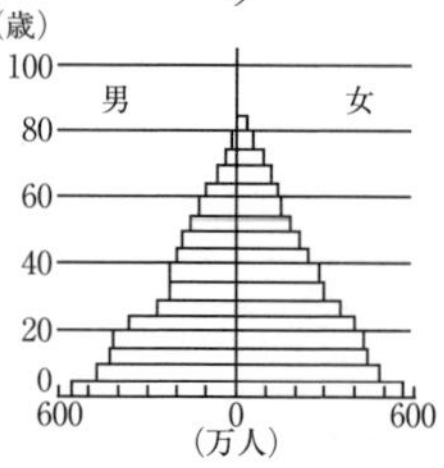

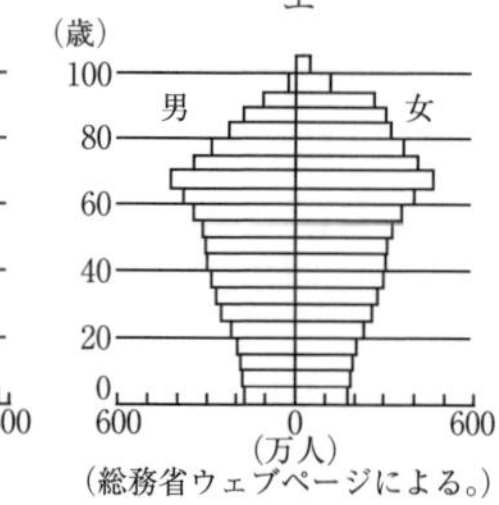

（総務省ウェブページによる。）

2　下線部①に関して，下の表中のａ～ｄは，1970 年（昭和 45 年）と 2010 年の勤労者世帯における消費支出のうち，教養娯楽費，住居費，食料費，保健医療費のいずれかを示しています。次のア～エのうち，ａにあたるものはどれですか。その記号を書きなさい。

ア　教養娯楽費　　イ　住居費　　ウ　食料費　　エ　保健医療費

勤労者世帯における消費支出の合計とその内訳
（１世帯当たり１か月平均）

年		1970	2010
合計（円）		82,582	318,315
項目（％）	a	32.2	21.9
	b	9.2	10.7
	c	5.3	6.5
	d	2.6	3.6
	その他	50.7	57.3

（数字でみる日本の 100 年　改訂第６版による。）

資料

（総務省ウェブページによる。）

3　下線部②に関して，右上の資料は，国が地方公共団体にお金を支出する目的について示しています。次のア～エのうち，資料に示されている目的を実現するために支出されるお金はどれですか。その記号を書きなさい。

ア　地方税　　イ　地方債　　ウ　国庫支出金　　エ　地方交付税交付金

4　下線部③に関して，次の資料は新聞記事をもとに作成したものであり，グラフは 2010 年（平成 22 年）の男女別の年齢階級別の就業人口の割合を示したものです。資料中の下線部について，この方針によって，女性が仕事を続けられるようになると考えられるのはなぜですか。その理由を，グラフをもとに，簡潔に書きなさい。

資料
厚生労働省は，放課後等に小学生を預かる学童保育施設の定員を 30 万人分拡大する方針だ。施設を整備して，女性が仕事を続けられるようにする。５年後を目標に，現在の定員枠を広げる。

（平成 26 年５月 21 日付　日本経済新聞による。）

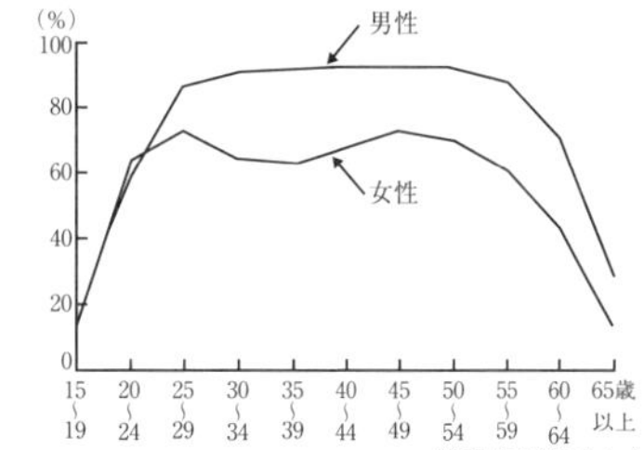

（労働力調査による。）

5　下線部④に関して，次のア～エのうち，条例の制定や議会の解散など，有権者の署名を提出することによって住民の意見を政治に反映させる権利として最も適切なものはどれですか。その記号を書きなさい。

ア　請願権　　イ　損害賠償請求権　　ウ　直接請求権　　エ　違憲立法審査権

6　Ａ班では，自分たちの主張を説明するための資料を探すことにしました。次のア～エのうち，Ａ班の主張を説明する資料として最も適切なものはどれですか。その記号を書きなさい。

ア　人口増加率の高い国では，一人あたりの国民総所得が低い傾向にあることを示す表
イ　人口増加率の低い国では，人口１万人あたりの医師数が多い傾向にあることを示す表
ウ　日本への外国人観光客数が増加傾向にあることを示すグラフ
エ　日本の総人口に占める生産年齢人口の割合が減少傾向にあることを示すグラフ

1		2		3		5		6	
4									

■平成28年度問題

3　あるクラスの社会科の授業で，現代社会をとらえる見方や考え方について学習しました。次の資料は，このときに使われたものの一部です。これを見て，あとの１～４に答えなさい。

資料　ある市に一社しかない①バス会社が，Ｘ地区から市の中心部までの区間を走るバス路線の廃止を検討しています。この路線は，100 円の収入を得るために現在 920 円の経費がかかっている「赤字路線」です。市はこれまで，このバス会社に補助金を支出し，この路線を維持してきましたが，今後もこの路線を維持するためには，補助金の支出が拡大する見込みであり，②市の財政はさらに厳しい状況になると考えられます。そこで，市は市民からこの路線を維持するかどうかについて意見を集めました。
次の意見Ⅰと意見Ⅱは，集まったものの一部です。

意見Ⅰ　市内には道幅が狭く，小学生などが通学するのに危険な道路が何か所もあります。市は一部の人しか利用していないバス路線を維持するために補助金の支出を増やすよりも，より多くの人が利用している道路の整備などに優先的にお金を支出してほしいです。

意見Ⅱ　私はＸ地区に住んでいます。私の孫は毎日高校までバスで通学しており，私も週に２回通院のためにバスを利用しています。もしも，バスがなくなったら大変不便になります。他の地区と同じようにバスが利用できるよう，補助金を増やしてでも，バス路線を存続してほしいです。

1　下線部①に関して，バスの路線の廃止や運賃の変更は，国や地方公共団体の認可などが必要です。それはなぜですか。その理由を，「生活」の語を用いて，簡潔に書きなさい。

2　下線部②に関して，次のグラフⅠとグラフⅡは，この市の平成 26 年度の歳入額と歳出額の内訳をそれぞれ示しています。あとの文章は，市の財政状況が厳しい理由についてこのクラスの生徒がグラフⅠ・Ⅱをもとに考えたことをまとめたものです。文章中の［　ａ　］と［　ｂ　］にあてはまる適切な語を，それぞれ書きなさい。

グラフⅠから，歳入の不足分を補うために［　ａ　］が発行されていることがわかり，グラフⅡから，これまで発行された［　ａ　］の返済などのために［　ｂ　］が支出されていることがわかる。［　ｂ　］よりも［　ａ　］の金額が大きいため，将来返済しなくてはならない金額が累積していく可能性があるので，財政状況が厳しいことがわかる。

グラフⅠ
平成26年度の歳入額（億円）

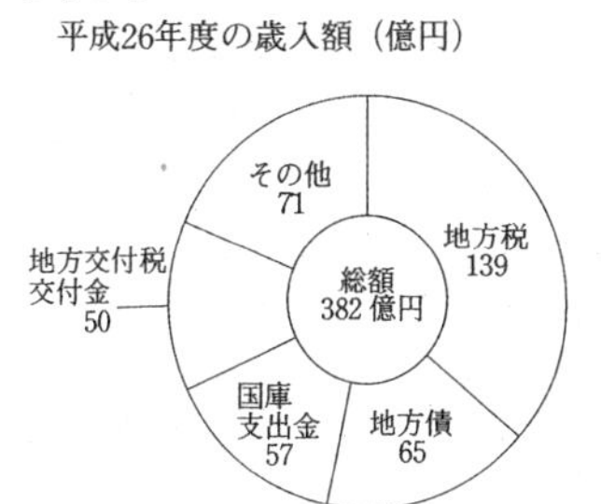

グラフⅡ
平成26年度の歳出額（億円）

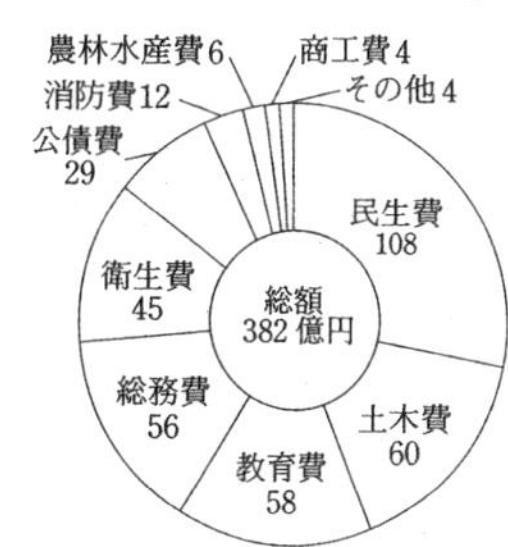

民生費：福祉関連の費用
総務費：公務員の給与，庁舎の維持管理などの費用

3　このクラスの太郎さんと次郎さんは，意見Ⅰと意見Ⅱについて効率と公正の視点で，それぞれの考えを次のようにまとめました。太郎さんは意見Ⅰについてまとめ，次郎さんは意見Ⅱについてまとめました。次郎さんのまとめはどのようなものだと考えられますか。次郎さんのまとめの中の［　　］に入る内容を，「……という主張は，……ということ」の形式で書きなさい。

太郎さんのまとめ
　意見Ⅰの中の，より多くの人が利用している道路の整備などに優先的にお金を支出してほしいという主張は，限りあるお金をできるだけ多くの人のために無駄なく使うということなので，効率の考え方だといえる。

次郎さんのまとめ
　意見Ⅱの中の，［　　］なので，公正の考え方だといえる。

1		2	a		b	
3						

4　このクラスでは，このバス路線の維持について考えることにしました。次の（1）・（2）に答えなさい。

（1）右のグラフは，Ｘ地区から市の中心部までのバス路線の年間利用者数の推移と市がバス会社に支出した補助金の推移をそれぞれ示しています。このクラスの生徒はグラフを見て，この路線の利用者数を増やすことが，路線を維持するために重要ではないかと考えました。その理由を，グラフをもとに簡潔に書きなさい。

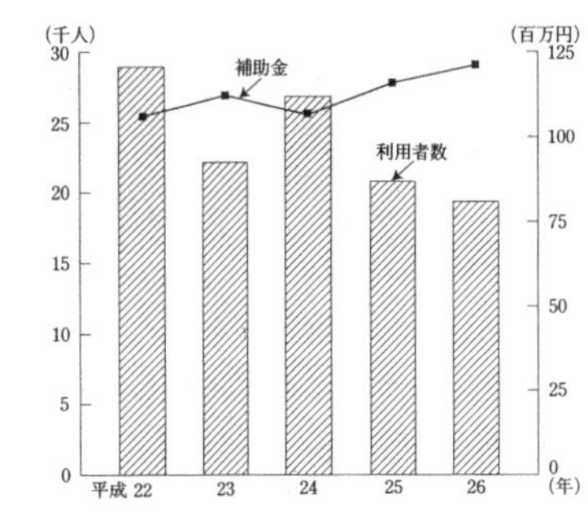

（2）このクラスの生徒は，Ｘ地区から市の中心部までのバス路線の利用者数を増やす方法を考えるために，この路線の周辺に住む人たちを対象として，次のようなアンケートを作成しました。アンケート中の［　　］に入る質問3の選択肢として，どのようなものが考えられますか。簡潔に書きなさい。

アンケート

　このアンケートは，Ｘ地区から市の中心部までのバス路線の利用者数を増やすことを目的としたものです。次の質問にお答えください。ご協力をよろしくお願いします。

　該当する番号に○を付けてください。

質問1　現在，どのくらいの割合でバスを利用していますか。(およその回数で結構です)
　① ほぼ毎日　② 週に２～３回　③ 週に１回　④ 月に２～３回
　⑤ 月に１回　⑥ 年に数回　⑦ 利用していない

※質問１で，①～④に○を付けられた方は質問２に，⑤～⑦に○を付けられた方は質問３にお答えください。

質問2　あなたがバスを利用する主な目的は何ですか。
　① 通勤　② 通学　③ 通院　④ 買い物　⑤ レジャー　⑥ その他

質問3　現在，バスをほとんど（まったく）利用していないのはなぜですか。(複数回答可)
　①［　　］　② 鉄道との乗り継ぎが不便だから
　③ バスを降りたあと，目的地までが遠いから　④ バス停の近くに駐輪場がないから
　⑤ 車両に段差があるから　⑥ 運賃が高いから
　⑦ 他の交通手段の方が便利だから
　⑧ その他　※下の（　）に，具体的な理由をお書きください。
　（　　　　　　　　）

　ご協力ありがとうございました。

4	(1)	
	(2)	

■平成29年度問題

3　2016年（平成28年）に第24回参議院議員選挙が実施されたあと，中学生の拓也さんは兄で大学生の直樹さんと新聞記事を見ながら話をしました。次の文章はそのときの会話の一部です。これを読んで，あとの１～４に答えなさい。

直樹さん：この新聞によると，今回の選挙の投票率は18歳と19歳を合わせて45.45％で全体よりも低かったんだね。全体の投票率は54.70％で，前回の①第23回参議院議員選挙よりは改善されたけれど，参議院議員選挙では，戦後４番目に低かったんだ。

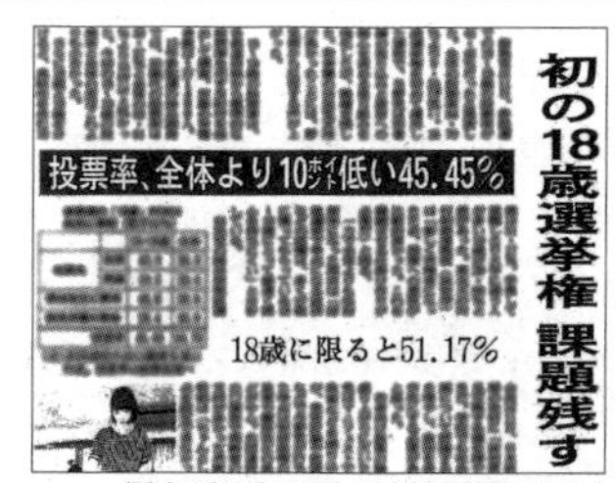

(平成28年7月12日付 日本経済新聞による。)

拓也さん：何だか残念だね。でも，選挙のたびに投票率が話題になるけれど，どうしてなの？

直樹さん：選挙権は，国民が政治に参加する大切な権利の一つだからね。投票率が高い方が，より多くの国民の意思が政治に反映されるといえるからじゃないかな。②選挙では有権者がどの問題を重視して投票するかによって，当選者が変わってくることもあるよ。

拓也さん：そうか。③有権者は，選挙を通して政治に参加しているんだね。

直樹さん：そうだね。ところで，今回の選挙では選挙権年齢の引き下げのほかに，もう一つの改革が行われたんだけれど，知っている？

拓也さん：選挙区に関することだったと思うけど，詳しくは分からないんだ。

直樹さん：ある問題を改善するために，④選挙区と議員定数の見直しが行われたんだよ。

1　下線部①について，この選挙が実施されたのは何年ですか。次のア～エのうちから選び，その記号を書きなさい。また，その記号が答えとなる理由を，「任期」の語を用いて簡潔に書きなさい。

ア　2012 年　　イ　2013 年　　ウ　2014 年　　エ　2015 年

2　下線部②に関して，次の表は，有権者が投票の際にどのような問題を考慮したのかを調査したアンケートの結果の一部を示しています。これを見て，下の（1）・（2）に答えなさい。

投票の際に考慮した問題とその問題を考慮した有権者の割合（%）

20 ～ 30 歳代		40 ～ 50 歳代		60 歳以上		有権者全体	
考慮した問題	割合	考慮した問題	割合	考慮した問題	割合	考慮した問題	割合
景気対策	57.1	景気対策	61.0	年金	65.2	景気対策	55.9
子育て・教育	42.2	医療・介護	44.1	医療・介護	61.9	年金	48.6
消費税	37.5	年金	42.0	景気対策	52.2	医療・介護	48.4
医療・介護	32.8	消費税	40.7	消費税	36.0	消費税	38.0
年金	30.9	子育て・教育	30.8	子育て・教育	20.4	子育て・教育	29.0

（公益財団法人　明るい選挙推進協会ウェブページによる。）

（1）拓也さんは，この調査を行った選挙における年代別の投票率を調べ，右のグラフを作成しました。次の会話は，表とグラフを見て拓也さんと直樹さんが話し合ったときのものです。会話の中で直樹さんは投票率の低い 20 ～ 30 歳代の意見が政治に反映されにくくなると考え，その理由を説明しました。直樹さんはどのように説明したと考えられますか。会話中の［　　］に当てはまるように，表をもとに書きなさい。

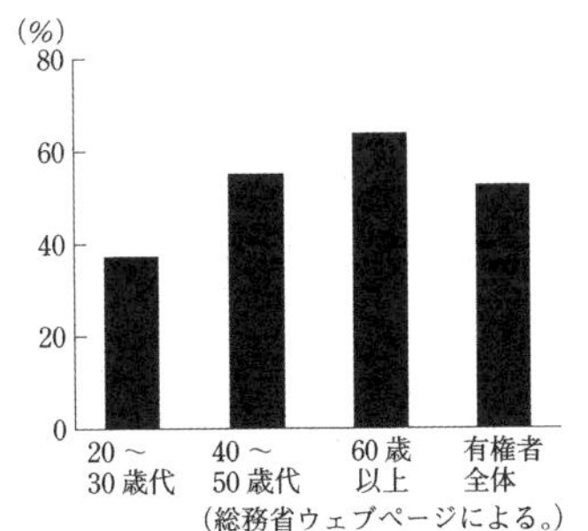

（総務省ウェブページによる。）

拓也さん：グラフから若い世代ほど投票率が低いことが分かるね。
直樹さん：そうだね。20 ～ 30 歳代の投票率が低いので，この年代の意見は政治に反映されにくくなるんじゃないかな。
拓也さん：どうして，そういえるの？
直樹さん：表を見ると，年代によって投票の際にどの問題をどの程度考慮したかに違いがあることが分かるよね。そのことから 20 ～ 30 歳代の意見が政治に反映されにくくなる理由を説明できると思うよ。
拓也さん：具体的に説明してみてよ。
直樹さん：［　　］ので，この年代の意見が政治に反映されにくくなると考えられるからだよ。

（2）拓也さんは，選挙の公約について調べ，有権者全体で考慮した割合の高い景気対策と消費税の問題を政党の多くが示していたことに気付きました。そこで拓也さんは消費税率の引き上げは景気に影響を与えることがあるのではないかと考え，その理由をあとのように説明しました。拓也さんはどのように説明したと考えられますか。拓也さんの説明の中の［　　］に当てはまるように，「家計」と「企業」の語を用いて書きなさい。

拓也さんの説明
　消費税率の引き上げは［　　］ことにつながるため，景気に影響を与えることがあるのではないか。

3　下線部③に関して，国民が政治に参加する権利の一つとして国民投票があります。次のア～エのうち，国民投票の対象となることがらはどれですか。その記号を書きなさい。

ア　憲法の改正　　　イ　内閣総理大臣の指名
ウ　衆議院の解散　　エ　最高裁判所長官の指名

4　下線部④に関して，第 24 回参議院議員選挙の前に公職選挙法が改正され，選挙区と議員定数の見直しが行われました。拓也さんは次の表をもとに，改正前と改正後の選挙区と議員定数について効率と公正の視点で直樹さんと話し合い，その結果を下のようにまとめました。拓也さんのまとめはどのようなものだと考えられますか。拓也さんのまとめの中の［　　］に当てはまるように，適切な語句を書きなさい。

	改正前		改正後	
	東京都選挙区	鳥取県選挙区	東京都選挙区	鳥取県・島根県選挙区
有権者数（人）	10, 839, 609	483, 416	11, 194, 225	1, 071, 873
改選議員定数（人）	5	1	6	1
有権者数／改選議員定数（人）	2, 167, 922	483, 416	1, 865, 704	1, 071, 873
選挙区の面積（km²）	2, 189	3, 507	2, 191	10, 215

（総務省ウェブページ，日本国勢図会　2014/15 年版・2016/17 年版による。）

拓也さんのまとめ
〔効率の視点から〕
　改正前と改正後を比較すると，改正前の方が効率的といえる。なぜなら，改正前の鳥取県選挙区の方が，改正後の鳥取県・島根県選挙区に比べて有権者数が少なく，選挙区の面積が狭いので，有権者に直接会って意見を訴えるなどの選挙運動が効率的にできるため。
〔公正の視点から〕
　改正前と改正後を比較すると，改正後の方が公正な状態といえる。なぜなら，改正後の東京都選挙区と鳥取県・島根県選挙区の方が，改正前の東京都選挙区と鳥取県選挙区に比べて［　　］ので，一票の格差の問題の改善につながるため。

1	記号		理由	
2	(1)			
	(2)			
3		4		

■平成30年度問題

3 あるクラスの社会科の授業で，班に分かれて企業の活動について調べることになりました。太郎さんたちの班では，コンビニエンスストアに興味をもち，主なサービスがいつごろ導入されたのかを中心に調べ，次の表Ⅰにまとめました。あとの１～４に答えなさい。

表Ⅰ

時期	コンビニエンスストアの状況と導入された主なサービス
1970 年代	・東京に日本で初めてコンビニエンスストアが開店する。 ・24 時間営業が始まる。
1980 年代	・電気料金などの公共料金の取り扱いが始まる。 ・宅配便の取り次ぎが始まる。
1990 年代	・コンサートなどのチケット発券が始まる。 ・地方公共団体と災害時の支援協定が結ばれるようになる。 ・銀行のＡＴＭ（現金自動預け払い機）の設置が始まる。
2000 年代	・①日本全国のコンビニエンスストアの年間販売額が百貨店の年間販売額を上回る。 ・②一部の医薬品の販売が始まる。
2010 年代	・日本全国のコンビニエンスストアの店舗数が５万店を超える。 ・住民票の写しなどの行政証明書の取り扱いが始まる。 ・③車両による移動販売が始まる。

1　下線部①に関して，太郎さんたちはコンビニエンスストアが販売額を伸ばす工夫について考えるために，コンビニエンスストアの特徴とそこで使われているＰＯＳシステムについて調べました。次の資料Ⅰ・Ⅱは太郎さんたちが調べた資料の一部です。下の（1）・（2）に答えなさい。

資料Ⅰ　コンビニエンスストアの特徴

・売場面積が $100m^2$ 程度で比較的狭い店舗が多く，１日の営業時間が 14 時間以上である。
・主に弁当や飲料などの食料品を販売している。
・本部と契約して加盟店になる形式の店舗が多く，商品は本部を通じて配送される。

資料Ⅱ　ＰＯＳシステムについて

販売時に商品のバーコードを読み取り，価格の計算をすると同時に，いつ，どこで，何がどれだけ売れたのかをデータとして把握するシステム。

（1）資料Ⅰ中の下線部について，このような形のある商品のことを，サービスに対して何といいますか。その名称を書きなさい。

（2）コンビニエンスストアでは，販売額を伸ばすために，ＰＯＳシステムを用いてどのような工夫を行っていると考えられますか。資料Ⅰ・Ⅱを基に簡潔に書きなさい。

2　下線部②について，花子さんが調べるとかつては薬局のみで販売されていた医薬品が，許認可権を見直す規制緩和の取り組みにより，コンビニエンスストアなどでも一定の条件付きで販売できるようになったことが分かりました。花子さんはこのことに関して効率の視点で考え，次のようにまとめました。花子さんのまとめはどのようなものだと考えられますか。花子さんのまとめの中の［　　　］に当てはまるように書きなさい。

> 花子さんのまとめ
> 　コンビニエンスストアなどで一部の医薬品が販売されると，［　　　］ため，消費者にとって効率的であるといえる。

3　下線部③について，次郎さんが調べると自分の住む県のＡ町でもコンビニエンスストアによる移動販売が 2012 年（平成 24 年）に始まったことが分かりました。次郎さんはその理由を「Ａ町で高齢化が進んでいるためではないか」と予想し高齢化と消費の関係について調べ，次のグラフⅠ・Ⅱ及び表Ⅱを見付けました。次郎さんはこれらの資料を使って，Ａ町でコンビニエンスストアによる移動販売が始まった理由を説明しました。次郎さんの説明はどのようなものだと考えられますか。グラフⅠ・Ⅱ及び表Ⅱを基に，簡潔に書きなさい。

グラフⅠ
A町の総人口と高齢化率の推移
(人) 15,000 / 12,000 / 9,000 / 6,000 / 3,000 / 0　(%) 46 / 44 / 42 / 40 / 38
総人口　高齢化率
平成16　20　24　28（年）

グラフⅡ
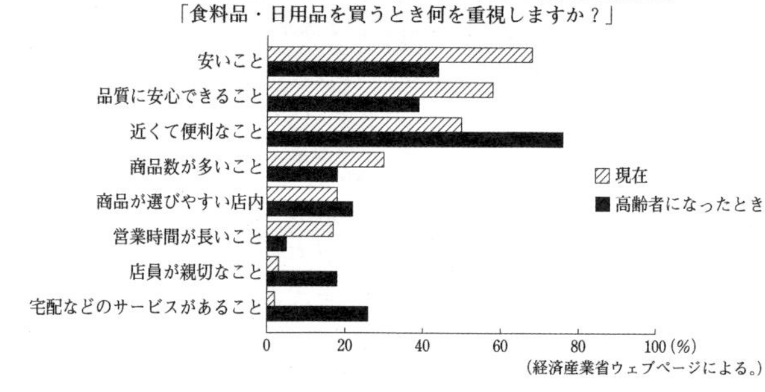

表Ⅱ　Ａ町の小売店の数の推移

年	数
平成 16 年	193
平成 20 年	185
平成 24 年	127
平成 28 年	115

1	(1)		(2)	
2				
3				

4　太郎さんは，コンビニエンスストアが売上げを伸ばすために行っている工夫について考えるために，資料を集めました。次の表Ⅲは太郎さんが資料を基に作成したものであり，コンビニエンスストアとスーパーマーケットにおける買い物１回当たりの平均購入金額を示しています。下の資料ⅢはAコンビニエンスストアで商品を購入したときの２枚のレシートです。太郎さんは，Aコンビニエンスストアが売上げを伸ばすために行っている工夫を，表Ⅲと資料Ⅲを関連付けてあとのようにまとめました。Aコンビニエンスストアでは，売上げを伸ばすためにどのような工夫を行っていると考えられますか。資料Ⅲの２枚のレシートからそれぞれ読み取ることができる内容を具体例として取り上げ，太郎さんのまとめの中の[　　　]に当てはまるように書きなさい。

表Ⅲ

	コンビニエンスストア	スーパーマーケット
買い物１回当たりの平均購入金額	606円	1,825円

(コンビニエンスストア統計調査月報，スーパーマーケット年次統計調査報告書による。)

太郎さんのまとめ

コンビニエンスストアは，買い物１回当たりの平均購入金額はスーパーマーケットの約３分の１と少ない。その一方で，Aコンビニエンスストアでは[　　　]ことによって売上げを伸ばそうとしている。

資料Ⅲ

Aコンビニエンスストア
a店
2017年11月1日（水）17:00
領　収　書
もみじ天然水　¥123
合計　¥123
（内消費税等　¥9）
お預り　¥150
お釣り　¥27
お買上明細は上記のとおりです。
商品価格には消費税等を含みます。

本のお取り寄せサービス
ご注文・お受け取りは店頭で
送料・手数料無料！

Aコンビニエンスストア
a店
2017年11月11日（土）11:00
領　収　書
のり弁当　¥430
お茶　¥135
合計　¥565
（内消費税等　¥41）
お預り　¥600
お釣り　¥35
お買上明細は上記のとおりです。
商品価格には消費税等を含みます。
--------<キリトリ線>--------
税込350円以上の弁当に使える
弁当50円引き券
ご利用期間
2017/11/7(火)～11/20(月)

4	

■平成31年度問題

3　ある学級の社会科の授業で，「国際連合と国際社会」というテーマで班に分かれて課題を設定し，追究する学習をしました。次の略年表は，この授業のはじめに先生が提示したものです。太郎さんたちの班では，「国際連合の活動は何を目的として行われているのだろう。」という課題を設定しました。あとの１～４に答えなさい。

年	国際連合に関わる主なできごと
1945（昭和20）	国際連合が設立される。
1946（昭和21）	①総会で国際連合の本部をアメリカに置くことが決定される。
1950（昭和25）	朝鮮戦争が始まり，②安全保障理事会の決議に基づき国連軍が派遣される。
1965（昭和40）	ユニセフ（国連児童基金，ＵＮＩＣＥＦ）がノーベル平和賞を受賞する。
1968（昭和43）	総会で核拡散防止条約が採択される。
1972（昭和47）	[　A　]で世界遺産条約が採択される。
1988（昭和63）	国連平和維持活動（ＰＫＯ）がノーベル平和賞を受賞する。
1992（平成４）	国連環境開発会議が開催される。
1996（平成８）	③国連食糧農業機関（ＦＡＯ）主催の世界食糧サミットが開催される。
2015（平成27）	国連サミットで持続可能な開発目標が採択される。

1　下線部①に関して，次の（1）・（2）に答えなさい。

（1）総会は，国際連合の中心的な審議機関です。次のア～エのうち，総会の仕組みとして適切なものを全て選び，その記号を書きなさい。

ア　全ての加盟国で構成される。

イ　常任理事国と非常任理事国で構成される。

ウ　一国が一票の投票権をもつ。

エ　一国でも反対すると決定できない。

（2）太郎さんたちが調べると，これまで総会では世界にとって重要な宣言や条約が採択されてきたことが分かりました。次の資料は，総会で採択されたある宣言の一部を示しています。この宣言の名称を書きなさい。

資料

第１条　すべての人間は，生まれながらにして自由であり，かつ，尊厳と権利とについて平等である。人間は，理性と良心とを授けられており，互いに同胞の精神をもって行動しなければならない。

2　下線部②に関して，花子さんは国際連合の中で強い権限をもつ安全保障理事会の活動の目的について調べ，次のようにまとめました。花子さんのまとめはどのようなものだと考えられますか。花子さんのまとめの中の［　　　］に当てはまるように，適切な内容を書きなさい。

> 花子さんのまとめ
> 　安全保障理事会は，侵略など平和を脅かす行動をとる国に対して経済制裁や軍事行動などの強制的な措置を決定し，その決定に従うよう加盟国に要求することができる。これは，［　　　］ことを目的としているためである。

3　略年表中の［　A　］には，国際連合のある専門機関が当てはまります。次郎さんが調べると，この専門機関は世界の貴重な文化財や自然を人類共通の遺産と位置付け，その保護を図る活動などを行っていることが分かりました。この専門機関の名称を書きなさい。

4　下線部③に関して，咲子さんは国際連合が行っている食料に関する支援に興味をもちました。咲子さんは南スーダンに対する食料に関する支援について調べ，次のメモを作成しました。メモに示された支援〔ア〕・〔イ〕は，どちらも食料不足への対応という点は同じですが，その目的には違いがあります。支援〔ア〕・〔イ〕の目的は，それぞれどのようなものだと考えられますか。メモを基に簡潔に書きなさい。

メモ

> 南スーダンに対する食料に関する支援
> 〔ア〕南スーダンでは，干ばつによる被害と国内で起こった紛争により，総人口の25％近くが飢餓状態に陥った。このため，国際連合では，南スーダンの各地に食料を輸送し，人々に配布した。
> 〔イ〕国際連合では，病気や乾燥に強く比較的少ない肥料で栽培が可能な稲の普及に努めており，非政府組織（ＮＧＯ）とも連携して，この稲の栽培に必要な知識や技術を南スーダンの稲作普及員に習得させる研修プログラムを実施している。

1	(1)		(2)	
2			3	
4	〔ア〕			
	〔イ〕			

3　ある学級の社会科の授業で，「裁判と国民とのかかわり」というテーマで班に分かれて学習しました。次の会話は，太郎さんたちの班が，裁判員制度に関する新聞記事の一部を見ながら話したときのものです。下の資料Ⅰは，この班が裁判員制度について調べた内容の一部です。あとの１～３に答えなさい。

「裁判員 有意義な経験」
制度10年 経験者ら意見交換

（2019年５月22日付　朝日新聞による。）

太郎さん：①<u>公平な裁判</u>を行うために日本では様々な制度が整えられているよね。
次郎さん：こんな新聞記事を見付けたよ。裁判員制度が導入されて10年が経過したんだって。この記事によると，福島地方裁判所で裁判員経験者と裁判官や弁護士らの意見交換会があって，この制度について「有意義な経験」と評価しているよ。
花子さん：どのような点が有意義だったんだろうね。
咲子さん：この制度を10年間行ってきて，課題はなかったのかな。
太郎さん：国民が参加する制度が導入されたこの裁判員制度について調べてみようよ。

> 資料Ⅰ
> 〔裁判員制度の内容〕
> ・くじで選ばれた20歳以上の国民が，地方裁判所で行われる特定の②<u>刑事裁判</u>に参加し，被告人が有罪か無罪か，有罪の場合はどのような刑にするのかを裁判官と一緒に決める制度である。
> 〔③<u>裁判員制度導入の意義</u>〕
> ・裁判の内容に国民の視点，感覚が反映され，司法に対する国民の理解が深まる。

1　下線部①に関して，次の（1）・（2）に答えなさい。

（1）次の資料Ⅱは，司法権の独立に関する日本国憲法第76条の一部を示しています。この資料Ⅱの中の［　a　］と［　b　］に当てはまる語をそれぞれ書なさい。

> 資料Ⅱ
> 　すべて裁判官は，その［　a　］に従ひ独立してその職権を行ひ，この憲法及び［　b　］にのみ拘束される。

（2）日本の裁判では，一つの事件について３回まで裁判を受けられる三審制がとられています。それはなぜですか。その理由を，簡潔に書きなさい。

1	(1)	a	
		b	
	(2)		

2　下線部②に関して．次のア～エのうち，日本国憲法に基づき保障されている被疑者・被告人の権利として適切なものを全て選び，その記号を書きなさい。

ア　どのような場合でも，裁判官の出す令状がなければ逮捕されない。

イ　どのような場合でも，自己に不利益な供述を強要されない。

ウ　どのような場合でも，拷問による自白は証拠とならない。

エ　どのような場合でも，弁護人を依頼することができる。

3　下線部③に関して次の（1）・（2）に答えなさい。

（1）花子さんは，最高裁判所のウェブページに掲載されている報告書を基に，裁判官裁判（裁判官のみで判決を決める裁判）と裁判員裁判のそれぞれの判決内容を調べ．次の表Ⅰ・Ⅱを作成しました。花子さんは，資料Ⅰと表Ⅰ・Ⅱを基に，裁判員制度の導入の成果を下のようにまとめました。花子さんのまとめの中の［　A　］と［　B　］に当てはまる語はそれぞれ何ですか。表Ⅰ・Ⅱを基に，あとのア～エの組み合わせのうちから最も適切なものを選び，その記号を書きなさい．また，花子さんのまとめの中の［　C　］には，どのような内容が当てはまると考えられますか。資料Ⅰを基に適切な内容を書きなさい。

表Ⅰ

執行猶予がつく割合

犯罪の種類	裁判官裁判（%）	裁判員裁判（%）
殺人既遂	5.0	8.2
殺人未遂	30.1	34.5
傷害致死	10.8	10.2
強盗致傷	8.2	12.8
放火既遂	24.7	31.8

執行猶予：刑罰が言い渡された者に対し，事情に応じて一定期間刑罰を執行せず，その期間罪を犯さず過ごせば実刑を科さないことにする制度。

表Ⅱ

実刑のうち最も多い人数の刑期

犯罪の種類	裁判官裁判	裁判員裁判
殺人既遂	11年より長く13年以下	11年より長く13年以下
殺人未遂	3年より長く5年以下	5年より長く7年以下
傷害致死	3年より長く5年以下	5年より長く7年以下
強盗致傷	3年より長く5年以下	5年より長く7年以下
放火既遂	3年より長く5年以下	3年より長く5年以下

（最高裁判所ウェブページによる。）

花子さんのまとめ

裁判員裁判は，裁判官裁判に比べて，執行猶予がつく割合は［　A　］傾向がみられ，実刑のうち最も多い人数の刑期は［　B　］傾向がみられる。これらのことから，裁判員裁判の方が軽重の双方向で判断の幅が広くなっていることがうかがえる。このことは，国民が判決を裁判官と一緒に決めることで［　C　］ことによる結果であると考えられ，裁判員制度を導入した成果であるといえる。

ア［A　高くなる／B　短くなる］　イ［A　高くなる／B　長くなる］　ウ［A　低くなる／B　短くなる］　エ［A　低くなる／B　長くなる］

（2）咲子さんは，裁判員制度に対する国民の意識について調べ，次のグラフⅠを見付けました。咲子さんはグラフⅠを基に，裁判員候補者の辞退率の上昇傾向が続いていることが裁判員制度の課題の一つであると考えました。この課題を解決するためにさらに調べ，グラフⅡ・Ⅲを見付けました。グラフⅡ・Ⅲは，裁判員を経験した人に，裁判員に選ばれる前の気持ちと裁判員として裁判に参加した感想を聞いた結果をそれぞれまとめたものです。咲子さんはグラフⅡ・Ⅲを踏まえて，この課題を解決するための提案をすることにしました。あなたならどのような提案をしますか。条件1・2に従って書きなさい。

条件1　グラフⅡ・Ⅲを踏まえて書くこと。

条件2　この課題を解決するために実施する具体的な方法を挙げて書くこと。

グラフⅠ
裁判員候補者の辞退率の推移

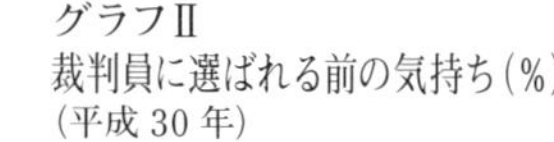

グラフⅡ
裁判員に選ばれる前の気持ち（%）
（平成30年）

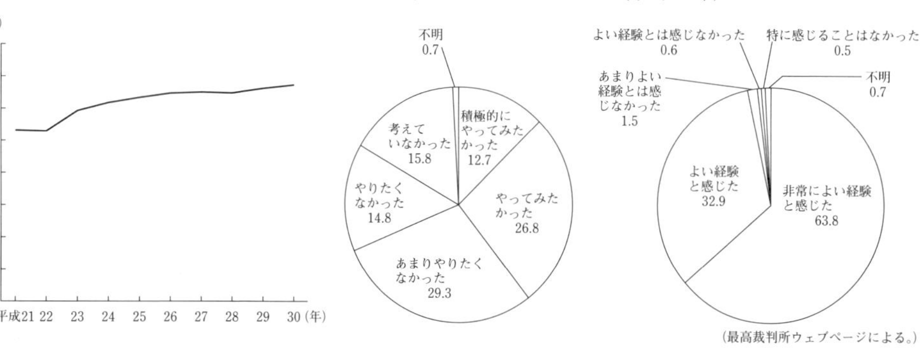

（最高裁判所ウェブページによる。）

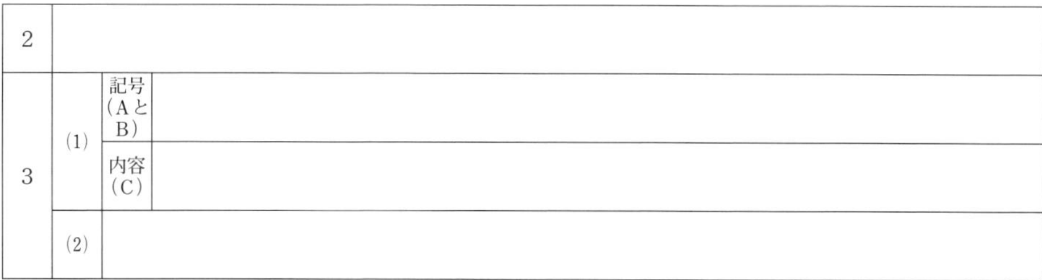

2			
3	(1)	記号（AとB）	
		内容（C）	
	(2)		

複合問題

■平成29年度問題

4 ある中学校の社会科の授業で，「日本の自然災害と私たちの生活」というテーマで班ごとにレポートを作成することになりました。次の表は，ある班がレポートを作成するために2011年（平成23年）から5年間に日本で起きた主な自然災害について調べ，まとめたものです。また，下の会話は表を見てこの班で話し合ったときのものです。これを読んで，あとの1～3に答えなさい。

年	自然災害の原因	主な被災地
平成23	東北地方太平洋沖地震 台風第12号 大雪等	東北地方，関東地方 関東地方，東海地方，近畿地方，中国地方，四国地方 北海道地方，東北地方，北陸地方
平成24	7月の大雨 大雪等	九州地方 北海道地方，東北地方，北陸地方
平成25	台風第26号及び第27号 大雪等	東日本から西日本にかけての太平洋側 東北地方，関東地方，新潟県，長野県，山梨県
平成26	8月の豪雨 御嶽山（おんたけさん）噴火 大雪等	広島県 長野県，岐阜県 北海道地方，東北地方，北陸地方，四国地方
平成27	9月の豪雨	東北地方，関東地方

（平成28年版　防災白書による。）

> 花子さん：自然災害は日本各地で起きているのね。本当に他人事じゃないわね。
> 咲子さん：そうね。①平成23年に起きた東北地方太平洋沖地震による東日本大震災など，とても大きな被害をもたらすこともあるから，私たちは，自然災害を防ぐことについて考える必要があるわね。
> 太郎さん：防災について考える場合，地域ごとに起こりやすい自然災害は違うから，地域の特徴を知ることが大切なんじゃないかな。②気候や地形などの特徴と自然災害の関係を知っておくことが，どう行動すればよいかにつながると思うんだ。
> 次郎さん：地域の特徴を知ることは大切だね。そのことによって，自然災害を防止したり，小さくしたりすることはできるんじゃないかな。
> 花子さん：そうね。③自然災害に備える工夫はそれぞれの地域で昔から行われてきたわね。

1　下線部①に関して，この班では，東日本大震災の復興支援について調べ，あとのグラフを見付け，グラフをもとに復興支援の様子について話し合いました。あとの会話はそのときのものです。会話中とグラフ中の［A］と［B］にはそれぞれ同じ語が当てはまります。［A］・［B］に当てはまる語は，それぞれ何ですか。その語を書きなさい。

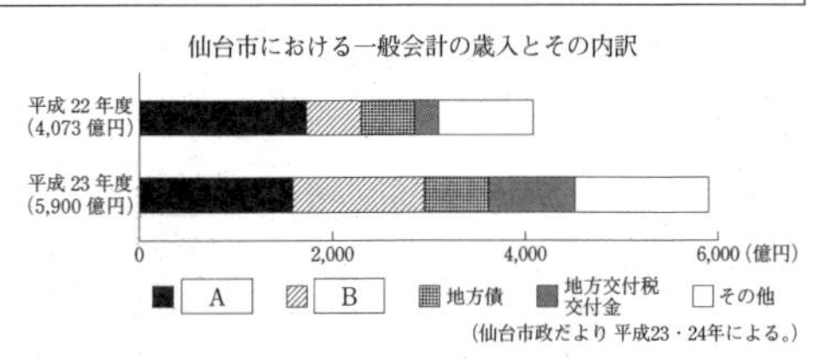

（仙台市政だより 平成23・24年による。）

> 花子さん：グラフを見ると，平成23年度は平成22年度に比べて，［A］が減っているわね。
> 太郎さん：そうだね。自主財源である［A］が減っているのは震災による被害で個人や企業の収入が減ったためと考えられるね。
> 咲子さん：その一方で，国からの［B］や地方交付税交付金は増えているわね。
> 次郎さん：［B］や地方交付税交付金が増えたのは，被害を受けた道路や橋などの公共施設の復旧や復興公営住宅の整備など被災地の復興を進めるためと考えられるね。

2　下線部②に関して，この班では，自然災害が起こりやすい地形の特徴を調べるために，ハザードマップで洪水の被害が想定されている地域を，地形図で確認しました。右の地形図はそのときに使ったものの一部です。地形図中の地点Ⓧは，洪水の被害が想定されている地域の中にあります。地点Ⓧで洪水の被害が想定されているのはなぜだと考えられますか。その理由を，地形図をもとに簡潔に書きなさい。

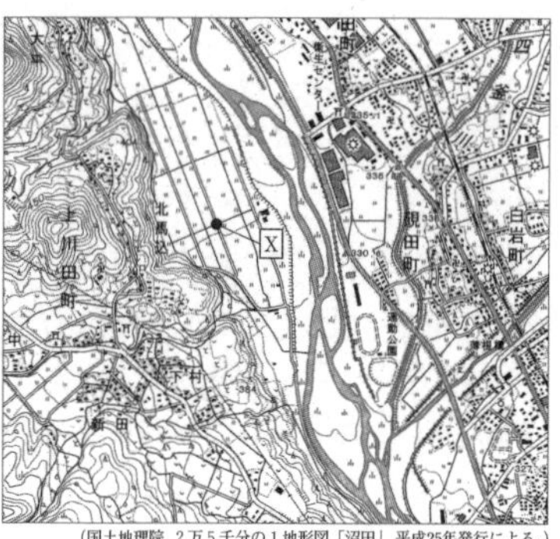
（国土地理院　2万5千分の1地形図「沼田」平成25年発行による。）

3　下線部③に関して，次の（1）・（2）に答えなさい。

（1）この班では，自然災害に備える工夫について調べ，右の写真のように岐阜県の伝統的な住居では大雪による被害から住居を守る工夫をしていることが分かりました。この住居では大雪によるどのような被害から住居を守るために，どのような工夫をしていると考えられますか。写真をもとに具体的に書きなさい。

（2）この班では，江戸時代の自然災害について調べ，次のカードⅠとカードⅡにまとめました。カードⅠは江戸時代に岡山藩で洪水が起こるようになった背景を，カードⅡは岡山藩の学者が説いた洪水防止の考え方をそれぞれまとめたものです。江戸時代の岡山藩は，カードⅠに示された焼き物や塩の生産と洪水の防止とを両立させるために，ある取り組みを行いました。岡山藩が行った取り組みは，どのようなものだと考えられますか。カードⅠ・Ⅱをもとに簡潔に書きなさい。

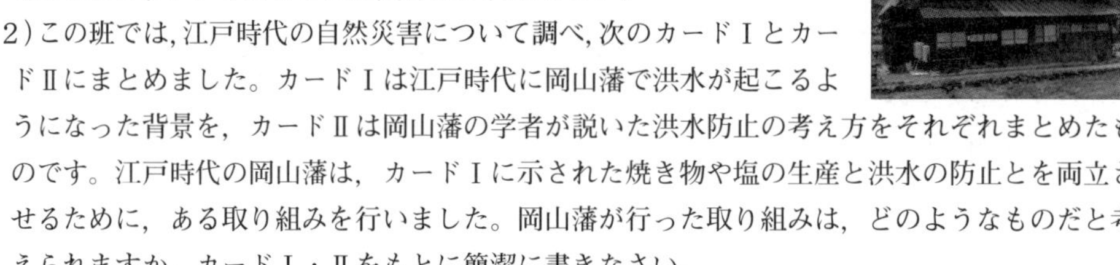
カードⅠ　江戸時代には，諸藩では収入を増やすために産業を奨励し，陶磁器などの焼き物や塩の生産などの産業が発達した。焼き物や塩の生産には，大量の薪や炭が必要であり，各地で山林の乱伐が進んだ。岡山藩でも焼き物や塩の生産などの産業奨励政策にともなって山林の伐採が進み，その結果荒廃した山林を流れる川の下流で洪水が起こるようになった。

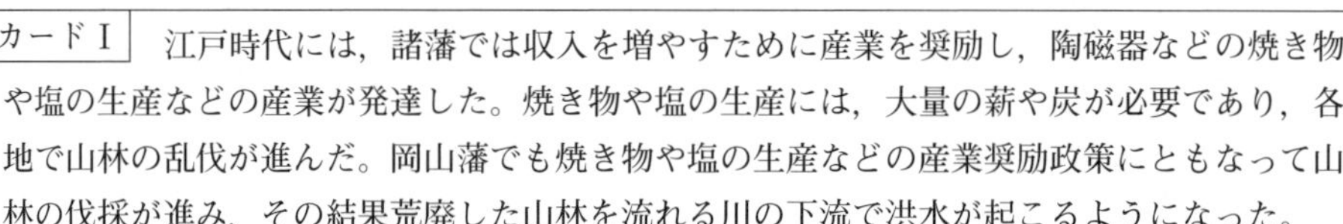
カードⅡ　江戸時代に岡山藩の学者熊沢蕃山（ばんざん）は，「草や木が豊富な山は，土砂を川に流出させず大雨が降っても水を吸収し，吸収された水が十日も二十日もかけて川に流れ出るので，洪水の心配が少ない。」と説いた。

1	A		B	
2				
3	(1)			
	(2)			

■平成30年度問題

4 ある中学校で社会科の学習のまとめとして「地域と地域のつながり」をテーマにして，生徒それぞれが課題を設定して追究する学習をしました。右の資料Ⅰはこの学習のはじめに先生が提示した，課題を設定する際の視点です。あとの１～４に答えなさい。

資料Ⅰ

○地域と地域のつながりを考える視点
- A　地理的なつながり
- B　歴史的なつながり
- C　政治的なつながり

１　太郎さんは，資料Ⅰ中のAの視点から，右の地図Ⅰ中の北山村が和歌山県に属している理由について調べ，次のようにまとめました。太郎さんのまとめの中の下線部について，花子さんは「木材を港まで運ぶのに，距離的に近い熊野市ではなく，なぜ遠い新宮市まで運んだの？」と質問しました。太郎さんはその質問に対して，北山村と新宮市を結び付けた自然条件にふれて説明しました。太郎さんの説明はどのようなものだと考えられますか。簡潔に書きなさい。

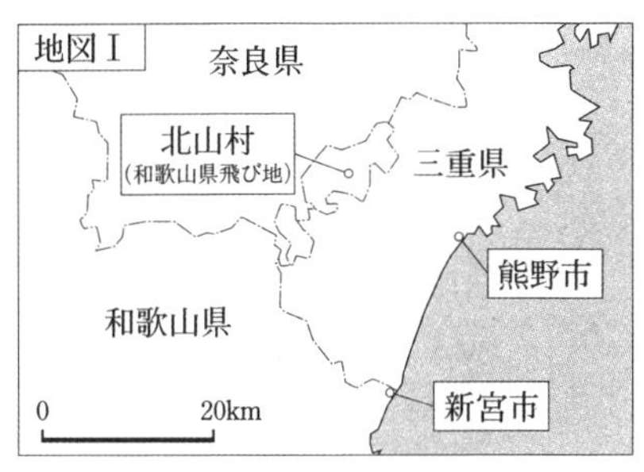

太郎さんのまとめ
- 北山村は林業が盛んで，江戸時代から昭和時代まで，伐採した大量の木材を新宮市まで運び，販売していた。木材は，新宮市の港から大阪まで運ばれた。
- 明治時代に，新宮市と同じ和歌山県に属することを望む住民の意見も取り入れて，北山村を和歌山県とすることが決定された。

２　花子さんと咲子さんは，資料Ⅰ中のAの視点から，道路の整備による地域と地域のつながりについて調べ，次の地図Ⅱを見付けました。地図Ⅱ中のXとYは，本州と四国を結ぶ二つのルートを示しています。あとの（1）・（2）に答えなさい。

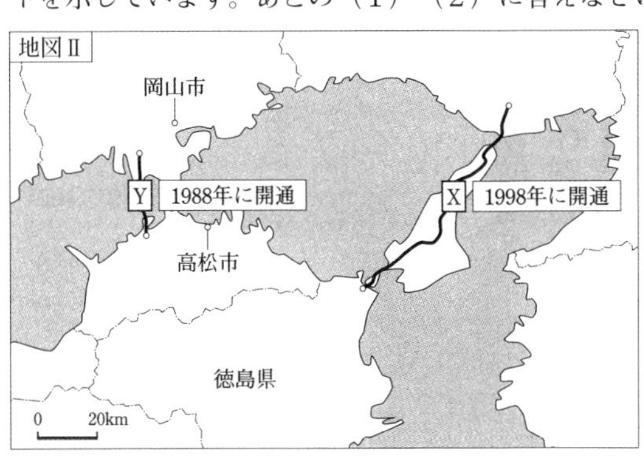

グラフⅠ

徳島県産の地鶏の出荷量の推移

(百t)

（農林水産省資料による。）

（1）花子さんは，地図Ⅱ中のXルートの開通による徳島県への経済的な影響に興味をもち，徳島県で生産が盛んな地鶏について調べ，考えたことを次のようにまとめました。右のグラフⅠはそのときに使ったものです。咲子さんは，花子さんのまとめの中の下線部の結論を説明するには，グラフⅠだけでは不十分だと判断しました。咲子さんがそのように判断したのはなぜだと考えられますか。その理由を，簡潔に書きなさい。

花子さんのまとめ

グラフⅠのように，徳島県産の地鶏の出荷量が2000年以降で大きく増えているのは，地図Ⅱ中のXルートが1998年に開通して，地鶏を本州に出荷しやすくなった影響が，2000年以降あらわれてきたためと考えられる。

（2）花子さんは，地図Ⅱ中のYルートの開通による岡山県と香川県の間の通勤・通学者数の変化について調べ，次のグラフⅡと資料Ⅱを見付けました。花子さんはグラフⅡ中の1985年以前と1990年以降の１日当たりの通勤・通学者数の変化を読み取り，Yルートの開通後，岡山県と香川県の間で１日当たりの通勤･通学者が増えている理由を，資料Ⅱを基に説明しました。花子さんの説明はどのようなものだと考えられますか。資料Ⅱを基に，Yルートの開通による交通手段の変化にふれて，簡潔に書きなさい。

グラフⅡ

岡山県と香川県の間の１日当たりの通勤・通学者数の推移

(人)　香川県から岡山県へ　岡山県から香川県へ

（国勢調査による。）

資料Ⅱ

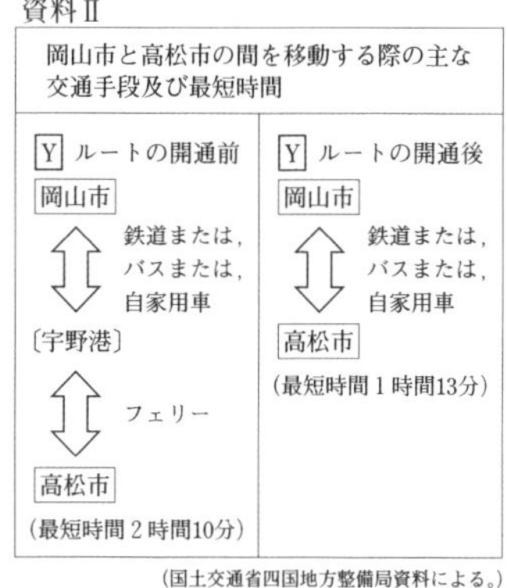

（国土交通省四国地方整備局資料による。）

1		
2	(1)	
	(2)	

3　咲子さんは，鹿児島県と岐阜県が姉妹県の協定を結んでいることを知り，その理由について，資料Ⅰ中のBの視点で調べると，江戸時代に行われた薩摩藩による治水工事がきっかけであることが分かりました。咲子さんはさらにその工事について調べ，次のカードⅠにまとめました。カードⅠ中の下線部について，江戸幕府が薩摩藩にこのような治水工事を命じたのはなぜだと考えられますか。その理由を，カードⅠを基に江戸幕府の大名統制のしくみを踏まえて，簡潔に書きなさい。

カードⅠ

- 治水工事は，江戸幕府が薩摩藩に命じたもので，木曽三川（揖斐川・長良川・木曽川）に堤防を築く工事だった。
- 工事期間は1年余りで，薩摩藩は費用のほぼ全額に当たる40万両（約300億円）を負担した。これは藩の1年間の収入に近い額だった。工事期間中，薩摩藩の武士約千人が現地に滞在して働き，80数名の犠牲者を出した。
- 薩摩藩の石高は70万石を超えており，全国第2位だったが，工事費用が足りず借金をしなければならなかった。

4　次郎さんは，資料Ⅰ中のCの視点から，地方公共団体が協定を結び交流していることについて調べると，右の地図Ⅲ中の川場村は1980年ころ，世田谷区と相互協力協定を結び交流を始めたことが分かりました。次のカードⅡは川場村と世田谷区のそれぞれのようすを，カードⅢは川場村と世田谷区の交流のようすを次郎さんがそれぞれまとめたものです。あとの（1）・（2）に答えなさい。

カードⅡ

〔川場村について〕
- 村の面積の約80％が森林である。主な産業は農業や林業であり，現在はブランド米やりんご，ブルーベリーの栽培に力を入れている。

〔世田谷区について〕
- 1970年代に都市化が進み，区の人口が急増し現在80万人を超えている。宅地開発により，自然が少なくなり区民の自然とふれ合う機会が減った。

川場村の人口の推移

（人）
6,000
5,000
4,000
3,000
2,000
1,000
0
1955　60　65　70　75　80（年）
（国勢調査による。）

カードⅢ

〔川場村と世田谷区の交流について〕
- 協定締結後，川場村と世田谷区は，共同で保養所と研修施設を川場村につくった。
- 川場村では，農業体験や郷土料理教室など数多くのプログラムを準備し，村を訪れた世田谷区民に提供している。
- 世田谷区立のすべての小学5年生は，毎年，川場村で農作業やハイキング，郷土料理づくりなどを体験している。多くの区民が川場村の保養所などに宿泊し，スポーツや自然とふれ合うことを楽しんでいる。
- 川場村では，農産物を直売所などで販売しているほか，世田谷区内のお祭りやイベントに出向き，農産物の直売や伝統芸能の披露などを行っている。

（1）川場村では，カードⅡ中のグラフが示すように人口が変化したことで，村の産業が衰え，人々の生活に影響を及ぼすようになりました。このような，人々の生活に影響を及ぼす人口の変化を何といいますか。その名称を書きなさい。

（2）川場村では，世田谷区との交流が，カードⅡ中のグラフが示すような人口の変化を防ぐことにつながると考えました。交流が，グラフが示すような人口の変化を防ぐことにつながるのはなぜだと考えられますか。その理由を，カードⅡ・Ⅲを基に簡潔に書きなさい。

3		
4	(1)	
	(2)	

■平成31年度問題

4　中学生の拓也さんは，姉で大学生の広美さんと繊維製品の取り扱い表示が変わったことに関して技術・家庭科（家庭分野）の教科書を見ながら話をしました。次の会話はそのときのものです。あとの1～4に答えなさい。

拓也さん：繊維製品の取り扱い表示に古い表示と新しい表示があるんだって，知ってた？
広美さん：ええ。3年くらい前から新しく変わったのよ。
拓也さん：どうして変わったのかな。
広美さん：日本で使われてきた表示を国際規格に合わせたからよ。私はグローバル化への対応だと思うわ。
拓也さん：グローバル化は聞いたことがあるよ。海外で暮らす日本人や①海外に出ていく日本の企業が増えているよね。でも，グローバル化と繊維製品の取り扱い表示とは何の関係があるの？
広美さん：グローバル化で人や物の移動が活発になっているよね。表示を国際規格に合わせたのは，繊維製品の輸入や輸出が活発になっていることへの対応だと思うわ。

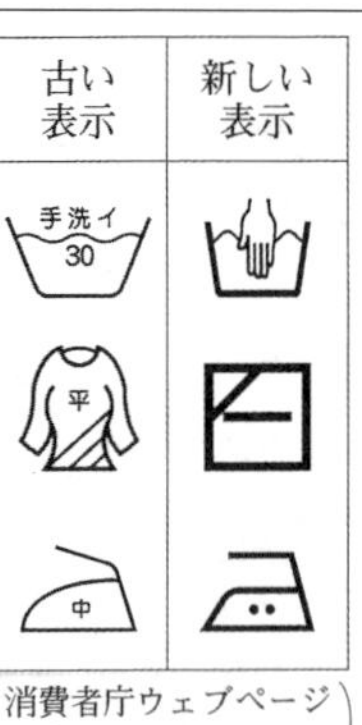

古い表示
新しい表示
手洗イ
30
平
中

（消費者庁ウェブページによる。）

拓也さん：そうか。②表示を国際規格に合わせておくことは，日本の消費者の利便性につながるのかもしれないね。グローバル化の影響は身近なところでもみられるんだね。グローバル化で起こることを調べてみようかな。

広美さん：そうね。③貿易が活発になってさまざまな国が経済的な結び付きを強めたり，④日本で学ぶ外国人留学生が増えたりしているから，いろいろ調べてみると面白いかもしれないわね。

1　下線部①に関して，企業が工場などの生産拠点を海外に移すことで，国内での工業製品の生産が衰退することを何といいますか。次のア～エのうちから最も適切なものを選び，その記号を書きなさい。

ア　貿易の自由化　　イ　生産の集中　　ウ　技術革新　　エ　産業の空洞化

2　下線部②について，繊維製品の取り扱い表示を国際規格に合わせておくことが日本の消費者の利便性につながるのはなぜだと考えられますか。その理由を，簡潔に書きなさい。

3　下線部③に関して，拓也さんは歴史の上でも貿易を通してさまざまな国が結び付きを強めたことがらがあることに気付き，そのうち15世紀から16世紀にかけて貿易で繁栄した琉球王国に興味をもちました。拓也さんは，琉球王国の貿易について調べ，次の資料を見付けました。下の（1）・（2）に答えなさい。

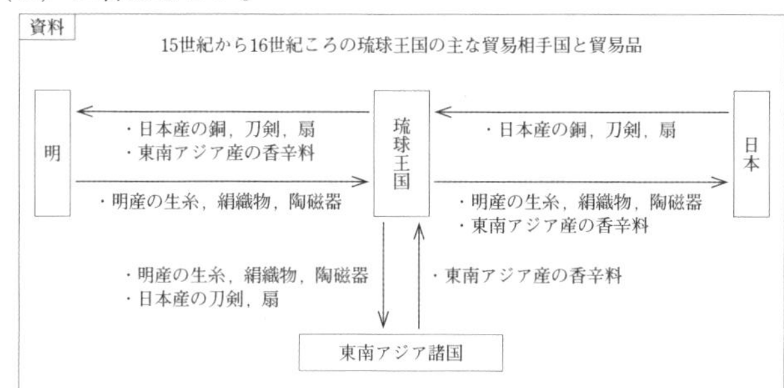

（1）資料に示されたような，琉球王国が行った，輸入した産物をそのまま輸出する形態の貿易を何といいますか。その名称を書きなさい。

（2）拓也さんが琉球王国の貿易についてさらに調べると，17世紀初めころには，琉球王国の貿易は15世紀から16世紀ころと比べて振るわなくなっていたことが分かりました。右の地図は，そのとき拓也さんが見付けた資料の一つであり，17世紀初めころの東南アジアにおける主な日本人在住地を示しています。17世紀初めころ，琉球王国の貿易が振るわなくなっていたのはなぜだと考えられますか。その理由を，右の地図と前の資料を基に簡潔に書きなさい。

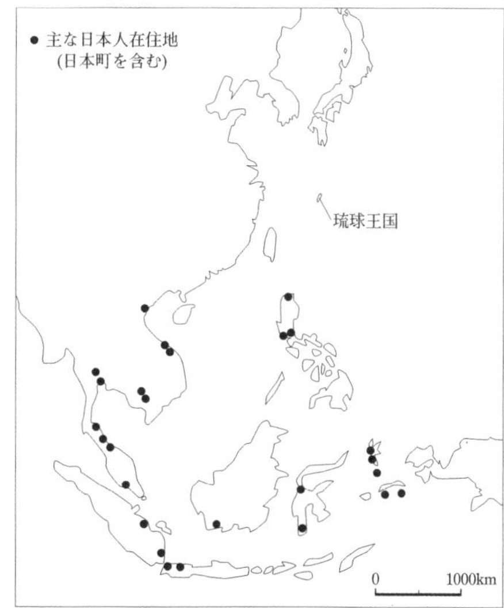

4　下線部④に関して，拓也さんは次のグラフⅠを見付け，来日した外国人留学生について興味をもちました。あとの（1）・（2）に答えなさい。

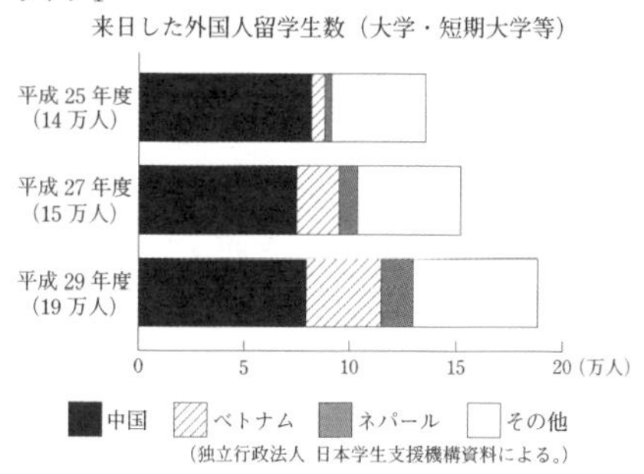

（1）拓也さんはグラフⅠを見て，留学生数が増えているベトナムとネパールに注目し，この2か国からの留学生が増えている理由をいくつか予想しました。次の拓也さんの予想はそのうちの一つです。拓也さんは，この予想が正しいかどうかを確かめるためにベトナムとネパールに関する資料を集めました。次のア～エのうち，拓也さんの予想が正しいかどうかを確かめる資料として最も適切なものはどれですか。その記号を書きなさい。

拓也さんの予想

留学するにはある程度の費用が必要だと思うので，ベトナムとネパールからの留学生が増えているのは，これらの国でそれぞれ国民の所得が増えたためではないか。

ア　食料自給率の推移を示す資料

イ　国内総生産の推移を示す資料

ウ　総人口に占める高齢者の割合の推移を示す資料

エ　国内の企業数の推移を示す資料

（2）拓也さんと広美さんは，外国人留学生の日本での生活について調べ，次のグラフⅡを見付けました。拓也さんと広美さんは，グラフⅡを基に，来日した外国人留学生の苦労を減らすためにはどうすればよいかを考え，日本人学生が具体的に取り組むべきことについてまとめました。下のメモはその一部を示しています。グラフⅡ中の項目【A】について，日本人学生が取り組むべきことを，メモに示されたように具体例を挙げて書きなさい。

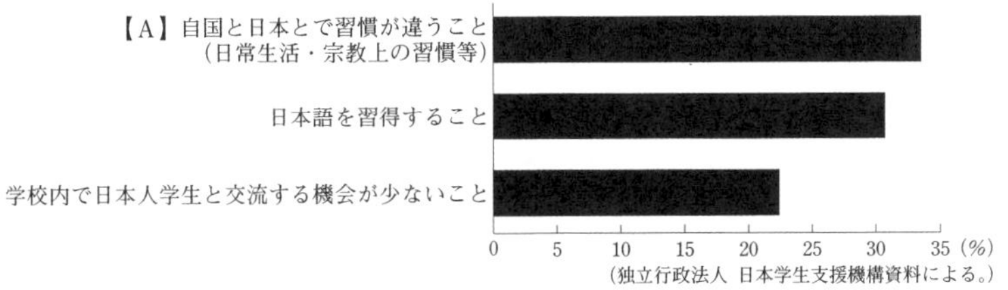

メモ

- 学校内で日本人学生のボランティアを募り，「会話パートナー」として外国人留学生の日本語の習得を支援する。
- クラブ等の活動について，外国人留学生対象の説明会を設け，好きなスポーツや趣味を通じて外国人留学生と日本人学生が交流する機会をつくる。

1			
2			
3	(1)	(2)	
4	(1)	(2)	

■令和２年度問題

4 ある学級の社会科の授業で，班に分かれて，先生が提示した地方公共団体のうちから一つ選び，現状を調べ，活性化の具体策を提案する学習を行いました。太郎さんたちの班は，岐阜県中津川市を選び，はじめに市の現状について調べ，次のメモを作成しました。あとの１～３に答えなさい。

メモ

岐阜県中津川市について
- ①人口は，約 79,000 人（平成 27 年）で岐阜県内では８番目であり，減少傾向にある。
- 男女とも 65 ～ 69 歳の年齢層の人口が最も多く，高齢化が進んでいる。
- ②中山道の宿場（宿駅）であった馬籠宿（まごめじゅく），落合宿（じゅく），中津川宿（じゅく）の古い町並みが残る。
- 馬籠宿は，詩人で小説家の島崎藤村の出身地である。
- 特産品にトマト、なす，栗（くり），茶，そばなどがある。
- 主要道路に設けた休憩施設である「道の駅」が５か所ある。
- 2027 年開業予定のリニア中央新幹線の駅が設置され，東京と約 58 分で結ばれる。

1　下線部①に関して，太郎さんは，中津川市の昼間人口と夜間人口について調べ，次の表を作成しました。この表のように，昼間人口と夜間入口に差が生じるのはなぜだと考えられますか。その理由を，簡潔に書きなさい。

中津川市の昼間人口と夜間人口（平成 27 年）

昼間人口（人）	夜間人口（人）
77,807	78,883

（中津川市統計書による。）

2　下線部②に関して，花子さんは，中山道の歴史について調べ，そのことについて次郎さんと話しました。次の会話はそのときのものです。あとの（1）・（2）に答えなさい。

花子さん：中山道は，江戸時代の五街道の一つで，江戸から京都までを結ぶ約 530km の街道なのよ。
次郎さん：当時はこの街道を利用して［　　　］が手紙などを運んでいたんだね。
花子さん：それだけではないの。多い時には 30 ほどの大名が参勤交代の際にこの街道を利用していたのよ。
次郎さん：江戸幕府が諸大名に対する支配を安定させる点でも街道には大きな意味があったということだね。

（1）会話中の［　　　］には、当時の職業が当てはまります。その職業を何といいますか。その名称を書きなさい。

（2）花子さんは，中山道と参勤交代のかかわりについて調べ，次の資料を見付けました。花子さんは，資料を基に，中山道などに置かれた宿場は参勤交代のおかげで経済的に発展したと考えました。花子さんがそのように考えた理由を，資料を基に簡潔に書きなさい。

資料

加賀藩前田家の参勤交代
- 加賀藩（石川県金沢市）から江戸までの距離と日数：約 480km，約 12 泊 13 日
- １回の参勤交代で移動する人数：2,000 ～ 4,000 人
- 江戸との往復には，五街道のうち主に中山道を利用した。

3　太郎さんたちの班では，「岐阜県中津川市について」のメモを基に，この市を活性化するための提案をすることにしました。あなたならどのような提案をしますか。次の条件１・２に従って書きなさい。

条件１　メモを基に中津川市の魅力を挙げて書くこと。

条件２　この提案が，中津川市のどのような人々に対して，どのような効果をもたらすのかを，具体的に書くこと。

1		
2	(1)	
	(2)	
3		

四　小島さんの学級では、国語の時間に、それぞれが書いた作文の題名についてアドバイスをし合う活動をしています。次の【メモ】は、中井さんが作文を書くときに準備したもので、【作文】は中井さんがメモを基に書いた作文です。また、【生徒の会話】はこの活動の過程で小島さんと中井さんが行ったものです。これらを読んで、あとの〔問い〕に答えなさい。

【メモ】

作文のテーマ　自分の尊敬する人物を例に挙げて、自分の目指す生き方を相手に伝える
自分の目標　自然科学の研究をして、発明家になる
例に挙げる、尊敬する人　エジソン

エジソンは、幼いころから身のまわりの様々なことに「なぜ？」という疑問を持っていた。小学校の授業でも、自分が「なぜ？」と感じたことはすぐに追究しないと気が済まないため、授業内容に関係のない、見当違いな発言や行動が目立ち、小学校を三か月で退学になってしまった。しかし、エジソンは図書館などで独学し、「なぜ？」と感じたことを追究し続けた。さらに、新聞の販売員として働いて得たお金で、自分の実験室を作り、様々な物を発明した。生涯、学び続ける姿勢を大切にし、最終的には、アメリカで千九十三件もの発明に関する特許を得た。

【作文】

私の夢

中井　良子

私は理科の授業が好きだ。特に、実験をした後に考察し、「なぜ？」と思っていた疑問を追究することは本当に楽しい。だから、将来は大学で自然科学に関する研究をし、エジソンのように生活に役立つものを発明したいという夢を持っている。

エジソンは白熱電球や蓄音機などを発明した。私は、エジソンについて書かれた本に出会うまで、エジソンは発明家になるために大学でいろいろな研究をし、研究の中でひらめいたことを基に発明に至った人物だと思っていた。

しかし、エジソンに関する本を読み、エジソンは大学での研究の中で発明に至ったわけではないと分かった。エジソンがたくさんのものを発明できたのは、「なぜ水をかけると火は消えるのか」「なぜチョウは飛べるのか」というような、私が「当たり前だ」と思っていることを、小学生の頃から疑問に感じ、疑問に感じたことを自分の実験室でとことん研究していたからだ。日常の中で自分から疑問を持ち、追究し続ける姿勢に感動した。

私が日々の学習で、疑問を見いだし追究することを楽しいと感じているところは、エジソンと共通していると思う。だから、発明家になるという目標に向かって、これからも「なぜ？」と感じたことを、途中であきらめず、追究する姿勢を大切にしたい。

【生徒の会話】

中井：小島さん、私の書いた作文を読んでみてどうだった？　題名は適切だったかなあ。
小島：そうねえ……。私は、題名をもっと工夫したらいいんじゃないかと思ったわ。授業で、自分が一番伝えたいことの中心となる言葉を考えて題名やタイトルを付けるとよいと学習したよね。だから、中井さんの伝えたいことがもっと明確に伝わるような題名がいいんじゃないかな。今、話したことと、中井さんの作文を基にアドバイスを書いてみるわね。

〔問い〕　小島さんは、中井さんが書いた作文の題名についてのアドバイスを書いて伝えることにしました。あなたならどのように書きますか。次の条件1～3に従って、あなたの考えを書きなさい。

条件1　二段落構成とし、第一段落は、題名の案を挙げて書き、第二段落には、その題名がよいと考えた理由を書くこと。
条件2　【作文】と【生徒の会話】の内容を踏まえて書くこと。
条件3　二百字以内で書くこと。　※原稿用紙はご準備下さい。

四 田中さんの学級では、国語の時間に、落語の噺(はなし)を班で一つ選び、それを朗読する学習をしています。次の【あらすじ】は、田中さんの班が選んだ噺の結末の部分の前までのあらすじを示したもので、【結末の場面】は、その噺の結末の部分を台本の形式で示したものです。また、【話し合い】は、この学習の過程で田中さんの班が行ったものです。これらを読んで、あとの〔問い〕に答えなさい。

【あらすじ】

新しい羽織を着て気分よく一人で初天神(注)のお参りに出かけようとしていた親父(おやじ)。息子に見付かり、一緒に連れて行ってくれとせがまれたが、親父は「あれを買って、これを買って。」とねだられるだろうと思って嫌がる。しかし、息子にしつこくせがまれ、何かを買ってくれとねだらないという約束で連れて行くことになった。

出かけると案の定、縁日の出店を前に息子は「アメを買ってくれ。」と駄々をこね出した。最初のうちは、聞き入れなかった親父だが、とうとう根負けしてアメを買わされ、親父は「やっぱりお前を連れてくるんじゃなかった。」とぼやく。その後も団子を買わされ、しまいには高額な凧(たこ)を買わされてしまう。

買ってもらった凧を、息子がすぐにあげようと言い出し、親父は渋々息子と原っぱで凧をあげることにした。

原っぱに着くと、親父は「まず父ちゃんがあげてやろう。」と言って糸を持って凧あげを始める。すると、凧は見事に高くあがった。

（注） 初天神＝天満宮と呼ばれる神社の新年最初の縁日。

【結末の場面】

親父：どうだい、あがったろ。
息子：わあは、あがった！ あがった！ あがった！
親父：こうやって、おめえ、呼吸であげるんだぞ……。しかし上の方が風があると見えて、どんどん糸が出てっちまうなあ。もっとどっさり、糸ォ買っときゃよかったよな……ブーンブーンブーン。どうだい、すげえだろう！
息子：お父(と)っつぁん、あがったい、あがったい！
親父：お父っつぁんの子供の時分なんざあなあ、がんぎり(注)い、い、がんぎりなんてえもんをつけてな、凧同士でけんかさしたもんだよ。お父っつぁんは、いっぺんだって負けたことあねえんだ。
息子：やあっ！ お父っちゃん、あがったから早く持たしとくれよ。ねえ、持たしとくれよ！
親父：うるせえな、ちきしょう！ うるせえってんだようっ！
息子：お父っちゃん！ あたいの凧じゃねえか！
親父：こういうもんは、子供の持つもんじゃねえ！
息子：なんでえ！ こんなことなら、お父っちゃん連れてこなきゃあよかった……。

（落語協会編「古典落語③」による。）

（注） がんぎり＝他の凧の糸を切るために、自分の凧糸に取り付ける仕掛け。

【話し合い】

田中：今日は、前回の授業で考えた部分に続いて、【結末の場面】をどのように朗読するかについて考えるのだったよね。
上野：確か前回、場面の様子が聞き手の目に浮かぶような朗読をするために、まずは、登場人物のどのような様子を伝えたらよいかを考えることが大切だと確認したよね。
末広：そうだね。あと、聞き手がこの噺の面白さを感じられるようにするためには何がポイントか、ということについても話し合って、噺の全体の展開からすると、【結末の場面】においては、親父のせりふがポイントだという話になったよね。
田中：確かにそういう話をしたね。では、まず、親父について、この場面を通してどのような様子を伝えたらよいか、各自で意見をまとめて出し合おう。

〔問い〕 田中さんは、【話し合い】を踏まえ、この噺の面白さを聞き手が感じられるような朗読をするために、【結末の場面】の親父について、どのような様子を伝えたらよいか、その理由も含めて意見を出すことにしました。あなたならどのような意見を出しますか。次の条件1～3に従って、その意見を書きなさい。

条件1 二段落構成とし、第一段落には親父について、どのような様子を伝えたらよいかを書き、第二段落にはそのように考えた理由を書くこと。
条件2 理由には、この噺の面白さがどのようなところにあるのかについて、【あらすじ】・【結末の場面】のそれぞれの内容を取り上げて述べること。
条件3 二百五十字以内で書くこと。 ※原稿用紙はご準備下さい。

条件１　【資料２】の「読書をしない理由」のＡ・Ｂのうち、どちらか一つの理由を取り上げ、本を読むようにするためのアドバイスを書くこと。
条件２　【資料３】【資料４】のどちらかまたは両方の資料の内容を踏まえて書くこと。
条件３　左の書き出しの文章に続くように書き、内容に応じて段落を変え、二百字以内で書くこと。ただし、書き出しの文章は字数に含まないものとする。

> 一年生の皆さん、中学生になってもぜひ読書を続けましょう。
> 中学生は、小学生に比べて読書をしない人の割合が高いという実態があります。読書をしない人はその理由の一つとして、

■平成29年度問題

四　青空中学校の生徒会では、防災に対する生徒の意識を高めるために、「防災のために中学生ができること」について、生徒会役員が調べたり考えたりしたことを記事にまとめて、全校生徒に配付する「生徒会だより」に載せることになりました。次の【資料１】～【資料３】は、生徒会役員が調べたり集めたりした資料、【記事の配置】は、「生徒会だより」に掲載する記事の配置です。これらを読んで、あとの〔問い〕に答えなさい。

【資料１】

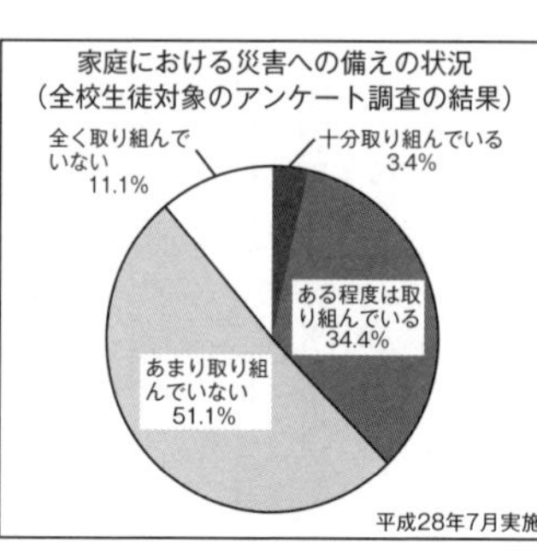

【記事の配置】

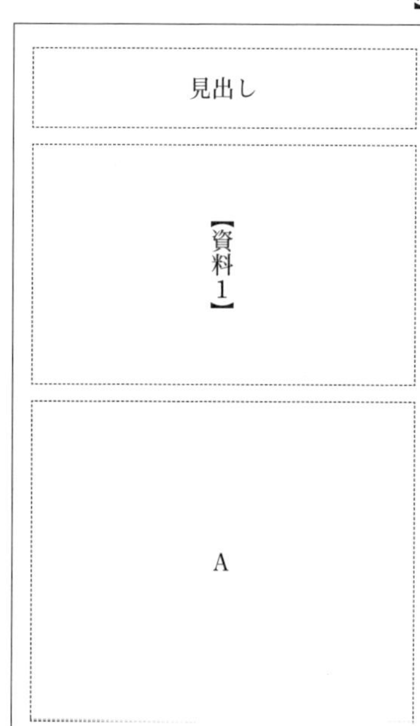

【資料２】

「居安思危（こあんしき）」、この言葉を覚えてください。「居安思危、思則有備、有備無患」と続きます。「安きに居（お）りて（注１）危うきを思う、思えばすなわち備えあり、備えあれば患（うれ）い（注２）なし」と読みます。このうち「備えあれば患いなし」は皆さん知っていますね。けれども、備えれば憂いはなくなるのは当たり前です。備えられないことに問題があるのです。

「安きに居りて」のうちに、「危うき」のことを思えるかどうか。それによって備えることができるかどうか。それができてはじめて、「備えあれば患いなし」となるのです。

（片田敏孝（としたか）「人が死なない防災」による。）

（注１）安きに居りて＝平穏な状態でいるときに。　（注２）患い＝心配事。「憂い」も同じ。

【資料３】

防災の基本は「自分で自分の身を守ること」にあります。自分のいのちを守れたからこそ、次に家族や友人、近隣住民などに救助の手を広げることができます。自分の身が守れたなら、周囲の人と助け合って危険な状況、状態にある人を救助するべきです。中学生や高校生であっても、安全を確保できる範囲での救助活動が望まれます。必ずしも自宅のある地域に大人がいるとはかぎりません。助けられる立場ではなく、助ける立場であることを意識することによって、受け身ではなく、自分で考えて自ら行動する姿勢を心がけてください。

（川手新一・平田大二（だいじ）「自然災害からいのちを守る科学」（岩波書店）による。）

〔問い〕　生徒会役員の早川さんは【記事の配置】の［Ａ］の部分に、資料を踏まえて、防災の課題と、その課題を受けて防災のために中学生ができることを挙げ、校内の生徒の防災に対する意識が高まるような文章を書くことにしました。あなたならどのように書きますか。次の条件１～３に従って書きなさい。
条件１　【資料１】～【資料３】のそれぞれの資料の内容を踏まえて書くこと。
条件２　防災のために中学生ができることについては、具体的な例を挙げて書くこと。
条件３　左に示している書き出しに続くように書き、内容に応じて段落を変え、二百五十字以内で書くこと。ただし、左に示している書き出しの部分は字数に含まないものとする。

> 生徒会では七月に、家庭における災害への備えの状況に関する調査を実施しました。その結果から防災の課題として挙げられることは、

2　小林さんたちは、この授業のあとで、【投書】の第五段落と第六段落の間に入れるとよいと考えられる文章を書いてみることにしました。あなたならどのように書きますか。次の条件1から条件3に従って書きなさい。

条件1　【生徒の会話】中の山田さんと田中さんの発言を踏まえて書くこと。

条件2　【投書】の文章全体の趣旨を踏まえること。　条件3　五十五字以内で書くこと。

■平成28年度問題

四　青空中学校の図書委員会では、四月に発行する「図書だより」に、新一年生に向けた文章を載せることになりました。次の【生徒の会話】は、その文章の内容をどのようなものにするかについて、図書委員会で話し合ったときのものです。また、【資料1】は、【生徒の会話】の中で早川さんが提示したものです。これらを読んで、あとの問いに答えなさい。

【生徒の会話】

委員長：皆さん、今日は四月に発行する「図書だより」に載せる文章の具体的な内容について話し合いたいと思います。新一年生に読んでもらうのにふさわしい内容にしたいと思うのですが、何かよい考えはありませんか。

早　川：私は、小学生と中学生の読書の実態についての比較から、載せる内容を考えられないかと思い、参考になりそうな資料を調べて持ってきました。【資料1】を見てください。これは「学校読書調査」の結果の一部で、調査対象の一か月間に一冊も本を読まなかった児童・生徒の割合である「不読率」の推移を示したものです。

委員長：早川さん、ありがとうございます。では、皆さん、早川さんが持ってきた【資料1】から考えてみましょう。

高　木：わあ、二十年間で中学生の不読率は随分下がっているんですね。

早　川：そうだね。以前先生から伺った話では、平成十三年に「子どもの読書活動の推進に関する法律」が公布され、その頃から全国的に読書活動が進められてきたそうよ。だから、不読率が下がったのだと思うわ。

高　木：そうだったんですね。でも、ここ数年の不読率はあまり変わっていないなあ。

小　林：そうだね。それに、小学生と比べて中学生の不読率が高いという傾向も続いているね。

安　田：小学生の頃は本を読んでいても、中学生になると本を読まなくなってしまう人もいるんだね。残念だなあ。

高　木：［そうだ。中学生になっても読書をするように呼びかける文章を載せたらどうでしょうか。］

木　村：確かにいい考えだと思うけど、それだけでは足りないと思うよ。中学生になると、本を読まない人が増えてしまうのだから、なぜ読まないのかという理由も把握して、読書をすることにつながるような助言をしたらどうかな。

委員長：なるほど。読書を呼びかけるだけでなく、本を読むようにするためのアドバイスをするということですね。そうすると、もっと資料が要りそうですね。

では、みんなで資料を集めて、新一年生に読書を勧める文章を書いてみましょう。

1　【生徒の会話】中の［　］で囲まれた部分の発言が、この話合いの中で果たしている役割として最も適切なものを、次のア～エの中から選び、その記号を書きなさい。

ア　それまでの話合いの内容を要約する役割。

イ　それまでの話合いの論点を整理する役割。

ウ　直前の発言を分かりやすい表現で言い換える役割。

エ　話合いの目的や流れを踏まえた案を提示する役割。

1

2　図書委員会では、この委員会での話合いを踏まえ、次の【資料2】～【資料4】を集め、それらに基づいて新一年生に読書を勧める文章を考えて書くことにしました。あなたならどのように書きますか。あとの条件1～3に従って書きなさい。

【資料1】

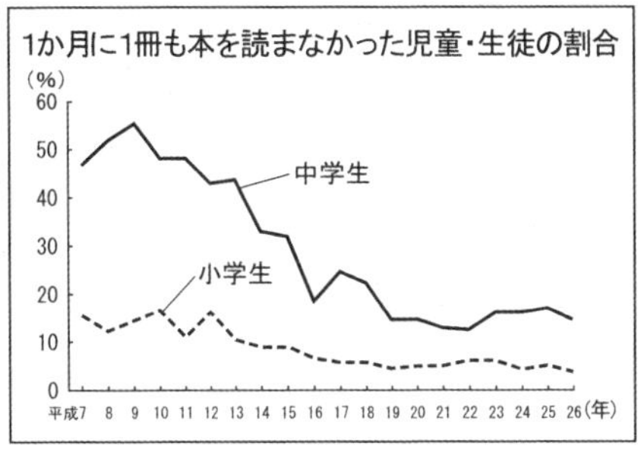

1か月に1冊も本を読まなかった児童・生徒の割合

(%)　60　50　40　30　20　10　0

中学生

小学生

平成7　8　9　10　11　12　13　14　15　16　17　18　19　20　21　22　23　25　26(年)

（全国学校図書館協議会ウェブページによる。）

【資料2】

読書をしない理由（上位2項目）

A	本を読まなくても不便はない	58.2%
B	読みたい本がない・よい本が分からない	44.8%

＊回答者は中学生。複数回答。

（出版文化産業振興財団　「現代人の読書実態調査」2009年による。）

【資料3】

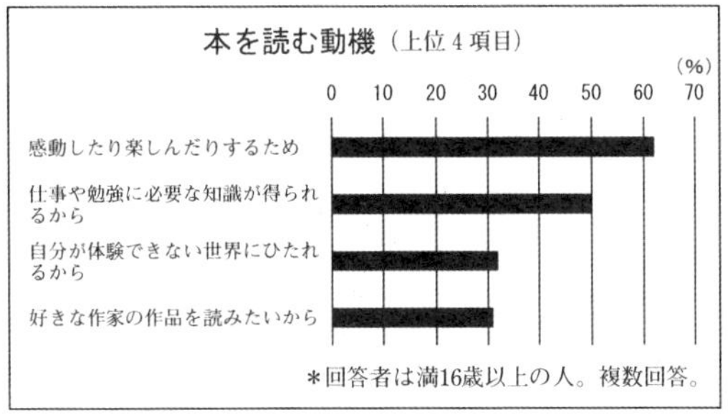

本を読む動機（上位4項目）

(%)　0　10　20　30　40　50　60　70

感動したり楽しんだりするため

仕事や勉強に必要な知識が得られるから

自分が体験できない世界にひたれるから

好きな作家の作品を読みたいから

＊回答者は満16歳以上の人。複数回答。

（毎日新聞東京本社広告局　「読書世論調査2015年版」による。）

【資料4】

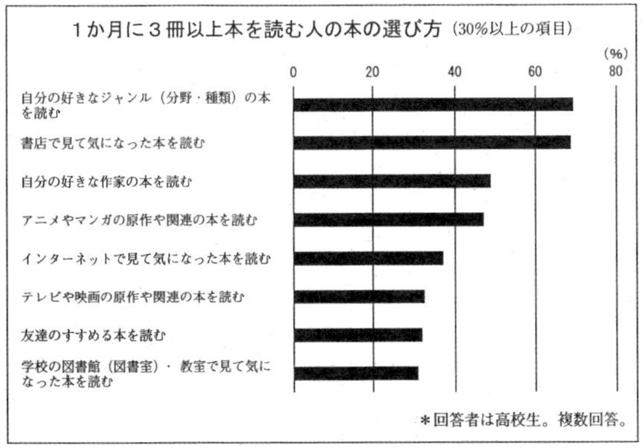

1か月に3冊以上本を読む人の本の選び方（30%以上の項目）

(%)　0　20　40　60　80

自分の好きなジャンル（分野・種類）の本を読む

書店で見て気になった本を読む

自分の好きな作家の本を読む

アニメやマンガの原作や関連の本を読む

インターネットで見て気になった本を読む

テレビや映画の原作や関連の本を読む

友達のすすめる本を読む

学校の図書館（図書室）・教室で見て気になった本を読む

＊回答者は高校生。複数回答。

（平成26年度文部科学省委託調査　「高校生の読書に関する意識等調査報告書」による。）

作文 ※作文用紙は別の紙をご準備下さい。

■平成26年度問題

四 中学生の山田さんは、学校で食育推進に関するポスターを見かけ、朝食の摂取状況に関心をもって調べました。（Ⅰ）は、そのポスターに使われていた標語、（Ⅱ）は、インターネットを使って見付けた資料です。これらを読んで、あとの問いに答えなさい。

（Ⅰ）

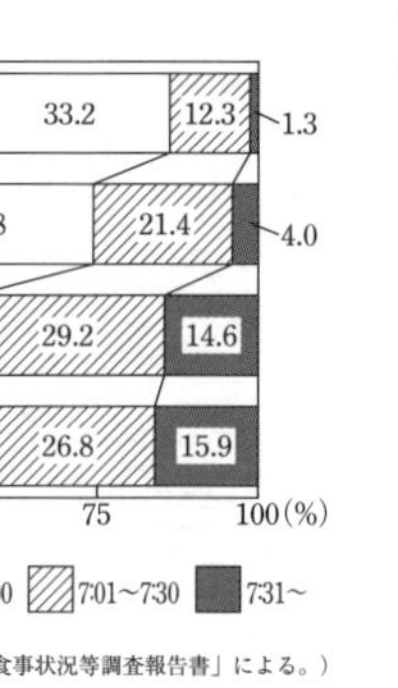

（内閣府「食育推進に関する標語」による。）

（Ⅱ）

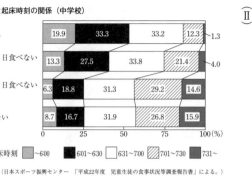

朝食摂取状況と起床時刻の関係（中学校）

	~6:00	6:01~6:30	6:31~7:00	7:01~7:30	7:31~
必ず毎日食べる	19.9	33.3	33.2	12.3	1.3
1週間に2～3日食べないことがある	13.3	27.5	33.8	21.4	4.0
1週間に4～5日食べないことがある	6.3	18.8	31.3	29.2	14.6
ほとんど食べない	8.7	16.7	31.9	26.8	15.9

0　25　50　75　100(%)

起床時刻　~6:00　6:01~6:30　6:31~7:00　7:01~7:30　7:31~

（日本スポーツ振興センター　「平成22年度　児童生徒の食事状況等調査報告書」による。）

1 （Ⅰ）の表現の仕方とその効果について説明したものとして最も適切なものを、次のア～エの中から選び、その記号を書きなさい。

ア 俳句のようなリズムを用いることによって、生活における朝食の有効性を厳かな雰囲気で伝えている。

イ 俳句のようなリズムを用いることによって、朝食には心を落ち着かせる作用があることを暗示している。

ウ 朝食を出発点と表すことによって、むしろ終着点となる夕食の重要性が連想されるようにしている。

エ 朝食を出発点と表すことによって、一日の生活における朝食の大切さが意識されるようにしている。

1

2 山田さんは、国語の時間に「朝食と生活習慣」というテーマで意見文を書くことになりました。そこで、山田さんは（Ⅱ）から読み取ったことを根拠にして意見を述べるために、自分の意見と根拠をあらかじめ文章にまとめておくことにしました。あなたならどのように書きますか。次の条件1から条件3に従って書きなさい。

条件1 二段落構成とし、第一段落には、自分の意見を書くこと。第二段落には、その根拠を書くこと。根拠には、朝食を必ず毎日食べる人とそうでない人との違いに着目して、資料から読み取ったことを書くこと。

条件2 段落の初めは、一字分あけること。

条件3 百二十字以内で書くこと。

■平成27年度問題

四 国語の時間に小林さんたちは、中学生が書いた新聞の投書を読み、その文章の構成や展開について話し合いました。次の【投書】と【生徒の会話】は、そのときのものです。これらを読んで、あとの問いに答えなさい。

【投書】

先日、職場体験のために近くの図書館に行ってきた。たったの三日間だったけれど、本当に貴重な体験ができた。

今までは利用者の立場だったが、利用者を受け入れる立場になってみて、職員の方々がどれほど利用者を大切にされているかが分かった。特に、汚れている本や破れている本に対応する職員の方々に感心した。

確かに、破れた本を直したりするのは、業務上当たり前のことかもしれない。

しかし、私が感心したのは、それをする職員の方々の考え方だ。「仕事だから」ではなく、「次に読む利用者が嫌な思いをするから」と考えておられたのである。

多くの利用者が笑顔で帰ることができるのは、職員の方々の利用者を思う気持ちがあるからだと思う。

これからは普段の生活でも、また、将来仕事に就いた時にも相手を思いやる気持ちを大事にしていきたい。

（「毎日新聞　平成二十六年八月七日付朝刊」による。）

【生徒の会話】

小林：この文章の構成で工夫されているところは、第三段落において、[　　]ところだと思う。
石川：そうだね。それによって説得力が増していると思う。
小林：では、もっと工夫するとよりよくなるところはあるかな。
石川：第六段落でいきなり話が変わるような展開になっているから、ここを工夫するといいと思う。
山田：そうだね。第五段落までは、職場体験のことを述べているけど、第六段落では自分の今後の話に変わっているよね。だから、第五段落と第六段落の間で、一旦、職場体験のまとめを入れたらいいと思うよ。
小林：なるほど。そのまとめはどのように書いたらいいだろう。
田中：まとめだから、職場体験を通して感じたことや得られたことを書くといいんじゃないかな。
山田：第一段落に「貴重な体験ができた」とあるから、その貴重さが伝わるように書くといいよね。
田中：第六段落では、「思いやる気持ちを大事にしていきたい」と述べているから、そこにつながるようにまとめる必要があるよ。
小林：確かにそうだね。では、具体的にどんなまとめを書いたらいいか、みんなで考えてみよう。

1 [　　]にあてはまる最も適切な表現を、次のア～エの中から選び、その記号を書きなさい。

ア 第一段落で述べたことに詳しい説明を加えている

イ 第二段落で述べたことへの反論を提示している

ウ 第四段落で述べることの具体的な例を挙げている

エ 第五段落で述べることの根拠を説明している

1

■令和2年度問題

三　次の文章を読んで、あとの問いに答えなさい。

そもそも正月七日に、野に出でて、七草を摘みて、みかどへ供御[注1]に供ふるといふなる由来を尋ぬるに、唐土楚国（中国の楚の国の片隅に）の傍らに、大しう[注2]といふ者あり。かれは□なり。すでに、はや（もう）百歳に及ぶ父母あり、腰などもかがみ、目などもかすみ、言ふことも聞こえず。さるほどに（そのように）、老いければ、大しうこの朽ちはてたる（すっかり衰えてしまった）御姿を見参らする度に（拝見するたびに）、1嘆き悲しむこと限りなし。

大しう思ふやうは、二人の親の御姿をふたたび若くなさまほしく（若返らせてほしいと）思ひて、明け暮れ（一日中）天道（天の神）に祈りけるは、「わが親の御姿、ふたたび若くなしてたび給へ（ください）」と、仏神三宝[注3]に2訴へ、「これかなはぬものならば、わが姿に転じかへて（入れ替えて）たび給へ。わが身は老となりて朽ちはつるとも、二人の親を若くなし給へ」と、あたり近きとうこう山（近くの「とうこうせん」という山に）によぢ登りて、三七日[注4]が間、爪先を爪立てて、肝胆を砕き祈りける（心を込めて祈った）。さても、諸天諸仏（多くの神仏）は、これをあはれみ給ひ、三七日満ずる暮れ方に、かたじけなくも（ありがたいことに）帝釈天王[注5]は天降り給ひ、大しうに向かつてのたまふやうは（おっしゃることには）、「なんぢ、浅からず親をあはれみ、ひとへに（ひたすら）天道に訴ゆること、納受を垂れ給ふによつて（願いを聞き入れなさったので）、われ、これまで来るなり。いでいで（さあさあ）、なんぢが親を若くなさん（若くしよう）」とて、薬を与へ給ふぞ（薬の作り方を伝授して下さったのは）ありがたき。

（「御伽草子集」による。）

（注1）供御＝天皇の飲食物。　（注2）大しう＝人の名前。　（注3）三宝＝仏教で信仰の対象となる、仏・法・僧の三つ。
（注4）三七日が間＝仏に祈願をする二十一日間。　（注5）帝釈天王＝仏法を守護する神。

1　□に当てはまる最も適切な表現を、次のア～エの中から選び、その記号を書きなさい。

ア　親に孝ある者　　イ　子に頼る者　　ウ　親を欺く者　　エ　子を案ずる者

2　1嘆き悲しむこと限りなしとあるが、大しうは何を嘆き悲しんでいるのですか。現代の言葉を用いて二十字以内で書きなさい。

3　2訴への平仮名の部分を、現代仮名遣いで書きなさい。

4　この文章について、生徒が次のような話し合いをしました。空欄Ⅰに当てはまる最も適切な表現を、あとのア～エの中から選び、その記号を書きなさい。また、空欄Ⅱに当てはまる適切な表現を、現代の言葉を用いて二十字以内で書きなさい。

> 山田：大しうの両親はこの後どうなったのかなあ。この文章の続きが気になるなあ。
> 大谷：僕もそのことが気になって「御伽草子集」を図書館で借りて続きを現代語訳で読んでみたよ。すると、こんな話だったたよ。
>
> 【大谷さんが読んだ続きの要約】
>
> 大しうは、帝釈天王から伝授された通りに、七種類の野草で薬を作り、両親に与えた。すると、両親は二十歳くらいの姿になり、大しうは大変に喜んだ。七草という七種類の野草を正月七日にみかどに差し上げるのは、この出来事がきっかけであるとされている。
>
> 山田：大しうの願いがかなっているね。大しうが（　Ⅰ　）から願いがかなったんだね。
> 田中：この出来事が、みかどに七種類の野草を差し上げるきっかけになったんだね。七種類の野草を差し上げることで、みかどに（　Ⅱ　）という気持ちを伝えるためなのだろうね。
> 山田：そうだね。そしてこのことが、現在、僕たちが一月七日に「七草がゆ」を食べる行事とも関係しているのかもしれないね。調べてみようよ。

ア　中国の楚の国に何度も行った　　イ　神仏に熱心に祈り続けた
ウ　自分の病を治すために薬を作った　　エ　努力して健康を保ち続けた

1［　　］　2［　　　　　　　　　　］　3 訴［　　］　4 Ⅰ［　　］　4 Ⅱ［　　　　　　　　　　］

三　次の漢詩は、李白が、旅の途中で洛陽の町に滞在したときに詠んだものです。これを読んで、あとの問いに答えなさい。

誰家玉笛暗飛声
散入春風満洛城（注1）
此夜曲中聞折柳（注2）
何人不起故園情

【書き下し文】

誰が家の玉笛ぞ　暗に［　　］（誰の家で吹く笛だろうか　どこからか）
散じて春風に入りて洛城に満つ（方々に広がり）
此の夜　曲中に折柳を聞く
何人か故園の情を起こさざらん（いったい誰が故郷を思う気持ちを起こさずにいられようか）

（「春夜洛城聞笛」による。）

（注1）洛城＝洛陽の町のこと。
（注2）折柳＝曲名。

1　［　　］に当てはまる書き下し文を書きなさい。

2　入春風満洛城とあるが、次の文は、これの表す様子について述べたものです。空欄Ⅰに当てはまる適切な表現を、あとの【漢和辞典の記述】を踏まえ、現代の言葉を用いて二十五字以内で書きなさい。

笛の音が、（　　Ⅰ　　）様子を表している。

【漢和辞典の記述】

氵9画【満】12画　音 マン　訓 みちる・みたす
〈意味〉①いっぱいになる。いっぱいにする。
②足りる。
③一定の期限・標準に達する。

3　ある生徒が、国語の時間にこの漢詩の鑑賞文を書きました。次の【鑑賞文】は、その生徒が書いたもので、【資料】は【鑑賞文】を書くために準備したものです。これらを読んで、あとの(1)・(2)に答えなさい。

【鑑賞文】

この詩の形式は七言（　Ⅱ　）であり、構成は起承転結になっている。起句、承句までは洛陽の町の情景が詠まれているが、転句を経て結句では旅人である李白の心情が詠まれている。

この詩の巧みさは、字数が限られている中で、転句に「折柳」という語を詠むことによって、詩の内容を情景から心情へと一気に転換させているところにある。「折柳」との関連に着目して結句の李白の心情を解釈すると、「折柳」は、（　　Ⅲ　　）。このように、「折柳」は結句の心情につながっており、わずか二字だが、この詩の中の重要な語だといえる。

【資料】

中国では、むかし、柳の枝を折って旅立つ人におくる風習があった。したがって折柳は旅立つ人との別れの曲とされており、哀調をおびるものであったという。

（高木正一「唐詩選（中）」による。）

(1)　【鑑賞文】中の空欄Ⅱに当てはまる適切な語を、漢字二字で書きなさい。

(2)　【鑑賞文】中の空欄Ⅲに当てはまる適切な表現を、漢詩と【資料】の内容を踏まえ、「……ので、……といえる」という形式によって、現代の言葉で書きなさい。

1

2

3 (1)	3 (2)
	ので、　　　　といえる

■平成30年度問題

三　次の文章を読んで、あとの問いに答えなさい。

恵心僧都[注1]は、修学（学問を修めること）のほか他事なく、道心者（仏教を深く信仰する者）にて、狂言綺語[注2]の徒事（無駄なこと）を憎まれけり。弟子の児[注3]の中に、朝夕（いつも）心を澄まして、和歌をのみ詠ずるありけり（和歌を詠んでばかりいる者がいた）。「児どもは、学問などするこそ、さるべき事なれ（あるべき姿なのに）、この児、歌をのみ好みすく、1所詮なきものなり（どうしようもない者）。あれ体の者あれば（あのような者がいるから）、余（他）の児ども見学び、不用なるに（怠けるので）、明日里へ遣るべし（実家へ帰らせよう）。」と、同宿（同宿の僧）によくよく申し合はせられけるをも知らずして（お話しになったことをこの児は知らないで）、月冴えて（清らかに澄んで）もの静かなるに、夜うちふけて縁（縁側）に立ち出でて、手水[注4]2使ふとて、詠じて云はく、

A　手にむすぶ水（手にすくった水）に宿れる月かげ（月の姿）のあるかなき（はかない）かの世にもすむかな

僧都これを聞きて、折節（今の世の中のありさま）といひ、歌の体（表現）といひ、心肝に染みてあはれなりければ（心に深くしみて感動したので）、歌は道心のしるべにもなりぬべきものなり（信仰の手引きとなるにちがいない）とて、この児をも留めて、3その後歌を詠み給ひけり。

（「沙石集」による。）

（注1）僧都＝僧の役職の一つ。　（注2）狂言綺語＝道理に外れた言葉や飾り立てた言葉。詩歌の類いを指していう。

（注3）児＝学問を修めたり行儀作法を身に付けたりするために寺院に預けられた少年。　（注4）手水＝手や顔を洗い清めるための水。

1　1所詮なきものなり　とあるが、恵心僧都がこのように思った理由として最も適切なものを、次のア〜エの中から選び、その記号を書きなさい。

ア　「この児」が学問以外のことをしないから。　イ　「この児」が和歌を詠んでばかりいるから。

ウ　「この児」が他の児のまねばかりするから。　エ　「この児」がすぐ実家に帰ろうとするから。

2　2使ふ　の平仮名の部分を、現代仮名遣いで書きなさい。

3　3その後歌を詠み給ひけり　とあるが、次の文は、和歌を「徒事」と捉えていた恵心僧都が、自らも和歌を詠むようになった理由について述べたものです。空欄Ⅰに当てはまる適切な表現を、現代の言葉を用いて二十字以内で書きなさい。

児の和歌に心を動かされ、（　Ⅰ　）から。

4　和歌Aについて、国語の時間にある班が話し合って解釈したことを、次のようにまとめました。空欄Ⅱ・Ⅳに当てはまる適切な表現を、それぞれ現代の言葉を用いて十五字以内で書きなさい。また、空欄Ⅲに当てはまる適切な語を書きなさい。

この和歌には、月の様子と児自身のことが詠み込まれていると考えられる。そのように考えたのは次の二点の解釈からである。

①「月かげのあるかなきかの世」という表現の解釈
月の姿がはかないということについて、この月は、（　Ⅱ　）ので、少しでも揺れるとその形がすぐに変わってしまうということを表しているといえる。そして、その月の姿のように、自分の周りの世の中も無常ではかないものだということが重ねられているといえる。

②「すむ」という語の解釈
この語には、同音の二つの語の意味が重ねられていると考えた。その二つの語は、「澄む」と「（　Ⅲ　）」である。それぞれの語を解釈に当てはめると、前者は、月がはかない世の中でも澄んでいるということを表し、後者は、自分が（　Ⅳ　）ということを表すと考えられる。

1

2

3

4		
Ⅱ	Ⅲ	Ⅳ

■平成29年度問題

三 次の文章を読んで、あとの問いに答えなさい。

和邇部用光といふ楽人[注1]ありけり。土佐の御船遊び[注2]（御船遊びのために土佐の国に下り、また都に上った時に）に下りて、上りけるに、安芸の国、なにがしの泊まり（何とかという港）にて、海賊押し寄せたりけり。弓矢の行方知らねば（扱い方も知らなかったので）、防ぎ戦ふに力（頼りとする方法）なくて、1今はうたがひなく殺されなむず（殺されるだろう）と思ひて、篳篥[注3]を取り出でて、屋形[注4]の上に2ゐて（座って）、「あの党や（そこの連中よ）。今は沙汰に及ばず（あれこれ言っても仕方がない）。とく（早く）なにものをも取り給へ。ただし、年ごろ、思ひしめたる（長年の間、心に深く思ってきた）篳篥の、小調子[注5]といふ曲、吹きて聞かせ申さむ（お聞かせしよう）。さることこそありしか（こんなことがあったぞ）と、のちの物語（話の種）にもし給へ。」といひければ、宗徒（海賊の親分）の大きなる声にて、「主たち（お前たち）、3しばし待ち給へ。かくいふ（あのように言う）ことなり。もの聞け（聞いてやろう）。」といひければ、船を押さへて（停泊させて）、おのおのしづまりたるに、用光、今はかぎり（最期）とおぼえければ、涙を流して、めでたき（素晴らしい）音を吹き出でて、吹きすましたりけり（心を澄まして吹いた）。

をりからにや（折もよかったのだろうか）、その調べ、波の上にひびきて、かの潯陽江[注6]のほとりに、琵琶を聞きし昔語りにことならず（琵琶の音が水上に鳴り渡って聞こえたという唐の詩に詠まれた情景のようである）。

海賊、静まりて、いふことなし。よくよく聞きて、曲終はりて、先の声にて、「君が船に心をかけて（ねらいを付けて）、寄せたりつれども、曲の声に涙落ちて、かたさりぬ（ここはやめた）。」とて、漕ぎ去りぬ。

（「十訓抄」による。）

（注1）楽人＝雅楽の演奏者。　（注2）御船遊び＝神社の祭事の一つ。船上で作詩や詠歌、奏楽が催された。
（注3）篳篥＝楽器の名。竹でできた縦笛の一種。　（注4）屋形＝船上に設けた屋根付きの部屋。
（注5）小調子＝曲名。特定の者だけに伝授される曲であった。　（注6）潯陽江＝長江。

1 1今はうたがひなく殺されなむず　とあるが、海賊が押し寄せた時、用光はどのようなことからこのように思ったのですか。現代の言葉を用いて二十五字以内で書きなさい。

2 2ゐて　を、現代かなづかいで書きなさい。

3 3しばし待ち給へ　とあるが、宗徒はどうすることを待てと言ったのですか。次のア～エの中から最も適切なものを選び、その記号を書きなさい。

ア 自分たちの乗っている船を都に向かわせること　　イ 用光の乗っている船に押し入って略奪をすること
ウ 小調子という曲を聞いたと人に話すこと　　エ 自分たちの乗っている船を停泊させること

4 この文章について、生徒が次のような話し合いをしました。空欄Ⅰに当てはまる適切な表現を、現代の言葉を用いて二十字以内で書きなさい。また、空欄Ⅱに当てはまる最も適切な表現を、あとのア～エの中から選び、その記号を書きなさい。

野村：この文章を読んで疑問に思ったのだけれど、荒々しいイメージのある海賊が、篳篥の演奏を聞いて、素直に涙を落として「かたさりぬ」と思うものかなぁ。
黒田：僕もそのことが気になって、「十訓抄」を図書室で借りて現代語訳を読んで、似たような話がないか探してみたら、この海賊の話と同じように笛を吹く話があったんだ。それはこんな話だったよ。

【黒田さんが読んだ話の要約】

楽人の助元は、牢屋に閉じ込められてしまった。助元は、「この建物には蛇・サソリが棲むというではないか」と、たいそう恐れていたところ、案の定、夜中に大蛇がやって来た。大蛇は長い舌を出して大きな口を開け、今にも助元を呑み込もうとした。助元は半分気を失いながらも、ガタガタ震える手で腰に差していた笛を抜き出して、「還城楽」（曲名）を吹き出した。すると、大蛇は前まで来て止まり、その首を高く持ち上げ、しばし笛に聞き入った後、もとの方へ戻っていった。

野村：なるほど。どちらの話にも共通しているところがあるね。どちらの話も、主人公が音楽を奏でると、海賊や大蛇といった、主人公にとって恐ろしい相手が（　Ⅰ　）という展開になっているよね。
黒田：そうか。この二つの話からすると、当時、（　Ⅱ　）と思われていたと考えられるね。

ア 音楽は、どんな聞き手に対しても澄んだ心で奏でるべきだ
イ 音楽は、上手に演奏すると危険にさらされることがある
ウ 音楽には恐ろしい相手に影響を及ぼすような不思議な力がある
エ 音楽には演奏した人に勇気を与えるという素晴らしい力がある

藤十郎によれば、日常の会話では、せりふをあらかじめ用意するということはなく、（　Ⅰ　）ものだという。藤十郎は、そのような日常の会話を手本として、初日の舞台に出るときには覚えたせりふを一度忘れ、（　Ⅱ　）演技をしようと心がけていたのだといえる。

ア　奇抜な　　イ　優雅な　　ウ　軽快な　　エ　自然な

■平成28年度問題

三　次の文章を読んで、あとの問いに答えなさい。

鶯（うぐいす）の身を逆さまに初音かな　其角（きかく）

鶯の岩にすがりて初音かな　素行

去来曰（いは）く「角が句（其角の句）は、暮春の乱鶯（らんあう）（晩春の温かさに乗じて飛び回る鶯）なり。初鶯（初春の頃の鶯）に身を逆さまにする曲なし。1「初」の字心得がたし（理解できない）。行が句（素行の句）は鳴鶯（鳴いている鶯）の姿にあらず。岩にすがるは、あるいは物（動物）におそはれて飛びかかりたる姿（飛びついた）、あるいは餌（ゑ）（えさ）2ひろふ時、またはここよりかしこ（あちら）へ飛びうつらん（飛び移ろう）と、伝ひ道にしたるさまなり。

凡（およ）そ、物を作するに（物を句に詠むときには）、本性（本来の性質）を知るべし。知らざる時は、珍物新詞（物の珍しさや言葉の新しさ）に魂を奪はれて、外の事になれり（その物とは別の物になってしまう）。魂を奪はるるは、その物に著（ちやく）する（執着する）故なり。これを3本意を失ふといふ。角が巧者（其角のような熟練した人）すら、時にとつて過（あやま）ちあり。初学の人、慎むべし（用心すべきである）。」

（「去来抄」による。）

（注）初音＝その年に初めて聞く鳥などの鳴き声。　其角＝江戸時代の俳人。芭蕉（ばしょう）の門人。
素行＝江戸時代の俳人。去来の門人。　去来＝江戸時代の俳人。芭蕉の門人。

1　1「初」の字心得がたし　とあるが、去来が其角の句についてこのように述べた理由として最も適切なものを、次のア～エの中から選び、その記号を書きなさい。

ア　逆さまの姿は初音が聞こえる頃の鶯の姿とはいえないから。
イ　逆さまの姿では鶯の初音の趣深さが損なわれてしまうから。
ウ　鶯が身を逆さまにするのは初めてとは限らないから。
エ　鶯の初音は春の終わり頃にならないと聞けないから。

2　2ひろふ　を、現代かなづかいで書きなさい。

3　3本意を失ふ　とあるが、このことについて、国語の時間に生徒が班で話し合ったことを次のようにまとめました。空欄Ⅰ・Ⅱにあてはまる適切な表現を、空欄Ⅰは十五字以内、空欄Ⅱは十字以内で、それぞれ現代の言葉で書きなさい。

去来によれば、「本意を失ふ」とは、句を詠むときに、（　Ⅰ　）に心を奪われて、その物がもつ本来の性質から外れた内容を詠んでしまうことだという。
例えば素行の句の場合、鶯が岩にすがる姿は、本来（　Ⅱ　）ではないのに、「初音かな」と詠んでしまったところが「本意を失ふ」ことになっているといえる。

■平成26年度問題

三　次の文章を読んで、あとの問いに答えなさい。

むかし青砥左衛門（あをとさゑもん）夜に入りて出仕しける（出勤した）に、いつも燧袋（ひうちぶくろ）に入れて持ちたる銭を、十文誤つて滑川（なめりがは）へ落としたりけるを、よしさてもあれ（まあ、仕方がないこと）かしとてこそ行き過ぐべかりしを（普通は通り過ぎるはずのところであったが）、その辺りの人家へ人を走らかし、銭五十文を出して続松（たいまつ）を十把買つて、これを燃やしつつ、川を渫（さら）へて終（つひ）に十文の銭を求め得たりける。さて言ひける、「十文の銭は、ただ今求めずば（探さなければ）、水底に沈みてながく失せぬべし（永久に失ってしまうだろう）。五十文の銭は、商人の手に渉（わた）りてながく失せず。彼と我と（商人）なにの差別（しやべつ）かあるべき（何の違いもないだろう）。かれこれ（あれとこれとで）六十文の銭を□。豈（あ）に天下の利にあらずや（どうして天下の利益でないことがあろうか、いや天下の利益である）。」と言ひしとぞ。五十文の銭を費やして十文の銭を求むるは、常人の（一般的な人）1思案にていはば、勝手にはきはめてせぬをよしとする事（自分の都合からすると、きっとしない方がよいとする）なれども、道理においてすべき所を考へてかくするにこそ（このようにするのだろう）。いはば軽き事の（ささいな）2やうなれども、3抜群の見識なくてはなるまじき事ぞかし。

（「駿台雑話」による。）

1　□にあてはまる最も適切な語句を、次のア～エの中から選び、その記号を書きなさい。
ア　失ふ　イ　失はず　ウ　求む　エ　求めず

2　1思案と熟語の構成が同じものを、次のア～エの中から選び、その記号を書きなさい。
ア　公営　イ　乗車　ウ　幸福　エ　遠近

3　2やうなれを、現代かなづかいで書きなさい。

4　3抜群の見識なくてはなるまじき事とあるが、次の文章は、このことについて述べたものです。空欄Ⅰにあてはまる適切な表現を、現代の言葉を用いて二十字以内で書きなさい。また、空欄Ⅱ・Ⅲにあてはまる語の組み合わせとして最も適切なものを、あとのア～エの中から選び、その記号を書きなさい。

青砥左衛門がとった、（　Ⅰ　）という行動は、（　Ⅱ　）の損得を超えて（　Ⅲ　）の損得まで考えに入れるという、普通にはなかなか実践できない抜群の見識に基づいた行動といえる。

ア（Ⅱ　天下　Ⅲ　自分）　イ（Ⅱ　天下　Ⅲ　商人）
ウ（Ⅱ　自分　Ⅲ　天下）　エ（Ⅱ　商人　Ⅲ　自分）

■平成27年度問題

三　次の文章を読んで、あとの問いに答えなさい。

ある芸者（歌舞伎役者）、藤十郎に問うて曰（いは）く、「我も人も、初日（公演初日）にはせりふなま覚えなる故か、1うろたゆるなり。こなた（あなた）は、十日二十日もし慣れたる（十日も二十日も公演し慣れた）狂言なさるるやうなり（芝居をなさるようだ）。いかなる御心入り（おこころいり）ありてや承りたし（どのようなお心構えがあるのかお聞きしたい）。」2答へて曰く、「我も初日は同じく、うろたゆるなり。しかれども、よそ目にし慣れたる狂言をするやうに見ゆるは、□の時、せりふをよく覚え、初日には、根から（根本）忘れて、舞台にて相手のせりふを聞き、その時思ひ出してせりふを言ふなり。その故は、常々人と寄り合ひ（集まって話し合い）、あるいは喧嘩（けんくわ）口論するに、かねてせりふにたくみなし（あらかじめせりふを用意しておくということはない）。相手の言ふ詞（ことば）を聞き、こちら初めて返答心に浮かむ（浮かぶ）。狂言は常を（日常）手本と思ふ故、稽古にはよく覚え、初日には忘れて出るとなり（ということだ）。」

（注）藤十郎＝初代坂田藤十郎。江戸時代の優れた歌舞伎役者。

（「耳塵集」による。）

1　□にあてはまる最も適切な語を、文章中から抜き出して書きなさい。

2　1うろたゆるなりとあるが、この芸者は、うろたえてしまう理由としてどのようなことを挙げていますか。次のア～エの中から最も適切なものを選び、その記号を書きなさい。
ア　歌舞伎役者になったばかりだということ。
イ　せりふをしっかり覚えていないということ。
ウ　十日も二十日も公演しているということ。
エ　相手のせりふを聞いてしまうということ。

3　2答へてのひらがなの部分を、現代かなづかいで書きなさい。

4　この文章における藤十郎の芝居に対する心構えについて、ある中学生が次のようにまとめました。空欄Ⅰにあてはまる適切な表現を、現代の言葉を用いて二十五字以内で書きなさい。また、空欄Ⅱにあてはまる最も適切な語を、あとのア～エの中から選び、その記号を書きなさい。

古典（古文・漢文）

■平成24年度問題

三　次の文章を読んで、あとの問いに答えなさい。

昔、三人の兄弟有りき。田祖・田達・田音と云ふ。即ちその祖の家に前栽有り。四季に花を開く荊三茎有りて、一花は白、一花は赤、一花は紫なり。往代より相伝へて財と為して、色に随ひ香に付きて、千万の喜び剰り有り。1人々願ふと雖も未だ他所に有らず。即ち父母亡せて後に、この三人身極めて貧し。相語らひて云はく、「吾が家を2売りて他国に移住せむ。」と。時に隣国の人、三荊を3買ふ。已にこれを売りて値を得つ。その明旦に、三荊花落ち葉枯れたり。三人これを見て4歎ず。未だかくのごとき事をば見ず、と。呪して云はく、「吾が三荊、別れを惜しむがために枯れたり。吾等留まるべし。復た返りて栄かむや。」と。5即ち値を返す。明くる日に随ひて元のごとく盛りなり。故に去らず。

（「注好選」による。）

（注）荊＝バラの一種。　三茎＝一株から三本生え出たもの。　三荊＝文章中の「荊三茎」のこと。

1　1人々願ふと雖も未だ他所に有らず　とあるが、このことから三荊がどのようなものであることがわかりますか。次のア～エの中から最も適切なものを選び、その記号を書きなさい。

ア　実用的なもの　イ　貴重なもの　ウ　役立たないもの　エ　つまらないもの

2　2売りて　の主語は何ですか。次のア～エの中から適切なものを選び、その記号を書きなさい。

ア　三人　イ　家　ウ　三荊　エ　父母

3　3買ふ　のひらがなの部分を、現代かなづかいで書きなさい。

4　4歎ず　とあるが、どのようなことに対して、三人は悲しく思ったのですか。現代の言葉で書きなさい。

5　5即ち値を返す　とあるが、このようにして三人が三荊を取り戻したのはなぜですか。現代の言葉で書きなさい。

1	2	3	4	5
		買		

■平成25年度問題

三　次の文章を読んで、あとの問いに答えなさい。

片桐石州君は、茶の湯の式に名だかく、1つひに一流の祖とならせられ、茶器万の鑑定たがふ事なしとなり。江戸へ下りたまひし時、旅館にて尿器を見たまふに、よし有るものなりしかば、主人に2命じて、あらひきよめさせて見たまふに、甚だ古く、よろしき唐物なりければ、金数片にかへて、買ひ取らんといはしめたまふに、主驚き、さやうのものとは、むかしより3さらに知らず、かかる不浄のものとなしおき候ふ。くるしからずば、さし上げ申すべし。価下され候ふ事は、辞し奉るよし申せしかど、金あまたたまはり、その器をめされ、即命じて、みぢんに打ちくだかしめたまふ。従者はさらなり、主ふたたび大きに驚きあきれしに、侯笑ひて、この壺、甚だ古くして、よき唐物なれば、目のききたるもの見つけなば、やがて買ひ取り、水屋鉢か、または、相応のものにうりわたすべし。かかる不浄のものとは知らずして、高価にもとむるもの有るべし。甚だけがらはしき事なれば、かくせしなり、とのたまへりと、ある人かたられたり。按ずるに、およそ茶人は古き器をこのみ、貴き価もて買ひ取り、いかなる事に用ひたるものなるを知らず、珍蔵愛玩して、人に誇るもの多し。いやしき心ならずや。4侯の見識と、天地のたがひ有りといふべし。

（「思斉漫録」による。）

（注）水屋鉢＝茶の湯で用いる道具。

1　1つひに　を、現代かなづかいで書きなさい。

2　2命じて　とあるが、だれが何を命じたのですか。次のア～エの組み合わせの中から適切なものを選び、その記号を書きなさい。

ア　（だれ＝片桐石州君　何＝尿器を鑑定すること）
イ　（だれ＝片桐石州君　何＝尿器を洗って清めること）
ウ　（だれ＝主人　何＝尿器を鑑定すること）
エ　（だれ＝主人　何＝尿器を洗って清めること）

3　3さらに知らず　とあるが、主人はどのようなことを全然知らなかったのですか。現代の言葉で書きなさい。

4　4侯の見識と、天地のたがひ有り　とあるが、次の文章は、このことについて述べたものです。空欄Ⅰ・Ⅱにあてはまる適切な表現を、それぞれ現代の言葉で書きなさい。

片桐石州君は、尿器をそのままにしておくと（　Ⅰ　）ことになると予想して、尿器を打ち砕かせた。一方、多くの茶人は、高い値段で買った器を、（　Ⅱ　）。このように、片桐石州君と多くの茶人の見識には天と地ほどの差がある。

1	2	3	4 Ⅰ	4 Ⅱ

（注6）昼餉＝昼食。
（注7）梁＝屋根の重みを支えるために柱の上部に架け渡した材木。
（注8）鴨居＝ふすまや障子などをはめ込むために、部屋と部屋の間や出入り口の上部に渡した溝のある横木。

1　①〜③のカタカナに当たる漢字を書きなさい。

1	
①	
②	み
③	めて

2　[1]笑いを浮かばせようと骨折った大きな口の曲線が、幾度も書き直されてある　とあるが、次の文は、吉がこのような行動をとった理由について述べたものです。空欄Ⅰに当てはまる適切な表現を、十字以内で書きなさい。

吉は、習字の時間も（　Ⅰ　）のことが気になっていたから。

2

3　[2]ずっと吉は毎日同じことをした　とあるが、吉は毎日どこで何をしていたのですか。十五字以内で書きなさい。

3

4　文章中で、母はどのような母親として描かれていると考えられますか。本文の内容を根拠に挙げ、「……ところや、……ところから、……母親として描かれていると考えられる。」という形式によって、あなたの考えを書きなさい。

4
ところや、
ところから、
母親として描かれていると考えられる。

5　※1から※2までの部分について、国語の時間に、生徒が話し合いをしました。次の【生徒の会話】はそのときのものです。これを読んで、あとの(1)・(2)に答えなさい。

【生徒の会話】

大野：吉はある日、久しぶりに仮面を見たら、腹が立ってきて仮面を引きずり降ろして割ったのよね。でも、その後、吉が割れた仮面で立派な下駄が出来そうな気がして、もとのように満足そうに表情が和らいでいるのはなぜなのかな。
長野：確か、吉が引きずり降ろして割った仮面は、吉を下駄屋にするという父の決断の大きなきっかけになっていたよね。
小川：なるほど。だから吉は、「貴様のお蔭で俺は下駄屋になったのだ！」と言っているんだね。ということは、仮面は吉の（　Ⅱ　）を象徴していると考えられない？　吉は自分が下駄屋として生きてきたことに不満があるのかなあ。
大野：吉は二十五年間、下駄屋を続けてきたんだね。でも、ある日、久しぶりに鴨居の上の仮面を見たら、二十五年間、下駄屋を続けてきた自分の人生を、仮面が馬鹿にして笑ったように感じたんだよね。だから、腹が立って、悲しくなって、また腹が立って仮面を引きずり降ろして割ったのだと思うよ。
長野：でも、吉は腹を立てて仮面を割ったけれど、本文の最後では、またもとのように満足そうにぼんやりと表情が和らいでいるよ。腹を立てていたのに、どうして最後に表情が満足そうにぼんやりと和らいだのかなあ。
小川：腹を立てて仮面を割った後、暫くして、持ち馴れた下駄の台木を眺めるように、割れた仮面を手にとって眺めて、ふと何だかそれで立派な下駄が出来そうだと感じているよね。吉は強く意識しているわけではないかもしれないけれど、この吉の行動は、吉が（　　　Ⅲ　　　）ということの表れだと思うなあ。だから、腹が立っていたけれど、暫くすると、もとのように満足そうに表情が和らいだんじゃないかな。
大野：そうだね。「ぼんやりと和らぎだした」という表現に、吉の性格も表れているなあと思ったよ。

(1)　空欄Ⅱに当てはまる最も適切な表現を、次のア〜エの中から選び、その記号を書きなさい。

ア　秘められた本心　イ　家族との別離　ウ　定められた運命　エ　報われない努力

5
(1)

(2)　空欄Ⅲに当てはまる適切な表現を「……ことで、……になっている」という形式によって書きなさい。

5
(2)
ことで、
になっている

一　次の文章を読んで、あとの問いに答えなさい。

　吉をどのような人間に仕立てるかということについて、吉の家では晩餐後毎夜のように論議せられた。またその話が始まった。吉は牛にやる雑炊を煮きながら、ひとり柴の切れ目からぶくぶく出る泡を面白そうに眺めていた。「やはり吉を大阪へやる方が好い。十五年も辛抱したなら、[注1]暖簾が分けてもらえるし、そうすりゃあそこだから直ぐに金も儲かるし。」そう父が言うのに母はこう言った。「大阪は水が悪いというから駄目駄目。幾らお金を儲けても、早く死んだら何もならない。」「百姓させば好い、百姓を。」と兄は言った。「吉は[注2]手工が甲だから[注3]信楽へお茶碗造りにやるといいのよ。あの職人さんほどいいお金儲けをする人はないって言うし。」そう口を入れたのはませた姉である。「そうだ、それも好いな。」と父は言った。母だけはいつまでも黙っていた。

　その夜である。吉は真っ暗な果てしのない野の中で、口が耳まで裂けた大きな顔に笑われた。その顔は何処か正月に見た獅子舞いの獅子の顔に似ているところもあったが、吉を見て笑う時の頬の肉や殊に鼻のふくらぎまでが、人間のようにぴくぴくと動いていた。吉は必死に逃げようとするのに足がどちらへでも折れ曲がって、ただ汗が流れるばかりで①ケッキョク身体はもとの道の上から動いていなかった。けれどもその大きな顔は、だんだん吉の方へ近よって来るのは来るが、さて吉をどうしようともせず、何時までたってもただにやりにやりと笑っていた。何を笑っているのか吉にも分からなかった。が、とにかく彼を馬鹿にしたような笑顔であった。

　翌朝、蒲団の上に座って薄暗い壁を見詰めていた吉は、昨夜夢の中で逃げようとしてもがいたときの汗を、まだかいていた。その日、吉は学校で三度教師に叱られた。最初は算術の時間で、仮分数を帯分数に直した分子の数を聞かれた時に黙っていると、「そうれ見よ。お前はさっきから窓ばかり眺めていたのだ。」と教師に睨まれた。二度目の時は習字の時間である。その時の吉の草紙の上には、字が一字も見あたらないで宮の前の[注4]高麗狗の顔にも似ていれば、また人間の顔にも似つかわしい三つの顔が書いてあった。そのどの顔も、1笑いを浮かばせようと骨折った大きな口の曲線が、幾度も書き直されてあるために、真っ黒くなっていた。三度目の時は学校の退けるときで、皆の学童が包を仕上げて礼をしてから出ようとすると、教師は吉を呼び止めた。そして、もう一度礼をし直せと叱った。

　家へ走り帰ると直ぐ吉は、鏡台の引き出しから油紙に包んだ剃刀を取り出して人目につかない小屋の中でそれを研いだ。研ぎ終わると軒へ回って、積み上げてある割木を眺めていた。それからまた庭へ入って、餅搗き用の杵を撫でてみた。が、またぶらぶら流し元まで戻って来るとまな板を裏返してみたが急に彼は井戸傍の[注5]跳ね釣瓶の下へ駆け出した。「これはうまいぞ、うまいぞ。」そう言いながら吉は釣瓶の尻の重りに縛り付けられた欅の丸太を取りはずして、その代わりに石を縛り付けた。暫くして吉は、その丸太を三、四寸も②アツみのある幅広い長方形のものにしてから、それと一緒に鉛筆と剃刀とを持って屋根裏へ昇っていった。次の日もまたその次の日も、そしてそれから2ずっと吉は毎日同じことをした。

　ひと月もたつと四月が来て、吉は学校を卒業した。しかし、少し顔色の青くなった彼は、まだ剃刀を研いでは屋根裏へ通い続けた。そしてその間も時々家の者らは晩飯の後の話のついでに吉の職業を選び合った。が、話は一向にまとまらなかった。ある日、[注6]昼餉を終えると父は顎を撫でながら剃刀を取り出した。吉は湯を飲んでいた。「誰だ、この剃刀をぼろぼろにしたのは。」父は剃刀の刃をすかして見てから、紙の端を二つに折って切ってみた。が、少し引っかかった。父の顔は険しくなった。吉は飲みかけた湯を暫く口へ溜めて黙っていた。「吉がこの間研いでいましたよ。」と姉は言った。「吉、お前どうした。」やはり吉は黙って湯をごくりと咽喉へ落とし込んだ。「うむ、どうした？」吉が何時までも黙っていると、「ははア分かった。吉は屋根裏へばかり上っていたから、何かしていたに決まってる。」と姉は言って庭へ降りた。「いやだい。」と吉は鋭く叫んだ。「いよいよ怪しい。」姉は[注7]梁の端に吊り下がっている梯子を昇りかけた。すると吉は裸足のまま庭へ飛び降りて梯子を下から揺すぶり出した。「恐いよう、これ、吉ってば。」肩を③チヂめている姉はちょっと黙ると、口をとがらせて唾を吐きかける真似をした。「吉ッ！」と父は叱った。暫くして屋根裏の奥の方で、「まアこんなところに仮面が作えてあるわ。」という姉の声がした。吉は姉が仮面を持って降りて来るのを待ち構えていて飛びかかった。姉は吉を突き除けて素早く仮面を父に渡した。父はそれを高く捧げるようにして暫く黙って眺めていたが、「こりゃ好く出来とるな。」またちょっと黙って、「うむ、こりゃ好く出来とる。」と言ってから頭を左へ傾け変えた。仮面は父を見下して馬鹿にしたような顔でにやりと笑っていた。その夜、納戸で父と母とは寝ながら相談をした。「吉を下駄屋にさそう。」最初にそう父が言い出した。母はただ黙ってきいていた。「道路に向いた小屋の壁をとって、そこで店を出さそう、それに村には下駄屋が一軒もないし。」ここまで父が言うと、今まで心配そうに黙っていた母は、「それが好い。あの子は身体が弱いから遠くへやりたくない。」と言った。

※1　間もなく吉は下駄屋になった。吉の作った仮面は、その後、彼の店の[注8]鴨居の上で絶えず笑っていた。無論何を笑っているのか誰も知らなかった。吉は二十五年仮面の下で下駄をいじり続けて貧乏した。無論、父も母も亡くなっていた。ある日、吉は久しぶりでその仮面を仰いで見た。すると仮面は、鴨居の上から馬鹿にしたような顔をしてにやりと笑った。吉は腹が立った。次には悲しくなった。が、また腹が立って来た。「貴様のお蔭で俺は下駄屋になったのだ！」吉は仮面を引きずり降ろすと、鉈を振るってその場で仮面を二つに割った。暫くして、彼は持ち馴れた下駄の台木を眺めるように、割れた仮面を手にとって眺めていた。が、ふと何だかそれで立派な下駄が出来そうな気がして来た。すると間もなく、吉の顔はまたもとのように満足そうにぼんやりと和らぎだした。※2

（横光利一「笑われた子」による。）

（注1）暖簾を分ける＝長年よく勤めた店員などに新しく店を出させ、同じ店名を名乗ることを許す。
（注2）手工が甲＝図画工作の成績が良いこと。
（注3）信楽＝滋賀県の地名。信楽焼という陶器の産地。
（注4）高麗狗＝神社の社殿の前に置いてある獅子に似た獣の像。
（注5）跳ね釣瓶＝竿の先につけた桶を石などの重みで跳ね上げ、井戸の水を汲むようにしたもの。

（注1）あさましい＝品がなくて見苦しい。　（注2）一間＝約一・八メートル。　（注3）恬然＝周りを意識せず平気でいるさま。
（注4）屈竟＝きわめて都合の良いこと。　（注5）愴惶＝慌てるさま。　（注6）せつな＝瞬間。
（注7）蕭条＝ものさびしいさま。

1　①～③の漢字の読みを書きなさい。

2　1動揺と熟語の構成が同じものを、次のア～エの中から選び、その記号を書きなさい。
ア　左右　イ　中央　ウ　視線　エ　不当

3　2かれは心から憎みはじめたのである　とあるが、かれが、このような気持ちを抱いたのはなぜですか。その理由について述べた次の文の空欄Ⅰに当てはまる適切な表現を、十字以内で書きなさい。

老婆の近くに腰を掛けている乗客たちが、老婆に席を譲ることもなく（　Ⅰ　）から。

4　ⓐ～ⓓの代名詞「かれ」のうち、示す人物が他の三つと異なるものを選び、その記号を書きなさい。

5　3絶望的な驚きを感じた　とあるが、この描写について、国語の時間に生徒が話し合いをしました。次の【生徒の会話】はそのときのものです。空欄Ⅱに当てはまる適切な表現を、かれが老婆の行動を見て気付いた事実に触れて、「……に気付き、……と思った」という形式によって書きなさい。

【生徒の会話】

早川：「絶望的な驚きを感じた」とあるけれど、どのようなことを感じたのだろう。「絶望的」というのだから、かれにとっては、かなりショックだったということかな。
山田：そうだね。直前には「自分が作っておいた落とし穴の中へ落ち込んだように」とあるから、うっかりしていて自滅してしまったという感じのショックだと思うよ。
早川：具体的にはどういうことかしら？
山田：「絶望的な驚き」のきっかけは、具体的にいうと、愴惶として席にすがりつく老婆を見たことだよね。
石原：そう考えていくと……「絶望的な驚き」とは、当初は老婆のことで周囲の乗客を軽蔑していたかれが、老婆の行動を見て、（　Ⅱ　）ことで受けたショックだといえるね。自分が老婆に、席を奪う競争者だと思われたかもしれないと感じたのも、そうしたショックに伴ったものだと思うよ。
早川：なるほど。確かにかれにとっては自滅という感じね。

6　※1から※2までの部分における、かれの内面についての描写から、かれは、どのような人物であると読み取れますか。本文の内容を取り上げて読み取りの根拠を明確にし、「……ところや、……ところから、……人物であると読み取れる。」という形式によって、あなたの考えを書きなさい。

1　①　なる　②　えた　③　れた
2
3
4
5　に気付き、　と思った
6　ところや、　ところから、　人物であると読み取れる。

■平成31年度問題

一　次の文章を読んで、あとの問いに答えなさい。

電車が1動揺するごとに、老婆のからだは痛々しげに揺れていた。席を譲るか、譲らぬかは、まったく個人の自由であって、譲らぬことが必ずしも罪悪でないにしても、七十の老婆が――しなびきってつり皮にすがる力さえ、じゅうぶんではないかと思われるほどの老婆が、東京の大通りの電車の中で、席を譲られずにいるということは、それは決して①愉快なる光景ではなかった。かれの感情を少しく誇張していえば、それは文明の汚辱であった。あさましく[注1]思わずにはいられなかった。かれは老婆の前後左右一間[注2]ばかりの間に、恬然[注3]として腰を掛けている乗客を、心からいやしまずにはいられなかった。これほどあさましいことが、行われているにもかかわらず、否自分たちが行っているのにもかかわらず、老婆の存在にはほとんど気のつかぬように、平然として納まり返っている乗客の一群を、2かれは心から憎みはじめたのである。

老婆の立っていることに対して、最も責任のある乗客は、老婆がそれに面して立っている、運転手台に向かって右側の座席の乗客でなければならなかった。かれは、かなり熱した目つきをしながら、その辺の乗客を、いちいち点検した。老婆のすぐ前にいる三人は、女連れの乗客であった。そして、まん中にいる女が、ちょうどものを言いはじめたくらいの子をひざの上に抱いている。その女の子を、左右のふたりの女が、かわりがわりにあやしていた。この女の三人連れに老婆に席を譲らない責任を負わせるのは、少しく酷であった。中央にいるこどもを抱いている女に、席を譲ることを求めるのは、もとより無理であった。こどもをあやすという無邪気な仕事のために、老婆の存在に気のつかない左右の女をとがめるわけにもいかなかった。ⓐかれは、この三人の女を、心のうちで放免して、女たちの両側を点検した。ⓑかれに近い側にいるのは、二十四、五ばかりの男であった。位置からいっても、年輩からいっても、この男が最初に老婆に対して、席を譲らなければならないにもかかわらず、ⓒかれは老婆の存在などは、てんで眼中にないごとく、視線を固定したままで何やら考えている。女たちの向こう側にいる男は、もう五十に近い男だが、老婆に席を譲るべき屈竟[注4]の位置にあるにかかわらず両足をふんぞり伸ばしたまま、平然とすわっている。ⓓかれは、このふたりの男を最も多く軽蔑したが、このふたりの男の右と左とにも、かれの軽蔑に価する屈強な――つり皮につかまって立つ能力のある男が、幾人も並んでいるのだ。

また、たとえ老婆が背を向けて、立っていようとも、その向こう側の座席の人たちも、老婆に席を譲るべき責任を、忌避すべきはずのものではなかった。しかも、向こう側の席にいる乗客は、どの男もどの男もみな、つり皮につかまるには、少しの故障ももっていない人たちばかりであった。

もっとも、老婆の周囲には、乗客がごたごたと、立ちこんでいるので、老婆の存在が、かれらのすべてに意識されているかどうかは疑問であったが。

が、とにかく席を譲る資格――立っているかれには、その資格は絶対になかった――をもっている十人に余る乗客が、ひとりもこの②衰えた老年の婦人に席を譲らないということが、かれの心をかなり痛々しく傷つけた。かれは、自分の座席をもっていないことを、どれほど残念に思ったかしれなかった。

かれは老婆が不当に立たされていることを、電車が須田町から本石町辺まで走る間、憤慨し続けていた。婦人が立っている間は、男子はひとりも席に着かないという外国人の習慣などを思い出しながら、かれは老婆の付近に腰を掛けている乗客を、思う存分さげすんでいた。ことに二十四、五歳の男と、五十かっこうの男とが、かれの憤慨の第一の的であった。

そのうちに、かれは憤慨に③疲れたとみえ、少しぼんやりした気持ちになりかけていた。そのときであった、電車は急に速度をゆるめたかと思うと、日本橋の停留場に止まった。電車が止まると、車内が急に動揺した。ふと、気がついてみると、例の三人の女連れは、いっせいに立ち上がって降りようとしている。かれは「席はあいたな」と、思った。そう思うと、かれはそこへ腰掛けたいと思って、つり皮を持っている手を離して、そのほうへ動こうとした。そのときに、かれは自分よりも先に、さっきの老婆が愴惶[注5]として、飛びつくように、そのあいた座席にすがりついているのを見たのである。

それを見ると、かれは自分が作っておいた落とし穴の中へ落ち込んだように、3絶望的な驚きを感じた。かれはいつの間にか自分自身、老婆の存在を忘れていたのである。老婆に対する周囲の冷淡さ、無情さを憤慨しているうちに、その憤慨のもとである老婆のことは、いつの間にかおるすになっていたのである。あれほど、老婆のために席がないことを悲しんでいたかれは、老婆のために席が作られたせつな[注6]、老婆のことはいつの間にか忘れていて、自分がそこへすわろうとしたのである。おそらく老婆が、愴惶として席に着いたのは、かれを競争者として、座席を奪われることを恐れたためであったかもしれなかった。

※1 そのとき、かれの良心は、明らかにべそをかいていた。かれは不快な蕭条[注7]たる気持ちにならずにはいなかった。かれの負け惜しみは、老婆のために、憤慨していたほうが、かれの心の第一義的な状態で、席があいたせつな、そこへすわろうとした心は、それは発作的なでき心だと解しようとした。が、そうした解釈でもって、かれの心は少しも慰まなかった。

二十四、五の男や、五十かっこうの男が、席を譲らないことを憤慨したのが、かれらに対してあいすまぬように思われてしかたがなかった。

老婆に対して席を譲らないことを、憤慨したのも、それは老婆そのもののためではなくして、自分の道徳的意識がその事実によって、傷つけられたことによっての憤慨であって、まったく利己的なものであるかもわからないと思った。

かれはすっかりしょげてしまっていた。かれの行動が、だれに見あらわされたわけでもなく、だれから非難されたわけでもなかったが、それはすました顔をしながら、何か悪事をしようとしたところをうまくしっぽをつかまれた感じと、少しも異なっていなかった。※2

（菊池　寛「我鬼」による。）

（注1）乗馬クラブ＝乗馬を目的とした会員制の組織及びその施設。　（注2）乗馬袴＝乗馬用のズボン。
（注3）キッド＝革材料の一種。　（注4）拍車＝乗馬靴のかかとに取り付ける金具。　（注5）ピアッフェ＝馬術の一つ。
（注6）厩舎＝馬を飼う小屋。　（注7）切り口上＝形式的で無愛想な口調。　（注8）しょっている＝うぬぼれている。

1　①～④について、漢字には読みを書き、カタカナにはそれに当たる漢字を書きなさい。

1			
① れて	②	③	④ って

2　1邦子の顔はかがやきだした　とあるが、次の文は、邦子がこのような表情になった理由について述べたものです。空欄Ⅰに当てはまる適切な表現を、二十字以内で書きなさい。

一面の雪景色の朝、雪のふりしきる中で（　Ⅰ　）と思ったから。

3　□の部分の発言では、邦子にどのようなことが伝えられたと考えられますか。次のア～エの中から最も適切なものを選び、その記号を書きなさい。

ア　邦子の服装が優雅であること。　イ　高原が白以外の乗馬服に着替えること。
ウ　高原が邦子に白鳥を譲ること。　エ　邦子が乗れる馬は白鳥以外にもあること。

4　※1から※2までの部分において、邦子はどのような人物として描かれていると考えられますか。本文の内容を根拠に挙げ、「……ところや、……ところから、……人物として描かれていると考えられる。」という形式によって、あなたの考えを書きなさい。

4
ところや、
ところから、
人物として描かれていると考えられる。

5　段落Dの描写について、国語の時間に生徒が話し合いをしました。次の【生徒の会話】はそのときのものです。空欄Ⅱに当てはまる適切な表現を、二十五字以内で書きなさい。また、空欄Ⅲに当てはまる最も適切な表現を、あとのア～エの中から選び、その記号を書きなさい。

【生徒の会話】

田中：邦子は「高原の馬もこの白キッドの手袋の上をさっきからどうどうめぐりしていた」ことに気がついているけれど、これはどういうことに気がついたのかな。
毛利：そうねえ。この描写は高原のことを比喩的に述べたものよね。これと似た描写が、段落Bにあるから、そこが手掛かりになる気がするわ。
中本：なるほど。「どうどうめぐり」という描写はどちらの段落にもあるし、「彼の厚い掌」は「白キッドの手袋」と対応していると読めるからね。
毛利：段落Bで邦子が感じている「どうどうめぐり」や「厚い掌の上をかけめぐっているにすぎない」というのが、どのように感じている状態のことなのかということを読み取って、高原もそれと似たような状態だったと考えたらよさそうね。
田中：そう考えると……分かった！「高原の馬もこの白キッドの手袋の上をさっきからどうどうめぐりしていた」というのは、高原も邦子のように、（　Ⅱ　）という状態だったことを表しているのだと思うよ。
中本：確かにその状態は同じだと思うけれど、「どうどうめぐり」していた時の思いは、邦子と違うと思うよ。
毛利：どういうこと？
中本：段落Aの、邦子を見る高原の目の描写や、段落Cの高原の言動などを踏まえると、高原が（　Ⅲ　）いることが読み取れるよね。
田中：そうか。そう考えると、段落Dで邦子は、高原が（　Ⅲ　）いたために、自分と同じような状態になっていたことに気がついたのだといえるね。

ア　邦子を軽蔑して　イ　邦子に好意を抱いて
ウ　邦子を羨んで　エ　邦子に敵意を抱いて

5	
Ⅱ	Ⅲ

■平成30年度問題

一　次の文章を読んで、あとの問いに答えなさい。

カーテンをあけると一面の雪景色だ。まだふりしきっている粉雪を寝起きの目で夢のつづきのようにぼんやり見ていると、急に何か思いついたように1邦子の顔はかがやきだした。そうだ、雪の朝、それも可成の降りに、白鳥を乗りまわしたいというのが宿望だったのだ。N乗馬[注1]クラブでは純白の馬は「白鳥」一頭きりだった。早くかけつけないと、偶然邦子とおんなじ考えの会員がいて、先取りされてしまう惧れがある。朝おきるときは今日は何をしでかすかわからないという不安を感じるほどの健康さで、今日に限らずベッドから下りるとき文字どおり「床を蹴って」起きるならわしなのだが、今朝はとりわけそうだった。白いウールの乗馬服、白い乗馬袴[注2]、長靴だけは白というわけに行かなかったが、手袋まで白キッド[注3]の本当は乗馬用ではない優雅な指のながいのをはめてみた。寝起きの体がほてっているせいか手袋の留め金が手首に快い冷たさだ。鏡の前に立つと白ずくめのなかから、はやくも馬を駆っているかのような上気した頰が薔薇いろを際立たせている。

※1　こうして一時間あまりつづいた夢心地がクラブの休憩室へ入ったとたんに①崩れてしまった。その入り口の黒板に、

「白鳥」――高原

と、ぶっきらぼうな白墨の字があって、会員なのだが一度も口をきいたことのないむっつり屋の青年が、（それが高原ということも邦子は今はじめて知ったのだが）、白い乗馬服の、むっつり屋らしい頑丈な背を向けて、ストーヴにあたりながら、鞭でかるくストーヴの胴を叩いていた。邦子はその背中から云いしれない意地悪さを自分勝手に感じとって、後をも見ずに休憩室を出て行こうとした。急激な回れ右に鳴った拍車[注4]の音がいかにも感情的だったのでそれでやっと気づいたらしく高原はふりかえり、「あ、堀田さん。」柄に似合わぬ鋭敏な声でよびかけた。名前を知られていようとは思わなかったので気をのまれて振り向いた邦子の、白ずくめの服装を無遠慮にじっと見据えると、青年は、「ははあん。」と謂った大人びた納得の微笑をうかべて、黒板の方へ歩き出しながら、

「□」

――邦子は思わず「ああよかった。」と言いたげな御先走りな微笑を見せてしまって、気がついて赤くなった。さっきの高原の大人びた微笑には生意気なところがなかった、と急に好意的な②ヒヒョウも心にうかんで来て、それでも一応、「あら、そんな……、あたくし後からまいりましたのに。」――青年にしても、こんなに早く来て黒板にでかでかと書いておいたのは、今朝起きがけに邦子が危惧したとおり、偶然同じ宿望を抱いていたからにちがいないのだ。

しかし高原はむっつり屋らしい背をみせたまま、黙って黒板消しで「白鳥」を消して、他の馬に書きかえようとしている。その好意から邦子自身がまるで除外されているようなそっけなさなので、何か胸の軽くなるおかしさで窓のほうをながめやると、馬場いちめんにふりしきる粉雪のなかに、かこいの柵の青ペンキばかりがあざやかだ。※2

引き出されたときは雪におびえて、白鳥は鼻孔を怒らして、雪よりも白い息をはっはと吐いていたが、乗りまわすうちに次第にいつもの流れるような快い歩度になった。手綱をにぎっている優雅な白手袋から自分の白ずくめの全身像を空想してみようとしても、ちょうどまつ毛に雪片がくっついて見えなくしているように、何かがその空想の③邪魔をしているのが感じられる。若い女というものは誰かに見られていると知ってから窮屈になるのではない。ふいに体が固くなるので、誰かに見詰められていることがわかるのだが。

A　同じひろさの馬場が二つつながって、その通路を中心に双方の馬場に亙って8字形の運動も出来る仕組みになっているのに、高原はけっして邦子の方の馬場へ入って来なかった。雪を透かして彼の栗毛の馬は妙に艶めかしい美しさだ。習いたてらしいピアッフェ[注5]を練習している一瞬の跳躍の姿勢が銅像の馬のような筋肉の躍動にあふれている。その馬の上から時々ちらとこちらを見る目が、雪のなかでもえている一点の火のようだった。

B　どうしてもこちらの馬場へ入って来ない高原を感じると、邦子は一人でぐるぐるまわっている馬場のひろさが、かえって高原の投げた輪のなかをどうどうめぐりしているようなふしぎな狭さに感じられて、時には彼の厚い掌の上をかけめぐっているにすぎないのではないかと、妙な空想がわくのさえもどかしい。それを又、高原の馬をゆずられた負け目だと感じることも彼女の朝の朗らかさを台無しにした。

三十分ほど乗りまわして邦子は急に思いついて、二つの馬場の堺で馬を下りた。雪の上へとび下りると長靴の中で冷え切った足が釘をふみぬいたような痛みをつき上げた。その痛みにしかめた顔を上げたところに何事かと④ヨってきた馬上のあの烈しい視線があったので、彼女はふしぎな口惜しさで顔をますます硬ばらせた。

「あたくし、もう帰りますから『白鳥』にお乗りになりません？　その馬はあたくしが厩舎[注6]へ引いてまいりますわ。」と切り口上[注7]で言った。「僕はそんなに『白鳥』に乗りたいわけじゃありません。」「でも……。」と邦子は高原の感情を手繰り切れない腹立たしさから怒った顔つきになりかける自分が何か痛快な気もして、「この馬まだ疲れていないのですもの。引いてかえれば他の人が乗るでしょうけれど、よろしいの？」「どうしても僕が乗らないと、その馬、承知しませんか？」「あら、しょって[注8]いらっしゃるわ。」

C　見る間に高原は荒っぽい下り方をして雪を踏み散らして邦子の前に立った。そして吐息をしてスキー帽を左手でずらし上げると、額際から湯気が立っている。雪の音がきこえるような沈黙のなかで顔を見合わしていると、高原ははじめて額から流れる汗に気づいたようにハンカチをつかみ出して、あらぬ方へ目をそらしたまま、「じゃ、馬を交代しましょう。今度は同じ馬場で御一緒に乗りまわしませんか。」

D　――ふと高原の馬もこの白キッドの手袋の上をさっきからどうどうめぐりしていたのだと邦子は今気がついて、やさしく手綱を高原の手にまかせながら、自分の手から何か大事なものを彼にあずけてしまったような甘い虚しさを感じた。

（三島由紀夫「白鳥」による。）

C 信太郎は急に可笑しくなった。旅行もやめだと思った。彼は笑いながら、そこに苦茶苦茶にしてあった小夜着を取り上げてたたんだ。敷蒲団も。それから祖母のもたたんでいると彼には2可笑しい中に何だか泣きたいような気持が起こって来た。涙が自然に出て来た。物が見えなくなった。それがポロポロ頬へ落ちて来た。彼は見えないままに押し入れを開けて祖母のも自分のもむやみに押し込んだ。間もなく涙は止まった。彼は胸のすがすがしさを感じた。

（志賀直哉「或る朝」による。）

（注1）三回忌の法事＝亡くなってから二年後の命日に行う仏事。親族などが集まって故人の冥福を祈る。　（注2）夜着＝掛け布団の一種。
（注3）あまのじゃく＝人の言うことにわざと従わない態度をとる人。　（注4）おっつけ＝間もなく。
（注5）唐紙をあけたてする＝ふすまを開け閉めする。　（注6）諏訪＝長野県にある諏訪湖のこと。当時は冬季に湖面が厚い氷に覆われた。
（注7）伊香保＝群馬県の地名。　（注8）お塔婆＝故人の供養のためにお経などを書いて墓の後ろに立てる長い板。

1 ①～③のカタカナに当たる漢字を書きなさい。

2 [　]に当てはまる適切な語を、漢字二字で書きなさい。

3 1とうとう祖母は怒り出した　とあるが、次の文は、このとき祖母が信太郎に対して怒り出した理由について述べたものです。空欄Ⅰに当てはまる適切な表現を、二十字以内で書きなさい。

　信太郎がなかなか起きない上に、（　Ⅰ　）から。

4 2可笑しい中に何だか泣きたいような気持が起こって来た　とあるが、この描写について、国語の時間に生徒が班で話し合いをしました。次の【生徒の会話】はそのときのある班のものです。これを読んであとの(1)・(2)に答えなさい。

【生徒の会話】

山田：「可笑しい中に」起こった「泣きたいような気持ち」とはどのような気持ちなんだろう？

森川：まず、信太郎が感じた可笑しさについて考えてみようよ。段落Bで「旅行をしてやろう」と考え付いたのに、段落Cでは「急に可笑しくなっ」て「旅行もやめだ」と思ったのだから、信太郎の考えがそのように変化したきっかけに着目したらどうかな。

中村：そうだね。筆を取りに来た祖母と接してから旅行をやめたということは、祖母と接したことで、「旅行をしてやろう」という気持ちがおさまったのだと考えられるよね。でも、どうして祖母に接したことで気持ちがおさまったのかな。

森川：私は、その場面の祖母が信太郎に対してとった態度と関係がある気がするわ。筆を取りに来て以降、祖母が信太郎に対して、（　Ⅱ　）ことで、信太郎の気持ちが落ち着いたのだと思うわ。

中村：なるほど。そのようにして、段落Aで「腹を立て」てから続いていた怒りが落ち着いたというわけだね。

山田：ちょっと待って。信太郎が旅行を考え付いたのは、確かにそうした怒りが元にあると思うけど、僕はもう少し詳しく読み取ったんだ。段落A以降、旅行を考え付くまでの展開を踏まえると、諏訪に旅行をしてやろうというのは、（　Ⅲ　）する気持ちから考え付いたのだと思うよ。

中村：確かにそうだね。そうすると「急に可笑しくなった」というのは、信太郎が平静になって、ふと自分のことを振り返り、（　Ⅳ　）というつまらないことで「腹を立て」て、そこから、（　Ⅲ　）する気持ちで「旅行をしてやろう」とまで考えたことに気付いたからだと考えられるね。

山田：僕も同じように考えたよ。では、「泣きたいような気持ち」とはどのような気持ちかな。

森川：信太郎が祖母の夜具をたたんでいるときに、その気持ちが起こって来たというところも踏まえると、「泣きたいような気持ち」というのは、（　Ⅴ　）気持ちだと考えられるわ。

山田：なるほどね。そうした気持ちから思わず涙を流し、自分の気持ちに素直になれたことが「すがすがしさ」を感じることにつながるのだろうね。

(1) 空欄Ⅱ・Ⅳに当てはまる適切な表現を、空欄Ⅱは三十字以内、空欄Ⅳは十字以内で書きなさい。また、空欄Ⅲに当てはまる最も適切な表現を、次のア～エの中から選び、その記号を書きなさい。

ア 祖母を軽蔑　イ 祖母を敬遠　ウ 祖母と決別　エ 祖母に反抗

(2) 【生徒の会話】中の傍線部分の問いかけに対して、森川さんはどのように答えたと考えられますか。空欄Ⅴに当てはまる表現を書きなさい。

1		
①	②	③
	ややか	

2

3

4			
(1)			(2)
Ⅱ	Ⅲ	Ⅳ	

一　次の文章を読んで、あとの問いに答えなさい。

祖父の三回忌[注1]の法事のある前の晩、信太郎は寝床で小説を読んでいると、並んで寝ている祖母が、「明日坊さんのおいでなさるのは八時半ですぞ。」と云った。

しばらくした。すると眠っていると思った祖母がまた同じ事を云った。彼は今度は返事をしなかった。「それまでにすっかり［　］をしておくのだから、今晩はもうねたらいいでしょう。」「わかってます。」間もなく祖母は眠ってしまった。

どれだけか経った。信太郎も眠くなった。時計を見た。一時過ぎていた。彼はランプを消して、寝返りをして、そして夜着[注2]の襟に顔を埋めた。

翌朝（明治四十一年正月十三日）信太郎は祖母の声で眼を覚ました。

「六時過ぎましたぞ。」驚かすまいと耳のわきで静かに云っている。

「今起きます。」と彼は答えた。

また、祖母の声で眼が覚めた。「すぐですぞ。」そう云って祖母は部屋を出て行った。彼は帰るようにまた眠ってしまった。

また、祖母の声で眼が覚めた。「すぐ起きます。」彼は気安めに、唸りながら夜着から二の腕まで出して、のびをして見せた。

「このお写真にもお供えするのだからすぐ起きておくれ。」お写真と云うのはその部屋の床の間に掛けてある擦筆画の肖像で、信太郎が中学の頃習った画学の教師に祖父の亡くなった時、描いてもらったものである。

黙っている彼を「さあ、すぐ。」と祖母は促した。「大丈夫、すぐ起きます。――むこうへ行ってて下さい。すぐ起きるから。」そう云って彼は今にも起きそうな様子をして見せた。祖母は再び出て行った。彼はまた眠りに沈んでいった。

A「さあさあ。どうしたんだっさ。」今度は①カドのある声だ。信太郎はせっかく沈んでいく、まだその底に達しない所を急に呼び返される不愉快から腹を立てた。「起きると云えば起きますよ。」今度は彼も度胸を据えて起きると云う様子もしなかった。「本当に早くしておくれ。もうお膳も皆出てますぞ。」「わきへ来てそうぐずぐず云うから、なお起きられなくなるんだ。」「あまのじゃく[注3]！」祖母は怒って出て行った。

信太郎ももう眠くはなくなった。起きてもいいのだが余り起きろ起きろと云われたので実際起きにくくなっていた。彼はボンヤリと床の間の肖像を見ながら、それでももう起こしに来るかもう起こしに来るかという不安を感じていた。起きてやろうかなと思う。しかしもう少しと思う。もう少しこうしていて起こしに来なかったら、それに免じて起きてやろう、そう思っている。彼は大きな眼を開いてまだ横になっていた。

いつも彼に負けない寝坊の信三が、今日は早起きをして、隣の部屋で妹の芳子と騒いでいる。「お手玉、南京玉、大玉、小玉。」とそんな事を一緒に叫んでいる。そして一段声を張り上げて、「その内大きいのは芳子ちゃんの眼玉。」と一人が云うと、一人が「信三さんのあたま。」と怒鳴った。二人は何遍も同じ事を繰り返していた。

また、祖母が入って来た。信太郎はまた起きられなくなった。「もう七時になりましたよ。」祖母はこわい顔をしてかえって丁寧に云った。信太郎は七時のはずはないと思った。彼は枕の下に滑り込んでいる懐中時計を出した。そして、「まだ二十分ある。」と云った。「どうしてこう……。」祖母は溜息をついた。「一時にねて、六時半に起きれば五時間半だ。五時間半じゃあ眠いでしょう。」「宵に何度ねろと云っても諾きもしないで……。」信太郎は黙っていた。

「すぐお起き。おっつけ福吉町[注4]からも誰か来るだろうし、坊さんももうお出でなさる頃だ。」祖母はこんな事を言いながら、自身の寝床をたたみ始めた。祖母は七十三だ。よせばいいのにと信太郎は思っている。祖母は腰の所に敷く羊の皮をたたんでから、大きい敷蒲団をたたもうとして息をはずませている。祖母は信太郎が起きて手伝うだろうと思っている。ところが信太郎はその手を食わずに故意に②ヒややかな顔をして横になったまま見ていた。1とうとう祖母は怒り出した。「不孝者。」と云った。「年寄りの云いなり放題になるのが孝行なら、そんな孝行は真っ平だ。」彼も負けずと云った。彼はもっと毒々しい事が云いたかったが、失策った。文句も長過ぎた。しかし祖母をかっとさすにはそれで十二分だった。祖母はたたみかけをそこへほうり出すと、涙を拭きながら、烈しく唐紙[注5]をあけたてして出て行った。

彼もむっとした。しかしもう起こしに来まいと思うと楽々と起きる気になれた。彼は毎朝のように自身の寝床をたたみ出した。大夜着から中の夜着、それから小夜着をたたもうとする時、彼は不意に「ええ」と思って、今祖母がそこにほうったように自分もその小夜着をほうった。彼は枕元に揃えてあった着物に着かえた。

B　あしたから一つ旅行をしてやろうかしら。諏訪[注6]へ氷滑りに行ってやろうかしら。諏訪なら、この間三人学生が落ちて死んだ。祖母は新聞で聴いているはずだから、自分が行っている間少なくも心配するだろう。

押し入れの前で帯を締めながらこんな事を考えていると、また祖母が入って来た。祖母はなるべくこっちを見ないようにして③ランザツにしてある夜具のまわりを回って押し入れを開けに来た。彼は少しどいてやった。そして夜具の山に腰を下ろして足袋を穿いていた。

祖母は押し入れの中の用箪笥から小さい筆を二本出した。五六年前信太郎が伊香保[注7]から買って来た自然木の筆である。「これでどうだろう。」祖母は今までの事を忘れたような顔をわざとして云った。「何にするんです。」信太郎の方はわざとまだ少しむっとしている。「坊さんにお塔婆[注8]を書いて頂くのっさ。」「駄目さ。そんな細いんで書けるもんですか。お父さんの方に立派なのがありますよ。」「お祖父さんのも洗ってあったっけが、どこへ入ってしまったか……。」そう云いながら祖母はその細い筆を持って部屋を出て行こうとした。「そんなのを持っていったって駄目ですよ。」と彼は云った。「そうか。」祖母は素直にもどって来た。そして丁寧にそれを元の所に仕舞って出て行った。

「なんか、すごかったよね。」「うん。すごいよね、吹奏楽部。っていうか、中学生ってすごい！」「ほんと、レベル高かった。小学校の鼓笛隊なんて目じゃないね。」「目じゃない、目じゃない。」「うちらも練習したらあんなふうになれるのかな。」帰り道、ふたりのテンションは高かった。千鶴の感動がしほりんに、しほりんの④興奮が千鶴にのりうつり、ふたりしてどんどん高まっていくみたいに。

「決めた。あたし、吹奏楽部に入る。千鶴もやろうよ。」しほりんに誘われるまでもなく、千鶴の気持ちも吹奏楽部へかたむいていた。放課後の音楽室にいる自分を、千鶴はたやすく想像できた。すぐに上達するほど器用じゃなくても、まじめに練習をつんで、着実に成長していく自分。仲間や先輩たちともそれなりにうまくやっていく。ありありとイメージできる。できすぎる。

「あのね、わたし……中学生になったら、変わりたいって、思ってたんだ。」千鶴は初めてしほりんに打ちあけた。「いままでとはちがう自分になりたくて。吹奏楽部は、すごくいいと思うし、すごくやってみたい。でも、それじゃ、いままでのわたしといっしょって気もして……。」うまく言えない。じれったくだまりこむ千鶴の横顔を、しほりんがじっと見つめている。千鶴が本気のとき、しほりんはいつもおなじくらいの本気さで、なにかを返そうとしてくれる。

「うん。」胸もとのスカーフをのぞきこむように、しほりんはこくんとうなずいて言った。「わかるよ。千鶴の気持ち。」「え。」「あたしも、そんなふうに思うことあるし。」「しほりんも？」「うん。でも、それでもあたし、千鶴は千鶴らしいことをしたほうがいいと思う。」「そうかな。」「わざと自分らしくないことをするより、千鶴は千鶴らしいことをして、いままでの千鶴以上にそれをがんばって、そのさきに、いままでとちがう千鶴がいるんじゃないのかな。」

千鶴は千鶴らしいことをして、いままで以上にそれをがんばって、そのさきに、いままでとちがう千鶴がいる――。千鶴はその言葉を吸いこんだ。とたん、3夕焼け空が朝焼けみたいに光りかたを変えた。「うん。そうかも。そうならいいな。」すうっと肩から力がぬけた。「ありがとう、しほりん。わたし、決めた。明日、入部届けもっていくよ。」

（森　絵都「クラスメイツ〈前期〉」による。）

1　①〜④の漢字の読みを書きなさい。

2　1ふたりは手をとりあってマネージャーになることを誓った　とあるが、このときの千鶴としほりんの様子を表した四字熟語として最も適切なものを、次のア〜エの中から選び、その記号を書きなさい。

ア　四苦八苦　**イ**　試行錯誤　**ウ**　一喜一憂　**エ**　意気投合

3　2以降、ふたりのあいだでマネージャーが話題にのぼることはなかった　とあるが、これが意味していることを述べた次の文の空欄Ⅰにあてはまる適切な表現を書きなさい。

これは、千鶴としほりんがマネージャーになるのを（　Ⅰ　）ことを意味している。

4　3夕焼け空が朝焼けみたいに光りかたを変えた　とあるが、この描写について、国語の時間に生徒が次のような話合いをしました。空欄Ⅱ・Ⅲにあてはまる適切な表現を、それぞれ四十字以内で書きなさい。ただし、空欄Ⅱは「……と思いながらも、……気がしていた」という形式によって書くこと。

山本：この描写は、どんなことを表しているのかな。
中村：「朝焼けみたいに」とあるから、暗かったものが明るくなってきたことを表しているんじゃないかな。
木村：それは千鶴の気持ちの変化を表しているんだと思うよ。
山本：なるほど。具体的には、どのような変化だろう。
木村：吹奏楽部を見学する前は、「足をふみだす方向が定まらずにいた」とあり、迷っていることが分かるね。これは、自分を変えたいという一心で（　Ⅱ　）からだね。
中村：そのあと吹奏楽部を見学して、「千鶴の気持ちも吹奏楽部へかたむいていた」とあるけれど、一方で、吹奏楽部では変われないという気もして、やはりふみだせずに迷っているよね。
山本：そうか。それで、しほりんの言葉を聞いて、吹奏楽部に入部しても、（　Ⅲ　）ということに納得し、迷いがなくなって気持ちが明るくなってきたんだね。

1	
①	ったり
②	まれて
③	
④	

2

3

4	
Ⅱ	Ⅲ

1 ①～④の漢字の読みを書きなさい。

2 [　　] にあてはまる最も適切な語句を、次のア～エの中から選び、その記号を書きなさい。

ア うんざりと　イ にんまりと

ウ きょとんと　エ しょぼんと

3 1琴穂ちゃん、いつも遅れてくるよね には、琴穂に対するどのような気持ちが表れていますか。十字以内で書きなさい。

4 2琴穂とどう顔を合わせればいいかわからなかったマチが3思いきって、琴穂に自分の方から「おはよう。」と挨拶してみた とあるが、次の文章は、そのように変化したマチの気持ちについて述べたものです。空欄Ⅰにあてはまる最も適切な表現を、三十字以内で書きなさい。また、空欄Ⅱにあてはまる最も適切な表現を、あとのア～エの中から選び、その記号を書きなさい。

マチは、（　Ⅰ　）と心苦しく思っていたため、明日から琴穂とどう接すればいいかわからずにいた。しかし、手紙の返事を読んだ翌日、マチは思いきって自分から琴穂に挨拶をした。それは、返事に書かれていた言葉によって、（　Ⅱ　）からである。

ア 勇気がわいた　イ 冷静になった

ウ 不安になった　エ あきらめがついた

5 この文章における表現の仕方について説明したものとして最も適切なものを、次のア～エの中から選び、その記号を書きなさい。

ア 場面によっては琴穂の視点から情景や気持ちが描かれている。

イ 図書室の様子がマチの気持ちをたとえるように表現されている。

ウ 「とっさに飛び出した声」「明るい声」のような、声の描写とともに登場人物の内面や様子が表現されている。

エ 「歌った後」「次の日」のような、時を示す表現を境として現在の場面と過去の場面が交互に描かれている。

■平成27年度問題

一　次の文章を読んで、あとの問いに答えなさい。

「ね、千鶴は部活どうするの。」しほりんからそう聞かれたとき、千鶴は少し……いや、だいぶむりをして、告白した。「できれば……だけど、わたし、野球部のマネージャーとか、やってみたいなって。」言ったとたんに、ほおがほてった。マネージャーなんて似あわないって笑われる？　しかし、返ってきたのは意外な声だった。「ほんと？　あたしもマネージャー、あこがれてたんだ。」「え、しほりんも？」「うん、ずっとやってみたかった。ボールみがいたり、試合中に①祈ったり、ベンチ入りできない選手をはげましたり。」「ね、やってみたいよね！やろうよ、ふたりで、マネージャー。」1ふたりは手をとりあってマネージャーになることを誓った。

そしてその日の放課後、早速、野球部の偵察に行った。ふたりの予想に反して、グラウンドの空気はなごやかだった。先輩も後輩も、なかばふざけながら練習を楽しんでいる様子。そのまったりとした輪のなかに、男ものジャージをだっぽりとはおった三人の女子もまじっていた。「あれ、マネージャー……かな。」「ん。先輩……だよね。」彼女たちの姿を追うにつれ、千鶴としほりんはふし目がちになった。長い髪をなびかせた三人はとても活発そうで、自信満々で、中学生じゃないみたいにあかぬけていた。部員たちから代わるがわるにちょっかいを出されて、キャアキャア言っている。千鶴は胸のときめきが急速にしぼんでいくのを感じた。バックネットごしに広がる緑色がかった世界が、あれよあれよと自分から遠のいていくような。ぴたりと口を閉ざしたしほりんの瞳にも、千鶴と同様のこわばりがある。「どうしよっか。」「帰ろっか。」2以降、ふたりのあいだでマネージャーが話題にのぼることはなかった。

陸上部は練習がきびしそう。水泳部は水着がはずかしい。考えるほどに、千鶴は自分にぴたっとくる部活なんてどこにもない気がしてきた。もともと、運動自体、あまり得意ではないのだ。それでも千鶴が体育系の部活にこだわったのは、「変わりたい」の一心からだった。ここで文化系の部活を選んでしまったら、このさきもずっと、自分はこれまでとおなじレールの上を走りつづけることになる。新しいわたし。いままでとはちがうわたし。部活は、そんな自分に生まれ変われる最大のチャンスなのだ。

そう思いながらも、足をふみだす方向が定まらずにいたある日の放課後、吹奏楽部の見学につきあってほしいと、千鶴はしほりんにたのまれた。「ひとりじゃ行きづらくて。お願い。」「もちろん。」音楽室は、本校舎からはなれた別棟にある。わたり廊下を進むと、本校舎の喧噪（けんそう）や床の震動が次第に遠のいて、しんとした静けさに②包まれていく。

音楽室の戸を開けた瞬間、その③静寂をゆさぶる音がした。足もとからはいあがってくる低音。部屋のあちこちからひびく多彩な音。その音と音とがからみあい、もつれあい、不協和ながらも重層的な音のかたまりを生んでいる。「見学？」教室のすみで新入部員の指導をしていた顧問の先生が、千鶴としほりんに気がついた。「入っておいで。」と手まねきする。ふたりが足をふみいれるなり、先生はぱんと両手を打って部員たちに呼びかけた。「一年生が来たから、ちょっと聴かしてやって。」たちまち教室の中心に全員が集合した。先生の指揮棒にたぐられて、その大きなかたまりから蒸気のようにメロディが立ちのぼる。最初はふんわりと。ひとつ、またひとつと音が増え、メロディがふくらむ。ふくらむ。ふくらむ。ひとりひとりのかなでる楽器が、重なることでその音色を深め、引きたて、美しいハーモニーを育てていく。砂浜の波が引いたあとで足もとの砂がすっと動くみたいに、千鶴の心は音のほうへと引きよせられた。曲が終わったときにはすっかり感動していた。なんの曲かもわからない。上手な感想だってひとことも言えなかったけれど、先生は「またおいで。」と笑ってくれた。

小説文・随筆文

■平成26年度問題

一　次の文章を読んで、あとの問いに答えなさい。

文化祭で歌う『遠い日の歌』の、ソプラノのパート練習。オルガンで音を取りながら、一度通して歌い、二度目の練習に入る。すると、途中で、教室の後ろのドアが開いて、ソプラノのパートリーダーである琴穂が顔を出した。「ごめん！　部活の片づけで遅れちゃった。」オルガンを囲んでいたソプラノの女子が一斉に歌うのをやめて、声の方向を見る。琴穂が顔の前で手を合わせて「ごめんごめん。」と言いながら駆け寄ってくる。「本当にごめんね。今どこ歌ってた？」「――いいよ、もう一度最初からやろう。」すぐに練習が再開され、琴穂も加わったが、歌い始める前に、マチの後ろで「1琴穂ちゃん、いつも遅れてくるよね。」という小さな声が聞こえた。自分のことではないけど、ドキンとする。聞いてはいけない気がするのに、耳が勝手に声の続きを聞いてしまう。「リーダーなのに、やる気あるのかな。」琴穂は、朝練習を遅刻することが多い。その上、放課後も部活を理由に早めに練習を切り上げ、他のみんなを残して先に教室を出て行ってしまうことがよくあった。

歌った後で、それぞれグループごと、自分たちの歌の悪い部分について話し合う。教室の隅から、アルトの女子の声が聞こえてくる。自分たちのソプラノより歌声がまとまっているように聞こえて、このままじゃ合わせて練習したときに声量が負けてしまうのではないか、つられてしまうのではないかと心配だ。アルトのリーダーであるみなみの声が一際（ひときわ）よく聞こえる。

マチがみなみの方を見ていると、琴穂が「ねえねえ。」と話しかけてきた。てっきり合唱に関することだろうと振り向くと、小声になって関係のない話をする。ふいに、マチの胸の中でたくさんの感情が一度に揺れ動いた。『リーダーなのに、やる気あるのかな。』さっき聞いたばかりの声を思い出したら、悲しくなった。本音を言えば、琴穂に真剣に練習して欲しいのはマチも同じだ。「ちゃんと練習、しようよ。」とっさに飛び出した声が我ながら冷たく聞こえて、驚いた。琴穂が「え。」と短く声を出す。［　　］したその表情を見たら、もう一押し、声が止まらずに出てしまった。「しっかりやろうよ。琴穂、遅れてきたのに、関係のない話したり、全然、みんなに悪いと思ってる様子がないよ。」琴穂が目を見開いた。ショックを受けたのだと、表情でわかった。わかった途端、喉元（のどもと）が苦しくなって、それから全身が熱くなる。顔を伏せて、琴穂から離れた。ややあって、背後から「わかった。」と琴穂の声が答えた。思いがけず素直な声だったせいで、琴穂が沈んだ様子なのが、振り返らなくても伝わってくる。

練習が終わった後で様子を見ると、琴穂は顔を俯け（うつむ）ながら席に戻るところだった。マチの胸を小さな痛みがちくりと刺した。そのとき、「マチ。」と呼びかけられた。さっき、琴穂の遅刻を責めていた子たちだ。「琴穂のこと、ありがとう。マチみたいなまじめないい子が注意してくれると助かるよ。」こっそりと囁く（ささや）ような声に「ううん。」と首を振る。①感謝されるようなことは何もない。黙って一人で席に着いた琴穂のことが気がかりだった。

その日は一日中（じゅう）、同じ教室の中で琴穂と気まずい時間を過ごした。帰る前に、図書室に本を返しに寄る。本と紙の匂い（にお）に包まれた大好きな場所に入った途端、全身から力が抜けて、泣き出しそうな気持ちになった。明日から、2琴穂とどう顔を合わせればいいかわからなかった。合唱練習は明日もあるのに。そのとき、図書室の②奥の壁沿いに並んだ百科事典が目に留まった。見えない〝誰（だれ）か〟と続けている文通。次にメモを残すのはマチの番だった。本を手に取り、いつもより長く、手紙を書いた。

『真面目（まじめ）だ、いい子だ、と言われると、ほめられているはずなのに、なんだか苦しくなる。はっきり言えないことを③優しいって言ってくれる人もいるけど、わたしは、本当は自分が人に嫌われたくないからそうしてるんだと思う。わたしは臆病（おくびょう）です。』

次の日の朝練に、琴穂は遅刻もせず、時間より早く現れた。何事もなかったかのように「さあ、練習するよー。」と明るい声を出してみんなの前に立つ。マチにも「マチ、おはよう。」と④普段通り挨拶（あいさつ）してくれた。その声にほっとして、マチも「おはよう。」と返事をする。けれど、琴穂が無理をしているんじゃないかと、やっぱりまだ気になった。

その日の放課後、図書室に急いで、ドキドキしながら本を開いた。昨日残した自分の長い手紙に、相手がどんな返事を残しているかを考えると、待ち遠しいような、怖いような気持ちだった。本を開くと、返事はもう来ていた。いつもより長い。

『断れない、はっきり言えない人は、誰かが傷つくのが嫌で、人の傷まで自分で背負ってしまう強い人だと思う。がんばって。』

――がんばって。読んだ瞬間、胸がぐっと熱くなった。手紙を抜き取って、本を元に戻す。何度も何度も読んでから、お守りのように、そっと胸に当てた。便せんの内側が、あたたかく熱を持っているように感じた。

翌日の練習で、マチは3思いきって、琴穂に自分の方から「おはよう。」と挨拶してみた。練習用のテープのセットをしていた琴穂が、驚いたように一瞬黙ってから、マチの顔を見て、それから、一呼吸ついて、微笑（ほほえ）んだ。「おはよう、マチ。がんばろうね。」「うん。――テープ、借りてきてくれたの？　ありがとう。」「一応、リーダーだから。」照れくさそうに、琴穂がマチからぱっと目をそらした。その日から、ソプラノは、みんなだんだんと声が出るようになっていった。

（辻村深月「サクラ咲く」による。）

（注）見えない〝誰か〟と続けている文通＝マチが校内の生徒と匿名で続けている文通。

広152→

2　1一瞬にして、その場の空気がさっと変わった　とあるが、筆者が、そのように感じたのはなぜですか。その理由について述べた次の文の空欄Ⅰに当てはまる適切な表現を、四十五字以内で書きなさい。

> 筆者の友人が答えた「ジョルジョ・モランディ」という画家は、（　　Ⅰ　　）画家であるため、酒宴に参加した人たちが、全員、一様に、その手があったか！　という表情を見せたから。

3　2公言　と熟語の構成が同じものを、次のア～エの中から選び、その記号を書きなさい。

ア　常備　　イ　読書　　ウ　樹木　　エ　善悪

4　□に当てはまる最も適切な語を、次のア～エの中から選び、その記号を書きなさい。

ア　ところが　　イ　それとも　　ウ　むしろ　　エ　しかも

5　3不思議な満足感　とあるが、ここで筆者が感じている不思議な満足感について、ある生徒が文章にまとめました。次の【ノート】はその生徒が文章にまとめたもので、【資料】は文章にまとめるために準備したものです。これらを読んで、【ノート】の空欄Ⅱに当てはまる適切な表現を、本文の内容と【資料】の内容を踏まえ、「価値」という語を用いて、五十字以内で書きなさい。

【ノート】

> モランディの絵から「凍ったような情熱」が感じられるのは、モランディが描く側として（　　Ⅱ　　）からである。この「凍ったような情熱」を鑑賞することができたから、筆者は「不思議な満足感」を得ることが出来たのだろう。

【資料】

> モランディは変わらなかったのではない。みずから職人のように生きることを選択したこの画家は、たしかに変化していたのだが、その振幅が、ピカソや他の現代画家たちほど大きいものではなかったということだ。あからさまに変わるのではなくて、微妙な差異、小さな変化のうちに積極的な価値を見いだすこと。それこそ、モランディが、おそらく自覚的に選択した道である。
>
> モチーフや技法を限定すればするほど、画家がなしうることの範囲は限定されてくるだろう。それゆえにこそむしろ、そのなかで差異を生みだすという行為は、いっそう洗練され研ぎ澄まされたものになるのである。描く側も観る側も、うかうかしてはいられないのだ。差異が小さければ小さい分だけ、それを作りだす側も受けとる側も、感覚を研ぎ澄ましておく必要がある。「何かわからないもの」の声にじっと耳を澄ましていなければならない。反対に、明らかに違うものを見分けるのには、それほど苦労はいらないだろう。

（岡田温司「ジョルジョ・モランディ」による。）

二　次の文章を読んで、あとの問いに答えなさい。

世界中にある絵画の中で、もしも一枚だけ好きな絵をもらえるとしたら、どのアーティストの作品が欲しい？

アート関係者が集まった酒宴の席で、そんな質問が飛び出した。私は、さっそく自分にとっての「この一枚」は誰の作品だろうか、と思案した。どんなアーティストを選ぶかによって、その人の個性も垣間見える。これは心して選ばねばなるまい。ピカソもいいし、マティスも捨てがたい、はたまたセザンヌも……などと迷っていたら、現代アートを専門にしているキュレーター[注1]の友人が、意外な画家の名を挙げた。それは、ジョルジョ・モランディであった。

1一瞬にして、その場の空気がさっと変わった。全員、一様に、その手があったか！　という表情を見せた。ピカソやマティスを思い描いていた私も、「ああ、モランディ！」と思わず膝を打った。そして、誰もが口々に「いやあ、モランディはいいよね」「ほんとうにいい」と言い合ったのである。

このエピソードは、ジョルジョ・モランディを①巡る象徴的なふたつのことを物語っている。ひとつは、モランディという画家が、ぱっと真っ先に思い出されたり、とかく参照されたりということがあまりない画家、つまり、ピカソやマティスやセザンヌなどとは異なり、いたって地味な画家であるということ。もうひとつは、誰もが「ものすごく好き」というのではないけれど「憎からず」思っている画家なのだということ。つまり、誰にも「あの画家はいい」といわしめる普遍的な「何か」を、モランディは持ち合わせている——といえるのではないか。

事実、私の周辺には、2公言こそしないが、「実はモランディが好きである」という隠れファンがけっこういる。私自身、モランディに対しては、いわくいいがたい魅力を感じているひとりなのである。

私が初めてまとまったかたちでモランディの作品を観たのは、かれこれ十年近くまえのことだろうか。ロンドンを訪問している最中に、テート・モダン[注2]で、偶然、回顧展を開催していたのだ。

モランディはもちろん知っていたし、地味ながらいい仕事をしていることも、なんとなく心惹かれる画家であることもわかっていた。その作品が一堂に集められた展示室で、私はすっかり我を忘れてモランディの世界に入り込み、②没頭したのだった。

モランディの作品の多くは、さほどサイズが大きくなく、こぢんまりとしている。かつ、描かれているのは、なんの変哲もない瓶や水差しや花瓶などだ。それらの同じようなモティーフ[注3]が、繰り返し繰り返し、作品の中に登場する。□、背景が変わったり、視点が変わったりすることもなく、ただただ、坦々と、同じようなものを、固定された視点で、ひたすらに、ひたむきに描いているのだ。

なんなんだこれは？　と初めて見た人は思うかもしれない。全部同じ静物画じゃないか、何がおもしろいんだ？　と。正直に告白すると、私も最初はそう思わなくはなかった。

なぜそうまでして、同じものばかりを描き続けたのか。その冷めた情熱はいったいどこからきているのか。そう、モランディの描く絵には、不思議と情熱が感じられるのだ。ただし、その温度が③極めて低い。まるで冬眠しているかのように、静かに呼吸をし、明日へと命をつなごうとするひたむきな意志がある。その凍ったような情熱が、しんしんと観る側に伝わってくる。

テート・モダンの「モランディ展」の入り口で、この画家に惹かれつつもその力量に対しては懐疑的だった私だが、出口にたどりつく頃には、ほのかに満足していた。満腹感はない。けれど、八分目でじゅうぶんだ。滋味溢れるスローフード[注4]を食べたような、おだやかな満足感。ピカソやマティスやセザンヌにはない3不思議な満足感が、モランディの絵にはあるのだと知った。

（原田マハ「いちまいの絵」による。）

「ブリオッシュ[注5]のある静物」
ジョルジョ・モランディ
1920年

（注1）キュレーター＝博物館や美術館で作品収集や企画立案を行う専門職員。
（注2）テート・モダン＝ロンドンにある国立近現代美術館。
（注3）モティーフ＝創作の動機となる主要な題材・思想。モチーフ。
（注4）スローフード＝質の良い食材で、時間をかけて作った料理。
（注5）ブリオッシュ＝パンの一種。

1　①～③の漢字の読みを書きなさい。

1	
①	る
②	
③	めて

えない。しかし、撹乱があるところでは、競争やストレスに強い植物が必ずしも有利ではない。そうした強い植物が生えないということは、弱い植物にとっては、チャンスのある場所なのである。Rタイプはこの撹乱という②ヨソク不能な環境の変化に強い。つまり、臨機応変に変化を乗り越える強さがRタイプの特徴なのである。

CとSとRの要素は、すべての植物にとって不可欠なものである。そのため、この三つのタイプは、植物が種類ごとにどれかに当てはまるということではなく、すべての植物がこの三つの要素のバランスを変えながら、それぞれの戦略を発達させていると考えられている。

雑草と呼ばれる植物は、このうちのRタイプの要素が特に強いとされているのである。踏まれたり、耕されたり、草取りをされたりすることは、植物の生存にとって③コノましいことではない。しかし、競争に弱い雑草にとっては、それこそが生存のチャンスなのである。

（稲垣栄洋「雑草はなぜそこに生えているのか」による。）

1　①～③のカタカナに当たる漢字を書きなさい。

2　□に当てはまる最も適切な語を、次のア～エの中から選び、その記号を書きなさい。

ア　たとえば　イ　また　ウ　しかし　エ　さらに

3　1この競争　とあるが、それは具体的にどのような競争ですか。二十字以内で書きなさい。

4　2明らかに繁栄している成功者である　とあるが、雑草が「競争に弱い」植物でありながら、成功できるのはなぜですか。この文章における筆者の主張を踏まえ、「撹乱」という語を用いて、七十字以内で書きなさい。

5　この文章における、論を進める上での工夫とその効果について、ある生徒が、文章中のⓐ・ⓑの部分を取り上げ、次の表にまとめました。表中の空欄Ⅰ～Ⅲに当てはまる適切な表現を書きなさい。

工夫のみられる部分	工夫	効果
ⓐ	あえて（ Ⅰ ）とは異なりそうなことを述べる。	（ Ⅱ ）
b	（ Ⅲ ）を述べる。	読み手を納得させ、論に説得力をもたせる。
	具体的な例を挙げて説明する。	読み手により分かりやすくなるようにして、論の説得力を高める。

1　①　②　③　ましい

2

3

4

5　Ⅰ　Ⅱ　Ⅲ

(1) a班では、【コメント】中のb班の質問に対して、次の【a班の回答】のように回答をすることにしました。空欄Ⅰ・Ⅱに当てはまる適切な表現を、それぞれ十字以内で書きなさい。

【a班の回答】

> 本文で筆者が述べている、知識と情報のやりとりを示しています。そのやりとりとは、知識を使って（　Ⅰ　）たり、情報と（　Ⅱ　）たりすることです。

(2) 【コメント】中のc班のコメントのように、題が重要な役割をもっているといえるのはなぜですか。本文における筆者の主張を踏まえ、「推論」という語を用いて書きなさい。

4 (1) Ⅰ Ⅱ

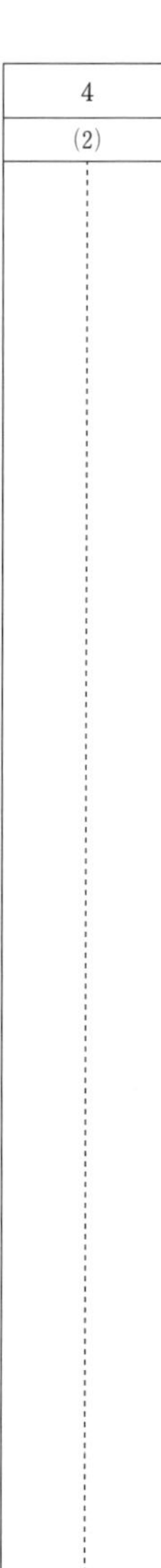

■平成31年度問題

二　次の文章を読んで、あとの問いに答えなさい。

ⓐ雑草と呼ばれる植物には、さまざまな共通した特徴がある。その中でも、もっとも基本的な特徴は、「弱い植物である」ということだ。もしかすると、意外な感じに思えるかも知れない。私たちの周りを見回すと、雑草は強い植物であるような感じがする。「雑草のように強く」という言葉もあるくらいだ。

「雑草が弱い」というのは、「競争に弱い」ということである。自然界は、激しい生存競争が行われている。弱肉強食、適者生存が、自然界の厳しい掟なのだ。それは植物の世界も同じである。光を奪い合って、植物は競い合って上へ上へと伸びていく。そして、枝葉を広げて、遮蔽し合うのである。もし、この競争に敗れ去れば、他の植物の陰で光を受けられずに枯れてしまうことだろう。戦いは地面の上だけではない。地面の下では、水や栄養分を奪い合って、さらに熾烈な戦いが繰り広げられている。植物は穏やかに生きているように見えるかも知れないが、激しく争い合っているのだ。植物は、太陽の光と水と土さえあれば生きられると言われるが、その光と水と土を奪い合って、激しい争いが繰り広げられているのである。雑草と呼ばれる植物は、1この競争に弱いのである。

どこにでも生えるように見える雑草だが、じつは多くの植物が生える森の中には生えることができない。豊かな森の環境は、植物が生存するのには適した場所である。しかし同時に、そこは激しい競争の場でもある。そのため、競争に弱い雑草は①フカい森の中に生えることができないのである。

雑草は、競争を挑んだところで、強い植物に勝つことはできない。そこで、雑草は強い植物が力を発揮することができないような場所を選んで生えているのである。

それが、道ばたや畑のような人間がいる特殊な場所なのだ。ⓑ森の中にも雑草が生えているのを見たことがある、という意見もあるかもしれないが、それはハイキングコースやキャンプ場など、人間が管理をしている場所である。雑草は、競争に強い植物がある場所には生えずに、そうした強い植物が生えない場所に生えるのである。言ってしまえば、競争社会から逃げてきた脱落者だ。

しかし、私たちの周りにはびこる雑草は、2明らかに繁栄している成功者である。雑草は勝負を逃げているわけではない。土の少ない道ばたに生えることは、雑草にとっては戦いだし、耕されたり、草取りされたりする畑に生えることも雑草にとっては戦いだ。確かに、強い植物との競争は避けているけれども、生きるためにちゃんと勝負に挑んでいるのである。どこかでは勝負をしなければならない。ただ、勝負の場所を心得ているのだ。

そうしてみると、植物にとって、強さとは何なのだろうか。

イギリスの生態学者であるジョン・フィリップ・グライムは、植物の成功要素を三つに分類した。それが、「C－S－R三角形理論」と呼ばれるものである。この理論では、植物の戦略はCタイプ、Sタイプ、Rタイプという三つに分類できるとされている。

Cタイプは競合型と呼ばれている。このCタイプは他の植物との競争に強い。いわゆる強い植物である。自然界では激しい生存競争が繰り広げられている。しかし、Cタイプが、必ずしも成功するとは限らないところが自然界の面白いところでもある。自然界には、他の成功戦略もあるのだ。

Sタイプはストレス耐性型と呼ばれている。ストレスとは生育に対する不適な状況である。□、植物にとっては乾燥や、日照不足、低温などが生存を脅かすストレスとなる。Sタイプは、このようなストレスに強いのである。

三つ目のRタイプは撹乱依存型と呼ばれている。撹乱とは文字通り、環境が掻き乱されることである。いつ何が起こるかわからない「撹乱」は、植物の生存に適しているとは言

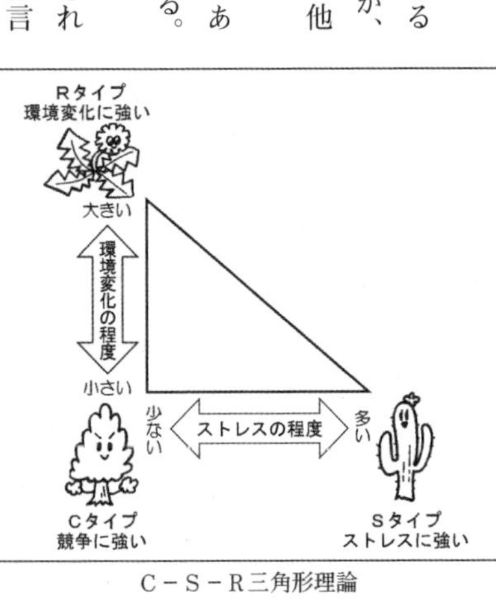

C－S－R三角形理論

よびます。推論できた人はこの文章がわかったと思ったでしょう。また推論できずに読んだ人は、よくわからないと感じたままでしょう。なかには、「なんでこんなわかりにくい文章を読まなければいけないの？」と思った人もいるかもしれません。

「文章がわかる」とはどのような心のしくみによるのかを考えてもらうために、わかりにくいこの文章をあえて読む体験をしていただきました。これは西林克彦（かつひこ）さんという教育心理学者が作成した文章を筆者が一部修正して紹介させてもらったものです。西林さんは、この文章を大学生に読んでもらうときに半数の人には「ウィンブルドン」という題を与え、残り半数の人には「ライブハウス」（注）という題を与えて読んでもらうという実験をしています。文章を読んでもらった後で、「彼が取り出したものは何ですか？」と質問します。さあ大学生はどう答えたでしょうか。文章に忠実に答えるならば「すっかり手になじんだもの」とか「ゆるやかな曲線としっかり張られた糸をもつ道具」が答えになるわけです。しかしそのように解答した人は少なく、「ウィンブルドン」という題で読んだ人の七十七パーセントはラケット、「ライブハウス」という題で読んだ人の六十パーセントはギターと答えました。これは、同じ文章でも、読み手がどんな知識を使って読むかによって文章の理解の仕方が違ってくることを示しています。

Ａ ただし、たとえ「ウィンブルドン」といわれても、それが全英テニス選手権大会の開催で有名なロンドン南部の地名であることを知らない人には、この題はまったく役に立たないでしょう。まず第一に、ウィンブルドンやライブハウスが何で、どのような場所やできごとをさすのかについて知識をもっていること、そして第二にその人が、そのもっている知識を読むときに使うことができること、この二つの条件がそろって初めて、文章を理解できるわけです。ライブハウスについて知識をもっていても、題として与えられないとその知識を使うことができません。

「文章を読む」とは、「文字を見ることを通して情報が頭の中に流れ込み、一方的に入ってくること」と思っている人がいるかもしれません。しかし、この例からもわかるように、そうではありません。入ってくる情報について自分がすでにもっている知識を使いながら、重要な情報とそうでない情報を取捨選択し、情報ともっている知識を関連させて文章を理解しています。双方向の流れ、もっている知識と入ってくる情報のやりとりによって、3書かれている文章の内容世界を読み手の心の中につくり上げていく過程といえます。ですから、読み手側が手もちの知識をどのように使うことができるかが重要なのです。いくら知識をもっていても、どの知識を使ったらよいのかがわかるようになっていなければ使えません。知識が使えるためには、入ってくる情報が何について述べたものかがわからなければならないわけです。

（秋田喜代美「読む心・書く心」による。）

（注）ライブハウス＝ポピュラー音楽の生演奏を聴かせる店。

1 ①想像 と熟語の構成が同じものを、次のア～エの中から選び、その記号を書きなさい。

ア 昼夜　イ 民営　ウ 国名　エ 離陸

2 1それ はどのようなことを指していますか。二十字以内で書きなさい。

3 2読むのが苦手な人に限って、わかりやすい文章というと、むずかしい漢字や知らない単語がないことや、文や文章全体が短いといった形式的なことをすぐ思い浮かべるようです。 とあるが、この一文では、論を進める上での工夫により、あえて筆者の主張とは異なる考え方に触れられていると考えられます。これと同様の工夫により、あえて筆者の主張とは異なる考え方に触れられている一文を、段落Ａ以降から抜き出し、その始めの五字を書きなさい。

1

2

3

4 3書かれている文章の内容世界を読み手の心の中につくり上げていく過程 とあるが、次の【図】は、国語の時間にａ班が、この過程について筆者の主張を踏まえ、本文中に挙げられている例（「ウィンブルドン」という題で読み、「彼が取り出したもの」を「ラケット」と理解する過程）の場合を当てはめてまとめたものです。また、【コメント】は、ａ班が【図】を他の班に示してこの過程を説明したときに、他の班から出されたコメントを記録したものです。これらを読んで、あとの⑴・⑵に答えなさい。

【図】

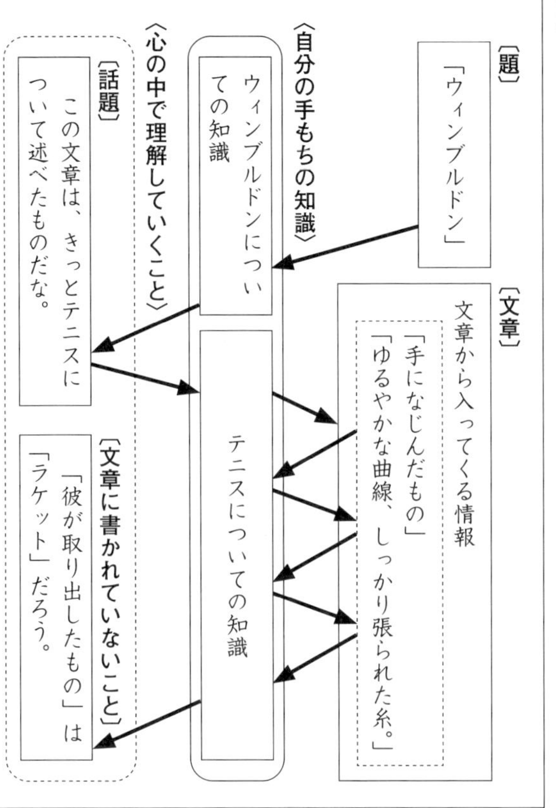
【題】
「ウィンブルドン」
【文章】
文章から入ってくる情報
「手になじんだもの」
「ゆるやかな曲線、しっかり張られた糸。」
〈自分の手もちの知識〉
ウィンブルドンについての知識
テニスについての知識
〈心の中で理解していくこと〉
【話題】
この文章は、きっとテニスについて述べたものだな。
【文章に書かれていないこと】
「彼が取り出したもの」は「ラケット」だろう。

【コメント】

○ｂ班より
「テニスについての知識」と「文章から入ってくる情報」との間には、何度も往復する矢印があるが、これはどのようなことを示しているのか。

○ｃ班より
「文章に書かれていないこと」まで理解する上で、「題」が重要な役割をもっていることが分かった。

【木下さんがまとめた図】

①「種の供給源」の保全

本来の生物相を維持しているAを見つけ、そこを淡水生態系回復のための「種の供給源」として効果的に保全する。

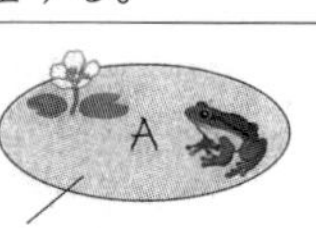

②生息場所の回復

Aから生物が移動分散可能な範囲にあるBで生息場所の回復を行う。

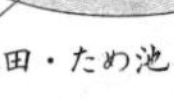
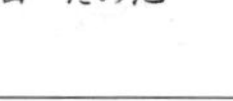

③水生生物の移入

生息場所として回復したBにAから水生生物を運び入れる。

そして、AとBの状態を科学的なモニタリングによって確かめる。

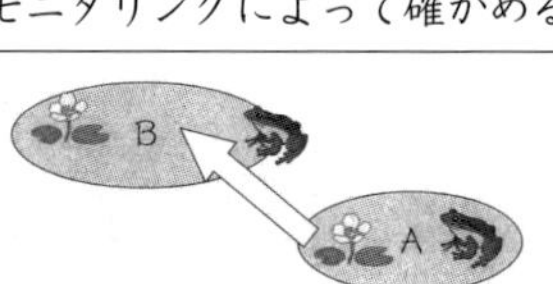

④（　Ⅱ　）の再生

Bが十分に回復したら、今度はBを「種の供給源」として再生事業を行い、さらに広い範囲で淡水生態系のつながりを再生させていく。

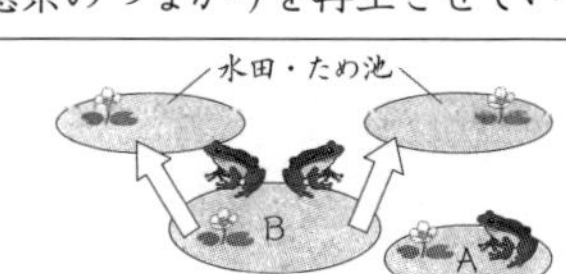

【西本さんが読んだ文章】

絶滅危惧種を守るにはどのようにすれば良いのでしょうか？　ある生きものが絶滅の危機にさらされている場合、その原因は生息地にあります。このため、生存をおびやかす原因を科学的に特定して、これらを取り除くなど、生息環境を改善することで、生息地で数が増えるようにすることが重要になります。

しかし、絶滅危惧種の生息地では、生存をおびやかす原因が様々あり、またこれらを取り除いていくことは簡単ではないため、多くの時間がかかります。

このため、生息地ではなく、安全な施設に生きものを保護して、それらを育てて増やすことにより絶滅を回避する方法があります。これを「生息域外保全」と呼びます。例えば、動物園や水族館、植物園などで絶滅のおそれのある生きものたちを飼育・栽培しているのも「生息域外保全」にあたります。生きものを絶滅させないためには、生息地での保全の取り組みと同時に「生息域外保全」をあわせて総合的に取り組むことが求められています。

（環境省ウェブページによる。）

(1)【生徒の会話】中の空欄Ⅰに当てはまる適切な表現を、三十五字以内で書きなさい。また、【木下さんがまとめた図】中の空欄Ⅱに当てはまる最も適切な表現を、本文（鷲谷いづみ「自然再生」による。）中から十五字以内で抜き出して書きなさい。なお、解答は、縦書きで書くこと。

4	
(1)	
Ⅰ	Ⅱ

(2)【生徒の会話】中の空欄X・Yに当てはまる適切な表現をそれぞれ書きなさい。

4	
(2)	
X	Y

■平成30年度問題

二　次の文章を読んで、あとの問いに答えなさい。

自分の心の中の辞書にたくさんの字や語をもってさえいれば、文章がわかるのでしょうか。次の文章を読んでみてください。

彼は練習が大切だと、ずっと思ってきた。努力だけで成功できるわけではないし、天性の力も必要かもしれない。しかし、今の位置を保つには、努力は必要不可欠である。

彼はすっかり手になじんだものを取り出した。それは、単なる道具ではなく、彼にとって分身のようなものだった。ゆるやかな曲線、しっかり張られた糸。これがデビューしてから、彼をずっと支えてきたのだ。

おそらく読めない字や知らない単語はないでしょう。でも何をいっているのかよくわからない、変な文章だと思った人もいるでしょう。なぜよくわからないと感じたのでしょう。文章中の「彼」ってだれだろう、「手になじんだもの」「ゆるやかな曲線、しっかり張られた糸をもつこれ」とは何のことだろうと思ったのではないでしょうか。それはこの文章で何が話題にされているのかが、この文章だけではわからないからです。文章を読むときには文字や単語個々の意味がわかることはとても大切ですが、1それだけで文章がわかるとは限らないのです。

2読むのが苦手な人に限って、わかりやすい文章というと、むずかしい漢字や知らない単語がないことや、文や文章全体が短いといった形式的なことをすぐ思い浮かべるようです。でも、それだけで文章がわかりやすくなるわけではないのです。

「手になじんだもの」はギターとかバイオリンとか楽器ではないかと①想像した人もいるでしょう。また、テニスやバドミントンなど、ラケットのことだと思った人もいるかもしれません。このように文章中に書かれていないことを想像することを心理学では推論とまず、淡水生態系の生き物たちを絶滅させないために、今でもまだその生物相[注5]を維持している昔ながらの水田やため池が残されている場所を見つけ出し、そこを回復のための「種の供給源」として効果的に保全することが何よりも重要である。そこからは徹底して外来種を排除することが必要である。

次に、「種の供給源」となりうる場所をしっかりと保全しながら、そこからの生物の移動分散が可能な範囲において生息場所を回復する取り組みを実施する。すなわち、「種の供給源」となる場所の近隣のため池などで植生帯[注6]を回復させて生息条件を整える。水生植物などが失われている場合には、池の底の泥のなかに生き残っている植物の種子を活用して、水辺の植生帯を取り戻す。水辺の植物のなかには、地上から失われても寿命の長い種子を残しているものが多いからである。そのうえで、供給源となるため池などからの水生生物の自然な移入を待つ。そして、供給源と再生した生息場所が実際に有効に機能したかどうか、再移入が起こったかどうかを科学的なモニタリング[注7]によって確かめる。

さらに、その再生事業が成功し、新たな種の供給源として機能する淡水生態系が確立したら、今度はそこからの移動分散が可能な範囲で再生事業を実施する。そのようにして、淡水生態系のネットワークを再生できれば、絶滅を防ぎ、地域全体に健全な淡水生態系を回復させることができるだろう。

（鷲谷（わしたに）いづみ「自然再生」による。）

（注1）ウエットランド＝浅い水域も含めた湿地帯の総称。　（注2）不可逆＝元に戻せないこと。
（注3）二六六三種＝平成十六年に環境省が公表した数値。
（注4）共生的生物間相互作用＝異なる生物間にみられる働きで、生物間に良いつながりをもたらすもの。
（注5）生物相＝その環境に生息する生物の全種類。　（注6）植生帯＝植物が群生している場所。　（注7）モニタリング＝継続的な観測や測定。

1　①～③の漢字の読みを書きなさい。

2　［　］に当てはまる最も適切な語を、次のア～エの中から選び、その記号を書きなさい。

ア　つまり　　イ　だから　　ウ　ところが　　エ　さらに

3　1何とかして絶滅をくい止めたい、生物多様性を回復させたい、という気持ちで、生物多様性を回復させるための自然再生を提案したいと思うとあるが、絶滅をくい止め、生物多様性を回復させることは、今後の日本列島の人々にとってどのような意義をもつと筆者は考えていますか。この文章における筆者の主張を踏まえて四十五字以内で書きなさい。

4　2次のような実践とあるが、ここで筆者が提案している実践について、生徒が思ったことを話し合いました。次の【生徒の会話】はそのときのもので、【木下さんがまとめた図】、【西本さんが読んだ文章】は、【生徒の会話】の中で木下さん、西本さんがそれぞれ話題にしているものです。これらを読んで、あとの(1)・(2)に答えなさい。

【生徒の会話】

小林：筆者の鷲谷さんが提案している自然再生の実践にはいくつかの段階があるようだね。
木下：そうだね。私は、筆者の提案を分かりやすくするために、提案の概要を図にまとめてみたよ。
青木：あれ？　図中の③の説明は、下線部分が筆者の提案と違うと思うよ。筆者の提案によれば、その下線部分は「（　Ⅰ　）。」という説明になるはずよ。
木下：なるほど、確かにそうね。直しておくわ。
青木：この方法がうまくいけばいいわね。
西本：そうだね。僕は、絶滅危惧種を絶滅から救う方法に興味をもったので、鷲谷さんの提案の他にも方法がないかと思って調べてみたら、絶滅危惧種を保全する方法についてまとめている文章を見付けたので読んでみたんだ。
小林：どんなことが述べられていたの？
西本：その文章には、保全の方法が二つ述べられていたんだ。二つの方法のうち、（　Ｘ　）ことによって数が増えるようにするという保全の方法は、鷲谷さんの方法に近く、それとは別に、（　Ｙ　）ことによって数が増えるようにするという保全の方法があるんだ。絶滅危惧種を救うには、両者の方法に総合的に取り組む必要があるということだよ。

1　①　②　③めず　　2　　3

5 1享受者に解釈の自由が大きく許容されている とあるが、これについて、生徒が思ったことを話し合いました。次の【生徒の会話】はそのときのもので、あとの【田中さんが読んだ文章】は、【生徒の会話】の中で田中さんが話題にした本の該当部分です。空欄Ⅰにあてはまる適切な表現を、「……ので、……ということ」という形式によって、四十五字以内で書きなさい。また、空欄Ⅱにあてはまる適切な表現を、十五字以内で書きなさい。

【生徒の会話】

山本：「享受者に解釈の自由が大きく許容されている」と筆者は述べているけれど、これはどういうことかな。小説でも自由に解釈することはできると思うんだけど。

田中：確かにね。僕は演出に興味をもっていたので、それに関係する本を読んでみたんだよ。それによると、演劇の脚本の場合、小説と違って（ Ⅰ ）みたいだよ。それに、せりふも、俳優がその言葉を（ Ⅱ ）ということを想像しながら読んでみると、いろいろな読み方ができるんだって。

山本：なるほど、そういうことだったんだ。僕も脚本を自分なりに想像しながら読んでみようかな。

【田中さんが読んだ文章】

小説は状況から風景まで全部こと細かに地の文で説明してあります。戯曲には、小説のような地の文はなく、「ト書き」と呼ばれる動きやそのときの状況を説明する文章がせりふの合間などにごく簡潔に挟まれています。この形式が読みにくいという人がいますが、私は逆にとても面白く感じています。それは、想像力の隙間が、小説よりはるかに多いからです。

さらに、せりふという話し言葉が大きな位置を占めていることも小説以上に読み手の想像力をかきたてます。せりふを声としてどう立ち上げていくか、書かれている膨大な言葉が、俳優によってさまざまに音声化されることを心において読み進めることで、読み方が限りなく広がっていくのです。

（注）地の文＝会話以外の説明や描写の文。　戯曲＝演劇の脚本。

（栗山民也「演出家の仕事」による。）

5			
Ⅱ	Ⅰ		

■平成29年度問題

二　次の文章を読んで、あとの問いに答えなさい。

春になれば鶯（うぐいす）が鳴き、枯れ野に若菜がよみがえる。夏の夜は蛍が舞い、秋になれば赤とんぼが水辺に降り、雁（かり）が空を渡る。春の大潮の日には潮干狩りを楽しみ、田植え前の田んぼに産卵にやってくる鯉（こい）や鮒（ふな）を生け捕り、ススキの穂の出るころには山でキノコを狩る。それは、毎年確実に繰り返された、よみがえる自然の恵みとの出会いである。そのような自然であれば、人々は、それを①信頼し、その恵みにたよって安全で豊かな暮らしを営むことができる。

ごく最近まで、日本列島の人々は、大方、そのような自然に囲まれて暮らしてきた。田んぼは主食の米だけでなく、副食の魚や貝や野菜をも恵んでくれるウエットランド[注1]であった。太古の昔から②連綿と続いてきた営みとそれを包む自然の間の確かな絆（きずな）は古い詩歌に詠（よ）みこまれ、新しい時代になっても違和感のない共感を寄せることができたのである。

□数十年前から事情が一変した。そのころから、一定の範囲のなかで揺れ動くのではない、とどまることのない不可逆的[注2]な自然の変化が目立つようになったのである。人々のなじみ深い身近な動植物が姿を消し、異国からやってきた動植物が目立つようになった。少なくとも数千年の間、人々が馴（な）れ親しみ、また、その生業を支えてきたともいえる自然が急速に異質なよそよそしいものに変化しはじめた。しかもその変化のスピードは時間とともに加速した。気がつくと、絶滅危惧種が一六六三種[注3]にものぼる事態となっていた。

水辺のコンクリート護岸化など土地の改変をともなうさまざまな開発、大量の肥料投入などにともなう富栄養化、汚染、外来生物の蔓延（まんえん）などの影響で、生活の場と条件を失った生物が絶滅に向けて急速な衰退を続けている。その歩みが、ついに最後の段階に入りつつあるというのが野外で植物の生活を見つめてきた研究者の偽らざる実感である。患者たちが死んでいくのを手をこまねいて見ているわけにはいかない、1何とかして絶滅をくい止めたい、という気持ちで、生物多様性を回復させるための自然再生を提案したいと思う。

ここで提案するのは、多くの絶滅危惧種を「絶滅の災禍」から救出し、また、失われた共生的生物間相互作用[注4]を取り戻すための最後の手段である。同時に、古来の豊かな「自然と共生する」文化を継承するための条件を取り戻すことにもつながるものである。

日本の水田やため池を生活の場とする淡水生態系の生物が、現在きわめて厳しい状況におかれている。衰退は現在も加速されつつあり、すでに、水草の三分の一は絶滅の危機にあり、ゲンゴロウなどかつて普通に見られた生物を見つけ出すのもむずかしい。移動分散力の小さい生物は、人知れず地域から、さらにはその地方から絶滅しつつある。その保全・再生には、相当な努力を要する厳しい段階に入っているといわなければならない。③諦めずに回復を図るには、2次のような実践を今すぐにでも始める必要があるだろう。

広160→

■平成28年度問題

二　次の文章を読んで、あとの問いに答えなさい。

演劇は古くから存在する芸術様式であるが、その性格は複雑であって、小説のような文芸とは①コトなる伝達のしかたをしている。

演劇は、だれがこしらえたのか、作者というものが、見る側、享受者にとってはっきりしていないのである。[a]、作者の意図するところがなまの形ではっきり感知されることはないといってよい。近代の個性的劇作家はつよい自己主張をすることがすくなくないけれども、それでもなお、小説家のように、直接、作者の声を伝えることはできない。

芝居として演じられるには、脚本だけでは足りないのははっきりしている。演出が加わる。それによって台本には当然、解釈が加わるから、原作者の意図、作意が多少とも変化するのを免(まぬか)れるのは難しい。

さらに、演者が参加して、その演ずるところによってはじめて、具体的な舞台になる。どのように、原作者の意図に忠実であろうとしても、また、いかに演出家の考えに合致しようとしても、演ずるのは、演者の個性による表現であるのをやめることができない。

そうして演じられた芝居を見る観客は、まためいめいに自分なりの色づけ、まとめをしながら鑑賞する。演劇的表現の[b]は、こうして何層もの解釈が加わり、いわば加工の施された世界を理解するところから生ずる。

そういう多様な改変の要素をきらうところから、レーゼドラマ、つまり、演劇化の過程を抜かして、脚本をそのまま小説のように読むジャンルが生まれる。これなら、演出、演技という仲介の要素を排除して、読者はじかに作者の書いたものに触れることができる。作者の言わんとするところを尊重する近代において、また、作者がいちじるしい個性をもっていると認定される場合において、実際の舞台よりも書斎における読書の方が豊かな享受になるという認識がつよまるところでレーゼドラマへの志向はつよくなる。

作者の個性の表出をそのまま理解しようという文学伝達の意識が高まるにつれて、演劇は、それがつくり上げられる過程を通じてもつ複雑な総合性のゆえに、芸術的価値を②ゲンずる傾向にあると言ってよい。小説の栄える時代に演劇が不振であるという文学史の状況は、ひとつには、演劇の総合性によって誘発されるものであろう。

[A] 正統的な演劇は、しかし、総合性をもって無署名的である。だれが書いた作品であるか、観客には、作者名によってしか知ることができない。作者の書いたものが、そのままでは舞台にならないことがあれば、作者とは別の手による脚色という大幅な加工が必要になる。そしてすべての場合において、演出家によって作品に新しいものが加わり、ある部分はとりのぞかれる。役者は、セリフのことばはそのまま口にしても、演技によってそのニュアンスに微妙に改変を加えないではいられない。そういう過程を通じて、原作者の作意はきわめて多くの改変を受けることになるが、それを嫌っては演劇は成立しないのだから仕方もない。

[B] 演劇は作者の主観、思想、意図をそのまま伝える様式ではない。多くの参加者、観客をふくめて、作者、演出家、演者がすべて、めいめいの意図、解釈を集約してつくり上げる芸術である。近代文学の作者にとって、不純な世界で、複雑でありすぎる。しかし、それによってのみ表現できるおもしろさがあることは、現代においても忘れられているわけではない。

文学の伝達として考えるとき、こういう演劇様式の性格はもっとも原初的な形をとどめているということもできる。つまり、作者の考えそのままが作品を完結させるのではなく、1享受者に解釈の自由が大きく許容されているということである。作者は、作品の成否を、舞台を成立させる関係者に委ねるのである。普通、そのことを作者も観客もはっきり意識していないだけのことである。

（外山滋比古「古典論」による。）

(注) ジャンル＝文学作品の種類。
ニュアンス＝ことばの裏にある意味合いや話し手の意図。

1　①・②のカタカナにあたる漢字を書きなさい。

2　[a]にあてはまる最も適切な語を、次のア～エの中から選び、その記号を書きなさい。

ア　ところで　イ　したがって　ウ　しかし　エ　なぜなら

3　[b]にあてはまる最も適切な語を、段落[A]・[B]の中から五字で抜き出して書きなさい。

4　この文章において、筆者は、文学における「作者の書いたもの」の伝達の過程について、演劇とレーゼドラマを対比して述べています。次の表は、それぞれの過程について、筆者の主張を踏まえ、図とその説明によってまとめたものです。この表中の[c]・[d]にあてはまる適切な表現を書いて演劇の図を完成させなさい。また、この表の空欄eにあてはまる適切な表現を、二十五字以内で書きなさい。

1
① なる
② ずる

2

3

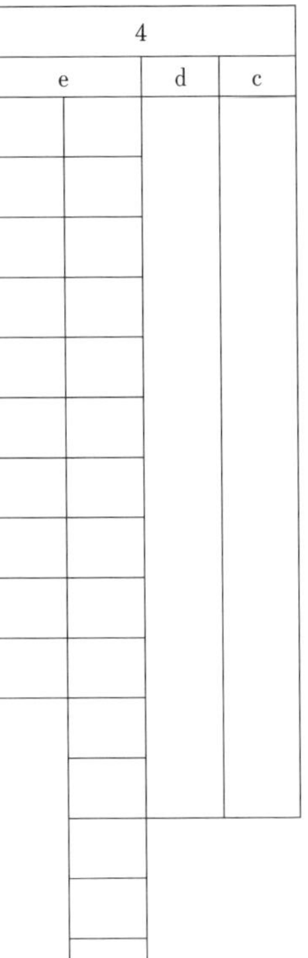

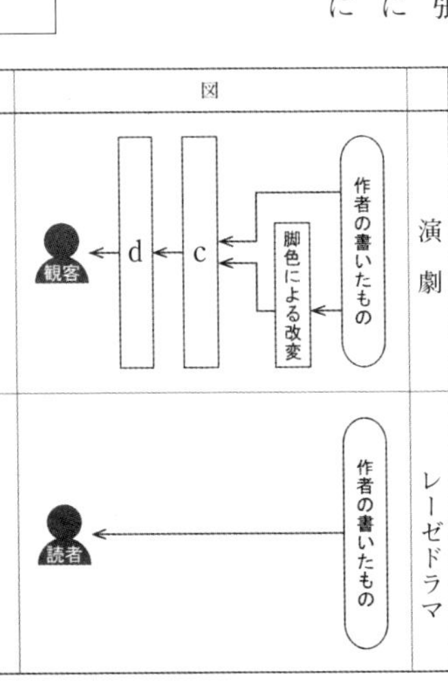

	図	図の説明
演劇		e
レーゼドラマ		作者の書いたものが直接読者に伝わる。

れが大きくなりすぎると、ことばを用いたコミュニケーションは成り立たなくなってしまいます。しかしそういうとき、とりあえずひとつの明確な「よりどころ」があれば、ずれを最小限に抑えておくことができるはずです。

また、「規範」として選ばれることばの形や使い方というのは多くの場合、長年社会の中で広く流通してきたものです。したがってその形に従っていれば、他人に違和感・不快感を与えることが少なくて済む、ということも言えます。コミュニケーションを円滑に進めるためには、まずもって相手を不愉快にしない、というのが第一条件でしょう。したがって不特定多数の人に対して話したり書いたりするときには、できるだけ多くの人に広く受け入れられている表現を使っておくのが無難だといえます。

さらに、「規範」に従って振る舞うことは、「自分が常識を備えた人間であることを示せる」という機能も持っています。

一口に「規範」といっても、中には習得がかなり困難なものも含まれています。例えば「敬語」などがその最たるものでしょう。ですから敬語を、教科書や文法書に書かれたような形できちんと使いこなせるということは、その人が「十分に社会的訓練を受けた、知識・常識を備えた人である」ということを間接的に示すことになり、それは社会的な信頼を得ることにもつながるのです。一般には意識されることが少ないかもしれませんが、「社会的信頼を得るための手段となり得る」ということは、ことばの「規範」というものが持つかなり重要な機能であるといえます。

「規範」というと、「従わなければならないもの」というイメージで見られることがあるかもしれませんが、その一方で、「ことばによる社会生活を円滑に進めていくためのもの」という積極的な意味を持つものとしてとらえることもできるのです。

（宇佐美　洋「ことばの『正しさ』とは何か」による。）

1　①～④のカタカナにあたる漢字を書きなさい。

2　□にあてはまる最も適切な語を、次のア～エの中から選び、その記号を書きなさい。

ア　しかし　イ　つまり　ウ　例えば　エ　なぜなら

3　1明示と熟語の構成が同じものを、次のア～エの中から選び、その記号を書きなさい。

ア　高低　イ　関係　ウ　急変　エ　炊飯

4　2「あらわすもの」と「あらわされるもの」との対応関係がずれてしまうことがありますとあるが、時間がたつとともにそのようなことが起こるのはなぜですか。この文章における筆者の主張を踏まえて四十五字以内で書きなさい。

5　この文章において、筆者は、ことばの「規範」を踏まえることによる効果を三つ述べています。次の表は、それぞれの効果について、筆者の主張を踏まえてまとめたものです。これについて、あとの(1)・(2)に答えなさい。

	まとめ
【効果1】	「教育」の場面において、ことばの「規範」を示すことで、「これが正しいことばである」という基準を明確にできる。
【効果2】	「規範」に従った形でことばを使うことで、他人に違和感や不快感をあまり与えずに済み、コミュニケーションを円滑に進めることができる。
【効果3】	「規範」に従った形でことばを使いこなすことで、（　Ⅰ　）ことにつながる。

(1)　次の文は、表中の【効果1】について述べたものです。空欄aにあてはまる最も適切な語を、文章中から抜き出して書きなさい。

「規範」が示されると、どのようなことばが正しいのかということについて、学習する人は（　a　）せずに済む。

(2)　表中の空欄Ⅰにあてはまる適切な表現を、三十字以内で書きなさい。

1	①	②	③	④
				き

2	3

4

5 (1) (2)

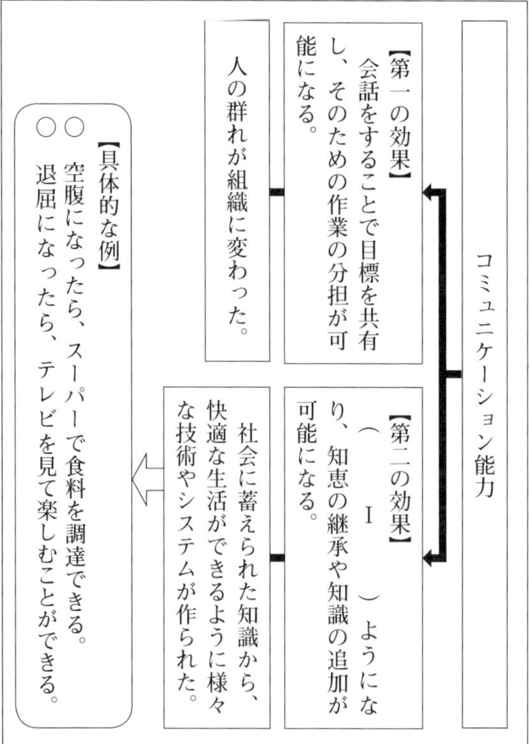

コミュニケーション能力
【第一の効果】
会話をすることで目標を共有し、そのための作業の分担が可能になる。
人の群れが組織に変わった。
【第二の効果】
（　Ⅰ　）ようになり、知恵の継承や知識の追加が可能になる。
社会に蓄えられた知識から、快適な生活ができるように様々な技術やシステムが作られた。
【具体的な例】
○空腹になったら、スーパーで食料を調達できる。
○退屈になったら、テレビを見て楽しむことができる。

(1)　図中の空欄Ⅰにあてはまる最も適切な表現を文章中から二十五字以内で抜き出して書きなさい。

(2)　図中の【具体的な例】について、このほかの例として適切なものを一つ考えて、「……たら、……できる。」という形式によって書きなさい。ただし、文章中の第九段落に挙げられている例は除きます。

4　1人間も社会なしには生きてゆくことができないとあるが、次の文章は、このことについて述べたものです。空欄Ⅱにあてはまる適切な表現を二十五字以内で書きなさい。また、空欄Ⅲにあてはまる最も適切な語を、あとのア～エの中から選び、その記号を書きなさい。

人間は、（　Ⅱ　）ため、本来はサバイバルにおいて他の動物より不利になるはずである。しかし、そのような人間が地球上で繁栄できたのは、社会の中で知恵を寄せ集め、組み合わせ、体系化したものを継承・利用してきたからである。その意味で、人間は社会からの（　Ⅲ　）を受けて生きているといえる。

ア　試練　　イ　審判　　ウ　称賛　　エ　恩恵

3	
(2)	(1)

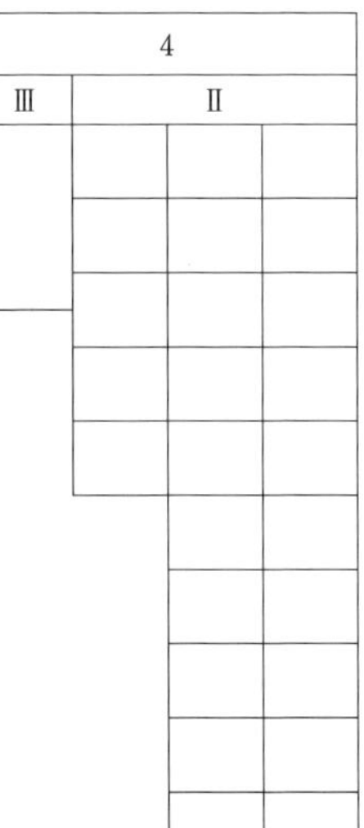

4	
Ⅲ	Ⅱ

■**平成27年度問題**

二　次の文章を読んで、あとの問いに答えなさい。

人間の「ことば」において、「あらわすもの」（音）と「あらわされるもの」（意味）を結びつける本質的根拠は、実はどこにもありません。例えば「あげる」という単語でいうと、〈アゲル〉という「音の連なり」と、〈下から上への移動〉という「意味」が結びつけられることに、そうでなければならないという必然的な理由はないのです。この両者は、日本語の社会でだけ通用する「約束」によって結びついているにすぎないのです。

音と意味との結びつきは社会ごとに決まるものですから、社会が違えば音と意味との結びつきかたも違っています。また同じ社会の中でも、時間がたてば音と意味との結びつきがずれていったり、あるいは全然別の結びつきに取って代わられたり、といったことが当然のように起こるのです。このようなことは、単語の意味についてだけではなく、文法的な規則や字体についても当てはまります。要するに、ことばにおいて絶対的に「正しい」といえるものはどこにもないのです。ただ、ある時点のある人間集団において「正しいとされていること」があるだけです。

［　　］ことばについて、「正しさ」というものをはっきりさせておかないと困るような場面も、社会の中には確かに①ソンザイします。「教育」という場面がその典型例でしょう。例えば子どもに漢字を教える②サイ、「この漢字にはいろんな字体があります。どれでもいいですから好きな書き方をしてください。」と言われては、子どもは混乱してしまうでしょう。ひとつの漢字にはいろいろな字体があり、現実の社会ではかなり広い範囲の字体が③キョヨウされています。しかし少なくとも初歩の段階では、ひとつの「お手本」を示し、「この漢字はこのとおりに書きなさい。」とはっきり指導した方がうまくいくでしょう。

こうした場面においては、「これが正しいことばである」と決めるための基準をはっきりと示しておく必要があります。このように、意識的・1明示的に与えられた「正しさ判定のよりどころ」のことを、ここでことばの「規範」と呼ぶことにしましょう。「規範」は、教科書に示された漢字の「お手本」や、辞書における単語の意味記述、文法書における文法規則の説明などといった形をとってあらわれます。あるいは文書として書かれたものでなくても、教育の場面でことばのある側面について「ここはこうしなさい。」と明確な形で与えられる指導も「規範」ということになります。

ことばの「規範」は、教育以外の場面においても有効な④ハタラきを持っています。それは、「ことばを用いたコミュニケーションを円滑に進ませる」、という機能です。

前に述べたとおり、ことばの「あらわすもの」と「あらわされるもの」の結びつきは、放っておくとだんだん緩くなっていってしまい、2「あらわすもの」と「あらわされるもの」との対応関係がずれてしまうことがあります。つまり、同じ「あらわすもの」を提示されたときでも、どのような「あらわされるもの」を了解するかが人によって違ってしまう、ということが起きるのです。こうしたず

まとまり	要点
Ⅰ	c
Ⅱ	文字表記の選択や用語選択によって、さまざまな語感や意味の違いを表現することができる。
Ⅲ	場面や文脈に応じて、自分の表現意図に的確に対応する表現を追い求めることが大切だ。
Ⅳ	ものの見方を明確にし、それに応じたことばの選択をとおして、表現は豊かな広がりを見せる。

6	
Ⅲ	第（　）段落
c	

■平成26年度問題

二　次の文章を読んで、あとの問いに答えなさい。

たとえば、ジャングルの中であなた一人だけが生き残ったとしたら、果たしてどれだけ生存できるだろうか。サバイバルの専門知識がなければ、ほどなくケガや病気で死んでしまうことだろう。人間には獣のような牙もないし、うさぎや猫のように鋭敏な感覚もない。それなのに、私たちはなぜ地球上でこれほどのさばっていられるのだろうか。

人間には優れた脳があると考える人がいるかもしれない。確かに、それもひとつだ。しかし、もうひとつ、注目されているのが「コミュニケーション能力」である。このコミュニケーション能力は、鋭い牙や速い足や鋭敏な感覚にもひけをとらないほどサバイバルにとって有利に働く。

コミュニケーション能力の第一の効果は、会話をすることで目標を共有し、そのための作業を分担することが可能になるということである。たとえば、狩りをする場合、獲物を追い立てる役割とそれを待ち構えて狩る役割を分ければ、一人一人がばらばらに追いかけまわすよりもずっと効率がよい。コミュニケーションはいわば人の群れを組織に変えたのである。

第二の効果はさらに重要である。人間以外の動物の行動は主に二つのメカニズムによって規定される。

一つは生得的にプログラムされた行動パタンである。一般に本能などと呼ばれるもので、特定の刺激に対して特定の反応が生じるようにあらかじめ体内に仕組みができている。捕食行動や性行動など、その種に特有の習性として①ミトめられるものだ。

〔A〕もう一つが個々の経験によって獲得される学習性の行動である。それぞれの環境の違いに適合できるよう、エサの獲得や②キケンの回避に役立つ行動は自然に出現しやすくなる。たとえば、レバーを押すとエサが出てくる仕掛けの中にラットなどを入れておくと、試行錯誤の③スエ、次第にレバーを押す行動が増えてくる。また、エサが出る条件を変えると、ラットはそれに合わせて面白いように行動パタンを変化させる。心理学では有名な実験だ。

〔B〕他の個体が同じ行動パタンを獲得するには、同じ経験をして学習しなければならない。ところが、個体から別な個体にそのコツが伝授されれば、試行錯誤を繰り返す必要はない。「この崖を降りてゆくと④ヤクソウがある。」とか、「この色のキノコを食べると腹が痛くなる。」とか、個人が経験して獲得した知恵を他者にも伝達できる。これがコミュニケーション能力の提供してくれたもう一つの利益である。たとえ、経験した個人が死んでも、次の世代がこれを継承してゆくし、また、これに新たな知識が付け加わってゆくことになる。〔C〕

このようにして、多くの知識が私たちの社会には蓄えられている。料理のレシピも医学の知識も、食料生産や工業の技術も、文学や絵画や映画などの芸術も誰かがどこかで見つけた知恵を寄せ集め、組み合わせ、体系化してきたものである。それを現代の私たちは受け継ぎ、有効に使いながら現代のこの生活を享受している。〔D〕

腹が減ればスーパーで食料を調達できる。喉が渇けば蛇口をひねればいいし、排泄物もボタン一つで清潔に処理できる。退屈になれば、テレビをつけてみるのもよい。スポーツ観戦でもドラマでも好きなものを楽しめる。よく考えてみるとすごいことだ。部屋の中を明るくするために、一人一人が電球を発明する必要はない。様々な技術やシステムは過去に誰かが作ったものだ。それを私たちは産まれたときから利用している。社会に生きている限り、他の動物に対して私たちは圧倒的に有利な位置からスタートできるのだ。

社会は私たちが快適に生活できるよう長い年月をかけて作り、維持してきた人工環境である。ちょうど魚が水の中でしか生きられないように、1人間も社会なしには生きてゆくことができない。ジャングルで生き抜くためのサバイバルの知識でさえ、社会から与えられるものだ。一言で言えば、人間とはまさに社会的動物である。社会を作って生活する動物というだけでなく、社会なくしては生きられない動物という意味である。社会とは、私たちを生かしてくれる生命維持装置そのものなのである。

（菅原健介「羞恥心はどこへ消えた？」による。）

1　①〜④のカタカナにあたる漢字を書きなさい。

2　文章中には次の文が抜けています。この文を入れる最も適切なところを、〔A〕〜〔D〕の中から選び、その記号を書きなさい。

　しかし、その学習効果も個体が死んでしまえば消えてなくなってしまう。

3　次の図は、コミュニケーション能力について、この文章における筆者の主張を踏まえて整理したものです。この図について、あとの⑴・⑵に答えなさい。

1	
①	められる
②	
③	
④	

2

論説文

■平成24年度問題

二　次の文章を読んで、あとの問いに答えなさい。

ことばが運ぶのは、伝えようとする情報だけではない。当人の意図とは関係なく、その事柄を選び、そんなふうに表現したその人自身の、立場や態度や評価や配慮、性別や年齢、感じ方や考え方、価値観や教養や品性を含めた人間性が相手に否応(いやおう)なく伝わってしまう。ひとつの文章が生まれるまでには、無意識のうちに発想や表現のさまざまなレベルでの選択が①ツみ重ねられる。その過程での人間の在り方が、結果として姿を現す言語作品に映っているからである。表現の外面から発想の内面へとそのレベルを順にたどってみよう。

もっとも浅いレベルは、あることばをどんな文字で記すかという選択だ。何の変哲もない「中村」も「ナカムラ」と書けば日系人めいて見えるし、「中むら」という看板は何やら料亭じみた雰囲気を漂わせる。外来語は通常カタカナで書くが、慣用を破って「ふらんす」と書くとやわらかい感じになり、「仏蘭西(ふらんす)料理」という看板を見ると何だか高級そうで財布の中身が心配になる。これらはいずれも、文字表記の選択が独特の語感をかもしだしている例である。

このような文字選びより少し深いレベルに、ことば選びがある。この用語選択にまた深浅のレベル差がある。伝達したい意味内容に関係なく、自分の品格や態度、相手への配慮に応じてことばを選ぶのは、表面に近い比較的浅いレベルだろう。「きょうは九月九日だ。」と言えば、相手と膝(ひざ)を交えてしゃべるような親しい感じだが、「です」にすると、いくぶん改まって相手と少し［a］感じになる。そこを「でございます」にすると、相手をさらに丁重に扱った感じになり、大勢の人の前で礼儀正しく話しているような雰囲気が出る。［b］、そこをもし「である」と結べば、話している感じは消え去り、不特定の読み手に向けた、硬い書きことばの、やや冷たい、きっぱりとした、堂々たる調子に変わる。

「ふくらむ」と「ふくれる」は似たような意味だが、微妙な違いがあって、もう少し深いレベルの用語選択となる。「ふくれる」のほうがくだけた感じがいくらか②ツヨいことを別にしても、「ふくらむ」が自然に起こる全体的な膨張をさすことが多いのに対し、「ふくれる」はやや不自然で部分的な膨張をさすことが多い。そのため、「ふくらむ」は正常な変化ということから好ましい連想が働きやすく、「ふくれる」は異常な変化を思わせて③ワルい連想と結びつきやすい。そのため、事実を伝えるだけの「予算がふくらむ」に比べ、「予算がふくれる」という表現はその膨張を好ましくないと考えているようなニュアンスがともなう。これもまた語感の違いではあるが、意味とからみあう面もあり、単なる同義語の選択として片づけるわけにはいかない。

自分の伝えたい意味合いを正確に表すのにもっとも適切な表現を探そう。正確なことばというのは、単に誤りを含んでいないというだけでは不十分だ。「休憩」か「休息」かと迷ったとき、両方やめて「休み」という語で間に合わせれば、そんな微妙な意味の違いに悩まずに済む。「休み」には「休憩」も「休息」も含まれるから、たしかにそれでも間違いではない。が、「休み」は、その「休憩」と「休息」だけではなく「休暇」「休日」「休業」から「欠席」「欠勤」「欠場」までを含む広い意味のことばだ。そういう区別をせずに単に「休み」とするのは、松も欅(けやき)も楓(かえで)も桜も白樺(しらかば)も無差別に「木」で片づけ、小腸と大腸どころか胃も肝臓も膵臓(すいぞう)も区別せずに「消化器」で間に合わせるような、そんな1粗っぽさで現実を切り取ったことになる。

目的によってはそれで済む場合もあり、もっときめ細かく表すべき時もある。場面や文脈などに応じて、自分の感覚・感情・認識をどこまで細かくとらえ、それをどれほど忠実に伝えたいかという、その時その場の表現意図に的確に対応する表現を追い求める。

ことばを選び、表現を練るのは、ことばをいじりまわすことではない。文章を飾って知識をひけらかすためでもない。表現しようとする対象のひだに分け入り、実際のイメージに接近しようとする④ドリョクなのだ。とすれば、人間がことばを選ぶとき、2その奥にある表現すべき対象や現実のとらえ方をも同時に選んでいることになる。ものの見方や考え方をはっきりさせ、何を対象にどの面をどう描くかという選択をとおして、その人自身が姿を現すのである。そういう人間の行動の反映として、表現は豊かな広がりを見せるのだろう。

（中村　明「日本語　語感の辞典」による。）

1　①〜④のカタカナにあたる漢字を書きなさい。

2　［a］にあてはまる適切な表現を書きなさい。

3　［b］にあてはまる最も適切な語を、次のア〜エの中から選び、その記号を書きなさい。

ア　だから　　イ　つまり　　ウ　そして　　エ　なぜなら

4　1粗っぽさ　とあるが、筆者は、ことばのどういう選び方を粗っぽいと述べていますか。四十字以内で書きなさい。

5　2その奥　とあるが、それは何の奥を指していますか。「何」にあたる最も適切な語を、文章中から抜き出して書きなさい。

6　次の表は、この文章を内容からⅠ〜Ⅳの四つのまとまりに分け、それぞれの要点をまとめたものです。この表のⅢにあたる段落をすべて書きなさい。また、空欄cにあてはまるⅠの要点を、五十字以内で書きなさい。

公 立 高 校 入 試 出 題 単 元

過去９年間
(平成24年～令和２年迄)

国　語

(国語のみ逆綴じになっております。※印は問題を割愛しております。)

論説文　165P

■平成24年 二 (漢字・空欄補充・内容把握・要約)
■平成25年 二 ※(漢字読み・適語補充・内容理解・内容整理)
■平成26年 二 (漢字・文挿入・内容理解)
■平成27年 二 (漢字・適語挿入・熟語音訓・内容理解)
■平成28年 二 (漢字・接続詞・内容理解)
■平成29年 二 (漢字読み・接続詞・内容理解・内容表現)
■平成30年 二 (熟語・指示語・内容理解・内容表現)
■平成31年 二 (漢字・接続詞・内容理解・内容表現)
■令和２年 二 (漢字・接続詞・内容理解・内容表現)

小説文・随筆文　152P

■平成24年 一 ※(漢字・空欄補充・内容把握)
■平成25年 一 ※(漢字・適語補充・内容補充・心情理解)
■平成26年 一 (漢字読み・適語挿入・内容理解・内容真偽)
■平成27年 一 (漢字読み・適語挿入・内容理解・表現技法)
■平成28年 一 ※(漢字読み・内容理解・表現技法)
■平成29年 一 (漢字・内容理解・内容表現)
■平成30年 一 (漢字・心情理解・内容表現)
■平成31年 一 (漢字・内容理解・内容表現)
■令和２年 一 (漢字・内容理解・内容表現)

古典（古文・漢文）　141P

■平成24年 三 (現代仮名遣い・主語・内容把握)
■平成25年 三 (現代仮名遣い・主語・内容理解)
■平成26年 三 (適語挿入・現代仮名遣い・内容理解)
■平成27年 三 (現代仮名遣い・適語挿入・内容理解)
■平成28年 三 (内容理解・現代仮名遣い・適文挿入)
■平成29年 三 (内容理解・現代仮名遣い)
■平成30年 三 (内容理解・現代仮名遣い)
■平成31年 三 (書き下し文・内容把握・漢詩の知識)
■令和２年 三 (現代語訳・現代仮名遣い・内容表現)

作文　134P

■平成26年 四 (条件有：120字以内)
■平成27年 四 (条件有：55字以内)
■平成28年 四 (条件有：200字以内)
■平成29年 四 (条件有：250字以内)
■平成30年 四 (条件有：250字以内)
■平成31年 四 (条件有：250文字以内)
■令和２年 四 (条件有：200字以内)

公立高校入試出題単元　解答・解説

過去9年間

(平成24年～令和2年迄)

○　数学　168p～

○　英語　177p～

○　理科　189p～

○　社会　195p～　※社会の解説はありません。

○　国語　198p～

数　学　解答・解説

◆ポイント

★応用

方程式の計算と同じように両辺をそれぞれまとめ，$ax>b$，$ax<b$ の形にしたら，両辺を x の係数 a で割る。そのとき，a が負の数の場合は，不等号の向きを変える。

ポイント①

$y=ax^2$ の x の値が p から q まで増加するときの変化の割合$=a(p+q)$

ポイント②

底辺を共有し，この底辺 m に平行な直線 ℓ 上に頂点を持つ三角形の面積は等しくなる。

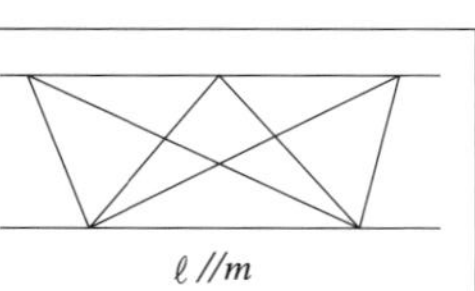

ポイント③

三角形の外角は，それととなり合わない2つの内角の和に等しい。

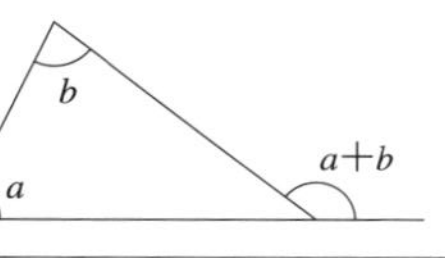

ポイント④　**おうぎ形（半径 r，中心角 a°，弧の長さ ℓ）**

弧の長さ $\ell=2\pi r\times\dfrac{a}{360}$

〈計算問題〉

■平成24年 1

（1）8　（2）$\frac{9}{10}$　（3）-5　（4）$2x+14y$　（5）$\begin{cases}x=4\\y=2\end{cases}$

（6）$3\sqrt{2}$　（7）$(x+6y)(x-6y)$　（8）$x=\frac{-7\pm\sqrt{41}}{2}$

(6) $\sqrt{32}-\sqrt{8}+\sqrt{2}=4\sqrt{2}-2\sqrt{2}+\sqrt{2}=3\sqrt{2}$

(8) 二次方程式の解の公式より，

$x=\dfrac{-7\pm\sqrt{49-4\cdot1\cdot2}}{2\cdot1}=\dfrac{-7\pm\sqrt{41}}{2}$

■平成25年 1

（1）57　（2）$\frac{7}{10}$　（3）-11　（4）$16x+13y$　（5）$\begin{cases}x=4\\y=-1\end{cases}$

（6）$8+2\sqrt{7}$　（7）$(x+8)(x+9)$　（8）$x=\frac{-5\pm\sqrt{57}}{4}$

(1) $=3+54=57$

(2) $=\dfrac{2^1}{5}\times\dfrac{7}{4_2}=\dfrac{7}{10}$

(4) $=6x+18y+10x-5y=16x+13y$

(5) $\begin{cases}3x+8y=4 & \text{—①}\\x-2y=6 & \text{—②}\end{cases}$

①$-3\times$②より

$3x+8y=4$

$-)\ 3x-6y=18$

$14y=-14$

$y=-1$

$y=-1$ を②に代入して，

$x-2\cdot(-1)=6$

$x+2=6$

$x=4$

(6) $(a+b)^2=a^2+2ab+b^2$　より

$(\sqrt{7}+1)^2=(\sqrt{7})^2+2\sqrt{7}+1^2=7+2\sqrt{7}+1=8+2\sqrt{7}$

(8) 2次方程式の解の公式より

$x=\dfrac{-5\pm\sqrt{5^2-4\cdot2\cdot(-4)}}{2\cdot2}=\dfrac{-5\pm\sqrt{25+32}}{4}=\dfrac{-5\pm\sqrt{57}}{4}$

■平成27年 1

（1）12　（2）$\frac{3}{14}$　（3）-1　（4）$8x-22y$　（5）$\begin{cases}x=2\\y=-4\end{cases}$

（6）$4\sqrt{10}$　（7）$(x+7)(x-9)$　（8）$x=\frac{-9\pm\sqrt{17}}{4}$

(5) $\begin{cases}3x+y=2 & \text{—①}\\x+2y=-6 & \text{—②}\end{cases}$

①×2　—②

$6x+2y=4$

$-)\ x+2y=-6$

$5x=10$

$x=2$

①に代入して，

$6+y=2$

$y=-4$

ゆえに，$x=2$，$y=-4$

(6) $\sqrt{15}\times\sqrt{6}+\sqrt{10}=\sqrt{90}+\sqrt{10}=3\sqrt{10}+\sqrt{10}=4\sqrt{10}$

(8) $2x^2+9x+8=0$

解の公式を利用して

$x=\dfrac{-9\pm\sqrt{9^2-4\cdot2\cdot8}}{2\times2}=\dfrac{-9\pm\sqrt{81-64}}{4}=\dfrac{-9\pm\sqrt{17}}{4}$

■平成28年 1

（1）-4　（2）$\begin{cases}x=3\\y=1\end{cases}$　（3）2　（4）$x=\frac{3\pm\sqrt{29}}{2}$

(2) $\begin{cases}x+6y=9 & \cdots①\\2x-3y=3 & \cdots②\end{cases}$

①×2－②

$2x+12y=18$

$-)\ 2x-3y=3$

$15y=15$

$y=1$

①に代入して　$x=3$

(3) $\sqrt{28}\div\sqrt{7}=\sqrt{4}=2$

(4) 解の公式より，$x=\dfrac{3\pm\sqrt{3^2+4\times1\times5}}{2}=\dfrac{3\pm\sqrt{29}}{2}$

■平成29年 1

（1）-3　（2）$x+2y$　（3）$(x-6)(x-8)$

（4）$\frac{9}{2}\pi$　（5）右図

（6）②　（7）④

(1) $8+(-5)-6=8-5-6=\underline{-3}$

(2) $(7x+4y)-2(3x+y)=7x+4y-6x-2y=\underline{x+2y}$

(4) 球の体積は，$\frac{4}{3}\times\pi\times(\text{半径})^3$ で求められる。

よって，$\dfrac{4}{3}\times\pi\times\left(\dfrac{3}{2}\right)^3=\dfrac{4}{3}\times\pi\times\dfrac{27}{8}=\dfrac{9}{2}\pi$

(6) 生徒が40人なので，20番目と21番目の平均値が中央値。ヒストグラムから20番目，21番目ともに10分以上15分未満の階級にある。

(7) 無理数…分数で表すことのできない数

①　$-\frac{3}{7}$，②　$2.7=\frac{27}{10}$，③　$\sqrt{\frac{9}{25}}=\frac{3}{5}$ は，有理数。

■平成30年 1

（1）7　（2）$10x+y$　（3）9　（4）14

（5）右図　（6）50π　（7）$36.35\leqq a<36.45$

（8）①，④

(1) $(-56)\div(-8)$

$=(-56)\times\left(-\dfrac{1}{8}\right)=7$

(2) $2(3x+y)+(4x-y)$

$=6x+2y+4x-y=10x+y$

(3) $(a+b)(a-b)=a^2-b^2$ より

$(\sqrt{13}+2)(\sqrt{13}-2)$

$=13-4=9$

(4) 生徒の人数を x 人とすると,

$8x-5=7x+9$

$x=14$

(6) $(5\times5\times\pi)\times6\times\frac{1}{3}=50\pi$

(8) ① $\begin{array}{c|c} x & -3 \longrightarrow -1 \\ y & -12 \longrightarrow -3 \end{array}$ で適する

② $\begin{array}{c|c} x & -3 \longrightarrow -1 \\ y & -2 \longrightarrow -6 \end{array}$ で不適

③ $\begin{array}{c|c} x & -3 \longrightarrow -1 \\ y & 8 \longrightarrow 5 \end{array}$ で不適

④ $\begin{array}{c|c} x & -3 \longrightarrow -1 \\ y & -9 \longrightarrow -1 \end{array}$ で適する

■平成31年 1

（1）-6　（2）$2x$　（3）$x=-3,\ y=-7$　（4）$5\sqrt{2}$

（5）$\frac{4}{9}\pi$　（6）108　（7）$y=-\frac{20}{x}$　（8）$\frac{3}{8}$

(2) $8x^2\div4x=8x^2\times\frac{1}{4x}=2x$

(3)
$$\begin{array}{r} 2x-y=1 \\ +)\ -3x+y=2 \\ \hline -x=3 \end{array}$$
つまり $x=-3$

上の式に代入して $2\times(-3)-y=1$ これを解くと $y=-7$

(4) $\frac{4}{\sqrt{2}}+\sqrt{18}=2\sqrt{2}+3\sqrt{2}=5\sqrt{2}$

(5) $4\pi\times\left(\frac{1}{3}\right)^2=\frac{4}{9}\pi$

(6) 正五角形の1つの外角の大きさは $360\div5=72$〔°〕

よって　$180-72=108$〔°〕

(7) y は x に反比例するので $y=\frac{a}{x}$ と表せる，これに $x=-4$，$y=5$ を代入して $5=\frac{a}{-4}$ つまり $a=-20$，よって $y=-\frac{20}{x}$

(8) ○を表，×を裏とする。

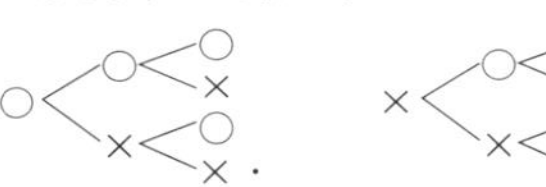

条件をみたすのは上の樹形図のうち・のとき。よって $\frac{3}{8}$

■令和2年 1

（1）2　（2）$x-y$　（3）$(x+7)(x-4)$　（4）$9+2\sqrt{14}$

（5）$x=\frac{-7\pm\sqrt{33}}{8}$　（6）②　（7）3　（8）$\frac{1}{12}$

(1) $4+6\div(-3)=4-2=2$

(2) $4(2x-y)-(7x-3y)=8x-4y-7x+3y=x-y$

(4) $(\sqrt{2}+\sqrt{7})^2=(\sqrt{2})^2+2\sqrt{2}\times\sqrt{7}+(\sqrt{7})^2$

$=2+2\sqrt{14}+7=9+2\sqrt{14}$

(5) 解の公式より

$x=\frac{-7\pm\sqrt{7^2-4\times4\times1}}{2\times4}=\frac{-7\pm\sqrt{33}}{8}$

(7) $y=3x$ と表せるので比例定数は3

(8) 条件をみたすのは右図の○の部分。

よって求める確率は $\frac{3}{36}=\frac{1}{12}$

	1	2	3	4	5	6
1						
2						
3						
4						○
5					○	
6				○		

■平成28年 2

（1）130

(1) $a^2-3a=a(a-3)$

$a=13$ を代入して　$13\times10=130$

■平成29年 2

（2）14　（4）170

(2) 6分間で，$30-18=12$L 減る。

$30-2=28$L 減るのに，x 分かかるとすると，

$6:12=x:28$ という関係になる。

$12x=6\times28$　$x=14$ 分

(4) 45匹の中に，印をつけた56匹のうちの15匹がいた。

45匹 ― 印15匹

x 匹 ― 印56匹

$x=\cancel{45}^{3}\times\frac{56}{\cancel{15}}=168$　一の位を四捨五入して，170匹

■平成29年 3

（1）セーター 1750　ズボン 1680

(1) セーターの元値を x 円，ズボンの元値を y 円とする。

$\begin{cases} x+y=5300\cdots① \\ x\times0.7+y\times0.6=3430\cdots② \end{cases}$

①と②を連立して解くと，$x=2500$，$y=2800$

求めるのは，値引き後の値段なので，

セーターの値段は，$2500\times0.7=1750$ 円

ズボンの値段は，$2800\times0.6=1680$ 円

■令和2年 2

（3）P地点からR地点までの道のりを xm，

R地点からQ地点までの道のりを ym とすると，

$\begin{cases} x+y=5200 \\ \frac{x}{80}+\frac{y}{200}=35 \end{cases}$

これを解くと，$x=1200$，$y=4000$

$x=1200$，$y=4000$ は問題に適している。

P地点からR地点までの道のり　1200m，

R地点からQ地点までの道のり　4000m

■平成31年 3

（1）ア 15　イ 14　ウ 1

（2）エ $6.4^2=40.96$，$6.5^2=42.25$　この計算結果から，$6.4<\sqrt{41}<6.5$

したがって，$\sqrt{41}$ の小数第1位は4である。

エ に当てはまる数は4

オ 0.6

(1) 右図のように考えることで $(9-x)(6-x)=40$

整理すると $x^2-15x+14=0$，$(x-14)(x-1)=0$，

$x=1,\ 14$，$x<6$ より　$x=1$

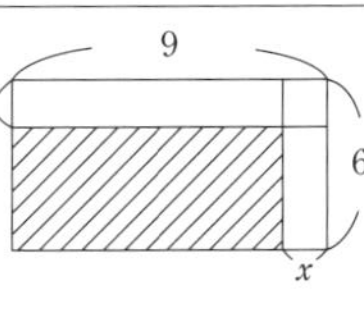

(2) オ，$7-6.4=0.6$

〈文字と式・方程式〉

■平成26年 4

$\sqrt{a^2+b^2}$

問題文の「AC－AB」の部分を式に変える。

・ACは△ABCにおいて，三平方の定理より，$AC=\sqrt{AB^2+BC^2}=\sqrt{a^2+b^2}$。

・$AB=a$

よって　$AC-AB=\sqrt{a^2+b^2}-a$

〈関数小問〉

■平成24年 2

（3）$\frac{8}{3}\leqq y\leqq\frac{50}{3}$

(3) ABの長さを x cmとすると，AB＝2BCより，BCの長さは $\frac{1}{2}x$ と表せる。

よって，四角錐の体積を y cm³とすると，$y=x\times\frac{1}{2}x\times4\times\frac{1}{3}=\frac{2}{3}x^2$

$2\leqq x\leqq5$ のときの y の変域は，

それぞれ代入して $\frac{8}{3}\leqq y\leqq\frac{50}{3}$ となる。

広169→

■平成24年 3

（2） $\frac{3}{2}$

(2) 点Aの x 座標をaとおくと，点Aの y 座標は $y=\frac{10}{x}$ に代入して，$\frac{10}{a}$
点Bの x 座標は，CD＝6より，$a+6$，点Bのy座標はAC＝5BDより
点Aのy座標の$\frac{1}{5}$なので，$\frac{10}{a}\times\frac{1}{5}=\frac{2}{a}$と表せる。点B$(a+6,\ \frac{2}{a})$が
$y=\frac{10}{x}$上にあるので，$x=a+6$，$y=\frac{2}{a}$を代入し，$\frac{2}{a}=\frac{10}{a+6}$となる。
両辺に $a(a+6)$をかけると，$a(a+6)\times\frac{2}{a}=\frac{10}{a+6}a(a+6)$
$2(a+6)=10a$　　$a=\frac{3}{2}$となる。

■平成26年 2

（3） $\frac{1}{3}$

(3) A，Bは$y=ax^2$上の点なので，代入してA$(-2,\ 4a)$，B$(4,\ 16a)$。
傾き＝$\frac{y\text{の増加量}}{x\text{の増加量}}$より，$\frac{16a-4a}{4-(-2)}=\frac{2}{3}$　　$2a=\frac{2}{3}$　　$\therefore a=\frac{1}{3}$

■平成26年 3

（3） $\frac{5}{4}\leqq a\leqq\frac{5}{3}$

(3) 線分CD上の点をEとおくと，△OBEは二等辺三角形なのでBの x 座標はOEのちょうど真ん中になることに気付けるかがポイント。
・aの最小値は，EがDの位置にあるときなので，そのときのBの座標は(4，5)。したがって，直線OBの傾き$a=\frac{5}{4}$。
・aの最大値は，EがCの位置にあるときなので，そのときのBの座標は(3，5)。したがって，直線OBの傾き$a=\frac{5}{3}$。　よって，$\frac{5}{4}\leqq a\leqq\frac{5}{3}$。

■平成27年 2

（2） −3

(2) yがxに反比例するので$y=\frac{a}{x}$(a：比例定数)とおける。
これを式変形すると$a=xy$
表より$x\times y=-18$なので　□に入る数字は，−3である。

■平成28年 2

（3） $y=\frac{16}{x}$

(3) $y=\frac{a}{x}$　$8=\frac{a}{2}$
$a=16$　よって，$y=\frac{16}{x}$

■平成28年 3

（3）−1

(3) 変化の割合＝$\frac{y\text{の増加量}}{x\text{の増加量}}$
$-5=\frac{4^2a-1^2a}{4-1}=5a$
よって，$a=-1$

■平成28年 4

（1）③，④

（3）右図

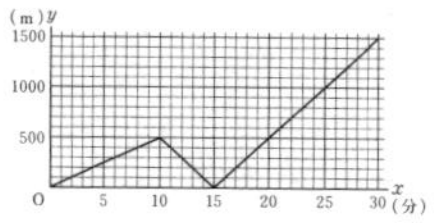

(1)① どちらかの年齢がわからないので関数として表すことができない。
② 平行四辺形の高さがわからないので関数として表すことができない。
③ $y=500-x$
④ $y=100x$

(3)

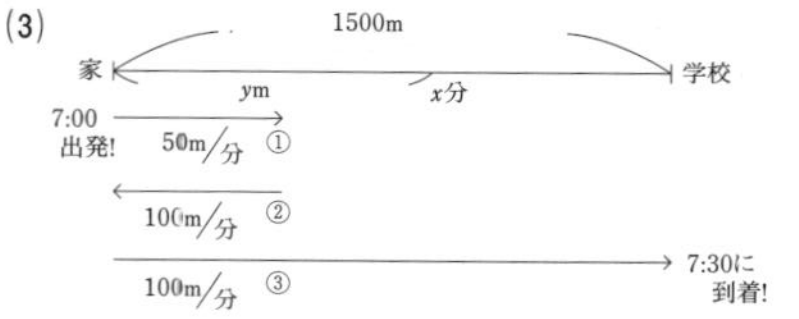

③から考える
$y=100x+b$
7：30に1500m先の学校につくから，(30，1500)を代入
$1500=3000+b$　$\therefore b=-1500$
$y=100x-1500$　$(15\leqq x\leqq30)$
②$y=-100x+b$
③の式とx軸で交わる→(15，0)で交わる
$0=-1500+b$　$\therefore b=1500$
$y=-100x+1500$　$(10\leqq x\leqq15)$
①$y=50x$　$(0\leqq x\leqq10)$
①，②，③のグラフをかけばよい。

■平成30年 2

（2）右図

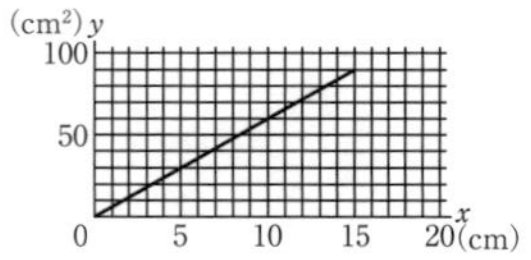

(2) BPを底辺とみなすと，高さは12cmなので，
$y=\frac{1}{2}\times x\times12=6x$

■平成31年 2

（2） $\frac{5}{3}$

(2) 線分ABとy軸の交点をDとおくと，放物線はy軸で線対称なので，AD＝DB＝1，したがってAB＝1×2＝2，また，条件より点Cのx座標は1なので，y座標は$y=-a\times1^2=-a$，点Bのy座標も同様に$y=a$，よってBC$=a-(-a)=2a$よりAB＋BC$=2+2a=\frac{16}{3}$，これを解くと$a=\frac{5}{3}$

〈関数〉

■平成24年 5

（1） 2　　（2） 6　　（3） $y=\frac{5}{4}x+10$

(1) 点A(4，8)を$y=ax$に代入して$a=2$。
(2) △BCD∽△AODであることに注目する。A，Bからy軸にそれぞれ垂線を下ろし，交点をA′，B′とすると，CD：DO＝2：3より，BB′：AA′＝2：3。BB′＝4より4：AA′＝2：3，これを解くとAA′＝6。
この値が点Aのx座標である。
(3) 直線BCを，$y=ax+b$とおくと，点B(−4，5)を通るので，
$5=-4a+b$　　$\therefore b=4a+5$　…①
したがって，直線BCは$y=ax+4a+5$であるから，
点C(0，$4a+5$)となる。
ここで，BC//OAより，△ABC＝△OBC
よって，　△OBC$=\frac{1}{2}\times(4a+5)\times4=20$
これを解いて，　$2(4a+5)=20$　　$4a+5=10$　　$a=\frac{5}{4}$
①に代入して，　$b=4\times\frac{5}{4}+5=10$
したがって，直線BCは，　$y=\frac{5}{4}x+10$

■平成26年 6

（1） $y=-2x+10$　　（2） 21

(1) 点Aは，$y=\frac{12}{x}$上にあるので，$x=2$を代入すると，$y=\frac{12}{2}=6$。したがって，A(2，6)。求める直線ADの式を$y=ax+b$とおき，A(2，6)，D(5，0)をそれぞれ代入すると，
$\begin{cases}6=2a+b\cdots\cdots①\\0=5a+b\cdots\cdots②\end{cases}$
②−①より，$3a=-6$　$\therefore a=-2$
②に代入して　$0=-10+b$　$\therefore b=10$
よって，$y=-2x+10$
(2) 点Aのx座標をtとおくと，A$\left(t,\ \frac{12}{t}\right)$。点Bの$x$座標はマイナスで，その絶対値は点Aの3倍なので，B$\left(-3t,\ \frac{12}{-3t}\right)\Rightarrow$B$\left(-3t,\ -\frac{4}{t}\right)$。
ここで，CDを底辺にとり，それぞれの三角形の面積を求めると，

$\triangle ACD = CD \times \frac{12}{t} \times \frac{1}{2} = \frac{6}{t}CD$

$\triangle BCD = CD \times \frac{4}{t} \times \frac{1}{2} = \frac{2}{t}CD$

$\triangle ABD = \triangle ACD + \triangle BCD = \frac{6}{t}CD + \frac{2}{t}CD = \frac{8}{t}CD$

よって　$\triangle ABD : \triangle ACD = \frac{8}{t}CD : \frac{6}{t}CD = 4:3$

△ABD の面積が 28 より

28：△ACD＝4：3　∴△ACD＝21

■平成27年 4

ア　2　　イ　17　　ウ　30

ア　美咲が生口橋を1往復する20分間で、大輝さんに追いこされるのは、両方の関数の傾きの符号が一致するときである。

よって、2回である。

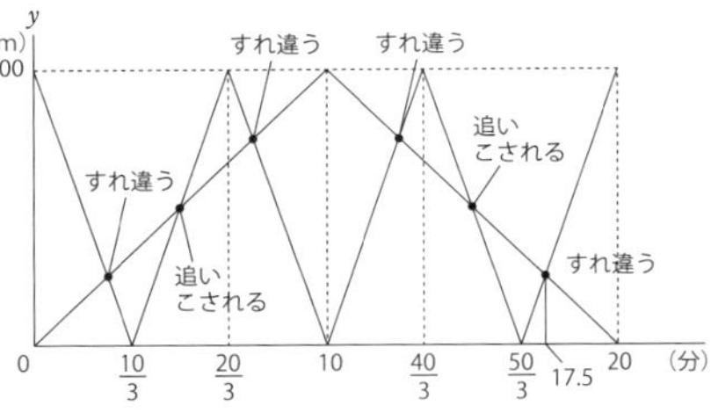

イウ　美咲さんは、1600m を 20 分で歩くので

速さは　1600÷20＝80m／分

大輝さんは 4800m を 20 分で自転車で走るので

速さは 4800÷20＝240m／分

大輝さんが片道を走るのにかかる時間は $800 \div 240 = \frac{10}{3}$ 分である

10 分から 20 分の間の美咲さんに関するグラフは点(10, 800)(20, 0)を通るので $y=ax+b$ に代入して

$800 = 10a + b$　―①

$-)\ \ 0 = 20a + b$　―②

$800 = -10a$　　　$a = -80$

②に代入して

$0 = -1600 + b$　　$b = 1600$

ゆえに式は　$y = -80x + 1600$　―③

大輝さんに関するグラフは点 $\left(\frac{50}{3}, 0\right)$ (20, 800) を通るので $y = mx + n$ に代入して

$0 = \frac{50}{3}m + n$　―①′

$-)\ 800 = 20m + n$　―②′

$-800 = -\frac{10}{3}m$　　　$m = 240$

②′に代入して　$800 = 20 \times 240 + n$

$800 = 4800 + n$　　$n = -4000$

ゆえに式は　$y = 240x - 4000$　―④

③＝④より　$-80x + 1600 = 240x - 4000$

$-320x = -5600$　　$x = 17.5$

2人が最後にすれちがうのはスタートしてちょうど 17 分 30 秒後。

■平成27年 6

（1）$0 \leqq y \leqq 9$　　（2）2

(2) 点A(−4, 4), 点B(6, 9)を通る直線は

$4 = -4a + b$　―①

$-)\ 9 = 6a + b$　―②

$-5 = -10a$　　　$a = \frac{1}{2}$

①に代入して　$4 = -2 + b$　　$b = 6$

ゆえに　$y = \frac{1}{2}x + 6$

AB∥OC のとき直線 OC の傾きも $\frac{1}{2}$ なので

直線 OC の式は $y = \frac{1}{2}x$,

C は $y = \frac{1}{4}x^2$ 上の点でもあるので,

$\frac{1}{4}x^2 = \frac{1}{2}x$, $x^2 = 2x$, $(x-2)x = 0$

よって　$x = 0, 2$　点 C は $x > 0$ の範囲を動くので,

$x = 2$, よって点 C (2, 1)。なので, x 座標は 2。

■平成28年 6

（1）空走距離　3　制動距離　9

（2）空走距離は自動車の速度に比例するので，表から，時速 50km のときの空走距離は 15m と分かる。また，図から，時速 50km のときの制動距離はおよそ 19m と読み取れるので，時速 50km のときの停止距離はおよそ 34m となり，車間距離である 40m より短いから。

(1) 空走距離：$y=ax$

制度距離：$y=ax^2$

したがって，速度を3倍にすると，空走距離は　$a \to 3a$ の3倍，制動距離は $a \to 3^2a$ の9倍になる。

■平成28年 7

（1）(−3, 1)　　（2）$y = -\frac{1}{2}x + 3$

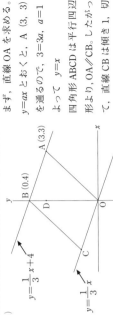

(1)

まず，直線 OA を求める。

$y=ax$ とおくと，A (3, 3) を通るので，$3=3a$, $a=1$

よって　$y=x$

四角形 ABCD は平行四辺形より，OA∥CB。したがって，直線 CB は傾き 1，切片 4 の直線なので，$y=x+4$

点 C は，2 の $y=x+4$ と $y=-\frac{1}{3}x$ の交点なので，連立方程式を解くと，

$x=-3$, $y=1$ より，C (−3, 1)

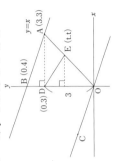

(2)

まず，△ABO の面積を求めると，

左図より，$\triangle ABO = OB \times AD \times \frac{1}{2}$

$= 4 \times 3 \times \frac{1}{2} = 6$

点 D を通り，△ABO の面積を 2 等分する直線と直線 AO の交点を E とすると，△ODE の面積は 3 にならなければならない。

点 E は直線 OA 上にあるので，E (t, t) とおくと，$\triangle ODE = 3 \times t \times \frac{1}{2} = 3$,

$t=2$　したがって，E (2, 2)

よって，求める直線 DE は，D (0, 3)，E (2, 2) を通る直線なので，$y=ax+b$ とおき，2点を代入すると，

$\begin{cases} 3=b \\ 2=2a+b \end{cases}$

これを解くと，$a=-\frac{1}{2}$, $b=3$ より，$y=-\frac{1}{2}x+3$

■平成29年 6

（1）$\frac{4}{5}$　（2）2

(1) (点 C の x 座標)＝2, CD＝3 より，(点 B の x 座標)＝5

これを $y=\frac{4}{x}$ に代入する。

(2) $BD = \frac{1}{2}AC$ となるとき，AB＝BC になる。

よって，BD＝(点 B の x 座標)＝$\frac{1}{2} \times 2 = 1$

これを $y=\frac{4}{x}$ に代入する。

$1 = \frac{4}{x}$　　よって，$x=4$

AC＝2, CD＝OD−OC＝4−2＝2 なので,

(△ACB の面積)＝$2 \times 2 \times \frac{1}{2} = \underline{2}$

■平成29年 5

ア　$-\frac{1}{2}$　　イ　8

ア．この放物線を$y=ax^2$とする。

点Dの座標は，(5，－12.5)であると計測結果からわかるので，$y=ax^2$に代入する。

$-12.5=25a$　　よって，$\underline{a=-\frac{1}{2}}$

イ．(Cのx座標)＝(Fのx座標)

(Fのy座標)＝OB－OF＝12.5－8＝4.5

すると，Fのx座標は，　$4.5=-\frac{1}{2}x^2$

$x>0$より

$x=3$　よって，AC＝AB＋3＝5＋3＝$\underline{8}$

■平成30年　4

ア　86.8　　イ　$y=0.3x+74$　　ウ　2023

(1)　表1から，$x=0$のとき　$y=77.8$

$x=4$のとき$y=78.6$　なので，$y=ax+b$に代入して，

$$\begin{cases}77.8=b\\78.6=4a+b\end{cases}$$

これをとくと，$a=0.2$，$b=77.8$

よってA国は$y=0.2x+77.8$

2030年は1985年から45年後なので，$x=45$のときのyを求めればよい。

よって　$y=45\times0.2+77.8=\underline{86.8}$ ア

同様にして，表2から，

$x=12$のとき　$y=77.6$，

$x=22$のとき　$y=80.6$　なので，

$$\begin{cases}77.6=12a+b\\80.6=22a+b\end{cases}$$

これをとくと，$a=0.3$，$b=74$

よって，B国は$\underline{y=0.3x+74}$ イ

交点のx座標を求めればよいので，

$$\begin{cases}y=0.2x+77.8\\y=0.3x+74\end{cases}$$

これをとくと，$x=38$，$y=85.4$

よって，1985＋38＝$\underline{2023}$ ウ

■平成30年　5

(1) 4　　(2) $y=-x$

(1)　四角形ABDCが平行四辺形となるためには，AB∥CD

より，AB＝CDとなればよい。

よって　CD＝4－(－4)＝8

(2)

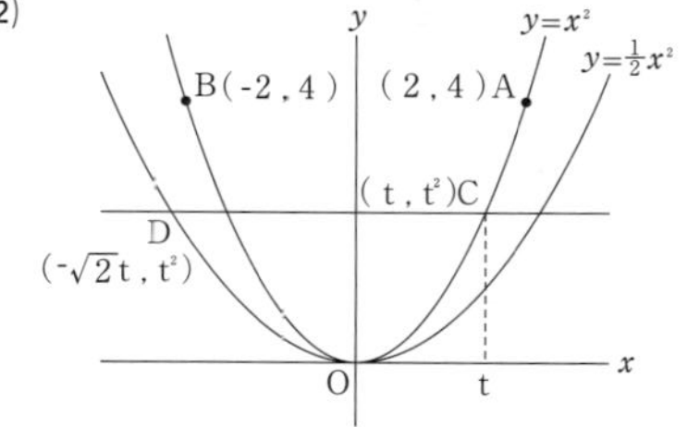

点Cのx座標をtをおくと，点Cは$y=x^2$上にあるので，座標は　$(t,\ t^2)$

条件より点Dのy座標は点Cのy座標と等しく，点Dは$y=\frac{1}{2}x^2$上にあるので，点Dの座標は$(-\sqrt{2}t,\ t^2)$となる。

△BDCと△DOCは辺DCが共通している。

したがって，

点Bからy軸に下ろした垂線とy軸の交点をEとすると，

△BDC＝△DOCとなるのは，直線CDが線分EOの中点を通るときである。

点Eの座標は(0，4)なので，

$t^2=2$

$t>0$より　$t=\sqrt{2}$

したがって点Dの座標は(－2，2)

直線ODは原点を通る直線なので，$y=ax$とおける。これに(－2，2)を代入すると，

$2=-2a$，つまり　$a=-1$

よって　$y=-x$

■平成31年　6

(1) 4　　(2) $\frac{1}{4}$

(1)　点Bは関数②上にあり，x座標は0なので，$y=-\frac{2}{3}\times0+4=4$

(2)　関数②とx軸との交点をCとする。①が通るx座標，y座標がともに整数となる点(このような点を以下では格子点と呼ぶことにする)を$(x,\ y)$とおく。このとき，$a=\frac{y}{x}$となる。ここで，xとyの最大公約数が2以上であれば，$\frac{x}{y}$は約分することができてしまい，$(x,\ y)$よりも原点に近いところで，格子点を持ってしまう。

(例えば(4，2)なら，直線の式は$y=\frac{1}{2}x$となるが，これは(2，1)を通ってしまう。これは$\frac{2}{4}=\frac{1}{2}$と約分できてしまうのが原因。)

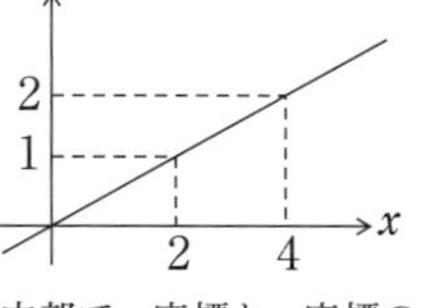

したがって，条件をみたすのは，△OBCの内部でx座標とy座標の最大公約数が1になるときであり，それは(1，2)，(1，3)，(2，1)，(3，1)，(3，2)，(4，1)のみ。

よってこの中でaの値が最小なのは（4，1）のときで$a=\frac{1}{4}$である。

■令和2年　6

(1) 10　　(2) －2

(1)　辺OEを底辺とすると，高さは点Aのy座標，つまり4となる。よって，

$\frac{1}{2}\times5\times4=10$

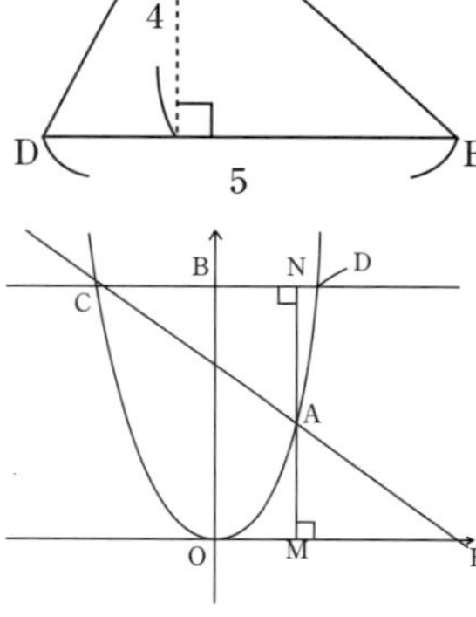

(2)　右図のように点M，Nを定めると，CA＝AEより，△ACN≡△AEM，したがってAN＝AMより，点Nのy座標は8なので，直線BCは$y=8$。

よって，点C，Dのx座標は$8=x^2$，

つまり　$x=\pm2\sqrt{2}$，

つまり$C(-2\sqrt{2},\ 8)$，$D(2\sqrt{2},\ 8)$

直線ACの式を$y=ax+b$とおくと，

$$\begin{cases}4=2a+b\\8=-2\sqrt{2}a+b\end{cases}$$

これをとくと，$a=-2(\sqrt{2}-1)x$，$b=4\sqrt{2}$，

よって直線ACの式は$y=-2(\sqrt{2}-1)x+4\sqrt{2}$　より，点Eの座標は，y座標が0であることに注意すると$0=-2(\sqrt{2}-1)x+4\sqrt{2}$，

これをとくと　$x=2\sqrt{2}(\sqrt{2}+1)$，以上より$E(2\sqrt{2}(\sqrt{2}+1),\ 0)$なので，

求める値は　$\frac{8-0}{2\sqrt{2}-2\sqrt{2}(\sqrt{2}+1)}=\frac{8}{-4}=-2$

〈平面図形小問〉

■平成24年 2

（１）52

(1) 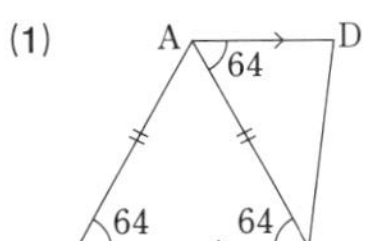

平行線の錯角は等しいので，$\angle CAD=\angle ACB=64°$

AB＝ACより△ABCは二等辺三角形なので

$\angle ACB=\angle ABC=64°$

よって，$\angle BAC=180°-(64°+64°)=52°$

■平成24年 3

（１）①，④

(1) ①のAOの長さを1とすると，$\overset{\frown}{AB}$の長さはそれぞれ，（円周は直径×πで求める）

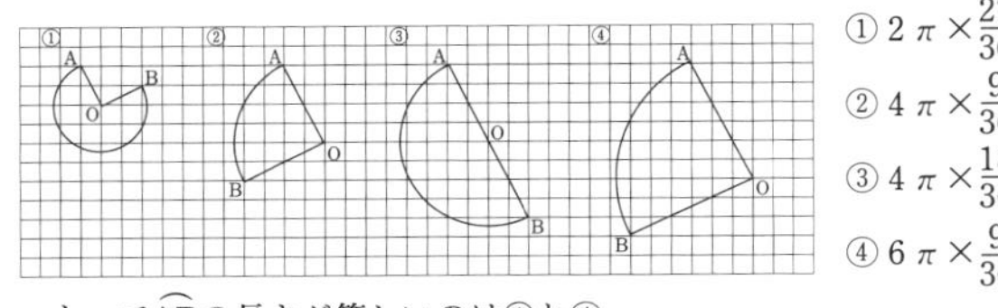

① $2\pi\times\frac{270°}{360°}=\frac{3}{2}\pi$

② $4\pi\times\frac{90°}{360°}=\pi$

③ $4\pi\times\frac{180°}{360°}=2\pi$

④ $6\pi\times\frac{90°}{360°}=\frac{3}{2}\pi$

よって$\overset{\frown}{AB}$の長さが等しいのは①と④

■平成25年 2

（１）76　（３）$1+\sqrt{6}$

(1) 四角形の内角の和は360°であり，$\angle BAD=\angle BCD$であるので，

$67°+141°+2\angle BAD=360°$　　$2\angle BAD=152°$　　$\angle BAD=76°$

(3) $\angle CAD=30°$，$\angle ADC=90°$より△ACDは

$CD:AC:AD=1:2:\sqrt{3}$の三角形。これと$AC=2$(cm)より

$CD=1$(cm)，$AD=\sqrt{3}$(cm)

△ABDにおいて，三平方の定理より

$3^2=(\sqrt{3})^2+BD^2$

$\therefore BD=\sqrt{6}$

よって$BC=CD+BD=1+\sqrt{6}$(cm)

■平成25年 3

（３）ア CDF　イ CD

■平成26年 2

（１）97　（２）18π

(1) $\angle ACB=180°-124°=56°$

$\angle BAE=41°+56°=97°$

(2) おうぎ形の面積＝半径×半径×$\pi\times\frac{円周角}{360°}$

おうぎ形OABの弧の長さが円の長さの$\frac{2}{9}\Rightarrow\frac{円周角}{360°}=\frac{2}{9}$。

したがって，おうぎ形OABの面積$=9\times9\times\pi\times\frac{2}{9}=18\pi$。

■平成27年 2

（１）69

(1) $\ell /\!/ m$より錯角は等しいので

$\angle BCD=\angle ABC=42°$

AB＝BCより△ABCは二等辺三角形なので

$\angle BAC=\frac{1}{2}\times(180°-42°)=69°$

■平成27年 3

（１）②　（３）$\frac{8}{5}$

(3) $AD=5$cm，$BE=2$cm　より

$CE=3$cmであり，AF＝CEより$AF=3$cm

また$\angle AFD=90°$より△AFDにおいて三平方の定理より$DF=4$cm

AD∥BCより　△AFD∽△EFBなので

$AD:BE=DF:BF=5:2$が成り立つ

$4:BF=5:2$　$5BF=8$　$BF=\frac{8}{5}$cm

■平成29年 2

（１）50

(1) 弧ADに対する円周角より，

$\angle ACD=\angle ABD=35°$

よって，$\angle BAC=180°-\angle ABD-\angle AEB$

$=180°-35°-95°=\underline{50°}$

■平成31年 2

（１）56

(1) 図のようにAとDを結ぶと，円周角の定理より$\angle BAC=\angle CBD=\angle CAD$，

$\angle ADB=\angle ACB=76°$，△AEDに注目すると，

$\angle EAD=180-(76+80)=24°$

よって△ABDに注目して

$\angle ABD=180-(76+24\times2)=56°$

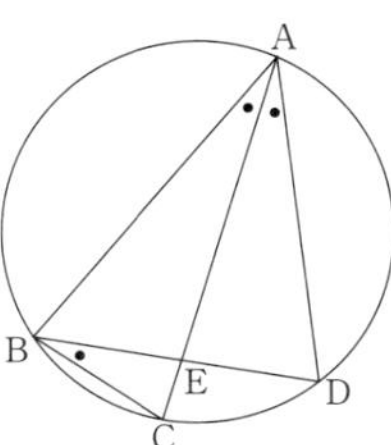

■令和2年 2

（２）線分AF

(2) $73=3^2+8^2$となることに気付く。

〈立体図形小問〉

■平成25年 3

（１）②

(1) $\triangle GHE=GH\times HE\times\frac{1}{2}$　　$\triangle GHI=GH\times HI\times\frac{1}{2}$

$\triangle GHJ=GH\times HJ\times\frac{1}{2}$　　$\triangle GHF=GH\times HF\times\frac{1}{2}$　　なので，

HE，HI，HJ，HFの長さを比較すればよい。

右図より明らかにHIが最小なので，

△GHIの面積が最も小さい。

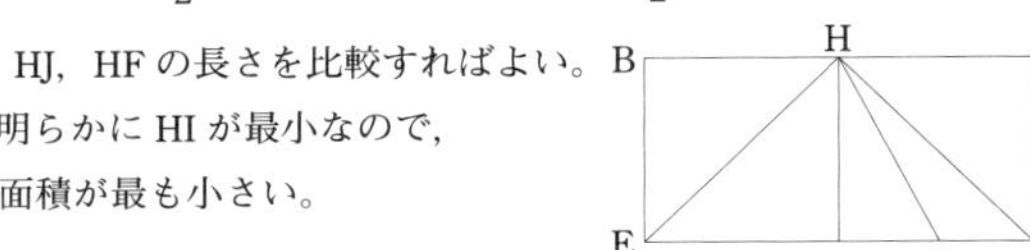

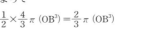

■平成26年 3

（１）④

(1) それぞれの表面積が，小さい正方形の何個分か数えてみる。

①18，②18，③18，④16なので，最も少ない④の表面積が最も小さい。

■平成27年 3

（２）1：2

(2) おうぎ形OABを線分AOを軸として1回転させてできる立体は右のような半球である。

よって

$\frac{1}{2}\times\frac{4}{3}\pi(OB^3)=\frac{2}{3}\pi(OB^3)$

OA＝OBより　$\frac{2}{3}\pi(OA^3)$　—①

また，直角三角形BCOを辺COを軸として1回転させてできる立体は円すいである。

よって

$\frac{1}{3}\times OB\times OB\times\pi\times OC=\frac{1}{3}\pi(OB)^2OC$

OA＝OBより　$\frac{1}{3}\pi(OA)^2OC$　—②

①＝②より

$\frac{2}{3}\cancel{\pi}(OA^{\cancel{3}})=\frac{1}{3}\cancel{\pi}(\cancel{OA^2})OC$

$\frac{2}{3}OA=\frac{1}{3}OC$　$2OA=OC$

ゆえに　$AO:CO=1:2$

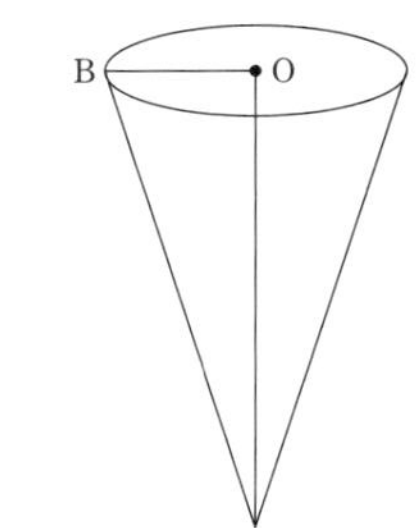

■平成28年 [2]

（2）辺BC，辺FG，辺EH

■平成28年 [3]

（1）250π

---

(1) 円の直径が10cmより，円柱の体積は

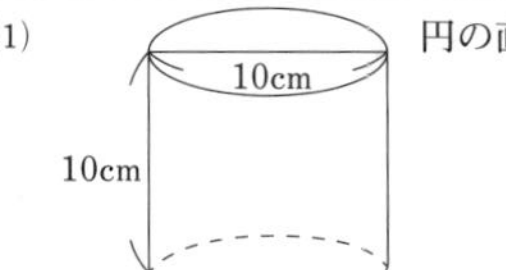

$5\times5\times\pi\times10$

$=250\pi\ (\mathrm{cm}^3)$

■平成29年 [2]

（3）③

---

(3) 辺ABと辺CDがねじれの位置にあるということは，ABとCDが交わらず，また，平行でないということ。

①，④は，ABとCDが交わり，②は平行になっている。

よって，③がねじれの関係にある。

〈平面図形と証明〉

■平成24年 [6]

（1）△ＥＯＦと△ＯＤＢにおいてＥＯ＝ＯＤ…①

∠ＥＦＯ＝90°…②

ＢＤは円Ｏの接線であるから∠ＯＢＤ＝90°…③

∠ＡＯＣ＝90°であるから∠ＥＯＦ＋∠ＢＯＤ＝90°…④

また，③より，∠ＯＤＢ＋∠ＢＯＤ＝90°…⑤

④，⑤より，∠ＥＯＦ＝∠ＯＤＢ…⑥

①，②，③，⑥より，直角三角形の斜辺と１つの鋭角がそれぞれ等しいから

△ＥＯＦ≡△ＯＤＢしたがって，ＥＦ＝ＯＢ

（2）$\frac{2}{3}$

---

(2)

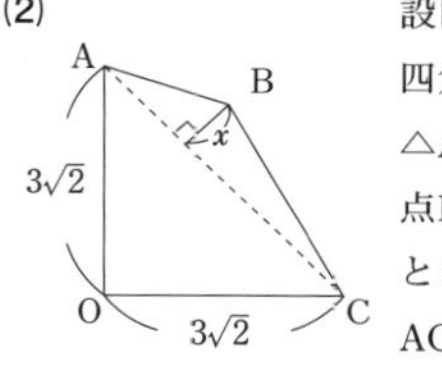

設問よりAO＝OC＝$3\sqrt{2}$cmよって△AOC＝9 cm²

四角形AOCBの面積が11cm²なので，

△ABCの面積は2 cm²。

点Bと直線ACとの距離は△ABCの底辺をACとしたときの高さx cmになるので，

ACは，△AOCにおいて三平方の定理から

$AC^2=OA^2+OC^2=(3\sqrt{2})^2+(3\sqrt{2})^2$

$=18+18=36$

よってAC＝6 cm

$\triangle ABC=6\times x\times\frac{1}{2}=2\ (\mathrm{cm}^2)$

$x=\frac{2}{3}$ cm

■平成26年 [7]

△ABCと△EAOにおいて

半円の弧に対する円周角は直角であるから　∠ABC＝90°　………①

AEは円Oの接線であるから　∠EAO＝90°　………②

①,②より,∠ABC＝∠EAO …③

また,△ADCにおいて点Oは線分ACの中点，点Eは線分ADの中点であるから，

中点連結定理より　EO∥DC ………④

④より，平行線の同位角は等しいから　∠ACB＝∠EOA ………⑤

③,⑤より，２組の角がそれぞれ等しいから　△ABC∽△EAO

■平成27年 [7]

△ABDと△ACFにおいて

△ABCは直角二等辺三角形であるから　AB＝AC ………①

∠BAC＝90°であるから　∠BAD＝90°－∠CAD ………②

また，四角形ADEFは正方形であるから　AD＝AF ………③

∠DAF＝90°であるから　∠CAF＝90°－∠CAD ………④

②,④より,∠BAD＝∠CAF ………⑤

①,③,⑤より，２組の辺とその間の角がそれぞれ等しいから

△ABD≡△ACF

■平成28年 [5]

（1）

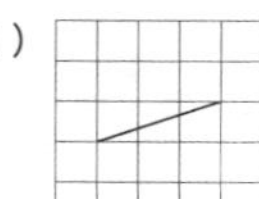

（2）まず，AB＝BC＝CD＝DA＝2mのひし形ABCDを作る。

次に，２つの対角線ACとBDを引き，

その交点をOとすると，∠AOB＝90°となる。

---

(1) 三平方の定理より，底辺３マス高さ１マスの直角三角形を作ると，斜辺が$\sqrt{10}$の長さになる。

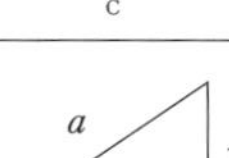

$a=\sqrt{3^2+1^2}=\sqrt{10}$

■平成28年 [8]

２点E，Fが直線ADについて同じ側にある。………①

平行線の同位角は等しいから∠AED＝∠ACB ………②

∠AFD＝∠ACBであることと②より，∠AED＝∠AFD ………③

①,③より，円周角の定理の逆から，

４点A，D，F，Eは１つの円周上にある。

■平成29年 [4]

（1）△CABはBC＝7m、AB＝6mの直角三角形であるから，

三平方の定理より，$AC^2=7^2-6^2=13$，AC＞0よりAC＝$\sqrt{13}$m

$3=\sqrt{9}$，$\sqrt{9}<\sqrt{13}$より$3<\sqrt{13}$であり，

辺ACの長さよりも自動車の高さの方が低いから。

（2）$6\pi+\frac{9\sqrt{3}}{4}$

---

(2) 図のように補助線を引いて，点O，点Dとする。

点OはBCの中点なので，OC＝3m

OCとOAは半径なので，OC＝OA＝3m

△OCAは，OC＝OA＝AOなので，

正三角形である。よって，∠COA＝60°

(弓形の面積)＝△OAB＋240°の扇形AOBと表せる。

三平方の定理より，$AB=\sqrt{6^2-3^2}=\sqrt{27}=3\sqrt{3}$

よって，(弓形の面積)$=3\sqrt{3}\times\frac{3}{2}\times\frac{1}{2}+3\times3\times\pi\times\frac{240}{360}$

$=\frac{9\sqrt{3}}{4}+6\pi\ \mathrm{m}^2$

■平成29年 [7]

△ABDと△ECBにおいて

平行線の錯角は等しいから　∠ADB＝∠EBC ……①

∠BCD＝∠BDCであるから　BD＝CB ……②

∠ABD＝∠ECBであることと①,②より，

１組の辺とその両端の角がそれぞれ等しいから　△ABD≡△ECB

したがって，AB＝EC

■平成30年 [3]

（1）30　（2）イ

（3）△AEB∽△ADFであることから，AE：AD＝EB：DF

よって，DF＝22.5cm

したがって，容器aを水平な地面に置き直したときの地面から水面までの高さは，CF＋$\frac{DF}{2}$＝38.75cmであり，容器bの高さである40cmの方が高いから。

(1) 右図の三平方の定理より

$EB^2=50^2-40^2$

$=900$

EB>0 より　EB = 30〔cm〕

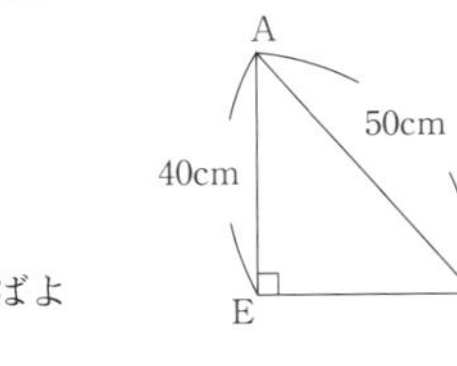

(2) 以下のように考えればDFの中点であればよいことが分かる。

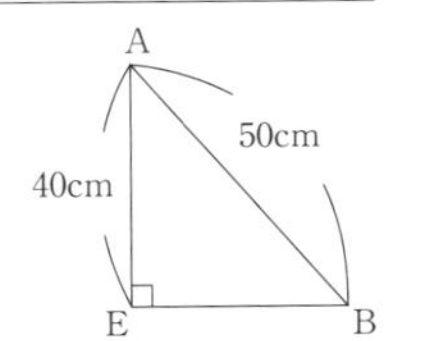

■平成30年 6

等しい弧に対する円周角は等しいから　∠ACD＝∠BCD ……①

半円の弧に対する円周角は直角であるから　∠BAC＝90°　……②

②より，∠AFC＝90° －∠ACD ……③

∠CED＝90° であるから　∠CDE＝90° －∠BCD ……④

①,③,④より，∠AFC＝∠CDE

■平成31年 4

（1）EF∥BD ……①

$EF=\frac{1}{2}BD$ ……②

辺BC上に点Dがあることと①より，EF∥DC ……③

BD＝2CD であることと②より，EF＝DC ……④

③,④より，1組の対辺が平行で，その長さが等しいから，

四角形EDCFは平行四辺形である。

（2）ア ②　イ ④

(2) EF＝FC なら四角形EDCFはひし形となるので，△AEF≡△AFC となればよい。したがって，AE＝AC をつけ加えれば以下から△AEF≡△AFC となる。

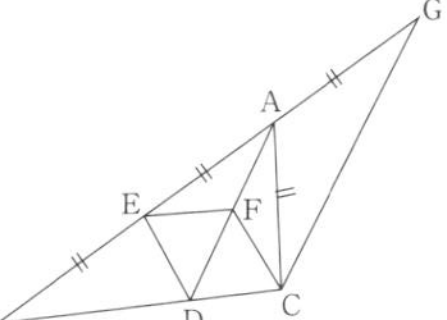

上図のようにBAの延長上にAG＝ACとなるように点Gをとる。G，Cを結ぶと2辺の比とその間の角が等しいので△BAD∽△BGC，

よってAD∥GCが分かるので，∠FAC＝∠ACG，∠FAE＝∠CGA ここで△ACGは二等辺三角形なので∠ACG＝∠CGA，以上より∠FAC＝∠FAE，仮定よりAC＝AE，AFは共通，このことから2辺とその間の角がそれぞれ等しいので△AEF≡△AFC。

■平成31年 5

BD＝x とすると，AD＝DM＝6－x　点Mは辺BCの中点だから，BM＝3

△DBMは，∠DBM＝90° の直角三角形だから，$x^2+3^2=(6-x)^2$

これを解くと，$x=\frac{9}{4}$

$x=\frac{9}{4}$は問題に適している。　$BD=\frac{9}{4}$

■令和2年 5

△COEと△ODFにおいて　CO＝OD ……①

∠CEO＝∠OFD＝90°　……②

等しい弧に対する中心角は等しいから　∠AOC＝∠BOD ……③

②より，∠OCE＝90° －∠AOC ……④

∠AOB＝90° であるから　∠DOF＝90° －∠BOD ……⑤

③,④,⑤より，∠OCE＝∠DOF ……⑥

①,②,⑥より，直角三角形の斜辺と1つの鋭角がそれぞれ等しいから

△COE≡△ODF

〈資料の整理〉

■平成24年 2

（2）②

(2) 中央値は人数の真ん中の人（この問題では8人目）の回数なので，各中央値は　①　1回　②　4回　③　2回　④　3回　よって，答え②

■平成25年 2

（2）0.35

(2) 度数が最も多い階級は20～25であり，相対度数は$\frac{7}{20}=0.35$

■平成26年 5

③

③ 気温差が10℃以上の日数の相対度数を求めると，

1月→$\frac{13+6+2}{1+9+13+6+2}=\frac{21}{31}\fallingdotseq0.68$

2月→$\frac{5+4+2}{1+2+3+11+5+4+2}=\frac{11}{28}\fallingdotseq0.39$

■平成27年 5

（1）③　（2）680

(2) 標本における男性の人数の比率は

$\frac{27}{63}=\frac{9}{21}=\frac{3}{7}$

よって，母集団における男性の人数の比率も$\frac{3}{7}$であると推定することができる。

したがって男性の観客の人数は

$1578\times\frac{3}{7}=676.2857$　…　これを四捨五入して，

およそ　680人

■平成28年 2

（4）200

(4) 最頻値は，度数が最も多い階級値を求めればよい。

$\frac{180+220}{2}=200$

■平成31年 2

（3）34

(3) 記録を小さい順に並べると29，30，31，31，32，35，36，48，52となるので，9人の記録の中央値は32，したがって，10人の記録の中央値は33なので，Cさんの記録を$x$kgとすると，$\frac{32+x}{2}=33$，これを解くと$x=34$

■令和2年 2

（1）③

(1) 仮の平均を50とおくと，真の平均とのずれは，

$(+7-7+8+4+5+8+3+5+17+10)\times\frac{1}{10}=+6$

よって，平均値は50＋6＝56より，56×1452＝81312

■令和2年 3

（1）90　（2）ア　0.29　イ　0.17　ウ　①

(1) 階級の代表値は，階級の幅の中間を用いる。

(2) 【まとめⅡ】の相対度数の合計を調べればよい。

〈文字を使った説明〉

■平成24年 3

（3）点Bのx座標はaであるから，点B，Dのy座標はそれぞれa^2，$4a^2$である。このことから，点C，Aのx座標はそれぞれ$-\frac{a}{2}$，$-2a$である。したがって，$BC=a-(-\frac{a}{2})=\frac{3a}{2}$，$AD=a-(-2a)=3a$であるから，線分ADの長さは線分BCの長さの2倍となる。

■平成25年 3

（2）点Aのy座標は$\frac{a}{2}+3$であるから，点Cのy座標は$\frac{a}{2}+3$である。

また，AC＝ABであるから，AC＝$\frac{a}{2}+3$である。

これより，点Cのx座標は$a+(\frac{a}{2}+3)=\frac{3a}{2}+3$である。

点Cのx座標，y座標を方程式$y=\frac{1}{3}x+2$の両辺にそれぞれ代入すると，

左辺＝$\frac{a}{2}+3$，右辺＝$\frac{1}{3}(\frac{3a}{2}+3)+2=\frac{a}{2}+3$となり，方程式が成り立つ。

したがって，点Cは方程式$y=\frac{1}{3}x+2$のグラフ上の点となる。

■平成26年 3

（4）十の位の数がx，一の位の数がyの2けたの整数は$10x+y$，

十の位の数と一の位の数を入れかえた整数は$10y+x$と表すことができる。

入れかえた整数の2倍ともとの整数の和は，

$2(10y+x)+(10x+y)=12x+21y=3(4x+7y)$ である。

$4x+7y$は整数だから，$3(4x+7y)$ は3の倍数である。

■平成27年 3

（4）a，b，cは連続する3つの整数であるから，$b=a+1$，$c=a+2$と表すことができる。$c^2-4b=(a+2)^2-4(a+1)=(a^2+4a+4)-(4a+4)=a^2$であるから，$c^2-4b$は$a^2$となる。

■平成28年 4

（2）$1000x+100y+10y+x=1001x+110y=11(91x+10y)$

$91x+10y$は自然数だから，$11(91x+10y)$ は11の倍数である。

■平成29年 3

（3）左上の数は $(a-1)(b-1)$，右下の数は $(a+1)(b+1)$ と表すことができるから，左上と右下の数の和は

$(a-1)(b-1)+(a+1)(b+1)$

$=(ab-a-b+1)+(ab+a+b+1)=2ab+2$

■平成30年 2

（3）〔3〕の数は$2+b$

〔4〕の数は$2+b+a$

〔5〕の数は$2+b+a-(20+b)=a-18$

〔6〕の数は $(a-18)+18=a$

と表すことができる。

■令和2年 4

（1）大きい方から1番目の数と大きい方から2番目の数の積から，小さい方から1番目の数と小さい方から2番目の数の積を引いたときの差は，$(n+3)(n+2)-n(n+1)$

$=n^2+5n+6-n^2-n=4n+6$

連続する4つの整数の和は，$n+(n+1)+(n+2)+(n+3)=4n+6$

（2）小さい方から1番目の数と大きい方から1番目の数

(2) 具体的な数で実験すればよい。

〈場合の数と確率〉

■平成24年 4

（1）3　　（2）$\frac{5}{9}$

大小2つのさいころの出た目の数の和を表にすると，以下のようになる。

小＼大	1	2	3	4	5	6
1	2	3	4	5	6	7
2	3	4	5	6	7	8
3	4	5	6	7	8	9
4	5	6	7	8	9	10
5	6	7	8	9	10	11
6	7	8	9	10	11	12

(1) 線分CPの垂直二等分線が点Bを通るということは，PB＝BC＝10cmつまりAP＝13−10＝3cmのときなので，$x=3$。

(2) 点Aが点Pを中心として180°回転移動した点が線分BC上にあるのはPB＜AP＜12のときなので，$6<x<12$となる場合である。表より$6<x<12$となるのは20通りだから確率は$\frac{20}{36}=\frac{5}{9}$となる。

■平成25年 4

（1）$y=-x+8$　　（2）$\frac{5}{12}$

(1) 取り除かれるカードは $(x+y)$ 枚なので，

$13-(x+y)=5$

これを変形して

$y=-x+8$

(2) (i) ▲，✚，★のカードが残る場合，

$x=4$，5，6　$y=1$，2

であればよい。

右図の○をつけた部分なので，

$\frac{6}{36}$

(ii) ●，▲，✚のカードが残る場合

$x=1$，2，3　$y=3$，4，5

であればよい。

右図の×をつけた部分なので，$\frac{9}{36}$

(i)，(ii)より求める確率は，

$\frac{6}{36}+\frac{9}{36}=\frac{15}{36}=\frac{5}{12}$

y＼x	1	2	3	4	5	6
1				○	○	○
2				○	○	○
3	×	×	×			
4	×	×	×			
5	×	×	×			
6						

■平成27年 2

（3）$\frac{2}{5}$

(3) 2枚のカードの取り出し方は下のようになる。

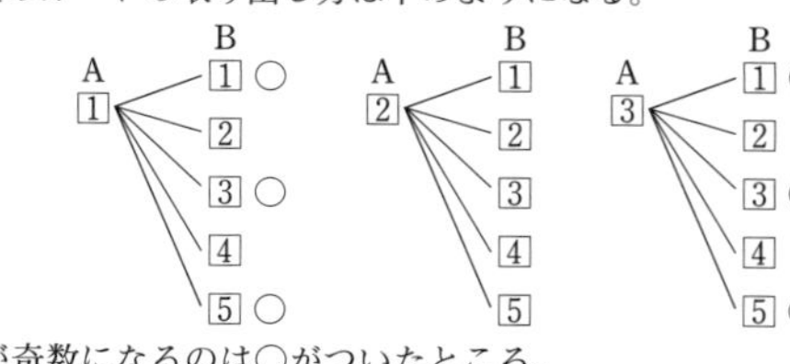

積が奇数になるのは○がついたところ。

よって求める確率は$\frac{6}{15}=\frac{2}{5}$

■平成28年 3

（2）$\frac{1}{9}$

(2) $\frac{4}{36}=\frac{1}{9}$

大＼小	1	2	3	4	5	6
1	1	2	3	4	5	⑥
2	2	4	⑥	8	10	12
3	3	⑥	9	12	15	18
4	4	8	12	16	20	24
5	5	10	15	20	25	30
6	⑥	12	18	24	30	36

■平成29年 3

（2）$\frac{7}{10}$

(2)

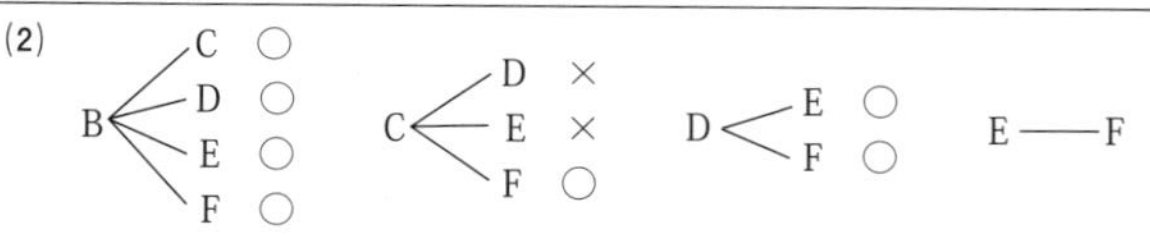

10個のうち7個が直角三角形なので，求める確率は$\frac{7}{10}$

■平成30年 2

（1）②，③

(1)「同様に確からしい」とは「確率が等しい」ことである。以下は各選択肢のa，bの確率である。

① $a=\frac{2}{5}$，$b=\frac{3}{5}$

② $a=\frac{1}{2}$，$b=\frac{1}{2}$

③ $a=\frac{1}{3}$，$b=\frac{1}{3}$

④ $a=\frac{1}{6}$，$b=\frac{5}{6}$

英　語　解答・解説

〈対話文〉

■平成24年 2

1　イ

2　B. Can you tell me　C. get three coupons

3　ア　　4　エ

5　(1) It wants them to read more books and recycle them.

(2) No, he isn't.

1　直前のタツオの「There's an event ～.Would you like go ～?」に着目。

2　B　ピーターが直前に「自分の国にもよく似た催しがある」と言っている。タツオは興味があるはずなので，「教えてください」というような内容が入る。この場合の教えるはtellを使う。

C　直前の「we can get a coupon for each book.」と「if you bring three books～.」に着目。

3　直前のピーターの発言と，タツオのリサイクルへの関心を考慮する。

4　直後にピーターは「たくさんの本を見つけたい」と言っている。それを入れるものは？

5　(1)　中央図書館はこのイベントを通して人々に何をして欲しいですか。
→タツオの二回目の発言に着目。

(2)　ピーターは中央図書館にいくつか本を持っていくつもりですか。
→ピーターの五回目の発言後半に着目。

■平成25年 2

1　エ　　2　what did you make　　3　ア

4　(1) He made it with them last month.

(2) Yes, she does.

5　(1) Japanese culture　(2) enjoy talking

6　1名は折りながら説明し，他の9名はイギリス人生徒を手伝う。

直子：やあ，トム。探していたわよ。

トム：どうしたの？

直子：手伝ってくれる？歓迎会についてなんだけれど。来月，姉妹校から15人のイギリス人の学生が私たちの学校を訪れるの。そのときに彼らを歓迎するのよ。

トム：おお，ぼくもここに来た初日に歓迎されたよ。わかった，もっと教えてよ。

直子：これを見て。歓迎式典をするの。10時半から始まるわ。そして，昼食が［A］に終わるわ。彼らは私たちの学校の生徒と何かをしたいと思っているの。だから，生徒会役員の10人と活動するの。でもまだ何をするか決まっていないのよ。それぞれのメンバーはこのことについて明日までに考えなければならないわ。私は折り紙がいいかしらと思っているの。

トム：先月，ぼくは折り紙を作ったんだけれど，日本人の学生と一緒に本当に楽しんだよ。折り紙は日本の文化の一例だと思うよ。

直子：まあ，あなたもそう思う？彼らは折り紙を気に入ると思うわ，なぜなら彼らは日本の文化に興味があるからね。ええっと，［B］？

トム：箱と花とツルを作ったよ。作ることはとてもわくわくしたけれど，ぼくには難しくて，もっと時間が必要だったよ。それで，活動の時間はどれくらいなの？

直子：活動の後に授業に参加するから，40分だけよ。長さは十分？

トム：短いと思うな。それじゃあ，［C］？

直子：まあ，それはいい考えね。

トム：じゃあ，どうやってイギリス人の学生にそれを伝えるの？

直子：私たちの1人が彼らの前で作り方を示すと思うわ。そして他の9人はそれを手伝うの。だから彼らは私たちと話すことができるの。

トム：すばらしいね！ぼくが折り紙を作ったとき，手伝ってくれた学生と話すことを楽しんだよ。だから，折り紙は彼らにとってよいだろうね。

直子：ありがとう，トム。明日①私の考えを他のメンバーに伝えるわ。

トム：了承されることを願っているよ。

1　メモから，昼食が終わるのは12時20分だとわかる。

2　折り紙の話をしている中，質問の後に「箱と花とツルを作った」と答えていることから判断する。

3　ア　ツルだけ作ったらどうだい
イ　箱と花とツルを作ったらどうだい
ウ　ツルだけ作ってくれないかい
エ　箱と花とツルを作ってくれないかい
空所の直前に「40分では（時間が）短い」とあることから判断する。

4　(1)　トムはいつ日本人の学生と一緒に折り紙を作りましたか？
トムの3回目の発言参照。

(2)　直子は折り紙は日本の文化の一例だと考えていますか？
トムの3回目の発言に「折り紙は日本の文化の一例だ」とあり，その後直子が「あなたもそう思う？」と言っている。つまり直子は折り紙は日本の文化の一例と考えている。

5　(1)　直子の4回目の発言参照。

(2)　直子の7回目の発言，トムの7回目の発言参照。

6　直子の7回目の発言参照。

■平成26年 2

1　ウ　　2　We visited some traditional buildings, and we watched some birds in the forest.

3　試験で良い成績を取らなければならない　　4　ア，ウ

5　(1) school trip　(2) summer vacation

香奈：私たちの学校にようこそ。私たちは，英語の学校新聞に，あなたのことを書くつもりです。私はあなたに，アメリカでの［A］について2つの質問をします。まず，アメリカの学校で，あなたは何部に入っていますか？

サム：私はバスケット部に入っています。

香奈：あなたは，私たちの学校でもバスケット部に入っていますね。何か違いはありますか？

サム：はい。ここでは，好きなどの部にも入ることができますが，むこうでは，いくつかの部に入るためには，入部テストに合格しなければなりません。

香奈：おおっ。それらの部は，良い選手だけを選ぶことができるということですね？

サム：その通りです。そして，もしその部にいたければ，私たちは試験で良い成績を取らなければなりません。だから，私たちはたくさん勉強します。

香奈：おお，それは大変そうですね。わかりました，では2つ目の質問をします。あなたは，修学旅行でどこに行きましたか？

サム：すいません，修学旅行が何なのかを私は知りません。修学旅行について教えてください。

香奈：わかりました。私たち2年生はみんな，沖縄を訪れました。［B］

サム：今，わかりました。実は，私たちはあなたたちのように一緒に修学旅行には行きません。しかし，夏休みの間に，生徒たちはそれぞれ，サマープログラムかボランティア活動にたいてい参加します。

香奈：あなたも，サマープログラムかボランティア活動に参加したのですか？

サム：はい。私は去年の夏に両方参加しました。サマープログラムでは，私は2週間，農場に滞在しました。私は乳牛に水やえさをあげるのを手伝いました。私は時々牛舎を掃除しました。それらの仕事はとても大変でしたが，私は自然と新鮮な牛乳を楽しみました。また，ボランティア活動では，私は図書館を掃除し，そこの子供たちに本を読んであげました。

香奈：おもしろいですね！わたしは，あなたのプログラムとボランティア活動についても書きたいと思います。では，明日，それぞれの話に関する写真を持ってきてくれませんか？

サム：わかりました。部活とプログラムの写真は何枚か持ってくるつもりですが，ボランティア活動の写真は一枚も持っていません。

香奈：大丈夫ですよ。ありがとうございます，サム。

サム：どういたしまして。

1 後に部活や修学旅行についての質問をしているので，ウの「あなたの学校生活」が適当。

3 サムの言葉「If we want to stay in the club, we have to do well on the exams.」の部分。

4 サムが持ってくる写真は，部活とサマープログラムのもの。ボランティアの写真は持っていない。

■平成27年 2

1 ウ

2 After we take a bath, we use the water again to wash clothes.

3 エ　4 私たち一人一人が考えなければならない

5 (1) in Australia　(2) school festival

ジョン：やあ，大輝。何してるの？

大輝：発表の準備中だよ。僕達は英語の授業中に水についてある重要な事実を学んだんだ。そこで，来週の文化祭でそのことについて話すつもりなんだ。

ジョン：それは面白そうだね！授業で何を学んだの？

大輝：うーん，たくさんあったよ。たとえば，地球の表面の約70％が水なんだ。君は驚くかもしれないけど，地球上の水の約97％が塩水なんだ。実際に僕達が容易に使える水は，地球上の全ての水のうちの約0.01％だけなんだよ。

ジョン：ああ，それは聞いたことがあるよ。地球にはたくさんの水があるけど，僕達が使える水は［ A ］なんだよね。大輝，僕は水について他に重要な事実を知ってるよ。

大輝：本当に？僕に教えてくれる？

ジョン：もちろん。いくつかの国で水の問題は本当に深刻なんだ。世界で約770万人の人々がきれいな水を使うことができないんだ。人々がより多くの水を手に入れたくて，ときどき戦争も起こってるんだよ。

大輝：それは信じられない！水を巡って争うのはとても悲しいね。どうやってそれを知ったの？

ジョン：オーストラリアでそれについて学んだよ。オーストラリアは乾燥した国だから水はとても貴重なんだ。だから僕達は学校で水について勉強してるよ。

大輝：ああ，わかったよ，ジョン。僕達も水を節約すべきだと思うよ。水を節約するために何か良いアイデアはあるかな？

ジョン：ええと，たとえばオーストラリアの人々はよくとてもすばやくシャワーを浴びるよ。毎日の生活のために雨水を使う人々もいるね。

大輝：それは面白そうだ。僕は発表で，そのアイデアについて話すよ。あ，今思い出した，ジョン！日本でもときどき水を節約してるよ。

ジョン：本当かい？それについて教えてよ。

大輝：［ B ］

ジョン：それは本当に良いアイデアだね，大輝。それじゃあ君の発表をみんなが気に入ってくれるのを願ってるよ。

大輝：今，僕達それぞれが水の問題を解決する方法について考えなければならないと分かっているよ。発表でもそのことを言うべきだと思ってる。ありがとう，ジョン！

1．ア　十分な　イ　きれいすぎる　ウ　十分でない　エ　きれいでない
Aの直前の大輝の発言から，地球上の水で使える水は少ないということが分かる。

2．「米を洗った水を植木にやる。」の方を例にすると，【After we wash rice , we give the water to the plants.】と書くことができる。

3．大輝の2回目の発言中に「容易に使える水は地球上の全ての水のうちの約0.01％」とあるので，エが正しい。

4．大輝の最後の発言を参照。

5．

今日，僕は大輝と水問題について話した。僕は(1)に住んでいる人々について彼に教えた。彼らは水を節約するためにある面白いアイデアを試そうとしていて，大輝が(2)でそれについて話す予定だ。僕は彼の発表を見に行くべきだ。

⇒ジョンは(1)オーストラリアの話をし，大輝は(2)文化祭で発表しようとしている。

■平成28年 2

1 ・自動車を持っていないから。
・どの病院に行けばよいかわからないから。

2 ア　3 エ

4 (1) Old people　(2) save money

5 I can get more information about hospitals in my town. If my illness is not serious, I will go to the nearest hospital by car.（25語）

美咲：さあ、議論を始めましょう。日本の人々は救急事業のために料金を支払うべきかしら。あなたはどう思う、大輝。

大輝：僕は救急事業のために料金を支払うべきだと思う。グラフ1とグラフ2を見て。2003年から2013年にかけて、救急出動の数は急速に増えているから、救急隊員は目的地に到着するまでにより時間がかかっている。これは大きな問題だよ。救急車が到着する前に命を落とす人もいるんじゃないかと僕は思うよ。車を持っていないからとか、どこの病院に行くべきかわからないからとか、病院で長く待ちたくないからといった理由で救急車を呼ぶ人がいると聞いたことがあります。彼らは救急車を呼ぶべきだとは僕は思わない。

美咲：あなたはどう、さくら。

さくら：私は大輝に賛成できないわ。グラフ3を見て。2013年にたくさんの人々が救急車によって病院に運ばれています。日本では、多くの年老いた人々がひとりで暮らしていて、彼らの中には自分で病院に行くことができない人もいます。なので、彼らは救急車を呼ぶ必要があるのです。しかし、もしたくさんのお金を支払わねばならないとすると、彼らは救急車を呼ばないかもしれません。その時、彼らの病気がより深刻になるかもしれません。彼らが命を落とすかもしれないと私は思います。

美咲：あなたはどう、ジョージ。

ジョージ：僕は救急事業に代金を支払うべきだと思う。日本は2013年に消防費に約2兆円を支払ったと聞きました。グラフ4を見て下さい。救急車で病院に運ばれた約［ A ］％の人々が入院の必要がありません。彼らは本当に救急車が必要なのでしょうか。もし代金を支払わなくてはいけなければ、彼らはおそらく救急車を呼ばないでしょう。日本は多くのお金を節約することができます。

美咲：ジョージの意見についてあなたはどう思いますか、さくら。

さくら：私たちはこの問題について注意深く考える必要があります。現在の日本では代金を支払う必要がないので、簡単に救急車を呼ぶことができます。実際に、たくさんの人々が救われています。私たちは医者に診てもらうためにすぐに救急車を呼ぶべきです。

大輝：うん、さくらは正しいかもしれない。でも、［ B ］時だけ救急車を呼ぶべきだと思う。

美咲：皆さんよい考えですね。じゃあ私たち自身の答えを見つけるためにもっと話し合いましょう。

1 大輝の最初の発言の第6文に注目する。because で始まる部分が三つあるので、ここが3つの理由と分かる。

2 空欄の直前の文からグラフ4に注目する。【don't have to ～】「～する必要がない」

3 ア　医者が必要ない
イ　お年寄りを救う必要がある
ウ　お金を持っていない
エ　深刻な病気である
大輝は最初の発言から救急車を無料で呼ぶべきではないという立場である。

4

<table><tr><td>さくら：私たちは救急事業のために代金を支払うべきではない。
理由・一人暮らしの［(1)］は救急車を呼ばないかもしれない。
↓
・彼らのうち何人かは命を落とすかもしれない。
ジョージ：私たちは救急事業のために代金を支払うべきである。
理由・深刻な病気でないひとは救急車を呼ばないだろう。
↓
・日本は［(2)］できる。</td></tr></table>

(1) さくらの最初の発言に注目。

(2) ジョージの発言の最後の文に注目する。

■平成29年 [2]

1 ア　2 エ

3 I want to learn how to cook traditional Japanese food. It is healthy and delicious, so I want many people in the world to eat it.（26 語）

4 her memories

5 古い写真を用いて，高齢者と彼らの思い出について語り合うこと。

6 （1） use them as a tool

（2） don't have much time to talk

海斗：みんな、グラフ１を見て。2013 年では、日本の世帯の 60.1% が核家族世帯で、26.5% がひとり世帯です。

サラ：日本で今日最も多い世帯が核家族世帯とひとり世帯であるということをあなたは言っていますか？

海斗：その通りです。さて、グラフ２を見て。１人で住んでいる高齢者の数は増加しています。2010 年では、約［A］万人の高齢者が１人で住んでいました。みんな、このグラフについてどう思いますか？

晴香：ええ、実際に私の祖母は１人で住んでいて、私は彼女と話す時間が多くありません。私は若い人たちと高齢者の人たちとの関係が弱くなっていると思います。

サラ：私もそう思います、晴香。それは現在、日本の社会問題の一つです。高校生として、私たちは［B］することができる何かを見つけるべきであると私は思います。

海斗：私はあなた達に賛成です、晴香、サラ。さて、グラフ３を見て。それは、高齢者の 59.9% が若い人たちとコミュニケーションを取りたいということを示しています。私はこれが私たちの企画の大きな手がかりになるであろうと思っています。

翼　：ええ、私は考えがあります。高齢者はたくさんの知識と知恵を持っています。彼らはまた①私たちが学ぶべき古い伝統を知っています。私たちは彼らと話すための多くの機会がありません。しかし、もし私たちが高齢者と一緒に働くならば彼らから多くのことを学ぶことができると私は思います。お互い話すための機会を作るのはどうでしょう？

サラ：それは素晴らしい考えだと思います。私がイギリスに住んでいた時、“ヒストリーピン”と呼ばれる企画に参加しました。多くの人たちは自分たちの町の昔の写真を集め、私たちはそれらを若い人たちと高齢者の新しい関係を作るための手段として使いました。私の祖父もこの企画に参加し、彼は若い人たちに彼の昔の思い出について話しました。私たちはとても良い時間を過ごしました。

晴香：それは面白そうですね。私の祖母はときどき私に彼女の昔の写真を見せ、彼女は思い出について話してくれます。彼女の話はいつもとても面白いです。私は彼女に多くの質問を尋ね、彼女の生活がずいぶん昔どのようであったか想像します。その写真を通して、私たちは［C］を共有することができます。

翼　：みんな、聞いて。この町の昔の写真を集めるように生徒に伝えたらどうですか？それから、思い出について高齢者の方々と話すためにそれらの写真を使いましょう。私は、これが私たちの地域社会で若い人たちと高齢者の方々との関係の作ることの始まりとなると思います。

サラ：私はあなたに賛成です、翼！あなたはどうですか、海斗、晴香？

1 グラフ２より 2010 年の一人暮らし高齢者数は約 5000（千人）である。5000（千人）=5000000（人）だから、5 million が答えとなる。

2 ［B］以降、若い人と高齢者の根強い関係について方法などが述べられていることよりエが適切となる。

4 サラのヒストリーピンについての発言をヒントに考える。町の昔の写真を集め、高齢者の方々の思い出について語り合ったのである。

5 直前の「Then, let's use those picture ～ about their memories.」を訳せば良い。

6

<table><tr><td>海斗：おばあちゃん、私たちはいくつかの昔の写真を必要としています。あなたのお気に入りの写真を私たちに見せてくれませんか？
祖母：もちろん。しかしなぜそれらを必要としているの？
サラ：私たちは若い人たちと高齢者の方々の新しい関係を作るために［(1)］たいです。
祖母：おー、それは面白そうだね！もっと教えてください。
海斗：ええ、高校生は高齢者の方々と［(2)］、だから私たちはお互い会う機会を作るように決めました。私たちの企画に参加しませんか？
祖母：もちろん！</td></tr></table>

■平成30年 [2]

1 エ

2 (1) 日本人の大多数が運動は健康にとって重要

(2) 十分に運動を行っていない

3 ウ　4 ア　5 money

6 I think walking is the best. Walking is not too hard for people of all ages, so everyone can enjoy it.（21 語）

（全文訳）

美咲　：聞いて、駿とジャック。昨日、私は東京オリンピックとパラリンピックについてのニュースを見て、日本人の運動習慣について興味を持ちました。グラフ１を見てください。日本の人口のおよそ［A］% が十分に運動していません。このことについてあなたたちはどう思いますか。

駿　：ええと、私はそれを聞いて驚いてます。私は彼らが健康のためにもっと運動をし始めることを望みます。

美咲　：私もそう望みます、駿。グラフ２を見てください。日本人のほとんどの人が運動をすることは健康なために重要だと思っている。しかし実際には、グラフ１が示しているように、彼らは十分な運動をしていません。①この状況についてあなたたちはどう思いますか。

駿　：ええと、私たちが健康のためにできる何かを探すべきだと私は思います。

ジャック：私はあなたに同意します、駿。私は皆が運動を楽しめる機会を私たちが作るべきだと思います。この街に住んでいる人々が参加できるスポーツイベントを開催するためにはどのようにすればよいでしょうか。

美咲　：もっと教えてください、ジャック。

ジャック：わかりました。もう一度グラフ２を見てください。人々が運動を通してお互いと交流したいということも示しています。だから、もし私たちがスポーツイベントに興味を持てば、私は彼らがお互い会うことを楽しむだろうと思います。

美咲　：わかりました。もし私たちが②そのようなイベントを開催するなら、私は多くの人に来てほしいです。そのような大きなイベントを開催するために私たちは何をするべきですか。

駿　：ええと、私たちは有名なスポーツ選手を招待するべきだと私は思います。その方にどの年齢の人でも楽しむことができる運動やスポーツを教えてもらえるように頼んではどうでしょうか。もし私たちがそうすれば、［B］。したがって、もし彼らが来て、一緒に運動を楽しめれば、もっと運動をし始めようとする人がいるかも知れない。

美咲　：あなたは正しいかもしれません、駿。しかし、私たちはそのようなイベントを開催するためにはたくさんの［C］が必要になりますよね。これは大きな課題だと私は思います。

ジャック：ええと、私には考えがあります。クラウドファンディングを試してみましょう。インターネットを用いて、私たちは世界中の人々に私たちの考えを支援してもらい、私たちに寄付するように頼むことができます。もし多くの人々が私たちの計画を支援したら、私たちは課題を解決することができるかもしれません。

駿　　：それは興味深いね、ジャック。簡単ではないかもしれませんが、やってみましょう。

ジャック：実際、私はおじからそれについて聞きました。彼は去年イベントのためにそれを試しているので、きっと彼は私たちを手助けしてくれると思います。

美咲　：私はあなたたちに同意します、駿とジャック。では、イベントのためにどのような運動とスポーツを選ぶべきでしょうか。

ジャック：ええと、それは重要な点ですね、美咲。それについてもっと話し合いましょう。

1　[A] の文章は “aren't” の直前までが主語である。“enough” は「十分に」という意味なので、運動不足である人の割合を答えればよい。

2　“this” という指示語があるので、具体的な内容はそれよりも前に書かれていると予想できる。傍線部①の直前の2文に注目すればよい。

3　ア　有名なスポーツ選手が子どもたちのために開催する予定のイベント
　イ　美咲と駿、ジャックが高校生のために開催したいイベント
　ウ　運動を通してお互いと会うことを楽しみたい人のためのイベント
　エ　東京オリンピック、パラリンピックについてのニュースを見た人のためのイベント
　“like that” という指示語があるので、具体的な内容はそれよりも前に書かれていると予想できる。傍線部②の直前のジャックの発言に注目すればよい。

4　ア　たくさんの人々がイベントに興味を持つだろう
　イ　有名なスポーツ選手は運動を教えないでしょう
　ウ　若い人々だけが運動をし始めるでしょう
　エ　たくさんの有名なスポーツ選手がイベントに参加するでしょう
　[B] の直前に “If we do so,”「もし私たちがそうすれば、」とある。ここでの “so” は「そのように」という指示語であり、“we should invite a famous sports player”「私たちは有名なスポーツ選手を招待するべき」を指している。駿は直前の美咲の質問に対する提案としてこのように回答していることを踏まえればよい。

5　[C] のあたりで美咲は “a big problem” という課題を取り上げている。その後、ジャックは “Why don't we try crowdfunding?” と解決案を出している。このことから、資金面を問題視していることが分かる。

■平成31年 2

1　ウ　2　エ　3　improve

4　(1)　examples
　　a　ア　b　ウ　c　カ　d　エ
　(2)　lives

5　What kind of machines with AI do you want to use to help other people ?

拓海　：私たちは国際会議で私たちの生活における人工知能について話すことにすでに決めました。人工知能は機械の中にある頭脳のようなものですね？

明日香：そうです。私たちの生活の中で、スマートフォンやロボット掃除機、エアコンといった、人工知能を持つたくさんの種類の機械を見ることができます。

ジェーン：先週末、私は新しいショッピングモールで人工知能を持つロボットを見つけました。それは「私がこのショッピングモールについての情報を与えましょう」と言いました。私はそこでCDをどこでかったらよいか尋ね、するとそのロボットは素早くその質問に答えました。私はとても驚きました。

拓海　：まず、その会議で人工知能を持つ機械の例を見せましょう。

明日香：わかりました。私は、グラフ1とグラフ2を持ってきました。これらのグラフで、私たちは人々が人工知能を持つ機械と仕事をしなければならないとき、どのように感じているかということを示すことができます。

拓海　：グラフ1によると、アメリカ人の約75％が人工知能を持つ機械と仕事をしても幸せではないということがわかります。

ジェーン：アメリカでは、人々はたいてい、彼ら自身の仕事の出来によって評価されます。だから、人工知能を持つ機械が彼らよりもより良い仕事ができると、仕事を失うと恐れているのです。

明日香：なるほどですね。グラフ2によると、日本人の50％以上が人工知能を持つ機械と仕事をすることは構わないということがわかります。

拓海　：多くの日本人は漫画や映画におけるロボットとの話が好きです。このことが日本の文化の一部だと私は聞いています。だから私は、たくさんの日本人が人工知能を持つ機械と仕事をすることは構わないとのだと考えています。

ジェーン：それは面白いですね。人工知能を持つ機械の例を示した後、日本人とアメリカ人の間のこの違いについて話し合ったらどうでしょうか。

明日香：それは良さそうですね。拓海、あなたはグラフ3を持ってきていますね。私たちにそれについて教えてくれませんか。

拓海　：んー、20歳以上の人がグラフ3の回答を答えています。人工知能を活用するために取得したいと思う技能はない、と日本人の [A] ％が言っていることを示しています。私は日本人がその技術を学ぶ必要があると思っています。

ジェーン：私たちはその状況を [B] ためにできることを見つけるべきです。私は、日本人は人工知能を持つ機械と生活する準備をするべきだと思います。

明日香：その通りです。しかしグラフ3からは、人工知能を理解しそれをどのように扱うべきかを考えたいと思う日本人もいることがわかります。きっと、日本の多くの高校生は人工知能に興味があるでしょう。

拓海　：私もそう思います。人工知能を持つ機械は、私たちの生活の一部です。私たちは人工知能を使うことにより、どのように私たちの生活を向上させるべきかについて考えるべきです。

ジェーン：それから、その会議にいる生徒たちに、人工知能と生活することについて質問をしてみましょう。

拓海　：わかりました。では、その会議でどのような質問をするかについて話し合いましょう！

1　ア　「どうしたら私はショッピングモールに行けますか？」
　イ　「いつあなたは私に情報をくれますか？」
　ウ　「ショッピングモールのどこでCDを買えますか？」
　エ「なぜ驚いているのですか？」
　直前の文で、CDを買う場所を聞いているので、ウが正解。

2　グラフ3の「取得したい力・技能等は特にない」を見ればよい。

3　同じ部分のジェーンの発言で生活について記述がある。したがって、文章の最後から2番目の拓海の発言の「生活を向上させる」から考える。

4

> 国際会議ですべきこと
> 1．人工知能を持つ機械の [（1）] を示す。
> 2．アメリカ人と日本人の間で異なることについて話し合う。
> 　＊異なること：アメリカ人の（ a ）は、人工知能を持つ機械と働くことは構わないと考えているが、日本人の（ b ）はそのように考えている。
> 　＊理由　　：アメリカ人は（ c ）。
> 　　　　　　　日本人は（ d ）。
> 3．人工知能のある [（2）] について話し合い、質問をする

　ア　約25％　イ　約75％　ウ　半分以上
　エ　漫画や映画におけるロボットとの話のような
　オ　人工知能を使うための技能を習得したいとは思わない
　カ　仕事を失うことを心配している

(1)　文中のジェーンの発言で、「人工知能を持つ機械の例を示す」とある。
(2)　最後のジェーンと拓海の発言で、「人工知能と生活することについて質問をしてみましょう」とある。

広180→

■令和2年 [2]

1 エ　2 イ　3 we can call ramen Japanese food

4 (1) Japanese restaurants

(2) イ　(3) カ　(4) ア　(5) エ

5 I think *okonomiyaki* is good. Hiroshima is famous for *okonomiyaki*, so people joining the event will learn about the food culture of Hiroshima by eating *okonomiyaki*. (26 語)

香里　：もうすぐ東京オリンピック・パラリンピックがあります。私は待ちきれません。

ポール：たくさんの人びとが海外から日本にくるので、日本人は日本に訪れる人々に日本の文化を紹介する機会があるでしょう。

翔太　：来月、わたしたちの街でも国際スポーツイベントが開催されます。地元の人や他の国からの人々はそのイベントに参加するでしょう。街はわたしたちにそのイベントで人々に屋台でどのような食べ物を提供するかを尋ねました。

ポール：そのとおりです、翔太。わたしたちはどのような食べ物を提供するかについていくつか情報があります。

翔太　：日本を訪れる外国人の主な目的は日本食を食べることだということを知っていますか。グラフ1を見てください。外国人の約［A］%が「私は日本に来る前に日本食を食べたかった」と答えていました。

ポール：今や日本食は世界中でとても人気です。日本の伝統料理が2013年にユネスコ無形文化遺産として登録された後、世界にある日本のレストランの数が5年で2倍になったと聞いています。

香里　：それは［B］という意味です。わたしたちがそのイベントで、提供する食べ物を通して日本の文化について外国人に教えられることを私は望みます。

ポール：私はあなたに同意します、香里。人気の日本料理から食べ物を選びましょう。

翔太　：はい。しかし、日本を訪れる外国人の間でどのような日本料理が人気なのでしょうか。寿司や天ぷらですか。

香里　：私はグラフ2とグラフ3を持ってきました。グラフ2では肉料理が最も人気で、ラーメンも外国人の間でとても人気があることがわかります。

翔太　：ラーメン？ ラーメンは中国の食べ物だと思いました。

香里　：日本の様々な場所で、特産品を使ったたくさんの種類の特別なラーメンがあります。わたしたちはラーメンを食べるときに地元の食文化を楽しむことができると聞きます。

ポール：私のアメリカの友達と私は、ラーメンは日本の食べ物だと思います。ラーメンは私のお気に入りの日本食の一つです。

翔太　：わかりました。では、①わたしたちはラーメンを日本の食べ物だと呼ぶことができると考えます。

ポール：グラフ2は寿司も外国人の間でとても人気があることを表しています。

香里　：ああ、今思い出しました。私は街から手紙をもらいました。そこにはわたしたちは生の食べ物を提供することはできないとありました。

ポール：では、わたしたちはそのイベントで寿司を出すことはできないということですね。

香里　：そのとおりです、ポール。

翔太　：私はお好み焼きが好きです。お好み焼きは外国人の間で人気ですか。

香里　：お好み焼きは小麦粉料理なので、グラフ2からそれはとても人気がないと思います。

ポール：グラフ3は小麦粉料理について何を表しているのですか、翔太。

翔太　：ええと、小麦粉料理が好きな外国人はなぜ彼らはそれらの料理が好きなのかを尋ねられました。回答の約40%は、それらは伝統的であり、日本独特であるとあります。わたしたちはどのような食べ物を出すかを決めるとき、この点について考えることができます。

ポール：わかりました。では、②わたしたちはイベントに参加する人々にどのような食べ物を選ぶべきですか。

翔太　：もっとそれについて話し合いましょう。

1 ［A］は「私は日本に来る前に日本食を食べたかった」と答えた人の割合を聞いている。グラフ1から分かる。

2 ア 東京でオリンピックとパラリンピックが開催される予定だ

イ 世界中のたくさんの人びとがいま日本食を食べる機会がもっとある

ウ 街の人や他の国から来た人々はわたしたちの街のイベントを楽しむでしょう

エ 寿司や天ぷらは外国人の間で最も人気のある日本食だ

直前のポールの発言から、日本食がとても注目されているということが分かる。エに関して、直前までで寿司や天ぷらなどの具体的な料理について言及されていないので誤り。

3 call を見たとき、まずは call O C の使い方ができないか考えると良い。直前でラーメンが日本食かどうかの話があるので、傍線部は「ラーメンを日本の食べ物だと呼ぶことができる」となる。

call O C … O を C と呼ぶ

4 （メモ1の訳）

・伝統的な日本料理：2013年にユネスコ無形文化遺産として登録された
・世界中の［(1)］の数：2013年に約55,000
↓
2017年に約118,000

（メモ2の訳）

・［(2)］：私のお気に入りの食べ物
日本に訪れた外国人の間で［(3)］。
・［(4)］：翔太のお気に入りの食べ物
日本に訪れた外国人の間で［(5)］。

(1) メモ1が日本食についてのメモであり、3回目のポールの発言から日本料理のレストランの数のことだと分かる。

(2) メモ2はポールが用意したものであることに注意すると、このメモの「私」はポールのことである。したがって、5回目のポールの発言から分かる。

(4) 最後から3番目の翔太の発言から分かる。

(3), (5) はグラフ2から分かる。

〈英作文〉

■平成26年 [4]

A No, thank you.

B Because I wanted to try Mr. King's new cake recipes for you.

すばらしい料理長がやってくる！
～キング氏による料理教室～

あなたはもっと料理が上手になりたくないですか？料理で家族をもっと幸せにしたくないですか？もしそうならば，参加してください！

わが国でもっとも優れている料理長であるキング氏が，もっとよい料理のやり方と，彼の新作のケーキの調理法を教えてくれます。あなたもそのケーキを作ることができます。

連絡先は，666-777-8×××。

日：12月12日（木）　時間：10：00～13：00　場所：サンホテル

ブラウン夫人：トム，もうひとつケーキはいかが？

トム：［A］もう食べられないよ。そういえば，どうして今日はケーキを作ったの？

ブラウン夫人：［B］彼の料理教室で，「上手な料理は，家族をもっと幸せにする。」と彼は言ったのよ。トム，私のケーキはあなたをもっと幸せにしているでしょ？

トム：ええ，そう思うよ。

■平成27年 [4]

A This is Saki.

B How about 13:20 at Momiji Station?

エミリー：, もしもし。
沙紀：もしもし。［A］エミリーとお話できますか？
エミリー：私だよ。やあ, 沙紀。どうしたの？
沙紀：土曜日は吹奏楽部の演奏会に行くんだよね？
エミリー：その通り。
沙紀：何時にどこで会いましょうか？
エミリー：ええと, 何かいいアイデアはないかな, 沙紀？
沙紀：うーん, ［B］それからもみじコンサートホールに歩いて行きましょう。
コンサートの30分前にはそこに着けるわよ。それで大丈夫？
エミリー：分かった。そのときに会いましょう。じゃあね。
沙紀：じゃあね。

A：電話をかけてから, まず自分の名を名乗る。
B：資料より, 駅からホールまで徒歩10分とわかるので, 12:20に駅で待ち合わせをすると開演30分前に着くことができる。

■平成28年 4

A　It will come at 8:55.

B　Go straight two blocks. Turn right at the hospital, and go straight one block. You will see it on your left.

男性：すみません、まなび公園で開催されるフリーマーケットに行きたくて8時25分のバスを待っています。すでに8時35分ですが、まだ来ていません。
拓也：ええと、8時25分のバスは月曜から金曜日にだけ来ます。今日は土曜日です。
男性：なるほど。じゃあ、次のバスは何時に来ますか。
拓也：［A］
男性：本当に？フリーマーケットは9時に始まるので、その前にはまなび公園に到着したいのですが。
拓也：わかりました。ここからまなび公園まで歩くこともできます。たった15分しかかかりません。おそらくそこに8時50分には着きますよ。
男性：それは良い考えです。そこへの行き方を教えて頂けますか。
拓也：もちろん。［B］
男性:分かりました。歩くことを楽しみましょう。ありがとうございました。
拓也：どういたしまして。楽しんでください。

■平成29年 4

I want to go to Ala Moana Shopping Center with you. My grandmother loves Hawaii, so I want to buy something nice for her. How about going there on August 13?

件名：ハワイから失礼します。
七海さんへ eメールをありがとう。 私の家族と私は来月私たちの家にあなたを迎え入れることができてとても嬉しく思います。 あなたのeメールから、私たちはあなたがハワイで特別な経験をしたいということを分かっています。あなたは私たちと短い期間だけの滞在の予定ですが、私たちは特別な場所にあなたを連れていきたいです。ハワイでは、世界中からの旅行者の間でとても人気がある多くの場所があります。もしあなたが訪れたい場所を見つけるならば、私たちはそこにあなたを車で連れて行くことができます。 最初に、あなたがどこに行きたいかとあなたがそこで何をしたいかを決めてください。 それから、いつそれを一緒にすることができるかを私に教えてください。 私たちは8月9日と8月12日の朝と8月17日の午後は一緒に外出することができません。なぜなら、私の家族と私は忙しいからです。 私はすぐにあなたから連絡がくることを望んでいます。 あなたのホストマザー ティナロバーツより

件名：広島から失礼します。
ロバーツさんへ こんにちは。eメールをありがとうございます。 ［　　　］ 私はあなたからまたすぐに連絡がくることを望んでいます。 鈴木七海

■平成30年 4

Why don't you try wearing a *yukata*? It is a kind of *kimono* worn in summer, and you can learn how to wear it in this activity. I'm sure you will enjoy traditional Japanese culture with us.

■平成31年 4

I think a Japanese restaurant is good for you. I am sure you like cooking, so you will enjoy learning about Japanese food there. (24 語)

電子メール①

件名：暇な時に私がすることについて
こんにちは、香織。 メッセージありがとう。 あなたが、私の職場体験の場所を推薦してくれるということを知って嬉しく思います。 私が暇な時にすることについて書きます。そしてこの情報が役に立つことを願います。 私には弟が一人いて、暇な時は彼と遊びます。彼はとても楽しんでいます。 私には2人の犬がいます。毎朝散歩をして夕方にはブラシをかけます。 週末には家族のために夕食を作ります。彼らは本当にそれが好きです。 私は毎月3冊の本を読み、友達とその物語について話します。 あなたのメール待っています！ ケイティ

本屋 (写真)	日本食レストラン (写真)
保育所 (写真)	動物園 (写真)

電子メール②

件名：職場体験
こんにちは、ケイティ 私はあなたの職場体験にこの場所を推薦します。 ［　　　］ あなたはそこで良い経験をすると思います。 あなたはどう思いますか？ もしなにか質問があれば、私に聞いてください。 香織

■令和2年 4

A　was angry at me

B　I was listening to music late at night without studying

C　decide what time I start to study and what time I go to bed (14 語)

〈長文読解〉

■平成24年 3

1 （1）多くの高い建物

（2）音楽を演奏したり，歌ったりしていた。

2 グリークタウンにあるおいしいレストランで昼食を食べること。

3 Canada　4 people wearing *yukata* were

5 （1）They think that it is useful to go around the city.

（2）Yes, she did.　6 ウ　7 read a lot of books

1 (1) 第三段落序盤に着目。

(2) 第五段落序盤に着目。

2 直前のシンディーの発言に着目。

3 直前で「通りやお店やレストランの名前は英語とギリシャ語で書かれていた」とあるので，ミキは「本当に私たちはカナダにいるの？」と驚いた。

4「浴衣を着ている人々は～」となるように。現在分詞の使い方に注意。

5 (1) ミキとシンディーは路面電車について何を思いましたか。

→第二段落前半に着目。

(2) シンディーは公園の盆踊りに参加したかったですか。

→第五段落中盤にシンディーは「Wow, I want to try, too.」と発言している。

6 最終段落に着目。

7 直後に「外国の人々と文化を理解するため」と続いているので，そのためにミキがしようと考えられることを補えばよい。

■平成25年 3

1 （1）動物の漢字　（2）楽しく夕食を食べながら話をした。

2 ウ　3 アンの名前が3つの方法で書かれたこと。

4 happy to teach them something

5 （1）Yes, she did.

（2）She decided to tell the people more about Japan.

6 エ　7 I learn more about its history

高校生のミサキは昨年の10月，英語を勉強するためにオーストラリアの街に行った。彼女はスミス一家のもとに滞在した。その家族には，スミス夫妻とその子どものアンがいた。

およそ2か月が経過した。クリスマス時期前のある日曜日のことであった。ミサキはスミス氏とアンと一緒にクリスマスツリーを飾り付けていた。その後，スミス氏がミサキに「この時にクリスマスカードも書くんだよ。カードを見せてあげよう。」と言った。彼はアンに部屋から数枚のカードを取ってくるように言った。カードを持ってきた後，アンはミサキにカードを見せ，クリスマスカードに［　　］英語の表現を伝えた。アンは「ねえ，日本では，クリスマスカードを書くの？」と尋ねた。ミサキは「ええ，でも多くの人は普通年賀状を書くわ。」と言った。アンはミサキに何を書くのか尋ねた。ミサキは「ええっと…新年の決意や…その年の動物があるから，よく動物の漢字を書くわ。」と言った。スミス氏はミサキの話に興味を持った。「どんな種類の動物があるの？」ミサキは「例えば，犬やトラがあるわ。まあ，来年の動物はリュウだわ。」と言った。アンは興奮しているようで，ミサキに漢字を書くように頼んだ。彼女は1枚の紙に漢字を書き，彼らに見せた。彼らは漢字を見て，スミス氏は「ミサキ，これはリュウの像のように見えるね。」ミサキは彼らに「気に入った？もし気に入ったなら，アンの名前を日本語で書くわよ。」と言った。

ちょうどその時，台所からスミス夫人の声が聞こえた。「夕食の時間よ。」アンは「わかった，でも今ミサキが私の名前を日本語で書いているの。こっちに来て。」と言った。スミス夫人がやって来て，ミサキは彼女に紙を見せた，「これは3通りの方法で書いたアンの名前よ。」「3通り？」彼女は①それを聞いて驚き，家族の皆はもっと知りたいと思った。ミサキは伝えることは簡単ではないと思った。しかし彼女は伝えてみた，「これはカタカナ，そして隣のものはひらがな。そして，最後の1つは漢字よ。漢字は読みと意味を持っているの。あなたにこの漢字を選んだわ。読みは「アン」で，1つの意味は「心の平和」よ。」スミス夫人は「いいわね，アン。」と言った。「本当にありがとう，ミサキ。友達に見せるわ！」アンはとてもうれしそうであった。②ミサキも日本の何かおもしろいものを伝えてうれしく思った。彼女はスミス夫妻の名前も日本語で書いた。彼らは満足して「ありがとう」とミサキに言った。そして，スミス一家とミサキは夕食と会話を楽しんだ。彼女にとってすばらしい夜となった。

寝る前に，ミサキは日本の英語の先生に手紙を書いた。手紙で，彼女は新年の決意について伝えた。「ここでの滞在の間，日本についてより多くを伝えます。これが私の新年の決意の1つです。そしてもう1つ。日本に帰ったあと，オーストラリアと日本の架け橋になる何かをしたいです。」

1 (1) 第2段落9文目参照。

(2) 第3段落の後から2文目参照。

2 空所の直前に expressions とあることから受身の形のものを選び「使われる表現」とする。

5 (1) アンはミサキが漢字で書いたアンの名前を気に入りましたか？

第3段落の後から6，7文目より，アンが喜んでいることがわかる。

(2) ミサキは新年の決意としてオーストラリア滞在の間何をすると決めましたか？

最終段落の“”内にミサキの新年の決意が書いてある。

6 ア ミサキは再びスミス一家に会うためにオーストラリアに行った。

イ スミス夫人は日本語に興味がなかったので，日本語についてのミサキの話を聞かなかった。

ウ アンは，ミサキが3つの異なる漢字で書いたアンの名前を見に来るように彼女の母に言った。

エ ミサキは自分の国に帰った後，オーストラリアと日本のために働くだろう。最終段落最終文とエが一致する。

7

> 君が決意をしたと知ってうれしいよ。日本について人々にもっと伝えることはいい考えだね。
> 私も，私の国について他の国から来た友達に伝えてみるよ。それをするために，［　　］。これは役立つ方法だと思うよ。
> だから，やってみて！

自分の国について伝えるために，役に立つことを考える。

■平成26年 3

1 （1）2月　（2）お礼を言った。　2 ウ

3 picture of a boy running　4 う

5 イ → エ → ア → ウ　6 not give up

私の宝物は何だろう？友達？家族？もちろん，私にとって彼らは大切ですが，今日私はこの絵について話したいと思います。【 あ 】

2月に，校内マラソン大会があり，私たちは8.5キロ走らなければなりませんでした。それはとても［ A ］で，私は走ることが得意ではなかったので，毎日走ろうと決めました。レースまでには3週間ありました。私は放課後，家の近くの川沿いを走り始めました。最初は，速く走りましたが，すぐに疲れてしまいました。それから，私はゆっくりと折り返し地点に向って走りました。その辺りで，私はひとりの老人に会いました。毎日，彼はそこのベンチのひとつに座って，絵を描いていました。【 い 】

一週間がたったある日，私はとても疲れた気分だったので，長い間ベンチのひとつに座っていました。すると，その老人がほかのベンチから私の方にやってきて，「大丈夫ですか？」と言いました。私は，「はい，でもとても疲れた気分なのです。私は先週から校内マラソン大会の練習をしているのですが，もうこれ以上できません。」と言いました。その老人は，「そうなんですね。私はあなたが毎日とても頑張っていることを知っています。この絵をみてください。」と笑って言いました。私はその絵を見ました。それは，川沿いを走っている少年の絵でした。その老人は，「これはあなたです。もし，あなたが走るのをやめたら，私はそれを完成させることができません。私はあなたができると信じています。」と言いました。私はその言葉を聞いてとてもうれしかったです。誰かが私を見ていてくれたのです！そのことは私を幸せにしました。私は彼に，「私は最善を尽くすつもりです。だから，絵を完成させたら，私に見せてください。」と言いました。【 う 】

その日の後，私は走ることをやめたり，ベンチに座ったりしませんでした。私はその老人に手を振り，彼は私を応援してくれました。さらに2週間が過ぎました。校内マラソン大会の日がやってきました。レースが始まりました。レース中に疲れたと感じた時，私は老人と彼の絵を思い出しました。私は走り続けました。とうとう，私はゴールに着きました！レース後，私はその老

広183→

人に会いに行き，彼に「ありがとう。」と言いました。彼は，「私はとても嬉しいよ！あなたは本当に頑張りましたね！私も絵を完成させました。」と言いました。そして，彼は私に絵をくれました。【　え　】

その絵の私を見てください。私は一生懸命走っています。わたしはそれを見るといつも，何事もあきらめないと感じます。この絵は私に重要なことを教えてくれました。それは，あきらめてはいけないということです。だから，これが私の宝物です。聞いてくださってありがとうございました。

2　マラソン大会の8.5キロの距離のことを言っているので，「長い」が適当。

3　「running」は前の「a boy」を修飾する分詞。

4　挿入する英文の訳は「その日が私を変え，私は本当にゴールに着きたいと思いました。」であるので，老人と出会った直後が適当。

6　勇太が学んだのは「あきらめない」ということ。

■**平成27年**　3

1（1）1年間　（2）川のそうじ

2　I don't know what to say　　3　エ　　4　う

5　エ　→　イ　→　ア　→　ウ

6　practice English every day

拝啓　スミス先生へ

僕はあなたの英語の授業に大変感謝しています。僕があなたの授業中に英語で話そうとしたとき，あなたはいつも私をほめてくれました。僕は1年間本当に授業を楽しみました。

最初は，あなたの授業中にとても緊張していました。実際にあなたが僕に質問をしたとき，僕は一言も話さず，いつもただ笑っていました。僕はクラスメイトの前で間違えたくなかったのです。【　あ　】

あなたはケンを覚えていますか？ケンは英語を上手に話します。ある日，授業後に彼は僕に言いました。「涼太，君は授業中に英語を話さないよね。どうして？」僕は言いました。「①英語で何を言えばいいかわからないからだよ。」「でもスミス先生は僕達にいくつかの写真と英語の言葉を見せてくれたよ。君はそれらを使えるんだ。ただその言葉を言うだけだよ！」彼がそう言ったとき，彼は僕の気持ちをわかってくれていないと思いました。【　い　】

夏休みの後，僕はノートを提出しに先生の部屋に行きました。電話が鳴ったとき，あなたは立ち上がって日本語で電話に出ました。電話の後，あなたは先生に自分の日本語についていくつか質問をしていました。あなたは日本語を何度も何度も繰り返していました。僕はあなたが日本語を話そうとしていて，間違えることを恐れていなかったので驚きました。【　う　】

数日後，授業中にあなたは夏休みについて話し始めました。あなたは僕達にたくさんの写真を見せてくれました。それからあなたは僕の名前を呼んで，僕に尋ねました。「涼太，夏休み中に何をしましたか？」僕は英語で何か言いたかったけど，すぐには質問に答えませんでした。そのときケンが僕に小さな声で言いました。「何か言えよ！一言言うんだ！」僕は言うべき言葉を見つけようとして，言いました。「川…。クラスメイトと一緒に川を掃除しました。」「おお，本当かい？掃除の後はどんな気分でしたか？」「とても［A］だったけどいい気持ちでした。」あなたは僕に微笑みかけて言いました。「よく頑張ったね！君は一生懸命働いたよ！涼太，君の英語は素晴らしい。」僕はそれを聞いてとても喜びました。授業の後にケンが僕に言いました。「やったね。」それ以来，ケンと僕はずっと親友です。【　え　】

次の日，僕は先生の部屋に行き，初めてあなたと会話を楽しみました。僕は英語をもっと話したかったので，そのときに僕はあなたを何回も訪れました。あなたはいつも僕に微笑みかけ，英語で話すのを手伝ってくれました。その結果，僕の英語はもっとよくなりました。

今，ケンと僕は毎日一緒に英語を練習し，あなたにもう一度会うためにあなたの国であるアメリカを訪れることについてときどき話しています。

僕はあなたの授業に本当に感謝しています。すぐにあなたに会えることを願っています。

敬具

涼太

1　(1)　第1段落の第3文に【for a year】とある。

(2)　第5段落の涼太の1つ目の発言【River…～】を参照。

2　【what to say】「何を言うべきか」を使う。

3　ア　わくわくした　　イ　幸せだ　　ウ　残念だ　　エ　疲れた

直後に【but I felt good】「でもいい気持ちだった」と続くので，エが正しい。

4　「私の心の中で何かが変わり，授業中に英語を話すことを決めた。」という文なので，涼太が授業で英語を話す第5段落の直前にある【う】が正しい。

5　ア　涼太とケンは親友になった。⇒第5段落の最後

イ　涼太は英語で夏休みについて話した。⇒第5段落の真ん中あたり

ウ　涼太は話をしたかったのでスミス先生をよく訪れた。⇒第6段落

エ　涼太はとても緊張していて，授業中に英語を話さなかった。⇒第2段落

6

> 拝啓　涼太へ
> お手紙ありがとう。私はあなたがケンと［　　　　］ということを知ってとても嬉しいです。今，あなたは間違えても大丈夫だということがわかっています。英語を話すときは緊張しないでね！

第7段落を参照。

■**平成28年**　3

1（1）Yes, she is.　（2）She made Japanese sweets.

2　ウ　　3　Japanese culture

4　エ　→　イ　→　ウ　→　ア

5（1）Yes, I do.

（2）Kumiko opened her own shop in America, and she can make sweets for people who don't know much about Japan.

和菓子が文化のかけ橋となる

これらの美しく小さなものを見て下さい。これらは何でしょう。信じられないかもしれませんが、これらは和菓子と呼ばれる伝統的な日本の甘いお菓子です。

この週末、私たちの町では第2回の国際的な食品祭りが開かれる予定です。世界中の多くの種類の食品を試すことができます。アオキクミコ、日本の和菓子職人、がこの祭りに再び美しいお菓子をたずさえて参加する予定です。和菓子は通常あんこ、砂糖、米粉で出来ています。とても健康によく食べることができる芸術作品の一種でもあります。和菓子の形はしばしば花や葉だったり果物だったりします。それらの色や形を見た時には、日本の美しい自然を感じるでしょう。

私達の町では、久美子の店でだけ和菓子を買うことができます。ここアメリカで、彼女はどうやって和菓子職人として働き始めたのでしょう。彼女が15歳の時に、彼女は初めてこの町にやってきました。彼女は夏休みの間約2週間ホームステイ先の家族のところに滞在しました。ある日、彼女は彼らのためにわらびもちと呼ばれる日本のお菓子を作りました。久美子は言います、「私のホームステイ先の家族はいつも私に親切でした、だから私は彼らに感謝したかったのです。」彼らは彼女の作ったお菓子が本当に好きで、幸せそうに見えた。彼女は言う、「彼らの顔を見た時、私はあまり日本について知らない人々のためにまたお菓子を作りたいと思ったのです。」これが彼女の夢の始まりだった。

高校を卒業した後、彼女は京都の有名和菓子店で和菓子職人として働き始めた。彼女はそこで10年間働いた。彼女は言う、「大変でした。でも、和菓子の作り方を学びましたし日本の親切なおもてなしも学ぶことができました。70歳の店主はしばしば言いました、「今日という日は二度と来ない。」そして、彼は毎日最良のお菓子を作ろうとしていました。彼のお菓子はいつも繊細で美しかった。久美子は彼のようにお菓子を作ろうとしましたが、できませんでした。彼女は悲しくて夢をあきらめそうでした。しかし店主は彼女に言いました、「決してあきらめるな。君には素晴らしい夢がある。」

三年前、彼女はこの町に戻り彼女のお店を開きました。しかし再び彼女はつらい日々を過ごしました。人々は和菓子についてあまりよく知らず、彼らは彼女の店を訪れることさえしませんでした。彼女はいいます、「私は和菓子を通して繊細な日本の文化を人々に知ってほしかったのですが、何をすべきか私にはわかりませんでした。」昨年、彼女はこの町で第1回の国際的な食品祭りのことについて聞きました。その時、彼女は祭りでお菓子の作り方を見せることを決めました。多くの人々が彼女に会いに来て、和菓子に興味を持つようになりました。

この祭りの後、より多くの人々が彼女のお店を訪れ始めた。彼女は毎日違

広184→

うお菓子を作った。なので彼女のお店を訪れる人はしばしば彼女に質問する、「この形と色はどういった意味があるの。」彼らが和菓子について質問してくれると彼女は嬉しい。彼女にとって彼らと話すことはとても大切なことです。人々が彼女に、「和菓子はとても美しい。いつか日本を訪れてみたいわ。」という時、久美子は文化のかけ橋になれていると感じるのです。

1 (1) 久美子は第2回の国際的な食品祭りに参加する予定ですか。
(2) 久美子はホームステイ先の家族に感謝するために何をしましたか。

2 ア 彼女は店を開くための十分なお金を持っていなかった。
イ 彼女は店主から和菓子の作り方を学ぶ必要が無かった。
ウ 彼女は店主のように繊細で美しいお菓子を作ることができなかった。
エ 彼女はアメリカで人々のために日本のお菓子を作ることができなかった。
第5段落第7文を参考にする。

3
新聞記者：久美子さん、あなたのお店を訪れる人と話すときどのように感じますか。
久 美 子：ええと、文化のかけ橋になれていると感じます。
新聞記者：なぜですか？
久 美 子：和菓子を通して彼らに[　　　]について伝えることができるからです。日本のことについてもっと彼らが知りたいと思ってくれた時、私はとても嬉しいです。

第6段落の第4文のにある【through wagashi】をヒントに答える。

4 ア たくさんの人が最初の第1回国際的な食品祭りで久美子に会った。
イ 久美子は日本の有名和菓子店で働き始めた。
ウ 人々は久美子の店に来なかったが、彼女は何をするべきか分からなかった。
エ 久美子はアメリカで約2週間ホームステイ先の家族のところに滞在した。

5
先生：久美子さん夢はもうすでにかなっていると思いますか。
生徒：[(1)]
先生：なぜそう思うのですか。
生徒：[(2)]

(1) 【Do you ～？】と聞かれているので【Yes, I do.】【No, I don't.】のどちらかで答えること。

■平成29年 3

1 (1) He went there in 2004.
(2) Because they didn't know anything about it.

2 (1) enough food (2) to change

3 アフリカの人々と共にアフリカの新たな未来を築く（23字）

4 エ

5 (1) I think he will move to another country in Africa.
(2) There are more than fifty countries in Africa. If he wants to change the future of Africa, he will continue to work hard for African people.

一緒にアフリカのために新しい未来を作ろう

もしあなたが空腹の人を見るとすると、あなたは彼らのために何をするだろうか？あなたは彼らに食べ物を与えると言うかもしれない。もしあなたがそうするならば、彼らは“ありがとう”と言うかもしれない。そしてあなたはそのことについて嬉しいと感じるかもしれない。しかし、彼らがその食べ物を食べ終わったあと何が起こるだろうか？彼らはその1日を生き残ることができるが、次の日には彼らに何が起こるだろうか？

2004年に、日本で大石タツヤさんと話した時私の人生は変わりました。彼は稲作の専門家として私の高校に来て、彼はウガンダでの経験について話しました。彼は1997年に日本を離れ、米の育て方をアフリカの人たちに教え始めました。彼の講演の中で彼は私たちに1つの質問を与えました。彼は“世界中で空腹の人たちを助けるために何をするべきですか？”と言いました。私は手を挙げ、“私たちは彼らに何か与えるべきだと思います”と言いました。大石さんは私に笑顔で“あなたの答えは悪くはありませんが、空腹の人たちに何か与えることは彼らを助けるたった1つの方法ではありません。私たちは彼らの将来について考える必要があります。―明日、来週、来年、今から50年後でさえも。だから、私はアフリカの人たちに稲作を教えています。”

大石さんの言葉は私を感動させ、私はもっとアフリカについて知りたくなりました。私はアフリカの状況を勉強するために大石さんによって書かれた本を読み始めました。アフリカでは多くの人たちが空腹で貧困でした。彼らは十分な食料を持っていません。彼らは病気だけれども病院に行くことができず、子ども達は学校に行くことができません。米は高価なので彼らは特別な行事の時だけそれを食べました。私は“もし農業する人たちが米の育て方を学ぶならば、彼らは毎日それを食べることができる。もし彼らがもっと米を手に入れるならば、彼らはそれを売りいくらかのお金を手に入れるだろう。それから、彼らが手に入れたお金で彼らは病院に行くことができ子どもを学校に通わせることができる。米がアフリカの将来を変える！”と考えました。

2011年に、私は大石さんの稲作チームに参加するためにウガンダに行きました。その時、私たちは1つの村で教え始めました。最初、アフリカの農業をする人たちは米を作ることはとても難しいと思っていました。そして、彼らはそれが彼らの将来を変えるということを信じていませんでした。私は悲しくなりましたが、毎日共に働くように励ましました。それから、少しずつ、農業をする人たちは私たちに参加し始めました。彼らは全く稲作について知りませんでした。だから、私は彼らに全て教えなければなりませんでした。それは大変でしたが私は諦めたくありませんでした。数ヶ月後、私たちはついにたくさんの米を収穫しました。農業をする人たちは、自分たちが作った米を食べた時彼らはとても幸せそうに見えました。

ある日、1人の農業をしている人が私に話しかけてくれました。彼は言いました、“直輝、私は夢を持つようになりました。私は稲作から得たお金で子どもを学校に通わせたいと思っています。”私は彼に“そうできると確信しています。私はアフリカの全ての子ども達が学校に行くまで決して諦めません。”と言いました。彼は“私たちは一緒に新しい未来を作っています”と言いました。私は彼の言葉を聞いた時、もう少しで泣きそうでした。

今日、アフリカの約20の国々が米を育てています。ウガンダで過ごした数年の後の今、私は大石さんの言葉を理解しています。もしあなたが空腹の人たちに彼ら自身で彼らの生活を変えてもらいたいならば、彼らの将来を考え、彼らを助けなさい。あなたは今から50年後に成果を見るかもしれません。

1 (1) 大石さんはいつ稲作の専門家として直輝の高校に行きましたか？
⇒第2段落1文目。
(2) なぜ直輝はウガンダの農業をする人たちに稲作について全て教えなければならなかったのですか？
⇒第4段落6文目「They didn't know anything about rice farming …」参照。

3 第5段落の1人の農夫が言った言葉「We are making a new future together.」を受けて泣きそうになったのである。

4 ア 大石さんは1997年に稲作の専門家になり、彼は日本の高校で米の育て方を教え始めた。
⇒1997年に日本を離れたのであって、稲作の専門家になったかどうかは不明である。
イ 大石さんは空腹の人たちに食料を与えることはアフリカにとって新しい未来を作るための一番良い方法であると信じている。
⇒第2段落参照。
ウ アフリカの農業をする人たちは、稲作に興味を持てなかったので直輝はウガンダで稲作を教えることを諦めた。
⇒第4段落参照。「It was hard, but I didn't want to give up.」とあるので諦めてはいない。
エ 直輝は数年間ウガンダで稲作を教えており、今彼は大石さんが本当に意味していたことを理解しています。

5
先生：直輝が数年間ウガンダで働いた後、次にすることは何だろうか？あなた自身の考えを私に教えてください。
生徒：[(1)]
先生：あなたはなぜそう思うの？
生徒：[(2)]

■平成30年 3

1 (1) Yes, he did.
(2) Because he didn' t think she would come.

2 ウ

3 ブラウン先生が見せてくれたような美しい作品を作れなかった（28字）

4 know I can make something

5 え　6 イ

7 (1) I think he felt happy.
(2) Ms. Brown came from Australia to see his works, so he could talk to her about his life as a potter in Japan.

（全文訳）

「あなたは日本にどのくらい住んでいますか。」工房に訪れる日本人が私によくこの質問をします。まず最初に、私は日本に滞在してちょうど数年間になりました。しかし、私がここに来てからすでに5年以上経ちます。今はまだ、益子町でよい陶芸家になる途中です。

1990年に、私はオーストラリアのベンディゴで生まれました。それは陶芸の長い歴史を持つ古い街です。私は14歳のときに陶芸の勉強をし始めました。よい陶芸家になるために、私は一生懸命勉強しなければなりませんでしたが、それは私にとって非常に興味深いものでした。私はベンディゴで大学生になったとき、陶芸を専攻しました。ある日、私の大学の先生の一人であるブラウン先生が私に益子町で作ったシンプルなお皿を見せました。私は生まれて初めてそのような美しいお皿を見たので、私は［ A ］。彼女は「益子町は日本で最も有名な陶芸の町の一つで、世界中から来た陶芸家がそこに住みます。もしあなたがそこに行く機会があれば、あなたは自分自身の道を見つけられるかもしれません。」と言いました。

大学を卒業した後、私は益子町に来ました。私は陶芸家として成長するためにもっと学びたかったでのです。私は何人かの日本人の陶芸家と工房で働き始めて、日本流の陶芸の仕方を学べることが嬉しかったです。私は毎日最もよいお皿と茶碗の作り方を試しました。おおよそ二年経っても、私はまだ自分の作品に満足できていませんでした。私はブラウン先生が以前私に見せたお皿を忘れることが出来ませんでした。私はそのような美しいお皿を作りたかったのですが、私には出来ませんでした。それは私を本当に悲しませ、①私はオーストラリアに帰ろうと思い始めました。

数ヶ月後、私はまだここ益子町で陶芸家として成長したかったです。だから、私は一番の親友であるリョウタに自分の作品について私にいくつか助言を与えるように頼みました。リョウタと私は同じ工房で働いていました。なので、ある日、彼は夜ご飯で私を彼の家に招待しました。彼が私に夜ご飯を出してくれたとき、彼がいくつかの私の作品を使っていることに私は気が付きました。彼は「他の誰にもなろうとしてはいけません、ウィリアム。あなた自身の作品を作るだけです。それらが伝統的な日本の料理と一緒に出されるときにとても美しく見えます。私は沢山の人があなたの作品で毎日の生活を楽しむだろうと信じています。」と言いました。

去年の12月、リョウタと私は初めて一緒に展覧会を開催しました。ある日、ブラウン先生がオーストラリアから私たちの展覧会に来ました。彼女を見たとき、私はとても驚きました。私は数ヶ月前にそれについて彼女にメールを送りましたが、私は彼女が来るだろうとは思っていませんでした。彼女は私の作品の一つを手にとって、「わあ、これは素晴らしいです！その赤色は私にウルルを思い出させました。私は自分の夜ご飯を楽しむためにこのお皿を使いたいです。」と言いました。彼女の言葉は私をとても励ましました。私は「ありがとうございます、ブラウン先生。②今私は日本をとても愛するオーストラリア人の陶芸家として特別な何かを作ることができることがわかります。私はいつか世界中のたくさんの人が私の作品と一緒に彼らの生活を楽しませるだろうと望んでいます。」と言いました。彼女の笑顔を見たとき、私の目から涙がこぼれ落ちました。

1 (1) （質問訳） ウィリアムは14歳のときに陶芸を学び始めましたか。
第2段落の2文目に注目すればよい。
(2) （質問訳） ウィリアムが彼の展覧会でブラウン先生を見たときに、なぜ彼は驚いたのですか。
第5段落の3文目に “When I saw her, I was very surprised.”「彼女を見たとき、私はとても驚いた。」と書かれている。したがって、その周辺を探せばよい。

2 ア 怒る　イ 退屈する
ウ わくわくする　エ 心配する
［ A ］の直前に注目すると、“I saw such a beautiful dish for the first time in my life”とあり、ウィリアムがとても感動していることが分かる。

3 傍線部①は “It made me really sad”「それは私をとても悲しませた」という文章と “and” で結ばれている。ここでの “It” が指す “I wanted to make such beautiful dish, but I couldn't.”「私はそのような（ブラウン先生が私に見せた）美しいお皿を作りたかったが、私には出来なかった」ことが原因であることが分かる。

4 “something ＋［形容詞］” で「［形容詞］ななにか」という意味である。

5 （挿入文訳） 私は何度もその言葉について考えて、私はもう一度挑戦しようと決心しました。
挿入文に「その言葉」とあるので、セリフの直後に来ることが予想できる。また、挿入文の後半から「その言葉」が励ましの言葉であることが分かる。

6 ア ウィリアムは5年以上の間日本に住んでおり、彼はまもなくオーストラリアに帰る予定だ。
⇒第1段落の2文目から選択肢の前半部分が不適。また、後半も文章には書かれていないので不適である。
イ ウィリアムは大学を卒業した後に陶芸についてもっと学ぶために益子町に来た。
⇒第3段落の1、2文目から正しいことが分かる。
ウ ウィリアムとリョウタが一緒に夜ご飯を食べていたときに、ウィリアムがリョウタに彼の作品についていくつか助言を与えた。
⇒第4段落から、リョウタがウィリアムに助言を与えたことが分かる。よって不適。
エ ブラウン先生が去年の12月にウィリアムの展覧会を訪れたが、彼女は彼の作品を手に取ろうとはしなかった。
⇒第5段落の5文目と合わない。よって不適。

7 （対話文訳）

先生：この話の終わりに，ウィリアムの目から涙がこぼれ落ちたとあります。彼がブラウン先生の笑顔を見たとき，彼はどのような気持ちだったのでしょうか。
生徒：［ (1) ］
先生：どうしてそう思うのですか。
生徒：［ (2) ］

第5段落の最後から2文目に “Thank you, Ms. Brown.” とあり、ウィリアムが感謝の言葉を述べている。それに則って文章を考えればよい。

■平成31年 3

1 (1) He has lived there for fifteen years.
(2) They enjoyed talking with the people who visited their cafe.

2 wanted many people to know

3 ウ，エ　4 い　5 ウ

6 (1) I think he should hold an interesting event which young people can join at his cafe.
(2) It is important for young people to think their town is a good place to live in. He can tell them about good things in the town through the event.

ジェームズ・ジョンソンは15年間日本に住んでいるカナダ人です。彼はユリという名前の日本人の女性と結婚し、2人の小さな子供がいます。ジェームズは最初、日本にいるユリの両親のもとを訪れたとき、その町が大好きになりました。ジェームズとユリはこの美しい町でこの子どもたちを育てるべきだと考えたので、そこで生活することに決めました。

ジェームズとユリの夢は、古い日本の伝統的な家屋でカフェを経営することで

四　中学生の西山さんは、新聞で投書を読み、その内容について自分の考えを書いて同じ新聞に投書することにしました。次の【投書】は、西山さんが読んだ投書、【資料】は、西山さんが投書を書くために準備したもので、【ノート】は、西山さんがこれまでに読んだ古典作品の中で、印象に残った一節とその現代語訳を書き留めておいたものです。これらを読んで、あとの〔問い〕に答えなさい。

【投書】

〈平成二十九年十一月一日付け〉

古典を学ぶ意義とは？

中学生　13歳

私は、国語の授業が好きです。ただ、この頃疑問に思うことがあります。それは、古典を学ぶ意義は何かということです。

例えば、外国語は外国人とコミュニケーションをする上で役に立ちますが、今は使わない昔の言葉は、役に立つと思えません。また、気持ちや考えを読み取るのであれば、現代の社会や生活とは大きく異なる昔の話でなくてもよいと思います。

中学生になり、扱われる古典作品の内容を難しく感じるようになりました。高校では一層高度になると聞いています。友達に「何のために古典を学ぶのだろうか」と聞くと、「入試のため」という答えが返ってきました。しかし、それでは納得できません。いったい古典を学ぶ意義は何なのでしょうか。

【資料】

古典とは何か。

風土と歴史に根ざしながら、時と所をこえてひろく享受されるもの。人間の叡智（注）の結晶であり、人間性洞察の力とその表現の美しさによって、私たちの想いを深くし、心を豊かにしてくれるもの。いまも私たちの魂をゆさぶり、「人間とは何か、生きるとは何か」との永遠の問いに立ち返らせてくれるもの。それが古典である。

（「『古典の日』宣言」による。）

（注）叡智＝物事を深く見通す優れた知恵。

【ノート】

「論語」より

曽子（注）曰く、「吾日に三たび吾が身を省みる。人の為に謀りて忠ならざるか、朋友と交はりて信ならざるか、習はざるを伝ふるか。」と。

〈現代語訳〉

曽先生はおっしゃった。「私は毎日何度も我が身について反省する。人の相談にのったときに、真心を尽くさなかったことはないか。友人と交際して信義に背くことはなかったか。まだ自分が習熟していないことを、口先だけで人に教えたのではないか。」と。

「古今和歌集」より

ことならば咲かずやはあらぬ桜花見る我さへに静心なし

つらゆき

〈現代語訳〉

どうせ散ってしまうのなら、いっそ咲かないでいることはできないか。桜の花よ。だいたい桜は、せっかく咲いても慌ただしく散ってしまうが、その様子を見ている私まで落ち着かない気持ちにさせるものだ。

紀貫之

（注）曽子＝孔子の弟子。

〔問い〕　西山さんは、「古典を学ぶ意義」はあると考え、「古典を学ぶ意義」について、資料とノートを基に、投書の筆者の疑問に答える文章を書くことにしました。あなたならどのように書きますか。次の条件1～3に従って書きなさい。

条件1　【資料】の内容を踏まえて書くこと。

条件2　【ノート】の中のどちらか一つの古典作品を例として取り上げ、【ノート】に書かれている一節の内容を踏まえて書くこと。

条件3　投書の題は書かず、左に示している書き出しに続くように書き、内容に応じて段落を変え、二百五十字以内で書くこと。ただし、左に示している書き出しの部分は字数に含まないものとする。※原稿用紙はご準備下さい。

十一月一日付け本紙「古典を学ぶ意義とは？」について、私なりの考えを書こうと思います。私の考える「古典を学ぶ意義」は、した。彼らはその町で良い家屋を見つけました。ジェームズはユリに「私は、これが私たちのカフェにとって良い場所になると思います。みんなが素晴らしい時間をここで過ごすことを願っています。」それから彼らは、その家を買いカフェをオープンしました。

すぐに、その町のたくさんの人々がカフェにやってき始めました。ジェームズとユリはいつもそのカフェでその人々と話すことを楽しみました。ある日、ジェームズと彼の友人が自分たちの町について話していました。彼の友人は言いました「都会に住むほうが良いと考えているので、たくさんの人々が去っていきます。これは私たちの町にとって大きな問題です」と。ジェームズがそのことを聞いたとき、彼は悲しくなりました。「私たちはこの町にたくさんの良いものを持っていますが、たくさんの人々がそれを知りません」と彼は友人に言いました。ジェームズはユリに「私たちの町のこの問題を解決するためになにができますか？」と尋ねました。

ジェームズとユリは、たくさんの人々に彼らの町の素晴らしいものを知ってほしいと思ったので、その町のウェブサイトを作りました。ジェームズはその町にある有名な場所についての情報を集め、ウェブサイト用の地図を作りました。彼はその町のたくさんの伝統的な催し物にも参加し、そこでたくさんの人々に会いました。彼はその催し物に関する歴史と伝統を学びました。ジェームズとユリは英語と日本語でそれらについて書き、そしてウェブサイトに話を載せました。

数カ月後、ジェームズとユリのウェブサイトを見たので、他の街や国の人々がその町に来はじめました。ジェームズの友人は、他の場所の人々がその町に興味を持っていたので、興奮しました。彼らはジェームズとユリにたくさんお礼を言いました。彼らはジェームズに言いました「あなたたちを助けるために私たちにできることが何かありますか？」と。ジェームズは彼らに「私は観光プログラムを作りたいです。その計画のツアーガイドになってくれませんか？」と言いました。

ジェームズと彼の友人とその町の数人がツアーガイドになり、いくつか面白い観光プログラムを作りました。日本の他の場所や世界中の他の国々からたくさんの人がその町を訪れ、その観光プログラムの間素晴らしい時間を過ごしました。例えば、彼らはその町の人々と一緒に、ジェームズの地図の有名な場所を訪れたり、町のお祭りに参加したり、米を収穫したりすることができました。ツアーの後、訪問者はジェームズとユリのカフェに行きました。彼らはその町の素晴らしい魅力について話していました。その町の人々はそれを聞いてとても喜びました。

ジェームズは「今や町の人々は、ここにたくさんの美しいものがあるということを知っています。彼らは自分たちの町を誇りに思い、それを訪問者に伝えるでしょう」と言いました。ユリは言いました「時々、子どもたちが観光プログラムを手伝ってくれます。私たちはもっとたくさんの若い人々が私たちの町の魅力を理解し将来ここに住むことを願っています」と。

1 （1） どのくらいの期間、ジェームズは日本にいましたか？
文頭に「15年間住んでいた」とある。
（2） ジェームズとユリはカフェで何を楽しんでいますか？
第3段落に「カフェを訪れた人々と話すことを楽しむ」とある。

2 【want 人 to ~】「人に～してほしいと思う」

3 ア 訪問者はその町の人々と観光プログラムでガイドになることができました。
イ 訪問者はその町の有名な場所に関する地図を作ることができました。
ウ 訪問者はお祭りに行きその町の人々と楽しむことができました。
エ 訪問者はその町の人々と米を収穫できました。
第6段落に「有名な場所を訪れたり、町のお祭りに参加したり、米を収穫したりする」と書いてある。

4 「だから世界中の人々がそれらを読むことができました」の意味。
【い】の前に、「ジェームズとユリは英語と日本語でそれらについて書き」とある。英語と日本語で書かれているので、世界中の人々が読むことができたのである。

5 ア その町の人々は、ジェームズとユリのために日本の伝統的な家を建てました。
イ ジェームズの友人はジェームズに、観光プログラムのガイドになるように頼みました。
ウ 日本の人々と他の国からの人々は観光プログラムを楽しみました。
エ ジェームズとユリの子どもたちは時々、彼らがウェブサイトを作るのを手伝いました。
ア：新しく建てたのではなく、古い家を買ったのである。
イ：頼んだのはジェームズである。
ウ：正しい
エ：子どもたちが手伝ったのは観光プログラムである。

6
優太 ：ジェームズはその町の問題を解決しようといろんなことをしたのですね。彼はそれを解決するために、次に何をすべきでしょうか。あなた自身の考えを教えてください。
菜月 ：（1）
優太 ：なるほど。なぜそのように思うのですか？
菜月 ：（2）

■令和2年 3

1 (1) She studied about problems in Africa.
(2) She opened it in Nigeria.

2 people　3 ウ　4 え　5 イ，ウ

6 (1) I think I need time.
(2) I have to think of some good ideas to create something new.

あなたは何か新しいものや素晴らしいものを作るとき、何が必要だろうか。わたしたちの多くはとてもよい考えが必要だと考える。では、他に何が必要だろうか。山本美紀は「私は信頼すること、そして一緒に同じ目標を得ることができる人々も必要だ」と言った。彼女は事業で成功し、いまはナイジェリアに住んでいます。彼女はナイジェリアでどのようにして良いものを作ったのだろうか。

美紀は大学時代にアフリカの問題について勉強していた。彼女はいつもそこに住む貧しい人々を助ける方法について考えていた。大学を卒業した後、彼女はナイジェリアで助けが必要だった人々のために働き始めた。

ナイジェリアでは、彼女はよく市場に行き、新しいものを見ることを楽しんでいた。市場では、彼女はアフリカの布に興味を持った。たくさんの模様があり、彼女は日本でそのような模様を一度も見たことがなかった。彼女はそれを見たとき、「私はナイジェリアの［　　　　］を助けるためにこの布を使うことができる」と思った。

美紀はナイジェリアの市場で、アフリカの布でつくられたたくさんの種類の服を見たが、彼女は日本人が好む服のデザインを見つけることができなかった。彼女は「では、私が日本人の買いたい服を作って売ろう」と思った。しかし、彼女は服を作るための技術が何もなかったので彼女はナイジェリアで人を雇おうと決心した。

美紀はナイジェリアで2人の女性と一緒に働き始めた。その女性たちは自分たちの子供のために働いてお金を稼がなければならなかった。美紀は彼女たちにはたらく場所を与えることができて嬉しかった。なぜならそれがアフリカの問題を解決する一つの方法だと思ったからだ。美紀は2人の女性のためにこの事業を成功させたかった。美紀は彼女たちに「一緒に素晴らしいアフリカの布を使って日本人に服を作りましょう」と言った。

美紀と二人の女性は日本人のために服を作り始めました。最初は彼女たちに十分にお金を払うことができなかった。美紀は「あなたたちに十分に払うことができず申し訳ありません」と言った。その時、一人の女性が「美紀、わたしたちは自分たちの仕事に誇りを持っています。アフリカの布はわたしたちの文化の象徴です。わたしたちは本当に日本人にそれでつくられた服を着てほしいです」と言った。もうひとりの女性も美紀に微笑んだ。彼女たちが同じ目標のために働いていたことを知り、①美紀はとても嬉しかった。

美紀は日本の友達にこの彼女たちが作っている服について助言を尋ね続けた。その2人の女性は人気のある日本の服のデザインを勉強した。ついに美紀と2人の女性は美しい服を作った。

美紀はそれらの商品を売るためにナイジェリアに小さい店を開いた。彼女はインターネットでその服を紹介し、売るためにウェブサイトも作った。まもなくして、日本人がインターネットを通して彼女たちの服に興味を持ち始めた。

今やこの事業は成功し、美紀とその2人の女性は自分たちの事業にとても誇りを持っている。美紀がなぜ彼女が成功したのかを尋ねたときに、彼女は「美しいアフリカ布を見て、日本人向けの服を作るための良いアイデアを得たので、成功しました。しかし、最も重要なことは、私と同じ目標のためにとても一生懸命はたらく人に会うことができたことです」と答えた。美紀と2人の女性は今、世界中の人々に作っている新しい商品について考えることにとても熱心である。

1 ⑴ ［質問文訳］ 美紀が大学生だったとき、何について勉強していたか。
第2段落1文目からわかる。
⑵ ［質問文訳］ 美紀は商品を売るためにどこに小さなお店を開きまし

たか。

第８段落１文目からわかる。

2　第２段落の最後の文に「彼女はナイジェリアで助けが必要だった人々のために働き始めた」とあることから、ここでも「ナイジェリアに住む人を助けるため」となることが予測できる。

3　ア　美紀は２人の女性が子供のために十分にお金を稼いでいたことを知っていた。

イ　美紀はアフリカの布が２人の女性の文化の象徴だったことを知っていた。

ウ　美紀は２人の女性が日本人にアフリカの布でつくられた服を来てほしいと思っていたことを知っていた。

エ　美紀は２人の女性がアフリカの布製の服を作るために日本で人気のある服のデザインを勉強していたことを知っていた。

形容詞のあとの to 不定詞は感情の原因を表す。つまり、傍線部○1の直後の to 不定詞と内容の合うものが答えである。

4　［挿入文訳］　美紀と２人の女性は毎日新しい服のデザインを作るよう試みた。

挿入文の内容から【う】または【え】に絞られる。【う】に関しては直後の文の主語が挿入文の主語と同じになってしまうのでふさわしくない。さらに、【う】の段落は２人の女性が思っていること、【え】の段落は服の製作過程について書かれているので、内容から見ても【え】がふさわしい。

5　ア　美紀が日本にいたときにたくさんのアフリカの布の模様を見た。

イ　美紀はナイジェリアの市場で日本人に好まれる服のデザインを見つけることができなかった。

ウ　美紀は日本の友達にアフリカの布で美しい服を作るための助言を求めた。

エ　美紀は自分には服を作る技術があったので、事業が成功したと思った。

ア　美紀がたくさん見たのはアフリカの布の模様ではなく、アフリカの布でつくられた服なので不適。

エ　美紀には服を作る技術はなく、事業が成功したのは良いアイデアを得たことが理由なので不適。

〈リスニング〉

■平成31年　1

問題Ａ　No. 1　ア　　No. 2　イ　　No. 3　エ　　No. 4　エ

問題Ｂ　I don't agree. New Year's Day is a special day, so I think we should send New Year's cards with special messages written by hand.

■令和2年　1

問題Ａ　No. 1　イ　　No. 2　エ　　No. 3　ウ　　No. 4　ア

問題Ｂ　I don't agree. I can study better with my friends because I can ask them questions when I have something I don't understand.

広188→

理　科　解答・解説

◎１分野

〈身近な科学〉

■平成26年 1

3 （1）**光の道すじ**　a　A　ア　（2）全反射をくり返しながら

3 (1) ガラス→水のとき，入射角>屈折角。

■平成29年 3

1 蛍光灯の光は，平行な光ではないため。
2 右図
3 7.5
4 (1) 虚像　(2) イ
5 エ

1 太陽も蛍光灯も同じように放射状に光を放ちますが，太陽と地球との距離が長いため，地球に届く太陽の光はほとんど平行に見えるのです。

2

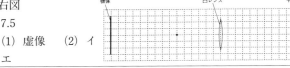

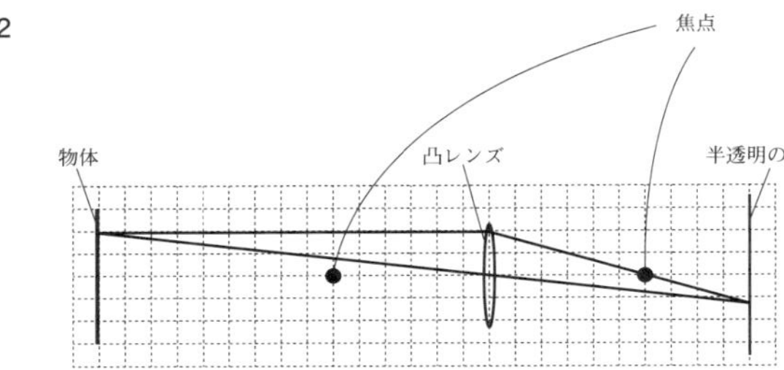

凸レンズを通った光の進み方は、上の図のようになる。凸レンズから物体側と半透明の紙側の両方に等距離の焦点ができる。

3 焦点距離の２倍の位置に物体を置いたとき物体と同じ大きさの像ができる。
凸レンズから物体，像のそれぞれの距離が 15［cm］のとき物体と同じ大きさの像ができるので $15\times\frac{1}{2}=7.5$[cm]が焦点距離となる。

4

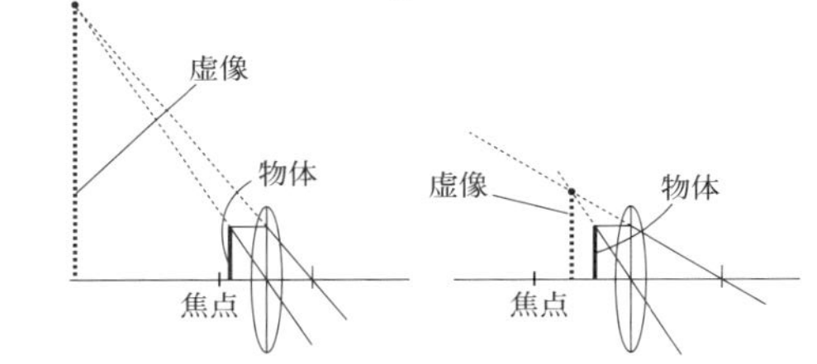

焦点距離を同じにし、物体を凸レンズに近付けていくと上の作図より見える像の大きさは、しだいに小さくなることが分かる。
虚像は、物体よりも大きくなる像のことだから物体より小さくなることはない。

5

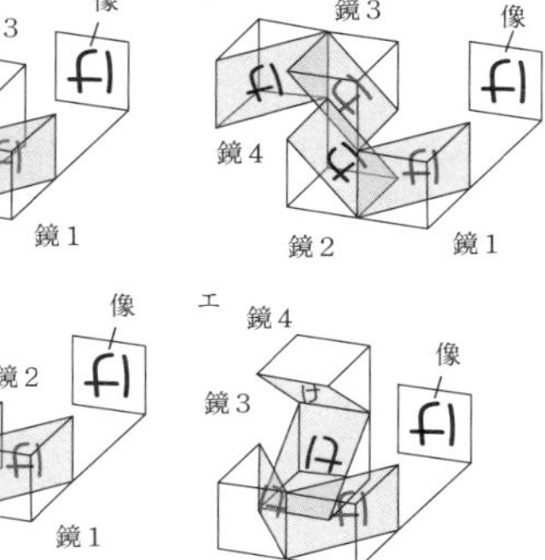

〈化学変化・物質の性質〉

■平成24年 1

1 （1）① エ　② ウ　（2）NaCl　（3）中和
（4）**名称**…石けん水
理由…pHの値が７より大きいため。

1 (2) 塩酸と水酸化ナトリウムによる中和反応で生じる塩（エン）は塩化ナトリウム

■平成25年 1

1 （1）空気が多く混ざっているため。（2）激しく燃える。
（3）エ　（4）① 原子　② 等しく

1 (2) 酸素にはものが燃えるのを助けるはたらきがある。
(3) ア・ウは二酸化炭素，イは水素の発生方法である。

■平成26年 1

1 （1）A　C　（2）① 炭酸水素ナトリウム　② 二酸化炭素
2 （1）○ マグネシウム　● 酸素　□ 銀
（2）**語句** 1種類の原子　**番号** ①

1 (1) 加熱して黒くこげるのは，炭素。
(2) 炭酸水素ナトリウム→炭酸ナトリウム＋二酸化炭素＋水
2 (1) ① $2Mg+O_2 \rightarrow 2MgO$
② $2Ag_2O \rightarrow 4Ag+O_2$

■平成27年 1

1 （1）① 溶質　② 溶媒　（2）エ
（3）① 塩化ナトリウムの溶解度が，温度によってほとんど変化しないため。
② ウ

1 (3) ② 水 $1\,cm^3$ は約 1 g なので $5\,cm^3$ は約 5 g である。仮に水 100g であるとき，操作Ⅱの段階で，硝酸カリウムは $4\times20=80$g 溶ける。
溶解度曲線より 80g を 20℃まで冷やすと
固体の質量は $80-32=48$g 出てくる。
よって硝酸カリウム 4 g のとき固体の質量は
$80:48=4:x$
$80x=192$
$x=2.4$（g）

■平成28年 1

1 **食塩** 2.5　**水** 47.5
2 **名称** 発熱反応　**記号**（ウ）
3 （1）食塩水の濃度が2.5％と５％では，濃度が高い方が最高温度は高いが，濃度が５％から10％まででは，最高温度は濃度と関係なくほぼ同じであること。
（2）オ
4 （1）O_2
（2）① それぞれのカイロに磁石を近付ける
② 磁石に強く引き寄せられた
③ まだ化学変化していない鉄が多くある

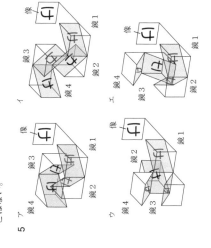

1．濃度＝(溶質の質量÷溶液の質量)×100 より、食塩水（溶液）50g、濃度 5%、溶質の質量 xg を代入する。
$5=(x\div50)\times100 \Rightarrow x=2.5$g となるので、食塩(溶質)の質量は 2.5g。
また、水（溶媒）＝溶液－溶質より水は、50－2.5＝47.5g となる。
3 (2)．鉄粉の量はどの実験も同じ 5g なので，発生する熱量も同じになる。
4．カイロがまだ使えるか使えないかは，鉄がまだ反応せずに残っているか，酸化鉄に反応し終えたかを確かめればよい。よって，金属の性質を確かめる実験を行う。

■平成29年 2

1 ＋極 銅板 記号 ウ

2 亜鉛板の表面では，亜鉛原子が電子を残して亜鉛イオンとなって溶ける。このとき亜鉛板に残された電子は，導線を通って銅板に向かって移動する。そして，銅板の表面で水素イオンが電子を受け取って水素原子になり，この水素原子が２個結び付いて水素分子となる

3 青色リトマス紙を赤色に変える。

4 イ，ウ

5 （１）右図

（２）塩酸の濃度及び亜鉛板と銅板の塩酸に入っている面積の，２つの要因がどちらとも変化しているものを比べており，この２つのそれぞれが電圧と電流の大きさを変化させる要因であることを示していないため。

1 亜鉛板と銅板の組み合わせの金属板では、亜鉛板が亜鉛イオンとなり、電子を放出する。

電子は、亜鉛板→銅板の向きに流れるので、電流の向きは、反対の銅板→亜鉛板となる。

よって、銅板が陽極であり、亜鉛板が陰極である。

3 リトマス紙の他に、ＢＴＢ溶液を黄色に変えるなどもある。

4 ア 砂糖水は、非電解質の水溶液なので、電流は流れない。

イ 食塩水は、電解質の水溶液なので、電流は流れる。

ウ 異なる金属板の組み合わせなので電流は流れる。

エ 同じ金属板の組み合わせなので電流は流れない。

5(1) 電流計は、回路に対して直列につなぎ、電圧計は、並列につなぐ。

■平成30年 4

1 空気より密度が大きい。

2 （１）方法 液体に塩化コバルト紙をつける。

結果 塩化コバルト紙が赤色に変化する。

（２）空気が残っていた

3 a 光 b 熱 c 酸化

4 電流が流れなくなる。

5 右図

4 金属は

・光沢がある(金属光沢)
・たたくと延びる(展性、延性)
・電気を通す

という性質があるので、これらについて調べればよい。

■平成31年 1

1 蒸留 2 試験管にたまった液体の逆流。 3 ウ

4 （１）エタノールの沸点は水の沸点よりも低いため。

（２）77.0

5 C，H

3 物質が液体から気体に状態変化するとき、粒子の数や種類、大きさは変わらず、粒子の運動が活発になり，粒子どうしの間隔が広がる。

4 （２） 密度＝質量÷体積なので、

＝15.3÷18

＝0.85

グラフより，密度が 0.85 (g/cm^3) のときの質量パーセント濃度は 77.0 (%) である。

5 塩化コバルト紙が青色から赤色に変化したことと、石灰水が白くにごったことから、水 (H_2O) と二酸化炭素 (CO_2) が発生したことが分かる。Oが存在するのは燃焼が原因とも考えられるため、エタノールに含まれていると判断できるのはCとHのみである。

■令和２年 4

1 中和 2 A 硫酸バリウム B NaCl

3 名称 質量保存の規則 X 数 Y 種類

4 記号 イ 理由 容器内の気体が，空気中に出ていくため。

5 （１）ア

（２）一定量の銅に化合する酸素の質量には限界があるため。

（３）0.20

2 $BaSO_4$ が白い沈殿のものである。また、Bの部分は矢印の右と左で原子の種類と数を見比べて判断すればよい。

5 （１）〔結果〕のグラフから、１回目の加熱後の物質の質量は 1.18g と分かるので、求める値は

1.18－1.0＝0.18［g］となる。

（３）〔結果〕のグラフから、銅 1.00g に対して、加熱後の物質の質量の最大は 1.25g。

よって、化合する最大の質量は 1.25－1.00＝0.25g なので、銅と化合した酸素の質量比は 1.00：0.25＝4：1。

したがって求める質量を x［g］とおくと、

0.8：x＝4：1，つまり x＝0.2［g］

〈電流と磁界〉

■平成25年 1

2 （１）23.5 （２）2 （３）右図

（４）上昇温度 15.6

理由 水の上昇温度と電熱線の消費する電力は比例の関係にあるため。

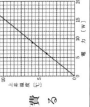

2 (2) 電力(W)＝$\frac{(\text{電圧}(V))^2}{\text{抵抗}(\Omega)}$ より求める抵抗を x(Ω)とおくと

$18=\frac{6^2}{x}$ $\therefore x=2(\Omega)$

(4) 水の上昇温度と電熱線の消費する電力は比例の関係にあり，電熱線Aは電力 6 (W)，上昇温度 3.9 (℃) であるので，求める上昇温度を x (℃) とおくと 6：3.9＝24：x

$\therefore x=15.6$ (℃)

■平成31年 3

1 （１）コイルの中の磁界が変化しないため。

（２）イ，エ （３）コイルを速く動かす。

2 （１）回路に大きい電流が流れなくなるため。

（２）X － Y 電子

（３）a 東 b N c 西

1 （１） 誘導電流はコイル内の磁界が変化することで発生する。

（２）〔結果〕より、検流計の指針が右側に振れるのは、コイルにN極を近付けた時、もしくはコイルからS極を遠ざけた時であると分かる。

（３） コイルを速く動かすと磁界の変化が大きくなり、発生する電流も大きくなる。

2 （３） a：電流はコイルを時計回りに流れており、右ねじの法則より、西→東の向きに磁界が発生していることが分かる。

b：磁石では下図のような磁界が発生している。

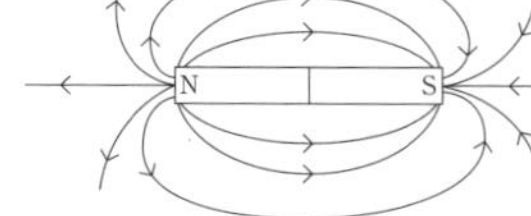

c：コイルの下側に注目する。

電流は南→北に流れており、磁界は上から下に向けて発生している。フレミングの左手の法則より、力の向きは東→西となる。

〈力・運動とエネルギー〉

■平成24年 1

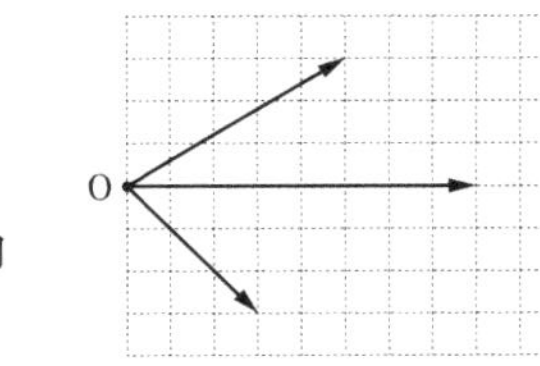
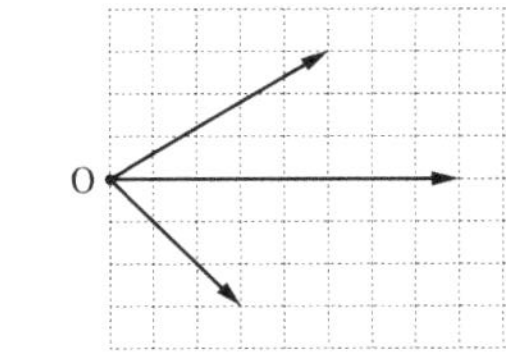

2 (1) のび (2) 右図

(3) ① ア ② ウ

(4) 台車の運動の向きと逆向きの力がはたらくため。

2 (2)

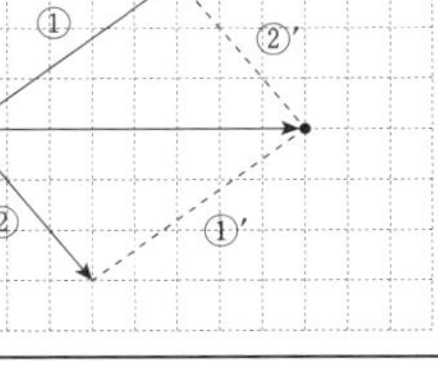

①の矢印の先から②の矢印に平行な線②′を引き、②の矢印の先から①の矢印に平行な線①′を引いて、交わる点に向けて点Oから合力の矢印を書く。

■平成27年 1

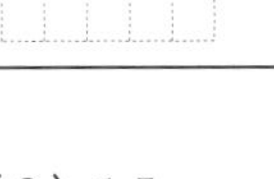
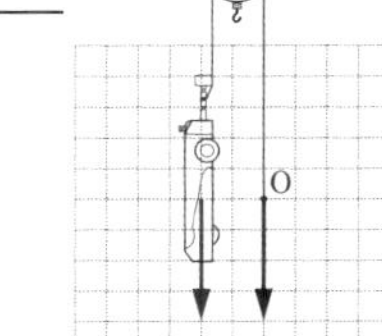

2 (1) 右図 (2) 1.5

(3) A イ B ウ C 変わらない

(4) (ウ)

2 (1) 静止しているので力学台車にはたらく重力と図中の点Oに加えている力は等しく，また下向きに糸を引いている。

(2) 仕事の原理より引き上げる仕事の量は変わらない。

よって，1.5 (J)

■平成28年 3

1 物体の運動の様子を変える。

2 誤差

3 グラフ 右図 A 0.35

4 B 水面が印を付けた位置になる

C 入れたおもりの重さ

5 ウ

6 ① イ ② 基準となるおもりの質量と比較してはかる

1. 力のはたらきには、「物体を変形させる」はたらきの他、「物体を持ち上げる、支える」「物体の運動の様子を変える」というはたらきがある。

3. 図2より、おもりの重さとばねの伸びは比例関係にあることが分かる。おもりの重さが0.2(N)の時、ばねの伸びは、約4.0cmであるから、$0.2:4.0=x:6.80 \Rightarrow x=0.34$ (N)である。

解答は0.34(N)、0.35(N)、0.36(N)全て正解としている。

5. 浮力は、物体が沈んでいる時大きくなっていく。

しかし、物体を全て沈めてしまうと沈めた深さに関係なく一定になる。

よって、X<Y=Zが適切。

■平成30年 3

1 右図 2 イ

3 小球に斜面に沿って下向きの力が働き続けるため。

4 ウ

5 (1) エ

(2) **記号** イ

理由 力学的エネルギーの一部が，熱や音などの別のエネルギーに移り変わるため。

2 電線が電柱を引く力と、支線が電柱を引く力の合力はエの方向にはたらく。したがって、新たな支線はその正反対の方向、つまりイの方向に立てればよい。

4 斜面の傾きが大きくなれば速さも大きくなるので、傾きは大きくなる。また、[結果]の写真を見ると、0.7秒間斜面を下っていることが分かる。

5 (1) 慣性の法則から、速さが一定であるならば、その物体に力がはたらいていない、もしくは力がつり合っている。

■令和2年 1

1 **小球の重さ** 0.5 **仕事の量** 0.1

2 エ 3 9.0

4 小球とレールとの間に働く摩擦力などにより，X点とY点の間で小球がもつエネルギーが失われるため。

5 ア，エ，オ

1 100g＝1Nなので50g=0.5Nまた、仕事は$0.5 \times 0.2 = 0.1$[J]

2 床と木片の間にはたらく力は摩擦力である。摩擦力は移動する方向と逆向きにはたらく。

3 質量20.0gのグラフの20cmのところを見ればよい。

5 a、c点で位置エネルギーが、b点で運動エネルギーが最大になる。またオは力学的エネルギーの保存則より正しい。

◎2分野

〈植物のつくりとはたらき〉

■平成25年 2

1 (1) ウ (2) DNA

(3) 胚珠に向けて花粉管をのばす。 (4) 1：1

1 (4) 親Xの細胞からの生殖細胞はA，a，親Yの細胞からの生殖細胞はa，aであるのでかけ合わせによりできる種子はAa，Aa，aa，aaとなる。aaはしわの種子，またAはaに対して優性なので，Aaの遺伝子をもった種子は丸の種子となる。したがって

(丸の種子)：(しわの種子)＝2：2＝1：1

■平成26年 2

1 (1) ① 胞子 **記号** エ

(2) **記号** B **理由** 胚珠が子房に包まれており，葉脈が平行脈のため。

■平成28年 2

1 (イ)，(エ) 2 イ

3 (1) 対物レンズ a 範囲と明るさ エ

(2) エ→ア→イ→ウ

(3) 先端に近い細胞が分裂して数を増やし，増えた細胞が大きくなること

4 ① イ ② 印より下側の部分だけがよく伸びている

1. 図1を見るとネギは、根がひげ根という特徴を持っていることが分かる。この特徴は単子葉類に分類されるので選択肢の中で単子葉類に該当するものを選べば良い。よって、(イ) と (エ)。

2. 図2より、ネギの葉が最も速く成長するのは、12日から24日にかけてであることが読みとれる。

この時、ネギの高さは約40cm－17.5cm＝22.5cm成長しているので、

1日では22.5÷12＝1.8‥≒2.0cm高くなっている。

4. レポートの結果から、●印が上の方に移動していることが分かる。

このことから葉の付け根あたりの細胞分裂がさかんで成長している。

■平成29年 4

1 **記号** ア **名称** 胚珠

2 茎を切って植えて新しい個体をつくるという生殖方法は無性生殖なので，新しい個体は親と全く同じ遺伝子をもつため。

3 **記号** エ，オ **方法** 赤い花と白い花をかけ合わせる。

特定の仕方 できた種子から，赤い花を咲かせる個体だけが現れればＡＡ，白い花を咲かせる個体も現れればＡａと特定できる。

4 遺伝子が変化する

1　ア　胚珠は、受精後種子となる。イ　子房は、受精後果実となる。
3　・「太一さんの考え」より，子にａａが現れているので，アはＡａ。Ａａとａａを受粉させると，現れる赤い花ウはＡａ。
・「智美さんの考え」より，アがＡａで，子にａａが現れているので，イはＡａ。ＡａとＡａを受粉させると，現れる赤い花エは，ＡＡかＡａ。
・「裕也さんの考え」より，ＡａとＡａを受粉させると，現れる赤い花オは，ＡＡかＡａ。
・よって，特定できないのはエとオ。

■平成31年 2

1　ア，イ，ウ
2　子房がなく，胚珠がむき出しになっている。
3　輪郭の線を重ねがきしているところ。
4　X　平行脈である　a　ア　b　イ
5　右図
6　容器の中の温度が下がっているので，飽和水蒸気量が小さくなり，湿度が上がった

1　シダ植物やコケ植物は花粉をつくらず、胞子で増える。
3　スケッチをする際には重ねがきや、影をつけてはいけない。
4　単子葉類の葉脈は平行脈であり、根は「ひげ根」になっている。また、写真２では維管束が輪状になっていることから双子葉類と分かる。
5　孔辺細胞（黒い点を含む細胞）に囲まれた部分から水蒸気が出ていく。
6　湿度＝$\frac{\text{水蒸気量}}{\text{飽和水蒸気量}}$×100であり、水蒸気量が変化しなくても、気温の低下に伴う飽和水蒸気量の減少によって湿度は上がる。

〈動物のからだのしくみとはたらき〉

■平成24年 2

1（1）感覚器官
（2）名称…反射
理由…手の皮ふで受けとった刺激がせきずいに伝わり，刺激が脳に伝わる前に反応が起こるため。
（3）筋肉Ａはゆるみ，筋肉Ｂは縮む。
（4）目に入ってくる光の量を調節するため。

■平成26年 2

2（1）A　ほ乳類　B　体表のほとんどが毛でおおわれています
（2）C　相同器官　D　進化

■平成27年 2

1（1）①　タンパク質　②　ペプシン　③　C
（2）①　対照実験　②　i　イ　ii　ウ
（3）アンモニアは肝臓で尿素に変えられ，尿素は血液でじん臓に運ばれ不要物として体外に排出される。

1 (2) ②　ヨウ素液はデンプンがあれば青紫色，なければ変化しない。よって，試験管 a と試験管 c を比較することでデンプンの有無が分かる。
また，ベネジクト液は糖の検出で使われ，糖があれば赤褐色に変化し，なければ変化しない。
よって，試験管 b と試験管 d を比較することで糖の有無が分かる。

■平成30年 1

1　a　ア　b　ウ　c　エ　d　イ
2（1）記号　イ　名称　うずまき管
（2）振動
3　Ⅱ，Ⅲ
4　方法　水をスポイトで水面に落とす。
結果　水を落とした辺りに近づいてこない。
5　生物　イカダモ
働き　有機物をつくり，酸素を放出する。

2（1）　アは音を伝える骨（耳小骨）、ウは聴神経である。
3　暗室ということは、メダカは嗅覚に頼るしかない。したがって、えさが見えているⅠの結果は変わってしまう。
4　Ⅲの対照実験にあたるものがないことに気づけばよい。
5　ミジンコとメダカは消費者、土はその中にいる微生物が分解者にあたる。よって、解答は生産者にあたる生物を書けばよい。

■令和２年 3

1　体の特徴　(イ)　生物名　(エ)，(カ)
2　この生物にはうろこがないため。
3　(エ)，(オ)
4（1）A　ア　B　エ　C　イ　D　ウ
（2）X　異なる　Y　同じである　Z　エ
（3）あたたかくて浅い海であった。

1　バッタ、クモは節足動物、メダカは魚類である。
4　（1）　各選択肢がハチュウ類の特徴か鳥類の特徴かを判断すればよい。

〈天気の変化〉

■平成25年 2

2（1）hPa　（2）イ　（3）記号　ア　名称　小笠原気団
（4）日本海の上を通る間に大量の水蒸気を含みこむ

2 (2) 前線に沿って雲が発生しているものを選ぶ。
(3) 東（太平洋）に高気圧が張り出していることから，夏の天気図であると判断する。夏に入る（梅雨明けの）時期には，小笠原気団が張り出し，梅雨前線を押し上げる。

■平成29年 1

1　○　2　43.3（42.7～43.9であればよい）　3　59
4　気温が低いので飽和水蒸気量が小さく，空気中にまだ含むことのできる水蒸気量が夏より少ない
5　燃焼させると，水が発生する
6　①　食品用ラップフィルムで包む　②　ア

1

天気	快晴	晴れ	くもり	雨	雪
記号	○	⦶	◎	●	⊗

2　$\text{湿度}=\frac{\text{露点のときの飽和水蒸気量}\ (g/m^2)}{\text{その気温での飽和水蒸気量}\ (g/m^2)}\times 100$

$=\frac{10.0\,(g/m^2)}{23.0\,(g/m^2)}\times 100 = 43.47\cdots(\%) \fallingdotseq 43.5\,(\%)$

ただし、42.7～43.9（%）であればよい。

3

乾球の示度〔℃〕	乾球と湿球の示度の差〔℃〕				
	1	2	3	4	5
17	90	80	70	61	51
16	89	79	69	59	50
15	89	78	68	58	48
14	89	78	67	57	46
13	88	77	66	55	45
12	88	76	65	53	43
11	87	75	63	52	40
10	87	74	62	50	38

6 ①…皿の表面に付く水滴が、部屋の空気にもともと含まれている水蒸気だけでできることを確めたいから、食パンに含まれる水蒸気が皿にふれないような工夫が必要である。

〈大地の変化〉

■平成24年 2

2 (1) 2　(2) あわが出る。　(3) ウ
　(4) 限られた環境でしか生存できない

2 (2) 石灰岩に塩酸をかけると、石灰岩中の炭酸カルシウムと反応して二酸化炭素が発生する。
(3) 中生代は約2億5000万年前から約6500万年前に相当する。

■平成27年 2

2 (1) 風化
　(2) 粒は流水によって運ばれる間に，粒どうしがぶつかり合うなどして角がけずられたため。
　(3) 名称　等粒状組織　記号（エ）
　(4) A　ウ　B　ア

2 (4) A こま犬の観察記録より，2mmよりも小さい粒であること，ほぼ同じ大きさの粒で丸みを帯びていることから砂岩であると考えられる。
砂岩は，2mm～0.06mmまでの粒のことを言い，流水によって運ばれたものが推積して固まったものである。
B 台座に使われている岩石のつくりは(3)より等粒状組織であるので花こう岩，せん緑岩，はんれい岩のいずれかである。
台座の観察記録より，全体的に白っぽいことから花こう岩であると考えられる。

■平成30年 2

1 地震による揺れの大きさ
2 ア
3 **速さ**　6.3　**順番**　1
4 小さな揺れが記録され始めてから大きな揺れが記録され始めるまでの時間が，どの地点も同じ
5 太平洋沿岸で震央が集中している所は，海洋プレートが大陸プレートの下に沈み込むプレートの境界であり，aの辺りはこのようなプレートの境界であると考えられるため。

3 地震の揺れが伝わる速さは 195 ÷ 31 = 6.29…
≒ 6.3[km/s]
また、速さを比較するときは単位に注意しなければならない、
・100mを10秒で走る人の平均の速さは、
0.1 ÷ 10 = 0.01[km/s]
・空気中を1秒間で340m伝わっている音の速さは、
0.34 ÷ 1 = 0.34[km/s]
・時速900kmで飛ぶジェット機の速さは、
900 ÷ 3600 = 0.25[km/s]
よって、地震の揺れが伝わる速さはこの中で1番速い。
4 下線部の「小さな揺れも大きな揺れも同じ速さ」という部分がポイントである。

■令和2年 2

1 流水で運ばれながら，岩石の角がけずられるため。
2 エ
3 気体が発生する。
4 イ，エ
5 (1) A　凝灰岩　B　火山灰　C　広い範囲
　(2) D　イ　E　ア　F　ア

2 粒の大きさで比較すればよい。アは泥岩、イは等粒状組織なので花こう岩、ウは斑状組織なので安山岩である。
3 石灰岩の主成分は炭酸カルシウム（$CaCO_3$）なので、この実験により起きる反応は
$2HCl + CaCO_3 \rightarrow CaCl_2 + 2H_2O + CO_2$ となる。
4 「断層でずれる前の状態が同じ」という観点で考えればよい。

5 (2) 地層は下の方が先に堆積しているので、古いものだと判断できる。
また、粒が大きければ底に沈むのが早いので河口に近いところに堆積する。

〈天体〉

■平成26年 2

3 (1) 衛星　(2) イ
　(3) **記号**　イ
　理由　金星の公転周期は地球より短いため，地球からの距離が変化し，三日月の形に見えるときの方が地球に近いから。
　(4) ① イ　② エ

3 (1) 太陽のまわりを公転している天体を惑星という。そして，惑星のまわりを公転している天体を衛星という。
(2) 新月から約15日で満月になるので，7日後は半分の上弦の月になる。
(4) ① 太陽の光で右側が照らされているので，図のアとイに絞られる。アの位置だと，もう少し太った金星の形なので，イが答え。
② 月から見て，地球の左半分だけが照らされて見える位置は，エである。また，アの場合は半分よりも少ない範囲で見える。

■平成28年 4

1 ウ　2 イ　3 (1) 日周運動　(2) ア
4 (1) 34.0
　(2) ① イ
　② 太陽の光が光電池に当たる角度が垂直に近く，昼間の長さが長い

1．アサガオは日没から約9時間後に開花するので、午前3時に開花するには、午後6時に日の入りをむかえる必要がある。グラフより、6時に日の入りをむかえるのは9月頃である。
2．地軸が傾いていることによって、日の出日の入りの時刻が変わる。つまり、夏至や冬至と呼ばれる日が発生する。これが垂直になると日の出日の入りが変化しなくなる。
3 (2)．太陽は東から登り、上々に高度を上げながら南を通過して西に沈みます。また，秋分の日なので昼と夜の長さが等しく，影が直線になります。
4．光電池と太陽の位置関係を横から見ると下のようになる。

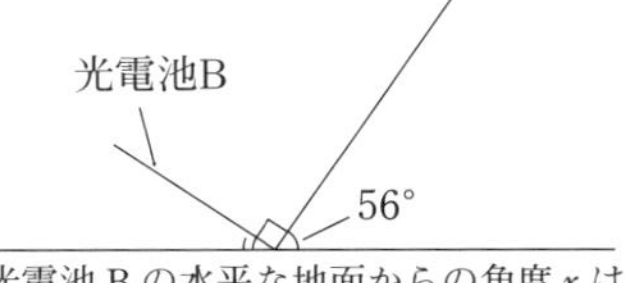

ゆえに、光電池Bの水平な地面からの角度xは、180－(90°＋56°)＝34°

■平成31年 4

1 恒星　2 見ることができません
3 a　土星　b　ウ　4 (1) エ　(2) ク　5 7

2 太陽、金星、地球は下図のような位置関係になっており、真夜中になると金星が地球の裏側に来るため観察できない。

朝

昼

真夜中
夕方

3 地球型惑星…大きさは小さいが密度が大きい。
(例) 水星、金星、地球、火星
木星型惑星…大きさが大きく、密度は小さい。ガスや氷におおわれている。(例) 木星、土星、天王星、海王星

4　（1）　金星の右半分が観察されたことから、地球から見て、金星は太陽の左側にあることが分かる。

（2）
金星の公転軌道
地球の公転軌道
火星の公転軌道
オ 火星 カ キ 地球 ク ケ コ
金星 ア イ ウ エ 太陽
東 南 西

広島県から見た、午後８時頃の各方位は上図のようになっている。また、図１の火星は南東の方角に位置しているので、「ク」となる。

5　まず、海斗さんが星空の観察会の日に見付けたベガの位置を考える。午後９時頃、天頂付近で見られたことから下図のようになると判断できる。

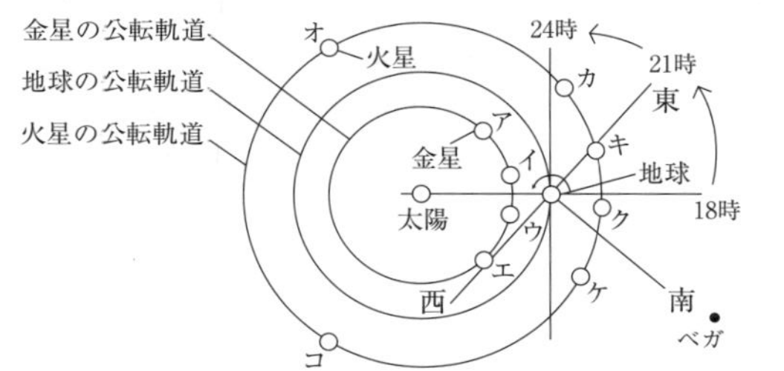

30日後、星は30°ずれて見える。また星は１時間に15°動いているように見えるので、同じ位置に観察するためには、30÷15=2時間前でなければならない。

〈生物界のつながり〉

■平成26年 3

1　①　水　②　光合成　　2　生産者　　3　イ

4　化石燃料

5　**記号** ア　**理由**　菌類・細菌類がデンプンを分解したため。

6　生物を持ち込まない。

3　　二酸化炭素中の炭素は，植物の光合成によって有機物になり，生物間を移動する。

5　　土を焼くと中の菌類・細菌類が死んでしまうので，デンプンを分解する者がいなくなる。

社　会　解答

〈世界地理〉

■平成24年 1

1　c　　2　ウ　　3　エ　　4　イ

5　大型の機械を使って，広い面積を少ない労働力で耕作する大規模な農業が行われている。

■平成27年 1

1　(1) A　→　C　→　B

(2) 重くてかさばり，重量あたりの価格が安いもの。

2　レアメタル（希少金属）

3　エジプトと比べて，ナイジェリアは経済を特定の資源に依存しており，特に原油の輸出の割合が大きいことから，原油価格の変動の影響を受けやすいため。

4　中国は鉄鋼の生産量が多く，国内の鉄鉱石だけでは不足するため，日本の輸入先上位に入っていない

■平成28年 1

1　エ

2　(1)（ア），（イ）

(2) 階段状に水田をつくっている。

3　牛肉の産地ではブランド化を進め，品質を高めたり安全性に対する配慮を行ったりすることで需要を高めているため。

4　(1) ウ

(2) ある国で不作などになった場合でも，その影響を受けにくく，安定して輸入できる

■平成30年 1

1　イ　　2　ア

3　(1) 所得階層で中間層や富裕層の割合が増えていることから，商品の需要が増え，多くの商品を販売できるため。

(2) インド国内で生産することで関税がかからず安く販売でき，多くの自動車をインド国内で販売できるため。

〈日本地理〉

■平成25年 1

1　45　　2　ウ　　3　エ　　4　(1)　ウ　(2)　イ

■平成26年 1

1　(1) 住居の周囲が樹木で囲まれているという点。

(2) ウ　(3) ア　　2　イ

3　表には，県民一人あたり平均個人所得が比較的多い都県でも，乗用車の一世帯あたり保有台数が少ない都県があることが示されているため。

■平成29年 1

1　ウ　　2　長さが短く，傾斜が急である

3　日本の農業は稲作が中心なので，農業用水として使う水の量が多くなるため。

4　(1) 中国山地と四国山地にはさまれているので，季節風によってもたらされる水蒸気が届きにくいため。

(2) 北海道は年間降水量が比較的少ないのに，ため池の数が少ないのはなぜだろう。

5　都市部では地表のほとんどが舗装されているので，雨水がしみ込みにくく一気に下水管などに集まり洪水になりやすいが，広大な貯留施設に一時的に雨水をためることで，雨水が一気に集まることを防ぐことができるため。

■平成31年 1

1　(1) 千島海流

(2) X　ウ　Y　オ

(3) 海岸が入り組んでおり，湾内は比較的波が静かであるため。

2　(1) イ，ウ

(2) 東北地方の農業生産額に占める稲作の生産額の割合を示す資料

3　〔ア〕りんごの流通にかかる費用を減らすことができるため。

〔イ〕りんごを加工して価値を高めることができるため。

■令和2年 1

1　シラス台地

2　(1) 少ない労働で効率よく生産できる。

(2) 急な斜面に分布している

3　(1) ア，ウ

(2) ナイロビは，コロンボよりも標高が高いため。

4　商品作物の輸出による収入に頼る経済となっているため。

〈歴史総合〉

■平成25年 2

1　清少納言　　2　ア　　3　ウ　　4　エ

5　(1) 馬車が走っているという点。

(2) 欧米の文化や技術を取り入れるという取り組み。

6　選挙権があたえられる資格が25歳以上の男子から20歳以上の男女に広げられたため。

■平成26年 2

1　年齢　　2　借金を帳消しにする

3　荘園領主が田畑の支配権を失い，年貢を取ることができなくなったため。　　4　ウ　　5　ウ

■平成27年 2

1　ウ　　2　ア，エ

3　社会や政治を安定させる力がある　　4　イ

5　記号　ア

理由　資料から，室町時代の文化は禅宗の影響を受け，素朴で簡素であるという特色をもつことがわかり，それを示す絵はアであるため。

6　B　→　X　→　A

■平成28年 2

1　座　　2　イ

3　新田開発により拡大した農地で，綿などの栽培が盛んになり，その肥料である干鰯の需要が増えたため。

4　大規模な機械の導入と，工場で働く労働者の低い賃金により，綿糸が安く大量に生産できるようになったため。

5　(エ)

■平成29年 [2]

1 エ
2 A 城の周囲に堀を設ける
  B 誰でも自由に営業できること
3 酒田から，米などの大量の荷物を船から積み替えることなく，商業の中心地である大阪に運ぶことができるようになったため。
4 (1) 炭鉱と港を鉄道で結び，当時の産業にとって重要な燃料であった石炭を輸送するため。
  (2) 高度経済成長期に重化学工業が発展したことにより，工業製品などの重くてかさばるものの輸送が増えたため。

■平成30年 [2]

1 エ
2 朝廷内の権力争い
3 都市[X]は長崎であり，長崎を直接支配することでオランダや中国との貿易を独占し，経済力を強めることができるため。
4 (1) 南京条約
  (2) 政府が全国を直接治めるしくみ
5 農地改革後，小作農の割合が減り，ほとんどの農民が自分の農地からの収入を得られるようになったため。

■平成31年 [2]

1 (1) イ
  (2) A 唐の政治制度や文化を日本に取り入れること
    B 他の小国よりも優位に立ち，支配を安定させる
2 ウ
3 アジアで信者を増やすことで，ヨーロッパで勢力を伸ばしているプロテスタントに対抗するため。
4 ア，エ
5 高度経済成長期の日本の主な産業は重化学工業であり，生産に必要な石油の価格が中東戦争をきっかけに大幅に上がったため。

■令和2年 [2]

1 (1) ウ
  (2) 唐や新羅が攻めてくる
2 土一揆
3 A 株仲間に税を納めさせる
  B 営業を独占する
4 第15回衆議院議員総選挙で選挙権が与えられる資格には，納税額による制限があったが，第16回では納税額による制限が廃止された。
5 当時は社会保障給付費が増え続けてきており，少子高齢化がさらに進むと推計されていることから，新たな財源が必要となったため。

〈公民〉

■平成24年 [3]

1 (ウ)，(エ)　2 ウ　3 ア　4 a－権利　b－義務
5 **記号**－イ
  理由－イは，所得が多いほど高い税率が適用されているため。
6 歳出が増加し，税収で歳出を十分まかなうことができなくなって，税収の不足分を国債の発行によって補ってきたため。

■平成25年 [3]

1 (1) 閣議　(2) 公正取引委員会　(3) ウ
  (4) 65歳以上の人口の増加によって社会保障給付費は増加し続ける一方，15～64歳の人口の減少によって社会保険料収入は伸び悩んでいるため。
2 (1)イ　(2) ア

■平成26年 [3]

1 (1) ア　(2) 解散
  (3) **記号** イ
    理由 比例代表制では政党に投票する方式をとっており，その方式を示図はイであるため。
2 (1) エ　(2) イ
  (3) グラフから，入荷量が減少すると価格が上昇することがわかる。野菜を工場で栽培することにより安定的に収穫できるようにし，入荷量の減少による価格の上昇の影響を受けないようにするため。

■平成27年 [3]

1 イ　2 ウ　3 エ
4 グラフから，仕事を離れている女性の割合が30歳代を中心に高いのは，育児のためと考えられ，学童保育の定員を広げることで，女性が育児をしながら仕事を続けられるようになると考えられるため。
5 ウ　6 エ

■平成28年 [3]

1 住民の生活に与える影響が大きいため。
2 a 地方債　b 公債費
3 他の地区と同じようにバスが利用できるようにしてほしいという主張は，どこでも同じようにサービスを受けられるようにするということ
4 (1) 年間利用者数が増えている年は，市が支出した補助金の金額が減っているため。
  (2) 利用したい時間にバスが運行していないから

■平成29年 [3]

1 記号 イ
  理由 参議院議員の任期は6年で，3年ごとに定数の半数が改選されるため。
2 (1) 20～30歳代で考慮した割合が高い「子育て・教育」の問題は，有権者全体では割合が低くなっている
  (2) 家計の消費が縮小して商品が売れにくくなり，その結果，企業の生産が縮小する
3 ア
4 議員一人当たりの有権者数の差が小さくなる

■平成30年 3

1 (1) 財
(2) 売場面積が比較的狭いため，ＰＯＳシステムを用いてよく売れる商品を把握し，その商品を陳列・販売している。
2 買いたいときに買える場所が増える
3 Ａ町では高齢化が進み，家の近くでの買い物を望む人が増えているとともに，小売店が減少しているので，家の近くまで行って商品を販売することへの需要が多いため。
4 店で行っているサービスを宣伝したり，値引き券を付けたりして客の来店を促し，来店回数を増やす

■平成31年 3

1 (1) ア，ウ
(2) 世界人権宣言
2 世界の平和と安全を維持する
3 ユネスコ
4 〔ア〕食料を配布することで，人々を飢餓状態から救う。
〔イ〕食料の生産に必要な知識や技術を習得させることで，人々が自立して食料不足に対応できるようにする。

■令和2年 3

1 (1) a　良心　b　法律
(2) 慎重に判断して，間違いをなくすため。
2 イ，ウ，エ
3 (1) 記号（ＡとＢ）イ
内容（Ｃ）裁判の内容に国民の視点，感覚が反映された
(2) 裁判員を経験する前は裁判員制度に対する関心が低いが，実際に経験してみたらよかったと感じている人が多いことから，裁判員経験者によかったと感じた経験を話してもらう講演会を開く。

〈複合問題〉

■平成29年 4

1 Ａ 地方税（市税も可）　Ｂ 国庫支出金
2 地点Ⓧは川に近く，川との標高の差がほとんどないため。
3 (1) 積雪の重さで住居が傷む被害から住居を守るために，屋根の傾斜を急にして雪が落ちやすいようにしている。
(2) 山林を計画的に伐採し，伐採した場所などに植林を行う。

■平成30年 4

1 北山村から新宮市まで川が流れており，その川を利用して運ぶことができたため。
2 (1) グラフⅠからは，地鶏がＸルートを使って出荷されているか分からないため。
(2) フェリーに乗り換える必要がなくなり，移動時間が短縮したため。
3 有力な大名の薩摩藩に工事を負担させ，経済力を弱めることで幕府に対抗する力をもたせないため。
4 (1) 過疎化
(2) 多くの世田谷区民が川場村を訪れることで，農業や観光による収入が増えるため。

■平成31年 4

1 エ
2 国内も海外も同じ表示になるので，海外で生産された繊維製品の取り扱いが分かりやすくなるため。
3 (1) 中継貿易
(2) 日本が東南アジア諸国と貿易を直接行うようになったため。
4 (1) イ
(2) 外国人留学生の出身国と日本との習慣や文化の違いを分かりやすい冊子にして外国人留学生と日本人学生に配り，お互いの習慣や文化の違いを理解して行動できるようにする。

■令和2年 4

1 昼間は，通勤や通学のために，市内に入ってくる人よりも，市外へ出ていく人の方が多いため。
2 (1) 飛脚
(2) 参勤交代において，中山道の宿場で宿泊や飲食などに多くのお金が使われることにより，中山道沿いの人々が大きな利益を得ることができたため。
3 有名な島崎藤村の出身地である中山道の馬籠宿を紹介して観光客を呼び，リニア中央新幹線の開業後は，東京に集まる多くの外国人にも来てもらい，古い町並みを歩いたり，そば打ちの体験をしたりしてもらう。この提案は，観光地で働く人々や特産品を生産する人々の収入を増加させる効果をもたらすと考える。

国　語　解答・解説

〈論説文〉

■平成24年 二

1　①積　②強　③悪　④努力　　2　距離を置いた

3　ウ

4　ことばの意味を細かく区別せずに、広い意味のことばで間に合わせるという選び方。(38字)

5　ことば

6　Ⅲ　六　七

c　ことばを選ぶ過程での人間の在り方が言語作品に映っているから、ことばによって人間性が伝わるのだ。(47字)

2　a の直前「いくぶん改まって」に注目し、かつ「相手と少し」につながるような語句を選ぶ。

3　b の前の「です」、「でございます」に続けて、「である」について書かれているので、「並列」の接続詞がよい。

4　傍線部1の直前「そんな」に注目し、その前に書かれている松や小腸の例を抽象的にまとめればよい。

5　「その」といった指示語が指す内容は、必ず前にある。

6　c　一、二段落の内容をまとめればよい。

■平成26年 二

1　①認　②危険　③末　④薬草　　2　B

3　(1) 個人が経験して獲得した知恵を他者にも伝達できる (23字)

(2) 遠くに短時間で行こうと思ったら、鉄道を利用して移動することができる。

4　Ⅱ　他の動物のような身体の特徴や鋭敏な感覚をもたない (24字)

Ⅲ　エ

2　「その学習効果」とあるので、前に何かしらの学習効果が書かれている箇所に入れる。〔B〕の直前には、ラットが餌を獲得する方法を学習することについて書かれているので、ここに入れるのが最適である。

3　(1)【第二の効果】については、第四段落以降に書かれているが、まとめてあるのは第七段落。

4　Ⅱ　サバイバルにおいて人間が不利な点については、第一段落に書かれている。

Ⅲ　傍線部1直後にある「社会から与えられる」⇒「恩恵」を受けるということ。

■平成27年 二

1　①存在　②際　③許容　④働　　2　ア　　3　ウ

4　ことばには、「あらわすもの」と「あらわされるもの」との結びつきに本質的根拠がないから。(43字)。

5　(1) 混乱

(2) 自分が常識を備えた人間であることを示し、社会的信頼を得る (28字)

2　直前の「『正しい』といえるものはどこにもない」と、直後の「『正しさ』というものをはっきりさせておかないと困る」が反対の関係にあるので、逆接の接続詞を入れる。

3　「明示」は、「明(らかに)示(す)」＝「形容動詞＋動詞」。ウ「急変」＝「急(に)変(わる)」。

4　傍線部2の前に「前に述べたとおり」とあるので、前の方から答えとなる箇所を探す。第1段落の最初の文に注目する。

5　(1)　第3段落に「子どもは混乱してしまう」とある。

(2)　第7、8段落をまとめればよい。

■平成28年 二

1　①異　②減　　2　イ　　3　おもしろさ

4　c　演出による改変　d　演技による改変

e　作者の書いたものが多様な改変を経て観客に伝わる。(24字)

5　Ⅰ　状況などが地の文でこと細かに説明されていないので、自由に解釈できる部分が多いということ (43字)

Ⅱ　どのように音声化していくか (13字)

2　直前の「はっきりしていない」、直後の「はっきり感知されることはない」に注目する。これらは原因・結果の関係にあるので、「したがって」でつなぐのが適当である。

4　演劇の場合は、作者が書いたものが直接読者に伝わるレーゼドラマとは異なり、演出・演技といった多様な改変がなされて観客に伝わることを読み取る。特に、A段落に注目。

5　Ⅰ【田中さんが読んだ文章】の「小説のような地の文はなく」、「想像力の隙間が、小説よりもはるかに多い」に注目する。

Ⅱ【田中さんが読んだ文章】の最終文に注目する。

■平成29年 二

1　①しんらい　②れんめん　③あきら　　2　ウ

3　古来の豊かな「自然と共生する」文化を継承するための条件を取り戻すことができるという意義。(44字)

4　(1)　Ⅰ　生息場所として回復したBにAから水生生物が自然に移入するのを待つ (32字)

Ⅱ　淡水生態系のネットワーク (12字)

(2)　X　生きものの生息環境を改善する

Y　生きものを安全な施設に保護して育てる

2　直後に「事情が一変した。」とあるので、逆接の接続詞を入れる。

3　傍線部1直後の段落にある「古来豊かな『自然と共生する』文化を継承するための条件を取り戻すことにもつながる」に注目する。

4　(1)　Ⅰ　第八段落の「水生生物の自然な移入を待つ」に注目する。

Ⅱ　最終段落から抜き出す。

(2)　X　【西本さんが読んだ文章】の第一段落にある「生息環境を改善する」に注目する。

Y　【西本さんが読んだ文章】の第三段落にある「安全な施設に生きものを保護して、それらを育てて増やす」に注目する。

■平成30年 二

1　エ　　2　文字の読み方や単語の意味がわかること。(19字)

3　「文章を読

4　(1)　Ⅰ　情報を取捨選択し (8字)

Ⅱ　知識を関連させ (7字)

(2)　題を手掛かりにすることで話題がわかり、その話題についての知識を使うことによって、文章に書かれていることから推論して文章に書かれていないことまで理解できるから。

1　①「像(を)想(う)」、ア　反対の意味の語を並べている　イ「民(が)営(む)」　ウ「国(の)名」　エ「陸(を)離(れる)」

2　直前の「文字や単語個々の意味がわかること」に注目する。

4　(1)　傍線部3直前の1文「入ってくる～理解しています。」に注目する。

(2)　段落Aの「知識をもっていても、題として与えられないとその知識を使うことができません」に注目する。

■平成31年 二

1　①　深　②　予測　③　好　　2　ア

3　太陽の光と水と土を奪い合う激しい競争。(19字)

4　雑草は撹乱に強い傾向があるとされ、競争やストレスに強い植物が有利にならないような、撹乱の起こる場所に生え、その撹乱を乗り越えられるから。(68字)

5　Ⅰ　読み手のもつ感覚

Ⅱ　読み手の興味・関心をひく

Ⅲ　想定される反論とそれに対する筆者の反論

2　直後に「乾燥や、日照不足、低温など」といった具体例が書かれている。
3　傍線部1直前の「その光と水と土を奪い合って、激しい争いが繰り広げられている」に注目する。
4　最終段落に「雑草と呼ばれる植物は、このうちのＲタイプの要素が特に強いとされている」とあるので、前に書かれているＲタイプの特徴をまとめればよい。

■令和2年 二

1　①　めぐ　②　ぼっとう　③　きわ
2　いたって地味だが、誰にも「あの画家はいい」といわしめる普遍的な「何か」を持ち合わせている（44字）
3　ア　　4　エ
5　小さな差異を生み出すことに価値を見いだし、研ぎ澄まされた感覚で、ひたむきに同じものを描き続けている（49字）

2　第4段落に注目する。「普遍的」はキーワードなので、答案の中に必ず入れたい。
3　「公言」は「公（に）言（う）」と上の語が下の語を修飾している。同じなのが、アの「常備」＝「常（に）備（える）」。イは「書（を）読（む）」と下の語が上の語の目的語になっている、ウは同じ意味の語を並べたもの、エは対義語を並べたものである。
4　直前はモティーフが同じ話、直後は背景や視点が同じ名無しが書かれているので、付け加えのときに用いられる接続詞「しかも」が適当である。
5　「差異が小さい」、「同じものを描く」はキーワードなので、このような内容を入れること。

〈小説文・随筆文〉

■平成26年 一

1　①かんしゃ　②おく　③やさ　④ふだん　　2　ウ
3　非難する気持ち。（8字）
4　Ⅰ　自分が注意をしたことによって琴穂を落ち込ませてしまった（27字）
Ⅱ　ア
5　ウ

2　直前の「『え。』と短く声を出す」に注目する。驚いたときの表情を選ぶ。
3　「非難する」、「不満を持っている」といった内容であればよい。
4　Ⅰ　マチが注意したことで、琴穂が落ち込んだ様子が第二、三段落から読み取れる。
Ⅱ　直前の本の返事や、マチの様子から推測する。傍線部の「思いきって」もヒント。
5　ア　琴穂の視点からは書かれていない。
イ　図書室の様子は、マチの気持ちをたとえていない。
エ　現在と過去が交互に書かれていない。

■平成27年 一

1　①いの　②つつ　③せいじゃく　④こうふん　　2　エ
3　諦めた
4　Ⅱ　体育系の部活に入ろうと思いながらも、自分にぴたっとくる部活などない気がしていた（39字）
Ⅲ　自分らしいことを、いままでの自分以上にがんばってすることで、自分を変えられる（38字）

2　「ふたりは手をとりあって」から、ふたりの意見が一致したことがわかる。それを表す熟語がエの「意気投合」。
4　Ⅱ　第3段落の「千鶴が体育系の部活にこだわったのは、『変わりたい』の一心からだった」に注目する。
Ⅲ　最終段落の第1文に注目する。

■平成29年 一

1　①角　②冷　③乱雑　　2　支度
3　寝床をたたむのを手伝おうともしなかった（19字）
4　（1）Ⅱ　今までの事を忘れたような顔をわざとして素直な態度をとった（28字）
Ⅲ　エ
Ⅳ　眠りを妨げられた（8字）
（2）　祖母に甘えていたことを情けなく思うとともに、祖母をいとおしく感じる

3　傍線部1の直前の「祖母は信太郎が起きて手伝うだろうと思っている。」に注目する。
4　（1）　Ⅱ　Ⓑの「祖母は今までの事を忘れたような顔をわざとして云った。」に注目する。
Ⅲ　Ⓑの2文目「自分が行っている間少なくとも心配するだろう。」に注目する。
Ⅳ　本文の前半から中盤にかけての信太郎と祖母のやりとりに注目すればよい。

■平成30年 一

1　①くず　②批評　③じゃま　④寄
2　白鳥を乗りまわしたいという宿望がかなう（19字）
3　ウ
4　高原について、一度も口をきいたことがないというだけで「むっつり屋」とみなすところや、「生意気なところがなかった」と上ら見下ろすような見方をするところから、人を軽くみる傾向のある人物として描かれていると考えられる。
5　Ⅱ　相手の存在が気になって、もどかしさを感じている（23字）
Ⅲ　イ

2　傍線部1の直後の1文に注目する。
3　［　　　］の後ろにある「偶然同じ野望を抱いていたから」、「黙って黒板消しで『白鳥』を消して、他の馬に書きかえようとしている」に注目。
5　Ⅱ段落Ⓑに「もどかしい」とある。
Ⅲ段落Ⓒにある「額から流れる汗」、「目をそらしたまま」に注目する。

■平成31年 一

1　①ゆかい　②おとろ　③つか　　2　イ
3　平然としている（7字）　　4　Ｃ
5　いつの間にか老婆の存在を忘れて席にすわろうとしていた自分に気付き、自分もまた軽蔑に価するような存在になってしまったと思った
6　自分の行動は、でき心から発したものだと解釈しても慰まないところや、だれかに見とがめられたわけでもないのに、しょげてしまうところから、少しでも自分の中に汚点があることを嫌う、繊細な人物であると読み取れる。

2　「動揺」は同じ意味の漢字を並べて作られた熟語である。
3　傍線部2の前にある「恬然として腰を掛けている乗客を、心からいやしまずにはいられなかった」に注目する。
4　ⓒは「二十四、五ばかりの男」を指している。
6　「発作的なでき心だと解しようとした」、「かれはすっかりしょげてしまっていた」に注目する。

■令和2年 一

1　①結局　②厚　③縮　　2　夢に出てきた顔（7字）
3　屋根裏で仮面を作っていた。（13字）
4　就職先を考える時も吉の身体のことを心配している**ところや**、吉を遠くに行かさず下駄屋にさそうという父の言葉に賛成する**ところから**、心配性な面のある**母親として描かれていると考えられる**。
5　(1)　ウ
(2)　下駄を作る仕事を二十五年間続けてきた**ことで**、下駄作りの技能が身に付いた職人**になっている**

2　翌朝、吉の様子がおかしかったのは昨晩見た夢のことが気になっていたからである。その夢の具体的な内容は、第２段落に書かれてある。

3　設問が「どこで何をしていた」とあるので、どちらも不足なく書くこと。「どこ」→屋根裏、「何」→仮面を作ること。

4　最後から２段落目の最終文に注目。これまで、沈黙を貫いていた母がやっと父の意見に賛成したことから、母の心配性な一面がわかる。

5　(1)　直前の「吉を下駄屋にするという父の決断」に注目する。

〈古典（古文・漢文）〉

■平成24年 三

1　イ　　2　ア　　3　う

4　三荊の花が落ち、葉が枯れたこと。

5　別れを惜しんで枯れた三荊に、もう一度元のように花を咲かせてほしいと思ったから。

（現代語訳）

昔、三人の兄弟がいた。名前を田祖・田達・田音という。さて、彼らの親の家に庭の植え込みがあった。四季に花を開く荊が三茎あって、一本は白、一本は赤、一本は紫の花を咲かせた。昔から伝えて宝として、色に従った香りがして、千万の喜びといっても余りがあるほどだった。人々がそれを欲しいと思っても、どこにもなかった。彼らの父母が亡くなった後、三人の兄弟は大変に貧しくなった。互いに話し合って、「わが家を売って、他国に移住しよう」と。その時、隣国の人が荊を買う。すでにその荊を売って代金を得た。その明くる朝、三つの荊の花は落ち、葉が枯れてしまった。三人はこれを見て嘆く。いままでこのようなことを見たことはない、と。彼らが祈願して言うことには、「三荊は別れを惜しむために枯れた。私たちはここにとどまるべきだ。そうすれば、もう一度元のように花が咲くだろうか」と。ただちに三荊の代金を返した。明くる日に、元のように荊の花は咲きほこった。そうであるので、彼らはその家を去らなかった。

■平成25年 三

1　ついに　　2　イ

3　尿器がとても古くて中国渡来のよい品物であること。

4　Ⅰ　尿器として使われていたことを知らずに高い値段で売買される

Ⅱ　どのようなことに使われてきたかを知らずに大切にして人に自慢している

（現代語訳）

片桐石州君は、茶の湯の作法に名を知られていて、とうとう一つの流派の祖となられて、茶器すべての鑑定においては間違いない人となった。江戸にいらした時、旅館で尿器を見られて、いわれがあるものであったので、主人に命じて、洗い清めさせてとみると、とても古く、すばらしい中国渡来の品物であった。そこで、（片桐石州君が）金いくらかで買い取ろうとおっしゃると、主人は驚き、そのようなものとは昔から全然知らなかったので、このような不潔なものとして使っていたのでございます。もしよろしければ、差し上げたいと思っています。値段を付けてくださったものの、辞退し申し上げるということを申し上げた。しかし、（片桐石州君は）お金をたくさんお与えになり、その器を手に入れ、すぐに命じて、みじんに打ち砕かせなさった。連れの者は言うまでもなく、主人も再びとても驚きあっけにとられると、片桐石州君は笑って、この壺はとても古くてよい中国渡来の品物なので、目利きのする者が見付けたならば、ただちに買い取って、水屋鉢か、あるいは相応なものとして売り渡すであろう。そして、このような不潔なものとは知らずに、高価な値段で買い求める者もいるだろう。それは、とても汚らわしいことなので、このようにしたのだ、とおっしゃったと、ある人が語ったのであった。考えてみると、多くの茶人は古い器を好み、高い値段でそれを買い取るが、どんなことに使用していたのかを知らない。そして、珍しいものとして大切に保管し、人に自慢する者が多い。いやしい心ではないだろうか。片桐石州君と天と地ほどの差があるというべきである。

■平成26年 三

1　イ　　2　ウ　　3　ようなれ

4　Ⅰ　五十文の銭を費やして十文の銭を探す（17字）

Ⅱ・Ⅲ　ウ

（現代語訳）

昔、青砥左衛門が夜に出勤した時に、いつもひうち袋に入れていた10文のお金を、誤って滑川に落としてしまった。「まあ、仕方のないことよ。」と、普通は通り過ぎるはずのところであったが、その辺りの人家に人を走らせて、50文のお金を出してたいまつを10把買って、これを燃やしながら川をさらってとうとう10文のお金を探すことができた。そして言うには、「10文のお金は、今探さなければ、水底に沈んで永久に失ってしまうだろう。50文のお金は、商人の手に渡って、永久に失うことはない。商人と私とは、何の違いもないだろう。あれとこれで、60文のお金を失わないどうして天下の利益でないことがあろうか、いや天下の利益である。」と。50文のお金を費やして、10文のお金を手に入れたことは、一般的な人の考えでいえば、自分の都合からすると、きっとしない方がよいとする事であるけれども、道理においてすべき所を考えてこのようにするのだろう。いわば、ささいな事のようであるけれども、抜群の見識がなくてはできない事である。

1　水底に沈んだままであるはずの10文を手に入れ、一方、たいまつ代の60文は商人の手に入ったのであるから、合計60文は「失われていない」ことになる。

2　「思案」は、「思う」と「案じる」の同じ意味の言葉を並べて作られた熟語である。「幸福」も同様の構成。

■平成27年 三

1　稽古　　2　イ　　3　えて

4　Ⅰ　相手の言葉を聞いて、初めて返す言葉が心に浮かぶ（23字）

Ⅱ　エ

【現代語訳】

ある歌舞伎役者である、藤十郎に次のように質問した。「私も他の人も、公演初日にはせりふをしっかり覚えていないためか、うろたえてしまう。あなたは、十日も二十日も公演し慣れた芝居をなさるようだ。どのようなお心構えがあるのかお聞きしたい。」と。それに対して、藤十郎は、「私も初日は同じようにうろたえてしまうのだ。しかし、他から見て慣れた芝居をしているように見えるのは、稽古の時、せりふをしっかり覚え、初日は根本から忘れて、舞台で相手のせりふを聞き、その時思い出してせりふを言うからである。なぜなら、いつも集まって話し合い、あるいは喧嘩や口論をするときに、あらかじめせりふを用意しておくということはない。相手の言う言葉を聞き、こちらは初めて返答が心に浮かぶ。芝居は日常を手本と思っているので、稽古ではよく覚え、初日には忘れて出演するということだ。」と答えた。

2　傍線部１の直前の「故」とは理由を表すので、「せりふなま覚えなる」の部分が答え。

4　Ⅰ　「こちら初めて返答心に浮かむ」の部分。

Ⅱ　「狂言は常を手本と思う故」が根拠となる。

■平成28年 三

1　ア　　2　ひろう

3　Ⅰ　詠む物の珍しさや言葉の新しさ（14字）

Ⅱ　鳴いているときの姿（9字）

【現代語訳】

去来が言うには「其角の句は、晩春の暖かさに乗じて飛び回る鶯を詠んだものである。初春の頃の鶯は、体を逆さまにする技など持ちあわせてはいない。したがって、『初』の字については理解できない。素行の句も鳴いている鶯の姿を詠んだものではない。岩にすがるというのは、何か動物に襲われて飛びついた姿か、あるいはえさを拾っている時か、またはここからあちらへ飛び移ろうとするときである。

たいてい、物を句に詠むときには本来の性質を知っておくべきである。知らない時は、物の珍しさや言葉の新しさに魂を奪われて、その物とは別の物になってしまう。魂を奪われてしまうのは、そのものに執着してしまうからだ。これを本意を失うという。其角のような熟練した人でさえ、時々誤りを犯してしまう。初心者はなおさら用心すべきである。」

■平成29年 三

1 弓矢の扱い方も知らず、防戦できそうにないこと。(23字)

2 いて　3 イ

4 Ⅰ その音楽に聞き入った後に去っていく(17字)

Ⅱ ウ

【現代語訳】

和邇部用光という雅楽の演奏者がいた。御船遊びのために土佐の国に下り、また都に上った時に、安芸の国の何とかという港に泊まった際、海賊が押し寄せてきた。弓矢の扱い方も知らなかったので、防ぎ戦うのに頼りにする方法がなく、きっと殺されるだろうと思って、篳篥を取り出して屋形の上に座って、「そこの連中よ。今はあれこれ言っても仕方ない。早く何でもお取りなさい。ただし、長年の間、心に深く思ってきた篳篥の小調子という曲を吹いてお聞かせしよう。こんなことがあったぞと、のちの話の種にでもしてくだされ。」と言った。海賊の親分は大きな声で、「お前たち、しばらくお待ちなさい。あのように言っていることだ。聞いてやろう。」言ったので、船を停泊させておのおのが静まりかえった。用光は、これが最期と思って涙を流して、素晴らしい音を吹き出し、心を澄まして吹いた。

折もよかったのだろうか、その音色が波の上に響いてあの長江のほとりに、琵琶の音が水上に鳴り渡って聞こえたという唐の詩に読まれた情景のようである。

海賊は静まって、何も言うことはなかった。じっくり聞いて、曲が終わると、親分は「あなたの船にねらいを付けて寄せたけれども。曲の音に感動してここはやめた。」と言って、漕ぎ去った。

■平成30年 三

1 イ　2 う

3 和歌は信仰の手引きになると思った(16字)

4 Ⅱ 手にすくった水に映っている(13字)

Ⅲ 住む

Ⅳ はかない世の中に住んでいる(13字)

【現代語訳】

恵心僧都は、学問を修めること以外に心が向かうことがなく、仏教を深く信仰する者であったので、詩歌の類のような無駄なことを嫌っていた。弟子の子どもの中に、いつも心を澄ませて、和歌を詠んでばかりいる者があった。「子どもたちは、学問などに励むことこそ、あるべき姿なのに、この子は、歌ばかりを好んでいて、どうしようもない者である。あのような者がいるから、他の子らがそれを見習って、怠けるので、明日には実家に帰らせてしまおう。」と、同宿の僧によくよくお話しになったことをこの子は知らないで、月が清らかに澄んで静かだったので、夜も更けて縁側に立ち出て、手を洗う水を使いつつ、次のような歌を詠んだ。

手にすくった水に映っている月影は、はかないものであるが、私が住んでいるこの世も同じことだな

僧都はこの歌を聞いて、今の世の中のありさまといい、歌の表現といい、心に深く染みて感動したので、歌は信仰の手引きとなるに違いないものとして、この子を留めて、その後自らも和歌を詠むようになられた。

■平成31年 三

1 声を飛ばす

2 春風に乗って洛陽の町いっぱいに響き渡っている(22字)

3 (1) 絶句

(2) 旅立つ人との別れの曲とされていたので、この曲を聞いた李白は、自分のことと重ね、故郷を思う気持ちを起こさずにはいられなくなったといえる

【現代語訳】

誰の家で吹く笛だろうか　どこからか音が聞こえる

方々に広がり春風に乗って洛陽の町いっぱいに響き渡っている

この夜、曲の中で折柳を聞く

いったい誰が故郷を思う気持ちを起こさずにいられようか

■令和2年 三

1 ア　2 父母がすっかり衰えてしまったこと。(17字)

3 え

4 Ⅰ イ

Ⅱ いつまでも若く、健康でいてほしい(16字)

三【現代語訳】

そもそも1月7日に、野に出て七草を摘んで天皇へのお供え物にする由来を尋ねたところ、中国の楚の国の片隅に大しうという者がいた。彼は［　　　　］であった。すでにもう100歳にも及ぶ父母がいて、腰なども曲がり、目などもかすんで、言いたいことも言えない。そのように歳をとってしまったので、大しうはこのすっかり衰えてしまった姿を拝見するたびに、たいそう嘆き悲しんでいた。

大しうは二人の姿をふたたび若返らせてほしいと思い、一日中天の神に祈り「わたしの親の姿をふたたび若くしてください」と仏心三宝に訴え、「これがかなわないのであれば、わたしの姿と入れ替えてください。わたしの身が老い朽ち果てたとしても、両親を若くしてくださいませ」と、近くの「とうこうせん」という山によじ登って21日間爪先を立てて心を込めて祈った。すると、多くの神仏は彼をあわれみなさって、21日目の夕方、ありがたいことに帝釈天王が天から下りて来なさって、大しうに向かっておっしゃることには「お前がとても親をあわれみ、ひたすら天の神に訴えた結果、願いを聞き入れなさったので、わたしはここにやって来たのだ。さあさあ、お前が親を若くしよう」と、薬の作り方を伝授してくださったのはありがたいことであった。

〈作文〉

■平成26年 四

1 エ

2 (例) 私は、毎日朝食をとる時間を確保するために、早起きをする生活習慣が大切だと考える。

なぜなら、資料によると朝食を必ず毎日食べる人は、そのうちの八割以上が七時までに起きており、食べない日がある人に比べて早起きをする傾向にあるといえるからだ。(117字)

■平成27年 四

1 イ

2 今回の職場体験では、今までとは違う立場に立ったことで、相手を思いやる気持ちの大切さに気付くことができた。(52字)

■平成28年 四

1 エ

2 ［理由A］(例)

読書をしない人はその理由の一つとして、本を読まなくても不便はないということを挙げています。しかし、読書をする人の多くは感動したり楽しんだりすることを読書の動機に挙げています。読書から得られる感動や楽しみは、心を豊かにし、生活を充実したものにしてくれます。読書の意義はそうしたところにもあるのです。

皆さんも中学校生活を充実させるために、まずは昼休憩などに図書室に立ち寄って本を読み、自分の心に響く一冊を見付けてみてください。(192字)

［理由B］(例)

読書をしない人はその理由の一つとして、読みたい本がない・よい本が分からないということを挙げています。そういう人は、好きな教科や所属する部活など、自分の興味・関心のあることに関する本から読んでみるとよいと思います。実際によく本を読んでいる人の多くは、自分の好きなジャンルの本を読んでいるようです。

図書委員会では、毎月「図書だより」でジャンルごとにおすすめ本を紹介しているので、それを参考に読む本を選んでみるのもよいかと思います。(194字)

■平成29年 四

(例) その結果から防災の課題として挙げられることは、六割以上の人が災害への備えに「全く」または「あまり」取り組んでいないということです。「備えあれば憂いなし」といいますが、そのためには平穏なときから危険を想定して備えることが重要です。

防災の基本は自分の身を守ることですが、中学生ならばその上で人を助けることも期待されます。普段から、例えば通学路からの避難方法を確認したり、救急搬送の方法を学んだりして、災害時に周囲の人も助けながら避難できるようにしておくことが考えられます。

皆さんもいざという時を想定し、今からできる準備をしっかり行っておきましょう。(249字)

■平成30年 四

〔論語〕

私の考える「古典を学ぶ意義」は、人としてどう在るかを考えるきっかけが得られるということです。

例えば「論語」には、人に対して不誠実ではなかったかと自身を省みる曽子の言葉があります。私は、それが自分に向けられているように感じ、はっとしました。そして、人に接するときの自分の在り方を考え直しました。

このように古典は、人としての在り方を考えさせてくれます。古典がその当時とはかけ離れた現代まで受け継がれてきたのは、鋭い人間性洞察に基づいた言葉で表されているからだと思います。先人が私に語りかけていると思うと古典を学ぶのが楽しくなります。(248字)

〔古今和歌集〕

私の考える「古典を学ぶ意義」は、日本の伝統的なものの見方を知り、自分の想いを深めることです。

例えば紀貫之は、移ろう桜を見る落ち着かない心を和歌に詠みました。その歌に表現された感覚は現代の私にも共感できます。それは、その感覚が自然に対する見方の一つとして、各時代の人々に受け継がれてきたからだと考えられます。そう考えると、桜を通じて私と先人がつながっているようにも思えます。

このように、古典を学ぶと日本の伝統的なものの見方についての理解が深まります。そしてそのことは、私たちが外国などの文化に接していく上でも大切になると思います。(248字)

■平成31年 四

私は、親父が凧あげに熱中し、大人げなくなっていく様子を伝えたらよいと考える。

理由は、この噺の面白さが、凧あげをきっかけに、親父がまるで別人のようになるところにあると思うからだ。凧あげ前の親父は、物を買わされ、息子を連れてくるのではなかったと言うなど、息子に手を焼いているが、凧があがると熱が入り、糸をもっと買えばよかったと言ったり、息子に糸を持たせなかったりして、最後には息子から連れてこなければよかったと言われるなど、凧あげ前と対照的な様子になる。このような親父の変化に面白さがあるといえる。(247字)

■令和2年 四

私は、「疑問に対する追究」という題名がよいと考える。

なぜなら、中井さんがこの作文で最も伝えたいことが明確に伝わるからだ。中井さんは発明家になるという夢の実現のために、疑問に対して追究し続けるエジソンのような人になりたいと主張している。つまり、一番伝えたいことの中心となる言葉は「追究」である。だから、中井さんの伝えたいことが端的に表現できているこの題名がよいと考える。(184字)

令和３年度　高校入試問題と解答・解説

実践形式

公立高校入試問題出題単元

国語のみ逆綴じになっております。

英語

【１】対話文（空欄補充・内容把握・英作文）
【２】長文読解（英質英答・内容把握・空欄補充・内容真偽・英作文）
【３】英作文

数学

【１】小問（計算・方程式・図形・関数・確率）
【２】平方根・文字式・一次関数
【３】平面図形（面積比）
【４】関数（座標・反比例）
【５】資料の整理（ヒストグラム）
【６】平面図形（合同証明・鋭角三角形）

理科

【１】化学変化と物質の性質（化学式・体積・濃度・密度）
【２】植物のつくり（種子植物・細胞）
【３】電流のはたらき（電力・発熱量・回路）
【４】天気の変化（雲・湿度・前線・気団）

社会

【１】地理総合（アフリカ・世界遺産・人々の暮らし）
【２】歴史総合（日本の経済）
【３】公民（地方自治）
【４】公民（環境）

国語

【１】小説（漢字・空欄補充・心情把握・内容把握）
【２】論説文（漢字・接続詞・内容把握・空欄補充）
【３】古文（現代仮名遣い・内容把握・空欄補充）
【４】条件作文（２５０字以内）

英語【１】リスニング　問題と台本

解答ページ

解説ページ

令和３年度入試問題　英語（1リスニングは後ろ）（リスニング含め 50 分）

2　次の会話は，日本の高校生の雄太と彩花が，オーストラリアの高校生のスチュワードとジェシーと，テレビ会議システムを使って海洋ごみ問題について話し合ったときのものです。また，グラフ１は，そのとき雄太たちが用いた資料の一部です。これらに関して，あとの１～５に答えなさい。

Yuta　: Now, let's talk about the problems of marine debris in Australia and Japan. Our town had a beautiful beach, but now we see a lot of debris there, How about your town?

Steward : Our beach has a lot of debris, too. In Australia, about 75% of debris along the coast is plastic products.

Ayaka : Well, Graph 1 shows that [A] % of debris along the coast is plastic products in Japan.

Jessie : Some people say that there will be more plastic debris than fish in the sea by 2050.

Yuta　: Really? There are so many plastic products in our lives. For example, we use plastic bottles, containers for food, and bags. They are used only once and thrown away. Then, some plastic products go into the sea.

Steward : That's right. Those plastic products stay in the sea for a long time and break into pieces. Some people try to collect them, but some of them are [B] small to collect.

Jessie : I also heard they can go into and stay in the bodies of fish and other marine animals. If we eat these fish, we may have health problems.

Ayaka : Then, what should we do to reduce plastic debris?

Yuta　: 48.1% of plastic debris along the coast is plastic bottles, so let's think about them. We should find some ways to reduce the number of plastic bottles which go into the sea.

Jessie : [C]. If people recycle plastic bottles, they will not go into the sea. Then, we will not see any debris on our beaches.

Steward : But some people don't recycle. They just throw away plastic bottles after they drink water or juice. They don't understand the problems of marine debris, so recycling is not enough to reduce the number of plastic bottles.

Ayaka : I have found an interesting idea on the Internet. Some companies have started choosing eco-friendly products instead of plastic bottles. For example, in England, a company sells water in small containers which are made from seaweed.

Steward : That's a nice idea. In our country, a town became famous because every store stopped selling water in plastic bottles. I think it's a good idea. What do you think?

Ayaka : ①<u>I think we should do the same thing in our town.</u>

Jessie : I think there will be some problems if you do this at every store. We can find another way.

Yuta　: Well, there are many ways to reduce the number of plastic bottles. Let's learn more and find our own way.

（注）marine　海洋の　　debris　ごみ　　beach　浜辺　　coast　海岸
plastic　プラスチックの　　product　製品　　plastic bottle　ペットボトル
container　容器　　be thrown away　捨てられる
break into pieces　粉々に砕ける　　body　体　　reduce　減らす
throw away ～　～を捨てる　　eco-friendly　環境に優しい
instead of ～　～の代わりに　　seaweed　海草

グラフ１　日本の漂着ごみの種類別割合

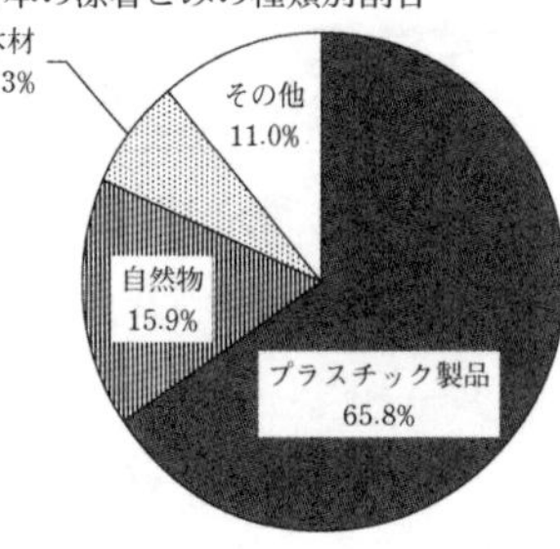

（環境省「海洋ごみをめぐる最近の動向　平成30年９月」により作成。）

1　本文中の [A] に当てはまる数値を，数字を用いて書きなさい。

2　本文中の [B] に適切な語を１語補って，英文を完成しなさい。

3　本文中の [C] に当てはまる最も適切な英語を，次のア～エの中から選び，その記号を書きなさい。

ア　Many people don't usually recycle　　イ　I think recycling is the best way

ウ　I don't know how to recycle　　エ　Recycling needs a lot of money

4　次のメモは，雄太が話し合いの内容をまとめたものの一部です。このメモ中の [(1)]・[(2)] に適切な語をそれぞれ１語補って，英文を完成しなさい。また，（ a ）・（ b ）に当てはまる最も適切な英語を，あとのア～エの中からそれぞれ選び，その記号を書きなさい。

The problems of marine debris in Australia and Japan

1. Situation
   - Our beaches are not [(1)] because of debris.
   - A lot of plastic products were found as marine debris.
   - We（ a ）so many plastic products in our lives.
2. Problems of plastic debris
   - Many plastic products（ b ）only once and thrown away.
   - Plastic products break into pieces in the sea and it is difficult to collect them.
   - Fish and other marine animals eat plastic debris.
   - It may not be [(2)] for our health to eat these fish.

↓

What should we do?

ア　are　　イ　use　　ウ　are used　　エ　don't use

5　下線部①について，あなたは彩花の考えに賛成ですか，反対ですか。理由を含めて，あなたの考えを25語程度の英文で書きなさい。なお，２文以上になっても構いません。

1			2		3		
4	(1)		a		b	(2)	
5							

3 次の英文は，日本文化を世界に発信するウェブページに，日本で琵琶奏者（びわそうしゃ）として活躍するイギリス人のダニエルと，彼の師匠である明子が紹介された記事です。これに関して，あとの1～6に答えなさい。

【Daniel】

I came to Japan 32 years ago because I wanted to study Japanese at university. One day, my friend invited me to a Japanese music concert. I was moved by the sound of the *biwa*, a traditional Japanese musical instrument, and decided to take lessons. The *biwa* looks like a guitar. I often played the guitar, so I thought it would be easy to play the *biwa*.

However, I had to learn many things. While we are playing the *biwa*, we often sing. So I had to learn how to sing in Japanese, too. The lyrics are old Japaneses stories. It was very difficult for me to understand the situations and characters' feelings in each story. My master taught me the *biwa* again and again. It was fun to learn the *biwa* and I practiced hard every day.

Three years later, I asked my master, "Can I have a concert with you this year?" She answered, "No, you can't." I asked, "Why?" She answered, ①<u>"Now, you have a good technique as a musician, but what do you want to tell people through music?"</u> I didn't understand her words.

After that, I visited many places in Japan and talked with many people. Thanks to these experiences, I learned about Japanese history, culture and how people think. Then, I could understand the situations and characters' feelings in each story. After 24 years of learning the *biwa*, I finally understood the words my master said. One day, she said, "You have become a better musician. Now it's time to create your own music." Through my music, I want people to feel that life is wonderful.

【Akiko】

When Daniel first took my lesson, he spoke Japanese only a little, and I spoke English only a little. It was very difficult for me to teach him the *biwa*.

However, he practiced very hard. I showed him the lyrics in simple Japanese and told him the meanings of the lyrics with my Japanese students who could speak English. I also taught him how Japanese people feel and behave because I wanted him to learn about Japanese culture. He soon started playing and singing well. However, I didn't think that he really understood the meanings of the lyrics. So when he asked me to have a [　　　　] together, I answered, "No, you can't." I thought he needed more time to become a better musician. It was necessary for him to express the messages of the music. The *biwa* is always connected with people's lives and culture. When he understood that, he became a better musician. While I taught him, I began to understand that Japanese culture is not only for Japanese people. ②<u>Anyone (about learn who to culture wants) can learn about it.</u>

Now, many Japanese people and people from abroad come to his concerts. I am very happy about it. I think Daniel tells people about Japanese culture and also creates his own music through the *biwa*.

（注） university　大学　　be moved by ～　～に感動する　　musical instrument　楽器
take lessons　レッスンを受ける　　lyric　歌詞　　character　登場人物　　feeling　感情　　master　師匠
again and again　何度も　　technique　技巧　　thanks to ～　～のおかげで　　meaning　意味
behave　ふるまう　　express　表現する　　be connected with ～　～とつながりがある　　anyone　だれでも

1　次の(1)・(2)に対する答えを，英文で書きなさい。

(1) What musical instrument did Daniel often play before taking the *biwa* lessons?

(2) Was it easy for Akiko to teach Daniel the *biwa*?

2　下線部①について，明子の発言の理由を表している最も適切な英文を，次のア～エの中から選び，その記号を書きなさい。

ア　Because Akiko thought that Daniel needed to express the messages of the music.

イ　Because Akiko thought that Daniel really understood the meanings of the lyrics when he played the *biwa* and sang.

ウ　Because Akiko thought that Daniel wanted to play the *biwa* and sing in his own concert.

エ　Because Akiko thought that Daniel knew much about Japanese culture.

3　本文中の[　　　　]に適切な語を1語補って，英文を完成しなさい。

4　下線部②が意味の通る英文になるように，（　　）内の語を並べかえなさい。

5　次のア～エの中で，本文の内容に合っているものを全て選び，その記号を書きなさい。

ア　Daniel came to Japan because he wanted to take the *biwa* lessons.

イ　Daniel wants to have a concert in many countries.

ウ　Akiko helped Daniel in several ways when she taught him the *biwa*.

エ　Akiko feels happy because many people come to Daniel's concerts.

6　ある中学校でダニエルを迎え，琵琶の演奏会が行われることになりました。事前学習として，生徒たちは，英語の授業でダニエルと明子が紹介された記事を読み，それについての感想と，記事の内容に基づいた彼への質問をメモに書くことにしました。あなたならどのように書きますか。次のメモ中の[(1)]には記事の感想を，また，[(2)]にはダニエルへの質問をそれぞれ英語で書きなさい。ただし，[(1)]については，15語程度で書きなさい。

> The *Biwa* Concert
> Thank you very much for coming to our school.
> [(1)].
> Now, I have a question.
> [(2)]?

1	(1)		(2)		2	
3		4		5		
6	(1)					
	(2)					

4 次のイラストと英文は，高校生の海斗と留学生のスーザンが，部活動について話したときのものです。①～⑥の順に対話が自然につながるように，[A]～[C]にそれぞれ適切な英語を書いて，対話を完成しなさい。ただし，[B]については，10 語程度で書きなさい。

Yesterday...

① Kaito, you look so happy today. What happened?

② [A] yesterday, so I'm happy.

③ That's great! I'm interested in club activities in Japan. What is a good point of them?

④ I think they have many good points. For example, we can [B].

⑤ Oh, I see. I want to learn more.

⑥ We have many clubs in our school, so [C].

A	
B	
C	

令和３年度入試問題　数学（50 分）

1 次の（1）～（8）に答えなさい。

(1)	
(2)	
(3)	
(4)	
(5)	cm³
(6)	
(7)	①　　②　　③
(8)	

（1）$6-5-(-2)$　を計算しなさい。

（2）$a=4$ のとき，$6a^2\div3a$　の値を求めなさい。

（3）$\sqrt{2}\times\sqrt{6}+\dfrac{9}{\sqrt{3}}$　を計算しなさい。

（4）方程式　$x^2+5x-6=0$　を解きなさい。

（5）右の図のように，BC＝3cm，AC＝5cm，∠BCA＝90°の直角三角形 ABC があります。直角三角形 ABC を，辺 AC を軸として１回転させてできる立体の体積は何 cm^3 ですか。ただし，円周率は π とします。

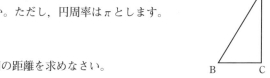

A
B　C

（6）２点 A（1，7），B（3，2）の間の距離を求めなさい。

（7）右の図の①～③の放物線は，下の**ア**～**ウ**の関数のグラフです。①～③は，それぞれどの関数のグラフですか。**ア**～**ウ**の中から選び，その記号をそれぞれ書きなさい。

ア　$y=2x^2$

イ　$y=\dfrac{1}{3}x^2$

ウ　$y=-x^2$

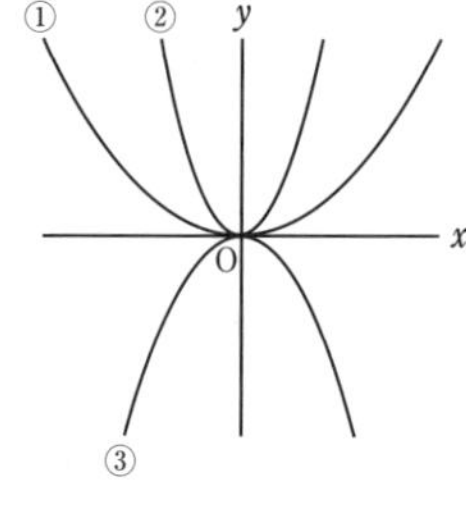

（8）数字を書いた４枚のカード，[1]，[2]，[3]，[4]が袋 A の中に，数字を書いた３枚のカード，[1]，[2]，[3]が袋 B の中に入っています。それぞれの袋からカードを１枚ずつ取り出すとき，その２枚のカードに書いてある数の和が６以上になる確率を求めなさい。

2　次の（1）～（3）に答えなさい。

（1）$4 < \sqrt{a} < \frac{13}{3}$ に当てはまる整数 a の値を全て求めなさい。

（2）下の図のように，線分 AB 上に点 C があり，AC＝CB＝3cm です。線分 AC 上に点 P をとります。このとき，AP を 1 辺とする正方形の面積と PB を 1 辺とする正方形の面積の和は，PC を 1 辺とする正方形の面積と CB を 1 辺とする正方形の面積の和の 2 倍に等しくなります。このことを，線分 AP の長さを $x$cm として，x を使った式を用いて説明しなさい。ただし，点 P は点 A，C と重ならないものとします。

（3）A さんは駅を出発し，初めの 10 分間は平らな道を，そのあとの 9 分間は坂道を歩いて図書館に行きました。下の図は，A さんが駅を出発してから x 分後の駅からの距離を ym とし，x と y の関係をグラフに表したもので，$10 \leqq x \leqq 19$ のときの y を x の式で表すと $y=40x+280$ です。B さんは，A さんが駅を出発した 8 分後に自転車で駅を出発し，A さんと同じ道を通って，平らな道，坂道ともに分速 160m で図書館に行きました。B さんはその途中で A さんに追いつきました。B さんが A さんに追いついたのは，駅から何 m のところですか。

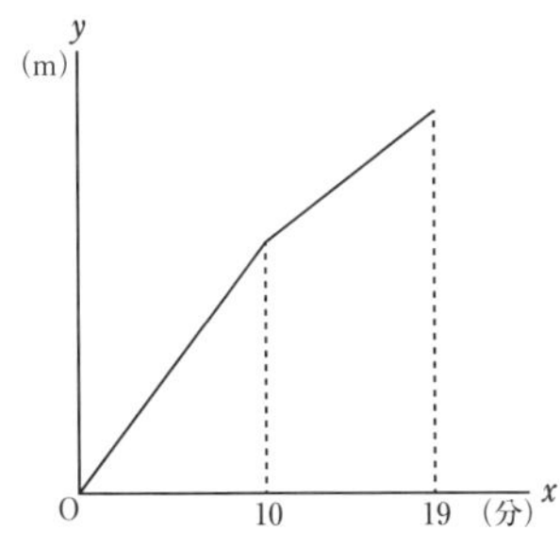

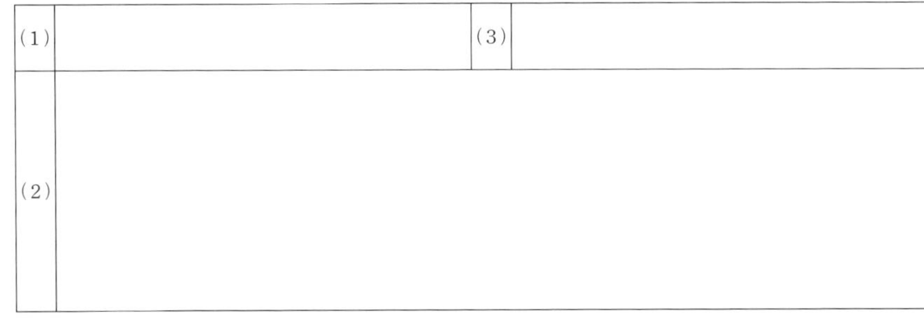

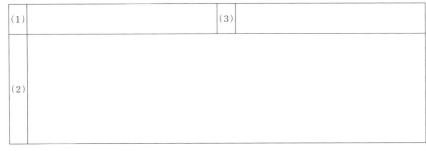

(1)		(3)	
(2)			

3　右の図のように，AD∥BC の台形 ABCD があります。辺 BC 上に点 E，辺 CD 上に点 F を，BD∥EF となるようにとります。また，線分 BF と線分 ED との交点を G とします。BG：GF＝5：2 となるとき，△ABE の面積 S と△GEF の面積 T の比を，最も簡単な整数の比で表しなさい。

S ： T ＝　　　：

4　下の図のように，y 軸上に点 A (0, 5) があり，関数 $y=\frac{a}{x}$ のグラフ上に，y 座標が 5 より大きい範囲で動く点 B と y 座標が 2 である点 C があります。直線 AB と x 軸との交点を D とします。また，点 C から x 軸に垂線を引き，x 軸との交点を E とします。ただし，$a>0$ とします。

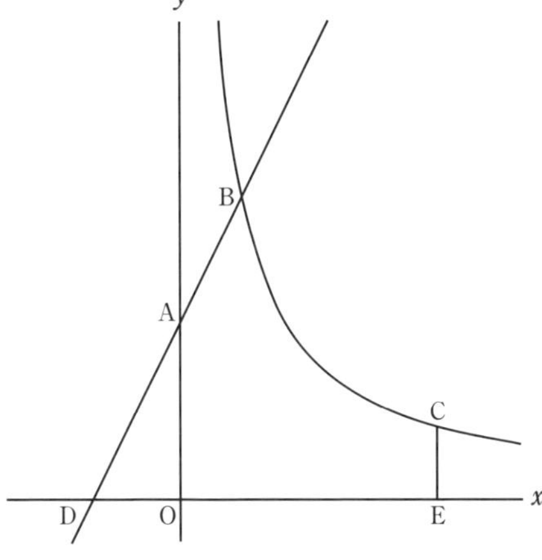

次の（1）・（2）に答えなさい。

（1）$a=8$ のとき，点 C の x 座標を求めなさい。

（2）DA＝AB，DE＝9 となるとき，a の値を求めなさい。

(1)		(2)	

5

Ａ市役所で働いている山本さんと藤井さんは，動画を活用した広報活動を担当しています。山本さんたちは，Ａ市の動画の再生回数を増やすことで，Ａ市の魅力をより多くの人に知ってもらいたいと考えています。そこで，インターネット上に投稿した動画が人気となっているＡ市出身のＸさんとＹさんとＺさんのうちの１人に，Ａ市の新しい動画の作成を依頼しようとしています。

山本「Ａ市が先月投稿した動画の再生回数は，今はどれくらいになっているかな？」
藤井「先ほど確認したところ，今は 1200 回くらいになっていました。新しい動画では再生回数をもっと増やしたいですね。」
山本「そうだよね。Ｘさん，Ｙさん，Ｚさんの誰に動画の作成を依頼したらいいかな。」
藤井「まずは，3人が投稿した動画の再生回数がどれくらいなのかを調べましょう。」

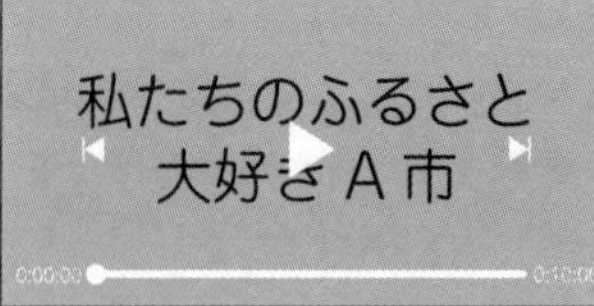

Ａ市が先月投稿した動画の画面

次の（1）・（2）に答えなさい。

（1）藤井さんは，Ｘさん，Ｙさん，Ｚさんが投稿した動画のうち，それぞれの直近 50 本の動画について再生回数を調べ，下の【資料Ⅰ】にまとめ，山本さんと話をしています。

【資料Ⅰ】再生回数の平均値，最大値，最小値

	平均値（万回）	最大値（万回）	最小値（万回）
Ｘさん	16.0	22.6	10.2
Ｙさん	19.2	27.8	10.7
Ｚさん	19.4	29.3	10.3

藤井「【資料Ⅰ】から，Ｘさんの再生回数の平均値は，Ｙさん，Ｚさんよりも３万回以上少ないことが分かりますね。」
山本「そうだね。それと，① Ｘさんについては，再生回数の範囲も，Ｙさん，Ｚさんよりも小さいね。」

下線部①について，Ｘさんの再生回数の範囲として適切なものを，下のア～エの中から選び，その記号を書きなさい。

ア　5.8 万回　　イ　6.6 万回　　ウ　12.4 万回　　エ　32.8 万回

（2）山本さんたちは，（1）の【資料Ⅰ】の分析から，Ａ市の新しい動画の作成をＹさんかＺさんに依頼することにしました。さらに分析をするために，Ｙさん，Ｚさんが投稿した動画のうち，直近 50 本の動画の再生回数のヒストグラムを作成し，下の【資料Ⅱ】にまとめました。【資料Ⅱ】のヒストグラムでは，例えば，直近 50 本の動画の再生回数が 10 万回以上 12 万回未満であった本数が，Ｙさん，Ｚさんとも５本ずつあったことを表しています。

【資料Ⅱ】再生回数のヒストグラム

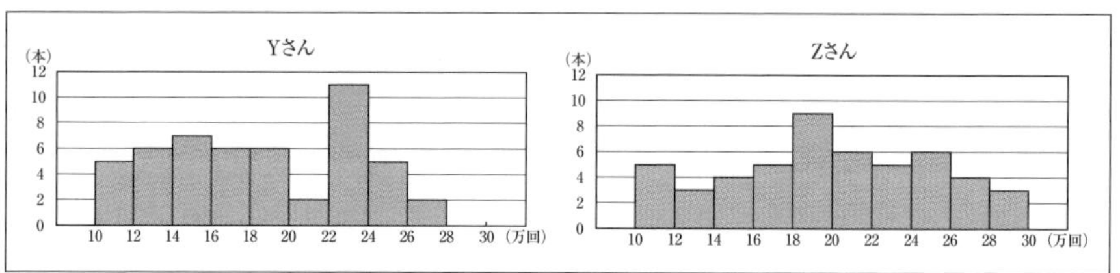

Ａ市の動画の再生回数を増やすために，Ａ市の新しい動画の作成を，あなたなら，ＹさんとＺさんのどちらに依頼しますか。また，その人に依頼する理由を，【資料Ⅱ】のＹさんとＺさんのヒストグラムを比較して，そこから分かる特徴を基に，数値を用いて説明しなさい。

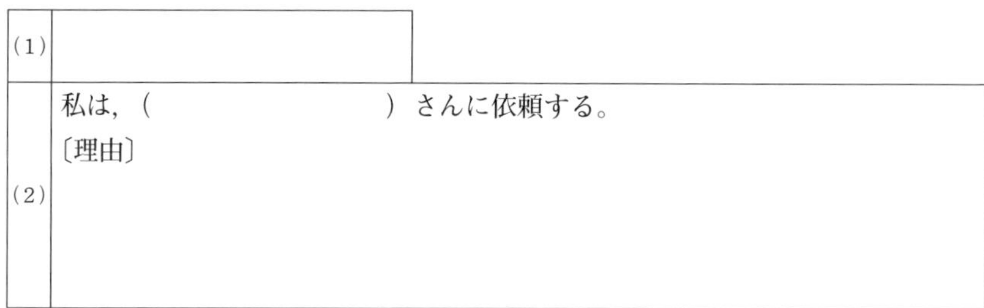

6

中学生の航平さんは，「三角形の３つの辺に接する円の作図」について，高校生のお兄さんの啓太さんと話をしています。

航平「数学の授業で，先生から，これまで学習したことを用いると，三角形の３つの辺に接する円を作図できると聞いたんだけど，どうやったら作図できるんだろう。」
啓太「①角の二等分線の作図と②垂線の作図の方法を知っていれば，その円を作図できるよ。」
航平「その２つの方法は習ったし，角の二等分線の作図の方法が正しいことも証明したよ。」
啓太「そうなんだね。実は，三角形の２つの角の二等分線の交点が，その円の中心になるんだよ。三角形の３つの辺に接する円の作図には，いろいろな図形の性質が用いられているから，作図をする際には振り返るといいよ。」

次の（1）～（3）に答えなさい。

（1）下線部①について，航平さんは，下の【角の二等分線の作図の方法】を振り返りました。

【角の二等分線の作図の方法】

〔1〕 点Oを中心とする円をかき，半直線OX，OYとの交点を，それぞれP，Qとする。
〔2〕 2点P，Qを，それぞれ中心として，同じ半径の円をかき，その交点の1つをRとする。
〔3〕 半直線ORを引く。

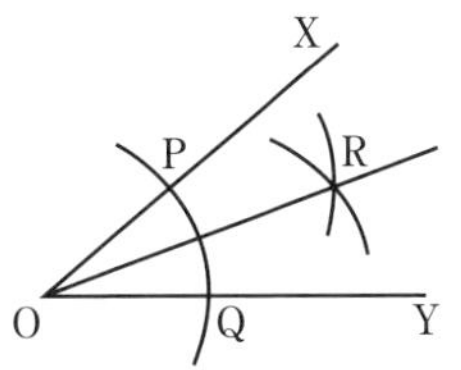

【角の二等分線の作図の方法】において，作図した半直線ORが∠XOYの二等分線であることを，三角形の合同条件を利用して証明しなさい。

（2）下線部②について，航平さんは，右の図の△ABCにおいて，∠ABC，∠ACBの二等分線をそれぞれ引き，その交点をIとしました。そして，下の【手順】によって点Iから辺BCに垂線を引きました。

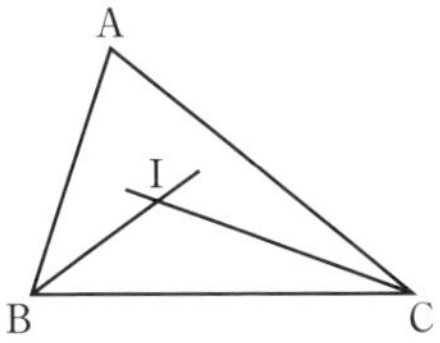

【手順】

〔1〕 [ア]を中心として，[イ]を半径とする円をかく。
〔2〕 [ウ]を中心として，[エ]を半径とする円をかく。
〔3〕 〔1〕，〔2〕でかいた円の交点のうち，Iではない方をJとする。
〔4〕 2点I，Jを通る直線を引く。

【手順】の[ア]・[ウ]に当てはまる点をそれぞれ答えなさい。また，[イ]・[エ]に当てはまる線分をそれぞれ答えなさい。

航平さんは，点Iから辺BCに引いた垂線と辺BCとの交点をDとしました。同じようにして，点Iから辺CA，ABにも垂線を引き，辺CA，ABとの交点をそれぞれE，Fとしました。そして，角の二等分線の性質からID＝IE＝IFであり，点Iを中心とし，IDを半径とする円が，円の接線の性質から△ABCの3つの辺に接する円であることが分かりました。

（3）さらに，航平さんは，コンピュータを使って△ABCの3つの辺に接する円をかき，下の図のように，辺BCをそのままにして点Aを動かし，△ABCをいろいろな形の三角形に変え，いつでも成り立ちそうなことがらについて調べました。

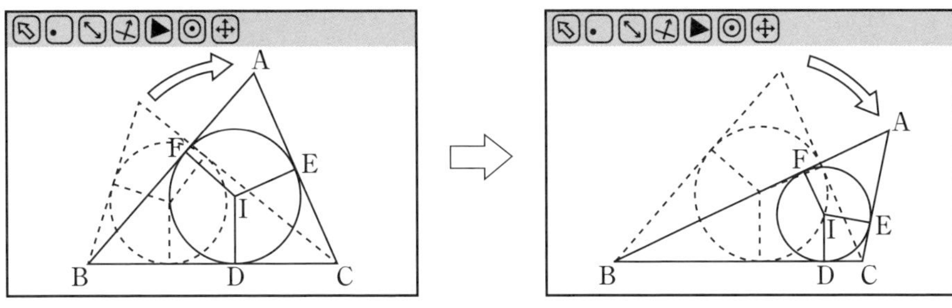

航平さんは，下図のように，∠BACの大きさを，鋭角，直角，鈍角と変化させたときの△DEFに着目しました。

∠BACが鋭角のとき　∠BACが直角のとき　∠BACが鈍角のとき

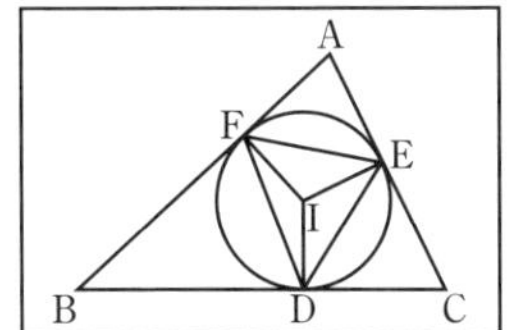

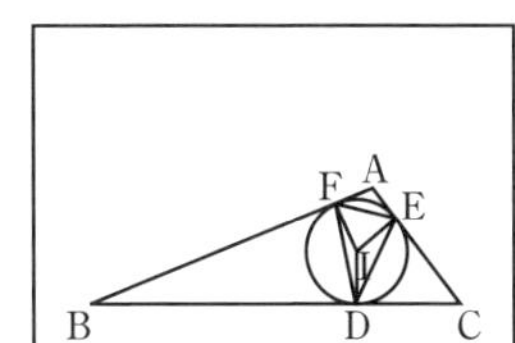

航平さんは，△ABCがどのような三角形でも，△DEFが鋭角三角形になるのではないだろうかと考え，それがいつでも成り立つことを，次のように説明しました。

【航平さんの説明】

∠BAC＝∠xとするとき，∠FDEを，∠xを用いて表すと，∠FDE＝[オ]と表せる。これより，∠FDEは，[カ]°より大きく[キ]°より小さいことがいえるから，鋭角である。同じようにして，∠DEF，∠EFDも鋭角である。よって，△ABCがどのような三角形でも，△DEFは鋭角三角形になる。

【航平さんの説明】の[オ]に当てはまる式を，∠xを用いて表しなさい。また，[カ]・[キ]に当てはまる数をそれぞれ求めなさい。

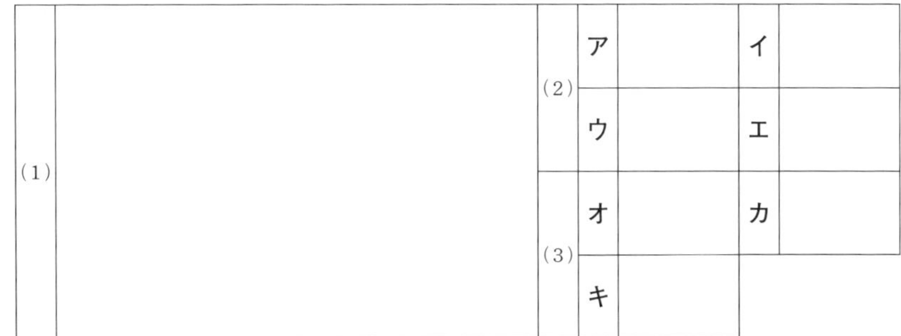

（1）		（2）	ア		イ	
			ウ		エ	
		（3）	オ		カ	
			キ			

令和３年度入試問題　理科（50分）

1　科学部の美咲さんたちは，ごみの分別が物質の性質の違いによって行われていることに興味をもち，話し合っています。次に示したものは，このときの会話です。あとの１～４に答えなさい。

美咲：ごみは，①<u>金属</u>やプラスチックなどの物質ごとに回収することで，再生利用しやすくなっているのよね。
海斗：うん。例えば，街に設置されている図１のようなごみ箱では，缶とペットボトルを分けて収集しているね。
美咲：そうね。そういえば，缶はスチール缶とアルミニウム缶があるけど，図２のように形がよく似ていて見分けがつきにくいよね。
海斗：そうだね。でも，スチール缶の方が重いよね。スチール缶は②<u>鉄</u>，アルミニウム缶はアルミニウムが主な素材だから，その密度の違いが関係するんだよ。
美咲：そうね。鉄の密度はアルミニウムの密度と比べてどのくらい大きいんだろう？
海斗：③<u>身の回りのもので鉄とアルミニウムの密度を調べてみようよ</u>。
美咲：おもしろそうね。鉄は鉄くぎで，アルミニウムは１円硬貨で実験してみましょう。

図１

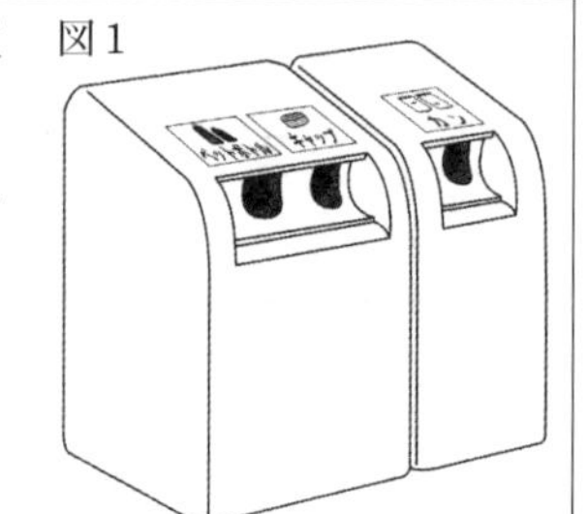

図２

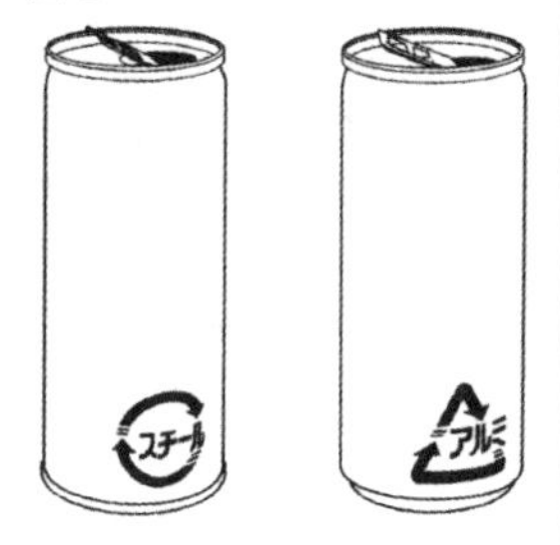

1　下線部①について，金属には，展性という共通の性質があります。展性について述べているものを，次の**ア**～**エ**の中から選び，その記号を書きなさい。

ア　引っ張ると細くのびる性質　　**イ**　磨くと特有の光沢が出る性質
ウ　たたくと薄く広がる性質　　**エ**　熱をよく伝える性質

2　下線部②について，鉄と塩酸が反応したときに発生する気体の化学式を書きなさい。

1		2	

3　下線部③について，美咲さんたちは，鉄くぎと１円硬貨を用意し，それぞれの密度を調べてレポートにまとめました。次に示したものは，海斗さんのレポートの一部です。次の（1）・（2）に答えなさい。

〔方法〕
Ⅰ　鉄くぎ30本の質量を電子てんびんで測定する。
Ⅱ　図３のように，メスシリンダーに水を入れ，目盛りを読む。
Ⅲ　図４のように，メスシリンダーの中の水に鉄くぎ30本を入れ，目盛りを読む。
Ⅳ　ⅢとⅡの目盛りの差を，鉄くぎ30本の体積の測定値とする。
Ⅴ　１円硬貨30枚についても，Ⅰ～Ⅳを同じように行う。

図３　図４

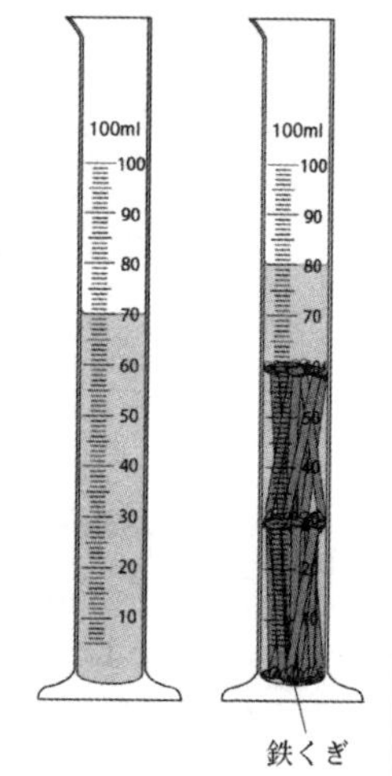

〔結果〕

	質量〔g〕	体積〔cm^3〕	密度〔g/cm^3〕
鉄くぎ30本	72.76	10.0	7.28
１円硬貨30枚	30.00	11.7	2.56

〔考察〕
〔結果〕から，鉄の密度はアルミニウムの密度のおよそ３倍である。
また，教科書には，鉄の密度は$7.87g/cm^3$，アルミニウムの密度は$2.70g/cm^3$と示されており，実験で調べた鉄とアルミニウムの密度はどちらも教科書に示された密度よりも小さかった。これは，メスシリンダーの中の水に入れた鉄くぎや１円硬貨に空気の泡がたくさん付いていたことで，［　　　］が主な原因と考えられる。

（1）　右の図は，100mLまで測定できるメスシリンダーに水を入れ，その水面を真横から水平に見たときのメスシリンダーの一部を示したものです。このとき，メスシリンダーの目盛りから読み取れる水の体積は何cm^3ですか。

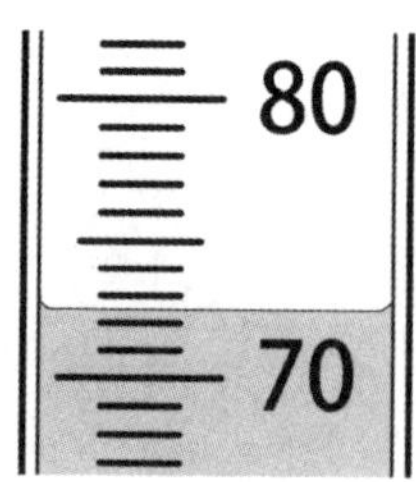

（2）〔考察〕中の［　　　］に当てはまる内容を簡潔に書きなさい。

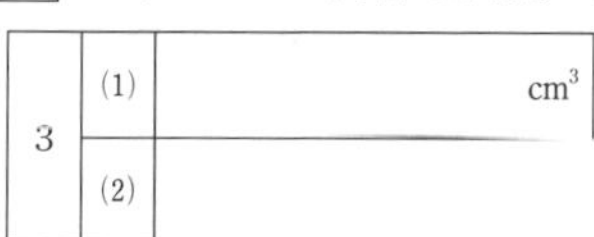

3	(1)	cm^3
	(2)	

4　美咲さんたちは，街に設置されているごみ箱では，ペットボトルの本体とふたは分けて収集されていることに興味をもち，本体とふたの素材について調べたところ，本体とふたは素材が異なり，ふたも2種類あることが分かりました。そこで，美咲さんたちは，密度を利用して本体と2種類のふたを分別する実験を考え，レポートにまとめました。次に示したものは，美咲さんのレポートの一部です。次の（1）・（2）に答えなさい。

〔調べたこと〕

ペットボトルの部分	本体	ふた1	ふた2
素材	ポリエチレンテレフタラート	ポリプロピレン	ポリエチレン
密度〔g/cm³〕	1.38 ～ 1.40	0.90 ～ 0.91	0.92 ～ 0.97

〔方法〕

図5

小片A　小片B　小片C

Ⅰ　図5のように，ペットボトルの本体，ふた1，ふた2とそれぞれ同じ素材からできている小片A～Cを用意する。

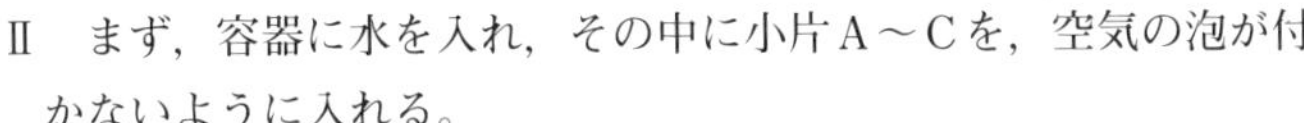

Ⅱ　まず，容器に水を入れ，その中に小片A～Cを，空気の泡が付かないように入れる。

Ⅲ　次に，水の密度よりも小さくなるように，ある量の④エタノールを水に混ぜた混合液Xを容器に入れ，その中に小片A～Cを，空気の泡が付かないように入れる。

図6

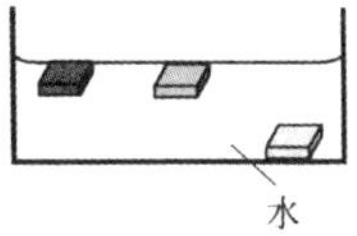

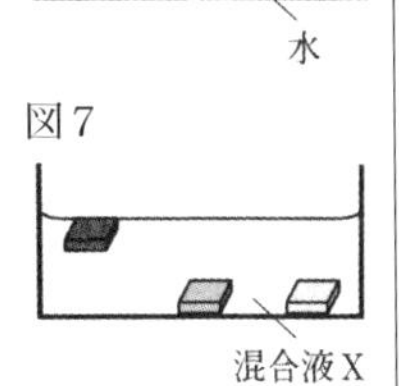

水

図7

混合液X

〔結果〕

Ⅱでは，図6のように，小片Aと小片Bは浮き，小片Cは沈んだ。

Ⅲでは，図7のように，小片Aは浮き，小片Bと小片Cは沈んだ。

（1）　下線部④について，水150gに，エタノール100gを溶かした混合液の質量パーセント濃度は何%ですか。

（2）　小片A～Cの素材はそれぞれ何ですか。次のア～ウの中から適切なものをそれぞれ選び，その記号を書きなさい。また，下の文は，この実験において，小片Bが水には浮いて混合液Xには沈んだ理由について述べたものです。文中の［ a ］・［ b ］に当てはまる内容を，それぞれ「密度」の語を用いて簡潔に書きなさい。

ア　ポリエチレンテレフタラート　　**イ**　ポリプロピレン　　**ウ**　ポリエチレン

この実験において，水の中に入れた小片Bが浮いたのは，［ a ］ためであり，混合液Xの中に入れた小片Bが沈んだのは，［ b ］ためである。

4	(1)	%	(2)	小片A		小片B		小片C	
				a			b		

2　生物部の彩香さんは，エンドウの若芽である豆苗（とうみょう）の茎を切り取って，残った部分の根を水に浸すと新しい茎や葉が出てくることに興味をもち，豆苗について調べてノートにまとめました。次に示したものは，彩香さんのノートの一部です。あとの1～3に答えなさい。

豆苗は食用として販売されており，購入時は写真1のように束になっている。写真2は茎を切り取った直後の残った部分を，写真3は茎を切り取って5日後の新しい茎や葉が出てきた様子を，それぞれ撮影したものである。また，右の図は，写真1の豆苗1本をスケッチしたものである。

写真1

写真2

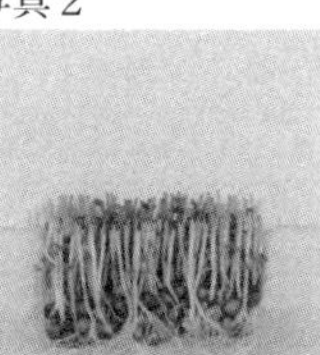

写真3

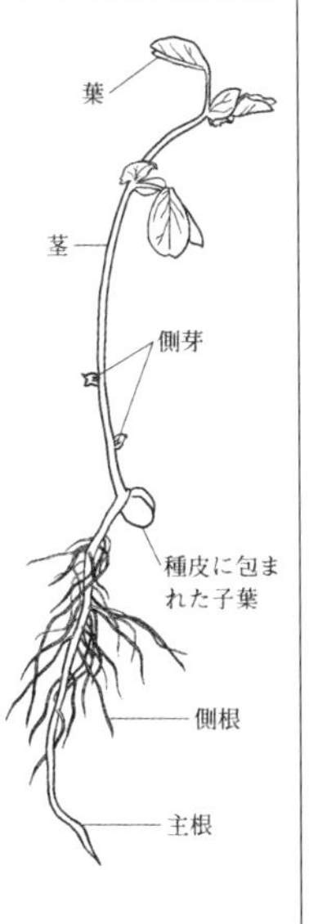

〔調べたこと〕

豆苗の①根は，主根と側根からなる。根の近くには，種皮に包まれた子葉がある。図のように，子葉の近くには側芽という芽が2つあり，②この2つの側芽を残すように茎を切り取ると，茎の先端に近い方の側芽が伸びて，新しい茎や葉となる。

1　下線部①について，あとの（1）～（3）に答えなさい。

（1）　次のア～エの中で，豆苗のように，根が主根と側根からなる植物はどれですか。その記号を全て書きなさい。

ア　タンポポ　　**イ**　ユリ　　**ウ**　トウモロコシ　　**エ**　アブラナ

（2）　豆苗の根の先端に近い部分の細胞を顕微鏡で観察するとき，接眼レンズの倍率は変えずに対物レンズの倍率を高くすると，視野の明るさと視野の中に見える細胞の数はどのようになりますか。次のア～エの中から適切なものを選び，その記号を書きなさい。

ア　視野は明るくなり，視野の中に見える細胞の数は少なくなる。
イ　視野は明るくなり，視野の中に見える細胞の数は多くなる。
ウ　視野は暗くなり，視野の中に見える細胞の数は少なくなる。
エ　視野は暗くなり，視野の中に見える細胞の数は多くなる。

（3）　次のア～カは，豆苗の根の先端に近い部分で見られた細胞分裂の各時期の細胞を，それぞれ模式的に示したものです。ア～カを細胞分裂の順に並べるとどうなりますか。アをはじめとして，その記号を書きなさい。

ア

イ

ウ

エ

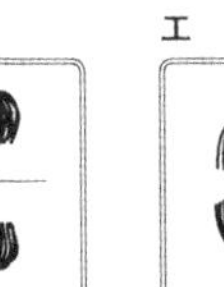

オ

カ

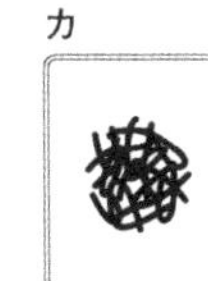

2　下線部②について，彩香さんは，新しく出てくる茎を成長させる細胞分裂が，新しく出た茎の先端から付け根までの間のどのあたりで盛んに行われているのか疑問に思い，調べてレポートにまとめました。次に示したものは，彩香さんのレポートの一部です。〔考察〕中の［ A ］に当てはまる内容を簡潔に書きなさい。また，［ B ］に当てはまる語として適切なものは，下の**ア**・**イ**のうちどちらだと考えられますか。その記号を書きなさい。

〔方法〕
　新しく出た茎に，油性ペンで等間隔に８つの・印を付け，その３日後の様子を調べる。
〔結果〕

新しく出た茎の成長の様子	
印を付けたとき	３日後

〔考察〕
　茎を成長させる仕組みが根と同じようなものだとすると，新しく出た茎に等間隔に付けていた印の間隔が［ A ］という結果から，新しく出た茎を成長させる細胞分裂が盛んに行われているところは，新しく出た茎の［ B ］あたりであると考えられる。

ア　先端　　　**イ**　付け根

1	(1)		(2)		(3)	ア→　→　→　→　→
2	A		B			

3　先生と彩香さんは，豆苗の新しい茎や葉が出て成長することや子葉について話し合っています。次に示したものは，このときの会話の一部です。次の（1）・（2）に答えなさい。

彩香：先生。豆苗の新しい茎や葉は，何回切り取っても必ず出てくるのでしょうか。
先生：いいえ。新しい茎や葉が出てくるのには限界があります。新しい茎や葉が出て成長するのには子葉が大きく関係します。③子葉には植物の成長に必要なデンプンなどの養分が蓄えられていて，新しい茎や葉が出て成長するときには子葉の養分が使われるのです。ですから，子葉に蓄えられていた養分は，新しい茎や葉が出て成長することに大きな影響を与えます。
彩香：そうだったんですね。分かりました。
先生：それでは，新しい茎や葉が出て成長することに、子葉に蓄えられている養分が使われるかどうかを確かめるための実験方法と，その結果を考えてみましょう。
彩香：えーっと。２本の豆苗を用意して、それぞれ豆苗Ｘと豆苗Ｙとします。まず，右の図のように，豆苗Ｘと豆苗Ｙの両方とも側芽を２つ残した状態で茎を切り取ります。次に，豆苗Ｘの方は［ C ］こととし，豆苗Ｙの方は［ D ］こととします。そして，この２つの豆苗を，他の条件を同じにして育てれば，豆苗Ｘは新しい茎や葉が出て成長しますが，豆苗Ｙは新しい茎や葉が出て成長するのは難しいと考えられます。
先生：そうですね。それでは実際にやってみましょう。

側芽を２つ残して
切り取った豆苗Ｘ

側芽を２つ残して
切り取った豆苗Ｙ

（1）　下線部③について，次の文は，子葉にデンプンが蓄えられていることを確認するための方法とその結果について述べたものです。文中の［ a ］に当てはまる語を書きなさい。また，［ b ］に当てはまる内容を書きなさい。
　子葉の切り口に［ a ］をつけると，子葉の切り口が［ b ］ことによって確かめられる。
（2）　会話文中の［ C ］・［ D ］に当てはまる内容をそれぞれ簡潔に書きなさい。

3	(1)	a		b	
	(2)	C		D	

3　ある学級の理科の授業で，直樹さんたちは，電流による発熱量が何によって決まるかを調べるために，電熱線に電流を流して水の上昇温度を測定する実験をして，レポートにまとめました。次に示したものは，直樹さんのレポートの一部です。あとの1～5に答えなさい。

〔装置〕

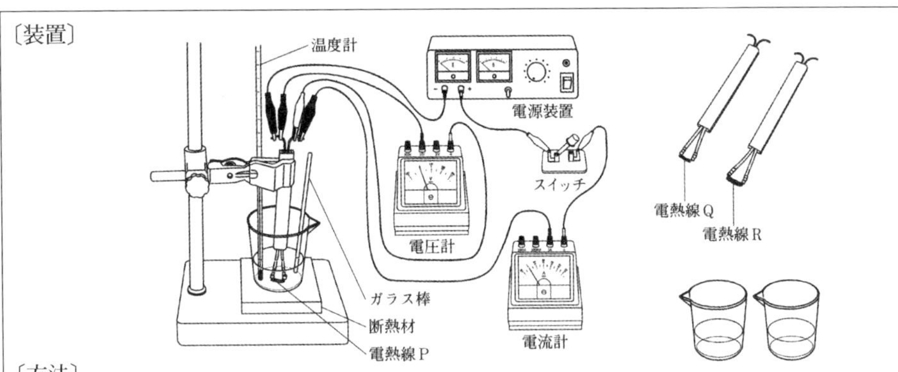

〔方法〕

Ⅰ　プラスチック製の容器に水100 gを入れ，室温と同じくらいの温度になるまで放置しておき，そのときの水温を測定する。

Ⅱ　抵抗値が2Ωの電熱線Pを使って，上の図のような装置を作る。

Ⅲ　電熱線Pに6.0 Vの電圧を加えて電流を流し．その大きさを測定する。

Ⅳ　①水をときどきかき混ぜながら，1分ごとに水温を測定する。

Ⅴ　抵抗値が4Ωの電熱線Qと，抵抗値が6Ωの電熱線Rについても，Ⅰ～Ⅳを同じように行う。

〔結果〕

○　電流の大きさ

	電熱線P	電熱線Q	電熱線R
電流〔A〕	3.02	1.54	1.03

○電流を流す時間と水の上昇温度

	時間〔分〕	0	1	2	3	4	5
電熱線P	水温〔℃〕	25.6	27.7	29.7	31.9	34.1	36.1
	上昇温度〔℃〕	0	2.1	4.1	6.3	8.5	10.5
電熱線Q	水温〔℃〕	25.6	26.7	27.8	28.8	29.8	30.9
	上昇温度〔℃〕	0	1.1	2.2	3.2	4.2	5.3
電熱線R	水温〔℃〕	25.6	26.3	27.1	27.8	28.5	29.1
	上昇温度〔℃〕	0	0.7	1.5	2.2	2.9	3.5

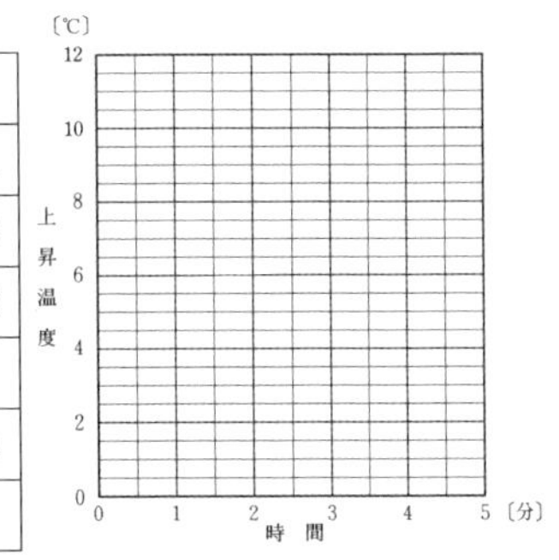

1　下線部①について，水をときどきかき混ぜないと水温を正確に測定できません。それはなぜですか。その理由を簡潔に書きなさい。

2　〔結果〕から，電熱線Pについて，電流を流す時間と水の上昇温度との関係を表すグラフをかきなさい。

3　電熱線P，電熱線Q，電熱線Rについて，それぞれ6.0 Vの電圧を加えて，同じ時間だけ電流を流したとき，電熱線が消費する電力と電流による発熱量との間にはどのような関係がありますか。〔結果〕を基に、簡潔に書きなさい。

4　直樹さんたちは，実験を振り返りながら話し合っています。次に示したものは，このときの会話です。下の（1）・（2）に答えなさい。

直樹：電熱線の抵抗値が大きいほど発熱量が大きくなると思っていたけど逆だったんだね。

春奈：どうしてそう思っていたの？

直樹：②家にあるストーブだよ。右の図1のように，2本の電熱線があるんだけど，電熱線は抵抗器だから，1本よりも2本で使用したときの方が抵抗値は大きくなり，発熱量も大きくなってあたたかくなると思ったんだよ。

図1

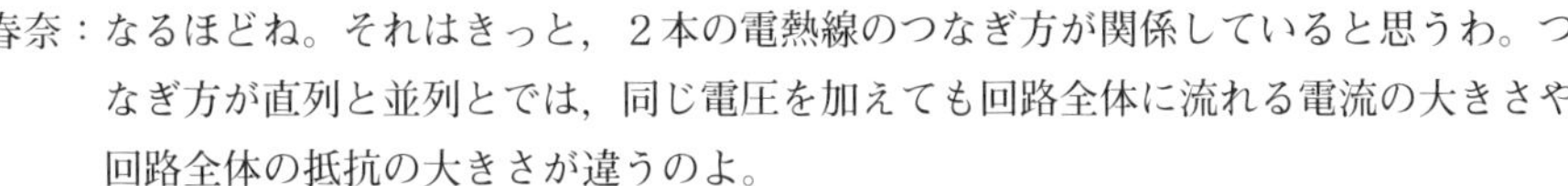

春奈：なるほどね。それはきっと，2本の電熱線のつなぎ方が関係していると思うわ。つなぎ方が直列と並列とでは，同じ電圧を加えても回路全体に流れる電流の大きさや回路全体の抵抗の大きさが違うのよ。

直樹：どういうこと？

春奈：例えば，右の図2，図3のように，2Ωの抵抗器を2個，直列につなぐ場合と並列につなぐ場合を考えるよ。どちらの回路も加える電圧を8Vとして，それぞれの回路全体に流れる電流の大きさと回路全体の抵抗の大きさを求めて比較すると分かるよ。

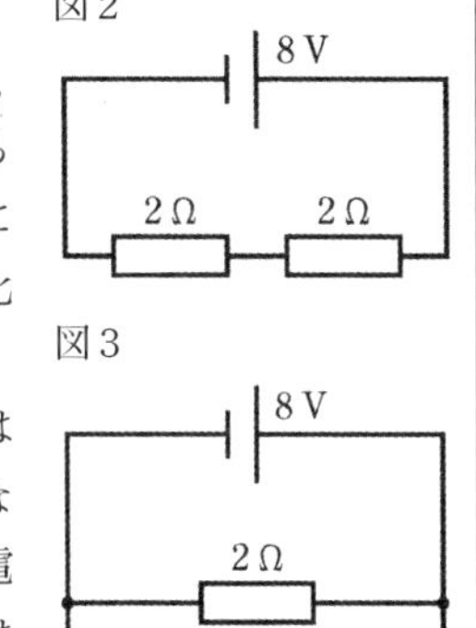

直樹：図2の回路では，回路全体に流れる電流の大きさは［a］Aで，回路全体の抵抗の大きさは［b］Ωになるね。それから，図3の回路では，回路全体に流れる電流の大きさは［c］Aで，回路全体の抵抗の大きさは［d］Ωになるね。確かに違うね。

春奈：そうよ。加える電圧は同じでも．抵抗器を直列につなぐより並列につないだ方が，回路全体の抵抗は小さくなり，回路全体に流れる電流は大きくなるから，全体の発熱量も大きくなり，あたたかくなるということよ。

直樹：そうだったんだね。

（1）　下線部②について，直樹さんの自宅の電気ストーブは，100 Vの電圧で2本の電熱線を使用したときの消費電力が800Wになります。この電気ストーブを800Wで30時間使ったときの電力量は何kWhですか。

（2）　会話文中の［a］～［d］に当てはまる値をそれぞれ書きなさい。

5　その後，直樹さんたちは，次の【回路の条件】を基に，家にある電気ストーブのように，電流を流す電熱線を０本，１本，２本と変えられる回路を考え，下の図に示しました。この図の中に示されているｅ～ｈの４つの［　　］に，電熱線Ｙ，２個のスイッチの電気用図記号及び導線を示す実線——のいずれかをかき入れ，回路の図を完成しなさい。ただし，それぞれの［　　］には，１つだけの電気用図記号または実線をかくことができるものとします。

【回路の条件】

・電源と，電熱線を２本，スイッチを２個使用し，それぞれを導線でつなぐものとする。
・２本の電熱線をそれぞれ電熱線Ｘと電熱線Ｙとする。
・２個のスイッチは，別々に操作でき，それぞれ「入れる」「切る」のいずれかに切り替えることができる。
・回路は，スイッチの操作により，「電熱線Ｘにのみ電流が流れる」「電熱線Ｘと電熱線Ｙの２本ともに電流が流れる」「電熱線Ｘと電熱線Ｙの２本ともに電流が流れない」の３つの状態のいずれかになり，「電熱線Ｙにのみ電流が流れる」という状態にはならないものとする。
・電熱線Ｙとスイッチの電気用図記号は，次のとおりとする。なお，導線は実線——で示すものとする。

	電熱線Ｙ	スイッチ
電気用図記号	─▭─	─╱ ─

e　g　f　h　電熱線Ｘ

1									
3									
4	(1)	kwh	(2)	a		b		c		d	

4

科学部の美月さんは，各季節の特徴的な雲や天気について興味をもち，調べてレポートにまとめました。次に示したものは，美月さんのレポートの一部です。あとの１～６に答えなさい。

〔季節の特徴的な①雲について〕

写真１

写真１は，夏に観察した雲の様子であり，［ A ］と考えられる。［ A ］は，②寒冷前線付近で寒気が暖気を押し上げることで強い上昇気流が生じて発達するものや，昼間に大気が局地的に強く熱せられることで強い上昇気流が生じて発達するものがある。［ A ］は，［ B ］雨を短時間に降らせることが多く，観察後，この地点でも雷をともなう雨が降った。

写真２

写真２は，春に観察した雲の様子である。この雲は巻層雲というううすく広がった白っぽい雲である。この雲は，氷の結晶が集まってできており，太陽からの光の進む道すじが氷の結晶中で曲げられることにより，写真２のように，太陽のまわりに光の輪が見えることもある。この雲が西からだんだん広がってくると，天気は下り坂になるといわれているのは，③温暖前線が接近してくることが考えられるためである。

〔各季節の天気について〕

	大気の動きと天気について
春・秋	移動性高気圧と低気圧が交互に日本列島付近を通ることにより，天気が周期的に移り変わることが多い。
夏	日本列島の南東で発達する高気圧により小笠原気団がつくられ，南東の④季節風が吹く，この季節風の影響により，日本列島は高温多湿で晴れることが多い。
冬	ユーラシア大陸で発達する高気圧によりシベリア気団がつくられ，北西の季節風が吹く。この⑤季節風の影響により，日本列島の日本海側では雪が降ることが多いが，太平洋側では乾燥して晴れることが多い。

1　下線部①について，次の文章は，雲のでき方についてまとめたものです。文章中の［　　］に当てはまる語を書きなさい。

水蒸気を含んだ空気のかたまりが上昇すると，周囲の気圧が低くなるため膨張して空気の温度は下がり，［　　］よりも低い温度になると，空気に含みきれなくなった水蒸気は水滴になる。このようにしてできた水滴が集まって雲をつくっている。

2　レポート中の［ A ］・［ B ］に当てはまる語はそれぞれ何ですか。次のア～エの組み合わせの中から最も適切なものを選び，その記号を書きなさい。

ア［ A ］：乱層雲　［ B ］：弱い
イ［ A ］：乱層雲　［ B ］：強い
ウ［ A ］：積乱雲　［ B ］：弱い
エ［ A ］：積乱雲　［ B ］：強い

3　下線部②について，美月さんは，日本のある地点を寒冷前線が通過した日の，その地点の０時から24時までの気温と湿度と風向を調べました。次の図は，調べた気温と湿度をグラフで示したものであり，あとの表は，調べた風向を示したものです。この日，この地点を寒冷前線が通過した時間帯として，最も適切なものを，あとのア～エの中から選び，その記号を書きなさい。

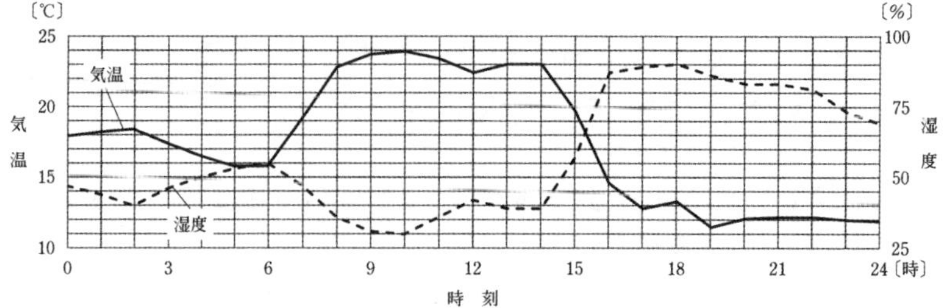

時刻〔時〕	0	1	2	3	4	5	6	7	8	9	10	11	12	13	14	15	16	17	18	19	20	21	22	23	24
風向	東	南南東	南南西	南南西	南南東	南南東	南西	南	南南西	南西	南西	西南西	南西	西南西	西南西	西	北北西	北	南西	北	北北西	南	南南西	北北西	北北西

（気象庁ウェブページより作成。）

ア　2時～5時　　イ　6時～9時　　ウ　14時～17時　　エ　20時～23時

4　下線部③について，温暖前線にともなう雲は，温暖前線から遠くにあるほど，氷の結晶を含みやすくなります。それはなぜですか。その理由を，「前線面」の語を用いて簡潔に書きなさい。

5　下線部④について，美月さんは，日本列島では，夏の季節風は南東から吹き，冬の季節風は北西から吹く仕組みについて調べて，次のようにまとめました。［ a ］に当てはまる内容を簡潔に書きなさい。また，［ b ］・［ c ］に当てはまる語はそれぞれ何ですか。下のア～エの組み合わせの中から適切なものを選び，その記号を書きなさい。

> 日本列島は，ユーラシア大陸と太平洋にはさまれている。
> 陸をつくる岩石などは，水よりも［ a ］性質がある。
> そのため，夏になると，ユーラシア大陸上の気温が太平洋上の気温よりも［ b ］なる。その結果，ユーラシア大陸上の気圧が太平洋上の気圧よりも［ c ］なるため，太平洋からユーラシア大陸へ向かって南東の風が吹く。
> 逆に，冬になると，太平洋上の気温がユーラシア大陸上の気温よりも［ b ］なる。その結果，太平洋上の気圧がユーラシア大陸上の気圧よりも［ c ］なるため，ユーラシア大陸から太平洋へ向かって北西の風が吹く。

ア［ b ：高く／ c ：高く］　イ［ b ：高く／ c ：低く］　ウ［ b ：低く／ c ：高く］　エ［ b ：低く／ c ：低く］

6　下線部⑤について，次の図は，冬の季節風と日本の天気を模式的に示したものです。また，下の文は，冬に日本列島の日本海側で雪が降ることが多いことについて述べたものです。文中の［　　］に当てはまる内容を，図を基に簡潔に書きなさい。

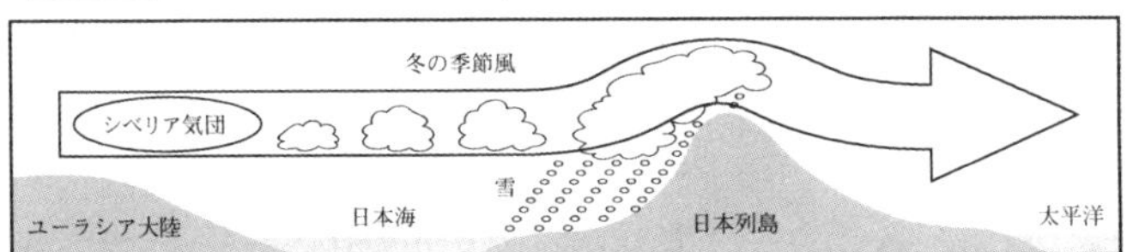

シベリア気団から吹き出す冷たく乾燥した空気は，［　　］ため，日本列島の日本海側では湿った空気に変化しており，それが日本列島の山脈にぶつかって上昇し，雲が発達するため，雪が降ることが多い。

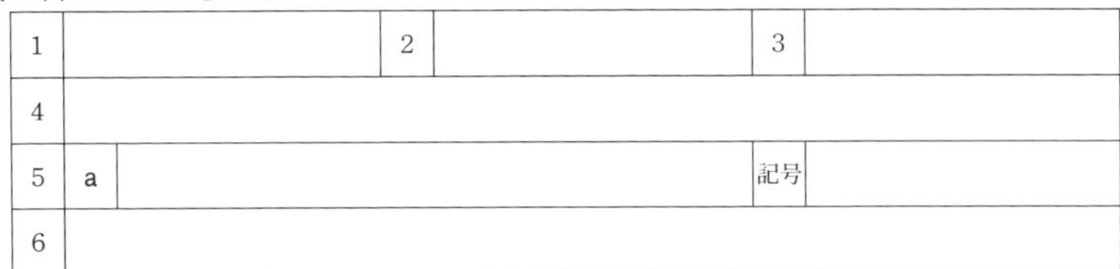

1		2		3	
4					
5	a			記号	
6					

令和３年度入試問題　社会（50分）

1　ある学級の社会科の授業で，「観光に注目して自然環境と人々の生活との関わりについて考える」というテーマを設定し，班ごとに分かれて学習することにしました。あとの１～３に答えなさい。

1　太郎さんの班では，アフリカの主な観光地について調べ，次の資料Ⅰ・Ⅱと地図Ⅰを見付けました。下の（1）・（2）に答えなさい。

資料Ⅰ

地図Ⅰ

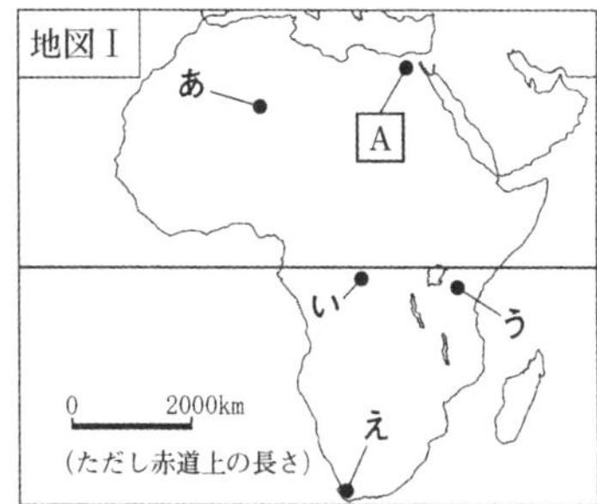

資料Ⅱ

（1）資料Ⅰは，草原地帯に生息する野生動物とその姿を観察する観光客の様子を撮影したものです。地図Ⅰ中の地点**あ**～**え**のうち，この写真が撮影された場所として最も適切なものはどれですか。その記号を書きなさい。

（2）資料Ⅱに関して，太郎さんは，この写真が地図Ⅰ中の地点［A］で撮影されたことを知り，さらにこのピラミッド付近の様子を調べて右の資料Ⅲを見付け，この付近で人々が生活していることに気付きました。太郎さんは，このことについて資料Ⅱ・Ⅲと地図Ⅰを基に，次のようにまとめました。太郎さんのまとめの中の［ a ］と［ b ］に当てはまる語はそれぞれ何ですか。下の**ア**～**エ**の組み合わせのうちから最も適切なものを選び，その記号を書きなさい。

資料Ⅲ

> 太郎さんのまとめ
> ピラミッドの付近は，［ a ］気候にも関わらず，資料Ⅲのように植物が見られ，人々が生活できるのは，［ b ］の水を利用することができるためと考えられる。

ア［ a　地中海性／ b　コンゴ川］　イ［ a　地中海性／ b　ナイル川］　ウ［ a　砂漠／ b　コンゴ川］　エ［ a　砂漠／ b　ナイル川］

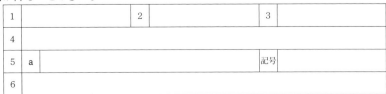

2　咲子さんの班では，日本の主な観光地である岐阜県白川村について調べました。次の（1）・（2）に答えなさい。

（1）右の資料Ⅳは，白川村の伝統的な住居を撮影したもので，豪雪地帯であるこの地域の自然環境に対応して，屋根の傾斜を急にするなどの工夫が行われています。このほかに日本の国内において，厳しい冬の気候に対応した住居の工夫にはどのようなものがありますか。次の**ア**～**エ**のうちから最も適切なものを選び，その記号を書きなさい。

ア　玄関や窓が二重になっている。

イ　移動式のテントが，動物の毛皮でつくられている。

ウ　日干しれんがをつくり，それを積み上げて壁をつくっている。

エ　屋根の瓦をしっくいで止めている。

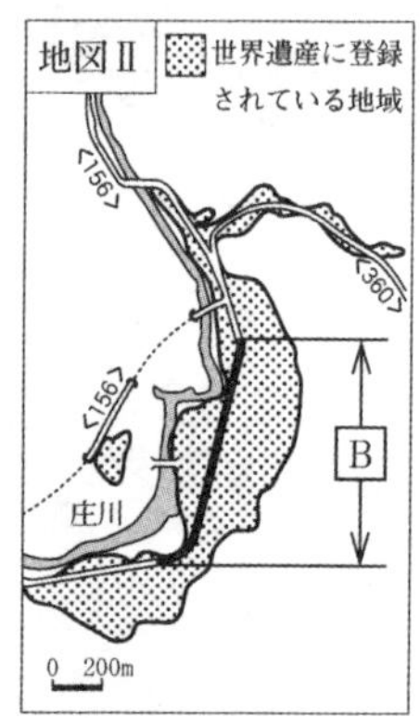

（2）右の地図Ⅱは，白川村で世界遺産に登録されている地域を示しています。白川村では，地図Ⅱ中の道路の B の区間において，2009年からある取り組みが行われています。下の資料Ⅴ・Ⅵは，その取り組みが行われる前とそれ以降の B の区間内の通りの様子を撮影したものです。これらの写真の様子から，B の区間ではどのような取り組みが行われていると考えられますか。簡潔に書きなさい。

ある取り組みが行われる前の様子

ある取り組みが行われ始めてからの様子

<table>
<tr><td>1</td><td>(1)</td><td></td><td>(2)</td><td></td></tr>
<tr><td rowspan="2">2</td><td>(1)</td><td></td><td colspan="2"></td></tr>
<tr><td>(2)</td><td colspan="3"></td></tr>
</table>

3　次郎さんの班では，世界各地の人々の暮らしの特色を知るために，インターネット上で世界を巡る観光ツアーの企画を提案することにし、次の ア ～ カ の資料を集めました。これらの資料は，それぞれあとの地図Ⅲ中に同じ記号で示された場所で撮影されたものです。あなたならどのような提案をしますか。あとのツアーの提案書を，条件1～3に従って完成しなさい。

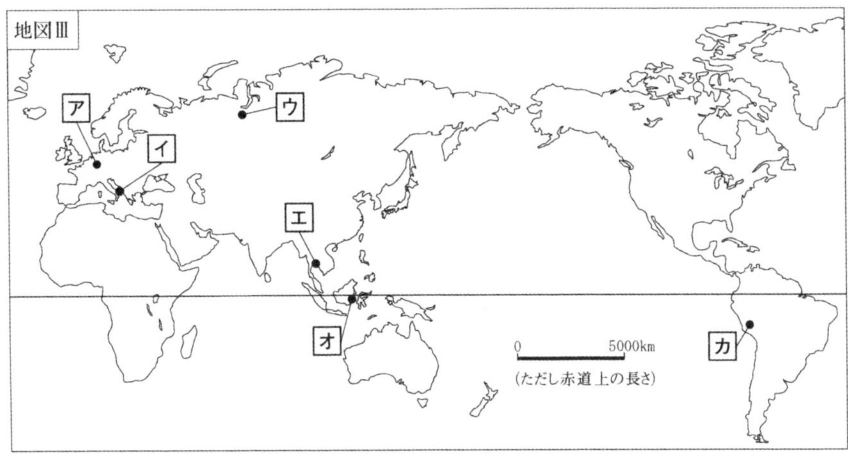

条件１　テーマ中の[X]には，衣服，住居，宗教のうち，いずれかを書くこと。

条件２　訪れる場所〈１〉・〈２〉には，[ア]～[カ]の場所のうち，このツアーのテーマに当てはまるものをそれぞれ選び，その記号を書くこと。

条件３　暮らしの特色〔１〕・〔２〕には，条件２で選んだ場所で撮影された資料について，このツアーのテーマに沿って，人々の暮らしの特色をそれぞれ書くこと。

ツアーの提案書	
テーマ	私は，「[X]に注目した人々の暮らしの特色」をテーマとしたツアーを提案します。
訪れる場所〈１〉	
暮らしの特色〔１〕	
訪れる場所〈２〉	
暮らしの特色〔２〕	

2　次の略年表は，「日本の経済の主なできごと」についてまとめたものです。あとの１～４に答えなさい。

	日本の経済の主なできごと
8世紀～10世紀	①708年に和同開珎が発行されるなど貨幣が発行され，使われた。
11世紀～12世紀半ば	貨幣の流通が途絶え，米や絹・布が貨幣として使われた。
12世紀半ば～16世紀	②中国の貨幣が流入し，使われた。
17世紀～19世紀前半	金貨・銀貨・銅貨が発行され，③貨幣を用いた経済活動が全国に広がった。
19世紀後半以降	「円」を単位とする貨幣制度が整えられ，紙幣も発行され，使われるようになった。④1882年，日本の中央銀行である日本銀行が設立された。

1　下線部①に関して，次の（1）・（2）に答えなさい。

（1）日本で発行された和同開珎は，次のア～エのうち，どの国の貨幣にならってつくられましたか。その記号を書きなさい。

ア 秦　**イ** 隋　**ウ** 唐　**エ** 元

（2）次のア～エのうち。和同開珎が発行されたころの日本の様子について述べた文として，最も適切なものはどれですか。その記号を書きなさい。

ア　稲作とともに鉄器や青銅器の製造法が伝わった。

イ　国ごとに国分寺と国分尼寺の建設が命じられ，都には東大寺が建てられた。

ウ　国ごとに守護が置かれ，荘園や公領ごとに地頭が置かれた。

エ　信仰によって結び付いた武士や農民が，守護大名を倒して自治を行った。

2　下線部②に関して，次の文章は当時の日本と中国で行われた貿易について述べたものです。文章中の[　　　]に当てはまる語は何ですか。その語を書きなさい。なお，文章中の２か所の[　　　]には同じ語が当てはまります。

> 室町幕府の足利義満は，幕府の財源を豊かにするため，明から銅銭とともに生糸，絹織物などを輸入し，日本から銅や硫黄などを輸出する貿易を行った。その際，国と国との貿易であることを確認するため[　　　]とよばれる証明書を用いたことから，この貿易は，[　　　]貿易とよばれた。

3　下線部③に関して，江戸時代になると，農村でも貨幣を用いた経済活動が行われるようになりました。次の図は，このころの新田開発と貨幣経済の広がりとの関連についてまとめたものです。下のア〜エのうち，図中の農業技術の発達の具体例として適切なものはどれですか。二つ選び，その記号を書きなさい。

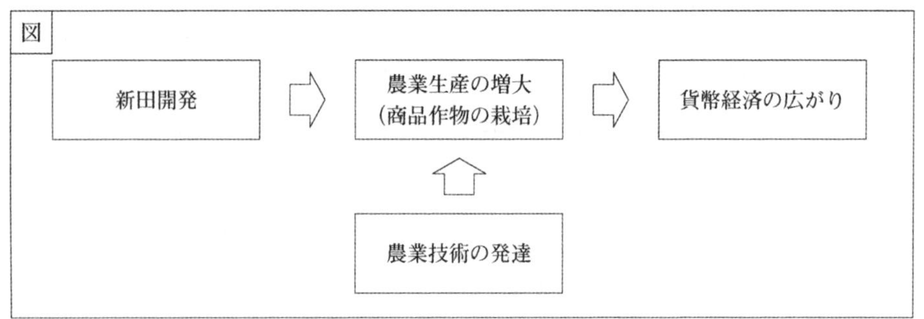

ア　同じ田畑で米と麦を作る二毛作が行われるようになった。
イ　脱穀のために使われる千歯こきが発明された。
ウ　肥料として草木の灰や牛馬のふんや堆肥が使われるようになった。
エ　干したイワシが肥料として取り引きされ，使われるようになった。

1	(1)		(2)	
2				
3				

4　下線部④に関して，次のレポートは，日本銀行が設立された理由について，下のグラフⅠ・Ⅱと資料を基にまとめたものです。レポート中の［ a ］と［ b ］に当てはまる語はそれぞれ何ですか。下のア〜エの組み合わせのうちから適切なものを選び，その記号を書きなさい。また，レポート中の［ c ］には，どのような内容が当てはまりますか。グラフⅠ・Ⅱを踏まえて，簡潔に書きなさい。

> レポート
> 　政府は，西南戦争の戦費を，政府の発行する紙幣と民間の銀行の発行する紙幣を増やすことでまかなった。このことによって，市場に出回る紙幣の量が増え，紙幣の価値が［ a ］ため，激しい［ b ］が起きた。そこで，日本銀行を設立することによって［ c ］を図ろうとしたと考えられる。

グラフⅠ

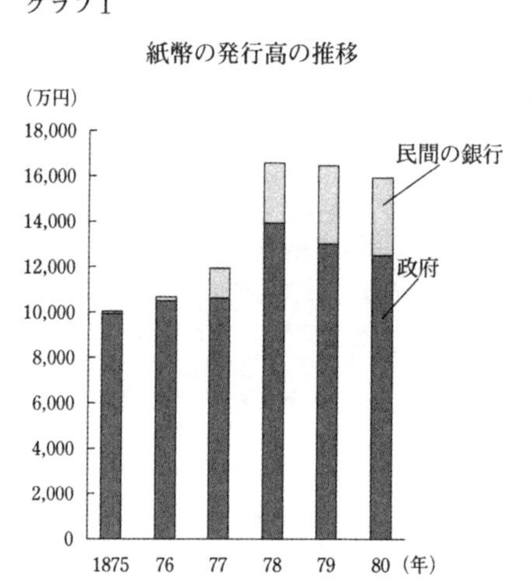

グラフⅡ

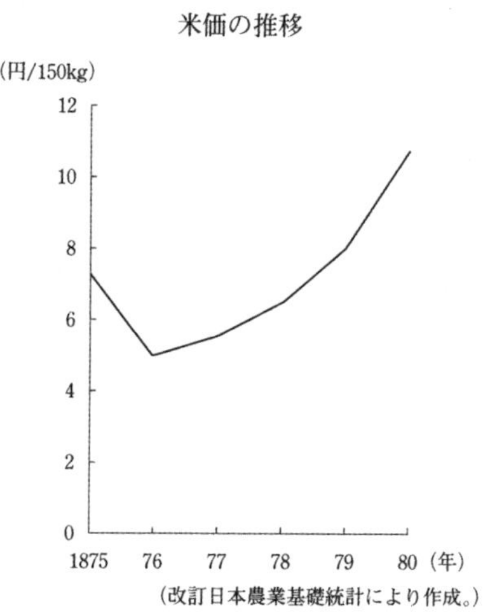

> 資料
> 1877年　政府は西南戦争を鎮圧した。
> 1878年　政府は西南戦争の戦費をまかなうための紙幣を発行した。

4	記号	
	c	

3 ある学級の社会科の授業で，「日本の地方自治の現状と課題」というテーマを設定し，班ごとに分かれて学習することにしました。あとの１～５に答えなさい。

1 太郎さんの班では，東京都に人口が集中していることに興味をもち，その理由を説明するために，右の表を作成しました。太郎さんの班は，この表を基に，東京都に人口が集中しているのは，東京都の転入超過数が他の道府県と比べて多いからだと考えました。さらに東京都の転入超過数が他の道府県と比べて多い理由を説明するために，資料を集めることにしました。どのような資料が必要だと考えられますか。次のア～エのうちから，最も適切なものを選び，その記号を書きなさい。

主な都道府県の転入超過数（人）
（2015 年，2016 年）

	2015年	2016年
北海道	-8,862	-6,874
宮城県	-76	-483
東京都	81,696	74,177
愛知県	8,322	6,265
大阪府	2,296	1,794
広島県	-2,856	-2,136
福岡県	3,603	5,732

転入超過数：他の都道府県から住所を移して入ってくる者の数から，出ていく者の数を差し引いた数
（総務省統計局ウェブページにより作成。）

ア 主な都道府県の出生率と死亡率
イ 主な都道府県の企業数と大学数
ウ 主な都道府県の耕地面積
エ 主な都道府県の年平均気温と年平均降水量

2 咲子さんの班では，地方公共団体の財源に興味をもち，その歳入について調べ，東京都とＡ県における 2017 年度の歳入の内訳を示した次のグラフを作成しました。グラフ中の X に当てはまる，国から配分される財源の名称を書きなさい。また，Ａ県は，歳入に占める X の割合が，東京都に比べて高いのはなぜだと考えられますか。その理由を，X が国から配分される目的に触れて，簡潔に書きなさい。

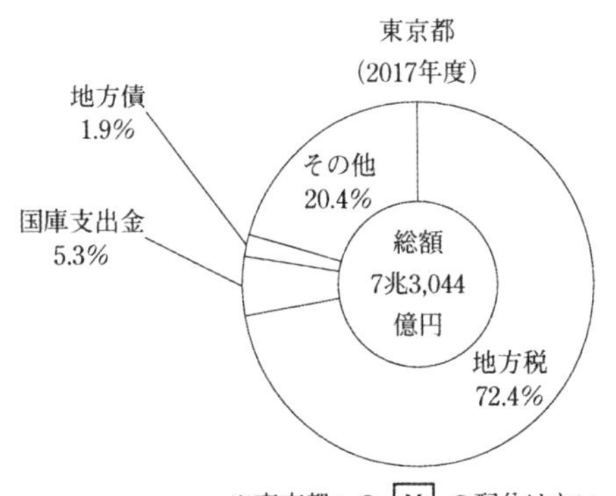

※東京都への X の配分はない。

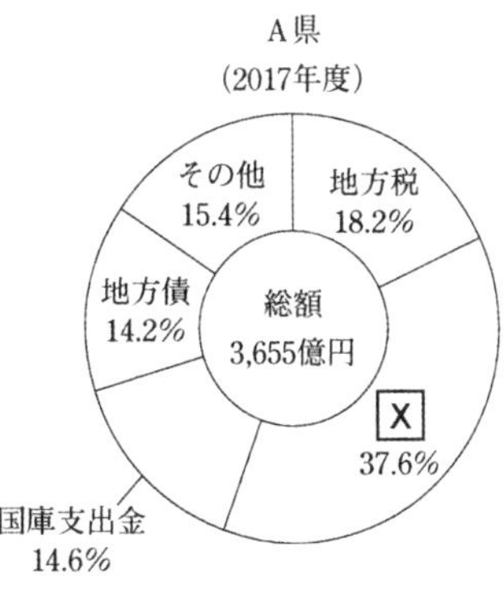

（データでみる県勢 2020 年版により作成。）

3 次郎さんの班では，1999 年に制定された地方分権一括法に興味をもち，なぜこの法律が制定されたのかを調べ，次の資料を見付けました。この資料は地方分権一括法に基づき，地方自治法に加えられた条文の一部を示したものです。次郎さんの班は，この資料を基に，地方分権一括法が制定された理由を下のようにまとめました。次郎さんの班のまとめの中の［　　　］に当てはまる適切な内容を書きなさい。

資料
国は，（略）地方公共団体との間で適切に役割を分担するとともに，地方公共団体に関する制度の策定及び施策の実施に当たって地方公共団体の自主性及び自立性が十分に発揮されるようにしなければならない。

次郎さんの班のまとめ
地方分権一括法は，国が地方の行うべき仕事に関わったり，地方が国の行うべき仕事を代わりに行ったりするような状況を改め，地方公共団体が地域の仕事を自主的に行うことができるようにするために，［　　　］ことを目指して制定された。

4 京子さんの班では，地方公共団体はどのように仕事を行っているのかについて調べ，日本の地方自治のしくみの一部を示した次の図を作成しました。下の（1）・（2）に答えなさい。

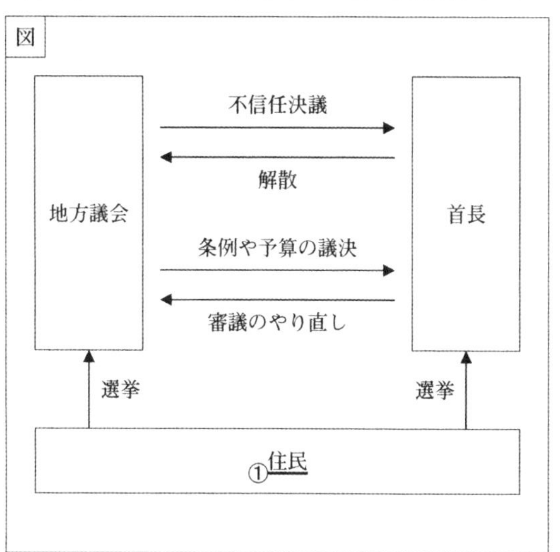

（1）京子さんの班では，図を基に，地方議会と首長との関係について，次のようにまとめました。京子さんの班のまとめの中の［　　　　］に当てはまる適切な内容を書きなさい。

京子さんの班のまとめ
　地方議会は，条例を制定したり，予算を決定したりしているが，首長は，これに対し審議のやり直しを求めることができる。また，地方議会は，首長が信頼できないとき，首長の不信任決議を行うことができるのに対し，首長は，議会を解散することができる。このようなしくみになっているのは，地方議会と首長の関係が，［　　　　］ためである。

（2）下線部①に関して，住民には，選挙権以外にも，条例の制定・改廃，監査，議会の解散，首長や議員の解職を求める権利が保障されています。選挙権以外のこれらの権利をまとめて何といいますか。その名称を書きなさい。

5　三郎さんの班では，地方公共団体の地域の活性化の取り組みについて調べ，次の資料を見付けました。この資料に示された取り組みにより，Ｂ県では，地域の活性化について，どのような成果が期待できると考えられますか。資料を基に簡潔に書きなさい。

資料
Ｂ県の取り組み
・伝統的な製鉄の技術を受け継ぐ世界的な企業と，加工技術で強みを有するＢ県の中小企業グループが，県内の大学，高等専門学校と連携した。
・Ｂ県の大学に研究センターを設置し，そこに世界トップクラスの研究者を迎え，航空エンジンや世界最高峰の高効率モーターに用いる先端金属素材の高度化に向けた共同研究を行い，人材を育成した。

（内閣官房ウェブページにより作成。）

1				
2	X		理由	
3				
4	(1)		(2)	
5				

4　ある学級の社会科の授業で，「技術革新によって自然災害における被害を小さくすることができるか」という課題を設定し，次のような話し合いを行いました。あとの１～３に答えなさい。

太郎：日本ではこれまで様々な自然災害が発生しているけど，①自然災害が発生しやすい危険な場所を事前に把握できれば，被害を小さくすることができるんじゃないかな。どのような取り組みがあったのかな。
咲子：②例えば，洪水などに対しては，昔からの工夫が今でも生かされているところがあるみたいだよ。昔の人々の知恵は，今を生きる私たちの生活を守るためにも重要だよね。
太郎：危険な場所の状況を把握できたら，次はその情報を的確に伝える技術も必要だよね。
咲子：③技術革新によって危険な場所の状況を的確に把握したり，伝えたりすることができれば，自然災害における被害を小さくすることができるんじゃないかな。

1　下線部①に関して，太郎さんは，土石流の被害が発生しやすい地形について調べ，次の地図を見付けました。地図の範囲に大雨が降った場合，土石流の被害を受ける危険性が最も高い場所は，地図中の地点**ア**～**エ**のうち，どこだと考えられますか。最も適切なものを選び，その記号を書きなさい。

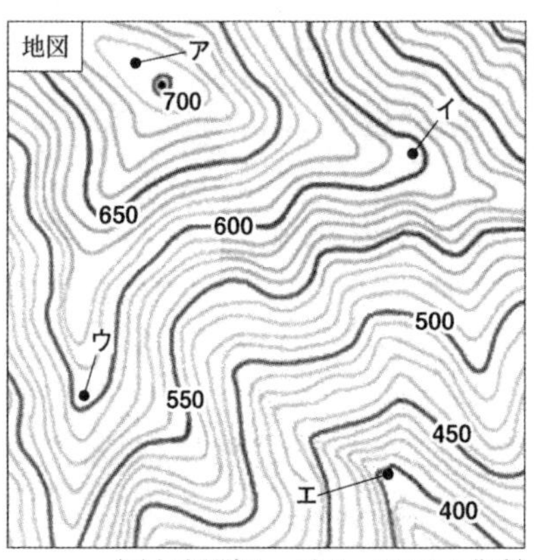

（国土地理院ウェブページにより作成）

2　下線部②に関して，咲子さんは，昔の人々がどのような工夫をして洪水による被害を小さくしたかを調べ，次の地形図を見付け，これを基に下のレポートをまとめました。レポート中の［X］～［Z］の図は．「通常時」，「氾濫時」，「氾濫後」のいずれかの河川の様子について模式的に示したものです。［X］～［Z］の図を，「通常時」，「氾濫時」，「氾濫後」の順に並べるとどうなりますか。その記号を書きなさい。

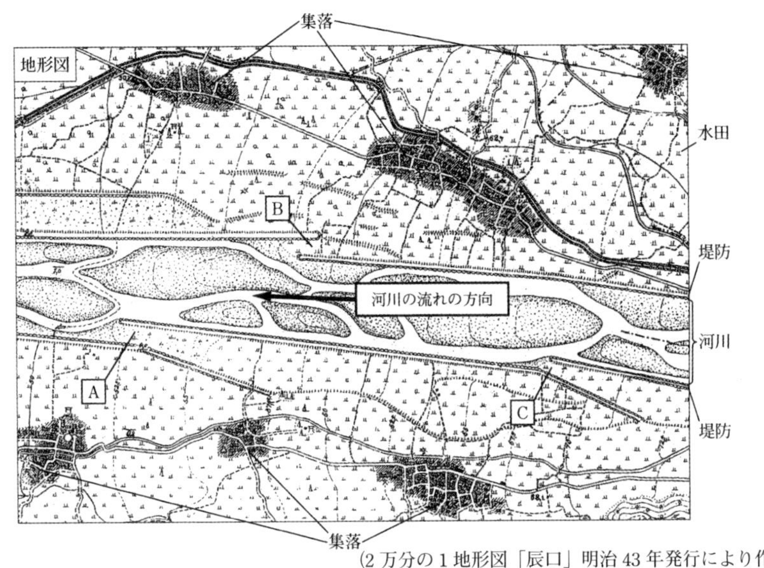

(2万分の1地形図「辰口」明治43年発行により作成。)

咲子さんのレポート

地形図中の河川をよく見ると，地点A～Cのように，堤防が切れてつながっていない部分が複数あることが分かる。このような堤防は，中世に開発された治水の技術を利用したものである。このような工夫によって，右の図のように，「通常時」は，水は河川の外に出ず，「氾濫時」にも，複数の決まった堤防の切れ目から水を分散させてあふれさせ，下流に流れる水の流量を減少させることができる。そして，「氾濫後」には，それらの切れ目から水が河川に戻るしくみになっている。

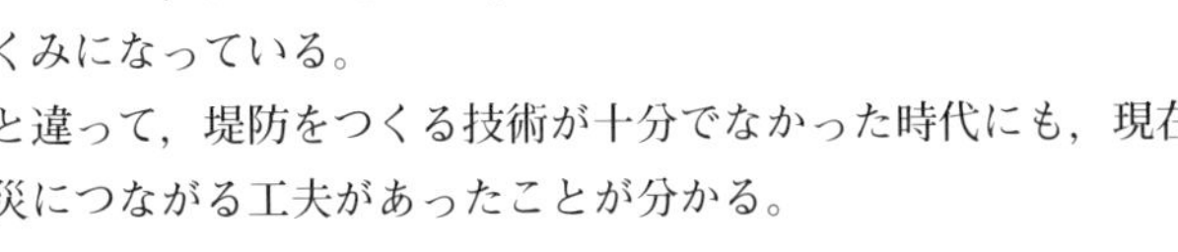

今と違って，堤防をつくる技術が十分でなかった時代にも，現在の防災につながる工夫があったことが分かる。

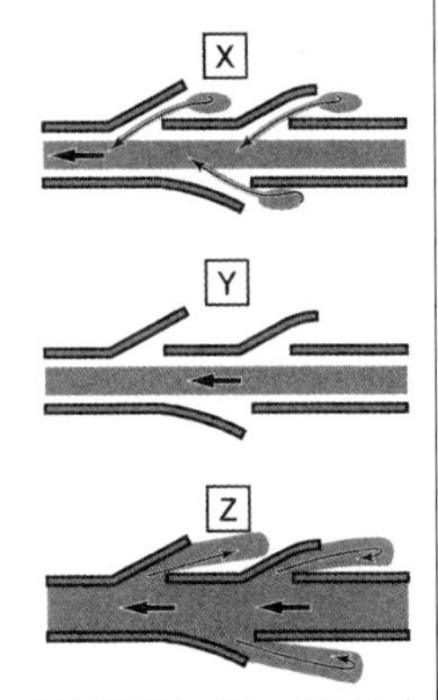

(国土交通省ウェブページによる。)

3　下線部③に関して，太郎さんと咲子さんは，防災に活用できる技術としてスマートフォンに着目し，さらに話し合いを行いました。次の会話はそのときのものです。あとの（1）・（2）に答えなさい。

太郎：スマートフォンには通話や電子メール以外にも，④写真などの情報を投稿して発信したり，自分が今いる場所や，そこから目的地までの経路を地図上に示したりすることもできるよね。スマートフォンの機能が防災にも役立つんじゃないかな。

咲子：⑤スマートフォンの機能をどのように防災に活用できるのかを考えてみようよ。技術革新によって自然災害から人々の生命を守ることができるような未来の社会がみえてきそうだね。

（1）下線部④に関して，ある県では，自然災害が発生したとき，可能な範囲で被害状況を情報発信することを県民に協力依頼しています。次の資料は，その情報を発信する際，配慮してほしいことをその県が示したものです。この配慮によって保護される権利は，日本国憲法には直接定められていませんが，社会の変化に伴って新たに主張されてきている権利です。この権利を何といいますか。その名称を書きなさい。

資料

住宅の倒壊などを投稿する場合には，場所の表記について，個人宅名や詳細な番地は掲載せず，「○○町○○丁目」や「○○市役所付近」などの住所が特定されないような表現としてください。

(埼玉県ウェブページにより作成。)

（2）下線部⑤に関して，咲子さんは，「大雨による自然災害が発生したとき，スマートフォンをどのように活用して安全な避難行動をとることができるか。」について考え，状況によって変化していく情報を，スマートフォンの画面に表示したハザードマップ上に示すことができれば，安全な避難行動に有効ではないかと考えました。次に示したスマートフォンの機能を参考に，自分が今いる場所から安全な場所まで避難するには，どのような情報をハザードマップ上に示せばよいと考えられますか。考えられる情報の例を二つ，簡潔に書きなさい。

〔スマートフォンの機能〕
1　情報の収集や発信をする機能
2　位置を表示する機能
3　経路を示し，誘導する機能

1		
2	「通常時」 → 「氾濫時」 → 「氾濫後」	
3	(1)	
	(2)	

四

青空中学校の生徒会では、地域で行われる避難訓練に向けて、「生徒会だより」を作成することにしました。次の【生徒の会話】は生徒会役員の森下さんと松山さんが行ったもので、【資料1】・【資料2】は森下さんが「生徒会だより」を書くために調べて準備したものです。これらを読んで、あとの〔問い〕に答えなさい。

【生徒の会話】

森下：これから書く「生徒会だより」にはどんなことを書いたらいいかなあ。今度の地域の避難訓練で、僕たちは避難所での受付・誘導係を体験するんだね。避難所の受付・誘導係をするには、どんなことに気を付けるといいのかな。受付・誘導係の役割についてはメモをとって来たのだけど…。これがそのメモだよ。

【メモ】

受付・誘導係の役割
・避難してきた人に氏名の記入を依頼。
・避難所全体の地図の提示、及び体育館、教室への誘導。
・トイレと更衣室の場所を確認。
・廊下や階段の右側通行を徹底。
・立ち入り禁止エリアへの立ち入りは厳禁、喫煙は喫煙所のみ可能であることを確認。
・手洗い、うがいの励行、マスク着用の注意喚起。

松山：地域の避難訓練には、子供からお年寄りまで様々な年代の人が参加するよね。このメモの言葉をそのまま伝えると難しいんじゃないかな。だから、必要な情報を分かりやすく伝えるために、留学生との交流会で使った「やさしい日本語」を使ったらいいんじゃないかと思うんだけど、どうかな。

森下：いい考えだね。でも、その交流会に参加していなかった人達は、「やさしい日本語」について知らないかもしれないね。地域の避難訓練の受付・誘導係をするときに、「やさしい日本語」を使ってもらうために、「生徒会だより」に文章を書いて、載せようよ。

【資料1】

「やさしい日本語」とは

一九九五年一月の阪神淡路大震災では、日本人だけでなく日本にいた多くの外国人も被害を受けました。そこで、外国人が災害発生時に適切な行動をとれるよう、災害情報を「迅速に」「正確に」「簡潔に」伝えるために考え出されたのが「やさしい日本語」の由来です。「やさしい日本語」は、外国人だけではなく、日本人にも分かりやすい日本語です。災害時はもちろん、普段のコミュニケーションにおいても有効です。絵や地図を示したり、筆談や身振りを合わせたりして「やさしい日本語」を使うと、より効果的です。

（資料1・2は「福岡市ウェブページ」などにより作成。）

【資料2】

「やさしい日本語」の作り方

・難しい言葉を避け、簡単な語彙を使う。
（例）河川の増水。→川の水が増える。
・一つの文を短くし、文の構造を簡単にする。
（例）下記のハガキ用紙にご記入の上、切り取って投函（とうかん）してください。→下のハガキに書いてください。そして、切り取って郵便ポストに入れてください。
こちらにおかけください。→ここに座ってください。
・あいまいな表現は避ける。
（例）午前八時過ぎに来てください。→午前八時十分に来てください。
・カタカナ語、外来語はなるべく使わない。
（例）ライフライン。→生活に必要な電気、ガス、水道など。

〔問い〕　森下さんは、「生徒会だより」に、「やさしい日本語」を紹介し、地域の避難訓練での受付・誘導係をする際に使用することを呼びかける文章を書くことにしました。あなたならどのように書きますか。次の条件1～3に従って書きなさい。

条件1　【生徒の会話】・【資料1】のそれぞれの内容を踏まえて書くこと。
条件2　受付・誘導係として使用する「やさしい日本語」については具体的な例を挙げて書くこと。その際には、【メモ】の中の役割について書かれた記述を取り上げ、【資料2】を参考にして「やさしい日本語」に作り替えて書くこと。
条件3　左に示している書き出しに続くように書き、内容に応じて段落を変え、二百五十字以内で書くこと。ただし、書き出しの部分は字数に含まないものとする。

私たち青空中学校の生徒は、今年度、地域で行われる避難訓練で受付・誘導係を体験することになりました。受付・誘導係を体験する際には、「やさしい日本語」を使って情報を伝えましょう。

三

次の文章を読んで、あとの問いに答えなさい。

柳は、花（桜の花）よりもなほ風情（ふぜい）に花あり（趣があって美しい）。水にひかれ風にしたがひて（水面に垂れて水の流れにまかせ風に吹かれ）、しかも音なく、夏は笠（かさ）[注1]なうして（なくて）休らふ人を①覆ひ、秋は一葉の水にうかみて風にあゆみ（浮かんで風の吹くままに漂い）、冬はしぐれ[注2]におもしろく（趣があり）、雪にながめ深し（雪の積もった眺めも趣がある）。桜は、初花[注3]より人の心もうきうきしく、きのふ暮れけふ暮れ、ここかしこ咲きも残らぬ折節は（花が満開のころには）、花もたぬ木の梢々（こずゑこずゑ）もうるはしく（美しく見せ）、暮るればまた、あすも来んと契（ちぎ）り置きしに（来ようと決めていたところが）、雨降るもうたてし（残念なことだ）。とかくして（このようにして）春も末になりゆけば、散りつくす世の有様を見つれど、②また来る春をたのむもはかなし（期待してしまうけれどそれもむなしい）。あるは遠山ざくら（遠い山に咲く桜）、青葉がくれの遅ざくら（青葉に隠れるように咲いている遅咲きの桜）、若葉の花、風情おのおの一様ならず（若葉の季節の桜の花の趣はそれぞれ同じではない）。桜は百華に秀（ひい）でて（多くの花にまさり）、古今もろ人の風雅の中立（なかだち）とす（昔も今も多くの人が趣を感じるきっかけとなっている）。

（「独（ひと）ごと」による。）

（注1）笠＝雨や雪、日光を防ぐために頭に直接かぶるもの。
（注2）しぐれ＝晩秋から初冬にかけて断続的に降る小雨。
（注3）初花＝その年のその木に初めて咲く花。

1 ①覆ひ の平仮名の部分を、現代仮名遣いで書きなさい。

2 次のア～エの中で、本文の内容に合っているものはどれですか。最も適切なものを選び、その記号を書きなさい。

ア 笠をもっていない旅人が、笠の代わりに柳の枝を手に持って歩く姿は趣があって美しい。
イ 柳は、冬の小雨の中や、雪の積もった風景の中にあっても趣があって美しい。
ウ 花が散った後の桜の青葉が、枝で風になびいている様子も趣があって美しい。
エ 桜は満開の時が美しいが、雨が降る中で花びらが散っている様子も一段と美しい。

3 ②また来る春をたのむもはかなし とあるが、何をむなしいといっているのですか。「……のに、……しまうこと。」という形式によって、現代の言葉を用いて書きなさい。

4 島内さんの班では、国語の時間に読んだこの文章の内容を踏まえて、卒業記念樹として植えるのは、柳と桜のどちらの木がよいかを提案するための話し合いを行いました。次の【生徒の会話】はそのときのもので、【ノート】は、島内さんが調べた内容を書いたものです。また、【下書き】は、島内さんが班で話し合った結果を提案するために下書きしたものです。あなたなら、どのように提案しますか。空欄Ⅰに柳か桜のどちらか一つの木の名前を書き、空欄Ⅱ・Ⅲに当てはまる適切な表現を、【ノート】と本文の内容を踏まえて現代の言葉を用いて書きなさい。

【生徒の会話】

島内：この文章を読むと、柳と桜に対する見方の違いが分かるね。卒業記念樹は、僕たち卒業生から在校生へのメッセージを込めて決めたいよね。決めるための参考になると思って、柳と桜が詠（よ）まれている和歌と、「市の木」として柳や桜を採用している市のウェブページで、「市の木」に採用した理由も調べてみたよ。
坂倉：ありがとう。文章の内容と【ノート】とを参考にしながら一緒に考えよう。今年の卒業記念樹は中庭に植えるんだよね。
中田：中庭には花壇とベンチがあるね。木の種類だけでなく、在校生が見る景色も考えながら決めたいね。
坂倉：私もそう思うわ。教室からも中庭が見えるよね。後輩たちが中庭を見て、どんな気持ちになる場所だったらよいかを考えながら選ぼうよ。
島内：文章の内容と僕のノートを見ながら、柳と桜のどちらを植えたらよいかを一緒に考えてみよう。

【ノート】

新古今和歌集より

うちなびき春は来にけり青柳（あをやぎ）の陰ふむ道に人のやすらふ　藤原高遠

〈現代語訳〉
春は来たのだなあ。青柳が茂って木陰を作っている道に、人が立ち止まって休んでいることよ。

桜咲く遠山鳥のしだり尾のながながし日もあかぬ色かな　後鳥羽（ごとば）上皇

〈現代語訳〉
桜の咲いている遠山の眺めは、長い長い春の日にも、見飽きない美しさであることよ。

柳や桜を「市の木」に選んだ理由

豊岡（とよおか）市（兵庫県）…しなやかで耐久力のある柳は、倒れても埋もれても再び芽を出すたくましい生命力を持ちます。雪の多い豊岡で、低湿地にもしっかりと根を張る柳は、豊岡市にとって最もふさわしい木と言えます。

小城（おぎ）市（佐賀県）…市内に日本さくら名所百選に選定された「小城公園」があり、県内有数の桜の名所として多くの観光客で賑（にぎ）わう。「力強さや生命力」、「優しさや美しさ」を感じる木として市民にも広く親しまれ、また、全国にシンボルとしてアピールできる木である。

【下書き】

選んだ木の名前…（　Ⅰ　）
選んだ理由…（　Ⅰ　）の木を選んだ理由は、後輩たちに（　Ⅱ　）というメッセージを伝え、中庭が（　Ⅲ　）場所であってほしいからです。

1	覆
2	
3	のに、 しまうこと。
4	Ⅰ 木の名前　Ⅱ

3　①クラシック音楽は、決して耳に心地よいだけの音楽ではありませんとあるが、次の文は、このことについて筆者が述べていることをまとめたものです。空欄Ⅰに当てはまる最も適切な表現を、文章中から十字以内で抜き出して書きなさい。

> クラシック音楽では、美しい調和した和音の響きで栄光や自然の美しさを表現するだけではなく、調和せずにぶつかり、強い緊張感と違和感を与える和音によって（　Ⅰ　）を表現することも、人々の人生を音楽で表現する上で重要である。

3

4　②価値ある演奏とあるが、次の【図】は、国語の時間にある生徒が、この文章における筆者の主張を踏まえ、オーケストラの演奏が価値ある演奏に至るまでの流れをまとめたものです。これを読んで、あとの(1)・(2)に答えなさい。

【図】

〈1　作曲家の役割〉
ビジョン・想念・感情などを楽譜に表現する。

←

〈2　指揮者の役割〉
（　Ⅱ　）

←

〈3　オーケストラの役割〉
（　Ⅲ　）

←

〈4　聴衆〉
作曲家のビジョン・想念・感情などを、指揮者・オーケストラを介して深く味わい、自らの人生を無意識に重ね合わせて感動する。

(1)　空欄Ⅱ・Ⅲに当てはまる適切な表現を、それぞれ二十五字以内で書きなさい。

(2)　さらに、この生徒は【図】中の傍線部分について、ベートーヴェンの「交響曲第九番」の演奏を聴いた聴衆が、ベートーヴェンのどのようなビジョン・想念・感情などを味わって感動に至るのかということに興味をもち、次の【ノート】にまとめました。あとの【資料】は【ノート】にまとめるために準備したものです。この【ノート】の空欄Ⅳに当てはまる適切な表現を、本文の内容と【資料】の内容を踏まえて七十五字以内で書きなさい。

【ノート】

> ベートーヴェンの（　　　Ⅳ　　　）を、指揮者・オーケストラを介して深く味わい、自らの人生を無意識に重ね合わせて感動する。

【資料】

> ベートーヴェンの生涯最後の交響曲として、また、合唱が導入されている点においても有名な交響曲第九番。最も知られている第四楽章はドイツの詩人シラー作『歓喜に寄す』に曲をつけたもので、この詩は人類愛を歌い上げており、十代のベートーヴェンはその詩の内容に強く共感し、ずっとその感動を心の中に大切にしまっていた。
> その後のベートーヴェンは、作曲家として成功する一方、家族とのもめ事や友人との別離を繰り返し、耳の具合も悪化の一途をたどっていた。不器用ながらも人間関係を大切にしていたベートーヴェンにとっては非常につらい日々だったが、この時期は、作曲の試行錯誤を重ねることができた期間ともなった。そして、ついに五十代で、長年抱いてきた、シラーの詩に対する感動を表現するべく、一心不乱に作曲に打ち込んだ。シラーの詩に出会ってから、三十二年を経て完成した労作である。交響曲第九番こそまさに、ベートーヴェンの哲学そのものである。

4				
(1)		(2)		
Ⅱ	Ⅲ			

二

次の文章を読んで、あとの問いに答えなさい。

クラシック音楽にあまり興味のない方とお話していると、「クラシック音楽は誤解されているなぁ」と思うことがしばしばあります。「オーケストラのコンサートって、スター指揮者が大げさに指揮棒を振って、オーケストラは一糸乱れぬようにそれに従って、ひたすら美しい音楽を奏でることを目指しているんでしょ?」と考えられているようなのです。音楽家やクラシック音楽愛好家にとっては、クラシックがこのように受け止められているとは思いもよらないことでしょう。

[　　]、美しいアンサンブル[注1]はクラシック音楽のもつ大切な要素の一つではありますし、正確で的確な音を演奏するために日々精進し、演奏技術を磨くことは、演奏家にとって非常に重要なことです。そして実際に、この数十年という時間で考えれば、演奏技術は目覚ましく進歩しています。これにより、より正確で美しいサウンドをもつ演奏が実現できるようになりました。オーケストラという、八十人以上もの音楽家が同時に演奏する場において、正確で的確なアンサンブルを奏でることの重要性は、今後も増しこそすれ、減ることはないでしょう。

しかしながら、本来オーケストラコンサートの目指すところを簡単に言えば、作曲家のビジョン[注2]・想念・感情などを、指揮者・オーケストラを介して聴衆に深く味わってもらうことなのです。「正確で的確なアンサンブル」は、そのような演奏に必要な要素と言えるかもしれませんが、それ自体がクラシック音楽の本質なのではありません。そして、自ら楽器をもたない（音を奏でることのできない）指揮者という名の「音楽家」が、いかにして自分の音楽をオーケストラに、味わい深い音楽を奏でさせるのか――その実現と、そこに至るまでの過程こそがオーケストラの醍醐味[注3]であると、私は考えます。

①クラシック音楽は、決して耳に心地よいだけの音楽ではありません。調和や栄光、自然の美しさを表した曲も数多くありますが、心の葛藤や後悔、別れや悲しみ、そしてあきらめという人間の負の感情に触れるものも少なくありません。耳に優しい和音、いわゆる調和した響きというものは確かに美しく、それだけでも人に生きてきた意味を感じさせることもあります。しかし、音と音が調和せずにぶつかり、強い緊張感とどこへ向かうかわからない違和感を与える和音も、同様に人々の人生を音楽で表現するには重要な要素なのです。

作曲をするとき、優れた作曲家は往々にしてそうした緊張感を伴う和声（和音の流れ）の後、シンプルで美しい和声へと、劇的にその音楽を昇華させるものです。不安を㋐ノり越えた先の満足、ルードヴィヒ・ファン・ベートーヴェンの『交響曲第九番』ではありませんが、苦悩の後の歓喜、そのストーリー自体がカタルシス[注4]を感じさせると言えるでしょう。人は音楽に広い意味での「物語」を感じ、自らの人生を無意識に重ね合わせ、感動するのです。

もちろん、オーケストラの面白さというのは、人によって、また、時によって様々です。そこに込められた意図はわからなくても、ただただ「美しい」と感じさせる演奏もあります。それだけで「これは価値がある演奏だ」と思って興奮するのもよいでしょうし、時として、何かの原因でばらばらになりかけたオーケストラのアンサンブルが、それでもぎりぎりのところで美しさを目指してまとまろうとする姿に興奮するのも、どちらもあなたの人生にとって意味のある楽しみ方なのです。

しかし、一つだけ確かなのは、ステージの上で意味のあることが何も起きていないオーケストラのコンサートは面白味に欠けるものである、ということです。私は、たとえ正しい音符に正しいリズム、美しい音があったとしても、そこに興奮や喜びを感じさせる「何か」がなければ、それは②価値ある演奏とは言えないと考えます。

日本でもよく知られているヘルベルト・フォン・カラヤンという指揮者はピョートル・チャイコフスキーの「交響曲第六番　悲愴」だけで六回の録音を残しました。これは、曲の解釈が時代や指揮者自身の成長・変化によっても㋑コトなることや、オーケストラが違えば同じ曲でも演奏するたびに違う表情をもつということが前提となっています。指揮者が圧倒的な創造意欲というものをもっていれば、同じ演奏が繰り返されることはまずありえないことなのです。

つまり、オーケストラの演奏はルーティン[注5]化したお決まりの演奏（音楽）を味わうためのものではなく、もっとスリリング[注6]な楽しさをもっているということです。指揮者が楽譜から曲のビジョンをどう読み取ったのか、そしてどう曲を解釈したか、さらにそれがどのようにオーケストラに伝わり、その情熱が音としてどう現れたかという、その演奏の一回性[注7]にこそ、真の楽しみがあるのです。

（藤野栄介「指揮者の知恵」による。）

（注1）アンサンブル＝演奏の統一性やバランスのこと。
（注2）ビジョン＝構想。
（注3）醍醐味＝物事の本当の面白さ。
（注4）カタルシス＝心の中に解消されないで残っていたある気持ちが、何かをきっかけにして一気に取り除かれること。
（注5）ルーティン＝いつも行う手順。
（注6）スリリング＝はらはら、どきどきさせるさま。
（注7）一回性＝一回起こったきりで、繰り返すことがない性質。

1　㋐・㋑のカタカナに当たる漢字を書きなさい。

2　[　　]に当てはまる最も適切な語を、次のア～エの中から選び、その記号を書きなさい。

ア　確かに　　イ　むしろ　　ウ　けれども　　エ　なぜなら

1	
㋐	り
㋑	なる

2

（注1）鷹匠＝鷹を飼育、訓練して、狩りをする人。
（注2）ねぐら入り＝鳥が巣ごもりする四、五月の繁殖期。
（注3）苦悶＝苦しみもだえること。
（注4）「詰め」＝絶食させること。
（注5）精悍＝動作や顔つきが鋭く、力強いこと。
（注6）老猾＝経験を積んでいて、悪賢いこと。
（注7）だども＝けれども。
（注8）足革＝狩りのときに鷹の脚に付ける革ひも。

1　㋐〜㋒の漢字の読みを書きなさい。

2　□に当てはまる適切な語を書きなさい。

3　①どうか元気でいてくれるようにといのりながら……　とあるが、鷹匠が、このようにいのっているのはなぜですか。四十字以内で書きなさい。

4　②手を焼いている　とあるが、この表現は、どのような様子を表現したものですか。次のア〜エの中から最も適切なものを選び、その記号を書きなさい。

ア　いい加減な気持ちで対処している様子。
イ　対処や処理に苦労している様子。
ウ　密か（ひそ）に人を使って調べたり、働きかけたりしている様子。
エ　将来を予測して対策が立てられている様子。

5　この作品（戸川幸夫「爪王」）は漫画化されており、次の【資料】は、この文章の続きの場面を描いている漫画の一コマです。この文章の続きの場面を漫画で読んだ生徒と小説で読んだ生徒が、【資料】に書かれている鷹匠のせりふについて会話をしています。あとの【生徒の会話】はそのときのものです。これらを読んで、空欄Ⅰ・Ⅱに当てはまる適切な表現を、それぞれ書きなさい。

【資料】

（矢口高雄「野性伝説　爪王」による。）

【生徒の会話】

西川：　僕はこの文章の続きを漫画で読んだよ。吹雪と赤ぎつねの決闘後の一コマがこれだよ。

鈴木：　あれ？　僕はこの文章の続きを小説で読んだんだけど、【資料】のせりふは書かれてなかったよ。この一コマは、小説では「吹雪は、激しい息遣いをしながら、赤ぎつねをしっかと押さえ付けて、誇らしげに待っていた。」という描写のみで鷹匠の言葉は書かれていないんだよ。どのようにして、このせりふは生み出されたのかなあ……。僕は、鷹匠が吹雪の足革を解き放して戦いに行かせたときの、鷹匠の決意が関係していると思うなあ。

西川：　確かにそうだね。そのことに加えて、これまでの吹雪との関係から生まれた鷹匠の気持ちが、このせりふに表現されているんじゃないかな。僕は、吹雪が（　Ⅰ　）にも関わらず、赤ぎつねを倒して、鷹匠を誇らしげに待っていたところから、鷹匠の吹雪に対する称賛と、（　Ⅱ　）気持ちから生み出されたせりふだと考えたよ。

鈴木：　そうだね、僕もそう思うよ。その鷹匠の気持ちが漫画では「おめえってヤツは　おめえってヤツは…」という言葉で表現されたんだね。

1	
㋐	
㋑	
㋒	いだ

2

3

4

5	
Ⅰ	Ⅱ

令和3年度入試問題　国語（50分）

一　次の文章を読んで、あとの問いに答えなさい。

注1鷹匠である老人は、優れた若鷹を手に入れ、「吹雪」と名付けて育て上げた。ある日、安楽城村（現在の山形県真室川町）の村長に赤ぎつねの退治を依頼され、退治に向かった。赤ぎつねとの戦いは壮絶で、激しい攻防の中、鷹匠は吹雪を見失い、吹雪の行方は分からなくなってしまった。吹雪がその後どうなったのか、手掛かりのないまま四日目が過ぎようとしていたその日の夜、吹雪は鷹匠の家にもどってきた。

吹雪は弱りきっていた。左の翼はだらりと下がり、羽は折れ、爪ははれ上がって止まり木に止まることすらできなかった。ただその刺すようなまなざしが、「失敗はしたが、負けたのではない。」とうったえていた。

鷹匠は椀に水をくみ、傷ついた親友に与えた。吹雪は少しだけ飲んだ。折れた羽を切り、肉と皮の間に出来た気泡をしぼって空気を押し出し、青木の葉をすって酢にとかした汁を傷口に付けた。鷹匠は眠らずにみとった。この傷で、野生にももどらず、自分のふところにもどってきた吹雪がいとしくてならなかった。手当ては順調に進み、吹雪の傷はぐんぐんとよくなった。春、注2ねぐら入りの季節が来るころには、いちばん重かった足指のはれもほとんど引いていた。吹雪は戸外の鷹小屋に移され、また太った。

しかし、鷹匠にはおそれが残った。吹雪の闘魂が、負傷と同時に傷つけられてしまったのではなかろうかという心配だった。

鷹匠は、吹雪がきつねをおそれることをおそれた。一匹のきつねをとる、とらないは、収穫の上ではたいした問題ではなかった。しかし、鷹匠としての、また優れた鷹としての誇りからいえば大問題だった。獲物をおそれる鷹は、名鷹とはいえない。同時に、そんな鷹を作り上げた鷹匠も、名匠とはいえないのだ。鷹匠が六十余年の生活の最後を飾るものとして探し出した吹雪、そして、長くない全生命をかけているこの吹雪が、あの赤ぎつねをおそれるとしたら、すべての希望は足下からくずれ去るのだ。鷹匠は苦悩と注3苦悶の日を重ねた。そして得た結論は、死か名誉かであった。愛するものを失うか、誇りを守るかであった。すべてを得るか、すべてを無にするかであった。鷹匠は、もう一度吹雪をあの猪ノ鼻岳の赤ぎつねと戦わせようと決心した。今度こそあの赤ぎつねを倒すか、吹雪を失うかなのだ。

□の傷は治しえても、気性の傷は治すことが困難である。おびえのきた鷹は救いがたい。

鷹匠は準備に取りかかった。再び、「注4詰め」の季節が来た。吹雪は注5精悍にやせた。狩りの冬、鷹匠は、もううさぎや山鳥を追わせなかった。野犬にかからせ、ねこを襲わせた。飼いぎつねを求めて、それをもねらわせた。ふくろうやおお鷹も訓練の犠牲に供した。爪ときばをもって㋐抵抗する生き物は、次々と吹雪の前にほうり出され、吹雪の爪とくちばしとを鋭く㋑研いだ。これが、その後三年間の鷹匠と吹雪の生活だった。

いよいよ戦いの時が来た。鷹匠は慎重に詰めた。例年ならば野生にもどるのをおそれて体力を落とすのだったが、鷹匠は吹雪に勝敗のみをかけた。十分に戦えるためには、やはり強い体力を与えねばならない。「詰め」は早めに切り上げられた。吹雪は七歳。羽毛は黒褐色となり、闘志と充実した体力とがみなぎった。鷹匠は、おいっこを安楽城村の村長のもとにやり、猪ノ鼻岳の赤ぎつねの消息を尋ねた。心の中では、①どうか元気でいてくれるようにといのりながら……。

おいっこは間もなくもどってきて、赤ぎつねはますます注6老獪になり、このごろでは昼間もおおっぴらに現れるようになって、村でも②手を焼いていることを話し、「注7だども、『鷹ではもうだめだべ。』と、村長は言うけ。」と報告した。鷹匠は、おいっこにはなんにも言わなかった。老人はだまって鷹部屋に行くと、吹雪をこぶしにすえ、「いいか、吹雪。今度こそだじぇ。」と、吹雪の胸骨をなでた。

鷹匠は、間もなく、吹雪と安楽城村に行った。家人の心配も、村人の軽蔑も、問題ではなかった。鷹匠は、赤ぎつねの足どりやねぐらを調べ、翌朝早く、吹雪をこぶしにすえて弁慶山に急いだ。弁慶山は、峰続きの猪ノ鼻岳より百二十メートルほど高い。上から下を襲うという鷹族の習性に従って、鷹匠は弁慶山の頂にたたずんで待った。めずらしく風はなく、死のような静寂が峰を包んでいた。峰の上には、星がこおっていた。そのために、寒さがいっそう厳しく感じられた。

鷹匠は、吹雪を温めるようにだいて、じっと待ち続けた。やがて東の空に、青白い朝の気配が動き始めた。鷹匠と鷹は更に待った。時がたった。日はまだ出ないが、周囲は白く明るくなった。と、魚止森と猪ノ鼻岳の間の相沢川を渡って、ちらっと動く黒点が見られた。吹雪のひとみが鋭く光った。鷹匠は双眼鏡を取り出し、目に当てた。雪の㋒反射が視界を広げた。黒点は、まぎれもないあの赤ぎつねだった。が、赤ぎつねも、この三年間に見違えるほどだけだけしくなっていた。彼は、今朝も口に獲物をくわえていた。赤ぎつねは、一度川べりの林の中に姿を消したが、しばらくするとまた出てきた。そして、今度は尾根に登り始めた。

鷹匠は、まだ吹雪を放さなかった。彼はふり返って、吹雪の様子を見た。もし吹雪が羽毛をふくらませているのであったら、この鷹はおそれを感じている。だが、吹雪は、静かに時の来るのを待っている。この前のような興奮した荒々しさは見られなかった。

うん、これなら大丈夫だ——と、鷹匠は自信を持った。赤ぎつねは、猪ノ鼻岳の山頂に近いこんもりと茂った森に入ろうと急いだ。そこに彼の家があるらしかった。鷹匠は、吹雪の脚に付けてあった注8足革を解き放した。そのことは吹雪に全くの自由を、野生さえも許したことだった。吹雪が野生にもどろうと思えば、そのまま野生に帰り得るのだ。だが、鷹匠は、吹雪がこれから行う死を賭した決闘に、少しでもさまたげになるものは除かねばならぬと思った。赤ぎつねのにくにくしげな姿が、レンズいっぱいに広がった。その顔には、この前の戦いで吹雪が付けた爪跡が、まだ黒く残っていた。鷹匠は、こぶしを静かに引いた。吹雪は、冠羽を逆立て、身をしずめた。「それっ！」鷹匠のこぶしが気合いをこめて前方に突き出されると、吹雪の体は軽々と飛んだ。

（戸川幸夫「爪王」による。）

1 放送を聞いて答えなさい。

問題A　これから，No. 1 ～ No. 4 まで，対話を 4 つ放送します。それぞれの対話を聞き，そのあとに続く質問の答えとして最も適切なものを，ア～エの中から選んで，その記号を書きなさい。

（放送の内容）

No. 1　A ：Bob, look at this picture! My younger sister drew it for me yesterday.
B ：Oh! The cat is very cute.
A ：I think so too. I also like the many stars around the cat.
B ：She can draw pictures very well.
Question No. 1: Which picture are they talking about?

No. 2　A ：Dad, you have a big box. What's in it?
B ：There are eleven apples. I got them from my friend, Mr. Tanaka.
A ：Really? Mom and I have just bought three apples at the store.
B ：Now we have so many apples! Jane, why don't you make an apple pie?
A ：That's a good idea.
Question No. 2: How many apples does Jane's family have?

No. 3　A ：Shota, you're going to talk about your dream in the English class on Friday. It's already Wednesday. Are you ready?
B ：No, Ms. Brown. Can I ask you some questions about it?
A ：Yes, but it's 5 o'clock now. I'm sorry. I have to leave school. Can you come and see me after school tomorrow?
B ：Yes. Thank you, Ms. Brown.
A ：You're, welcome.
Question No. 3: When should Shota visit Ms. Brown?

No. 4　A ：Masato, did you watch TV last night? Your favorite singer sang a new song! It was so exciting.
B ：Oh, I didn't watch it. I usually do my homework before dinner and then enjoy watching TV, but I was busy last night.
A ：What happened?
B ：Well, when I got home yesterday, my mother looked busy. So I cooked dinner with her and did my homework after dimner.
A ：I see. Do you often cook dinner?
B ：No, I don't. But I enjoyed it very much.
Question No. 4: Why did Masato do his homework after dinner last night?

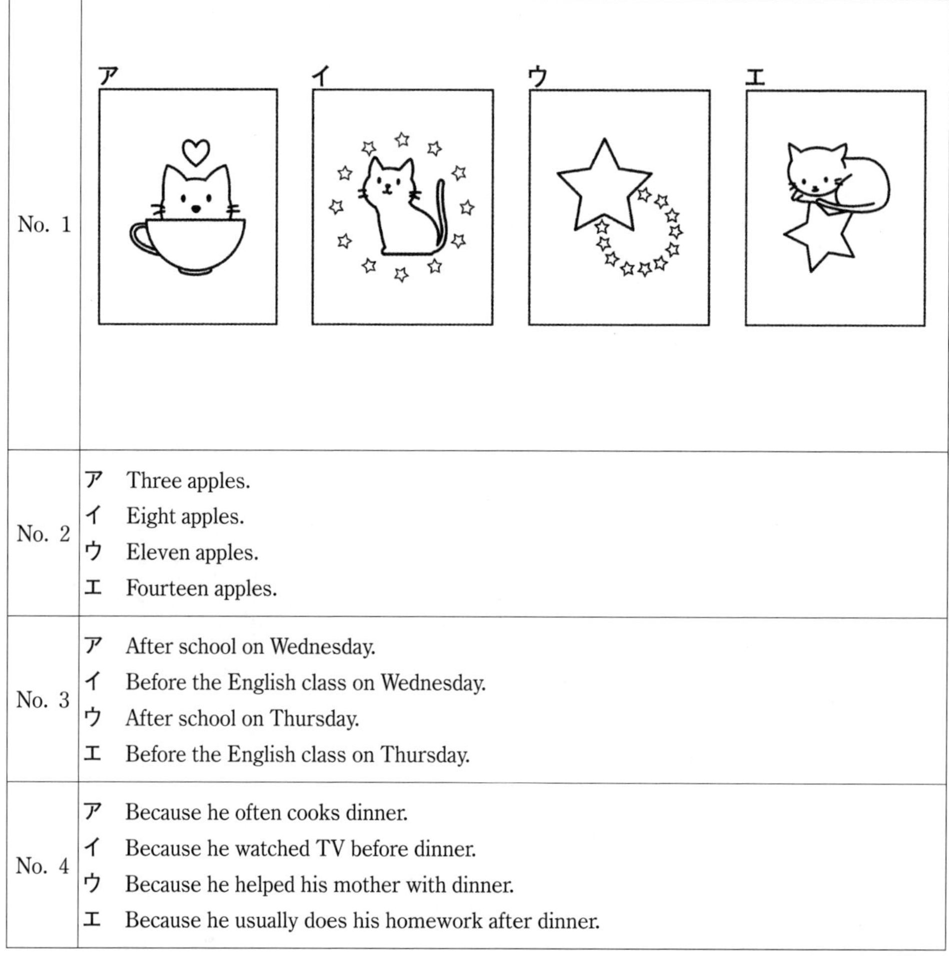

No. 1	ア　イ　ウ　エ
No. 2	ア　Three apples. イ　Eight apples. ウ　Eleven apples. エ　Fourteen apples.
No. 3	ア　After school on Wednesday. イ　Before the English class on Wednesday. ウ　After school on Thursday. エ　Before the English class on Thursday.
No. 4	ア　Because he often cooks dinner. イ　Because he watched TV before dinner. ウ　Because he helped his mother with dinner. エ　Because he usually does his homework after dinner.

問題B　これから放送する英文は，英語の授業で，先生がクラスの生徒に対して話したときのものです。先生の質問に対して，あなたならどのように答えますか。あなたの答えを英文で書きなさい。なお，2 文以上になっても構いません。

（放送の内容）

I like to watch sports. I often go to stadiums to watch my favorite teams' games. However, some of my friends say that it is better to watch sports on TV. What do you think about this idea? And why do you think so?

英語

問題番号			正答〔例〕	配点
1	問題A		No.1 イ　No.2 エ No.3 ウ　No.4 ウ	各2
	問題B		I don't agree. It is more exciting to go to stadiums because I can enjoy watching sports with many other fans.	4
2	1		65.8　　2　too	各2
	3		イ	
	4	(1)	beautiful	2
		a / b	a イ　b ウ	各1
		(2)	good	2
	5		I agree. I think it will be hard for us to live without plastic bottles. However, everyone should reduce using them to make the sea clean. (26語)	4
3	1	(1)	He played the guitar.	各2
		(2)	No, it was not.	
	2		ア　　3　concert	
	4		who wants to learn about culture	
	5		ウ, エ	
	6	(1)	I think you are great because you learned many things and create your own music (15語)	
		(2)	What is the most important thing when you play the *biwa*	
4	A		I won the game	
	B		make many friends and enjoy our school life together (9語)	
	C		you should visit some of them	

数学

問題番号		正答〔例〕	配点
1	(1)	3	各2
	(2)	8	
	(3)	$5\sqrt{3}$	
	(4)	$x=-6,\ 1$	
	(5)	15π	
	(6)	$\sqrt{29}$	
	(7)	① イ　② ア　③ ウ	
	(8)	$\frac{1}{4}$	
2	(1)	17, 18	各3
	(3)	800	
	(2)	APを1辺とする正方形の面積はx^2cm² ……① PBを1辺とする正方形の面積は $(6-x)^2=x^2-12x+36$(cm²) ……② ①，②より，APを1辺とする正方形の面積とPBを1辺とする正方形の面積の和は $x^2+x^2-12x+36$ $=2x^2-12x+36$ ……③ PCを1辺とする正方形の面積は $(3-x)^2=x^2-6x+9$(cm²) ……④ CBを1辺とする正方形の面積は9cm² ……⑤ ④，⑤より，PCを1辺とする正方形の面積とCBを1辺とする正方形の面積の和の2倍は $(x^2-6x+9+9)\times 2$ $=2x^2-12x+36$ ……⑥ ③，⑥より，APを1辺とする正方形の面積とPBを1辺とする正方形の面積の和は，PCを1辺とする正方形の面積とCBを1辺とする正方形の面積の和の2倍に等しくなる。	4
3		35：4	4
4	(1)	4	2・3
	(2)	15	
5	(1)	ウ	2
	(2)	(Yさんに依頼する場合) 再生回数の最頻値に着目すると，Yさんは23万回，Zさんは19万回なので，Yさんが作成する動画の方が，Zさんが作成する動画より再生回数が多くなりそうである。だから，Yさんに依頼する。 (Zさんに依頼する場合) 再生回数が18万回以上の階級の度数の合計に着目すると，Yさんは26本，Zさんは33本なので，Zさんが作成する動画の方が，Yさんが作成する動画より再生回数が多くなりそうである。だから，Zさんに依頼する。	4
6	(1)	点Pと点R，点Qと点Rをそれぞれ結ぶ。 △PORと△QORにおいて OP＝OQ ……① PR＝QR ……② 共通な辺であるから OR＝OR ……③ ①，②，③より，3組の辺がそれぞれ等しいから △POR≡△QOR 合同な図形の対応する角は等しいから ∠POR≡∠QOR したがって，ORは∠XOYの二等分線である。	4
	(2)	ア B　イ BI　ウ C　エ CI	2
	(3)	オ $90°-\frac{1}{2}\angle x$　カ 0　キ 90	3

理科

問題番号			正答〔例〕	配点
1	1		ウ	1
	2		H_2	2
	3	(1)	72.5	1
		(2)	体積の測定値が，空気の泡の分だけ大きくなったこと	3
	4	(1)	40	2
		(2)	小片A イ 小片B ウ 小片C ア	2
			a 小片Bの密度が水の密度よりも小さい b 小片Bの密度が混合液Xの密度よりも大きい	2
2	1	(1)	ア，エ　(2) ウ	各2
		(3)	カ→イ→エ→ウ→オ	1
	2	A	3日後には茎の先端に近いほど広がっている	3
		B	ア	
	3	(1)	a ヨウ素液 b 青紫色になる	2
		(2)	C 子葉を残す D 子葉を取り除く	2
3	1		容器内の水に，温度の差ができるため。	2
	2		右グラフ (℃) 上昇温度　時間(分)	2
	3		電熱線が消費する電力が大きいほど，電流による発熱量は大きい。	2
	4	(1)	24	1
		(2)	a 2　b 4　c 8　d 1	3
	5		e　f　g　h	3
4	1		露点　　2　エ	各1
	3		ウ	2
	4		温暖前線の前線面は，温暖前線から遠ざかるほど高度が高くなり，高度が高いほど気温が低くなるため。	3
	5	a	あたたまりやすく，冷めやすい	3
		記号	イ	
	6		日本海の上を通る間に大量の水蒸気を含んでいく	2

社会

問題番号			正答〔例〕	配点
1	1	(1)	う	1
		(2)	エ	2
	2	(1)	ア	2
		(2)	自動車が進入することを規制する取り組み。	3
	3	X	衣服	6
		訪れる場所〔1〕	ウ	
		暮らしの特色〔1〕	高緯度で低温な地域なので，毛皮でつくられた防寒着を着た人々の生活が見られる。	
		訪れる場所〔2〕	カ	
		暮らしの特色〔2〕	標高が高く気温が低いので，寒さを防ぐために毛織物の服装を着た人々の生活が見られる。	
2	1	(1)	ウ　(2) イ	各1
	2		勘合	2
	3		イ，エ	3
	4	記号	ウ	2
		c	紙幣の発行高を管理し，物価の安定	3
3	1		イ	2
	2	X	地方交付税交付金	1
		理由	東京都に比べて歳入に占める地方税の割合が低いA県に対して，不足分を補い，地方公共団体間に財政の格差が生じないようにするため。	2
	3		国と地方公共団体の役割分担を明確にし，多くの権限を地方に移す	3
	4	(1)	互いに抑制し合い，均衡を保つようにする	2
		(2)	直接請求権	1
	5		B県では，企業と大学などが連携することによって，地元の若者の雇用が生まれ，人口の流出を防ぐことが期待できる。	3
4	1		エ	2
	2		「通常時」「氾濫時」「氾濫後」 Y → Z → X	3
	3	(1)	プライバシーの権利	1
		(2)	・自然災害が発生している場所の情報。 ・災害の状況に応じた避難経路の情報。	4

国語

問題番号			正答〔例〕	配点
一	1		㋐ ていこう　㋑ と ㋒ はんしゃ	各1
	2		肉体	2
	3		吹雪に思い残すことなく赤ぎつねと戦わせてやり，誇りを取り戻させてやりたいから。（39字）	3
	4		イ	2
	5	Ⅰ	三年前に赤ぎつねと戦ったとき，深い傷を負い弱りきった経験がある	3
		Ⅱ	心からいとしいと思う	2
二	1		㋐ 乗　㋑ 異	各1
	2		ア	2
	3		人間の負の感情（7字）	3
	4	(1) Ⅱ	曲を解釈し，その解釈をオーケストラに伝える。（22字）	2
		(1) Ⅲ	指揮者の曲の解釈を理解し，音にして表現する。（22字）	2
		(2)	シラーの詩の人類愛への強い共感を，音楽で表現したいという思いを長年抱き続け，様々なつらい経験を乗り越え，ついに曲を完成させたという，苦悩の後の歓喜（73字）	4
三	1		い	1
	2		イ	2
	3		春が終われば桜は散ってしまうのに，また次の年に桜が咲くことを期待してしまうこと。	3
	4	Ⅱ	［Iが柳の場合］ いつも柳のように強く，しなやかに物事に対処してほしい ［Iが桜の場合］ 桜のように力強く，人への優しさを大切にしてほしい	2
		Ⅲ	［Iが柳の場合］ 四季を通じて，安らぎを感じられる ［Iが桜の場合］ 春にみんなで集まって，桜の美しさを感じられる	2
四			「やさしい日本語」は，災害時などに外国人に情報を迅速に，正確に，簡潔に伝えるために始められたものです。そして，普段のコミュニケーションでも役立つものです。 今回の地域の避難訓練には子供も参加します。受付・誘導係をする際には，例えば，地図を示しながら，立ち入り禁止エリアを「ここは入れません。」と説明したり，「厳禁」という言葉を，「絶対にしないでください。」と言い換えたりして伝えるなど，「やさしい日本語」で伝えることを心がけましょう。そうすれば，子供にも情報が分かりやすく伝えられるはずです。 （245字）	10

令和３年度　問題解説

〈英　語〉

2 雄太　：今から豪州と日本の海洋ごみの問題について話しましょう。
：我々の町には美しい浜辺があるのですが、最近多くのごみを見るようになりました。あなたの町はどうですか？

Steward：我々の浜辺も多くのごみがあります。豪州では海岸のごみの75％がプラスティック製品です。

彩花　：グラフ１は日本の海岸のごみのA［65.8］％はプラスチックごみであると示しています。

Jessie　：2050年迄には海には魚よりごみの方が多くなると言う人がいます。

雄太　：本当ですか？我々の生活の中には本当に沢山のプラスチック製品があります。例えば、ペットボトル、食品容器、レジ袋など。それらは一度使うと捨てられます。そして一部のプラスチック製品が海に流れつきます。

Steward：その通りですね。これらのプラスチック製品は海中に長く留まり、そして粉々に砕けます。プラスチック片を回収しようとする人もいますが、破片の一部が小さB［すぎ］て回収できません。

Jessie　：その破片は魚の体内に入り、留まる事が出来るとも聞きました。もし、その魚を食べると、健康問題を抱えるかも知れません。

彩花　：それでは、プラスチックごみを減らすには何をすべきでしょうか？

雄太　：海岸ごみの48.1％はペットボトルなのでこの事について考えましょう。海に流れ着くペットボトルの数を減らす方法を見つけるべきです。

Jessie　：C［リサイクルが一番いい方法だと思います。］もし人々がペットボトルをリサイクルすると海には流れ着きません。そして我々は浜辺でペットボトルを見ることがなくなります。

Steward：ペットボトルをリサイクルをしない人もいます。水やジュースを飲んだ後、ペットボトルを捨てるのです。彼らは海洋ごみの問題を理解していませんのでリサイクルだけではペットボトルの数を減らすことは十分ではありません。

彩花　インターネットで興味深い考えを見つけました。何社かはペットボトルの替わりに環境に優しい製品を選び始めました。
例えばイングランドではある会社は海藻で出来た小さな容器で水を販売し始めました。

Steward：それはいいアイデアです。我々の国では、ある町が有名になりました。何故なら全ての店がペットボトルの水の販売を中止したのです。いい考えだと思いますが、皆さんはどう思いますか？

彩花　：①私達の町でも同じことをすべきだと思います。

Jessie　：もし全てのお店で同じ事をしたら、問題になると思います。別の方法を見つけることができるでしょう。

雄太　：そうですね。ペットボトルの数を減らす方法は沢山あると思います。もっと勉強して、我々独自の方法を探しましょう。

1　［A］にはプラスチック製品の漂着ゴミの割合が入り、それはグラフ１から分かる。

2　too＋形容詞＋to不定詞。「～すぎて～できない」

3　ア　多くの人は通常リサイクルしない。
イ　リサイクリングが一番いい方法だと思います。
ウ　リサイクルの方法が分かりません。
エ　リサイクリングには多くのお金が必要です。
［C］の直後に「もしペットボトルをリサイクルしたらそれらは海には到着しないであろう」という文が続いているので［C］にはリサイクリングに賛成の意見が入る。

豪州と日本における海洋ゴミの問題

1　現状
・我々の浜辺はごみが原因で［(1)］でない。
・海洋ごみとして多くのプラスチック製品を見る。
・我々は多くのプラスチック製品を（ *a* ）する。

2　プラスチックごみの問題。
・多くのプラスチック製品が一度だけ（ *b* ）され捨てられる。
・プラスチック製品は海で粉々に砕け回収するのが難しい。
・魚や他の海洋動物がプラスチックごみを食べる。
・これらの魚を食べるのは我々の健康に［(2)］ないかもしれない。

↓

［何をすべきか］

4　［(1)］は浜辺がごみによってどういう状態かを考える。綺麗という意味の英語であればbeautiful以外の言葉でも良い。
［(2)］はプラスチックごみを食べた魚を我々が食べるとどうなるかを考える。健康に良くないと考えgoodが入る。、healthyなど他の表現も可能。
（ *a* ）適切な動詞の状態を選ぶ問題。「我々の生活で多くのプラスチック製品を使う」という意味にするには能動態の「use」が入る。
（ *b* ）「多くのプラスチック製品が一度だけ使われ捨てられる。」という文脈にあうには受動態の「are used」を選ぶ。

5　彩花は「ペットボトル入の水の販売を全ての店で中止すべき」と主張している。
賛成の場合は「I agree」で始める。模範解答は賛成しているがもし反対の場合は
「I don't agree」で始め、文章の構成を変えればよい。Everyone should reduce using plastic bottles to make the sea clean. However, I think it will be hard for us to live without them. と前後を替えるだけで反対の意味の文章になる。

3［ダニエル］

私は32年前に日本に来ました。何故なら大学で日本語を勉強したかったからです。ある日、友達が日本の音楽のコンサートに誘ってくれました。私は日本の伝統楽器の琵琶の音色に感動し、レッスンを受けることに決めました。琵琶はギターに似ています。私はギターをしばしば弾いていたので琵琶を弾くのは簡単だと思いました。しかしながら、私は多くの事を学ばなければなりませんでした。琵琶を弾いている時、しばしば歌います。

よって日本語でいかに歌うかも学ばなければいけませんでした。その歌詞は古い日本の物語です。私にはそれぞれの物語の状況と登場人物の感情を理解するのがとても難しかったのです。私の師匠は何度も何度も琵琶を教えてくれました。琵琶を習うのは楽しく、毎日一生懸命練習しました。3年後、私は師匠に尋ねました。「今年、あなたと一緒にコンサートを開きたいのですが？」彼女は応えました。「だめです。」私は「どうしてですか？」と尋ねました。彼女は応えました。①「今では、あなたは音楽家としていい技巧を身につけました、しかし音楽を通して、人々に何を伝えたいのですか？」私は、彼女の言葉が理解できませんでした。その後、日本のいろいろな場所を訪ね、多くの人と話をしました。この様な経験のおかげで、日本の歴史、文化、人々の考え方を学びました。そして私はそれぞれの物語の状況と登場人物の感情を理解することが出来ました。24年間の琵琶の勉強の結果、私は遂に師匠の言った言葉が分かりました。ある日、彼女は言いました。「あなたは更にいい音楽家になりましたね。あなた自身の音楽を創作するいい時期です。」私の音楽を通して、人々に人生は素晴らしいと感じて欲しいと思います。

［明子］

ダニエルが初めて私のレッスンを受けた時、彼は日本語をほんの少し、私は英語をほんの少しだけ話しました。彼に琵琶を教えるのは大変な困難でした。彼に簡潔な日本語で歌詞を見せ、英語ができる日本の生徒と一緒に意味を伝えました。また日本人がどう感じ、どうふるまうかを教えました、何故なら日本文化を学んで欲しかったからです。彼はすぐに演奏も歌も上手くなりました。しかし私は彼が歌詞の意味を本当に理解したとは思いませんでした。

だから彼が一緒にコンサートをしたいと尋ねた時、わたしは「いいえ、出来ません）と応えました。私は彼がいい音楽家になるのにもっと時間が必要だと思いました。その音楽の持つメッセージを表現することが必要でした。琵琶はいつも

人々の人生と文化に関連しています。彼に琵琶を教える一方で、私は日本文化は日本人のだけのものではないと理解し始めました。②その文化を学びたい人は誰でもそれを学ぶ事が出来るのです。いまでは多くの日本人と訪日した人々が彼のコンサートに来ます。大変嬉しく思います。ダニエルは琵琶を通して日本の文化を伝え、彼自身の音楽を創作しています。

1 (1)「琵琶の練習を始める前に何の楽器を演奏していましたか？」が質問。
ダニエルの記事5行目にギターを演奏していたとある。楽器なので the が必要になる。

(2)「明子にとって、ダニエルに琵琶を教えるのは簡単だった？」という設問。
明子の記事2行目に困難であった。とある。過去形であることに気をつける。イエス・ノー問題なので Yes, もしくは No で答える。

2 ア 何故なら明子はダニエルがその音楽の持つメッセージを表現する必要があると思った。
イ 何故なら明子はダニエルが琵琶を弾き、歌った時に歌詞の意味を理解したと思った。
ウ 何故なら明子はダニエルが彼自身のコンサートで琵琶を演奏し歌いたいと思った。
エ 何故なら明子はダニエルが日本の文化をよく知っていると思った。
明子の記事の9行目に「ダニエルがその音楽の持つメッセージを表現する必要があると思った」とある。

3 ダニエルの記事の11行目に「Can I have a concert with you this year?」とある。

4 関係代名詞「Who」を使う。「Anyone」という先行詞のあとに「Who」を、動詞 「wants」不定詞 「to learn」目的語「culture」を続ける。

5 ア ダニエルが来日したのは琵琶のレッスンを受けるため。
イ ダニエルは多くの国でコンサートを開催したい。
ウ 明子はダニエルに琵琶を教えた時、色々な方法で助けた。
エ 大勢の人々がダニエルのコンサートに来るので、明子は嬉しい。
来日の理由は大学で日本語を学ぶ為なのでアは間違い。イについてはその様な記載はない。
日本及び、海外から彼のコンサートに来ると言及されているので混乱してはならない。
ウについては明子の記事3－6行目にどの様に援助したのかの記載があるので正解。
エについては明子の記事の最後に「I am very happy about it」とあるので正解。

6

琵琶コンサート
我々の学校に来て頂いて本当にありがとうございます。
(1)
それで、一つ質問があります。
(2) ？

(1) については受験者の感想であるので、まず記事を読みどう思ったかを書く。模範解答以外にも「I was moved by reading your story.」「I am very happy」等から始め because でつなげ、you tell people about Japanese culture and also create your own music. 等 記事の中で使われている表現を使うのも一案である。

(2) 疑問詞には5W1H があるが、What で疑問文を作るのが無難である。「What is the most important ～？」「 What is the most difficult~？」で始め 接続詞の when を使って文をつなぐ。When 以降は琵琶の話をしている訳であるから「you play the biwa 」と繋ぐ。

4

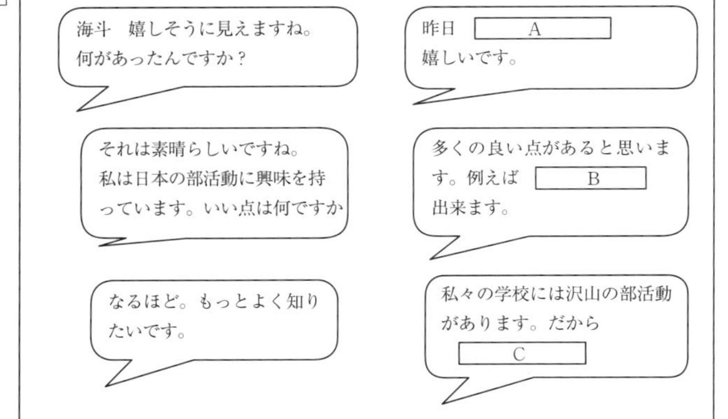

海斗 嬉しそうに見えますね。
何があったんですか？
昨日 A
嬉しいです。
それは素晴らしいですね。
私は日本の部活動に興味を持っています。いい点は何ですか
多くの良い点があると思います。例えば B
出来ます。
なるほど。もっとよく知りたいです。
私々の学校には沢山の部活動があります。だから
C

A は部活の試合で勝ったので 「I won the game」と簡潔に述べる。「a game」「the game」どちらでもいい。
B については受験者の部活動に対しての考えを述べなければならない。一般的には友達ができる。学校生活が充実する。スポーツが上手くなる等が浮かんでくる。
C 沢山の部活動があると直前に言っている。後に続くのは幾つかを訪ねてみたらと提案するのが自然。「You should」、「You can」「Why don't you」「Let's」で始めることができる。

〈数　学〉

1 (1) $6-5-(-2)=1+2=3$

(2) $6a^2\div3a=2a$　$a=4$ を代入して、8

(3) $\sqrt{2}\times\sqrt{6}+\frac{9}{\sqrt{3}}=2\sqrt{3}+3\sqrt{3}=5\sqrt{3}$

(4) $x^2+5x-6=0$　$(x+6)(x-1)=0$　$x=-6,\ 1$

(5) 底面が半径3の円、高さが5の円錐ができる。
よって、求める立体の体積は
$\frac{1}{3}\times\pi\times3^2\times5=15\pi$

(6) 三平方の定理より
$\sqrt{(3-1)^2+(2-7)^2}=\sqrt{4+25}=\sqrt{29}$

(8) 取り出したカードの和を表にまとめる

B＼A	1	2	3	4
1	2	3	4	5
2	3	4	5	⑥
3	4	5	⑥	⑦

条件を満たすのは上の表のうち○のとき。よって　$\frac{3}{12}=\frac{1}{4}$

2 (1) $4<\sqrt{a}<\frac{13}{3}$ の各辺を2乗して
$16<a<\frac{169}{9}=18+\frac{7}{9}$
よって、$a=17,\ 18$

(3) B さんについて x と y の関係式は $y=160(x-8)$・・・①
$160(x-8)=40x+280$ を解くと
$120x=1560$
$x=13$ ($10\leqq x\leqq19$ をみたす)
$x=13$ を①に代入して $160\times5=800$m

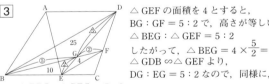

3 △GEF の面積を4とすると,
BG：GF＝5：2で，高さが等しいので，
△BEG：△GEF＝5：2
したがって，△BEG $=4\times\frac{5}{2}=10$
△GDB ∽△GEF より，
DG：EG＝5：2なので，同様に，
△DBG：△BEG＝5：2
したがって，△DBG $=10\times\frac{5}{2}=25$
△BED＝△BEG＋△DBG＝10＋25＝35
△ABE と△BED は底辺 BE が共通で高さが同じなので，
△ABE＝BED＝35
以上より，△ABE：△GEF＝35：4

4 (1) $y=\frac{a}{x}$ に $y=2$, $a=8$ を代入して
$2=\frac{8}{x}$　よって　$x=4$

(2) B から y 軸に下ろした垂線の足を H とすると、
△OAD≡△HAB
よって AH＝AO＝5 であるから B の y 座標は 10
ゆえに、OD＝HB（B の x 座標）$=\frac{a}{10}$・・・①
また C の y 座標は2より、OE（C の x 座標）は
$OE=\frac{a}{2}$・・・②
9＝DE＝OD＋OE と①，②より
$9=\frac{a}{10}+\frac{3}{5}a$　よって　$a=15$

5 (1) $22.6-10.2=12.4$　よってウ

6 (3) 四角形 AFIE に注目すると
$\angle AFI = 90°$，$\angle AEI = 90°$ より
$\angle FIE = 360° - 90° - 90° - \angle x$
$= 180° - \angle x$
円周角と中心角の関係より
$\angle FDE = \frac{1}{2}\angle FIE = 90° - \frac{1}{2}\angle x$
$0° < \angle x < 180°$ より、
$0 < \angle FDE < 90°$ である。

〈理　科〉

1 2 $Fe + 2HCl \rightarrow FeCl_2 + H_2$
4 （1） $\frac{100}{150+100} \times 100 = 40\%$

2 1 （1） ○主根と側根
例）ホウセンカ、ツバキ、ヒマワリ、ハルジオン、アブラナ　など
○ひげ根
例）スズメノカタビラ、トウモロコシ、ツユクサ、イネ、ススキ　など
（2） 対物レンズの倍率を高くすると、視野面積が小さくなるので入る光が少なくなり、暗くなる。

3 （1） 800×30÷1000＝24kwh
a　オームの法則より $\frac{8}{2+2} = 2A$
b　2＋2＝4 Ω
c　2 Ωの抵抗それぞれに $\frac{8}{2} = 4A$ の電流が流れるから、4＋4＝8A
d　オームの法則より
$\frac{8}{8} = 1\ \Omega$
5 「電熱線Xにのみ電流が流れる」という状態になることから、Xの前に導線が、Yの前にスイッチがあると考えられる。また、「電熱線Xと電熱線Yの2本ともに電流が流れない」という状態になることから電源付近のeにスイッチがあると考えられる。

4 3 寒冷前線通過後は気温が急に下がることからウを選ぶ。

〈国　語〉

一 2 [　　　]の直前に「吹雪の闘魂が、負傷と同時に傷つけられてしまったのではなかろうか」とあり、肉体の傷と精神の傷のいずれかが入ることがわかり、直後に精神の傷である「気性の傷」について書かれているため肉体の傷が入る。
3 第4段落に注目する。鷹匠は誇りをかけて吹雪と赤ぎつねを戦わせようとしている。
5 Ⅰ 第1段落で吹雪がひどい負傷をしており、第3段落、第4段落で鷹匠がそのことが原因で吹雪が赤ぎつねを恐れることを心配していることに注目。
Ⅱ 第2段落で「この傷で野生にももどらず、自分のふところにもどってきた吹雪がいとしくてならなかった」とあり、この場面と同様の気持ちであると考えられる。

二 2 [　　　]とそれに続く第4段落「しかしながら」で譲歩逆接構文になっている。
3 第5段落をまとめる。「音と音が調和せずにぶつかり、強い緊張感とどこへ向かうかわからない違和感を与える和音」が「心の葛藤や後悔、別れや悲しみ、そしてあきらめという人間の負の感情に触れるもの」を表現していることがわかる。
4 (1) 最終段落「指揮者が楽譜から曲のビジョンをどう読み取ったのか、そしてどう曲を解釈したか、さらにそれがどのようにオーケストラに伝わり、その情熱が音としてどう現れたか」をまとめればよい。
(2) 第6段落、「不安を乗り越えた先の満足、～自らの人生を無意識に重ね合わせ感動するのです」とあり、その詳しい内容が資料にあるのでまとめる。

三 【現代語訳】
柳は桜の花よりも趣があって美しい。水面に垂れて水の流れにまかせ風に吹かれ、しかも音はなく、夏は笠をなくして休憩する人を覆い、秋はひとつの葉が水に浮かんで風の吹くままに漂い、冬は時雨に打たれているのも趣があり、雪の積もった眺めも趣がある。
桜は初花から人の心も落ち着かず、昨日暮れ、今日暮れ、あちらこちら花が満開のころには、花が咲いていない木の先々も美しく見せ、日が暮れたのでまた、明日来ようと決めていたところが、雨が降るのも残念なことだ。このようにして春も終わりになって行けば、花がすべて散ってしまう世の中の有様を見ても必ず、また来る春を期待してしまうけれどそれもむなしい。あるものは、遠い山に咲く桜、青葉に隠れるように咲いている遅咲きの桜、若葉の季節の桜の花の趣はそれぞれ同じではない。桜は多くの花にまさり、昔も今も多くの人が趣を感じるきっかけとなっている。

令和４年度　高校入試問題と解答・解説

実践形式

公立高校入試問題出題単元

国語のみ逆綴じになっております。

英語

【2】対話文（適語選択・適語補充・内容把握・空欄補充）
【3】長文読解（英質英答・内容把握・適語補充・内容真偽・英作文）
【4】英作文

理科

【1】動物のからだとはたらき（呼吸・心臓）
【2】イオン（電池）
【3】地球と天体（太陽）
【4】身近な科学（音・光）

社会

【1】地理総合（地形図・交通）
【2】公民（経済）
【3】歴史総合（各時代の生活）
【4】公民（環境）

数学

【1】小問（計算・平方根・因数分解・ねじれ・反比例・角度・相対度数）
【2】（1）方程式（2）空間図形（3）資料の整理
【3】関数と図形（面積・座標）
【4】平面図形（相似証明）
【5】関数の応用
【6】数の規則性

国語

【1】小説（漢字・熟語・心情把握・空欄補充）
【2】論説文（漢字・接続詞・内容把握）
【3】漢文（書き下し文・内容把握）
【4】条件作文（２５０字以内）

英語【1】リスニング　問題と台本

解答ページ

解説ページ

令和４年度入試問題　英語（[1]リスニングは後ろ）（リスニング含め50分）

2　次の対話は，もみじ市の高校生の京花と留学生のヘレンが，ヘレンのホームステイ先で話したときのものです。また，資料１はそのとき京花たちが見ていたウェブページの画面であり，資料２はヘレンの予定表の一部です。これらに関して，あとの１～５に答えなさい。

Kyoka : Helen, we are going to see a movie and visit the zoo this summer. Are there any other places you want to visit? ［ あ ］
Helen : Yes. I'm interested in Japanese history, so I want to visit some historical places here in Momiji City. Do you have any ideas?
Kyoka : Yes, I can show you a website [A] in English. Look at this! ［ い ］
Helen : I don't know which tour I should choose. Will you help me?
Kyoka : Of course, I'll help you.
Helen : Thanks. Here is my schedule.
Kyoka : OK. How about this tour? It is [B] for you, because you are interested in historical places. ［ う ］
Helen : It looks nice, but I don't like eating meat.
Kyoka : Then how about this tour? You will visit the most historical place in the city. This is my favorite place. You will also learn about the history of our city. If I were you, I would choose this tour.
Helen : I like this tour the best, but I don't want to get tired on the last day before the second term starts.
Kyoka : OK. Then you can join the one on Sunday. ［ え ］
Helen : But we have plans to go out together that day.
Kyoka : We can change our plans. If you don't want to change them, you can choose this tour. You can see beautiful flowers, trees, and stones. You will also wear traditional Japanese clothes. You are free on Tuesdays.
Helen : I like this tour too, but it's a little expensive. Is it OK to change our plans?
Kyoka : Sure. [C]?

（注）historical　歴史的な　　tour　ツアー　　schedule　予定表　　meat　肉　　term　学期　　stone　石

1　本文中の[A]に当てはまる最も適切な語を，次のア～エの中から選び，その記号を書きなさい。
　ア　write　　イ　wrote　　ウ　written　　エ　writing
2　本文中の[B]に適切な語を１語補って，英文を完成しなさい。
3　次の英文は，本文中から抜き出したものです。この英文を入れる最も適切なところを本文中の［ あ ］～［ え ］の中から選び，その記号を書きなさい。
　There are three tours.
4　ヘレンが参加することに決めたツアーを次のア～ウの中から選び，その記号を書きなさい。また，ヘレンがそのツアーに参加するのは８月の何日ですか。その日にちを数字で書きなさい。
　ア　TOUR 1：Temples and Shrines　　イ　TOUR 2：Kimono Photo Shoot
　ウ　TOUR 3：Momiji City Museum and Momiji Castle
5　本文中の[C]に当てはまる最も適切な英語を，次のア～エの中から選び，その記号を書きなさい。
　ア　What do you want to do after seeing a movie
　イ　What do you want to do after visiting the zoo
　ウ　When do you want to see a movie with me
　エ　When do you want to visit the zoo with me

資料１

Enjoy Momiji City!

We have some interesting tours for people from abroad. If you are interested in our one day tours, join us!

TOUR 1: Temples and Shrines

Momiji City has a lot of temples and shrines, and you can see some of them. If you are interested in Japanese history, you should choose this exciting tour.

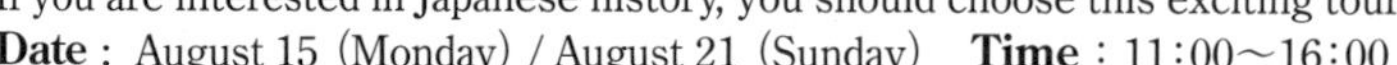

Date：August 15 (Monday) / August 21 (Sunday)　**Time**：11:00～16:00
Fee　：¥3,000 (Lunch at a sukiyaki restaurant is included.)

TOUR 2: Kimono Photo Shoot

Would you like to wear a beautiful kimono? You can choose your favorite one at a kimono rental shop. Your tour guide will take pictures of you in a very old Japanese garden.
Date：August 16 (Tuesday) / August 23 (Tuesday)　**Time**：14:00～17:00
Fee　：¥5,000 (The rental fee for a kimono is included.)

TOUR 3 : Momiji City Museum and Momiji Castle

This city has a long history, and Momiji City Museum teaches it to you. You will also visit Momiji Castle. If you are interested in the history of the city, this tour is the best choice for you.
Date：August 25 (Thursday) / August 28 (Sunday)　**Time**：10:00～14:00
Fee　：¥2,500 (Lunch is not included.)

（注）date　日付　　fee　料金　　include　含む　　shoot　撮影　　rental　レンタルの　　guide　案内人　　choice　選択

資料２

8 August	
15 Monday	
16 Tuesday	
17 Wednesday	Practice volleyball (10:00～11:00)
18 Thursday	
19 Friday	Watch the soccer game (13:00～)
20 Saturday	Go to the summer festival with my host family (16:00～)
21 Sunday	See a movie and have lunch with Kyoka (9:00～14:00)
22 Monday	
23 Tuesday	
24 Wednesday	Practice volleyball (10:00～11:00)
25 Thursday	
26 Friday	The beginning of the second term
27 Saturday	Go out for dinner with my host family (18:00～)
28 Sunday	Visit the zoo and have lunch with Kyoka (9:00～14:00)

（注）host family　ホームステイ先の家族

1		2		3	
4	記号		日にち	5	

3 次の英文は，日本の職人を海外に紹介するウェブページに，家具職人として活躍する和子が取り上げられたときの記事の一部です。これに関して，あとの１～６に答えなさい。

Kazuko's father was a furniture maker and had a furniture studio. When Kazuko was a child, she was very excited to see how her father made furniture. He made a wooden chair for Kazuko when she entered elementary school. She was very happy and sat in it every day. She liked her father's furniture.

Kazuko started to work at her father's furniture studio after she graduated from high school. She learned about the kinds of wood used for making furniture. For example, she learned how hard or soft they are. Her father always said to her, "①I (furniture to people my use want) for many years. So, I always choose the best wood for my furniture." Kazuko liked his idea and tried to work like him. But when she made furniture, she felt something was missing.

One day in 2010, a man visited their studio. His name was Alfred, a furniture maker in Denmark. Kazuko showed him around the studio and said to him, "I always think about the warmth of the wood when I make furniture." Alfred saw her furniture and said, "②Your idea is good, but we also think about the warmth of the design. Your furniture is nice, but it can be better." Then he said, "Would you like to come to my studio?" A week later, Kazuko decided to [　　　] about making the furniture of Denmark for three months.

In December 2010, Kazuko went to Denmark and started to work with other furniture makers at Alfred's studio. They knew a lot about wood and design. Their furniture had beautiful curved lines, so she felt the design was warm. When she was talking with them, she noticed one thing. Many people spend a lot of time at home, because winter is very cold and long in Denmark. They try to have a comfortable life in cold places. So they want furniture which makes them feel warm.

When Kazuko talked about it to Alfred, he asked Kazuko, "Do you know the word hygge?" "No, I don't." Kazuko answered. Alfred said, "You can use this word when you feel warm and comfortable. For example, I feel hygge when I sit in a chair in front of a fireplace with my family. We think hygge is very important in our lives. So, when we choose furniture, we think about it very much." Kazuko liked the word hygge. She remembered her wooden chair made by her father. Its design was simple, but when she sat in it, she always felt comfortable. She thought that her father's way of thinking was similar to hygge though he did not know this word.

Kazuko came back to Japan in spring. She always thought about the word hygge when she made furniture. One day, Kazuko's father said to her, "Your furniture looks warm. I like it." She said to him, "The experience in Denmark has changed me."

(注) furniture　家具　studio　工房　wooden　木製の　enter　入学する
graduate from ～　～を卒業する　wood　木　hard　かたい　soft　やわらかい
missing　欠けている　Denmark　デンマーク　warmth　あたたかさ　design　デザイン
curved line　曲線　notice　気付く　comfortable　心地よい　hygge　ヒュッゲ　fireplace　暖炉
simple　簡素な　be similar to ～　～に似ている

1　次の(1)・(2)に対する答えを，英文で書きなさい。
(1) Did Kazuko's father make a wooden chair for Kazuko when she was a child?
(2) Where did Kazuko start to work when she went to Denmark?

2　下線部①が意味の通る英文になるように，(　　)内の語を並べかえなさい。

3　下線部②について，その内容を表している最も適切な英文を，次の**ア**～**エ**の中から選び，その記号を書きなさい。
ア　Asking her father how to make furniture is important.
イ　Being careful about design is important.
ウ　Thinking about the warmth of the wood is important.
エ　Using wood from Denmark is important.

4　本文中の[　　　]に適切な語を１語補って，英文を完成しなさい。

5　次の**ア**～**エ**の中で，本文の内容に合っているものを全て選び，その記号を書きなさい。
ア　Kazuko liked to see how her father made furniture when she was a child.
イ　Alfred thought that Kazuko's furniture could be better when he saw it.
ウ　Kazuko felt hygge when she bought a wooden chair in Denmark.
エ　Kazuko came back to Japan from Denmark in December.

6　次の対話は，和子がデンマークから帰国したあとに開催された家具の展示会で，海外から来た客に話しかけられたときのものです。あなたが和子ならどのように答えますか。和子のデンマークでの経験を踏まえて，次の[　　　]にあなたの考えを10語程度の英語で書きなさい。

Customer : I like your furniture. This is great! Could you make a chair for me?
Kazuko : Sure. Where would you like to put it?
Customer : Well, I'd like to put it in my room. I read books there every evening.
Kazuko : I see. I will make a chair which [　　　].

1	(1)				
	(2)				
2					
3		4		5	
6					

4 あとの問題A・Bに答えなさい。

問題A　次のイラストと英文は，留学生のボブがボランティア部に所属している高校生の洋子に話しかけたときのものです。①～⑥の順に対話が自然につながるように，[ア]・[イ]にそれぞれ適切な英語を書いて，対話を完成しなさい。

Yesterday...
① Yoko, your club did volunteer work for elderly people living in a nursing home yesterday. What did you do for them?
② [ア]. They enjoyed listening to our music online.
③ That's nice. I want to join you. What are you going to do for them next time?
④ We are going to make sweets for them. You should come! However, we haven't decided what sweets we should make.
⑤ How about sweets that were popular when they were young?
⑥ That's a good idea. But I don't know much about those sweets, so [イ].

(注) elderly　年配の　　nursing home　高齢者介護施設　　online　オンラインで　　sweets　甘い菓子

問題A		
	ア	
	イ	

問題B　高校生の健太はある日曜日の午後に，駅前で２人の外国人観光客から宿泊予定のホテルへの行き方を尋ねられました。あなたが健太なら，次の【地図】中の，[ア]と[イ]の道順のうち，どちらを案内しますか。下の【２人の外国人観光客から得た情報】も参考にして，どちらか１つを選び，その記号を書きなさい。また，それを選んだ理由を20語程度の英文で書きなさい。なお，２文以上になっても構いません。

【地図】

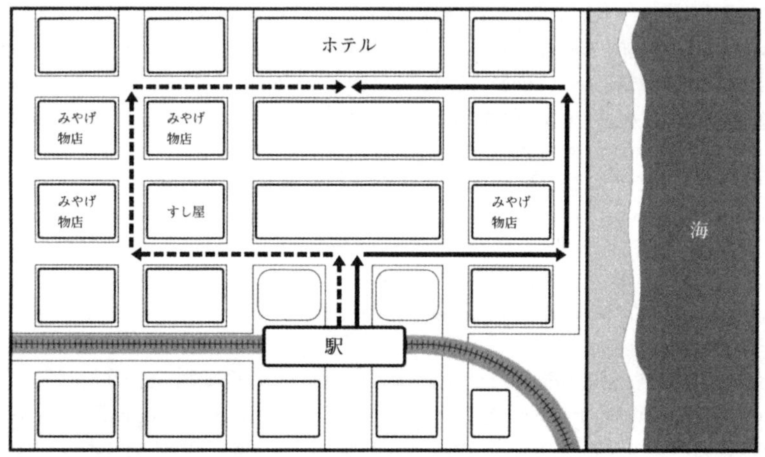

(注) みやげ物店　souvenir shop

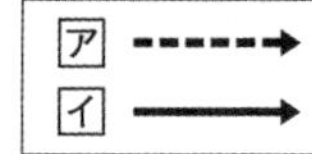

【２人の外国人観光客から得た情報】

・ホテルまでは徒歩で移動する。
・この町を訪れるのは初めてである。
・ホテルへの到着時刻は決めておらず，途中で観光などをしたい。

問題B		
	記号	
	理由	

令和4年度入試問題　理科（50分）

1　科学部の平野さんたちは，呼吸や心臓の拍動について話し合っています。次に示したものは，このときの会話です。あとの1～3に答えなさい。

平野：運動をしたときに呼吸数や心拍数が変化することについて，考えてみようよ。
小島：それなら，まずは，①呼吸の仕組みと②血液循環の仕組みについてまとめてみよう。
平野：そうだね。図を示してまとめると分かりやすいんじゃないかな。
小島：それはいいね。それから，③実際に運動をしたときに呼吸数や心拍数がどのように変化するかを調べると，何か分かるんじゃないかな。
平野：おもしろそうだね。やってみよう。

1　下線部①について，右の表1は，ヒトの呼吸における吸う息とはく息に含まれる気体の体積の割合についてまとめたものです。また，下の図1は，ヒトの肺の一部を，図2は，肺胞の断面を，それぞれ模式的に示したものです。あとの（1）・（2）に答えなさい。

表1

	吸う息	はく息
気体A	20.79％	15.25％
気体B	0.04％	4.30％
水蒸気	0.75％	6.18％
窒素	78.42％	74.27％

図1

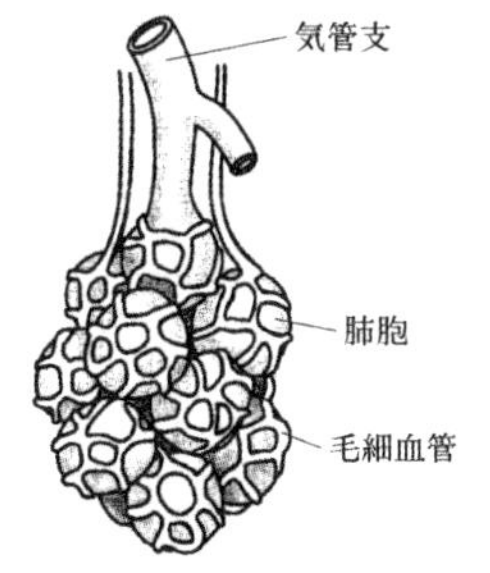

図2

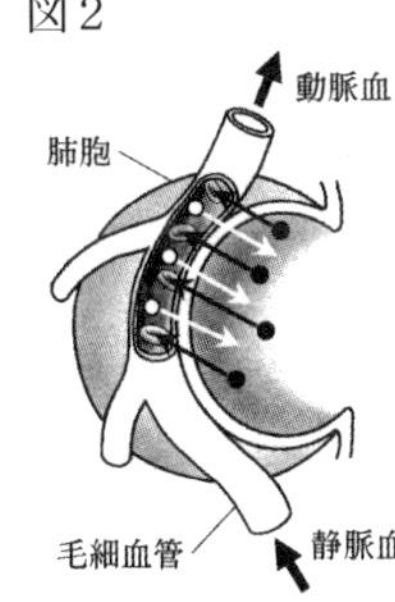

図2中の●は気体Xを，○は気体Yを示している。

（1）　表1中の気体Aと気体B，図2中の気体Xと気体Yにおいて，二酸化炭素を示しているのはそれぞれどちらですか。次のア～エの組み合わせの中から適切なものを選び，その記号を書きなさい。

ア　気体Aと気体X　　イ　気体Aと気体Y
ウ　気体Bと気体X　　エ　気体Bと気体Y

（2）　図1のように，ヒトの肺は，肺胞という小さな袋が多数集まってできています。このような肺のつくりになっていることにより，効率よく気体の交換を行うことができるのはなぜですか。その理由を簡潔に書きなさい。

1	(1)		(2)	

2　下線部②について，次に示したものは，平野さんたちが，血液循環の仕組みについて調べたことをノートにまとめたものです。下の（1）・（2）に答えなさい。

次の図3は，正面から見たヒトの心臓の断面を模式的に示したものである。図3に示すように，ヒトの心臓は，**ア**～**エ**の4つの部屋に分かれており，**ア**と**イ**は心房，**ウ**と**エ**は心室とよばれる。図4は，血液がこれらの部屋をどのように循環しているかを模式的に示したものである。

図3

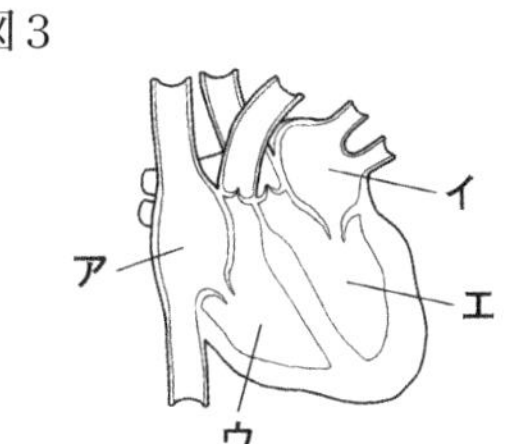

図4

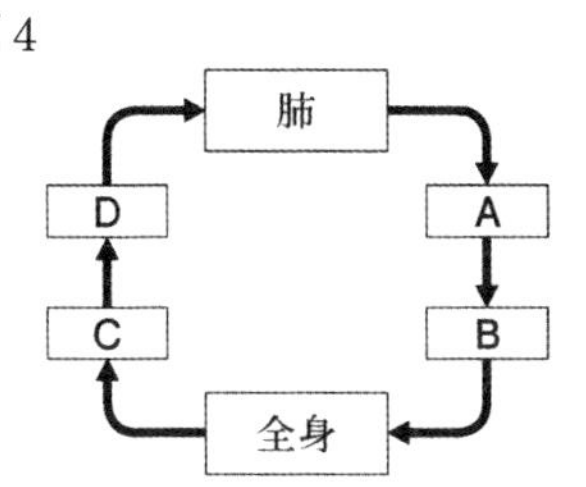

図4中の矢印は，血液の流れを示している。

心房と心室の間や心室と血管の間には弁がある。また，［E］のところどころにも弁はあり，これらの弁があることによって，血液が［F］ようになっている。

（1）　図4中の［A］～［D］には，図3中の**ア**～**エ**のいずれかの部屋が当てはまります。［A］～［D］には，それぞれどの部屋が当てはまりますか。図3中の**ア**～**エ**の中から適切なものをそれぞれ選び，その記号を書きなさい。

（2）　文章中の［E］に当てはまる適切な語を，次の**ア**・**イ**から選び，その記号を書きなさい。また，［F］に当てはまる内容を簡潔に書きなさい。

ア　動脈　　**イ**　静脈

2	(1)	A		B		C		D	
	(2)	E		F					

3　下線部③について，平野さんたちは，運動したときの呼吸数や心拍数の変化について，右の図5のように，医療用の装置を使って調べました。この装置では，心拍数とともに，酸素飽和度が計測されます。酸素飽和度は，動脈血中のヘモグロビンのうち酸素と結び付いているものの割合が計測され，およそ96～99％の範囲であれば，酸素が十分足りているとされています。次の【ノート】は，平野さんが調べたことをノートにまとめたものであり，あとの【会話】は，調べたことについて平野さんたちが先生と話し合ったときのものです。【会話】中の［G］に当てはまる語を書きなさい。また，［H］・［I］に当てはまる内容をそれぞれ簡潔に書きなさい。

図5

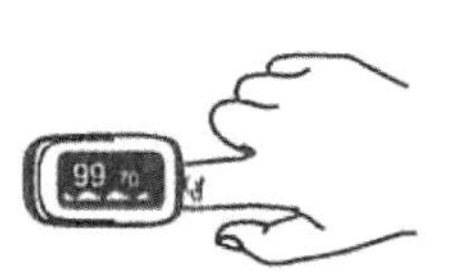

【ノート】

〔方法〕

安静時と運動時の①酸素飽和度，②心拍数（１分間当たりの拍動の数），③呼吸数（１分間当たりの呼吸の数）の測定を行う。まず，安静時の測定は座って行い，次に，運動時の測定は５分間のランニング直後に立ち止まって行う。これらの測定を３回行う。

〔結果〕

	１回目			２回目			３回目		
	酸素飽和度〔%〕	心拍数〔回〕	呼吸数〔回〕	酸素飽和度〔%〕	心拍数〔回〕	呼吸数〔回〕	酸素飽和度〔%〕	心拍数〔回〕	呼吸数〔回〕
安静時	99	70	16	98	68	15	98	72	17
運動時	98	192	34	97	190	32	98	194	33

【会話】

平野：先生。運動すると，酸素飽和度の値はもっと下がると予想していましたが，ほぼ一定に保たれることが分かりました。

先生：なぜ，酸素飽和度の値はもっと下がると予想していたのですか。

平野：運動時，筋肉の細胞では，栄養分からより多くの［ G ］を取り出す必要があるので，より多くの酸素が必要だと思ったからです。でも，酸素飽和度が一定に保たれているということは，必要な酸素が供給されているということですね。

小島：そうだね。必要な酸素量が増えても［ H ］ことで，細胞に酸素を多く供給することができ，そのことによって，［ G ］を多く取り出すことができるのですね。

先生：そうですね。ヒトの場合，今回のような激しい運動時は，１分間に心室から送り出される血液の量は安静時の約５倍にもなるようです。また，安静時に１回の拍動で心室から送り出される血液の量は，ヒトの場合，平均約 70mL です。１分間に心室から送り出される血液の量は，１回の拍動で心室から送り出される血液の量と心拍数の積だとして，今回の運動について考えてみましょう。

小島：今回の安静時では，心拍数を平均の 70 回とすると，１分間で約 4.9 L の血液が心室から送り出されることになります。これを５倍にすると，１分間に心室から送り出される血液の量は約 24.5 L になるはずです。

平野：今回の運動時では，心拍数の平均値は 192 回だよね。あれ？１回の拍動で心室から送り出される血液の量を 70mL として運動時の場合を計算すると，24.5 L には全然足りません。

先生：そうですね。今回のような激しい運動時に，１分間に心室から送り出される血液の量が安静時の約５倍にもなることは，心拍数の変化だけでは説明ができないですね。

小島：運動時には安静時と比べて，心拍数の他にも何か変化が生じているのかな。

先生：そのとおりです。それでは，ここまでの考察から，何がどのように変化していると考えられますか。

平野：そうか。［ I ］と考えられます。

先生：そうですね。そのようにして生命活動を維持しているのですね。

3	G		H	
	I			

2

ある学級の理科の授業で，田中さんたちは，金属と電解質の水溶液を用いてつくったダニエル電池で，電流を取り出せるかどうかを調べる実験をして，レポートにまとめました。次に示したものは，田中さんのレポートの一部です。あとの１～４に答えなさい。

〔方法〕

次のⅠ～Ⅳの手順で，右の図１のような，ダニエル電池にプロペラ付きモーターをつないだ回路をつくり，電流を取り出せるかどうかを調べる。

Ⅰ　ビーカーに①硫酸亜鉛水溶液と亜鉛板を入れる。

Ⅱ　セロハンを袋状にし，その中に硫酸銅水溶液と銅板を入れる。

Ⅲ　硫酸銅水溶液と銅板を入れた袋状のセロハンを，ビーカーの中の硫酸亜鉛水溶液に入れる。

Ⅳ　亜鉛板と銅板をプロペラ付きモーターにつなぐ。

図１

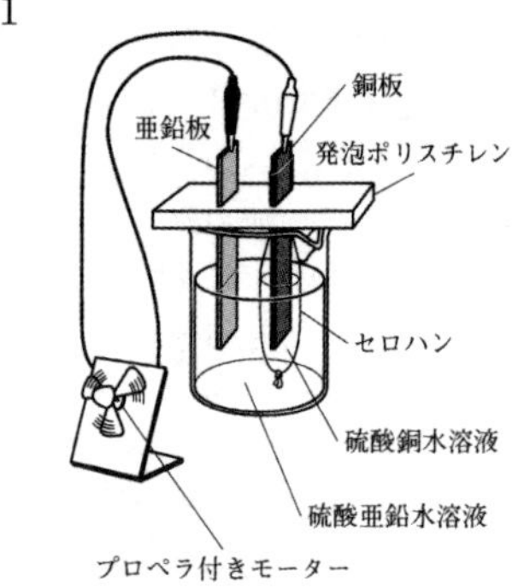

〔結果〕

モーターが回った。実験後，亜鉛板と銅板を取り出し，表面の様子を確認したところ，次の表１のようになっていた。

表１

亜鉛板	硫酸亜鉛水溶液に入っていた部分の表面がざらついていた。
銅板	硫酸銅水溶液に入っていた部分の表面に赤い固体が付着していた。

〔考察〕

モーターが回ったことから，②電池として電流を取り出せたことが分かる。

〔疑問〕

亜鉛板と銅板の表面が変化したのはなぜだろうか。

1　下線部①について，硫酸亜鉛のような電解質は水に溶けて電離します。次の文は，電離について述べたものです。文中の［A］・［B］に当てはまる語をそれぞれ書きなさい。

電解質が水に溶けて，［A］と［B］に分かれることを電離という。

2　下線部②について，次の文は，ダニエル電池によるエネルギーの変換について述べたものです。文中の［C］・［D］に当てはまる語として適切なものを，下の**ア**～**オ**の中からそれぞれ選び，その記号を書きなさい。

ダニエル電池では，［C］が［D］に変換される。

ア　熱エネルギー　　**イ**　力学的エネルギー　　**ウ**　化学エネルギー
エ　核エネルギー　　**オ**　電気エネルギー

3　〔疑問〕について，次に示したものは，田中さんたちが，ダニエル電池において，亜鉛板と銅板の表面が変化したことを，電流が流れる仕組みと関連付けてまとめたものです。〔考察〕中の［E］に当てはまる内容を，「電子」，「イオン」，「原子」の語を用いて簡潔に書きなさい。また，ⓘ，ⓘⓘの［　　］内の化学反応式を，イオンの化学式や電子1個を表す記号 e^- を用いて，それぞれ完成しなさい。

〔考察〕

右の図2において，モーターが回っているとき，亜鉛板の表面では，亜鉛原子が電子を失って亜鉛イオンになって溶け出す。このとき亜鉛板に残された電子は，導線を通って銅板に向かって移動する。そして，銅板の表面では，［E］。

また，亜鉛板の表面と銅板の表面で起こる化学変化を化学反応式で表すと，それぞれ次のようになる。

・亜鉛板の表面で起こる化学変化を表す化学反応式
［Zn →　　　　　　　　　　］………ⓘ
・銅板の表面で起こる化学変化を表す化学反応式
［　　　　　　　　　　→ Cu］………ⓘⓘ

図2
電流が流れる仕組みのモデル
モーター
電子
亜鉛板
銅板
セロハン
硫酸亜鉛水溶液
硫酸銅水溶液

1	A		B	
2	C		D	
3	E			
	ⓘ		ⓘⓘ	

4　さらに，田中さんたちは，ダニエル電池の電圧を測定し，ダニエル電池の亜鉛板と硫酸亜鉛水溶液を，それぞれマグネシウム板と硫酸マグネシウム水溶液に変えた電池Ⅰの電圧について調べました。次の図3は，ダニエル電池の電圧を測定したときの様子を，図4は，電池Ⅰの電圧を測定したときの様子を，表2は，測定結果をそれぞれ示したものです。また，下に示したものは，そのときの田中さんたちの会話です。あとの（1）・（2）に答えなさい。

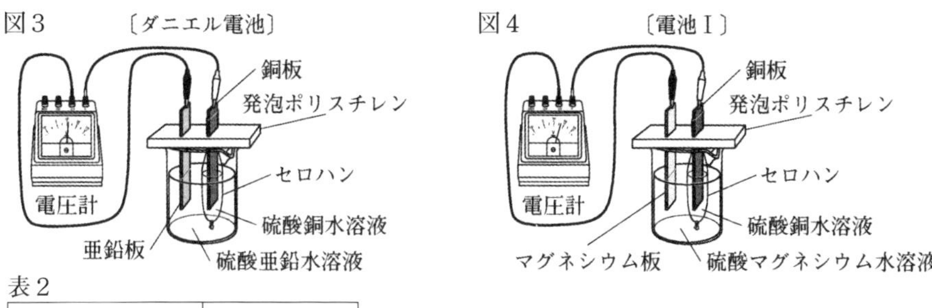

表2

	電圧〔V〕
ダニエル電池	1.08
電池Ⅰ	1.68

田中：先生。ダニエル電池では，亜鉛が電子を失って亜鉛イオンになって溶け出したとき，その電子が移動することによって電流が取り出せました。だから，電池の電圧の大きさは，電池に用いる金属の［F］が関係していると思います。

先生：よい気付きです。電池の電圧の大きさは，＋極と－極に，金属の［F］の違いが大きい金属どうしを組み合わせて用いた方が大きくなります。

川口：だから，表2のように電池Ⅰの方がダニエル電池よりも電圧が大きかったのですね。

田中：ということは，亜鉛，銅，マグネシウムの［F］の順番から考えると，右の図5のような，ダニエル電池の銅板をマグネシウム板に，硫酸銅水溶液を硫酸マグネシウム水溶液に変えた電池Ⅱの電圧は，電池Ⅰの電圧より［G］なると思うよ。

川口：そうだね。また，電池Ⅱは亜鉛板が［H］だね。

先生：そうですね。2人とも正しく理解できていますね。

図5
〔電池Ⅱ〕
マグネシウム板
発泡ポリスチレン
セロハン
硫酸マグネシウム水溶液
亜鉛板
硫酸亜鉛水溶液

（1）　会話文中の［F］に当てはまる内容を簡潔に書きなさい。

（2）　会話文中の［G］・［H］に当てはまる語はそれぞれ何ですか。次の**ア**～**エ**の組み合わせの中から適切なものを選び，その記号を書きなさい。

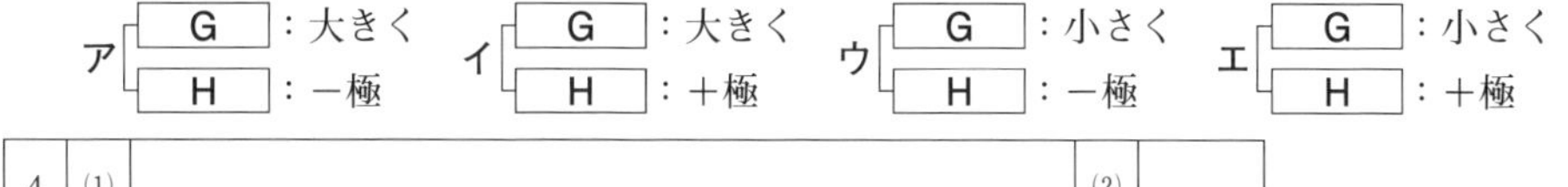

ア　G：大きく　H：－極
イ　G：大きく　H：＋極
ウ　G：小さく　H：－極
エ　G：小さく　H：＋極

4	(1)		(2)	

3 木下さんは，次の写真１のように，太陽が地平線の近くを動いて，１日中沈まない現象が見られる地域が海外にあることに興味をもち，この現象が見られる都市Pについて調べました。次に示したものは，木下さんが調べたことをノートにまとめたものです。あとの１～４に答えなさい。

写真１

〔調べたこと〕
都市Pでは，夏のある期間，太陽が１日中沈まずに地平線の近くを動く日が続く。
〔日本との共通点や相違点〕
・都市Pでも，太陽が昇ったり沈んだりする期間では，日本と同じように，①太陽が東の空から昇り，南の空を通って西の空に沈む。また，②季節によって太陽の通り道が変化したり，気温が変化したりするのも共通している。
・都市Pと日本では，緯度の違いがあるため，同じ日の太陽の通り道や太陽の南中高度は異なる。

1　下線部①について，次の文章は，太陽の１日の見かけの動きについて述べたものです。文章中の［　　］に当てはまる語を書きなさい。

地球が１日１回，西から東へ自転することによって，太陽が東から西へ動いていくように見える。このような太陽の１日の見かけの動きを，太陽の［　　］という。

2　下線部②について，右の図１は，日本のある地点における秋分の日の太陽の通り道を，透明半球上に実線──で示したものです。次のア～エの中で，同じ地点における冬至の日の太陽の通り道を，この透明半球上に破線……で示したものとして最も適切なものはどれですか。その記号を書きなさい。

図１

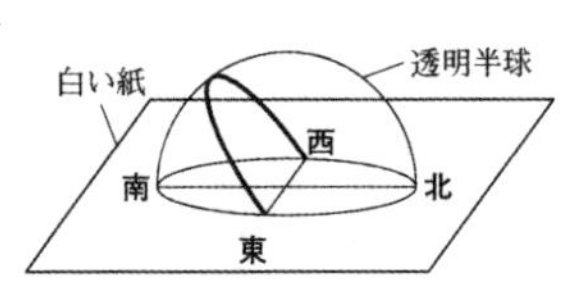

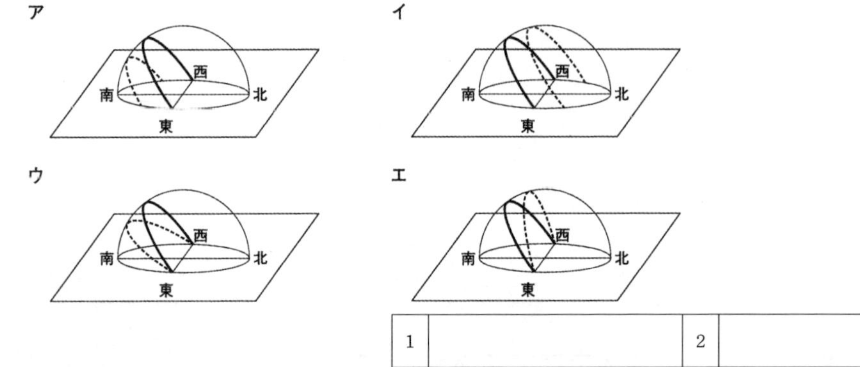

1		2	

3　右の図２は，地球が公転軌道上の夏至の日の位置にあるときの太陽の光の当たり方を模式的に示したものです。次の（1）・（2）に答えなさい。ただし，地軸は地球の公転面に垂直な方向に対して23.4度傾いているものとします。

図２

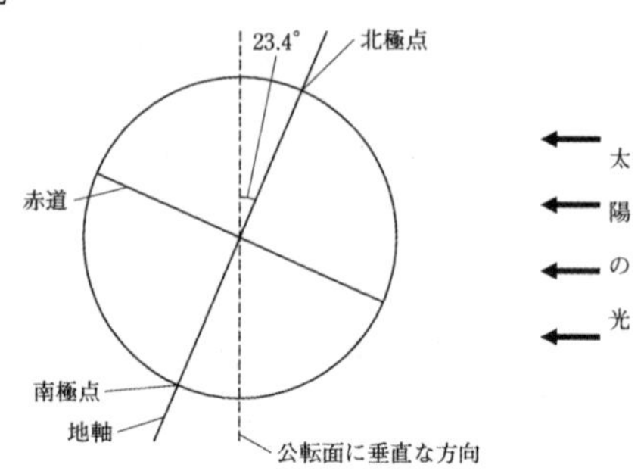

（1）　次の文章は，木下さんが，図２を基に，地球上のどの地域であれば，太陽が１日中沈まない現象を見ることができるかについてまとめたものです。文章中の［A］に当てはまる値を書きなさい。また，［B］に当てはまる内容を簡潔に書きなさい。

夏至の日に，太陽が１日中沈まない現象を見ることができる地域と見ることができない地域の境目は，北緯［A］度であり，この北緯［A］度以北の地域でこの現象を見ることができる。一方で，同じ日の南極点では太陽が［B］と考えられる。

（2）　右の図３は，木下さんが住んでいる日本の北緯34.2度の位置にある地点Aの，夏至の日における太陽の南中高度を調べるために，木下さんが，地点Aと地点Aにおける地平面を図２にかき加えたものです。夏至の日における，地点Aの太陽の南中高度は何度ですか。

図３

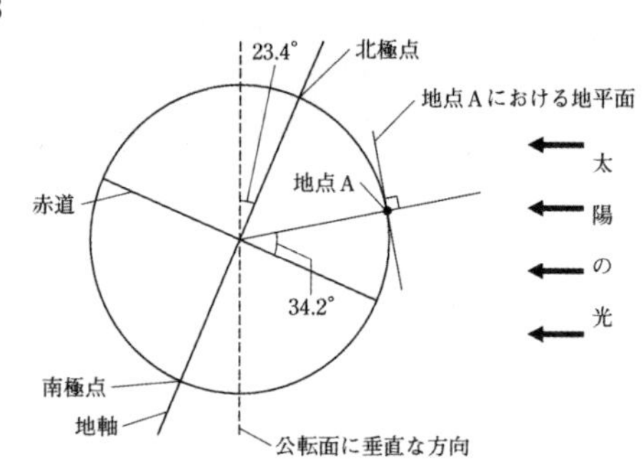

3	(1)	A		B	
	(2)				

4　木下さんは，都市Pで太陽が１日中沈まない現象が見られたある晴れた日の，都市Pと日本のある都市Qの気温を調べて，図４を作成しました。次に示したものは，木下さんが図４を見て，都市Pでは，太陽が１日中沈まないのに，気温があまり上がらないことに疑問をもち，実験をしてまとめたレポートの一部です。下の（1）・（2）に答えなさい。

図４

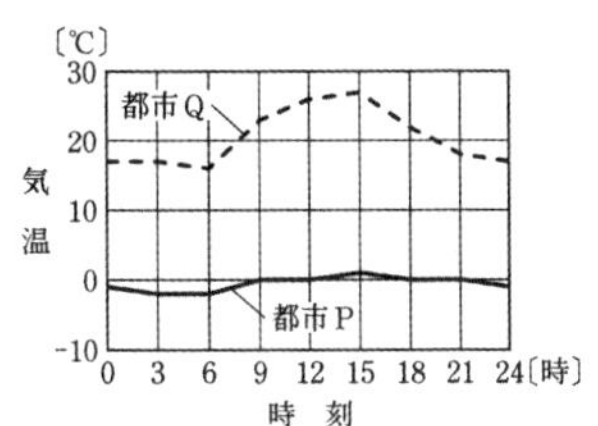

〔方法〕

性能が同じ光電池とプロペラ付きモーターをつないだものを３つ用意し，右の図５のように，光電池を板に取り付け，取り付けた板の面に円柱の棒を垂直に固定した装置を３つ作る。晴れた日の午後，下の図６の①のように，１つは光電池を，太陽の光が垂直に当たるように設置し，残り２つは②，③のように光電池の傾きを変えて設置し，モーターの回る様子を３つ同時に観察する。

なお，光電池に太陽の光が垂直に当たっていることは，光電池を取り付けた板の面に垂直に固定した棒の［　C　］ことによって確認できる。

図５

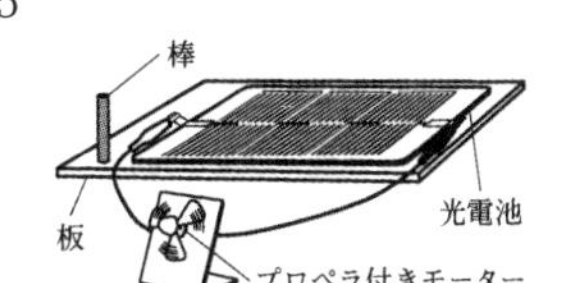

図６

①

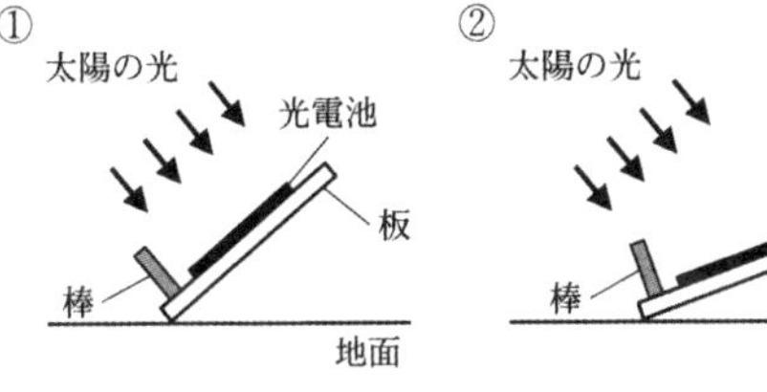

②

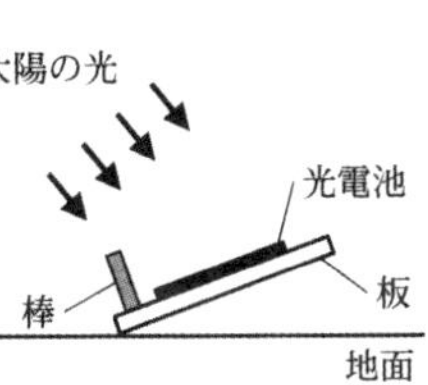

③

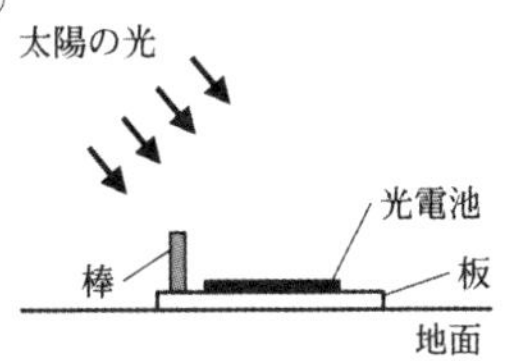

〔結果〕

モーターは，①が最も速く回り，次に②が速く回り，③はあまり回らなかった。

〔考察〕

〔結果〕から，太陽の光の当たる角度が垂直に近いほど，光電池が発電する電力が大きかったといえる。これは，太陽の光が当たる光電池の面積は同じであっても，太陽の光の当たる角度が垂直に近いほど，光電池が太陽から得るエネルギーは大きくなるためである。このことを基に考えると，都市Pで太陽が１日中沈まないのに，都市Qと比べて１日の気温があまり上がらないのは，都市Pは都市Qよりも，［　D　］ために，地面があたたまりにくいからだと考えられる。

（1）〔方法〕中の［　C　］に当てはまる内容を簡潔に書きなさい。

（2）〔考察〕中の［　D　］に当てはまる内容を，「南中高度」，「面積」の語を用いて簡潔に書きなさい。

4	(1)	
	(2)	

4

科学部の山田さんは，音の伝わり方や光の進み方について興味をもち，実験をして調べました。あとの１～３に答えなさい。

1　次に示したものは，山田さんが音の伝わる速さを測定する実験を行い，ノートにまとめたものです。下の（1）・（2）に答えなさい。

〔方法〕

Ⅰ　同じ種類の２台の電子メトロノームAとBを，ともに0.25秒ごとに音が出るように設定し，同時に音を出し始め，AとBから出た音が同時に聞こえることを確認する。

Ⅱ　下の図１のように，点Oで固定した台の上にAを置き，Bを持った観測者が点Oから遠ざかる。

Ⅲ　観測者が点Oから遠ざかるにつれて，AとBから出た音は，ずれて聞こえるようになるが，再び同時に聞こえる地点まで遠ざかり，そこで止まる。そのときのBの真下の位置を点Pとする。

Ⅳ　点Oから点Pまでの直線距離を測定する。

図１

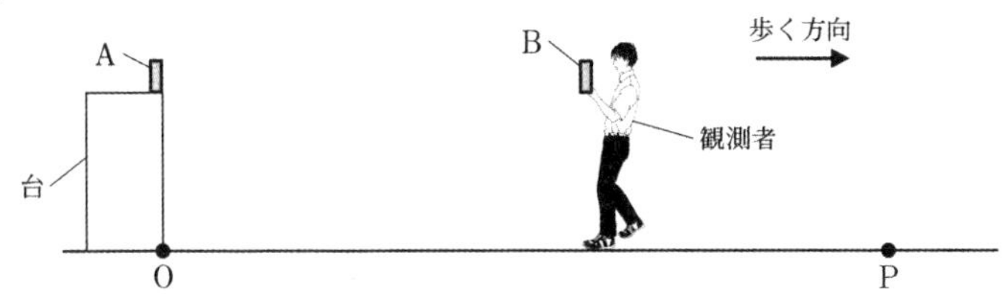

〔結果〕

点Oから点Pまでの直線距離は，86mであった。

〔考察〕

音が空気を伝わるとき，空気の［　a　］が次々と伝わっている。

この実験では，観測者が点Oから遠ざかるにつれて，Bから観測者までの距離は変わらないのに対して，Aから観測者までの距離は長くなる。AとBから出た音は空気中を［　b　］で進むので，観測者が点Oから遠ざかるにつれて，Aから出た音が観測者に届くまでの時間が，Bから出た音が観測者に届くまでの時間より長くなる。そのため，AとBから出た音がずれて聞こえるようになる。

また，点Pは，AとBから出た音が再び同時に聞こえた最初の位置である。このことから，音の伝わる速さは［　c　］m/sである。

（1）〔考察〕中の［　a　］に当てはまる語を書きなさい。また，［　b　］に当てはまる語句を書きなさい。

（2）〔考察〕中の［　c　］に当てはまる値を書きなさい。

1	(1)	a		b		(2)	

2　次の写真１は，１匹の金魚がいる水を入れた水槽を正面から見たときの様子を撮影したもので，写真２は，写真１と同時に，この水槽を別の位置から見たときの様子を撮影したものです。写真２において，水槽の水面と側面からそれぞれ１匹ずつ見えている金魚は，金魚が実際にいる位置とは違う位置にそれぞれ見えています。

写真１

写真２

水面

側面

山田さんは，写真２の水槽の水面から見えている金魚について，金魚が実際にいる位置を点Ｃ，見る人の目の位置を点Ｄ，水面から金魚が見える位置を点Ｅとして，これらの点の位置関係を図２のように方眼紙上に模式的に示しました。点Ｃからの光が，水面を通って点Ｄまで進む道すじを，実線――でかきなさい。

図２

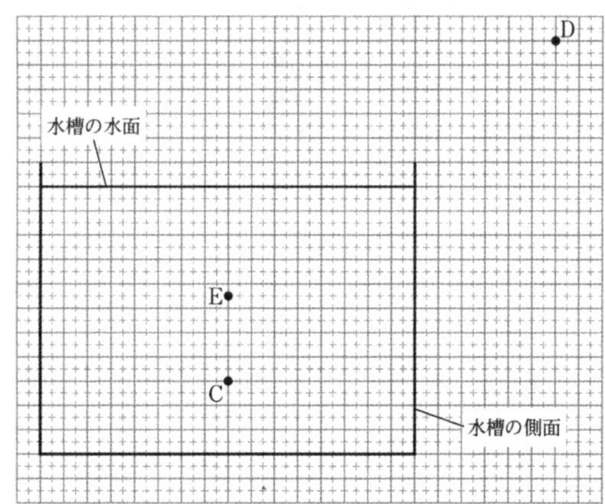

3　次の図３は，歯の裏側を見るために使われるデンタルミラーを模式的に示しており，デンタルミラーには，円形部分に鏡が付いています。山田さんは，図４のように，デンタルミラーと洗面台の鏡を使って，歯の裏側を観察しており，図５は，そのときの歯の裏側を口の内側から見た様子と，デンタルミラーで映した範囲を示したものです。下の（１）・（２）に答えなさい。

図３　図４　図５

（１）　山田さんは，図４でデンタルミラーに映っている歯の裏側の実際の位置を点Ｆ，山田さんの目の位置を点Ｇとして，図６のように，点Ｆ，点Ｇ，デンタルミラーの鏡，洗面台の鏡の位置関係を，方眼紙上に模式的に示しました。このとき，点Ｆからの光がデンタルミラーの鏡と洗面台の鏡で反射して点Ｇに届くまでの光の道すじを，実線――でかきなさい。また，デンタルミラーの鏡に映って見える歯の裏側の見かけの位置は，デンタルミラーの鏡の奥にあります。この見かけの位置に●印をかきなさい。

図６

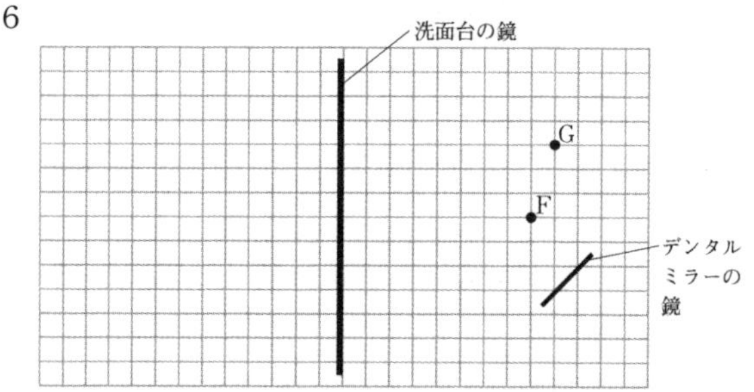

（２）　図５でデンタルミラーに映っている歯の裏側の様子は，図４で山田さんが見ている洗面台の鏡にはどのように映っていますか。次の**ア**～**エ**の中から最も適切なものを選び，その記号を書きなさい。

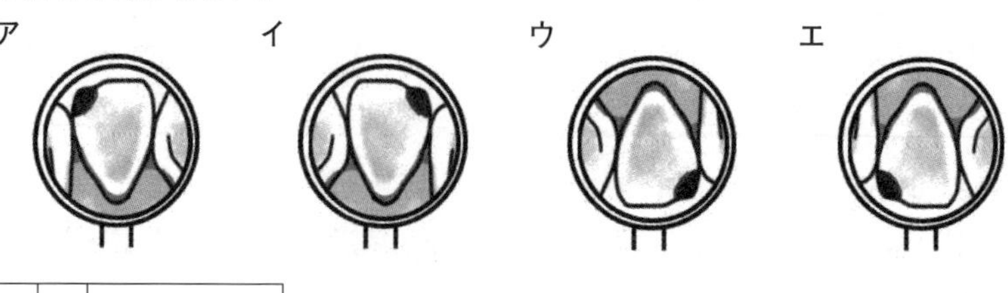

3	(2)	

令和４年度入試問題　社会（50 分）

1　ある学級の社会科の授業で，「私たちの生活と交通の発達」というテーマを設定し，班ごとに分かれて学習しました。次の会話はそのときのものです。あとの１～５に答えなさい。

中山：先週，親戚の家に行ったのだけど，新しく①高速道路ができていて，以前は渋滞していた道路を通らずに行くことができたから，とても早く着いたよ。
池田：高速道路が整備されると便利になるよね。
西村：便利と言えば，この前，父が，②新幹線もずいぶん整備されて，日帰りできる都市が増えたって言ってたよ。
池田：早く移動できるというだけではなく，自動車や鉄道，③航空機，船舶といったそれぞれの④移動手段の特徴を生かした使い分けによって，さらに便利に移動できるよね。
中山：そうだね。資料を集めて整理し，⑤「私たちの生活と交通の発達」について，現在どのような取り組みが行われているか，考えていこうよ。

地形図Ⅰ

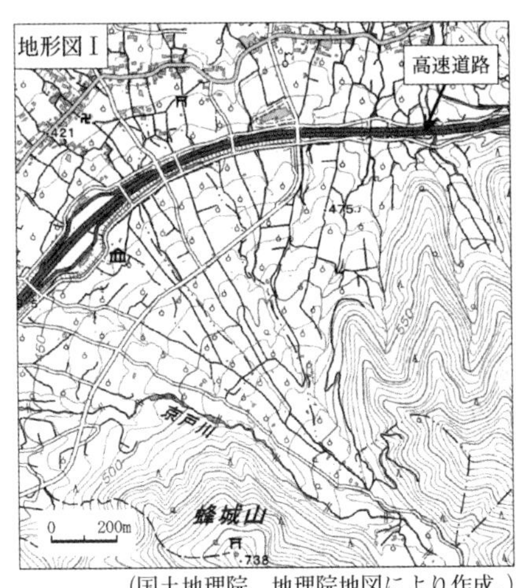

（国土地理院　地理院地図により作成。）

地図Ⅰ

1　下線部①に関して，中山さんの班では，高速道路について調べ，前の地形図Ⅰを見付けました。中山さんの班では，この地形図Ⅰを見て，高速道路が扇状地で弧を描くように通っていることに興味をもち，調べて下のようにまとめました。中山さんの班のまとめの中の［　　　］に当てはまる適切な語は何ですか。地形図Ⅰを基に書きなさい。

中山さんの班のまとめ
　地形図Ⅰ中の高速道路が扇状地で弧を描くように通っているのは，道路の高低差を小さくするために，扇状地の地形に合わせて，［　　　］に沿ってつくられているからである。

1	

2　下線部②に関して，新幹線をはじめとする鉄道網の整備にともない，都市間の移動時間は大幅に短縮しました。前の地図Ⅰは，2010 年までに開業している新幹線の路線を示しています。下の資料Ⅰは，2010 年と 2014 年について，東京を起点に全国の各都市に到着するまでの鉄道による移動時間を，地図上の距離に置き換えて日本列島を変形させて示したものです。中山さんの班では，地図Ⅰと資料Ⅰを基に，2010 年と 2014 年にかけて生じた，東京から山形，仙台，大阪，鹿児島までの鉄道の発達による移動時間の変化について，下のようにまとめました。中山さんの班のまとめの中の［ a ］に当てはまる都市名は何ですか。その都市名を書きなさい。また，［ b ］にはどのような内容が当てはまりますか。その内容を簡潔に書きなさい。

資料Ⅰ

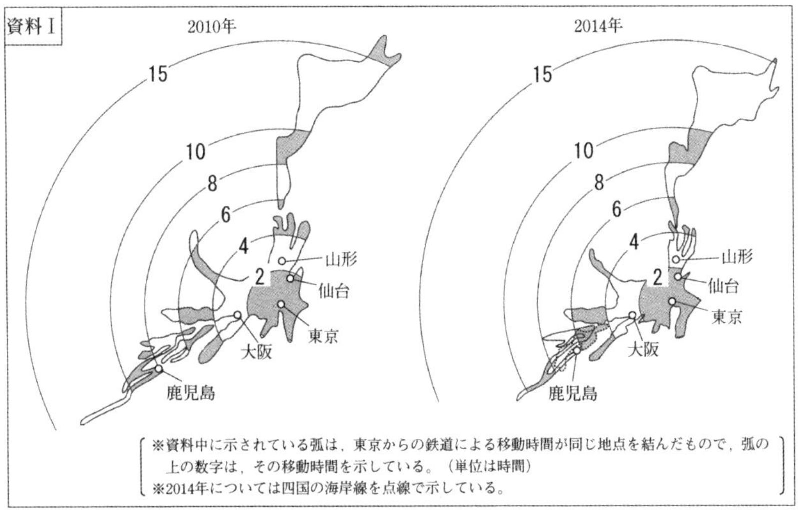

※資料中に示されている弧は，東京からの鉄道による移動時間が同じ地点を結んだもので，弧の上の数字は，その移動時間を示している。（単位は時間）
※2014年については四国の海岸線を点線で示している。

中山さんの班のまとめ
　2010 年から 2014 年にかけて生じた，東京から山形，仙台，大阪，鹿児島までの移動時間の変化を比較すると，［ a ］以外の三つの都市までの移動時間はあまり短縮していないのに，［ a ］までの移動時間は大きく短縮していることが読み取れる。この違いは，［ b ］ために生じたものであると考えられる。

2	a		b	

3　下線部③に関して，中山さんの班では，ある航空会社の国際線の主な航空路線について調べ，次の資料Ⅱを見付けました。中山さんの班は，資料Ⅱを見て，この航空路線の往路と復路とでは，同じ経路で同じ距離を飛行しているのに，平均飛行時間に違いがあることに疑問をもち，さらに調べ，その理由を，地図Ⅱを基に，自然条件に触れて下のようにまとめました。中山さんの班のまとめの中の［　　　］に当てはまる適切な語を書きなさい。

中山さんの班のまとめ
　東京・サンフランシスコ間の航空路線の往路と復路の平均飛行時間に約２時間の違いがあるのは，自然条件として［　　　］の影響があるためと考えられる。

資料Ⅱ

都市間の平均飛行時間

〔往路〕

東京発　→　サンフランシスコ着

約9時間20分

〔復路〕

サンフランシスコ発　→　東京着

約11時間20分

※往復の飛行経路と飛行距離は同じものとする。

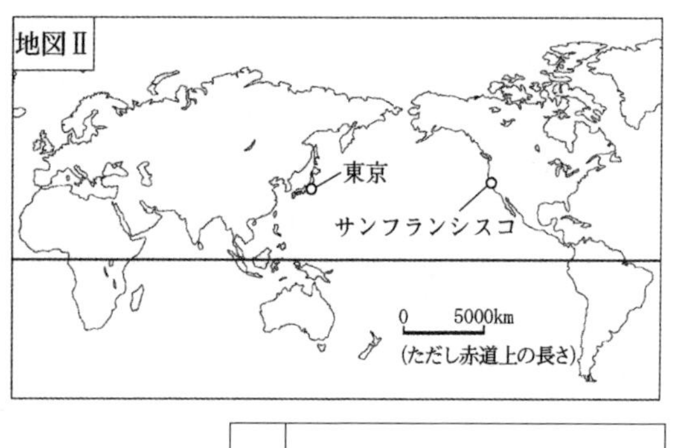

3	

4　下線部④に関して，中山さんの班では，2009年のアメリカ，ドイツ，日本のそれぞれの国において，人が国内を移動する際に利用する主な交通機関の割合を調べ，次のグラフⅠを作成しました。グラフⅠ中の［A］と［B］のうち，日本が当てはまるのはどちらですか。その記号を書きなさい。また，その記号を選んだ理由を，あとの地図Ⅲ・Ⅳを基に簡潔に書きなさい。

グラフⅠ

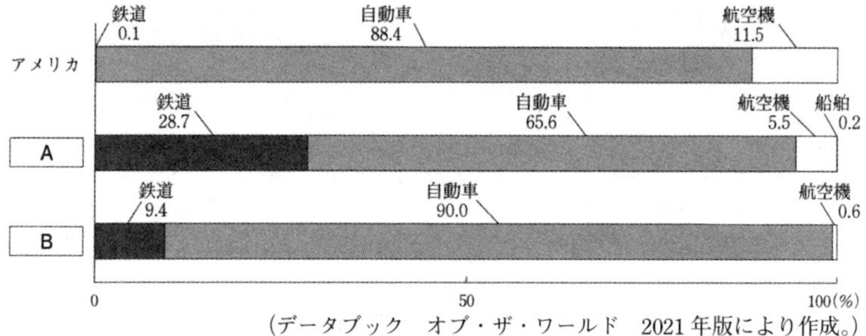

（データブック　オブ・ザ・ワールド　2021年版により作成。）

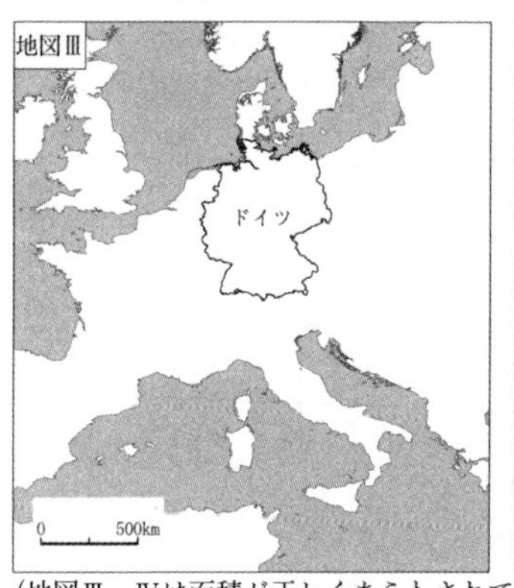

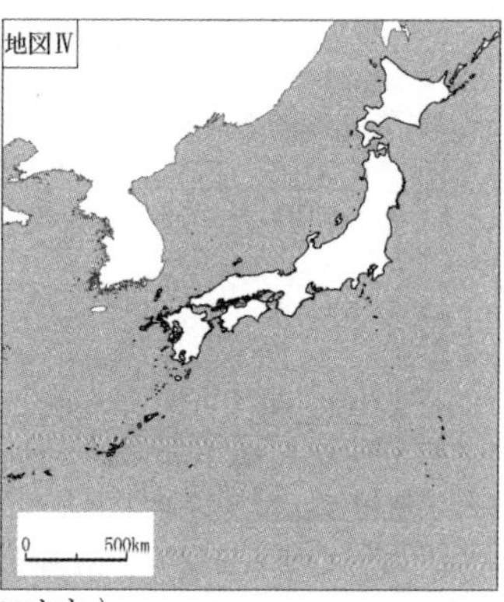

（地図Ⅲ・Ⅳは面積が正しくあらわされています。）

4	記号		理由	

5　下線部⑤に関して，中山さんの班では，X市が，バスの運行に新しいしくみを取り入れることによって経済の活性化を目指していることについて調べ，次の表Ⅰと図Ⅰ・Ⅱを作成しました。バスの運行に新しいしくみを取り入れることによるバスの利用者と運行会社の，それぞれの立場からの利点は何ですか。表Ⅰと図Ⅰ・Ⅱを基に，利用者の立場からの利点は「便利」の語を用いて，運行会社の立場からの利点は「効率的」の語を用いて，それぞれ具体的に書きなさい。

表Ⅰ　バスの運行の従来のしくみと新しいしくみの比較

	バスの運行の従来のしくみ	バスの運行の新しいしくみ
運行経路	決まった経路で運行。	利用者の予約状況に応じて，AI（人工知能）が算出した経路で運行。
運行間隔	1日3便，決まった時刻に運行。	利用者の有無や利用区間に合わせて運行。
乗車方法	利用者は，22か所のバス停のうち，最寄りのバス停で乗車。	利用者は，スマートフォンや電話で予約し，希望時刻に，従来のバス停にバーチャルバス停を加えた185か所のバス停のうち，最寄りのバス停で乗車。

バーチャルバス停：実際のバス停はなく，予約すると乗り降りできる場所

利用者の自宅と通勤先の間の移動モデルの比較

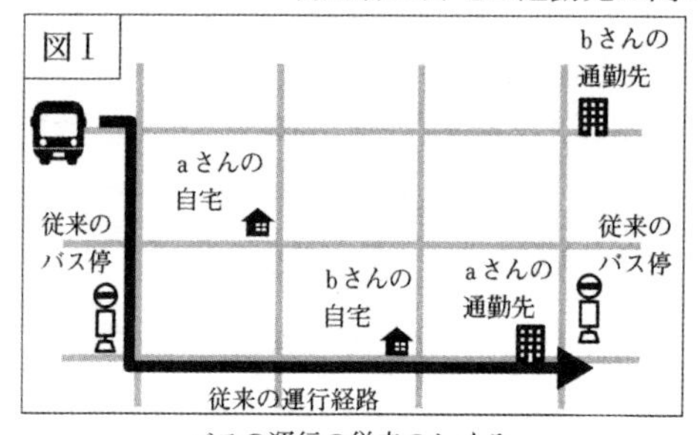

バスの運行の従来のしくみ

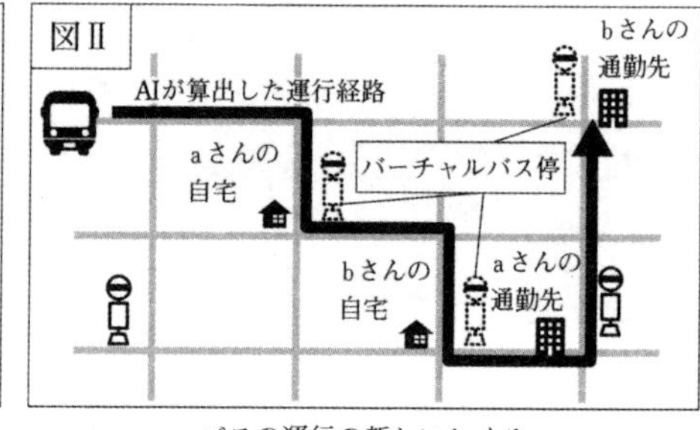

バスの運行の新しいしくみ

5	利用者の立場からの利点	
	運行会社の立場からの利点	

2 ある学級の社会科の授業で，「私たちの生活と経済との関わり」というテーマを設定し，班ごとに分かれて学習をしました。木下さんの班では，身の回りの財の価格やサービスの料金について話し合いました。次の会話はそのときのものです。あとの1～4に答えなさい。

木下：去年の12月にケーキを作ろうとしてイチゴを買ったのだけど，5月にイチゴを買ったときよりもずいぶん高くてちょっと驚いたよ。同じものなのに，どうしてこんなに価格が違うのだろう。
井上：イチゴはもともと春のものだから，季節が関係あるのかな。
中西：①イチゴの価格がどのように変化しているか調べて，その変化の理由を考えてみようよ。
木下：そうだね。でも，イチゴと違って季節と関係ないものもあるかもしれないよ。②様々な価格や料金の決まり方も調べてみようよ。
井上：それはいい考えだね。
中西：現実の社会では，価格を巡って様々な問題が生じていると聞くよ。③価格の決定にどんな問題があるのかについて考えると面白いと思うよ。

1　下線部①に関して，木下さんの班では，次のグラフⅠを見付け，それを基にイチゴの価格の変化について下のようにまとめました。木下さんの班のまとめの中の［ a ］と［ b ］に当てはまる語はそれぞれ何ですか。あとの**ア**～**エ**の組み合わせのうちから最も適切なものを選び，その記号を書きなさい。

グラフⅠ　イチゴの卸売量と卸売価格（2020年）

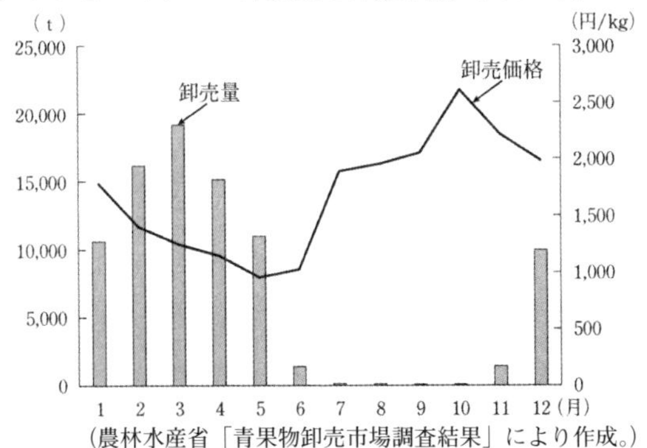

（農林水産省「青果物卸売市場調査結果」により作成。）

木下さんの班のまとめ
イチゴの卸売量は，5月と12月で同じぐらいなのに，12月の卸売価格が高いのは，12月は5月よりもイチゴの［ a ］が［ b ］ためと考えられる。

ア［a 需要量／b 多い］　イ［a 需要量／b 少ない］　ウ［a 供給量／b 多い］　エ［a 供給量／b 少ない］

2　下線部②に関して，電気やガス，水道などの公共料金は，国や地方公共団体が認可や決定をしています。それはなぜですか。その理由を，簡潔に書きなさい。

1		2	

3　下線部③に関して，木下さんの班では，企業による価格の決定にどのような問題点があるのかについて調べ，次の資料Ⅰを見付け，それを基に下のようにまとめました。木下さんの班のまとめの中の［ A ］と［ B ］に当てはまる適切な語をそれぞれ書きなさい。

資料Ⅰ　〔事例〕アイスクリーム製造大手のX社は，小売店を巡回し，他の小売店よりも多く売ろうとして希望小売価格より安く売っている小売店に対し，X社の定める希望小売価格で売るように要請し，それに応じない小売店には，商品の出荷を停止していました。

木下さんの班のまとめ
市場経済では，小売店は様々な工夫をして消費者により評価される商品を販売しようと努力する。この事例では，小売店は，多くの消費者を獲得するために，商品の価格を下げて販売する努力をしていたが，X社がそれを拘束することによって，小売店間の［ A ］が阻まれ，結果として消費者は価格によって小売店を選べなくなる。
この事例について，独占禁止法に基づいて監視や指導を行う機関である［ B ］は，調査を行い，不公正であると判断した。

3	A		B	

4　木下さんの班では，よりよい消費生活を送るためのお金の使い方について学び，次のようなまとめを作成しました。このまとめについて学級で説明するために，資料として漫画を使うこととしました。あとの**ア**～**エ**のうち，どの漫画を使うのが最も適切ですか。その記号を書きなさい。

木下さんの班のまとめ
私たちのお金は有限な資源であるのに対して，私たちの欲求は無限であるから，私たちにとって，希少性のある財やサービスを選択することがよりよい消費生活につながると考えられる。

4	

(金融広報中央委員会ウェブページにより作成)

3 ある学級の社会科の授業で，日本の各時代の食生活に注目して時代の特色を考える学習を行いました。村田さんの班では，和食がユネスコ無形文化遺産に登録されたことを知り，日本の各時代の食生活について調べ，次の表を作成しました。あとの１～６に答えなさい。

時代区分	日本の各時代の食生活に関する主なことがら
縄文時代	ドングリなどの木の実を土器で煮て食べるようになった。
弥生時代	①西日本から東日本へ稲作が広まった。
奈良時代	②貴族の食事に，全国の様々な特産物が使われた。
平安時代	貴族社会では，年中行事やもてなしのための料理が定着した。
鎌倉時代	③禅宗の影響により，魚や肉を用いない精進料理が発展した。
安土・桃山時代	南蛮貿易が始まり，パンやカステラなどが伝来した。
江戸時代	酒や④しょう油などの特産物が各地で生産され，流通した。
明治時代	都市を中心に⑤牛肉を食べることが広がった。
昭和時代	即席ラーメンなどのインスタント食品が開発・発売された。
平成時代	「⑥和食」がユネスコ無形文化遺産に登録された。

1　下線部①に関して，稲作が広まり，人々の生活や社会の様子も大きく変わりました。次の**ア**～**エ**のうち，弥生時代の日本の様子について述べた文として最も適切なものはどれですか。その記号を書きなさい。

ア　渡来人によって鉄製の農具や須恵器をつくる技術が伝えられた。
イ　豊かな自然のめぐみを祈るために，土偶がつくられ始めた。
ウ　王や豪族の墓として，前方後円墳がつくられた。
エ　奴国の王が漢に使いを送り，金印を与えられた。

1	

2　下線部②に関して，村田さんの班では，なぜ奈良時代の貴族が食事に全国の様々な特産物を使うことができたのかについて調べ，次の資料Ⅰを作成し，資料Ⅰと当時の統治のしくみを関連付けて，その理由を下のようにまとめました。あとの（1）・（2）に答えなさい。

> 資料Ⅰ　都の跡から見付かった木簡には，現在の千葉県からアワビ，石川県からサバ，山口県から塩などの特産物が都に集められ貴族に送られたことが記されている。

> 村田さんの班のまとめ
> 奈良時代は，［ a ］。そのため，全国の特産物が［ b ］として都に集められたので，貴族が食事に使うことができたと考えられる。

（1）村田さんの班のまとめの中の［ a ］には，奈良時代の統治のしくみについて述べた内容が当てはまります。あとの**ア**～**エ**のうち，［ a ］に当てはまる内容として最も適切なものはどれですか。その記号を書きなさい。

ア　天皇と，天皇から高い位を与えられた中央の有力な豪族が全国を支配し，地方には国司が置かれていた

イ　天皇との血縁関係を深めた貴族が摂政･関白として権力を握り，地方政治は国司に任されていた

ウ　幕府と藩によって全国の土地と民衆を統治する政治が行われていた

エ　幕府が朝廷に迫って，国ごとに守護を，荘園や公領に地頭を置くことを認めさせていた

(2) 村田さんの班のまとめの中の［ b ］には，税に関する語が当てはまります。［ b ］に当てはまる語として最も適切なものを，次のア～エのうちから選び，その記号を書きなさい。

ア 租　　イ 調　　ウ 庸　　エ 雑徭

3　下線部③に関して，村田さんの班では，この時代の禅宗の寺院でつくられていた料理について調べ，小麦を使う料理がつくられていたことを知り，このことに関わり，この時代の農業の特色について次のようにまとめました。村田さんの班のまとめの中の［　　］に当てはまる適切な語を書きなさい。

> 村田さんの班のまとめ
> 　この時代は，農業の発達により，例えば，夏は米，冬は小麦というように，1年に二つの作物を異なった時期に同一の農地でつくる［　　］が広まった。

2	(1)		(2)		3	

4　下線部④に関して，村田さんの班では，江戸時代のしょう油の流通について調べ，右の資料Ⅱを見付け，しょう油が右の資料Ⅱに示すようなびんに詰められてオランダを通じてヨーロッパに運ばれたことを知りました。下の地図Ⅰ中のア～エのうち，当時の日本からオランダにしょう油が運ばれた主な経路として最も適切なものはどれだと考えられますか。その記号を書きなさい。

資料Ⅱ

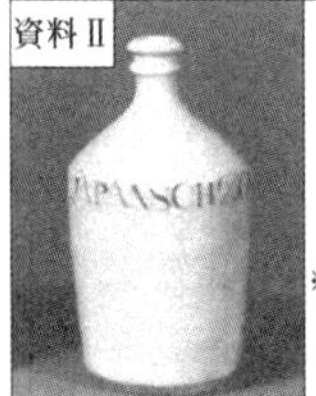

輸送の際，釜で沸かし，陶器のびんに詰めて密封することで，暑さによる腐敗や発酵を防ぎ，品質が落ちないようにした。
※びんに書かれているJAPANSCHZOYAは「日本のしょう油」の意味。

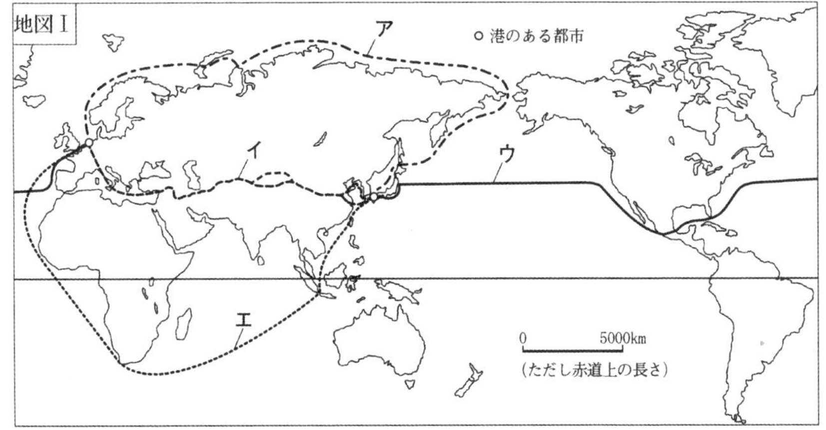

5　下線部⑤に関して，村田さんの班では，明治時代に生活様式が変化したことについて調べ，牛鍋を食べている様子を示した右の資料Ⅲを見付けました。このころ，生活様式が変化したことは，牛鍋のほかに，資料Ⅲのどのような点から読み取ることができますか。具体的に一つ書きなさい。

資料Ⅲ

牛鍋

4	
5	

6　下線部⑥に関して，村田さんの班では，日本の食文化である和食の価値が世界に認められたことを知り，和食について調べ，次の資料Ⅳ・Ⅴを見付け，和食を継承するための取り組みを提案することとしました。あなたならどのような取り組みを提案しますか。下の和食を継承するための取り組みの提案書を，条件1・2に従って完成しなさい。

> 資料Ⅳ
> 〔食文化としての和食の特徴〕
> A　豊かな自然と食材に恵まれ，季節感を感じ，自然を尊重する精神を育んできた。
> B　家族の食卓，地域の祭りや年中行事で，食を共にすることで，人のつながりが深まる。
> C　体によいものを求め，健康的な食文化をつくりあげた。
> D　風土の違いから，食材や調理法が変化し，食文化の多様性が生み出された。

（農林水産省ウェブページにより作成。）

> 資料Ⅴ
> 〔和食の危機の現状〕
> ・ファストフード店やファミリーレストランが各地に開店し，外食が日常化した。
> ・電子レンジの普及や冷凍食品，インスタント食品により，食生活は便利になったが，家庭内で調理をする機会が減った。

（農林水産省ウェブページにより作成。）

条件1　提案書中の和食の特徴の欄には，資料ⅣのA～Dのうち，提案する際に重点を置くものをいずれか一つ選び，その記号を書くこと。

条件2　提案書中の取り組みの欄には，条件1で選んだ和食の特徴に重点を置き，資料Ⅴの内容を踏まえて，取り組みを具体的に書くこと。

6	和食を継承するための取り組みの提案書	
	和食の特徴	
	取り組み	

4　ある学級の社会科の授業で，「持続可能な社会を目指して，自分たちにできることを考える」というテーマで班ごとに分かれて学習をしました。次の資料Ⅰは，この授業のはじめに先生が提示した持続可能な開発目標（ＳＤＧｓ）の17の目標であり，下の会話は，その資料を基に，山本さんの班が話し合ったときのものです。あとの１～３に答えなさい。

資料Ⅰ

（農林水産省ウェブページによる。）

山本：持続可能な社会を目指す上で，世界にはどんな課題があるかな。

西川：右の図Ⅰのようなウェブページを見付けたよ。これを見ると，①世界には水道の設備がない暮らしをしている人や②衛生的なトイレが整っていない暮らしをしている人が多くいるのだね。

図Ⅰ

水道の設備がない暮らしをしている人は22億人です。
トイレがなく，道ばたや草むらなど
屋外で用を足す人は6億7300万人です。

（日本ユニセフウェブページによる。）

山本：じゃあ，私たちの班はＳＤＧｓの「6　安全な水とトイレを世界中に」を取り上げ，どんな課題があるかを調べてみようよ。

中野：課題が分かれば，自分たちにできることも考えられるかもしれないね。

1　下線部①に関して，山本さんの班では，世界の上水道の整備の様子を調べ，次のグラフⅠを見付けました。山本さんの班では，グラフⅠを見て，資料Ⅰ中の「6　安全な水とトイレを世界中に」の目標を達成するためには，資料Ⅰ中の「1　貧困をなくそう」の目標を達成することが必要ではないかと考え，その理由を説明しました。山本さんの班の説明はどのようなものだと考えられますか。グラフⅠを基に簡潔に書きなさい。

グラフⅠ　2017年のアジアの主な発展途上国の上水道の普及率と一人当たり国内総生産（ＧＤＰ）

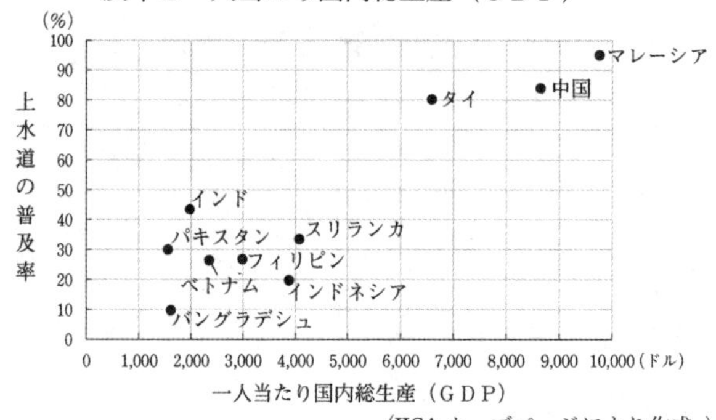

（JICA ウェブページにより作成。）

2　下線部②に関して，山本さんの班では，日本の排水やトイレについて調べ，明治時代の初めの東京の様子について述べた次の資料Ⅱを見付けました。山本さんの班では，この資料Ⅱを見て，このころの日本が衛生的であったことを知り，その理由について考えるために，江戸時代の衛生の状況について調べ，江戸の市内の通りの様子を示した次の資料Ⅲを見付けました。そして，資料Ⅲを基に，江戸の市内の衛生について下のようにまとめました。山本さんの班のまとめの中の［　A　］と［　B　］に当てはまる適切な内容をそれぞれ書きなさい。

資料Ⅱ

東京の死亡率がボストンのそれよりもすくないということを知って驚いた私は，日本の保健状態について多少の研究をした。それによると，日本には赤痢などは全く無く，（中略）我が国で悪い排水や不完全な便所その他に起因するとされている病気の種類は日本には無いか，あっても非常にまれであるらしい。

赤痢：病気の名称

（モース「日本その日その日」により作成。）

資料Ⅲ

（「江戸名所図会・上」により作成。）

山本さんの班のまとめ

江戸の市内の人々のし尿を［　A　］として利用するために，［　B　］ことから，江戸の市内は極めて清潔であった。このことにより，伝染病は少なかった。

1			
2	A		B

3　山本さんの班では，世界の水資源について調べ，次のグラフⅡを見て，アフリカはヨーロッパに比べ，一人当たりの利用可能な水の量が大幅に少なくなっていることに気付き，さらに調べて，今後，アフリカの水不足が深刻になると懸念されていることについて，次のグラフⅢと表Ⅰを基に，下のようにまとめました。山本さんの班のまとめの中の［ a ］と［ b ］に当てはまる語はそれぞれ何ですか。あとのア～エの組み合わせのうちから最も適切なものを選び，その記号を書きなさい。また，山本さんの班のまとめの中の［ c ］にはどのような内容が当てはまると考えられますか。適切な内容を書きなさい。

グラフⅡ　アフリカとヨーロッパの一人当たりの利用可能な水の量の変化

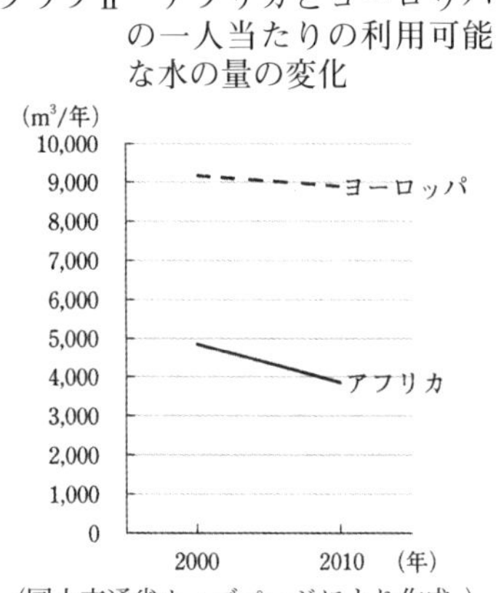

（国土交通省ウェブページにより作成。）

グラフⅢ　アフリカとヨーロッパの人口の変化

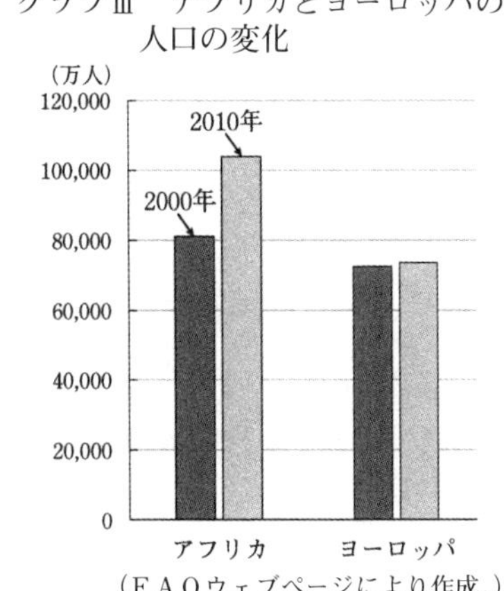

（ＦＡＯウェブページにより作成。）

表Ⅰ　アフリカとヨーロッパの国内総生産（ＧＤＰ）の変化とその増加率

	2000年（億ドル）	2010年（億ドル）	2000～2010年の増加率（％）
アフリカ	6, 552	19, 698	200.6
ヨーロッパ	97, 012	198, 896	105.0

（ＦＡＯウェブページにより作成。）

山本さんの班のまとめ

アフリカは，ヨーロッパに比べ，人口が大幅に［ a ］していることから，一人当たりの利用可能な水の量が少なくなっていることに加え，国内総生産が大幅に［ b ］しているので，［ c ］と予想されることから，今後，水不足が深刻になることが懸念される。

ア［a 増加　b 増加］　イ［a 増加　b 減少］　ウ［a 減少　b 増加］　エ［a 減少　b 減少］

3	記号	
	c	

令和4年度入試問題　数学（50分）

1　次の（1）～（8）に答えなさい。

(1)	
(2)	
(3)	
(4)	
(5)	
(6)	
(7)	
(8)	

（1）$3-24\div(-4)$　を計算しなさい。

（2）$3(4x+y)-5(x-2y)$　を計算しなさい。

（3）$\sqrt{45}-\sqrt{5}+\sqrt{20}$　を計算しなさい。

（4）x^2y-4y　を因数分解しなさい。

（5）下図左のように，２つの底面が△ABC と△DEF である三角柱があります。この三角柱において，辺 AB とねじれの位置にある辺を全て答えなさい。

（6）下図中のように，関数$y=\frac{a}{x}$のグラフがあります。このグラフが，点A$(-3,\ 2)$を通るとき，a の値を求めなさい。

（7）下図右のように，四角形 ABCD があり，AB＝BC，CD＝DA です。∠BAD＝110°，∠CBD＝40°のとき，∠ADC の大きさは何度ですか。

（8）ある学級で，通学時間についてアンケート調査をしました。下の表は，その結果を度数分布表に整理したものです。40分以上50分未満の階級の相対度数を求めなさい。

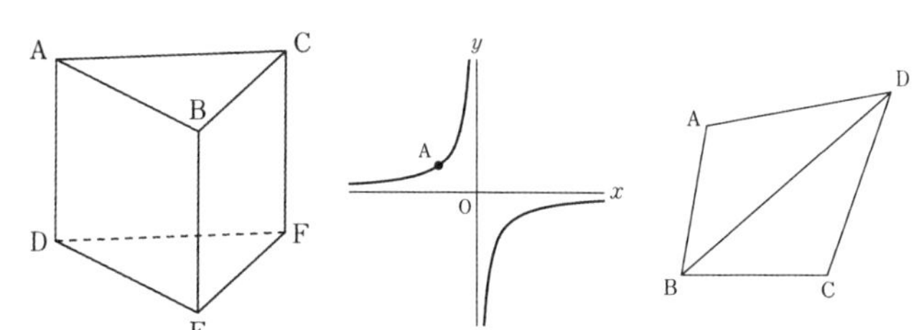

階級（分）	度数（人）
以上　未満	
0 ～ 10	2
10 ～ 20	6
20 ～ 30	4
30 ～ 40	9
40 ～ 50	14
50 ～ 60	5
計	40

2 次の（1）～（3）に答えなさい。

（1）中川さんは，ミルクティーとコーヒー牛乳を作ろうと考えています。ミルクティーは，紅茶と牛乳を 2：1 の割合で混ぜ，コーヒー牛乳は，コーヒーと牛乳を 1：1 の割合で混ぜます。牛乳をちょうど 350mL 使い，ミルクティーとコーヒー牛乳を同じ量だけ作るとき，紅茶とコーヒーはそれぞれ何 mL 必要ですか。

（2）右の図のように，底面が，1 辺の長さが 4cm の正方形 ABCD で，OA＝OB＝OC＝OD＝4cm の正四角すいがあります。辺 OC 上に，OP＝3cm となるように点 P をとります。辺 OB 上に点 Q をとり，AQ＋QP が最小となるようにするとき，AQ＋QP は何 cm ですか。

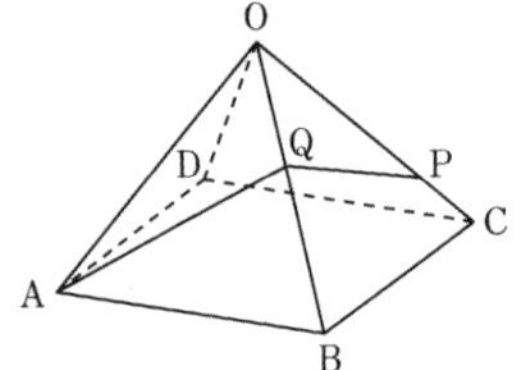

（3）田村さんの住む町では，毎年多くのホタルを見ることができ，6 月に最も多く観測されます。そこで，田村さんは，6 月のホタルの観測数を 2019 年から 2021 年までの 3 年間について調べました。下の図は，それぞれの年の 6 月の 30 日間について，日ごとのホタルの観測数を箱ひげ図に表したものです。この箱ひげ図から読み取れることとして正しいものを，下の①～④の中から全て選び，その番号を書きなさい。

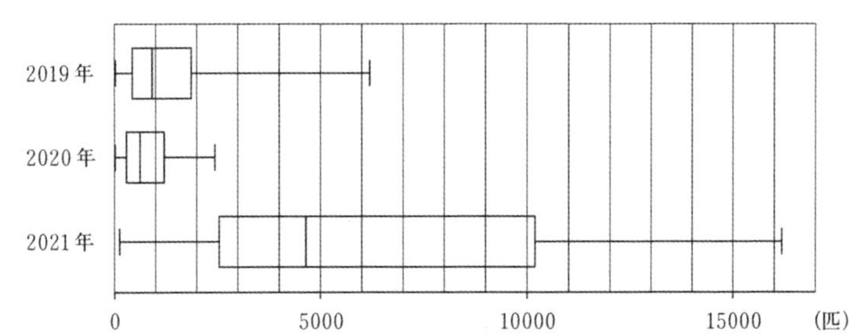

① 2019 年の 6 月では，観測されたホタルの数が 1000 匹未満であった日数が 15 日以上ある。

② 6 月に 7000 匹以上のホタルが観測された日が 1 日もないのは，2020 年だけである。

③ 2021 年の 6 月では，3000 匹以上 10000 匹以下のホタルが観測された日数が 15 日以上ある。

④ 4000 匹以上のホタルが観測された日数は，2021 年の 6 月は 2019 年の 6 月の 2 倍以上ある。

(1)	紅茶		コーヒー	
(2)			(3)	

3 下の図のように，関数 $y=\frac{1}{4}x^2$ のグラフがあります。また，方程式 $y=-3$ のグラフ上を $x>0$ の範囲で動く点 A，$x<0$ の範囲で動く点 B があります。点 A を通り y 軸に平行な直線と，関数 $y=\frac{1}{4}x^2$ のグラフとの交点を C，点 B を通り y 軸に平行な直線と，関数 $y=\frac{1}{4}x^2$ のグラフとの交点を D とします。

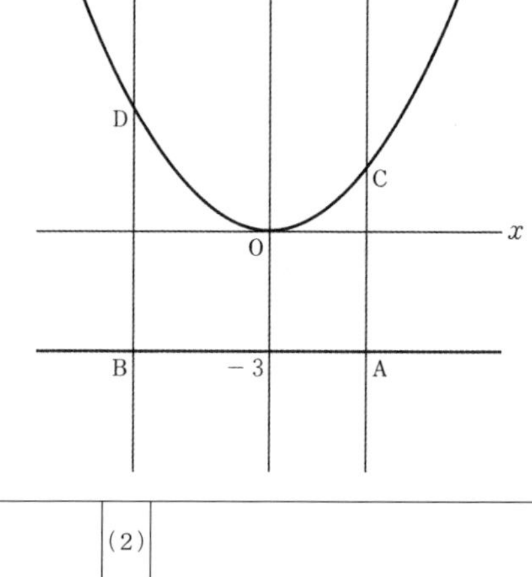

次の（1）・（2）に答えなさい。

（1）点 A の x 座標が 4，△OBA の面積が 9 となるとき，点 B の x 座標を求めなさい。

（2）四角形 DBAC が正方形となるような点 A の x 座標を全て求めなさい。

(1)		(2)	

4 下の図のように，線分 AB を直径とする半円があり，点 O は線分 AB の中点です。$\overset{\frown}{AB}$ 上に，A と B とは異なる点 C をとります。$\overset{\frown}{BC}$ 上に AC∥OD となるような点 D をとり，線分 BC と線分 AD との交点を E とします。このとき，△AEC∽△ABD であることを証明しなさい。

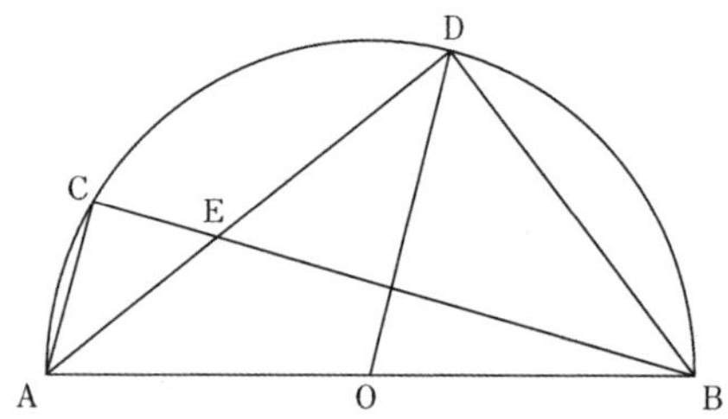

5 A社の中村さんと山下さんは，P市の港から12km離れたQ島の港へのドローン（無人航空機）を使った宅配サービスを始めたいと考えています。そこで，A社の所有するドローンが，宅配サービスに使用できるかについて話をしています。

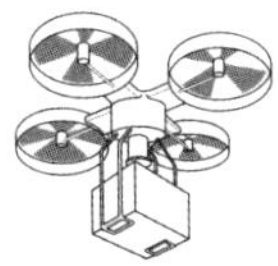

ドローンを使った宅配サービスのイメージ

> 中村「この宅配サービスでは，最大5kgの荷物を運ぶことにしたいんだ。私たち，A社のドローンは，バッテリーを100％に充電した状態で5kgの荷物を載せてP市を出発し，Q島へ届けたあと，再充電することなくP市に戻ってこられるかな。」
> 山下「バッテリー残量30％以下になると，安全に飛行することが難しくなるよ。だから，宅配サービスに使用するためには，往復してもバッテリー残量30％以下にならないことを確かめないといけないね。」
> 中村「そうだね。それでは，荷物を載せない場合と，5kgの荷物を載せる場合のそれぞれで，ドローンの飛行時間に伴うバッテリー残量の変化について調べてみようよ。」

2人は，荷物を載せない場合と，5kgの荷物を載せる場合のそれぞれについて，A社のドローンのバッテリーを100％に充電して，常に分速1.2kmで飛行させ，1分ごとにバッテリー残量を調べました。そして，ドローンが飛び始めてからx分後のバッテリー残量をy％として，その結果をそれぞれ次のように表1，表2にまとめ，下の図1，図2に表しました。

表1　荷物を載せない場合

x(分)	0	1	2	3	4
y(％)	100.0	97.9	95.9	93.9	92.0

表2　5kgの荷物を載せる場合

x(分)	0	1	2	3	4
y(％)	100.0	95.4	90.9	86.5	82.0

図1　荷物を載せない場合

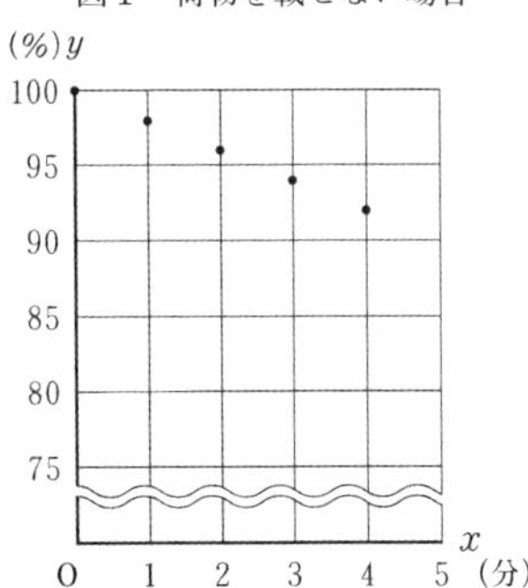

図2　5kgの荷物を載せる場合

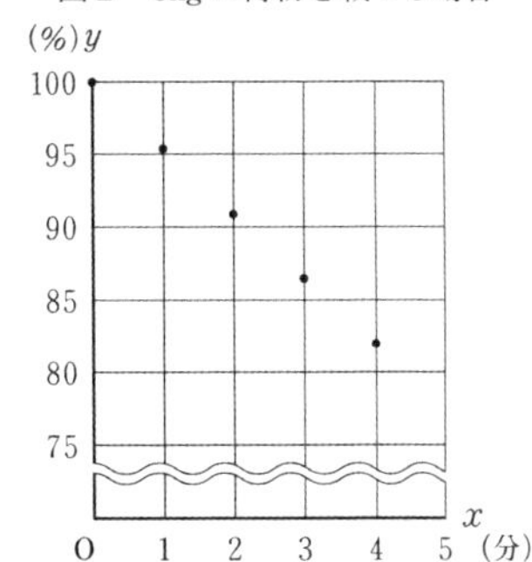

中村さんたちは，表1，表2と図1，図2を基に，A社のドローンが宅配サービスに使用できるかを考えました。

> 中村「図1，図2を見ると，いずれの場合も5つの点がほぼ一直線上に並んでいるから，どちらもyはxの一次関数とみなして考えてみようよ。」
> 山下「それでは，荷物を載せない場合は，グラフが①2点(0，100)，(4，92)を通る直線となる一次関数と考え，5kgの荷物を載せる場合は，グラフが2点(0，100)，(4，82)を通る直線となる一次関数としよう。」
> 中村「この2つの一次関数を基に，②5kgの荷物をQ島に届けてP市に戻ってくるまでのドローンの飛行時間とバッテリー残量の関係を表すグラフをかくと，A社のドローンが宅配サービスに使用できるか分かると思うよ。」
> 山下「では，グラフをかいて考えてみよう。」

次の（1）・（2）に答えなさい。

（1）下線部①について，荷物を載せない場合において，yをxの式で表しなさい。

（2）下線部②について，バッテリーを100％に充電したA社のドローンが，5kgの荷物を載せ，P市の港を出発してQ島の港で荷物を降ろし，荷物を載せない状態でP市の港に戻ってくるまでの飛行時間とバッテリー残量の関係を表すグラフを右へかきなさい。また，グラフを基に，A社のドローンがこの宅配サービスに使用できるか，使用できないかを，その理由とともに説明しなさい。ただし，ドローンの上昇・下降にかかる時間とそれに伴うバッテリー消費，およびQ島の港で荷物を降ろす際にかかる時間は考えないものとします。

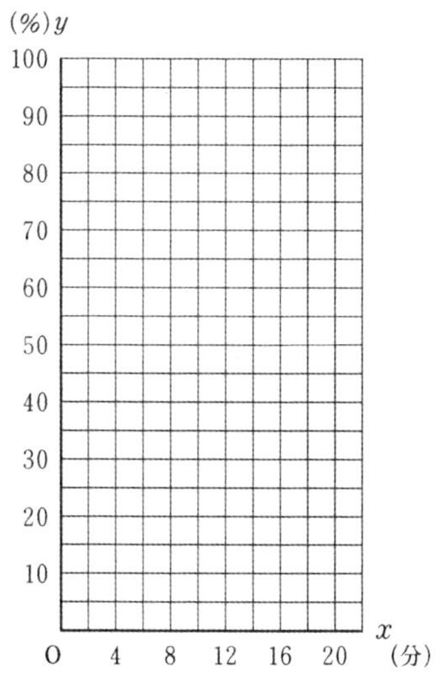

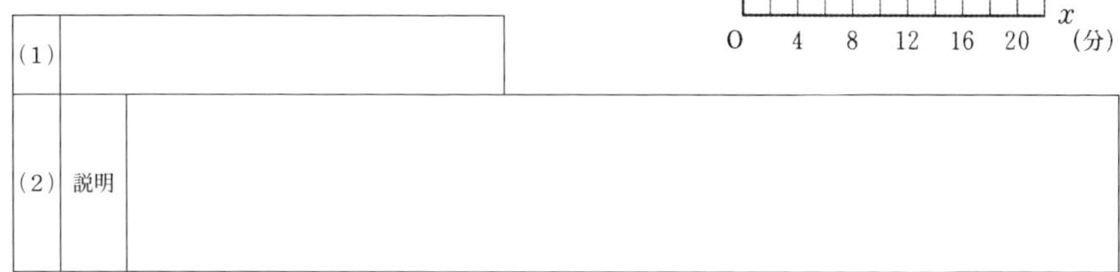

6　太郎さんと次郎さんは，次の【ゲーム】において，先にカードを取り出す人と，後からカードを取り出す人とでは，どちらが勝ちやすいかを調べることにしました。

【ゲーム】

　右の図のように，1，2，3，4の数字が1つずつ書かれた4枚のカードが入った袋があります。下の図のように，正方形ABCDの頂点Aにコマを置きます。このコマを，太郎さんと次郎さんの2人が，下の＜ルール＞にしたがって，正方形ABCDの頂点から頂点へ移動させ，勝敗を決めます。

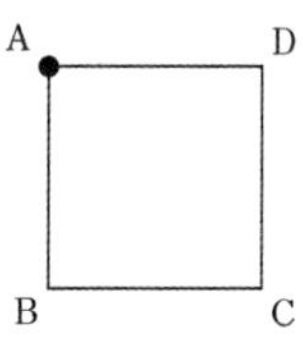

＜ルール＞

① 先に，太郎さんが袋の中のカードをよく混ぜ，そこから1枚取り出し，カードに書かれた数字の数だけ，正方形の頂点から頂点へ反時計まわりにコマを移動させる。

② 太郎さんは，取り出したカードを袋に戻し，次郎さんに交代する。

③ 次に，次郎さんが袋の中のカードをよく混ぜ，そこから1枚取り出し，①で移動させたコマが置いてある頂点から，カードに書かれた数字の数だけ，正方形の頂点から頂点へ反時計まわりにコマを移動させる。

④ それぞれが移動させた後のコマの位置によって，下の表のⅠ～Ⅳのように勝敗を決めることとする。

	太郎さんが移動させた後のコマの位置	次郎さんが移動させた後のコマの位置	勝敗
Ⅰ	頂点B	頂点B	引き分け
Ⅱ	頂点B	頂点B以外	太郎さんの勝ち
Ⅲ	頂点B以外	頂点B	次郎さんの勝ち
Ⅳ	頂点B以外	頂点B以外	引き分け

　例えば，太郎さんが2の数字が書かれたカードを取り出したとき，太郎さんはコマをA→B→Cと移動させます。次に次郎さんが1の数字が書かれたカードを取り出したとき，次郎さんはコマをC→Dと移動させます。この場合は，太郎さんが移動させた後のコマは頂点Cにあり，次郎さんが移動させた後のコマは頂点Dにあるので，Ⅳとなり引き分けとなります。

　次の（1）・（2）に答えなさい。

（1）この【ゲーム】において，太郎さんが移動させた後のコマの位置が，頂点Bである確率を求めなさい。

　2人は，太郎さんが勝つ確率と，次郎さんが勝つ確率をそれぞれ求めました。その結果から，この【ゲーム】では，先にカードを取り出す人と，後からカードを取り出す人とでは，勝ちやすさに違いがないことが分かりました。

（2）さらに，【ゲーム】中の＜ルール＞の②だけを下の②′にかえた新しいゲームでも，カードを取り出す順番によって勝ちやすさに違いがないかを調べることにしました。

②′ 太郎さんは，取り出したカードを袋に戻さず，次郎さんに交代する。

　この新しいゲームにおいて，先にカードを取り出す人と，後からカードを取り出す人とでは，勝ちやすさに違いはありますか。下の**ア**～**ウ**の中から正しいものを1つ選び，その記号を書きなさい。また，それが正しいことの理由を，確率を用いて説明しなさい。

ア　先にカードを取り出す人と後からカードを取り出す人とでは，勝ちやすさに違いはない。

イ　先にカードを取り出す人が勝ちやすい。

ウ　後からカードを取り出す人が勝ちやすい。

(1)		
(2)	記号	
	理由	

四

青木さんの班では、技術・家庭科の時間に実施される保育実習に向けて「絵本の読み聞かせ」の準備を行っています。次の【ノート】は、保育実習に関する説明を聞いて、青木さんがまとめたもので、【資料1】・【資料2】は、青木さんたちが、読み聞かせに使う絵本を選ぶために、調べて準備したものです。また、【生徒の会話】は、青木さんの班が、読み聞かせに使う絵本を選ぶ過程で行ったものです。これらを読んで、あとの〔問い〕に答えなさい。

【ノート】

保育実習での絵本の読み聞かせについて

1目的「幼児との触れ合い方の工夫を学ぶ」

2読み聞かせを行う対象　年中（4歳児）クラス

3読み聞かせを行う時間　20分間

4絵本を決定するために

（1）年中（4歳児）の特徴について

・話し言葉がほぼ完成し，想像力が豊かになる。

・知的好奇心が増す。

・想像する力や思考する力の土台が育まれる。

・コミュニケーション能力を育む上で，重要な時期である。

（2）事前の打ち合わせで，保育士さんから聞いたこと

・絵本で知ったことや見たことを，実際に見たり，体験したりすることが大好きである。（「ホットケーキ作り」，「シャボン玉遊び」等）

・「現実には起こりそうに無い，あっと驚くような出来事が起こる物語の絵本」や「いろいろな生き物が出てくる図鑑のような絵本」に興味がある。

【資料1】

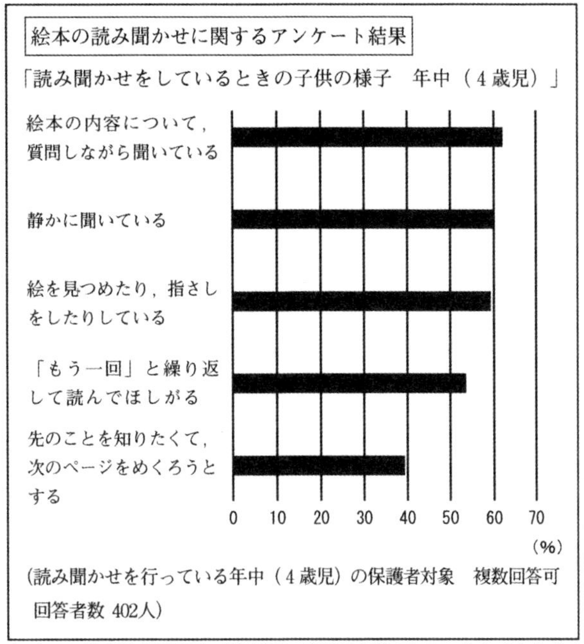

絵本の読み聞かせに関するアンケート結果

「読み聞かせをしているときの子供の様子　年中（4歳児）」

（読み聞かせを行っている年中（4歳児）の保護者対象　複数回答可　回答者数 402人）

（ベネッセ教育総合研究所　「幼児期の家庭教育調査」（2018）により作成。）

【資料2】

年中クラスの今後の主な行事予定	
九月下旬	芸術鑑賞（劇「ピノキオ物語」）
十月中旬	遠足（水族館）
十二月上旬	園で育てたサツマイモの芋掘り・焼き芋の会
二月下旬	発表会（音楽劇「かぐや姫」）

【生徒の会話】

青木：九月上旬に行われる保育実習の中で、私たちは子供たちに絵本の読み聞かせをすることになっているね。図書館で本を選ぶ前に、【ノート】や、みんなで調べた【資料1】・【資料2】を参考にして、どんな種類の絵本を読み聞かせたらよいかを決めていこう。

野村：いい考えだね。私たちの担当する年中（四歳児）の子供たちは、「現実には起こりそうに無い、あっと驚くような出来事が起こる物語の絵本」や「いろいろな生き物が出てくる図鑑のような絵本」に興味があるということだったよね。読み聞かせをしてあげられる時間が二十分間しかないから、この二種類のうちのどちらの種類の絵本がよいかを決めて、その後、実際に図書館に行って、具体的な絵本をみんなで選んだらいいと思わない？

青木：そうしよう。では、まず、どちらの種類の絵本がいいか、みんなの意見を言ってみてよ。

和田：私は、絵本の読み聞かせの時に、絵本の内容について質問しながら聞いている子供が多いみたいだし、四歳児は知的好奇心が増すと技術・家庭科の時間に習ったから、生き物や植物を題材とした図鑑のような絵本を、クイズ形式にして読み聞かせをしたらいいと思うな。

野村：なるほど……。今後、子供たちは芸術鑑賞で劇を鑑賞したり、遠足で水族館に行ったりする予定だよね。だから、私はわくわくするような冒険の物語や、海の生き物が主人公の物語などを、役に合わせて声色を変えて読んだらきっと盛り上がっていいと思うなあ。

本田：私も野村さんと同じよ。子供たちは芸術鑑賞も近々あるみたいだし。想像力が豊かになったり、初めて知る物語の世界に好奇心が高まったりする時期だから、何回も読みたくなる、わくわくするような物語の絵本がいいな。
青木さんはどう？

青木：（　Ⅰ　）

〔問い〕　青木さんは話し合いの中で、読み聞かせに使う絵本は、物語の絵本がよいか、図鑑のような絵本がよいか、どちらがよいか意見を求められました。青木さんは、【生徒の会話】を踏まえて、「図鑑のような絵本がよい」という意見を述べようとしています。あなたが青木さんなら、班員の間で合意を形成するために、どのような発言をしますか。次の条件1・2に従って、空欄Ⅰに当てはまる発言を書きなさい。

条件1　【ノート】・【資料1】・【資料2】の内容を参考にして、合意を形成できるように書くこと。

条件2　二百五十字以内で書くこと。なお、解答は、実際に話すときに使う言葉で書いてもよい。

三　次の文章を読んで、あとの問いに答えなさい。

【漢文】

伏スコト久シキ者ハ、①飛ブコト必ズ高ク、開クコト先ナル者ハ、謝スルコト独リ早シ。知ラバ此レヲ、可三以テ免二ル蹭(注1)蹬(とうそう)之憂一ヒヲ、可三以テ消二ス躁急(さうきふ)之念一ヲ。

（書き下し文）

伏すこと久しき者は（長く地上に伏せて力を養っていた鳥は）、飛ぶこと必ず高く、開くこと先なる者は（他よりも先に咲いた花は）、謝すること（散ってしまうこと）独り早し。［　　］、以て蹭蹬の憂ひを免るべく（避けることができ）、以て躁急(注2)の念を消すべし（消すことができる）。

（「菜根譚(さいこんたん)」による。）

（注1）蹭蹬＝足場を失ってよろめくこと。　（注2）躁急＝あせって、気持ちがいらだつこと。

1　［　　］に当てはまる書き下し文を書きなさい。

2　①飛ブコト必ズ高クとあるが、次の文は、これが何を例えているかを述べたものです。空欄Ⅰに当てはまる適切な表現を、現代の言葉を用いて十字以内で書きなさい。

> 人が（　Ⅰ　）を、「鳥が高く飛ぶ」という表現で例えている。

3　田中さんの学級では、国語の時間に、新聞の「お悩み相談」に掲載された記事の投稿者に返事を書くという課題に取り組むことになりました。次の【記事】は、新聞の「お悩み相談」に掲載された記事で、【生徒の会話】は、この課題に取り組む過程で、田中さんの班が行ったものです。これらを読んで、あとの(1)・(2)に答えなさい。

【記事】

> 中学生　十四歳
>
> 私は中学校に入学して、陸上競技部に入りました。特に力を入れて取り組んだ種目は走り幅跳びです。毎日休まず練習したけれど、三年生になってからは、走り幅跳びの自己ベスト記録を一度も更新することができませんでした。先週の中学校での最後の大会でも、私は自己ベスト記録を更新することができませんでした。大会が終わると、引退の寂しさとともに、悔しさで涙があふれました。そして、このまま高校で陸上競技部を続けても、結果は出せないのではないかと思うようになりました。でも、先日の放課後、グラウンドの近くを通りかかり、陸上競技部の後輩たちが一生懸命に練習している姿を見ると、やっぱり私は陸上競技が好きだと思いました。だから、今は、高校でも陸上競技部を続けるのか、他のスポーツにチャレンジしてみるのかを悩んでいます。高校に入学するまで、しっかり考えてみようと思うのですが、よいアドバイスがあればお願いします。

【生徒の会話】

> 田中：新聞の「お悩み相談」に掲載された記事の投稿者へのアドバイスは、どんな風に書いたらいいのかなあ。【漢文】の内容を踏まえて、書くんだよね。
>
> 木村：【漢文】の筆者が伝えたいことは、（　Ⅱ　）ということだよね。だから、高校でも陸上競技部を続けるかどうかについては、（　Ⅲ　）という内容を伝える返事を書きたいな。

(1)　空欄Ⅱに当てはまる適切な表現を、現代の言葉を用いて三十字以内で書きなさい。

(2)　空欄Ⅲについて、あなたならどのような内容を伝えますか。空欄Ⅲに当てはまるように、【漢文】の内容と【記事】の内容を踏まえ、現代の言葉を用いて七十字以内で書きなさい。

1

2

3	
(1)	(2)

しかし、茎を注意深く観察すると、芽は、茎の先端だけでなく、先端より下にある葉っぱのつけ根にも必ずあります。これらの芽は、頂芽に対して、「側芽」、あるいは、「腋芽（えきが）」とよばれます。側芽は、ふつうには、頂芽のように勢いよく伸び出しません。

頂芽の成長は、勢いがすぐれており、側芽の成長に比べて優勢です。この性質が、頂芽優勢とよばれるものです。発芽した芽生えでは、この性質によって、頂芽がどんどんと成長をして、次々と葉っぱを展開します。

摘みとられる花や切り花にされる花は、多くの場合、頂芽の位置にあります。一本の茎の先端に花を咲かせているキクやヒマワリは、その㋐テンケイ的な例です。頂芽が花になっているとき、花をつけている茎を切り取って切り花にすると、残された茎の下方には、葉っぱが何枚か残ってついています。

その葉っぱのつけ根には、花が切り取られるまでは、側芽とよばれていた芽があります。上にあった花と茎が切り取られると、今度は、側芽の中で一番上にあったものが、一番先端の芽となります。［　　］、頂芽となるのです。すると、頂芽優勢によって、その芽が伸び出します。花が咲く季節なら、その芽にツボミができて、花が咲きます。あるいは、側芽のときにすでにツボミはできており、頂芽が㋑ソンザイするために、成長できなかっただけかもしれません。いずれにしても、この植物は、再び花を咲かせます。

先端の花が摘みとられても、切り花として切り取られても、残された植物では、一番上になった側芽が頂芽として伸び出し、花が咲くのです。これが、「植物たちは、花を摘みとられることや切り取られることを、それほど気にしていない」と思われる理由です。

このことを知ると、花を摘みとったり切り花にしたりするときに、私たちが感じる心苦しさは、軽くなります。頂芽の花を切り取ることは、それまで成長を抑えられていた側芽に、成長のチャンスを与えることになるからです。これらは、頂芽に咲いた花が切り取られなければ、りっぱに花咲くことなく生涯を終える運命にあったものです。

①切り取った花を無駄にすることなく、花として価値ある使い方をすることで、心苦しさは心の晴れやかさに変わるでしょう。切り取られた花や枝は㋒ヨロコぶはずです。そして、控えていた芽は、ⓐ表舞台に出る機会を与えられたことになるのです。

（田中修（おさむ）「植物のいのち」による。）

1　㋐〜㋒のカタカナに当たる漢字を書きなさい。

2　［　　］に当てはまる最も適切な語を、次のア〜エの中から選び、その記号を書きなさい。
　ア　または　　イ　例えば　　ウ　すなわち　　エ　なぜなら

3　ⓐ表舞台に出る機会とあるが、これは具体的にどのような機会ですか。二十字以内で書きなさい。

4　①切り取った花を無駄にすることなく、花として価値ある使い方をすることで、心苦しさは心の晴れやかさに変わるでしょうとあるが、次の【ノート】は、なぜ筆者の田中修さんが、心苦しさが心の晴れやかさに変わると述べているのかということについて、ある生徒がまとめたものです。また、【図書館で借りた本の文章】は、その生徒が【ノート】を書くために、準備したものです。この【ノート】の空欄Ⅰ・Ⅱに当てはまる適切な表現を、空欄Ⅰは本文の内容を踏まえて十五字以内、空欄Ⅱは【図書館で借りた本の文章】の内容を踏まえて七十五字以内で書きなさい。

【ノート】

花を切り取ったあとに感じる心苦しさは、植物たちが花を摘みとられたり、切り花にされたりしても（　Ⅰ　）ということを知ることで軽くなる。さらに、切り取った花をいけばなで使用した場合、（　Ⅱ　）ことになるため、切り取った花を無駄にせず、価値ある使い方ができたと言える。このように切り取った花を価値ある使い方をすることで、心苦しさは晴れやかさに変わると、筆者の田中修さんは述べているのではないかと考える。

【図書館で借りた本の文章】

いけばなは、生きている草や木を切って材料とします。たいていの草木は切られても水に養えば、すぐに枯れてしまうことはありません。しかし、大地から切り離されて、多少ともその生命（いのち）が縮められたことは確かです。いけばなの材料となる花材が、単なる素材と違うのは、まさにこの生命をもっているというところです。草木の花や葉が美しいのは生命のはたらきに裏づけられているからであり、花や葉を観賞することは、同時にその生命の有り様を見つめることでもあります。花をいけるという行為が、まず、何よりも花を生かすことといわれるのも、そこに根拠があるのです。いけばなには、数百年にわたって多くの人々に培（つちか）われてきたさまざまな技法、手法の集積がありますが、そのすべてのものが、花の生命をいつくしむ心から生まれているのです。

（「いけばな入門　基本と実技」による。）

1　㋐　㋑　㋒

2

3

4　Ⅰ　Ⅱ

広255→

1 ㋐〜㋒の漢字の読みを書きなさい。

2 ⓐ新鮮と熟語の構成が同じものを、次のア〜エの中から選び、その記号を書きなさい。

ア 攻防　**イ** 不振　**ウ** 洗車　**エ** 到達

3 ①師匠の自宅を出て、一階まで降りると、篤は廊下の一番奥にある物置へ向かった とあるが、このときの篤の気持ちを、四十五字以内で書きなさい。

4 ※1から※2までの部分について、国語の時間に、この部分を演じるための台本を、文章中の描写を基に、登場人物の心情について解釈しながら作成することになりました。次の【台本】は、このとき、ある班が話し合って作成したものです。これを読んで、あとの(1)・(2)に答えなさい。

【台本】

せりふと動作	せりふや動作に込める気持ち
坂口「まあ、そうだよな。」〈頭を掻く。〉	〔坂口〕自分のこれまでを振り返りながら、納得したような気持ちで言う。
坂口「もしも、お前が昨日の一回きりで練習やめてたら、俺も今日普通にゲームしてたかもしれない。」	〔坂口〕真剣に、これまでの自分と向き合うような気持ちで言う。
篤「え？」	〔篤〕不意を突かれ、驚くような感じで言う。
坂口〈遠くをちらりと見て、重々しく口を開く。〉「俺、一緒にトレーニングしたいって武藤に言おうと思う。」	〔坂口〕（　Ⅰ　）。
篤〈相づちを打つ。〉「そうなんすか。」	〔篤〕坂口の真剣さに見合う反応をしたいのに、思い浮かばないという感じで相づちを打つ。
坂口「あ、俺のこと見直しただろ？　差し入れも買ってきてやったし、ちゃんと俺を敬えよ。」〈わざとらしく口を尖らせて、篤の肩をつつく。〉	〔坂口〕心の葛藤を隠して、何とか明るく、冗談を言って強がるような気持ちで言う。
篤「頑張ってください。」〈坂口さんを送り出して、扉を閉める。〉〈もらったミルクティーのボトルを開け、ミルクティーを口に含み、ボトルの三分の一ほどを飲む。〉「ひがあああしいいいいー、」〈何度も繰り返す。〉	〔篤〕ミルクティーを口に含んで、（　Ⅱ　）という気持ちで、ボトルの三分の一ほどを飲み、練習を再開する。

(1) 空欄Ⅰに当てはまる最も適切な表現を、次のア〜エの中から選び、その記号を書きなさい。

ア 思い付きではなく、固く決意したように言う　**イ** 仕方なく状況を受け入れたように言う

ウ 思いを伝えることができて安心したように言う　**エ** 高ぶる感情をなんとか抑えるように言う

(2) 空欄Ⅱに当てはまる適切な表現を、六十字以内で書きなさい。

5 □に当てはまる最も適切な表現を、次のア〜エの中から選び、その記号を書きなさい。

ア 重苦しい足取り　**イ** 軽やかにはずむ足取り　**ウ** 力のない足取り　**エ** しっかりとした足取り

二

次の文章を読んで、あとの問いに答えなさい。

私たちは、花の美しさに魅せられ、花を摘みとったり切り花にしたりすることがよくあります。そんなとき、植物たちがせっかく咲かせた花を切り取るのは、植物のいのちの輝きを奪い取るという、すごくひどいことをしているようで、心苦しく感じることがあります。

しかし、私たちが胸を痛めるほど、植物たちは花を切り取られることを気にしていないはずです。植物たちには、花を切り取られても、もう一度、からだをつくりなおし、いのちを復活させるという力が隠されているからです。

その力は、「頂芽優勢」といわれる性質に支えられています。成長する植物の茎の先端部分には、芽があります。この芽は、もっとも先端を意味する「いただき（頂）」という文字を「芽」につけて、「頂芽」とよばれます。植物では、この頂芽の成長がよく目立ちます。

令和4年度入試問題　国語（50分）

一

次の文章を読んで、あとの問いに答えなさい。

〔何もやる気になれず、鬱々とした日々を過ごしていた篤（あつし）は、叔父に勧められるままに呼出[注1]（よびだし）の見習いとして相撲部屋に入門し、坂口や武藤といった力士たちと一緒に生活することになった。呼出の兄弟子[注2]に当たる直之（なおゆき）や、ベテランの進（すすむ）に憧れ、彼らのようになりたいと意識し始めた篤だが、客が自分の呼び上げを下手だと笑うのを聞いてしまう。進から、直之が毎晩練習していると聞いた篤は、自主的に練習を始めたが、翌日、四股名[注3]（しこな）を間違えて呼び上げてしまい、篤は師匠の自室に呼び出された。〕

「お前、今日みたいに四股名間違えるんじゃねえぞ。気を抜くからああいうことになるんだ。」と叱られた。

はい。すみません。今朝審判部に注意されたときのように、師匠に向かって頭を下げる。「顔上げろ。」言われた通り顔を上げると、「心技体」と書かれた書が見えた。同じものが稽古場の上がり座敷にも㋐飾ってあるが、師匠の知り合いの書道家の作品らしい。「心技体」の文字を篤が目にしたことがわかっているのか、師匠は「力士は、心技体揃（そろ）ってようやく一人前と言われるが、技でも体でもなく、心が一番大事なんだ。心を強くもっていなければ、技も身につかないし、丈夫な体も出来上がらない。」と話を続けた。突然話題が変わったことに戸惑いつつ、はいと頷（うなず）く。「呼出のお前には心技体の体はまあ、そんなに関係ないけれど、それでも心が大事ってのは力士と変わんねえぞ。自分の仕事をしっかりやろうと思わなければ、いつまでたっても半人前のままだ。お前だって、できないことを叱られ続けるのは嫌だろう。」

はいと弱々しく返事をすると、師匠は語気を強めて篤に言い聞かせた。「だったら、自分がどうすべきかちゃんと考えろ。」黒々とした大銀杏（おおいちょう）が結わえられていた現役時代に比べ、今の師匠は髪の毛がずいぶん薄い。加齢で顔の皮膚もたるんでいる。しかし、いつぞやインターネットで見た若かりし頃の写真と同様に、師匠の目には人を黙らせるほどの強い光があった。何度目かのはい、という返事を口にすると、師匠の話が終わった。

①師匠の自室を出て、一階まで降りると、篤は廊下の一番奥にある物置へ向かった。念のため、まわりに誰もいないのを確認する。扉を閉めると、何も持っていない右手を胸の前でかざした。ひがああしいいーー　はああたあああのおおおーーー……にいいいしいいいーーー……息を継ぐ合間に、扉を叩（たた）く音が聞こえた。

「篤、そこにいるんだろ。」声がするのとほぼ同時に、扉が開いた。扉の外にいたのは坂口さんだった。手には、ミルクティーのペットボトル。二十四時間ほど前にも見た、デジャヴ[注4]のような光景だ。「ほれ、差し入れ。お前、昨日もの欲しそうな顔してたから買ってきてやったんだぞ。感謝しろよ。」坂口さんがぶっきらぼうに言ってペットボトルを差し出す。ありがとうございますと軽く頭を下げ、それを受け取った。結局今日はミルクティーを飲み㋑損ねていたので、この差し入れはありがたい。顔を上げると坂口さんと目が合った。

「お前、今日も練習するんだな。」「ああ、はい。」「嫌になんねえの。せっかくやる気出した途端、失敗してめちゃくちゃ怒られて。」さきほどよりも声を落として、坂口さんが尋ねる。「……なんか失敗したからこそ、やらなきゃいけない気がして。」光太郎と呼ばれた兄弟子の嫌味[注5]な口調を思い出すと、胃がきゅっと㋒絞られるように痛む。それでも、進さんが助けてくれた。師匠も、わざわざ篤に話をしてくれた。明日こそは失敗してはいけない。そう自分に言い聞かせ、篤は物置に籠もった。

※1

「まあ、そうだよな。」坂口さんは頭を掻（か）くと、もしも、と言葉を続けた。「お前が昨日の一回きりで練習やめてたら、俺も今日普通にゲームしてたかもしれない。」え？　と聞き返すと坂口さんは遠くをちらりと見て、重々しく口を開いた。「俺、一緒にトレーニングしたいって武藤に言おうと思う。」坂口さんの視線の先には、電気のついた一室があった。武藤さんが毎晩籠もっているトレーニングルームだ。あの部屋で、武藤さんは今もダンベルを持ち上げているのだろう。「そうなんすか。」坂口さんは真剣な目をしていたのに、ありきたりな相づちしか打てなかった。兄弟子としてのプライドをいったん捨て、弟弟子と一緒にトレーニングをしようと決意するまでに、当然葛藤があったはずだ。その葛藤は、きっと坂口さんにしかわからない。「あ、俺のこと見直しただろ？　差し入れも買ってきてやったし、ちゃんと俺を敬えよ。」わざとらしく口を尖（とが）らせ、坂口さんが篤の肩をつつく。坂口さんの葛藤はわからなくても、冗談を言って強がろうとしていることはわかった。

頑張ってくださいと坂口さんを送り出してから、篤はふたたび扉を閉めた。さすがに蒸し暑かったので、もらったミルクティーのボトルを開けた。口に含むと、ほのかな甘さが沁（し）みわたった。三分の一ほどを飲むと、また、ひがああしいいいーー、と何度も繰り返した。※2

秋場所の三日目は前相撲から始まった。前相撲では、新弟子検査に合格したばかりの力士と、怪我（けが）などで長期間休場し、番付外に転落した力士が土俵に上がる。最初の一番こそ通常の呼び上げを行うが、その後は東方と西方に分かれて二人の呼出が呼び上げを担当する。しかも白扇を持たず、ただ土俵下に立って声を張り上げるだけなので、他の取組とはずいぶん勝手が違う。前相撲の呼び上げは通常、何年かキャリアのある呼出が担当するので、篤は土俵のそばで控えているだけだった。先場所も見たはずの光景だが、直之さんや他の呼出が自分よりも先に声を発するのを、ⓐ新鮮な気分で眺めた。今場所は番付外に落ちた力士がおらず、新弟子も四名と少なかった。あっという間に前相撲が終了し、序ノ口[注6]の一番が始まった。

いつもと同じように、拍子木がカンカンと場内に響く。ただ、昨日までとは違い、篤は［　］で土俵に上がっていった。ふいに篤の呼び上げを下手だと笑った客の声、光太郎と呼ばれた兄弟子の冷ややかに笑う顔が脳裏に浮かびそうになる。それらを振り払うように、見てろよと心の中で呟（つぶや）いた。真っ白な扇を広げて東側を向き、腹から声を出すべく、篤は大きく息を吸った。

（鈴村ふみ「櫓太鼓（やぐらだいこ）がきこえる」による。）

（注1）呼出＝相撲で、力士の名を呼び上げる役の人。
（注2）兄弟子＝同じ師匠のもとに先に入門した人。
（注3）四股名＝力士としての呼び名。
（注4）デジャヴ＝以前に見たことがあるように感じられる光景。
（注5）嫌味な口調＝篤が、四股名を間違えて呼び上げてしまったことに対する嘲るような口調。
（注6）序ノ口＝相撲の番付で最下級の地位。

1 放送を聞いて答えなさい。

問題A　これから，No. 1 ～ No. 3 まで，対話を３つ放送します。それぞれの対話を聞き，そのあとに続く質問の答えとして最も適切なものを，ア～エの中から選んで，その記号を書きなさい。

(放送の内容)

No. 1　A：Tom, what are you looking for?
B：I'm looking for my key. I usually put it on the desk, but it's not there.
A：Well, I have seen it on the bed or by the window before.
B：I have already checked those places.
A：Look. There is something under the desk. What's that?
B：Oh, it's my key! Why is it there?
Question No. 1: Where is Tom's key?

No. 2　A：Mr. Jones, look at this graph. I asked my classmates what they drink with breakfast.
B：Milk is the most popular, right?
A：Yes. I didn't think milk would be so popular.
B：Kana, what do you drink?
A：I drink tea, but coffee is more popular than tea. What do you drink?
B：I drink orange juice.
A：In my class, only two students drink orange juice.
B：I see.
Question No. 2: Which graph are Mr. Jones and Kana looking at?

No. 3　A：James, have you finished your homework?
B：No, I haven't, but I will finish it soon.
A：Do you have any plans after that?
B：Yes. I'm going to clean my room. Then I'm going to practice the piano. What's the matter, Mom?
A：I'm cooking dinner and need more eggs. Can you go shopping?
B：Sure. I'll go soon after I finish my homework. Is there anything else you need?
A：Yes. I also need some apples.
B：OK. I'll buy them, too.
Question No. 3: What will James do first after he finishes his homework?

No. 1

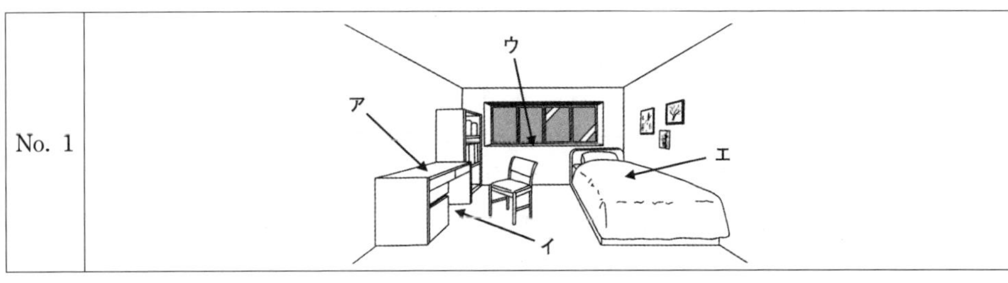

No. 2

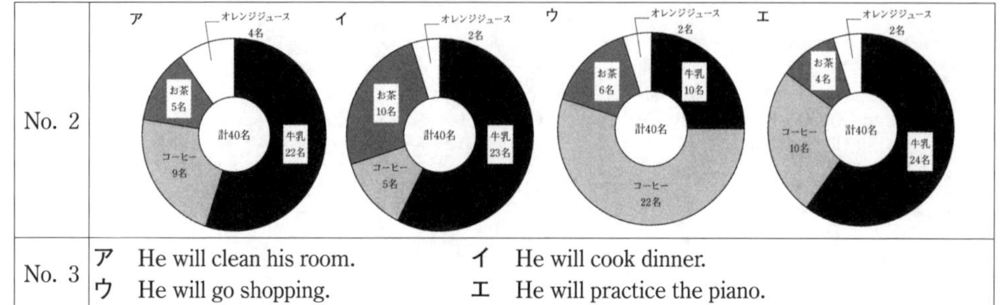

No. 3		
	ア He will clean his room.	イ He will cook dinner.
	ウ He will go shopping.	エ He will practice the piano.

問題B　これから放送する対話は，留学生のマイクと高校生の広子がある話題に関して話したときのものです。下の【対話】に示されているように，まず①でマイクが話し，次に②で広子が話し，そのあとも交互に話します。⑤ではマイクが話す代わりにチャイムが１回鳴ります。あなたがマイクなら，この話題に関しての対話を続けるために，⑤で広子にどのような質問をしますか。⑤に入る質問を英文で書きなさい。

【対話】

Mike：	①
Hiroko：	②
Mike：	③
Hiroko：	④
Mike：	⑤ チャイム

(放送の内容)

Mike：I saw you at the station yesterday. Where did you go?
Hiroko：I went to the library, because I like reading books.
Mike：How often do you go there?
Hiroko：I go there every week. I borrowed a lot of books yesterday.
Mike：(チャイム１点)

問題C　これから放送する英文は，留学生のキャシーが高校生の次郎に対して話したときのものです。キャシーの質問に対して，あなたならどのように答えますか。あなたの答えを英文で書きなさい。なお，２文以上になっても構いません。

(放送の内容)

It's my father's birthday soon. I'd like to give him something, but I don't know what he wants. So I asked one of my friends what I should give him. She said, "You should ask him what he wants for his birthday." What do you think about this idea? And why do you think so?

英語

問題番号			正答〔例〕	配点
1【リスニング】	問題A	No.1	イ	各2
		No.2	エ	
		No.3	ウ	
	問題B		What kind of books did you borrow?	3
	問題C		I agree. If you ask him what he wants, he can get the things he wants and will be happy.	4
2	1		ウ	各2
	2		good	
	3		い	
	4	記号	ウ	3
		日にち	28	
	5		エ	3
3	1	(1)	Yes, he did.	各2
		(2)	She started to work at Alfred's studio.	
	2		want people to use my furniture	2
	3		ウ	2
	4		learn	2
	5		ア，イ	3
	6		makes you feel warm and comfortable when you read books (10 語)	3
4	問題A	ア	We played the guitar	2
		イ	let's get some information on the Internet	3
	問題B	記号	イ	4
		理由	They will see the beautiful sea. They can also get something nice at a souvenir shop. (16 語)	

理科

問題番号				正答〔例〕	配点
1	1	(1)		エ	1
		(2)		表面積が大きくなるため。	2
	2	(1)	A	イ	各2
			B	エ	
			C	ア	
			D	ウ	
		(2)	E	イ	
			F	逆流しない	
	3		G	エネルギー	3
			H	呼吸数や心拍数を増やす	
			I	1回の拍動で心室から送り出される血液の量が増えている	2
2	1		A	陽イオン	各1
			B	陰イオン	
	2		C	ウ	
			D	オ	
	3		E	硫酸銅水溶液中の銅イオンが電子を受け取って銅原子になって付着する	2
			ⅰ	$Zn^{2+}+2e^-$	3
			ⅱ	$Cu^{2+}+2e^-$	
	4	(1)		イオンへのなりやすさ	2
		(2)		エ	3
3	1			日周運動	1
	2			ア	2
	3	(1)	A	66.6	3
			B	1日中昇らない	
		(2)		79.2	2
	4	(1)		影が見えなくなる	2
		(2)		太陽の南中高度が低く，同じ面積の地面が太陽から得るエネルギーは小さい	3
4	1	(1)	a	振動	1
			b	同じ速さ	1
		(2)		344	3
	2			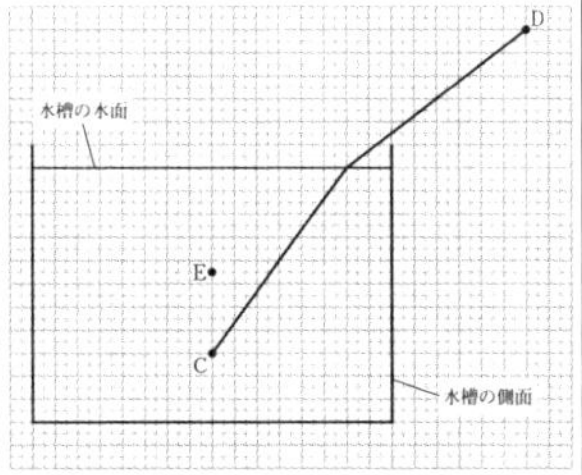	3
	3	(1)		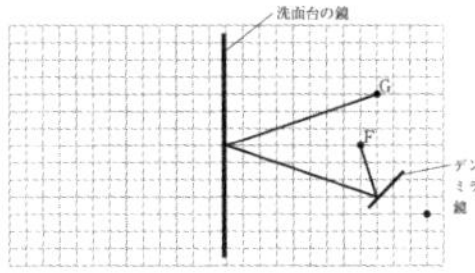	3
		(2)		ウ	2

社会

問題番号			正答〔例〕	配点
1	1		等高線	1
	2	a	鹿児島	1
		b	三つの都市では，2010 年までに新幹線が整備されていたのに対して，鹿児島では，2010 年から 2014 年の間に福岡・八代間で新幹線が整備された	2
	3		偏西風	2
	4	記号	A	3
		理由	日本の方が東西や南北に国土が広がり，島も多いので，航空機と船舶の利用の割合が高いため。	
	5	利用者の立場からの利点	希望時刻に，希望場所に近いバス停で乗車できるので，便利になる点。	各2
		運行会社の立場からの利点	利用者の予約状況に応じて AI が算出した経路で運行できるので，効率的に運行でき，運行にかかる経費を削減できる点。	
2	1		ア	2
	2		安定的に供給することによって国民の生活を守るため。	3
	3	A	競争	各2
		B	公正取引委員会	
	4		イ	3
3	1		エ	1
	2	(1)	ア	2
		(2)	イ	1
	3		二毛作	2
	4		エ	2
	5		ランプ	2
	6	和食の特徴	B	3
		取り組み	外食の日常化やインスタント食品の普及によって家庭内で調理をする機会が減っているので，正月に地域の子供と大人が集まり，共に調理して食べる。	
4	1		グラフⅠから，上水道の普及率の低い国は一人当たり国内総生産が低い傾向にあることが分かる。このことから，上水道の普及率を上げて「6」の目標を達成するためには，一人当たり国内総生産を増加させて，「1」の目標を達成していくことが必要であると考えられるため。	3
	2	A	畑や水田の肥料	各2
		B	農村へ運び出された	
	3	記号	ア	2
		c	産業が発展することによって，水の使用量が大幅に増加する	3

数学

問題番号			正答〔例〕	配点
1	(1)		9	各2
	(2)		$7x+13y$	
	(3)		$4\sqrt{5}$	
	(4)		$y(x+2)(x-2)$	
	(5)		辺 CF，辺 DF，辺 EF	
	(6)		-6	
	(7)		60	
	(8)		0.35	
2	(1)		紅茶 280　コーヒー 210	3
	(2)		$\sqrt{37}$	4
	(3)		①，④	3
3	(1)		-2	2
	(2)		2，6	3
4			△AEC と△ABD において 半円の弧に対する円周角であるから ∠ACE＝∠ADB ……① 平行線の錯角であるから ∠CAE＝∠ADO ……② OA＝OD であるから ∠ADO＝∠DAB ……③ ②，③より，∠CAE＝∠DAB ……④ ①，④より，2 組の角がそれぞれ等しいから △AEC∽△ABD	5
5	(1)		$y=-2x+100$	3
	(2)		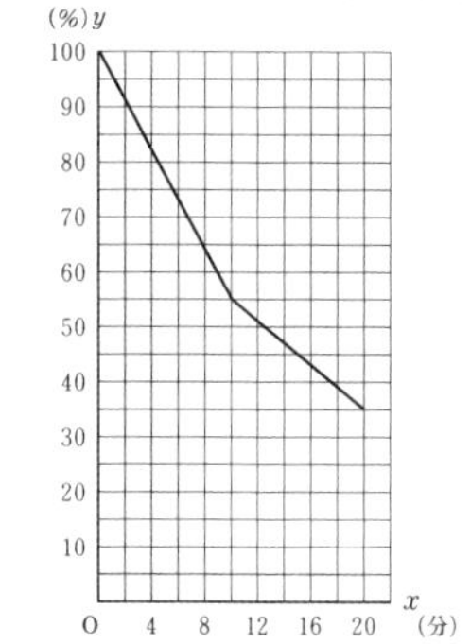	4
		説明	往復で 20 分かかるが，20 分後のバッテリー残量は 35％である。バッテリー残量が 30％以下にならないため，A 社のドローンは宅配サービスに使用できる。	
6	(1)		$\frac{1}{4}$	3
	(2)	記号	ウ	4
		理由	先にカードを取り出す太郎さんが勝つ確率は$\frac{1}{6}$であり，後からカードを取り出す次郎さんが勝つ確率は$\frac{1}{4}$である。先にカードを取り出す人が勝つ確率より，後からカードを取り出す人が勝つ確率の方が大きいから，後からカードを取り出す人が勝ちやすい。	

国語

問題番号			正答〔例〕	配点
一	1		㋐ かざ　㋑ そこ　㋒ しぼ	各1
	2		エ	1
	3		師匠や進さんの気持ちに応えるためにも，明日こそは失敗してはいけないという気持ち。(40 字)	3
	4	(1)	ア	2
		(2)	坂口さんの優しい心遣いに感謝し，葛藤を乗り越えて決意に至るまでの坂口さんの思いに共感し，自分も同じように変わっていこう (59 字)	5
	5		エ	2
二	1		㋐ 典型　㋑ 存在　㋒ 喜	各1
	2		ウ	2
	3		側芽が頂芽となって成長し，花を咲かせることができる機会。(28 字)	3
	4	Ⅰ	いのちを復活させる力がある (13 字)	2
		Ⅱ	花の生命をいつくしむという心で花材をいけて観賞することは，その生命の有り様を見つめることであり，このことが何よりも花を生かすことにつながっている (72 字)	4
三	1		此を知らば	1
	2		成功すること (6 字)	2
	3	(1)	成果を収めるためには，あせらず，準備をすることが大切である (29 字)	2
		(2)	中学校で三年間続けた地道な努力は，今後の成功にきっとつながるはずだから，高校でもあきらめず，陸上競技部に入って活動を継続した方がよい (66 字)	3
四			みんなの意見は，近々行われる行事に関連する絵本で，子供たちの知的好奇心が増すものがいいという点で共通しているね。私は和田さんと同じ意見で，図鑑のような絵本がいいな。海の生き物に関する図鑑のような絵本を読んであげたら，子供たちは，遠足の行き先である水族館での体験を一層楽しめるんじゃないかな。図鑑のような絵本でも，子供たちに問いかけながら読めば，物語の絵本を読み聞かせた場合と同じように，想像力を働かせたり，感情を表現したりできると思うよ。だから，私は図鑑のような絵本で読み聞かせをしたいな。(245 字)	12

令和４年度　問題解説

〈英　語〉

2 Kyoka　：Helen、この夏、動物園と映画を見にいく予定をしています。他に行きたい場所はありますか？［あ］

Helen　：はい。日本の歴史に興味があるので、ここもみじ市の歴史的な場所を訪ねたいです。何かアイデアがありますか？

Kyoka　：ええ。英語で［A 書かれた］ウェブサイトを見せましょう。これを見て。［い］

Helen　：どのツアーを選ぶべきか分かりません。手伝ってくれますか？

Kyoka　：もちろんです。手伝いますよ。

Helen　：有難う。これが私の予定表です。

Kyoka　：了解。このツアーとかはどうですか？あなたには［B いい］ですよ、何故ならあなたは歴史的な所に興味を持っているから。［う］

Helen　：良さそうですね、しかし私はお肉を食べません。

Kyoka　：それならこのツアーはどうでしょう？　市の殆どの歴史的な場所を訪ねます。これは私のお気に入りの場所です。またわが市の歴史を学ぶことが出来ます。私があなたなら、このツアーを選ぶでしょう。

Helen　：わたしはこれが一番好きです、しかし二学期が始まる前の最後の日なので疲れたくありません。

Kyoka　：なるほど。それなら日曜日のツアーに参加すればいいですよ。［え］

Helen　：しかしその日は一緒に出掛ける予定があります。

Kyoka　：私たちの予定を変えればいいですね。もしその予定を変えたくないなら、こちらのツアーを選ぶこともできます。美しい花木とを鑑賞することが出来ます。また伝統的な日本の衣装を着ることもできます。あなたは火曜日は空いていますね。

Helen　：このツアーも好きですがすこし高いですね。私たちの予定を変えてもいいですか？

Kyoka　：勿論です。［いつ私と一緒に動物園に行きたいですか？］

資料１

もみじ市を楽しむ！
海外から来た方々に魅力のあるツアーを用意しています。一日ツアーに興味をお持ちなら、是非参加して下さい。

ツアー１　お寺と神社
もみじ市には多くのお寺と神社があり、みなさんにご覧いただけます。もし日本の歴史に興味をお持ちなら、この魅力的なツアーに参加してはどうでしょう？
日時　8月15日（月曜日）8月21日（日曜日）
時間　11：00～16：00
料金　3000円（すき焼き屋でのお昼が含まれます）

ツアー２　着物撮影会
美しい着物を着てみたいと思いませんか？　着物レンタルショップで好きな着物を選ぶことが出来ます。
ツアーガイドが大変歴史のある日本庭園で写真をお撮りします。
日時　8月16日（火曜日）8月23日（火曜日）
時間　14：00～17：00
料金　5000円（着物レンタル代含む）

ツアー３　もみじ市博物館ともみじ城
もみじ市は長い歴史を持っており、市の博物館で学ぶことが出来ます。
またもみじ城を訪ねる事も出来ます。
もしこの市の持つ歴史に興味をお持ちなら、あなたにとって一番のツアーになります。
日時　8月25日（木曜日）　8月28日（日曜日）
時間　10：00～14：00
料金　2500円（昼食は含まれません）

資料２

8月		
15	月	
16	火	
17	水	バレーボールの練習（10：00～11：00）
18	木	
19	金	サッカーの試合を観る（13：00～）
20	土	夏祭りにホームステイ先の家族と行く
21	日	映画を見てKyokaと昼食（09：00～14：00）
22	月	
23	火	
24	水	バレーボールの練習（10：00～11：00）
25	木	
26	金	二学期開始
27	土	ホームステイ先の家族と夕食（18：00～）
28	日	動物園に行きKyokaと昼食（09：00～14：00）

1．意味を考えた時に「英語で書かれた」という文になるので「write」の過去分詞「written」が入る。

2．KyokaはHelenに「このツアーはどうでしょう？」と勧めている。すなわち「あなたにとって良い」と言いたいので「good」が正解。

3．「ツアーが３つある」という会話につながるのは直前に「これを見て」がある［い］である。

4．Tour 1は肉が食べられないので除外される。Tour2は5000円で少し高いと言っている。
Tour 3はHelenは最初に「わたしはこれが一番好きです」と言っており、Kyokaとの予定があるので一時的にあきらめるが最終的にKyokaと動物園に行く予定を変更すると言っている。
よって答えはTour3である。参加日は25日は翌日に二学期が始まるので28日である。

5．ア　映画を見た後、何をしたいですか？
イ　動物園に行った後、何をしたいですか？
ウ　私と一緒にいつ映画を見たいですか？
エ　私と一緒にいつ動物園に行きたいですか？

28日の計画を変更するので動物園に行く日程を再設定する必要がある。よって答えはエ。

3

和子の父は家具職人で、工房を持っています。和子は子どもの頃、父親がどう家具を作るのかをワクワクしながら見ていました。彼女が小学校に入学したとき、父は木製の椅子を作ってくれました。彼女は嬉しく、毎日、その椅子に座っていました。彼女は父親の家具が好きでした。

高校を卒業してから彼女は父親の工房で働き始めました。家具作りの為の木の種類について学びました。例えば、その木がどれ程、硬いのかあるいは柔らかいのかを勉強しました。父親は常々、彼女に言いました。“①私は人々に長期にわたり私の家具を使ってもらいたい。だからいつも私の家具には最高の木を使う。”和子は父の考えが好きで彼の様に仕事をすることを努めました。しかし家具を作ったときに、「何か」が欠けていると彼女は感じました。2010年のある日、一人の男性が彼らの工房を訪ねてきました。彼の名前はAlfredといい、デンマークの家具職人でした。和子は彼に工房を見せて回り、彼に言いました。“私が家具を作る時、常に木の暖かさを考えています。”Alfredは彼女の家具を見てそして言いました。“あなたの考えは素晴らしいです、しかし我々はデザインの暖かさもまた考えています。あなたの家具は良いですが更に良くなるかもしれません。”それで彼は言いました。“私の工房にきませんか？”一週間後、和子はデンマークの家具作りについて３か月間［学ぶ］ことを決めました。

2010年の12月、和子はデンマークへ行きAlfredの工房で職人仲間と働き始めました。彼らは木とデザインについて多くの事を知っていました。彼らの家具は美しい曲線を持っていたので彼女はそのデザインに暖かさを感じました。彼らと

広260→

話をしている時、一つの事に気づきました。デンマークの冬は大変寒く、長いので多くの人が家で多くの時間を過ごします。寒い所で心地よい生活を送れる努力をします。だから温かみを感じさせてくれる家具を求めるのです。

和子がその話を Alfred にしている時、彼が和子に尋ねました。“ヒュッゲという言葉を知っていますか？”“いいえ”と和子は答えました。Alfred が言いました。“心地よさや暖かさを感じる時、この言葉を使います。例えば家族と一緒に暖炉の前の椅子に座っている時、私はヒュッゲを感じます。我々は生活の中でヒュッゲは大変重要だと考えます。だから家具を選ぶとき、それをすごく重要視します。”和子はヒュッゲという言葉が気に入りました。彼女は父親に作ってもらった木製の椅子を思い出しました。デザインは簡素でしたが、それに座るといつも心地良さを感じました。父はヒュッゲという言葉は知りませんでしたが、彼の考え方はヒュッゲに似ていると思いました。

和子は春に日本に帰国しました。家具を作る時、いつも彼女はヒュッゲという言葉を思いました。ある日、和子の父は言いました。“あなたの作る家具は暖かそうだ。気に入った。”彼女は父に言いました。“デンマークでの経験が私を変えたのです。”

1 ⑴「和子の父は彼女が子供の時、木製の椅子を作りましたか？」という質問。小学校入学の時に作っているので、答えは　Yes, he did.

⑵「和子はデンマークに行った時、どこで働き始めましたか？」という問題。本文に「Alfred's studio」とあるので「She started to work at Alfred's studio」または「She did it at Alfred's studio」

⑶　与えられた単語から判断すると、「人々に長く自分の家具を使ってもらいたい」と言う内容になる。したがって「want people to use my furniture」が正解。

3　ア　家具をいかに作るかを父親に尋ねるのは大切である。
イ　デザインに注意を払うのは大切である。
ウ　木のぬくもりについて考慮するのは大切である。
エ　デンマーク産の木を使うのは大切である。
下線部②の直前に「I always think about the warmth of the wood when I make furniture.」とあるのでウが当てはまる。

4「デンマークで家具作りについて学ぶ決心をした」という事なので「学ぶ」という意味を表す英語「learn, study」が入る。

5　ア　和子は子どもの頃、父親が家具をどう作るのかを見るのが好きであった。
イ　Alfred は和子の家具を見た時、もっと良くなると思った。
ウ　和子はデンマークで木の椅子を買った時、ヒュッゲを感じた。
エ　和子はデンマークから 12 月に帰国した。
ア、イは文意に合う。ウについては木の椅子を“買った”とは言及されていない。エについては和子が帰国したのは春と言及されている。

6
客　：あなたの家具が気に入りました。素晴らしいです。一脚椅子を作ってもらえますか？
和子：承知しました。その椅子はどこに置く予定でしょう？
客　：そうですね。私の部屋に置きたいですね。毎晩、そこで本を読むものですから。
和子：なるほど。私は［暖かく心地良さを感じることが出来る椅子］を作ろうと思います。

本文に使われている表現を使うのが効率的でリスクも少ない。設問で “I will make a chair which” とあり、関係代名詞 “which” から始める文となっているので模範解答以外では “you can feel warm and comfortable when you are sitting on”

4

問題 A

①洋子、昨日あなたのクラブは高齢者介護施設で奉仕活動をしましたね。皆さんの為に何をしたのですか？

②［　ア　］彼らはオンラインで我々の演奏を楽しみました。

③素晴らしい。参加したいです。次回は何をする予定ですか？

④甘いお菓子を作ろうと計画しています。あなたも来たらいいですよ。でもどんな甘いお菓子を作るか決めかねています。

⑤彼らが若かった頃、人気があったお菓子はどうですか？

⑥いいアイデアですね。しかしその様なお菓子については良く知りません。よって［　イ　］

アについては「何をしたか？」という問に答える内容である。テレビ画面にギターを弾いている絵があるので「We played the guitar」楽器には定冠詞「the」が付くので気を付ける。
イについては模範解答以外では「彼らに聞いてみる」という内容にするなら「We will /can ask them what sweets were popular」等が考えられる。

問題 B

アを選んだ場合の解答

There are three souvenir shops, so they can enjoy shopping there and also eat Japanese food at the sushi restaurant.

〈理　科〉

1　1　（1）　二酸化炭素ははく息に多くふくまれており，毛細血管から肺胞に出される。
2　（2）　静脈は動脈に比べ勢いがなく，逆流しやすいので弁がある。

2　（2）　表 2 より，マグネシウムは亜鉛よりもイオンになりやすいことがわかる。イオンのなりやすさは，マグネシウム＞亜鉛＞銅。したがって，電池Ⅱの方がイオンのなりやすさの違いが小さいので電圧は小さくなる。また，亜鉛の方がマグネシウムよりイオンになりにくいので，＋極になる。

3　2　冬至の日は，日の出，日の入りの位置が南にずれるので，南中高度が低く，昼の時間が短い。
3　（1）　太陽が 1 日沈まない現象を白夜といい，これは高緯度地域で起こる。
（2）　夏至の南中高度＝90－（緯度）＋23.4
＝90－34.2＋23.4
＝79.2

4　1　（2）　点 P において A と B から出た音が同時に聞こえたということは，点 O にある A から出た音が，0.25 秒かけて P に届いたということである。
よって，音の速さは 86÷0.25＝344m/s
2　E，D を直線で結び，水面と交わった点において点 C からの光が屈折する。
3　（1）　入射角と反射角が同じになるように作図する。
（2）　像はデンタルミラーの鏡で左右反転し，さらに洗面台の鏡で左右反転するので，山田さんは，もともとと同じように見える。

〈数　学〉

1 (1) $3-24\div(-4)=3+6=9$

(2) $3(4x+y)-5(x-2y)=12x+3y-5x+10y$
$=7x+13y$

(3) $\sqrt{45}-\sqrt{5}+\sqrt{20}=3\sqrt{5}-\sqrt{5}+2\sqrt{5}=4\sqrt{5}$

(4) $x^2y-4y=y(x^2-4)=y(x+2)(x-2)$

(6) $y=\frac{a}{x}$に$(-3,\ 2)$を代入すると、$2=\frac{a}{-3}$、$a=-6$

(7) 3辺がそれぞれ等しいので、△ABD≡△CBD
したがって、∠ABD＝∠CBD＝40°
∠ADB＝180－(110＋40)＝30°、∠CDB＝∠ADB＝30°より、
∠ADC＝30＋30＝60°

(8) $14\div40=0.35$

2 (1)
紅茶　＋ 牛乳 ⟶ ミルクティー
②　＋ ①　＝　③　――― ア
コーヒー ＋ 牛乳 ⟶ コーヒー牛乳
△1　＋ △1　＝　△2　――― イ

ミルクティーとコーヒー牛乳を同じ量だけ作るので、③と△2を[6]にそろえる

ア×2より、　紅茶 ＋ 牛乳 ⟶ ミルクティー
[4] ＋ [2] ＝ [6]

イ×3より、　コーヒー ＋ 牛乳 ⟶ コーヒー牛乳
[3] ＋ [3] ＝ [6]

よって、牛乳は[2]＋[3]＝[5]＝350mL より、[1]＝70mL したがって、
紅茶[4]＝70×4＝280mL、コーヒー[3]＝70×3＝210mL

(2) AQ＋QPとなるのは、展開図において、A、Q、Pが直線になるときである。

OCの延長線に向けてAから垂線を下ろし、その交点をRとすると、
△OARは30°、60°、90°の直角三角形なので、$OR=4\times\frac{1}{2}=2$、$AR=2\times\sqrt{3}=2\sqrt{3}$

したがって、△APRにおいて三平方の定理より、
$AP=\sqrt{AR^2+PR^2}=\sqrt{(2\sqrt{3})^2+5^2}=\sqrt{37}$

(3) ② 2019年も6月に7000匹以上のホタルが観測された日が1日もない。
③ 3000匹以上10000匹未満のデータは、第1四分位数と第3四分位数の範囲の中に収まっているので、15日未満である。

3 (1) △OBAについて、底辺をABとすると、高さは3
したがって、$\triangle OBA=AB\times3\times\frac{1}{2}$、$9=AB\times3\times\frac{1}{2}$、$AB=6$
よって、Aのx座標が4より、Bのx座標は－2

(2) 点Aのx座標をtとおくと、四角形DBACが正方形になるのは、図のようなときなので、

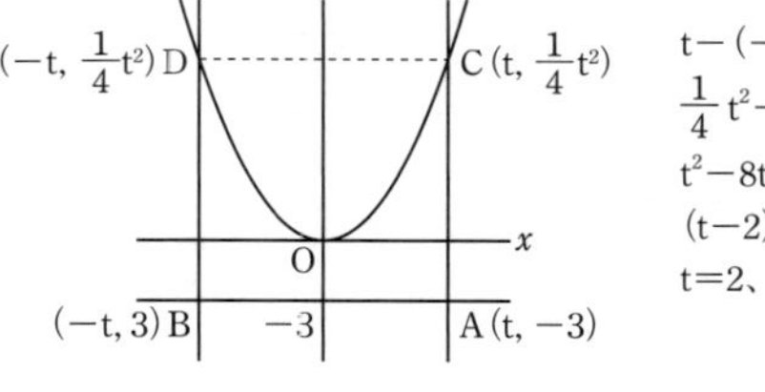

AB＝ACより
$t-(-t)=\frac{1}{4}t^2-(-3)$
$\frac{1}{4}t^2-2t+3=0$
$t^2-8t+12=0$
$(t-2)(t-6)=0$
$t=2,\ 6$

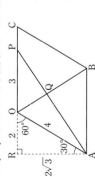

5 (1) 求める直線の式を、$y=ax+b$とおくと
(0、100)、(4、92)を代入して、
$100=b$ ――― ①
$92=40+b$ ――― ②
①を②に代入して、$92=4a+100$、$a=-2$
よって、$y=-2x+100$

(2) P市の港からQ島の港までの距離は12kmで、ドローンは分速1.2kmなので、Q島の港に着くまでに12÷1.2＝10分かかる。$0\leqq x\leqq10$が図2のグラフ、$10\leqq x\leqq20$が図1のグラフを書けばよい。
(2)のグラフより、20分後P市の港に戻ってきたときのバッテリー残量は35%であることがわかる。これは30%以下ではないので、ドローンが宅配サービスに使用できることが確かめられたことになる。

6 (1) 太郎さんが移動させたコマの位置が頂点Bになるのは[1]を取り出したときだけなので、その確率は$\frac{1}{4}$

(2) ②′のルールにおいて

i）先にカードを取り出す太郎さんが勝つ確率
[1]－[2]○、[3]○、[4]　[2]－[1]、[3]、[4]　[3]－[1]、[2]、[4]　[4]－[1]、[2]、[3]
より、$\frac{2}{12}=\frac{1}{6}$

ii）後にカードを取り出す次郎さんが勝つ確率
[1]－[2]、[3]、[4]　[2]－[1]、[3]○、[4]　[3]－[1]、[2]○、[4]　[4]－[1]○、[2]、[3]
より、$\frac{3}{12}=\frac{1}{4}$

$\frac{1}{4}>\frac{1}{6}$なので、後からカードを取り出す人の方が勝ちやすいことがわかる。

〈国　語〉

一 2 「新鮮」は同じ意味の語を組み合わせて作られた熟語。エ「到達」は、「到(る)」と「達(する)」という同じ意味をもつ言葉の組み合わせでできている。

3 最後から5段落目の「それでも、～物置に籠もった。」に注目する。

4 (1) 最後から4段落目の「兄弟子としての～当然葛藤があったはずだ。」に注目する。

(2) 「ほのかな甘さが沁みわたった」というのは、坂口さんの優しさや気持ちが伝わったということを表す比喩表現。

5 直前の「昨日までとは違い」に注目すると、アとウは明らかに異なる。イ「軽やかにはずむ足取り」は多少迷うが、楽しいことや嬉しいことが控えている時に使われる表現なので、今回は適切とはいえない。

二 2 「一番先端の芽」と「頂芽」は同じ意味なので、言い換えの「すなわち」が適当である。

3 後ろから3段落目の「一番上になった側芽が頂芽として伸びだし、花が咲く」に注目する。

4 Ⅰ 第2段落に注目する。

三 【現代語訳】

長く地上に伏せて力を養っていた鳥は、必ず高く飛び、他よりも先に咲いた花は、散ってしまうのがひとりだけ早い。このことを知っていると、足場を失ってよろめく危険を避けることができ、あせる気持ちを消すことができる。

令和５年度　高校入試問題と解答・解説

実践形式

公立高校入試問題出題単元

国語のみ逆綴じになっております。

英語

【2】対話文（適語選択・空欄補充・グラフ読み取り・文挿入）
【3】長文読解（英質英答・内容把握・空欄補充・内容真偽）
【4】英作文

理科

【1】化学変化（還元）
【2】生物のつながり（遺伝・食物連鎖）
【3】大地の変化（岩石・地層）
【4】身近な科学（圧力・ばね・浮力）

社会

【1】地理総合（資源・エネルギー）
【2】歴史（法と社会）
【3】公民（憲法）
【4】総合問題（歴史・経済・地方）

数学

【1】小問（計算・平方根・展開・方程式・関数・体積・箱ひげ図）
【2】（1）関数（2）度数分布（3）文字と式
【3】平面図形（角度・面積）
【4】関数と図形（線分の長さ・傾き）
【5】（1）確率（2）方程式
【6】平面図形（合同証明・図形の性質）

国語

【1】小説（漢字・空欄補充・抜き出し・内容把握・心情把握）
【2】論説文（接続詞・内容把握）
【3】古文（空欄補充・現代仮名遣い・作文）

英語【1】リスニング　問題と台本

解答ページ

解説ページ

令和５年度入試問題　英語（1リスニングは後ろ）（リスニング含め 50 分）

2　次の対話は，高校生の太郎と留学生のエリックが，太郎の自宅でキャッシュレス決済について話したときのものです。また，グラフ１とグラフ２は，そのとき太郎たちが見ていたウェブページの一部です。これらに関して，あとの１～５に答えなさい。

Taro : Erik, my aunt told me that most payments in many countries will be cashless in the future. Can you imagine that?

Erik : Yes. Cashless payments are very [A] in my country, Sweden. A lot of families don't use notes or coins. For example, my parents usually use smartphones for payments and I have a debit card.

Taro : Really? I think many people still use cash in Japan. [B].

Erik : Then, how about looking for some information about cashless payments on the Internet?

Taro : That's a good idea. Oh, look at this graph. It shows that cashless payments are increasing in Japan. Over 30% of payments were cashless in [C].

Erik : I see. Look! I found a graph about payments in my country. Only 13% of people used cash for their most recent payments in 2018.

Taro : Oh! Why do so many people choose cashless payments? [あ]

Erik : Because it is easier to pay without cash. You don't have to carry a wallet when you go shopping and don't spend so much time when you pay.

Taro : I think it is easier for people from abroad to buy things without cash. [い]

Erik : Cashless payments are also good for store staff. They don't have to prepare change and check notes and coins in the register, so they can save time.

Taro : That's great. Cashless payments have a lot of good points, but I think there are some problems, too. [う]

Erik : What are they?

Taro : If you lose your smartphone or debit card, someone who finds them may spend your money.

Erik : Oh, that's right. We should be careful. Anything else?

Taro : You can't see notes and coins when you use cashless payments, so you sometimes don't realize you are spending too much money. [え]

Erik : I think so, too. Especially, children may not be able to have a sense of money.

Taro : I see. I will try to find more information about cashless payments to use them in the future.

(注) most　たいていの　　payment　支払い　　cashless　現金のいらない　　imagine　想像する
Sweden　スウェーデン　　note　紙幣　　coin　硬貨　　smartphone　スマートフォン
debit card　デビットカード　　cash　現金　　increase　増える　　recent　最近の　　wallet　財布
spend　使う　　staff　従業員　　prepare　準備する　　change　つり銭　　register　レジ
save　節約する　　be able to ～　～することができる　　sense　感覚

グラフ１

キャッシュレス決済比率の推移（日本）

(年)	2010	2011	2012	2013	2014	2015	2016	2017	2018	2019	2020	2021
(%)	13.2	14.1	15.1	15.3	16.9	18.2	20.0	21.3	24.1	26.8	29.7	32.5

（経済産業省ウェブページにより作成。）

グラフ２

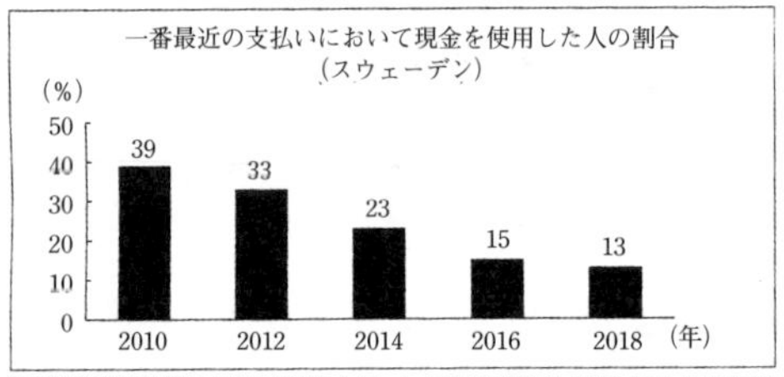

一番最近の支払いにおいて現金を使用した人の割合（スウェーデン）

(年)	2010	2012	2014	2016	2018
(%)	39	33	23	15	13

（財務省財務総合政策研究所「デジタル時代のイノベーションに関する研究会」報告書（2019）により作成。）

1　本文中の [A] に当てはまる最も適切な語を，次のア～エの中から選び，その記号を書きなさい。

ア　exciting　　イ　expensive　　ウ　popular　　エ　weak

2　本文中の [B] に当てはまる最も適切な英語を，次のア～エの中から選び，その記号を書きなさい。

ア　I can't imagine life with cash　　イ　I can't imagine life without cash
ウ　I know how to live without cash in Sweden　　エ　I know how to use cash in Sweden

3　本文中の [C] に当てはまる最も適切な数字を，次のア～エの中から選び，その記号を書きなさい。

ア　2010　　イ　2012　　ウ　2020　　エ　2021

4　次の英文は，本文中から抜き出したものです。この英文を入れる最も適切なところを本文中の［ あ ］～［ え ］の中から選び，その記号を書きなさい。

They don't have to bring a lot of notes and coins from their countries.

5　太郎は，英語の授業で，「日本はキャッシュレス決済を推進すべきである」というテーマでディベートを行うことになりました。次のメモは，太郎がその準備として，エリックと話した内容をまとめたものの一部です。このメモ中の（ a ）～（ d ）に当てはまる最も適切な英語を，あとのア～エの中からそれぞれ選び，その記号を書きなさい。

Good points of cashless payments

for us

We don't need a wallet for shopping.
We (a) quickly.

for store staff

・They don't need change.
・They don't need to check the money in the register.
↓
They (b).

Bad points of cashless payments

for us

If we lose our smartphone or debit card, someone (c) and we may lose our money.

・We can't see notes and coins when we pay.
↓
We may spend too much money and may not realize it.
It (d) to understand how important money is.

ア　can save time　　イ　can pay　　ウ　may be difficult　　エ　may use them

1		2		3		4	
5	a		b		c		d

3 次の英文は，高校生の次郎が，校内英語スピーチコンテストで発表したときの原稿です。これに関して，あとの１～６に答えなさい。

What are you interested in? Music, video games, or sports? When I was five years old, I found the most interesting thing in a forest near my house. It was a mushroom. I remember exactly how the mushroom I first found looked. It was red and looked beautiful. I tried to pick it, but my father stopped me. He said to me, "It is a poisonous mushroom." He taught me that there are dangerous mushrooms. After I got home, I read a book about mushrooms and was surprised. The book had pictures of more than 700 different mushrooms. I thought, "Why are there so many beautiful mushrooms?" and "Why are there some poisonous mushrooms?" This was the beginning of my curiosity about mushrooms.

Since then, I have read many books about mushrooms and learned that there are many mushrooms in the world. I have also learned that there are still a lot of mushrooms that have no names. I often walk in the forest near my house and try to find such mushrooms.

Now, I'll introduce two of my favorite mushrooms. The first one is *yakoutake*. The mushrooms are found on some islands in Japan and emit a beautiful green light. Many people travel to the islands to see them. Why do they emit a beautiful green light? ①We don't have a clear answer, but some people say the mushrooms may do it to attract insects which carry the spores of the mushrooms. Spores are necessary for new mushrooms to grow.

My other favorite mushroom is *benitengutake*. This is the mushroom I first found in the forest near my house. The caps of the mushrooms are a beautiful red, and people in some countries believe that the mushrooms bring happiness. However, they are poisonous and dangerous for many animals. For example, if a dog eats them, it will feel sick. Why are they poisonous? Maybe they don't want animals to eat them.

I feel each mushroom has different messages to insects and animals. For example, the message of *yakoutake* is "Come to me!" and the message of *benitengutake* is "Don't [　　　] me!" Insects and animals cannot hear these messages, but they can feel them.

By the way, how do mushrooms communicate with each other? A scientist says that mushrooms use electrical signals. I don't know the truth, but maybe they are talking with each other to protect themselves. ②It (if fun I be would) could understand what mushrooms are talking about.

I'd like to study more about mushrooms at university. My dream is to visit many places around the world and find mushrooms that I have never seen. I also want to learn more about their way of communicating. I have not lost the curiosity that I had when I was a child. It led me to my dream for the future. Now, I'll ask you the question again. "What are you interested in?" Your curiosity will help you find your dreams.

（注）forest　森　　mushroom　キノコ　　exactly　正確に　　poisonous　有毒な　　curiosity　好奇心
emit　発する　　clear　明白な　　attract　引き寄せる　　insect　昆虫　　spore　胞子　　grow　育つ
cap　（キノコの）かさ　　happiness　幸福　　electrical　電気の　　signal　信号　　truth　真実
themselves　彼ら自身を　　led　導いた

1　次の(1)・(2)に対する答えを，それぞれ英文で書きなさい。
(1) Did Jiro find the most interesting thing when he was five years old?
(2) Who stopped Jiro when he tried to pick the mushroom he first found?

2　下線部①について，その内容を表している最も適切な英文を，次のア～エの中から選び，その記号を書きなさい。
ア　We do not know exactly where we can see *yakoutake*.
イ　We want to know when the beautiful green light of *yakoutake* can be seen.
ウ　We do not know exactly why a beautiful green light is emitted by *yakoutake*.
エ　We want to know how we can get *yakoutake*.

3　本文中の[　　　]に適切な語を１語補って，英文を完成しなさい。

4　下線部②が意味の通る英文になるように，（　　）内の語を並べかえなさい。

5　次のア～エの中で，本文の内容に合っているものを２つ選び，その記号を書きなさい。
ア　There are many mushrooms which do not have names.
イ　*Yakoutake* and *benitengutake* are Jiro's favorite mushrooms.
ウ　Some people believe that *yakoutake* and *benitengutake* bring happiness.
エ　Jiro's dream is to protect all of the mushrooms around the world.

6　校内英語スピーチコンテストに聴衆として参加した生徒たちは，英語の授業で，発表者にあててスピーチの感想を感想用紙に書くことになりました。あなたなら，次郎がスピーチで話した内容についてどのような感想を書きますか。解答欄の[　　　]にあなたの感想を25語程度の英文で書きなさい。なお，２文以上になっても構いません。また，（　　　）にはあなたの名前が書いてあるものとし，語数には含めません。

1	(1)		(2)	
2				
3		4		5
6	Speaker : Jiro　　Your name : (　　　)			

4 あとの問題A・Bに答えなさい。

問題A　高校生の明子と留学生のエマは，ＳＮＳ上で２人の住む地域の春祭りについてやり取りを行いました。次のやり取りはそのときのものです。上から順にやり取りが自然につながるように，［ア］・［イ］にそれぞれ適切な英語を書いて，やり取りを完成しなさい。ただし，［イ］については，15 語程度で書きなさい。

Akiko: Hello, Emma. Can you come with me to the spring festival this Saturday, April 15?

Emma: What kind of festival is it?

Akiko: You can see beautiful flowers and enjoy watching some performances. Here is the timetable.

11:00 ~ 12:00 dance performance	13:00 ~ 14:00 shamisen performance
12:00 ~ 13:00 karaoke performance	14:00 ~ 15:00 dance performance

・All performances will be held rain or shine.

Emma: Cool! I've never watched a shamisen performance. Which one do you want to watch?

Akiko: ［ア］ because one of my friends will perform. Her group will give a performance in the morning and repeat it in the afternoon.

Emma: Well, look at this weather information. I don't want to get wet in the rain. What should we do?

	Saturday, April 15				
Time	11	12	13	14	15
Weather	☂	☂	☀	☀	☀
Chance of rain (%)	70	50	20	0	0

Akiko: ［イ］.

Emma: OK

（注）timetable　予定表　　be held　催される　　rain or shine　晴雨にかかわらず　　perform　上演する
give　行う　　chance　可能性

問題B　高校生の勇太と，来月オーストラリアに帰国予定の留学生のトムは，トムの帰国後，電子メールで連絡を取り合おうと考えています。勇太は英語と日本語のうち，どちらの言語を用いて電子メールのやり取りをするかについて，トムに提案するつもりです。あなたが勇太なら，トムに対してどのような提案をしますか。次の【勇太とトムの使用言語に関する情報】を参考にし，その提案を理由も含めて，20 語程度の英文で書きなさい。なお，２文以上になっても構いません。

【勇太とトムの使用言語に関する情報】

・勇太とトムは，普段２人で会話をするとき，英語を用いている。
・トムは，日常的な話題については日本語で読み書きをすることができ，帰国後も日本語の学習を続けたいと考えている。

問題A	ア	
	イ	
問題B		

令和５年度入試問題　理科（50 分）

1　酸化物が酸素をうばわれる化学変化に関して，あとの１～３に答えなさい。

１　小林さんと上田さんは，酸化銅から銅を取り出す実験を，次に示した手順で行いました。下の（1）～（3）に答えなさい。

Ⅰ　酸化銅 3.0g と炭素 0.1g を混ぜて混合物をつくる。
Ⅱ　右の図１に示した装置を用いて，混合物を加熱する。
Ⅲ　反応が終わったら，①石灰水の外へガラス管を取り出してから加熱をやめ，ピンチコックでゴム管をとめて試験管Ａを冷ます。
Ⅳ　②試験管Ａ内に残った固体の質量を測定する。
Ⅴ　③炭素の質量を 0.1g ずつ変えて，Ⅰ～Ⅳを同じように行う。

図１

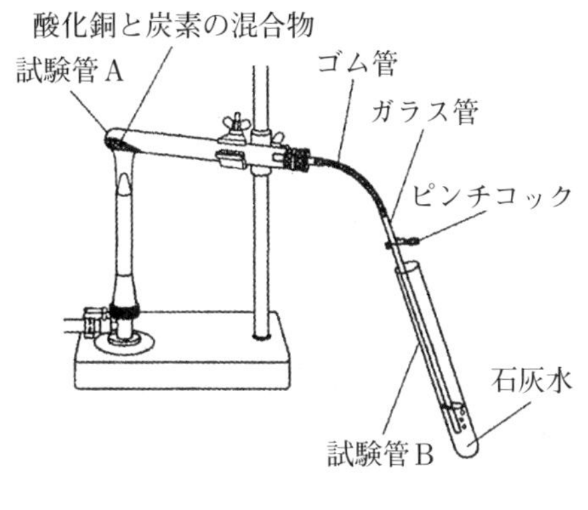

（1）　下線部①について，この操作を加熱をやめる前に行うのは，石灰水がどうなることを防ぐためですか。簡潔に書きなさい。

（2）　下線部②について，この固体を観察したところ，赤色の物質が見られました。次の文は，この赤色の物質について述べたものです。文中の［　　］に当てはまる適切な語を書きなさい。

　加熱後の試験管Ａ内に残った赤色の物質を厚紙の上に取り出し，赤色の物質を薬さじの裏で強くこすると［　　］が見られることから，この赤色の物質が銅であることが分かる。

1	(1)		(2)	

（3）　下線部③について，次の表１は，炭素の質量，加熱前の試験管Ａ内の混合物の質量，加熱後の試験管Ａ内に残った固体の質量をそれぞれ示したものです。また，下の文章は，表１を基に，小林さんと上田さんが考察したことをまとめたものです。文章中の［ a ］に当てはまる内容を，「気体」の語を用いて簡潔に書きなさい。また，［ b ］に当てはまる内容として適切なものを，あとの**ア**～**エ**の中から選び，その記号を書きなさい。

表１

炭素の質量〔g〕	0.1	0.2	0.3	0.4	0.5
加熱前の試験管Ａ内の混合物の質量〔g〕…ⅰ	3.1	3.2	3.3	3.4	3.5
加熱後の試験管Ａ内に残った固体の質量〔g〕…ⅱ	2.8	2.6	2.5	2.6	2.7

　表１中のⅰの値とⅱの値の差から，炭素をある質量より増やしても，［ a ］は変わらなくなっているといえるので，取り出せる銅の質量も変わらなくなると考えられる。このことから，酸化銅 3.0g から取り出す銅の質量を最大にするために必要な最小の炭素の質量をＸｇとすると，Ｘは［ b ］の範囲内の値になると考えられる。

ア　$0.1 < X \leqq 0.2$　　**イ**　$0.2 < X \leqq 0.3$
ウ　$0.3 < X \leqq 0.4$　　**エ**　$0.4 < X \leqq 0.5$

1	(3)	a		b	

２　次の【ノート】は，小林さんと上田さんが，日本古来の製鉄方法であるたたら製鉄について調べてまとめたものであり，あとの【会話】は，小林さんと上田さんと先生が，酸化物が酸素をうばわれる化学変化について話したときのものです。あとの（1）・（2）に答えなさい。

【ノート】

　④たたら製鉄という製鉄方法は，右の図２のように，炉の下部からふいごという道具で空気を送り込みながら，砂鉄（酸化鉄）と木炭（炭素）を交互に炉の中に入れ，３日間ほど燃やし続けることで，鉄が炉の底にたまる仕組みになっている。たたら製鉄で作られた良質な鉄は玉鋼（たまはがね）とよばれ，日本刀などの材料になる。

図２

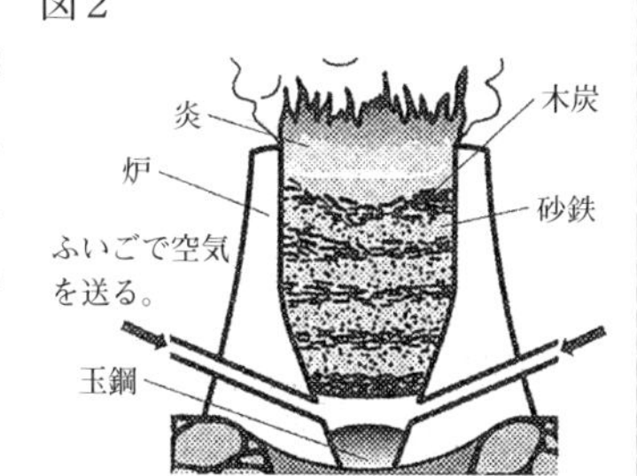

【会話】

小林：たたら製鉄も，酸化銅と炭素の混合物を加熱して銅を取り出す実験のように，酸化鉄と炭素の混合物を加熱することにより，炭素が酸素をうばうことで，鉄が取り出されるんだね。逆に，炭素の酸化物が他の物質によって，酸素をうばわれることはあるのかな。

上田：私も同じ疑問を抱いていたから，その疑問を先生に伝えたんだよ。すると，空気中で火をつけたマグネシウムリボンを，集気びんに入れた二酸化炭素の中で燃焼させる実験を紹介してくれたんだ。先生にお願いして実験をやってみよう。

小林：マグネシウムリボンは，二酸化炭素の中なのに激しく燃えて，燃焼後に白い物質に変わるんだね。あと，この白い物質の表面には黒い物質もついているね。

上田：⑤白い物質は，マグネシウムリボンを空気中で燃焼させたときにできる物質と同じような物質だから酸化マグネシウムで，黒い物質は炭素かな。

先生：そのとおりです。

小林：ということは，さっきの実験では，炭素の酸化物である二酸化炭素がマグネシウムによって酸素をうばわれたことになるね。

上田：そうだね。物質によって，酸素との結びつきやすさが違うんだね。

（1） 下線部④について，たたら製鉄では，砂鉄（酸化鉄）は酸素をうばわれ，鉄に変わります。このように，酸化物が酸素をうばわれる化学変化を何といいますか。その名称を書きなさい。

（2） 下線部⑤について，マグネシウム原子のモデルを(Mg)，酸素原子のモデルを(O)として，マグネシウムを空気中で燃焼させたときの化学変化をモデルで表すと，次のようになります。［　　］内に当てはまるモデルをかきなさい。

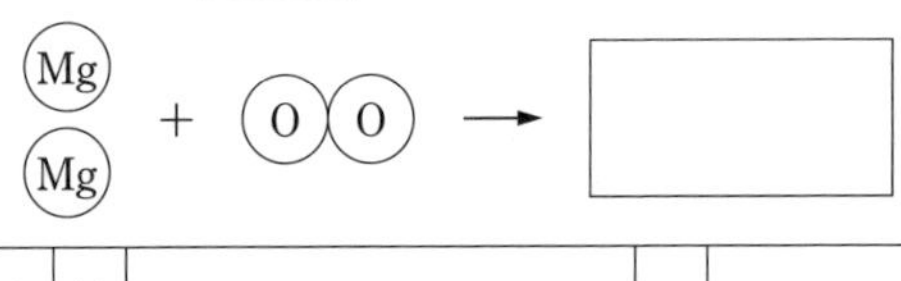

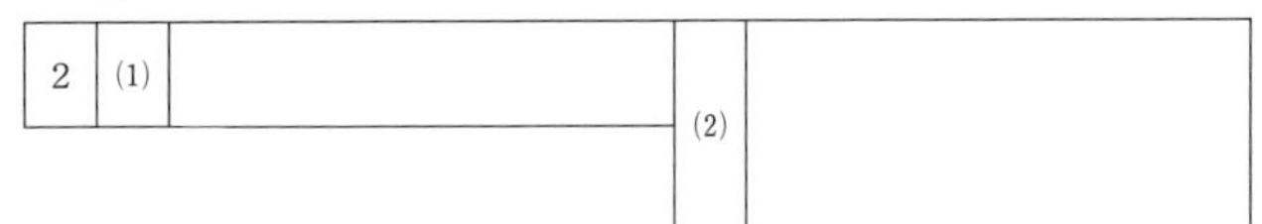

2	(1)		(2)	

3　次のア～オの中で，図１の酸化銅と炭素の混合物を加熱して銅を取り出す実験，たたら製鉄について調べた【ノート】及び小林さんと上田さんと先生の【会話】を基に，物質の酸素との結びつきやすさについて説明している文として適切なものはどれですか。その記号を全て書きなさい。

ア　炭素は，全ての金属よりも酸素と結びつきやすい。
イ　マグネシウムと鉄を比べると，マグネシウムの方が酸素と結びつきやすい。
ウ　炭素と鉄を比べると，炭素の方が酸素と結びつきやすい。
エ　炭素と銅を比べると，銅の方が酸素と結びつきやすい。
オ　鉄と銅では，どちらの方が酸素と結びつきやすいかは判断できない。

3	

2

遺伝の規則性や自然界のつり合いに関して，あとの１～３に答えなさい。

1　右の図１は，エンドウの丸の種子としわの種子をそれぞれ模式的に示したものです。エンドウの種子の形の丸としわのように，どちらか一方しか現れない形質どうしを対立形質といいます。また，エンドウの種子の形では，丸が顕性形質で，しわが潜性形質です。次の（1）・（2）に答えなさい。

図１

丸の種子　　しわの種子

（1） エンドウの種子の形は，染色体の中に存在する遺伝子によって決まります。次の文は，遺伝子の本体について述べたものです。文中の［　　］に当てはまる適切な語を書きなさい。

染色体の中に存在する遺伝子の本体は，［　　］という物質である。

（2） 次の文章は，丸の種子から育てたエンドウが，純系か，純系でないかを調べるための方法と，その方法で調べたときの結果から分かることについて述べたものです。文章中の［ a ］・［ b ］に当てはまる適切な内容を，下のア～ウの中からそれぞれ選び，その記号を書きなさい。

> ある丸の種子から育てたエンドウXが，純系か，純系でないかを調べるには，エンドウXと，しわの種子から育てたエンドウをかけ合わせるとよい。この方法で調べたときの結果として，［ a ］ができれば，エンドウXは純系であったことが分かり，［ b ］ができれば，エンドウXは純系でなかったことが分かる。

ア　全て丸の種子　　**イ**　全てしわの種子　　**ウ**　丸の種子としわの種子の両方

1	(1)		(2)	a		b	

2　生物どうしは，食べる・食べられるの関係でつながっています。あとの（1）・（2）に答えなさい。

（1）　右の図２は，生態系における炭素の循環について模式的に示したものです。図２中の矢印は，炭素を含む物質の移動を表しています。図２中の矢印Ｙで示される炭素を含む物質の移動は，植物の何というはたらきによるものですか。その名称を書きなさい。また，このはたらきにおいてつくり出される気体は何ですか。その名称を書きなさい。

図２

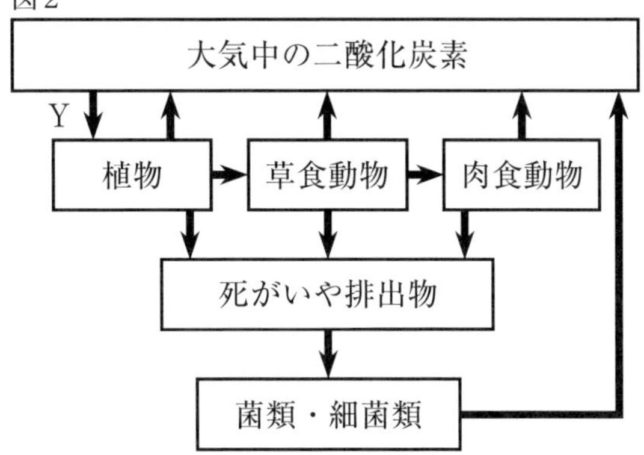

（2）　右の図３は，ある地域で食べる・食べられるの関係でつながっている，植物，草食動物，肉食動物の数量的なつり合いが保たれた状態をピラミッドの形に表したものです。図３の状態から植物の数量が一時的に減った場合，その後，もとのつり合いが保たれた状態に戻るまでに，どのような変化が起こると考えられますか。次の［　　］中のⅰ～ⅳに示された変化が起こる順番として最も適切なものを下の**ア**～**エ**の中から選び，その記号を書きなさい。

図３

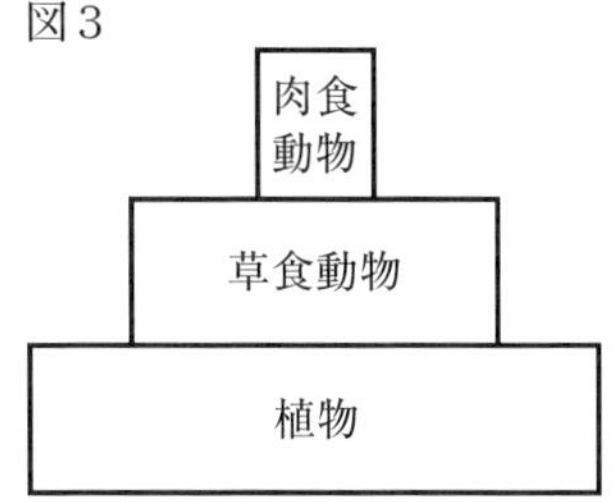

ⅰ　草食動物の数量が増える。	ⅱ　肉食動物の数量が増え，植物の数量が減る。
ⅲ　草食動物の数量が減る。	ⅳ　肉食動物の数量が減り，植物の数量が増える。

ア　ⅰ→ⅱ→ⅲ→ⅳ　　**イ**　ⅰ→ⅳ→ⅲ→ⅱ
ウ　ⅲ→ⅱ→ⅰ→ⅳ　　**エ**　ⅲ→ⅳ→ⅰ→ⅱ

2	(1)	はたらき		気体	
	(2)				

3　金子さんは，学校の畑とグラウンドとでは，畑の方が，植物などの数量が多いことから土の中の微生物の数量も多くなり，土の中の微生物によって一定時間内に分解されるデンプンなどの有機物の量が多くなるだろうと考えました。そこで，それぞれの土において分解されるデンプンの量の違いを調べる実験を行い，レポートにまとめました。次に示したものは，金子さんのレポートの一部です。あとの（1）・（2）に答えなさい。

〔方法〕

Ⅰ　畑の土とグラウンドの土を同量取って，別々のビーカーに入れ，それぞれに水を加えてかき混ぜる。各ビーカーに加える水は同量とする。

Ⅱ　Ⅰの畑の土を入れたビーカーの上澄み液を取って試験管Ａと試験管Ｂに入れ，Ⅰのグラウンドの土を入れたビーカーの上澄み液を取って試験管Ｃと試験管Ｄに入れる。試験管Ａ～Ｄに入れる上澄み液は全て同量とする。

Ⅲ　試験管Ａ～Ｄに入れた上澄み液と同量の水を，試験管Ｅと試験管Ｆに入れる。

Ⅳ　試験管Ａ，Ｃ，Ｅにヨウ素液を数滴加え，反応の様子を調べる。

Ⅴ　試験管Ｂ，Ｄ，Ｆに0.1％のデンプン溶液を加え，各試験管にふたをして室温で２日間置いた後，ヨウ素液を数滴加え，反応の様子を調べる。試験管Ｂ，Ｄ，Ｆに加える0.1％のデンプン溶液は全て同量とする。

〔結果〕

試験管	A	B	C	D	E	F
各試験管に入れた液体	畑の土を入れたビーカーの上澄み液		グラウンドの土を入れたビーカーの上澄み液		水	
方法Ⅳにおける反応の様子	反応なし	／	反応なし	／	反応なし	／
方法Ⅴにおける反応の様子	／	反応なし	／	反応なし	／	青紫色に変化

〔考察〕

〔結果〕で，試験管Ａと試験管Ｃでは，方法Ⅳにおける反応がともになかったことから，畑とグラウンドのいずれの土においても，方法Ⅳを行ったときに［ c ］ことが分かる。

また，①試験管Ｂと試験管Ｄでは，方法Ⅴにおける反応がともになかったことから，畑とグラウンドのいずれの土においてもデンプンが分解されていたことが分かる。

（1）〔考察〕中の［ c ］に当てはまる内容を簡潔に書きなさい。

3	(1)	

（2） 下線部①について，金子さんは，レポート中の〔方法〕では，この２つの試験管において得られた結果が同じであったが，調べる方法を変更することで，一定時間内に分解されるデンプンの量の違いを確かめられると考え，レポート中の〔方法〕の一部に変更を加えて，追加の実験を行いました。次の文章は，金子さんが，追加の実験の結果とその結果を基に考察したことをまとめたものです。文章中の［ d ］に当てはまる適切な内容を，下のア～エの中から選び，その記号を書きなさい。

> ［ d ］という変更を加えた追加の実験では，方法Ⅴにおける反応の様子は，試験管Bでは反応がなかったが，試験管Dでは青紫色に変化した。この結果から，畑の土の方が，一定時間内に分解されるデンプンの量が多いと考えられる。

ア 方法Ⅰでビーカーに入れる土の量を２倍にする

イ 方法Ⅱで試験管A～Dに入れる上澄み液の量をそれぞれ半分にする

ウ 方法Ⅴで試験管B，D，Fに加える0.1%のデンプン溶液の量をそれぞれ半分にする

エ 方法Ⅴで試験管B，D，Fにふたをして室温で置く日数を３日間にする

3	(2)	

3

火山活動に関して，あとの１～４に答えなさい。

1 様々な発電方法の１つに，地下のマグマの熱でつくられた高温・高圧の水蒸気を利用した発電があります。この発電方法を何といいますか。その名称を書きなさい。

2 次に示したものは，ある火成岩について説明したものです。下の（1）・（2）に答えなさい。

> 右の図１は，ある火成岩をスケッチしたものである。この火成岩は，肉眼でも見分けられるぐらいの大きさの鉱物が組み合わさっており，全体的な色は白っぽい。また，組み合わさっている鉱物は，クロウンモ，チョウ石及びセキエイである。

図１

（1） この火成岩は，どのようにしてできたと考えられますか。次のア～エの中から適切なものを選び，その記号を書きなさい。

ア マグマが地表または地表付近で，急に冷え固まってできた。

イ マグマが地表または地表付近で，ゆっくり冷え固まってできた。

ウ マグマが地下深くで，急に冷え固まってできた。

エ マグマが地下深くで，ゆっくり冷え固まってできた。

1		2	(1)	

（2） この火成岩の種類は何だと考えられますか。次のア～エの中から適切なものを選び，その記号を書きなさい。

ア 花こう岩　**イ** 流紋岩　**ウ** 玄武岩　**エ** はんれい岩

3 火山の形，噴火の様子及び火山噴出物の色は，その火山のマグマの性質と関係があります。このことについて述べた次の文章中の［ a ］に当てはまる適切な内容を，「ねばりけ」の語を用いて簡潔に書きなさい。また，文章中の［ b ］・［ c ］に当てはまる内容はそれぞれ何ですか。下のア～エの組み合わせの中から適切なものを選び，その記号を書きなさい。

> 一般に，［ a ］火山ほど，吹き出した溶岩は流れにくく，盛り上がった形の火山となる。このような火山では，［ b ］噴火になることが多く，溶岩や火山灰などの火山噴出物の色が［ c ］ことが多い。

ア ［ b ］…比較的穏やかな　［ c ］…白っぽくなる

イ ［ b ］…比較的穏やかな　［ c ］…黒っぽくなる

ウ ［ b ］…激しく爆発的な　［ c ］…白っぽくなる

エ ［ b ］…激しく爆発的な　［ c ］…黒っぽくなる

2	(2)			
3	a		記号	

4　次の図2は，ある地域の地形を等高線で表した地図上に，ボーリング調査が行われた地点A～Dを示したものです。地図上で地点A～Dを結んだ図形は正方形になっており，地点Aは地点Bの真北の方向にあります。下の図3は，ボーリングによって得られた試料を基に作成した各地点の柱状図です。この地域では，断層やしゅう曲，地層の逆転はなく，各地点で見られる凝灰岩の層は，同じ時期の同じ火山による噴火で火山灰が堆積してできた同一のものとします。あとの（1）・（2）に答えなさい。

図2

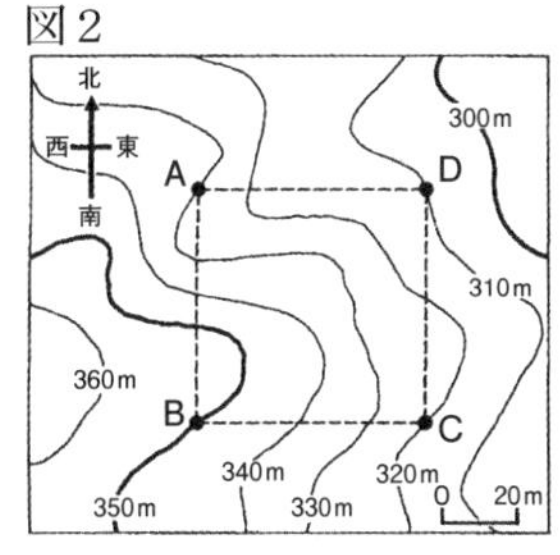

図3

（1）　図3中のア～エの中で，堆積した時代が最も古い砂岩の層はどれだと考えられますか。その記号を書きなさい。

（2）　次の文章は，図2で示した地域における凝灰岩の層について述べたものです。文章中の［ d ］・［ e ］に当てはまる最も適切な内容を下のア～カの中からそれぞれ選び，その記号を書きなさい。また，［ f ］に当てはまる最も適切な方位を，東・西・南・北から選び，その語を書きなさい。

> 地点A～Dの「地表の標高」はそれぞれ異なるが，「凝灰岩の層の標高」は2地点ずつで同じである。そのうち，「凝灰岩の層の標高」が高い方の2地点は［ d ］mで同じであり，「凝灰岩の層の標高」が低い方の2地点は［ e ］mで同じである。このことから，この凝灰岩の層は，［ f ］が低くなるように傾いていると考えられる。

ア　275～280　　イ　280～285　　ウ　285～290
エ　290～295　　オ　295～300　　カ　300～305

4	(1)		(2)	d		e		f	

4　水圧や浮力に関して，あとの1～4に答えなさい。

1　右の図1は，直方体の物体Aを糸でつるし，物体A全体を水中に沈めて静止させているときの様子を模式的に示したものです。次のア～エの中で，この物体Aにはたらく水圧を矢印で表したものとして適切なものはどれですか。その記号を書きなさい。ただし，矢印の長さは，水圧の大きさに比例しているものとします。

図1

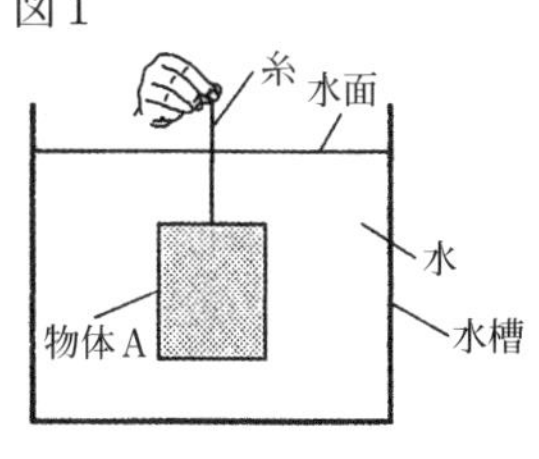

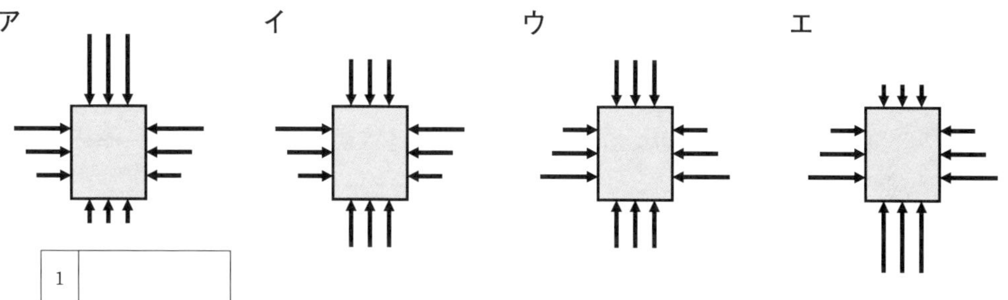

1	

2　次の図2のように，質量30g，底面積1 cm^2，高さ10cmの直方体の物体Bに糸をつけ，ばねばかりでつるした装置を下方に動かして物体Bをゆっくりと水中に沈め，水面から物体Bの底面までの距離を2cmずつ変えてそれぞれ静止させたときの物体Bにはたらく力を調べる実験をしました。表1は，水面から物体Bの底面までの距離と，そのときのばねばかりの示す値をそれぞれ示したものです。あとの（1）～（3）に答えなさい。ただし，質量100gの物体にはたらく重力の大きさを1Nとします。

表1

水面から物体Bの底面までの距離〔cm〕	0	2	4	6	8	10
ばねばかりの示す値〔N〕	0.30	0.28	0.26	0.24	0.22	0.20

図2

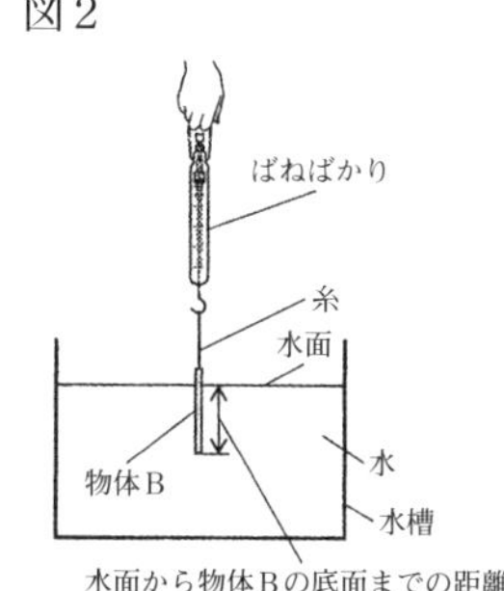

（1）　この実験で用いたばねばかりは，フックの法則を利用してつくられています。次の文は，フックの法則を説明したものです。文中の［ a ］・［ b ］に当てはまる語はそれぞれ何ですか。下のア～エの組み合わせの中から適切なものを選び，その記号を書きなさい。

ばねの［ a ］は，ばねを引く力の大きさに［ b ］する。

ア　a：長さ　b：比例
イ　a：長さ　b：反比例
ウ　a：のび　b：比例
エ　a：のび　b：反比例

(2)　水面から物体Bの底面までの距離が10cmの位置に物体Bを静止させているとき，物体Bにはたらく浮力の大きさは何Nですか。

(3)　右の図3のように，図2と同じ装置を用いて，水面から物体Bの底面までの距離が10cmの位置から，水槽に当たらないように物体B全体をゆっくりと水中に沈め，水面から物体Bの底面までの距離を変えて静止させたときの物体Bにはたらく力を調べる実験をします。この実験で得られる結果と，表1を基にして，水面から物体Bの底面までの距離と，そのときのばねばかりの示す値との関係をグラフで表すと，どのようなグラフになると考えられますか。次の**ア**～**エ**の中から適切なものを選び，その記号を書きなさい。

図3

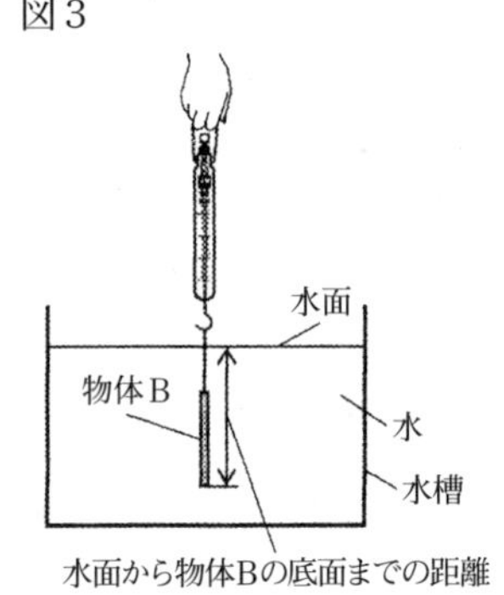

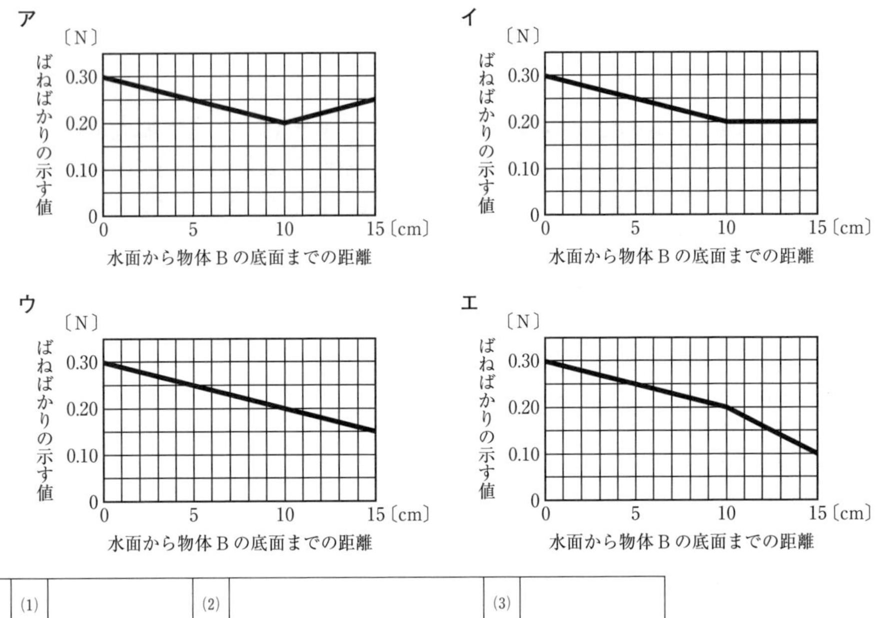

2	(1)		(2)		(3)	

3　質量が同じで，形がともに直方体である物体Xと物体Yがあり，この2つの物体は，いずれか一方は亜鉛で，もう一方は鉄でできています。次の図4のように，この2つの物体を1本の棒の両端に取り付けた同じ長さの糸でそれぞれつるし，棒の中央に付けた糸を持って棒が水平につり合うことを確認した後，図5のように，この2つの物体全体を水中に沈め，棒が水平になるように手で支えました。

図4

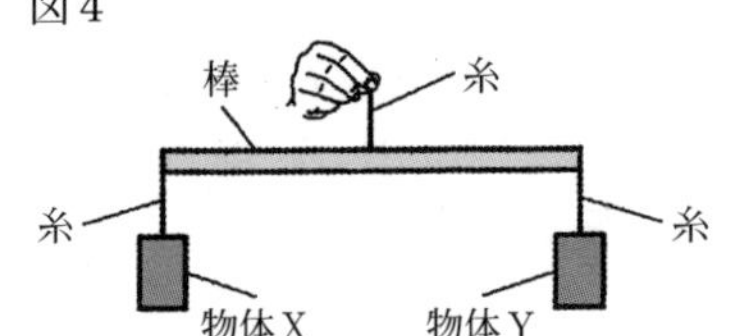

図5

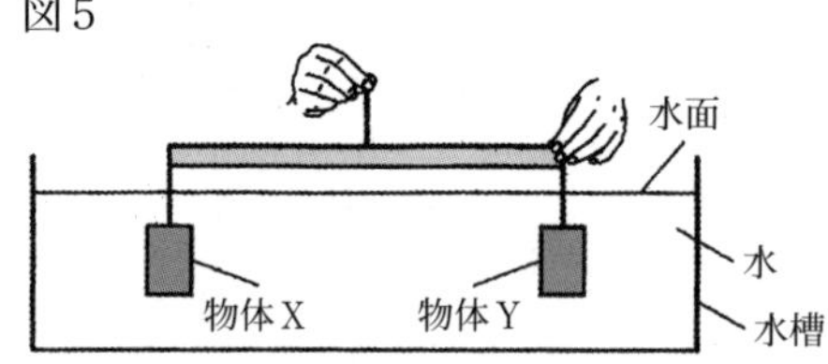

次の文章は，図5で棒を支える手をはなした後の2つの物体の様子と，その様子から分かることについて述べたものです。文章中の［ c ］に当てはまる内容を，「質量」，「体積」，「密度」の語を用いて簡潔に書きなさい。また，［ d ］に当てはまる語は亜鉛・鉄のうちどちらですか。その語を書きなさい。ただし，亜鉛の密度は7.14g/cm^3，鉄の密度は7.87g/cm^{3}とします。

> 棒を支えている手をはなすと，物体Xが上に，物体Yが下に動き始めた。これは，水中にある物体の体積が大きいほど，浮力が大きくなるためである。このことから，2つの物体のうち，物体Xの方が［ c ］ことが分かり，物体Xが［ d ］であることが分かる。

4　水に浮く直方体の物体Zがあります。次の図6は，物体Zを水中に沈めて静かに手をはなしたときの物体Z全体が水中にある様子を，図7は，物体Zの一部が水面から出た状態で静止している様子を，それぞれ模式的に示したものです。図6における物体Zにはたらく重力と浮力をそれぞれ重力ⅰ，浮力ⅰとし，図7における物体Zにはたらく重力と浮力をそれぞれ重力ⅱ，浮力ⅱとしたとき，下の**ア**～**オ**の中で，物体Zにはたらく力について説明している文として適切なものはどれですか。その記号を全て書きなさい。ただし，物体Zの形や質量は常に変わらないものとします。

図6

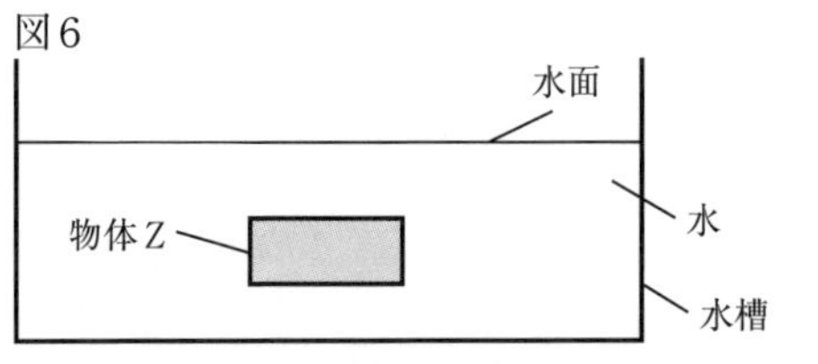

図7

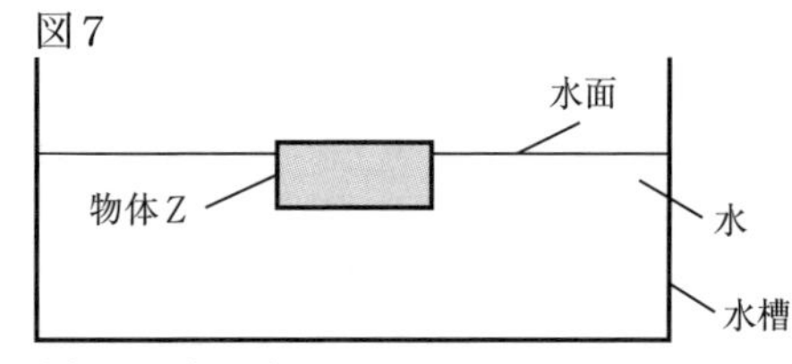

ア　重力ⅰと浮力ⅰの大きさを比べると，浮力ⅰの方が大きい。
イ　重力ⅰと浮力ⅱの大きさを比べると，浮力ⅱの方が大きい。
ウ　重力ⅱと浮力ⅰの大きさを比べると，重力ⅱの方が大きい。
エ　重力ⅱと浮力ⅱの大きさを比べると，大きさが等しい。
オ　浮力ⅰと浮力ⅱの大きさを比べると，大きさが等しい。

3	c			
	d		4	

令和５年度入試問題　社会（50 分）

1　資源・エネルギーに関して，あとの１～３に答えなさい。

１　発電に関して，次の（1）・（2）に答えなさい。

（1）　次のグラフⅠは，2019 年における日本，アメリカ，中国，ノルウェー，ブラジルの総発電量とその内訳を示したものです。グラフⅠ中の**あ**～**え**は，アメリカ，中国，ノルウェー，ブラジルのいずれかの国と一致します。**あ**～**え**のうち，ブラジルに当たるものはどれですか。その記号を書きなさい。

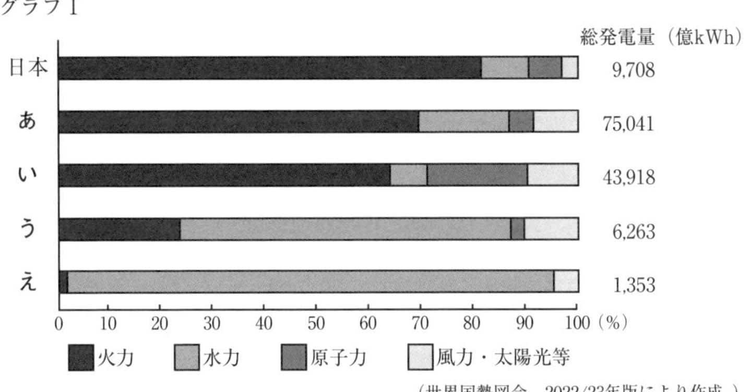

（2）　日本で，石油や石炭，天然ガスを燃料とする主な火力発電所（最大出力 150 万 kW 以上）が多く立地しているのはどのような場所ですか。次の**ア**～**エ**の中から，最も適切なものを選び，その記号を書きなさい。

ア　海の沿岸　　　　**イ**　川の上流部の沿岸

ウ　山間部のダム付近　　**エ**　内陸部の空港付近

1	(1)		(2)	

２　鉱産資源に関して，あとの（1）・（2）に答えなさい。

（1）　あとのグラフⅡは，2021 年におけるＸ国の鉄鉱石の総輸出量に占める輸出相手国の割合を示しています。Ｘ国の国名は何ですか。その国名を書きなさい。

（2）　レアメタルの一つに，プラチナがあります。あとの**ア**～**エ**の地図は，プラチナ，オレンジ，自動車，綿糸のいずれかの品目の，2021 年における輸出額が世界で最も多かった国からの輸出先上位５か国への輸出を示したものです。**ア**～**エ**のうち，プラチナの輸出に当たるものはどれですか。その記号を書きなさい。

グラフⅡ

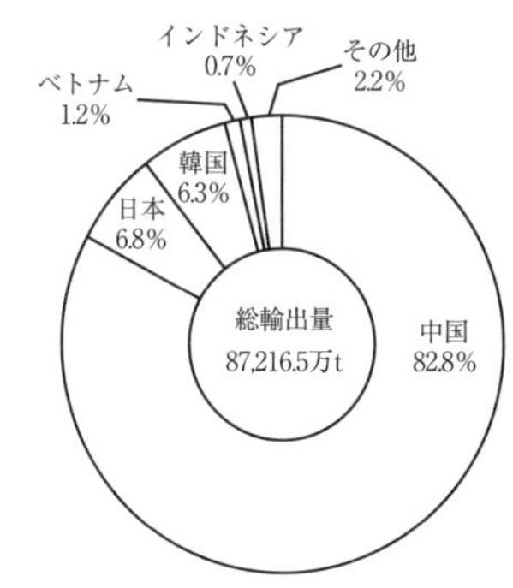

（UN Comtradeウェブページにより作成。）

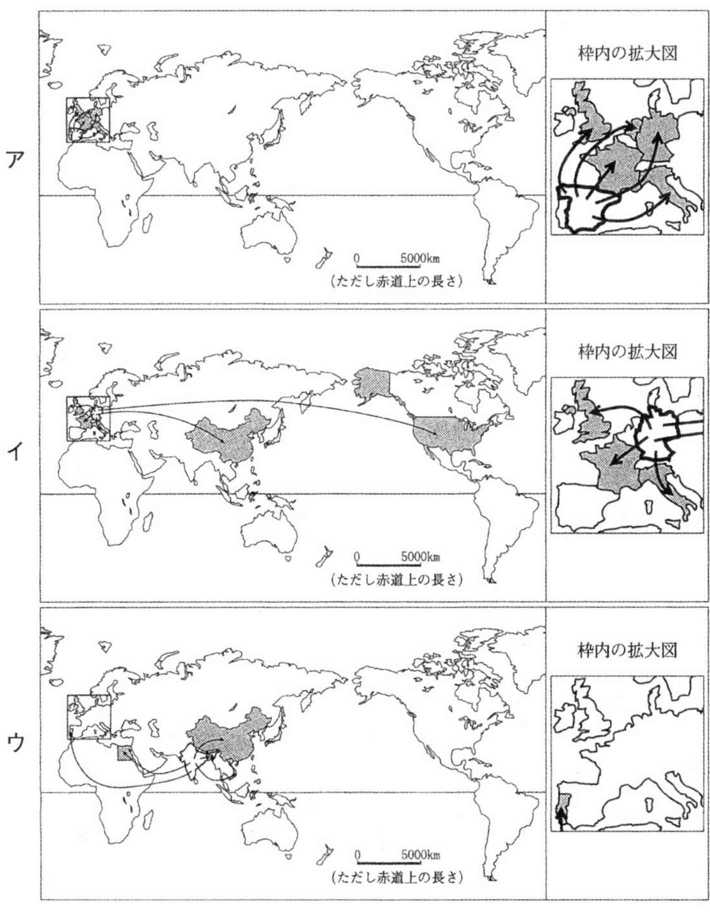

エ

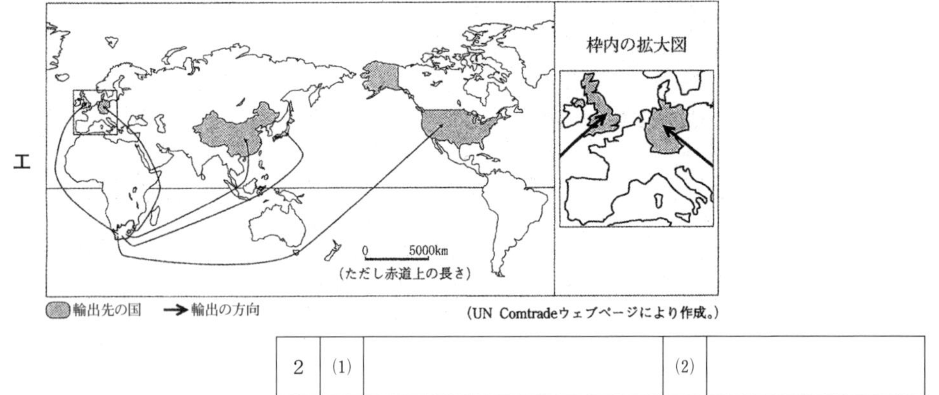

2	(1)		(2)	

3　バイオマス資源に関して，次の資料Ⅰ・Ⅱは，それぞれ地域の特色を生かしたバイオマス資源の活用の取り組みについて述べたものです。また，下の文章は，これらの取り組みがバイオマス資源の活用における問題点の解決にどのようにつながっているかについて述べたものです。文章中の［　　　］にはどのような内容が当てはまりますか。資料Ⅰ・Ⅱを基に簡潔に書きなさい。

資料Ⅰ

北海道鹿追(しかおい)町にあるバイオガス発電設備では，町内の乳牛の排せつ物を回収し，微生物による発酵で発生させたバイオガスを利用して発電する。この発電設備には，1日に乳牛約1,300頭分の排せつ物を処理する能力がある。

資料Ⅱ

香川県高松市には多くの製麺所やうどん店が集中しており，工場でうどんを製造する工程で麺の切れ端が出たり，うどん店が時間をおいたうどんを提供しなかったりするために，年間推計6,000トン（小麦粉換算）以上のうどんが廃棄されている。高松市にあるバイオガス発電設備では，廃棄されるうどんを回収し，バイオガス化して発電を行う。

一般的に，動植物に由来するバイオマス資源は薄く広く存在しているため，収集や運搬に高い費用がかかったり，資源の供給が不安定であったりすることなどが，バイオマス資源の活用における問題点である。資料Ⅰ・Ⅱの二つの地域では，ともに地域に［　　　］されるため，バイオマス資源が地域内に安定的に供給されている。このことから，これらの取り組みは，バイオマス資源の活用における問題点の解決につながっているといえる。

3	

2　次のA～Eは，それぞれ日本の法に関わることがらについて述べた文です。あとの1～6に答えなさい。

A　大宝律令が定められ，律令に基づいて政治を行う律令国家となった。
B　執権北条泰時により，武士の社会の慣習に基づいて，御成敗式目が定められた。
C　戦国大名によって，領国を支配するために分国法が定められることがあった。
D　武家諸法度が定められ，幕府に無断で大名家どうしが結婚することなどが禁じられた。
E　明治政府によって，国の仕組みの整備が進められるなか，大日本帝国憲法が発布された。

1　Aに関して，次のア～エのうち，大宝律令が制定された8世紀初めの日本のできごとについて述べた文として最も適切なものはどれですか。その記号を書きなさい。

ア　葛飾北斎が浮世絵の風景画を描いた。
イ　遣唐使が唐の制度や文化をもち帰った。
ウ　宋で学んだ栄西らが禅宗を伝えた。
エ　紫式部が「源氏物語」を書いた。

2　Bに関して，次の文章は，御成敗式目が制定された背景について述べたものです。下のア～エのうち，［　　　］に当てはまる内容として最も適切なものはどれですか。その記号を書きなさい。

承久の乱の後，鎌倉幕府の支配が西日本に広がり，［　　　］の間で土地をめぐる争いが増加した。幕府は，このような争いに対応するため，武士の社会の慣習に基づいて御成敗式目を制定し，裁判の基準とした。

ア　諸国の武士と朝廷を思うように動かすようになった平氏
イ　国内の武士と一国を支配するようになった守護大名
ウ　荘園の領主と地頭に任命された武士
エ　都から派遣された国司と地方の豪族から任命された郡司

1		2	

3　Cに関して，次の資料Ⅰは，分国法の一つである朝倉孝景条々の一部を示したものであり，下の文章は，資料Ⅰ中の下線部①の内容による影響について述べたものです。文章中の［　　　］に当てはまる適切な語を書きなさい。

資料Ⅰ

わが朝倉の館のほかには，領国内に城を構えてはならない。①すべて所領のある者は，一乗谷に移り住み，それぞれの領地には代官だけを置くべきである。

下線部①の内容により，戦国大名の朝倉氏の家臣は，朝倉氏の本拠地である一乗谷に集められた。また，一乗谷には商工業者も集まり，本拠地の一乗谷は朝倉氏の［　　　］として繁栄していくことになった。

4　Dに関して，次の文章は，武家諸法度について述べたものであり，下の資料Ⅱは，武家諸法度の一部とこの部分に関連するできごとについて述べたものです。文章中の［　　　］にはどのような内容が当てはまりますか。資料Ⅱを基に簡潔に書きなさい。

江戸幕府は，武家諸法度を定めて厳しく大名の統制をした。資料Ⅱのできごとのように，幕府が，武家諸法度や幕府の命令に［　　　］ことは，幕府の権力を示すことになり，幕藩体制の確立につながった。

資料Ⅱ

〔武家諸法度の一部〕

一　諸国の城は，修理する場合であっても，必ず幕府に申し出ること。

〔関連するできごと〕

広島藩の大名であった福島正則は，幕府に申し出ずに広島城を修理したため，幕府から城を壊すように命じられていた。しかし，石垣を少し壊しただけにしておいたため，幕府によって広島藩の大名の地位を奪われた。

5　Eに関して，1873年から地租改正が行われ，税を納めさせる方法が，一定量の米によるものから現金によるものに変わりました。税を納めさせる方法が変わったのはなぜですか。その理由を，右のグラフⅠを基に簡潔に書きなさい。

グラフⅠ　米価の推移

（1868年を100としたときの指数）

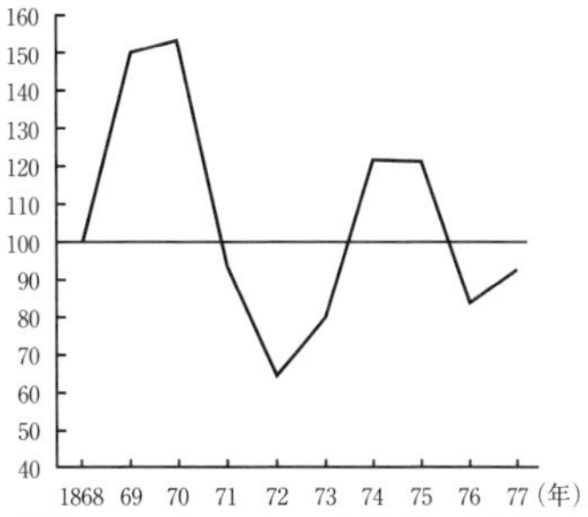

（数字でみる日本の100年　改訂第5版により作成。）

3	
4	
5	

6　次のa～eのうち，主君が家臣に土地の支配を認めることによって，家臣が主君に従う関係で成り立っていた社会はどれですか。下のア～エの組み合わせの中から最も適切なものを選び，その記号を書きなさい。

a　律令国家によって政治が行われていた社会

b　鎌倉幕府によって政治が行われていた社会

c　戦国大名によって政治が行われていた社会

d　江戸幕府によって政治が行われていた社会

e　明治政府によって政治が行われていた社会

ア　a・b・c　　イ　b・c・d　　ウ　b・c・e　　エ　c・d・e

6	

3　人権と日本国憲法に関して，あとの1～5に答えなさい。

1　次の文章は，日本国憲法施行の翌年に発行された，中学生や高校生が民主主義について学ぶための教科書である「民主主義」の一部です。下のア～エのうち，この文章の内容について述べたものとして最も適切なものはどれですか。その記号を書きなさい。

政治のうえでは，万事の調子が，「なんじ臣民」から「われら国民」に変わる。国民は，自由に選ばれた代表者をとおして，国民自らを支配する。国民の代表者は，国民の主人ではなくて，その公僕である。

ア　法の下の平等が掲げられたこと

イ　平和主義が掲げられたこと

ウ　国民主権の考え方が取り入れられたこと

エ　三権分立の考え方が取り入れられたこと

2　次の文章は，人権を保障するための考え方と日本国憲法の内容について述べたものです。この文章中の［ a ］・［ b ］に当てはまる語はそれぞれ何ですか。下のア～エの組み合わせの中から最も適切なものを選び，その記号を書きなさい。

国の政治の基本的なあり方を定める憲法によって国家権力を制限して，人権を保障するという考え方を，［ a ］という。そして，日本国憲法では，［ b ］であるこの憲法に違反する法律などは無効であることや，天皇または摂政及び国務大臣，国会議員，裁判官その他の公務員はこの憲法を尊重し擁護する義務を負うことが定められている。

ア［a　資本主義　b　国際法規］　イ［a　資本主義　b　最高法規］　ウ［a　立憲主義　b　国際法規］　エ［a　立憲主義　b　最高法規］

1		2	

3　製品の欠陥によって消費者が被害を受けた場合，企業は消費者に賠償しなければならないという法律が定められています。この法律を何といいますか。次のア～エの中から選び，その記号を書きなさい。

ア　製造物責任法　　**イ**　情報公開法　　**ウ**　独占禁止法　　**エ**　消費者契約法

4　次の資料Ⅰは，ある道路の開通後に，周辺住民と道路の設置者との間で争われた裁判の最高裁判所の判断について述べたものです。下のア～エの新しい人権のうち，資料Ⅰの内容と最も関係が深いと考えられるものはどれですか。その記号を書きなさい。

資料Ⅰ

この道路の周辺住民は，道路開通前に比べて，自動車騒音等により睡眠，会話，テレビの聴取等に対する妨害及びこれらの悪循環による精神的苦痛等の被害を受けている。この道路は，産業物資流通のための地域間交通に役立っているが，地域住民の日常生活の維持に不可欠とまではいうことのできない道路である，周辺住民が道路の存在によってある程度の利益を受けているとしても，被害は社会生活上我慢できる限度を超えていると判断できる。

ア　自己決定権　　**イ**　知る権利　　**ウ**　環境権　　**エ**　プライバシーの権利

5　次の資料Ⅱは，労働契約について述べたものです。日本国憲法第28条で，労働者の団結権が保障されているのはなぜですか。その理由を，資料Ⅱを踏まえて，簡潔に書きなさい。

資料Ⅱ

みなさんが会社に就職しようとする場合，みなさん（労働者）と会社との間で，「働きます」「雇います」という約束＝労働契約が結ばれます。どういう条件で働くか等の契約内容も労働者と会社の合意で決めるのが基本です。

（厚生労働省ウェブページにより作成。）

3		4	
5			

4　ある学級の社会科の授業で，「地域の伝統的な生活・文化」について班ごとに分かれて学習をしました。中野さんの班では，伝統的な計算用具である「そろばん」に注目し，調べたことを基に次のカードA～Cを作成しました。あとの1～4に答えなさい。

カードA　日本に伝来する以前のそろばん	カードB　庶民に広まった頃のそろばん	カードC　高度経済成長期以後のそろばん
紀元前300年頃から，ローマなど地中海地方の①交易で現在に近いかたちの溝そろばんが使われていた。 日本には室町時代に中国から伝わったとされる。	「読み・書き・そろばん」と言われるように②江戸時代には町人などにも広まった。 明治時代以後も学校・職場などに幅広く普及した。	③高度経済成長期の金融業でも計算用具としてそろばんが重視されていた。 しかし，コンピュータが普及した後は，あまり職場で使われなくなった。

1　下線部①に関して，中野さんは，そろばんのような計算用具が日本に伝来する前から交易で使われていたことに注目し，交易について調べました。次のア～エのうち，室町時代が始まった14世紀前半までの世界や日本における交易について述べた文として最も適切なものはどれですか。その記号を書きなさい。

ア　イギリスはインドのアヘンを清で売り，清から茶を買った。
イ　日本の商人が宋の商人と貿易を行い，宋銭が流入するようになった。
ウ　日本は生糸をアメリカなどに輸出し，世界最大の生糸の輸出国になった。
エ　ポルトガルの商人は日本で火薬や鉄砲を売り，日本から主に銀を持ち帰った。

2　下線部②に関して，西村さんは，なぜそろばんが町人などに広まったのかについて疑問をもって調べ，右の資料Ⅰを見付け，資料Ⅰから読み取れることと当時の子どもたちの学びを関連付けて，その理由を次のようにまとめました。まとめの中の［　　　］に当てはまる適切な語を書きなさい。

（新潮日本古典集成により作成。）

西村さんのまとめ

江戸時代には，東日本で金が，西日本で銀が主に流通しており，金貨は枚数を数えて使用する貨幣，銀貨は重さを量って使用する貨幣であった。金と銀の価値は日々変動したので，資料Ⅰで描かれているような作業を通して［　　　］をしたり，金貸しをしたりすることで大名をしのぐほどの経済力をもつ商人が現れた。貨幣の流通が進み，商売に必要な計算用具となったそろばんの技能は，寺子屋で子どものころから学ぶことができ，そろばんは町人などに広まった。

1		2	

3　下線部③に関して，村田さんは，高度経済成長期以後にそろばんに代わって電卓が使われ始めたことを知り，電卓の普及について調べ，調べたことについて西村さんと話し合いました。次の会話とグラフⅠ～Ⅲは，そのときのものです。会話中の［ a ］・［ b ］に当てはまる語はそれぞれ何ですか。下の**ア**～**エ**の組み合わせの中から最も適切なものを選び，その記号を書きなさい。

村田：電卓の出荷台数の推移を示したグラフⅠを見付けたよ。

西村：1980年代半ばに出荷台数が急激に減少しているね。

村田：電卓の輸出台数の推移を示したグラフⅡも見付けたんだけど，同じ時期に輸出台数も急激に減少しているよ。

西村：出荷台数の急激な減少は，輸出台数の急激な減少が主な要因だと考えられるね。

村田：でも，1980年代半ばに輸出台数が急激に減少したのはなぜだろう。

西村：輸出と為替レートに関係があることは以前に学習したね。1980年代の1ドル当たりの円相場を調べてみてはどうだろう。

村田：1ドル当たりの円相場の推移を示したグラフⅢを見付けたよ。これを見ると，1980年代半ばに，［ a ］が進んで，電卓の輸出が［ b ］になったといえるかもしれないね。それも輸出台数が急激に減少した理由の一つだと考えられるね。

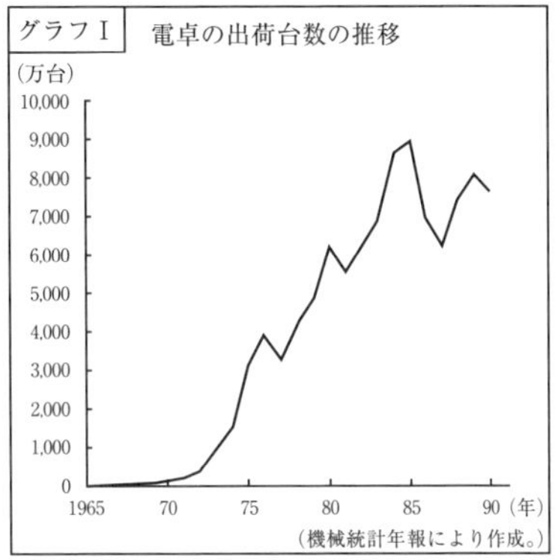

グラフⅠ　電卓の出荷台数の推移

（機械統計年報により作成。）

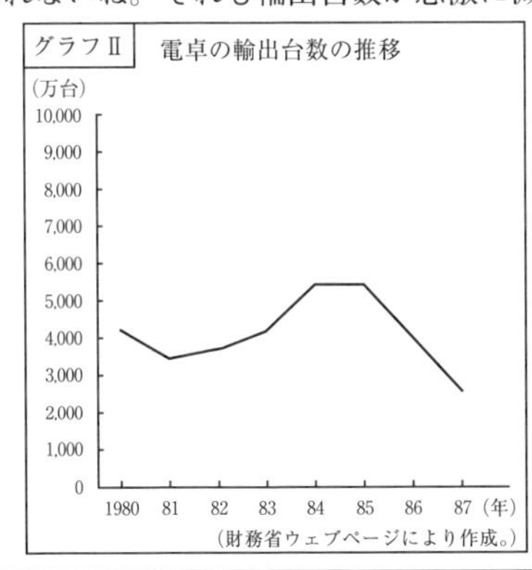

グラフⅡ　電卓の輸出台数の推移

（財務省ウェブページにより作成。）

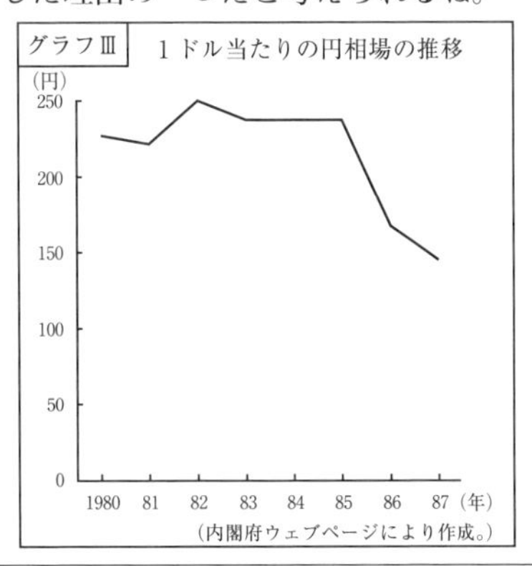

グラフⅢ　1ドル当たりの円相場の推移

（内閣府ウェブページにより作成。）

ア a 円高　b 有利　　**イ** a 円高　b 不利　　**ウ** a 円安　b 有利　　**エ** a 円安　b 不利

3	

4　中野さんの班では，伝統的工芸品として指定されている兵庫県小野市の播州そろばんについて調べ，伝統的工芸品としてのそろばんは木を主な材料としていることを知りました。あとの（1）・（2）に答えなさい。

（1）　中野さんの班では，なぜ小野市でそろばんの生産がさかんになったのかについて疑問をもち，小野市と，雲州そろばんが伝統的工芸品として指定されている島根県奥出雲町について調べたことを次の表Ⅰにまとめ，これらの地域でそろばんの生産がさかんになった理由を二つの地域の共通点を基に説明しました。中野さんの班の説明はどのようなものだと考えられますか。表Ⅰを基に簡潔に書きなさい。

表Ⅰ　二つの地域の江戸時代までの様子

兵庫県 小野市	・なだらかな丘陵があり，林が広がっていた。 ・ハサミなどの家庭用刃物類が家内工業として生産されていた。 ・豊臣秀吉による城攻めから逃れた人々が，近江国（滋賀県）のそろばんの製法を習得してもち帰った。
島根県 奥出雲町	・山間部で，森林に囲まれていた。 ・製鉄業がさかんで，小刀などの刃物が生産されていた。 ・大工が安芸国（広島県）のそろばんを参考に大工道具を使って製作を始めた。

（2）　中野さんの班では，播州そろばんの製造業者にオンラインでインタビューを行い，伝統的工芸品としての播州そろばんの生産を続けていくことが製造業者にとって困難になっていることが分かりました。次のノートは，聞き取ったことをまとめたものです。中野さんの班では，この製造業者に対して，播州そろばんの生産を継続していく上での問題点の解決に向けた取り組みを提案することとしました。あなたならどのような取り組みを提案しますか。あとの条件1～3に従って，提案書を解答欄に作成しなさい。

ノート

〔播州そろばんの生産を継続していく上での問題点〕

X　昭和30年代後半～40年代前半には，年間約350万丁の播州そろばんを製造していたが，時代の変化とともに減少し，現在は年間約7万丁にとどまっている。

Y　そろばん生産は「玉削り」「玉仕上げ」「ヒゴ竹作り」「総合組立て」と四つの工程で分業されており，一人の職人は一つの工程にしか習熟していない。また，それぞれの工程の職人の数が少なくなっている。

〔播州そろばんを取り巻く現在の状況〕

・海外でも，そろばん学習で集中力や判断力，持続力が向上する効果が注目されている。
・首都圏でそろばん教室の運営に乗り出す大手学習塾が登場した。
・伝統的な技術で作られたそろばんの玉を使用した合格お守りが生産されている。
・そろばんの製造業者の中には，10～20代の若手が職人として入社した業者がある。

条件1　次の伝統的工芸品として認定される条件のうち，少なくとも一つを踏まえること。

・生活に豊かさと潤いを与える工芸品。 ・100年以上前から今日まで続いている伝統的な技術で作られたもの。

条件2　提案書中の播州そろばんの生産を継続していく上での問題点の欄には，ノート中のX・Yのうち，提案の対象とする問題点をいずれか一つ選び，その記号を書くこと。

条件3　提案書中の取り組みの欄には，条件2で選んだ問題点を解決するための取り組みを，ノート中の〔播州そろばんを取り巻く現在の状況〕の内容を踏まえて，具体的に書くこと。

<table>
<tr><td rowspan="4">4</td><td>(1)</td><td colspan="2"></td></tr>
<tr><td rowspan="3">(2)</td><td colspan="2">播州そろばんの生産を継続していく上での問題点の解決に向けた取り組みの提案書</td></tr>
<tr><td>播州そろばんの生産を継続していく上での問題点</td><td></td></tr>
<tr><td>取り組み</td><td></td></tr>
</table>

令和5年度入試問題　数学（50分）

1　次の（1）～（8）に答えなさい。

(1)	
(2)	
(3)	
(4)	
(5)	
(6)	
(7)	
(8)	

（1）$-8-(-2)+3$　を計算しなさい。

（2）$28x^2 \div 7x$　を計算しなさい。

（3）$\sqrt{50}-\dfrac{6}{\sqrt{2}}$　を計算しなさい。

（4）$(x-6y)^2$　を展開しなさい。

（5）方程式　$x^2+3x-5=0$　を解きなさい。

（6）関数 $y=\dfrac{16}{x}$ のグラフ上の点で，x 座標と y 座標がともに整数である点は何個ありますか。

（7）右の図のように，底面の対角線の長さが4cmで，高さが6cmの正四角すいがあります。この正四角すいの体積は何 cm^3 ですか。

（8）右の図は，A市，B市，C市，D市について，ある月の日ごとの最高気温を調べ，その結果を箱ひげ図に表したものです。この月の日ごとの最高気温の四分位範囲が最も大きい市を，下の**ア**～**エ**の中から選び，その記号を書きなさい。

ア　A市
イ　B市
ウ　C市
エ　D市

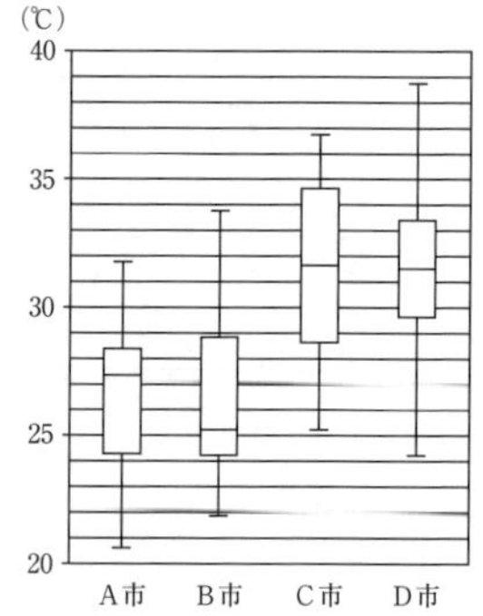

2 次の（1）～（3）に答えなさい。

（1）下の図のように，点 A(3, 5) を通る関数 $y=ax^2$ のグラフがあります。この関数について，x の変域が $-6 \leqq x \leqq 4$ のとき，y の変域を求めなさい。

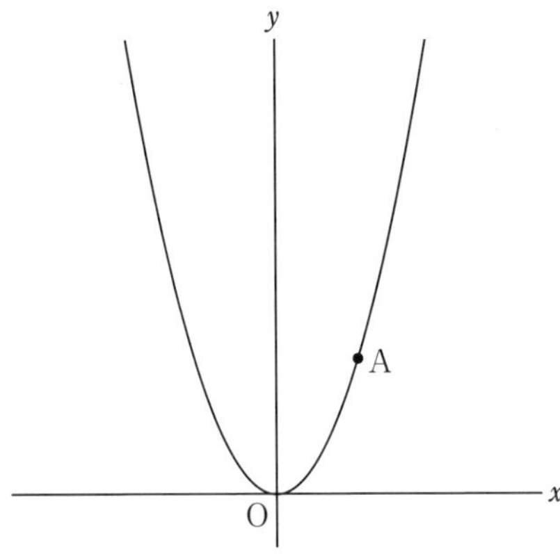

（2）ある中学校の 50 人の生徒に，平日における 1 日当たりのスマートフォンの使用時間についてアンケート調査をしました。下の表は，その結果を累積度数と累積相対度数を含めた度数分布表に整理したものです。しかし，この表の一部が汚れてしまい，いくつかの数値が分からなくなっています。この表において，数値が分からなくなっているところを補ったとき，度数が最も多い階級の階級値は何分ですか。

階級(分)	度数(人)	相対度数	累積度数(人)	累積相対度数
以上　未満 0 ～ 60	4	0.08	4	0.08
60 ～ 120	11			
120 ～ 180				0.56
180 ～ 240				0.76
240 ～ 300		0.10	43	0.86
300 ～ 360	7	0.14	50	1.00
計	50	1.00		

（3）2 桁の自然数があります。この自然数の十の位の数と一の位の数を入れかえた自然数をつくります。このとき，もとの自然数を 4 倍した数と，入れかえた自然数を 5 倍した数の和は，9 の倍数になります。このわけを，もとの自然数の十の位の数を a，一の位の数を b として，a と b を使った式を用いて説明しなさい。

(1)		(2)	
(3)			

3 下の図のように，平行四辺形 ABCD があり，点 E は辺 AD の中点です。辺 BC を 3 等分する点を，点 B に近い方から順に F，G とし，線分 AG と線分 EF との交点を H とします。

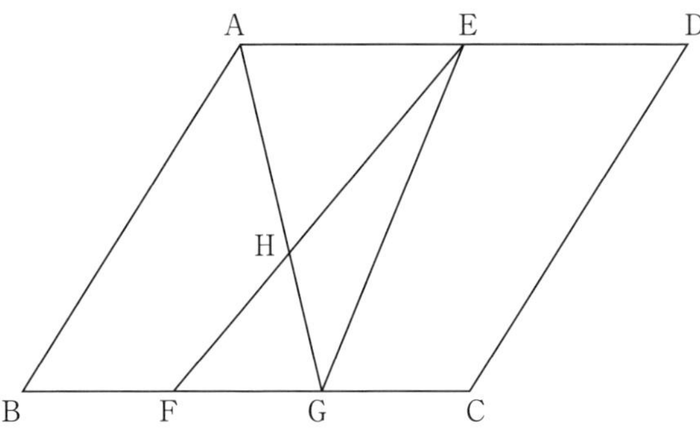

次の（1）・（2）に答えなさい。

（1）∠AGB = 70°，∠BAG = ∠DAG となるとき，∠ADC の大きさは何度ですか。

（2）△AHE の面積が 9 となるとき，△EFG の面積を求めなさい。

(1)		(2)	

4 下の図のように，y 軸上に点 A(0, 8) があり，関数 $y=\frac{2}{3}x+2$ のグラフ上に，$x>0$ の範囲で動く 2 点 B，C があります。点 C の x 座標は点 B の x 座標の 4 倍です。また，このグラフと x 軸との交点を D とします。

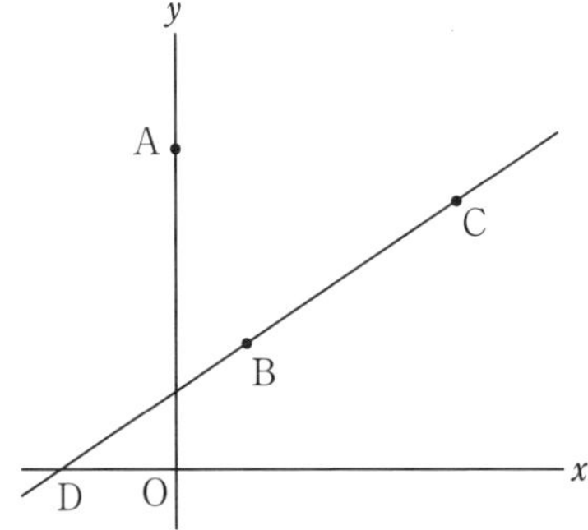

次の（1）・（2）に答えなさい。

（1）線分 AC が x 軸に平行となるとき，線分 AC の長さを求めなさい。

（2）DB=BC となるとき，直線 AC の傾きを求めなさい。

(1)		(2)	

5 　A 高校の生徒会役員の中川さんと田村さんは, 生徒会を担当する先生からの依頼を受け, 長さ 15 分の学校紹介動画を作成することになりました。下の表 1 は, 昨年度の生徒会役員が作成した長さ 18 分の学校紹介動画の構成表です。2 人は, 昨年度作成された長さ 18 分の学校紹介動画の内容や配分時間を参考にして, 長さ 15 分の学校紹介動画を作成しようと考えています。

表 1　昨年度の生徒会役員が作成した学校紹介動画(18 分)の構成表

順番	内容	配分時間
1	オープニング	30 秒
2	生徒会長挨拶	1 分 20 秒
3	学校の特色紹介	6 分
4	学校行事紹介	3 分
5	在校生インタビュー	2 分 40 秒
6	部活動紹介	4 分
7	エンディング	30 秒
合計		18 分

2 人は, 作成する学校紹介動画が, 昨年度の生徒会役員が作成したものよりも時間が短くなることを踏まえ, 下のように【学校紹介動画(15 分)の作成方針】を決めました。

【学校紹介動画(15 分)の作成方針】

(Ⅰ) オープニング, 学校の特色紹介, 学校行事紹介, エンディングの配分時間は, 昨年度の生徒会役員が作成した学校紹介動画と同じにする。
(Ⅱ) 生徒会長挨拶は動画の内容に入れない。
(Ⅲ) 在校生インタビューでは, 配分時間を代表生徒 3 人に均等に割り当てる。
(Ⅳ) 部活動紹介では, 配分時間のうち 30 秒を, A 高校にどのような部活動があるかについての紹介に割り当てる。また, 部活動紹介の配分時間の残りを, A 高校にある部活動のうち代表の部活動 3 つに均等に割り当てる。
(Ⅴ) 部活動紹介における代表の部活動 1 つに割り当てる時間は, 在校生インタビューにおける代表生徒 1 人に割り当てる時間の 1.5 倍にする。

2 人は【学校紹介動画(15 分)の作成方針】に従って構成表を作り, 学校紹介動画を作成することにしました。

次の (1)・(2) に答えなさい。

(1) 在校生インタビューにおける代表生徒 3 人のうち 1 人は, 生徒会長に決まりました。残りの代表生徒 2 人を校内で募集したところ, P さん, Q さん, R さん, S さん, T さんの 5 人が立候補しました。この 5 人の中から, くじ引きで 2 人を選ぶとき, P さんが選ばれる確率を求めなさい。

(2) 下の表 2 は, 中川さんと田村さんが【学校紹介動画(15 分)の作成方針】に従って作成した長さ 15 分の学校紹介動画の構成表です。

表 2　中川さんと田村さんが作成した学校紹介動画(15 分)の構成表

順番	内容	配分時間
1	オープニング	30 秒
2	学校の特色紹介	6 分
3	学校行事紹介	3 分
4	在校生インタビュー ・代表生徒 3 人	ア
5	部活動紹介 ・A 高校にある部活動の紹介 ・代表の部活動 3 つ	イ
6	エンディング	30 秒
合計		15 分

表 2 の ア ・ イ に当てはまる配分時間をそれぞれ求めなさい。なお, 答えを求める過程も分かるように書きなさい。

(1)	
(2)	

6 中村さんは，ある数学の本に掲載されていた下の【問題】に興味をもち，この【問題】について考えることにしました。

【問題】

右の図のように，1つの平面上に大きさの異なる正方形ABCDと正方形CEFGがあり，点Fと点Gが正方形ABCDの内部にあります。7つの点A，B，C，D，E，F，Gから2点を選び，その2点を結んでできる線分の中で，線分DEと長さが同じであるものを答えなさい。

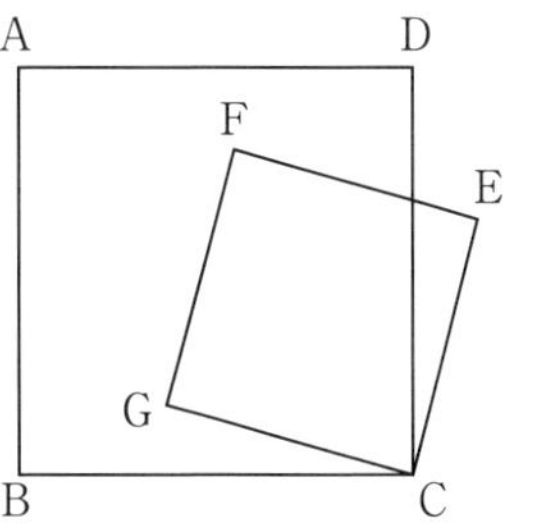

中村さんは，下のことを予想しました。

【予想】

1つの平面上に大きさの異なる正方形ABCDと正方形CEFGがあり，点Fと点Gが正方形ABCDの内部にあるとき，DE＝BGである。

次の（1）・（2）に答えなさい。

（1）中村さんは，下のように△CED≡△CGBを示し，それを基にして，この【予想】が成り立つことを証明しました。

【中村さんの証明】

△CEDと△CGBにおいて

［　　　　　　　　］

合同な図形の対応する辺は等しいから
DE＝BG

【中村さんの証明】の［　　］に証明の続きを書き，証明を完成させなさい。

中村さんは，【問題】中の図で辺CDと辺EFとの交点をHとしたとき，線分CHと長さが同じである線分がないか考えることにしました。そこで，△CEHに着目し，この三角形と合同な三角形を見つけるために辺FGを延長し，辺FGの延長と辺BCとの交点をIとした下のような図をかきました。中村さんは，自分がかいた図について，△CEH≡△CGIであることがいえるので，それを基にして，CH＝CIであることが分かりました。

中村さんがかいた図

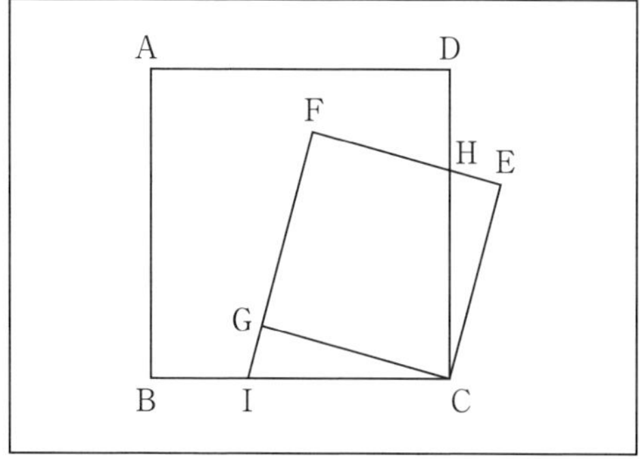

さらに，中村さんは，自分がかいた図について，CH＝CI以外にも成り立つことがらがあるのではないかと考えました。

（2）下の**ア**～**オ**のことがらの中で，中村さんがかいた図について成り立つことがらを全て選び，その記号を書きなさい。

ア　四角形AICHはひし形である。
イ　四角形AICHの面積は，三角形CDIの面積の2倍である。
ウ　線分BDと線分IHは平行である。
エ　△BIH≡△DHGである。
オ　4点C，H，F，Iは1つの円周上にある。

(1)	
(2)	

5　次の【ノート】は、ある生徒が【文章1】・【文章2】を読んで考えたことをノートに書いたものです。この【ノート】の空欄Ⅰに当てはまる適切な表現を、四十五字以内で書きなさい。

【ノート】

> 【文章2】では、ロドリゴ・アラナノの海洋保護区の取り組みの成功によって、ダウインの保護区には美しい景観がもたらされ、観光業がさかんになったことが書かれていた。たしかに、この取り組みは、地域に新たな産業をもたらし、地元の人々に、新たな収入源を与えたという面では意義深い。
> しかし、【文章1】の内容を踏まえて、ダウインのその美しい景観の今後について考えてみると、（　Ⅰ　）ということが起こるおそれがあるのではないか。

5

三

次の文章を読んで、あとの問いに答えなさい。

およそ[a]を見わけて善悪を定むる事は、殊に大切の事にて候(さうらふ)。ただ人毎(ごと)に（どの人も）推量ばかりにてぞ侍(はべ)ると見えて候。その[b]は、上手と①いはるる人の歌をばいとしもなけれども（大したこともないのに）讃(ほ)めあひ、いたく用ゐられぬたぐひ（あまり世間で認められないような人）の詠作をば、抜群の歌なれども、結句難をさへ（かえって欠点までも）とりつけて譏(そし)り侍るめり（指摘して非難するようです）。ただ②主によりて歌の善悪をわかつ人のみぞ候める（ばかりおりますようです）。まことにあさましき（あきれた）事とおぼえ侍る。これは、ひとへに是非（自分の主体的な評価）にまどへる故なるべし。おそらくは、寛平(注)以往の先達(せんだち)（すぐれた歌人）の歌にも善悪思ひわかたむ人ぞ歌の趣を存ぜるにては侍るべき（価値が分かる人でございましょう）。

（「毎月抄」による。）

（注）寛平＝平安時代に用いられた年号の一つ。

1　[a]・[b]に当てはまる語の組み合わせとして最も適切なものを、次のア〜エの中から選び、その記号を書きなさい。

ア（a 歌　b 故）　イ（a 故　b 歌）
ウ（a 主　b 歌）　エ（a 歌　b 主）

2　①いはるるを、現代仮名遣いで書きなさい。

3　②主によりて歌の善悪をわかつとあるが、「主」によって「善悪をわかつ」ということについて、歌以外の例を日常生活の中から一つ挙げて、あなたの考えを書きなさい。ただし、次の条件1・2に従って書くこと。

条件1　二段落構成とし、第一段落には、歌以外の例を一つ挙げて書き、第二段落には、「主」によって「善悪をわかつ」ことに対するあなたの考えを書くこと。

条件2　現代の言葉を用いて、二百字以内で書くこと。

1

2

3

【文章2】

ネグロス島のダウインでは、サンゴ礁を保護して海洋生物に対する㋐フカを減らしつつ、沿岸の集落の生活を維持する努力が実を結んでいた。

この試みを始めたのは、フィリピン人の生物学者で、地元の自治体が管理する小規模な海洋保護区（ＭＰＡ）の設置を提唱したアンヘル・アルカラだ。こうした保護区の主な目的は生物多様性を守ることだが、彼の念頭にあったのは漁業に利益をもたらすことだった。「フィリピンの人々は魚が主食です。」ダウインの北にあるシリマン大学の研究所で所長を務めるアルカラは私にそう言った。「それを維持するために、海洋保護区が必要なのです。」

一九七〇年代初頭、アルカラは二つの保護区を試験的に設定した。一つは人間が㋑クらしている島（ダウイン沖のアポ島）の近くで、もう一つは無人島（セブ島近くのスミロン島）の近くだ。どちらもいかなる手段による漁も禁止にした。

その結果は目覚ましいものだった。Ⓐ十年後、二つの保護区では生物量が増え、少なくとも六倍になった魚種もあった。生息密度が高くなったことは、漁師に恩恵を与えた。保護区から外の海域に〝あふれ出した〟魚は、合法的に捕獲できるからだ。

この成功に注目したのが、二〇〇一年にダウインの町長に選ばれたロドリゴ・アラナノだ。アラナノはダウインの海岸線に沿って保護区を増やすことに決めた。

しかし、自給自足で漁をする人々に対し、昔からの漁場の一部を諦めるよう、どうやって説得したのだろう。私の問いかけにアラナノはこう答えた。「Ⓑ魚を捕るだけでなく、育てる場所も必要だと言いました。『保護区をつくれば、そこで魚が増えて、外にあふれてくる。それは皆さんのものです。保護区の海は魚だけでなく、皆さんや未来を育ててくれるんです。』とね。保護区はいずれダイビング・スポットになるから、その収入も見込めると説明しました。」

□、将来的に利益が得られる保証はなく、沿岸住民の多くは保護区に反対だった。アラナノは訴訟をいくつも起こされ、脅迫も受けた。それでも彼は、「町長になったとき、私はこの仕事に命を預けましたから。」と意に介さない。

「漁師の家に生まれたわけでもないのに、なぜそこまで㋒ジョウネツを傾けるんですか？」と、私はアラナノに尋ねた。

「私は鉱山技術者なんです。」と、アラナノは語り始めた。「Ⓒ政治の世界に入る前は採掘会社で十二年働き、多くの山を爆破しました。たくさん環境破壊をしてきたんです。一度壊された環境は人間の手で元に戻すことができないと、そのとき学びました。お金がいくらあっても食べていけないことに気づくのは、最後の魚を殺した後でしょう。」

アラナノは在職中の九年間に、ダウイン沿岸のＭＰＡを四カ所から十カ所に増やした。そのいくつかに潜ってみると、小規模ながらも、チンアナゴなどの珍しい生き物が見られた。

予想通り、保護区の美しい景観は観光客を呼び込んだ。フィリピンを構成する七六四一の島々のなかで、人気のダイビング・スポットは数十カ所もあるが、ダウインもその一つになった。この町のＭＰＡには、タツノオトシゴＭＰＡなど、各海域の呼び物である魚の名前がついている。

観光業がさかんになるにつれて、サービス業に転じる漁師も出てきた。Ⓓセブ島沿岸のオスロブでは、漁業組合の組合員で実際に魚を捕っている者はほとんどいない。観光客がジンベエザメと泳ぐツアーで十分稼げるのだ。ミンドロ島のプエルト・ガレラの近くでは、漁師が観光客をカヌーに乗せて、シュノーケリングでシャコガイを見られるポイントまで運んでいた。

（「ナショナル　ジオグラフィック日本版二〇二二年六月号」による。）

1　㋐〜㋒のカタカナに当たる漢字を書きなさい。

2　□に当てはまる最も適切な語を、次の**ア**〜**エ**の中から選び、その記号を書きなさい。

ア　たとえば　**イ**　さらに　**ウ**　なぜなら　**エ**　だが

3　Ⓐ〜Ⓓを、事実と意見に分けたときに、事実であるものには**ア**を、意見であるものには**イ**を、それぞれ書きなさい。

4　①地域社会が保全を通じて持続的に経済的な利益を得られる仕組みとあるが、【文章2】で述べられているアンヘル・アルカラが考えた同様の仕組みを、五十字以内で書きなさい。

1　㋐　㋑　㋒

2

3　Ⓐ　Ⓑ　Ⓒ　Ⓓ

4

俳句を伝統文化と言ってしまうと、俳句が、祠の中の神様のように（　Ⅰ　）存在になってしまうが、ハセオにとって俳句とは、（　Ⅱ　）であるから。

4　②そらのことば　とあるが、次の文は、ハセオが作った俳句のこの部分に対する校長先生の解釈をまとめたものです。空欄Ⅲに当てはまる適切な表現を、三十五字以内で書きなさい。

「そらのことば」は、てのひらに降ってくる雪を言いかえたものであり、（　Ⅲ　）のではないかと、校長先生は解釈した。

5　③自分のサクラシールを貼った句　とあるが、本文中にユミが俳句大会でサクラシールを貼り、この句を選んだ理由が述べられている一文があります。その文のはじめの五字を抜き出して書きなさい。

6　④知らないままでいい　とあるが、この描写について、国語の時間に生徒が班で話し合いをしました。次の【生徒の会話】はそのときのものです。これを読んで、あとの⑴・⑵に答えなさい。

【生徒の会話】

清水：ユミが「知らないままでいい」と思っているのは、俳句大会のハセオの句は、（　Ⅳ　）ということと、それをユミが知っているということだよね。「知らないままでいい」ということは、ユミはそのことをソラとハセオには伝えないんだよね。

川上：三人は、仲の良い友人だから、伝えなくてもいいということだと思うよ。

藤井：そうかな。ユミは「私たちは、句友だ」といっているよね。ユミは、三人が、俳句を通してつながっているということを強く意識しているのだと思うよ。句友であることを踏まえて、三人の関係を考えたらいいと思うよ。

清水：句友ということは、俳句の特徴も関係するのかな。

⑴　空欄Ⅳに当てはまる適切な表現を、五十字以内で書きなさい。

⑵　次の【ノート】は、【生徒の会話】のあとに、清水さんたちが、話し合いの内容を踏まえて、ノートに書いたものです。この【ノート】の空欄Ⅴに当てはまる適切な表現を、俳句の特徴を踏まえて、六十字以内で書きなさい。

【ノート】

○ユミが「知らないままでいい」と思った理由
三人は、（　Ⅴ　）という関係にあるから。

二

次の【文章1】・【文章2】を読んで、あとの問いに答えなさい。

【文章1】

自然環境の保全は、その担い手である地域社会にとってまさに「言うは易く行うは難し」なテーマの一つだと思います。部外者がその生き物は大事だ、保全しろ、と言ったところで地域社会にとってメリットがなければ、貴重な時間やお金を投じるのは躊躇[注1]するのではないでしょうか。逆に言えば、自然環境の保全を充実させるためには、①地域社会が保全を通じて持続的に経済的な利益を得られる仕組み　を構築することが求められているのです。

自然環境を活用した観光は自然を直接消費せず、保全成果を直接的な経済収益に繋げることのできる数少ない産業ですが、実際には無秩序な観光の促進によって自然環境が劣化する事例が散見されています。その原因は多岐にわたりますが、関係者がその地域の自然環境の質と観光の経済効果を十分に紐[注2]づけて理解していないこと、その地域で環境保全を強化・促進することが地域経済にどれだけ影響をもたらすのか具体化できていないこと等が理由として挙がるのではないでしょうか。

（国立環境研究所ウェブページによる。）

（注1）躊躇＝ためらうこと。　（注2）紐づける＝二つ以上の事柄の間につながりをもたせること。

令和5年度入試問題　国語（50分）

一

次の文章を読んで、あとの問いに答えなさい。

〔中学二年生のソラは、同級生のハセオに誘われて、俳句を創作するようになり、俳句の魅力に引き込まれていく。ソラたちは、ヒマワリ句会を作り、同級生のユミも参加することになった。三人は、意欲的に俳句を創作している。学校で行われた俳句大会で優勝したユミは、校長先生からの〝豪華景品〟を受け取りに行った。〕

そういえば、今年は雪が降っただろうか。ひどく寒い日に一日降ったようにも、けっきょく一度も降らなかったようにも思う。ハセオは、ああいう句を作ったということは、どこかで雪を見たのかもしれない。校長先生から聞かされた、ハセオの話を、ユミは思い出していた。春休み前、〝豪華景品〟を受け取りに行ったときのことだ。なんのことはない、校長先生が学生時代に出した詩集を、自費出版で立派な装丁[注1]の本にしたものだった。タイトルは、『青春はがんもどき』。気持ちはうれしいけど、こういうのをもらって、喜ぶ子はいるんだろうか……。でも、「造本に㋐凝って、時間がかかってしまったよ、ほらこのフランス装[注2]がきれいでしょう？」とうれしそうな校長先生を前にして、□顔を見せるわけには、いかなかった。

それよりも、ユミにとって重要だったのは、「ヒマワリ句会のハセオくんなんだけどね。」と前置きをして始まった話のほうだった。「俳句大会の開会宣言のあとですぐ、私に直談判を求めてきたんだ。」校長室に、いきなりやってきたハセオは、言いたいことがあるという。校長先生の発言を取り消してほしい、と。俳句は伝統文化。そう言った先生の言葉が、どうしても許せないのだという。伝統文化と言ったとたんに、祠[注3]の中の神様みたいになるのが、自分はいやだ。俳句は確かに昔からあるけれど、いまの自分の気持ちや、体験を盛るための器として、自分は俳句をやっている。校長先生の発言は、①〝いま、ここの詩〟として、俳句を作っている自分たちを、ないがしろにするものだ。「彼の言葉が、ぐさっと胸に突き刺さってね。」俳句とはなにか、詩とはなにか。生徒から問われた気がしたのだという。「あの生徒も、やはり、わが校の㋑誇りだよ。」校長先生は、私も考えがあって言ったことなので、発言の取り消しはしないが、あなたから与えられた〝宿題〟として、あなたの卒業の日までに、考えておくと返したそうだ。ハセオは、それでいちおう、満足した様子だったという。校長先生に自分が〝宿題〟を出したというのが、うれしかったのかも、などとユミは思う。あいつは、いつも宿題に苦しめられていたから。「この本を出そうと思ったのも、彼の言葉がきっかけだったんだ。——ところで、俳句大会に彼が出した句を、君は知ってる？」ユミは頭を振る。本人に聞いても、適当にはぐらかされたまま、いまに至っていた。

校長先生は少し考えてから、「君は彼と同じ句会の仲間、つまり句友だしね。俳句大会の優勝者でもある。感想を聞いてみたい。彼には、私が伝えたことは、内緒にしておいてくれよ。」と断ってから、「こんな句なんだ。」と、一枚の短冊を渡した。俳句大会の投稿用紙として、使われたものだ。短冊の裏に、クラスと名前を書く欄があるから、それを手掛かりにボックスの中の大量の投句の中から、ハセオの句を探しだしたのだろう。ユミにとっては、記名欄を確認する必要はなかった。まぎれもなく、ハセオのくせの強い字で、

雪がふる②そらのことばを受け止める

と書いてある。「その句はね、大会では、三点しか入っていなかったんだ。でも、私はいい句だと思う。あなたはどうかな？」ユミは、③自分その短冊の字を、何度も目で追った。追うだけではなくて、思わず一度、口に出してもみた。まちがいない。それは、ユミが、自分のサクラシールを貼った句だった。ヒマワリ句会に出るようになって、たくさんの言葉とめぐりあった。誰かの言葉にも、そして自分の中に潜んでいた言葉にも。今まで聞いたことのない言葉もあった。なじみのある言葉であっても、それががらりと違って見えたこともあった。言葉は、とても頼りない。形がなくて、すぐに消えてしまう。まさに、雪のように。でも、その言葉を受け止めて、一歩踏み出すことができたのも、ゆるがない事実だ。この学校に、自分と同じように言葉に助けられた人がいたということがうれしくて、最終的にこの句を選んだのだった。やっぱり、ふざけなければ、いい句も書けるじゃないか。もしいまここに、ハセオがいたなら、その背中をばーん！と叩いてやるところだ。

「てのひらに降ってくる雪。それを、『そらのことば』と言いかえてみせたのは、あっと驚くマジックじゃないかい？ふつうは『空の言葉』と書くところ、ひらがなにしているのはきっと、そのことで、雪のつぶのやわらかさを表現したかったんだと、私は思う。」校長先生は、ユミの感想も待たないで、少し興奮した㋒口調で、鑑賞の弁を述べた。たしかに、その通りだ。でも、ハセオの句と知ったいま、ユミは隠された意図をそこに読み取っていた。これは挨拶なんだ。ハセオから、ソラへの。「そら」には、かけがえのない友人の名前を、掛けてあるのだ。もうすぐやってくる、あのふたり。たぶん、たがいにそのことを知らない。ユミが知っていることも、知らないだろう。そして、④知らないままでいい。私たちは、句友だ。たがいへの思いは、だらだらと語らなくても、じゅうぶんにわかっている。

（髙柳克弘「そらのことばが降ってくる」による。）

（注1）装丁＝書物の外側のデザイン。　（注2）フランス装＝製本方法の一つ。　（注3）祠＝神をまつった小堂。

1　㋐〜㋒の漢字の読みを書きなさい。

2　□に当てはまる最も適切な表現を、次のア〜エの中から選び、その記号を書きなさい。

ア　物知り　　イ　得意げな　　ウ　不満げな　　エ　何食わぬ

3　①〝いま、ここの詩〟とあるが、ハセオが、このように言ったのはなぜですか。その理由について述べた次の文の空欄Ⅰに当てはまる最も適切な表現を、十五字以内で書きなさい。また、空欄Ⅱに当てはまる最も適切な表現を、本文中から二十字以内で抜き出して書きなさい。

1	
㋐	
㋑	
㋒	

2

1 放送を聞いて答えなさい。

問題A　これから，No. 1～No. 3まで，対話を3つ放送します。それぞれの対話を聞き，そのあとに続く質問の答えとして最も適切なものを，下のア～エの中から選んで，その記号を書きなさい。

(放送の内容)

No. 1　A：Hi, Miki. What did you do last weekend?
B：Hi, Jack. I visited my grandmother last Saturday. Here is a picture we took that day.
A：Oh, your grandmother looks kind.
B：She is always kind to me. I love her so much.
A：Miki, you are holding a cute cat. Is it yours?
B：No. It's hers.
Question No. 1: Which picture are Miki and Jack looking at?

No. 2　A：Hi, Lucy. Have you been to the new 100-yen shop near the station?
B：No, I haven't. Have you been there?
A：Yes. I went there yesterday. I bought five pens.
B：I see. I think I will go there tomorrow.
A：Do you have anything you want to buy?
B：Well, I want to buy two notebooks for my sister.
A：That's nice!
B：Oh, I also have to buy a new notebook for science class.
Question No. 2: How many notebooks is Lucy going to buy?

No. 3　A：Emily, finish your lunch! You have to arrive at the stadium by one o'clock.
B：Yes, Dad.
A：Did you walk the dog this morning?
B：No, I practiced the guitar this morning. I'm going to walk him after I come home.
A：OK, but please wash your dishes before you leave.
B：I will.
Question No. 3: What will Emily do before she goes to the stadium?

No. 1

No. 2	ア　One notebook. ウ　Three notebooks.	イ　Two notebooks. エ　Five notebooks.
No. 3	ア　She will cook lunch. ウ　She will walk the dog.	イ　She will practice the guitar. エ　She will wash her dishes.

問題B　これから放送する対話は，留学生のジョンと高校生の春花が，ある話題に関して話したときのものです。下の【対話】に示されているように，まず①でジョンが話し，次に②で春花が話し，そのあとも交互に話します。⑤ではジョンが話す代わりにチャイムが1回鳴ります。あなたがジョンなら，この話題に関しての対話を続けるために，⑤で春花にどのような質問をしますか。⑤に入る質問を英文で書きなさい。

【対話】

John　：	①
Haruka：	②
John　：	③
Haruka：	④
John　：	⑤チャイム

(放送の内容)

John　：Good morning, Haruka.
Haruka：Oh, good morning, John! We're on the same bus!
John　：I have never seen you on the bus.
Haruka：Well, I usually go to school by bike.
John　：(チャイム1点)

問題C　これから放送する英文は，アメリカからの留学生のジェーンが高校生の健太に対して話したときのものです。ジェーンの質問に対して，あなたならどのように答えますか。あなたの答えを英文で書きなさい。なお，2文以上になっても構いません。

(放送の内容)

When I first came to Japan, I was surprised because students clean their school. I talked about this with my family in America, and they said, "That's good. Students should clean their school." What do you think about this idea? And why do you think so?

英語

問題番号		正答〔例〕	配点
1【リスニング】	問題A No.1	エ	各2
	問題A No.2	ウ	
	問題A No.3	エ	
	問題B	Why did you take a bus today?	3
	問題C	I agree. They can learn how to work with other students when they clean their school.	4
2	1	ウ	各2
	2	イ	
	3	エ	
	4	い	
	5 a	イ	各1
	5 b	ア	
	5 c	エ	
	5 d	ウ	
3	1 (1)	Yes, he did.	各2
	1 (2)	His father did.	
	2	ウ	2
	3	eat	2
	4	would be fun if I	2
	5	ア，イ	2
	6	I liked your speech very much. It's important to be interested in something. I hope I can find my dream like you. (22語)	4
4	問題A ア	I want to watch the dance performances	2
	問題A イ	Let's watch the shamisen performance and the dance performance in the afternoon (12語)	3
	問題B	We should send e-mails in Japanese because you can practice Japanese and I can help you. (16語)	4

理科

問題番号		正答〔例〕	配点
1	1 (1)	石灰水が逆流して，試験管A内に入ること。	2
	1 (2)	金属光沢(光沢)	1
	1 (3) a	発生した気体の質量	2
	1 (3) b	イ	2
	2 (1)	還元	1
	2 (2)	(Mg)(O) (Mg)(O)	2
	3	イ，ウ，オ	2
2	1 (1)	DNA(デオキシリボ核酸)	1
	1 (2) a	ア	3
	1 (2) b	ウ	
	2 (1) はたらき	光合成	2
	2 (1) 気体	酸素	
	2 (2)	エ	2
	3 (1)	デンプンが含まれていなかった	2
	3 (2)	イ	3
3	1	地熱発電	1
	2 (1)	エ	各2
	2 (2)	ア	
	3 a	マグマのねばりけが強い	2
	3 記号	ウ	1
	4 (1)	エ	2
	4 (2) d	オ	3
	4 (2) e	イ	
	4 (2) f	南	
4	1	エ	2
	2 (1)	ウ	1
	2 (2)	0.10	各2
	2 (3)	イ	
	3 c	体積が大きく，また，2つの物体の質量が同じであることから，密度が小さい	3
	3 d	亜鉛	
	4	ア，エ	2

社会

問題番号		正答〔例〕	配点
1	1 (1)	う	各2
	1 (2)	ア	
	2 (1)	オーストラリア	
	2 (2)	エ	
	3	発達した産業の活動によってバイオマス資源が排出	4
2	1	イ	各2
	2	ウ	
	3	城下町	
	4	従わない大名を処罰する	2
	5	グラフⅠから米価が安定していないことが分かり，米を税として納めさせる方法よりも，現金を納めさせる方法の方が，税収が安定するため。	3
	6	イ	2
3	1	ウ	各2
	2	エ	
	3	ア	
	4	ウ	
	5	労働契約は労働者と会社との合意で決めるのが基本だが，労働者一人一人は，会社に対して弱い立場にあり，労働条件が不利になる可能性があるので，労働者が団結することで対等な立場で交渉できるようにするため。	4
4	1	イ	各2
	2	両替	
	3	イ	
	4 (1)	材料となる木材が豊富で，木材の加工に使う刃物の産地であった地域であり，伝わってきたそろばん生産の技術が生かせる環境であったため。	3
	4 (2) 問題点	Y	4
	4 (2) 取り組み	複数の工程の作業が同じところでできるように新しい作業場を設け，若手の職人には複数の工程に習熟してもらうことで，確実に次の世代に伝統的な技術を受け継ぐことができるようにする。	

数学

問題番号		正答〔例〕	配点
1	(1)	-3	各2
	(2)	$4x$	
	(3)	$2\sqrt{2}$	
	(4)	$x^2-12xy+36y^2$	
	(5)	$x=\frac{-3\pm\sqrt{29}}{2}$	
	(6)	10	
	(7)	16	
	(8)	ウ	
2	(1)	$0 \leqq y \leqq 20$	各3
	(2)	150	
	(3)	十の位の数が a，一の位の数が b の2桁の自然数は $10a+b$，十の位の数と一の位の数を入れかえた自然数は $10b+a$ と表すことができる。 もとの自然数を4倍した数と，入れかえた自然数を5倍した数の和は， $4(10a+b)+5(10b+a)=45a+54b$ $=9(5a+6b)$ $5a+6b$ は整数だから，$9(5a+6b)$ は9の倍数である。 したがって，もとの自然数を4倍した数と，入れかえた自然数を5倍した数の和は，9の倍数になる。	4
3	(1)	40	2
	(2)	10	3
4	(1)	9	2
	(2)	$-\frac{1}{3}$	3
5	(1)	$\frac{2}{5}$	3
	(2)	在校生インタビューの配分時間を x 秒，部活動紹介の配分時間を y 秒とすると， $\begin{cases} x+y=300 \\ \frac{y-30}{3}=\frac{x}{3}\times 1.5 \end{cases}$ これを解くと，$x=108$，$y=192$ $x=108$，$y=192$　は問題に適している。 したがって，108秒は1分48秒であるから，在校生インタビューの配分時間は1分48秒である。また，192秒は3分12秒であるから，部活動紹介の配分時間は3分12秒である。 ア に当てはまる配分時間は 1分48秒 イ に当てはまる配分時間は 3分12秒 アが108秒，イが192秒でも可	4
6	(1)	四角形ABCDは正方形であるから CD＝CB　……① 四角形CEFGは正方形であるから CE＝CG　……② ∠ECG＝90°であるから ∠DCE＝90°－∠DCG　……③ ∠BCD＝90°であるから ∠BCG＝90°－∠DCG　……④ ③，④より，∠DCE＝∠BCG ……⑤ ①，②，⑤より，2組の辺とその間の角がそれぞれ等しいから △CED ≡△CGB	4
	(2)	イ，ウ，オ	3

国語

問題番号		正答〔例〕	配点
一	1	㋐こ　㋑ほこ　㋒くちょう	各1
	2	ウ	2
	3 Ⅰ	いまの自分とはかけ離れた(12字)	2
	3 Ⅱ	いまの自分の気持ちや，体験を盛るための器（20字）	2
	4	ひらがなで書くことによって，雪のつぶのやわらかさを表現したかった(32字)	3
	5	この学校に	2
	6 (1)	「そら」の部分に，かけがえのない友人であるソラの名前が掛けられた，ハセオからソラへの挨拶である(47字)	3
	6 (2)	限られた文字数の中で表現する俳句を通した仲間であり，全てを言葉にして伝えなくても，たがいへの思いはじゅうぶんにわかる（58字）	3
二	1	㋐負荷　㋑暮　㋒情熱	各1
	2	エ	2
	3	Ⓐア　Ⓑイ　Ⓒア　Ⓓア	各1
	4	海洋保護区を設置し，生物多様性を守ることによって魚を増やし，持続的に漁業で利益を得られる仕組み。(48字)	5
	5	無秩序な観光の促進を行ってしまうと，海洋の環境が劣化し，保護区の美しい景観が損なわれる（43字）	4
三	1	ア	2
	2	いわるる	1
	3	有名な画家が描いた絵であれば，大したことがなかったとしても優れた絵だと判断し，無名な画家が描いた絵であれば，優れていたとしても大したことのない絵だと判断することが，例として挙げられる。 私は，作者が有名か無名かによって，作品の価値を判断することに反対だ。このような判断は，作品を評価しているとは言えない。大切なことは，自分自身で作品をしっかりと見て，価値を判断することだと考える。(191字)	9

令和５年度　問題解説

〈英　語〉

2 太郎　：エリック、多くの国においてたいていの支払いは将来キャッシュレスになるだろうと、私のおばは私に言いました。あなたはそのことを想像できますか？

エリック：はい。キャッシュレス決済は私の国スウェーデンではとても［ A ］です。たくさんの家族が紙幣や硬貨を使いません。例えば、私の両親はたいてい支払いにはスマートフォンを使い、私はデビットカードを持っています。

太郎　：本当ですか？日本ではまだたくさんの人々が現金を使っています。［ B ］

エリック：それなら、インターネットでキャッシュレス決済についていくつかの情報を探してみてはどうですか？

太郎　：それは良い考えですね。そうそう、このグラフを見てください。キャッシュレス決済が日本で増えてきていることを示しています。［ C ］では、30％以上がキャッシュレスでした。

エリック：そうですね。見て！私は自分の国の支払いについてのグラフを見つけました。2018年において一番最近の支払いにおいて現金を使用した人々は13％だけでした。

太郎　：なぜそんなにたくさんの人々がキャッシュレス決済を選ぶのでしょうか？

エリック：なぜなら、現金なしで支払う方が簡単だからです。あなたが買い物に行く時財布を持って行かなくてもよく、支払う時そんなに多くの時間を費やしません。

太郎　：外国から来た人にとって現金なしで物を買う方が簡単だと私は思います。

エリック：キャッシュレス決済は店員にとっても良いです。彼らは釣り銭を準備したり、レジの中の紙幣や硬貨を確認したりしなくても良いので、時間を節約することができます。

太郎　：それは素晴らしいですね。キャッシュレス決済には多くの良い点がありますが、いくつかの問題があると私は思います。

エリック：それらはなんですか？

太郎　：もしあなたがキャッシュレス決済を使う時、紙幣や硬貨を見ることができないので、とても多くのお金を使っていることに気付かないときがあります。

エリック：私もそう思います。特に、子どもたちは金銭感覚を持つことができないかもしれません。

太郎　：そうですね。私は将来キャッシュレス決済を使うために、それらについてもっと多くの情報を探そうとするつもりです。

1　ア「わくわくする」　　イ「高価な」
　ウ「よく知られている」　エ「弱い」
　直後の文より、たくさんの家族がキャッシュレス決済を利用していることがわかるのでウの「popular」が適当である。

2　ア「私は現金がある生活を想像できません。」
　イ「私は現金がない生活を想像できません。」
　ウ「スウェーデンで現金のない生活の仕方を私は知っています。」
　エ「スウェーデンでの現金の使い方を私は知っています。」
　直前の文より、日本ではまだ現金を使う人が多いことがわかるので、イが適当である。

3　グラフ１より、キャッシュレス決済をする人が30％を超えたのは「2021」年。

4「彼らは自分たちの国からたくさんの紙幣や硬貨を持って来る必要はありません。」
　ここで言う「they」は外国から来た人だということが推測できるので、これに当たるのが「い」の直前の「people from abroad」である。

3
あなたは何に興味を持っていますか？音楽、テレビゲーム、それともスポーツですか？私が５歳の時、私の家の近くの森の中で最も面白いものを見つけました。それはキノコでした。私は初めて見つけたキノコがどのような感じだったのか正確に覚えています。それは赤くて美しく見えました。私はそれを採ろうとしましたが、私の父が私を止めました。彼は私に「それは毒をもったキノコです」と言いました。彼は私に危険なキノコがあることを教えてくれました。私が家に帰りついた後、キノコに関する本を読んで驚きました。その本には700以上の異なった写真が載っていました。私は「なぜそんなに多くの美しいキノコがあるのだろう？」、「なぜいくつか毒をもったキノコがあるのだろう？」と思いました。これがキノコについての私の好奇心の始まりでした。

それ以来、私はキノコについての多くの本を読み、世界中には多くのキノコがあることを知りました。私はまた名前のないキノコがまだたくさんあることも知りました。私はしばしば家の近くの森の中を散歩し、そのようなキノコを見つけようとしました。

それでは、私のお気に入りのキノコを２つ紹介します。１つ目は、ヤコウタケです。そのキノコは日本のいくつかの島で見つけられ、美しい緑の光を発します。多くの人々がそのキノコを見るためにその島を旅行します。なぜそれらは美しい緑の光を発するのでしょうか？私は明確な答えを持っていませんが、そのキノコは胞子を運んでくれる昆虫を引き寄せるためにそうしているのかもしれないと言う人々もいます。胞子は新しいキノコにとって成長するために必要です。

私のもうひとつのお気に入りのキノコは、ベニテングダケです。これは私が家の近くの森の中で初めて見つけたキノコです。そのキノコのかさは美しい赤で、いくつかの国では幸せを運んでくるキノコだと人々に信じられています。しかしながら、それらには毒があり、多くの動物にとって危険です。例えば、もし犬がそのキノコを食べたら、気分が悪くなってしまうでしょう。なぜそれらには毒があるのでしょうか？おそらく、動物に自分たちを食べてほしくないからです。

どのキノコも昆虫や動物に対して異なったメッセージを持っていると私は感じます。例えば、ヤコウタケのメッセージは「私のところに来て！」で、ベニテングダケのメッセージは「私を［　　］ないで！」です。昆虫と動物はこれらのメッセージを聞くことができませんが、感じることはできます。

ところで、キノコはどのようにしてお互いに意思疎通をとっているのでしょうか？ある科学者は、キノコは電気信号を使っていると言います。私は真実を知りませんが、おそらく自分たちを守るためにお互いに話をしているのでしょう。もし、キノコが話していることを私が理解できれば、面白いでしょう。

私は大学でもっとキノコについて学びたいです。私の夢は世界中のたくさんの場所を訪れて、まだ見たことのないキノコを見つけることです。私はまたそれらの意思疎通の方法についてもっと学びたいです。私は子供の頃に持った好奇心を失ってはいません。それは私を将来の私の夢に導いてくれました。そこで、私はあなたたちにもう一度質問をします。「あなたは何に興味を持っていますか？」あなたの好奇心はあなたの夢を見つける手助けをするでしょう。

1　⑴「次郎は５歳の時、最も面白いものを見つけましたか？」
　　第１段落の３文目より、「Yes」で答える。
　⑵「次郎が初めて見つけたキノコを採ろうとした時、誰が次郎を止めましたか？」
　　第１段落に「my father stopped me.」とある。

2　ア「私たちがどこでヤコウタケを見ることができるのか、私たちは正確に知らない。」
　イ「ヤコウタケの美しい緑の光がいつ見られるのか私たちは知りたい。」
　ウ「美しい緑の光がなぜヤコウタケによって発せられるのか、私たちは正確に知らない。」
　エ「私たちがどのようにヤコウタケを取ることができるのか、私たちは知りたい。」
　傍線部①直前の文に注目する。

3　ベニテングダケは毒を持っているので、「私を食べないで！」というメッセージが適当である。

4　仮定法の文であることに気をつけて並べる。

5 ア 「名前のないキノコがたくさんある。」
→第２段落の２文目より、正しい。
イ 「ヤコウタケとベニテングダケが次郎のお気に入りのキノコだ。」
→第３、４段落より、正しい。
ウ 「ヤコウタケとベニテングダケは幸せを運んでくると信じている人もいる。」
→これはベニテングダケについてだけ当てはまることなので、誤り。
エ 「次郎の夢は、世界中のすべてのキノコを守ることだ。」
→最終段落に次郎の夢が書かれているが、これは誤り。

4

問題A

明子：こんにちは、エマ。今週土曜日の4/15に私と一緒に春祭りに行きませんか？

エマ：それはどんな種類のお祭りですか？

明子：美しい花を見たり、いくつかの催し物を観て楽しんだりすることができます。予定表をどうぞ。

11：00 ～ 12：00	ダンスの演技	13：00 ～ 14：00	三味線の演奏
12：00 ～ 13：00	カラオケの催し	14：00 ～ 15：00	ダンスの演技

・すべて催し物は雨でも晴れでも行われます。

エマ：そうですね！私は一度も三味線の演奏を観たことはありません。どの催し物をあなたは観たいですか？

明子：私の友達のひとりが上演するので、［ ア ］彼女のグループは午前に演技をして、午後もう一度やります。

エマ：じゃあ、この天気予報を見てください。私は雨で濡れたくないです。私たちはどうするべきですか？

	4/15（土）				
時刻	11	12	13	14	15
天気	雨	雨	晴	晴	晴
降水確率(%)	70	50	20	0	0

明子：［ イ ］

ア 午前、午後の２回公演があるのはダンスである。
イ 雨に濡れたくないので、行くのは晴れている午後。午後であれば、エマの観たい三味線と明子の観たいダンスの両方を観ることができる。

〈理　科〉

1 1 （1）「逆流」はキーワードなので，必ず解答の中に入れたい。
（2）「金属光沢」は金属の性質の１つ。他には「延性」，「電流を通しやすい性質」がある。
（3） 酸化銅＋炭素 ⟶ 銅＋二酸化炭素

3.0　0.1 ）× 2　　2.8　0.3 ）× 2
3.0　0.2　　　　　2.6　0.6

より，炭素0.3gのときに発生する二酸化炭素は $0.3 \times 3 = 0.9$g になるはずだが，表Ⅰをみると $3.3 - 2.5 = 0.8$g しか発生していない。つまり，酸化銅3.0gと反応する炭素は0.2gと0.3gの間である。

2 （2） マグネシウム ＋ 酸素 ⟶ 酸化マグネシウム
$2Mg + O_2 \longrightarrow 2MgO$
（3）〔ノート〕と〔会話〕より，酸素との結びつきやすさは，鉄＜炭素＜マグネシウム
したがって，これよりわかることは，イ，ウ，オである。

2 1 （2） しわが潜性より，純系であればすべて丸の種子になり，純系でなければ，丸の種子としわの種子の両方が出る。
2 （2） 植物の数が減ると，植物をえさとする草食動物の数が減る
↓
草食動物が減ると，草食動物をえさとする肉食動物の数が減り，草食動物に食べられていた植物の数が増える
↓
植物の数が増えると，植物をえさとする草食動物の数が増える
↓
草食動物が増えると，草食動物をえさとする肉食動物の数が増え，草食動物に食べられていた植物の数が減る
このように元の状態に戻るのが食物連鎖である。
3 （1） ヨウ素液はデンプンに反応して青紫色に変化する。
（2） 上澄み液を半分にすることで，そこに含まれるデンプンを分解する微生物の数も半分になる。よって，微生物の数が少ないグランドの土の方のデンプンが分解しきれないので，青紫色に変化する。

3 2 （1）（2） 図１は等粒状組織なので，深成岩の特徴，種類を選べばよい。
4 （1） 凝灰岩の層に注目する。この層の下にあるのは，エの層なので，これが最も古い。
（2） 凝灰岩の層の標高をそれぞれ求めると，
地点A…330 － 30 ＝ 300 m
地点B…350 － 65 ＝ 285 m
地点C…320 － 35 ＝ 285 m
地点D…310 － 10 ＝ 300 m
したがって，A，Dが高く，C，Dが低いので南の方に低く傾いている。

4 1 水圧は水面から下にいけばいくほど大きくなる。
2 （1） 表１より，0.30 － 0.20 ＝ 0.10(N)
（3） 水面から物体の底面までの距離が０から10cmまでは，表１より浮力の大きさがだんだん大きくなるので，ばねばかりの示す値はだんだん小さくなる。しかし，10cmを超えると物体Bが水につかっている体積は変わらないので，浮力も変わらず，ばねばかりの示す値も変わらない。
3 上に動いた物体Xの方が糸にかかる力が小さいので，浮力は大きい。したがって，物体Xの方が体積が大きいので質量が同じ場合密度が小さくなるので，物体Xが亜鉛である。
4 図７のように物体が水面に浮いているときは，浮力＝重力である。そして，図６と図７を比べると，図６の方が水面に浸っている体積が大きいので，浮力が大きい。よって，図６のときは，浮力＞重力である。

〈数　学〉

1 (1) $-8-(-2)+3=-8+2+3=-3$

(2) $28x^2\div7x=4x$

(3) $\sqrt{50}-\dfrac{6}{\sqrt{2}}=5\sqrt{2}-\dfrac{6\times\sqrt{2}}{\sqrt{2}\times\sqrt{2}}=5\sqrt{2}-3\sqrt{2}=2\sqrt{2}$

(4) $(x-6y)^2=x^2-12xy+36y^2$

(5) 解の公式より，$x=\dfrac{-3\pm\sqrt{3^2-4\times1\times(-5)}}{2}=\dfrac{-3\pm\sqrt{29}}{2}$

(6) x が 16 の約数のときに，整数となるので，
(1，16)，(2，8)，(4，4)，(8，2)，(16，1)
(−1，−16)，(−2，−8)，(−4，−4)，(−8，−2)，(−16，−1)の 10 個

(7) 底面をひし形だと考えて，$4\times4\times\dfrac{1}{2}\times6\times\dfrac{1}{3}=16\text{cm}^3$

(8) 四分位範囲は，箱ひげ図の箱の大きさを見ればよいので，最も大きいのは，C 市。

2 (1) $y=ax^2$ に(3，5)を代入して，
$5=9a$，$a=\dfrac{5}{9}$ より，$y=\dfrac{5}{9}x^2$
$-6\leqq x\leqq4$ のときのグラフは図のようになるので，y の変域は，$0\leqq y\leqq20$

(2) 240〜300 の階級の度数を a とすると，$a:0.10=7:0.14$ より　$a=5$
累積相対度数の差を見ると，$0.76-0.56=0.2$，$0.86-0.76=0.1$ より
180 〜 240 の階級の度数は $5\times2=10$
同様に，$0.56-0.08=0.48$ より，$0.1:5=0.48:x$
$x=24$ より，120〜180 の階級の度数は，$24-4=20$
したがって，度数が最も多い階級は 120〜180 なので，その階級値は，
$\dfrac{120+180}{2}=150$(分)

3 (1) AD // BC より錯角は等しいから，∠DAG＝∠AGB＝70°
したがって∠BAD＝∠DAG＋∠BAG＝70°×2＝140°
平行四辺形の隣り合う角の和は 180°より，∠AD＝180−140＝40°

(2)

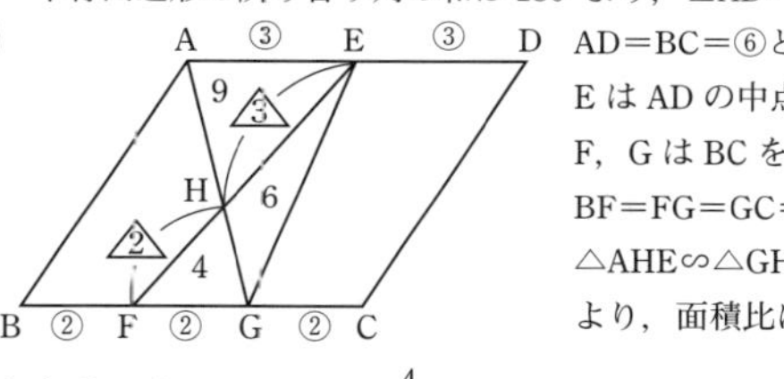

AD＝BC＝⑥とすると
E は AD の中点より，AE＝ED＝③
F，G は BC を 3 等分しているので，
BF＝FG＝GC＝②
△AHE∽△GHF で，相似比は 3：2
より，面積比は $3^2:2^2=9:4$
したがって，$\triangle\text{GHF}=9\times\dfrac{4}{9}=4$
また，EH：FH＝3：2 より，$\triangle\text{EHG}=4\times\dfrac{3}{2}=6$
よって，△EFG＝4＋6＝10

4 (1) 線分 AC が x 軸に平行となるとき，C の y 座標は A の y 座標と同じになるので，$y=8$
これを $y=\dfrac{2}{3}x+2$ に代入して，$8=\dfrac{2}{3}x+2$，$x=9$

(2)

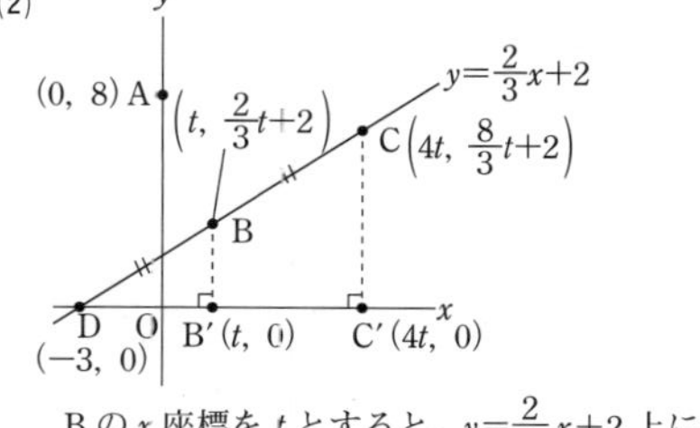

B の x 座標を t とすると，$y=\dfrac{2}{3}x+2$ 上にあるので，$\text{B}\left(t,\ \dfrac{2}{3}t+2\right)$
C の x 座標は $4t$ となり，$y=\dfrac{2}{3}x+2$ 上にあるので，$\text{C}\left(4t,\ \dfrac{8}{3}t+2\right)$
B，C からそれぞれ x 軸上に垂線を下ろしその交点を B′，C′ とすると，
B′(t，0)，C′($4t$，0)
DB＝BC より，DB′＝B′C′ だから，$t-(-3)=4t-t$，$t=\dfrac{3}{2}$
したがって，C(6，6)
よって，直線 AC の傾きは，$\dfrac{6-8}{6-0}=-\dfrac{1}{3}$

5 (1) P ─ Q ✓，R ✓，S ✓，T ✓　　Q ─ R，S，T　　Q ─ S，T　　Q ─ T
より，$\dfrac{4}{10}=\dfrac{2}{5}$

6 (2) ア…ひし形は 4 辺が等しい四角形である AI と IC を比べてみると，AB＝BI＋IC より，IC＜AB
AI は△ ABI の斜辺なので，IC＜AB＜AI
したがって，AI≠IC なので，四角形 AICH はひし形ではない。

イ…A と C を結ぶと，△ CAI は四角形 AICH の $\dfrac{1}{2}$ となるので，四角形 AICH＝△ CAI×2
△ CDI と△ CAI を比べると，底辺 IC が共通で高さが同じなので，
△ CDI＝△ CAI　よって，四角形 AICH＝△ CDI×2

ウ…△CEH≡△CGI より，CH＝CI
CD＝CB，∠C は直角より 2 辺とその間の角が等しいから，
△ BCD ∽△ ICH
したがって，対応する角が等しいので∠DBC＝∠HIC より同位角が等しいので，BD // IH

エ…△BIH において，底辺を BI としたときの高さは CH
△DHG において，底辺を DH としたときの高さをとってみると CI よりも短いことがわかる。CI＝CH より，CH よりも短いので，高さが等しくないから，△BIH ≡△DHG ではない。

オ…四角形 CHFI において，∠ICH＝∠HFI＝90° より，IH を直径とする円に内接するので，C，H，F，I は 1 つの円周上にある。

〈国　語〉

一 2　直前の「こういうのをもらって、喜ぶ子はいるんだろうか・・・・・。」に注目する。

3　Ⅰ　直後の「自分たちを、ないがしろにする」に注目する。
Ⅱ　傍線部①直前に書かれてある。

4　最後の段落にある校長先生の言葉「ひらがなにしたのはきっと、〜私は思う。」に注目する。

5　傍線部③と同じ段落にある「この学校に、〜選んだのだった。」の部分。

6　(1)　傍線部④の直前に注目する。
(2)　傍線部④の直後に注目する。

二 2　直前の内容に対して、直後に「反対した」とあるので、逆接の接続詞を入れるのが適当である。

3　B の直後に「言いました。」とあるので、これだけは「意見」である。

4　【文章２】の第２段落をまとめればよい。

5　【文章１】の最終段落に注目する。

三【現代語訳】

総じて歌を見わけて良し悪しを決めることは、特に大切なことでございます。しかし、どの人も推量をもってやっていると思えるのです。その理由は、上手だと言われている人の歌を大したこともないのに褒め合って、あまり世間で認められていないが作った歌が抜群の歌であってもかえって欠点までも指摘して非難するようです。ただ、作者によって歌の良し悪しを判断している人ばかりおりますようです。本当にあきれたことだと思われます。これはまったく自分の主体的な評価に惑わされる結果なのです。おそらく、寛平の時代以来のすぐれた歌人の歌においても良し悪しを判断できる人が、歌の価値が分かる人でございましょう。

令和６年度　高校入試問題と解答・解説

実践形式

公立高校入試問題出題単元

国語のみ逆綴じになっております。

英語

【２】対話文（空欄補充・内容真偽）
【３】長文読解（英質英答・並べかえ・内容真偽・空欄補充・英作文）
【４】英作文

数学

【１】小問（計算・二次関数・平面図形・標本調査）
【２】表面積・確率・箱ひげ図
【３】反比例（直線の式・面積）
【４】平面図形（合同証明）
【５】関数の利用
【６】文字式（証明）

理科

【１】植物のつくり（裸子植物・シダ植物・生殖）
【２】地球と天体（太陽・惑星・金星）
【３】電流のはたらき（電磁誘導・発電）
【４】イオン（中和）

社会

【１】日本地理（経線・気候・災害・地形図）
【２】歴史（古代～近代）
【３】公民（三権分立・憲法・税）
【４】公民（国際社会）

国語

【１】小説（漢字・空欄補充・抜き出し・心情把握・内容把握）
【２】論説文（抜き出し・接続詞・空欄補充・内容把握）
【３】古典（現代仮名遣い・主語・書き下し文・内容把握）

英語【１】リスニング　問題と台本

令和６年度入試問題　英語（①リスニングは後ろ）（リスニング含め50分）

2　次の会話は，ある高校の生徒会のメンバーである春花と太郎が，２人の高校を訪問中の，アメリカにある姉妹校の生徒会のメンバーのジョンと，お互いの生徒会の活動について話したときのものです。また，グラフ１は，そのとき太郎が説明に用いたものです。これらに関して，あとの１～５に答えなさい。

Haruka : Our school donated used clothes last year, so we would like to talk about it today.

John : OK. Our school has donated food and other things a few times before, so I can share our experiences with you.

Taro : Great! First, I will tell you why we decided to donate used clothes. In social studies class, our teacher showed this graph and told us how people got rid of used clothes in Japan. The graph shows that [A] % of the clothes were thrown away, and only 3% of the clothes were given away or donated. The teacher also said that people throw away clothes that they can still reuse or recycle. We thought that if we donated used clothes, we could reduce the amount of clothes that are thrown away.

Haruka : [あ] After we decided to donate used clothes, we found an NPO that donates used clothes to people in some countries in Asia. Then, we collected used clothes from the students at our school.

John : I see. So, was everything OK?

Taro : No. [い] After we collected many kinds of used clothes, we found that the NPO did not accept winter clothes. They send clothes only to people living in hot areas in Asia. So, we had to remove the winter clothes from the used clothes given by the students and send the rest of the used clothes to the NPO. ①<u>This</u> happened because we did not think about things that the people really needed.

Haruka : We should try to learn more about people who will receive used clothes. If we understand them better, we will know what they need. Now, can you tell us about the activities at your school?

John : [う] We had an experience that is similar to yours. When our school donated for the first time, we collected things that we didn't use. We tried to give those things to families in need in our town, but some families didn't accept them.

Haruka : [B], then?

John : We asked them what they needed. They told us that they needed food. We decided to sell things that we collected from our students. We got money by selling the things, and then with the money we got, we bought food and gave it to the families.

Taro : I see. I think it is a good idea to sell things after we collect them.

John : [え] There are many ways to help people. After all, it is important to understand other people and what they need if we want to help them.

（注）donate　寄付する　　used　中古の　　get rid of ～　～を手放す　　be thrown away　廃棄される
give away ～　～を譲渡する　　throw away ～　～を廃棄する　　reuse　再利用する
recycle　リサイクルする　　reduce　減らす　　amount　量
NPO　非営利団体（non-profit organization の略）　　accept　受け取る　　remove　取り除く
rest　残り　　be similar to ～　～に似ている　　for the first time　初めて
in need　困っている　　after all　結局

グラフ１

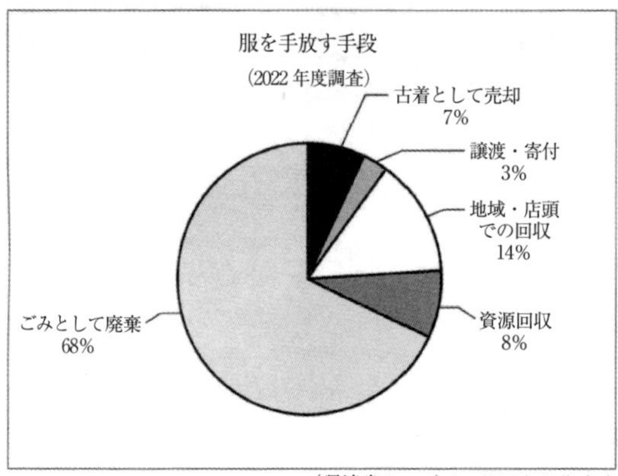

（環境省ウェブページにより作成。）

1　本文中の [A] に当てはまる数値を，次のア～エの中から選び，その記号を書きなさい。

ア　7　　イ　14　　ウ　8　　エ　68

2　下線部①について，その内容を表している最も適切な英文を，次のア～エの中から選び，その記号を書きなさい。

ア　Taro and Haruka decided to throw away used clothes.
イ　Taro and Haruka had to remove some clothes from the used clothes given by the students at their school and send the rest to an NPO.
ウ　Taro and Haruka found an NPO that donates used clothes to some foreign countries.
エ　Taro and Haruka got money by selling the used clothes given by the students at their school.

3　本文中の [B] に当てはまる最も適切な英語を，次のア～エの中から選び，その記号を書きなさい。

ア　Why did you do that　　イ　How did you do that　　ウ　What did you do　　エ　Who did that

4　次の英文は，本文中から抜き出したものです。この英文を入れる最も適切なところを本文中の [あ]～[え] の中から選び，その記号を書きなさい。

We had one problem.

5　太郎は，アメリカに帰国したジョンに次のメールを送りました。本文の内容を踏まえて，このメール中の（ a ）～（ d ）に当てはまる最も適切な語を，下のア～エの中からそれぞれ選び，その記号を書きなさい。

> Dear John,
> Thank you for visiting our school last week. We were glad to (a) our experiences with you. As we discussed with you, to help others, we should understand what they (b). So, before we donate used clothes next time, we will (c) for more information about people who will receive the clothes. If we know more about them and their lives, we can (d) them clothes that are useful.
> Let's talk again soon!
> Taro

（注）as we discussed　私たちが話したように

ア　give　　イ　look　　ウ　share　　エ　need

1		2		3		4	
5	a		b		c		d	

3 次の英文は，高校生の健一が，英語の授業で「心に残る思い出」というテーマで書いた英作文です。これに関して，あとの１～６に答えなさい。

Did you know that geese fly in a V-formation? I heard about this formation in our high school class for the first time and learned that they can fly farther in this way. While geese are flying in the V-formation, they take turns leading the formation. When the lead goose is tired, it goes to the back and another goose comes to the front. In this way they can share the load and fly farther.

When I listened to this story, I remembered the chorus contest I had when I was a junior high school student. In that contest, I became a class leader because I was a member of the brass band and thought that ① I knew (to the how chorus make) better.

In May, we began to practice singing the song for the contest. I said to my classmates, "Let's practice hard and win first prize!" We practiced singing every day, but I thought our chorus was not getting better. I always told my classmates what was bad about our chorus.

One day, when we had two weeks before the contest, we were going to practice singing in the music room, and I asked everyone to come. However, only half of the class came. I got angry and said, "We cannot practice today." Then, one of my classmates said, "What? We came here to practice!" I didn't say anything. Then, Kyoka, another classmate, said, "Kenichi is tired because he is always thinking about our chorus. We should help him." She came to the front and said, "What do you want to practice today?" Some students told her they wanted to practice the beginning of the song. She said, "OK. We'll practice that part. Is it OK, Kenichi?" I said, "Yes...." Kyoka said, "Everyone, smile! Yes! That's perfect!" All of them smiled and sang louder. She said, "Our chorus is getting better! We can win first prize!"

After practicing, I went to her and said, "Thank you for helping me." She just smiled. I said, "You should be the leader instead of me because you understand them." She said, "I think you are a good leader, because you have a strong passion. We still have two weeks before the contest. We can win first prize!" After I talked to Kyoka, I wondered what was the best for the class and ② made some decisions.

The next day, I asked Kyoka to take turns leading the class with me. I said to her, "You can say [　　　] things to our classmates when we practice singing. If both you and I are leaders, our chorus will be better." Kyoka thought about it for a few minutes and said yes. Kyoka and I spoke to the class about our chorus in turn.

I also asked the other classmates to say what they thought about our chorus to the class. A lot of classmates did so, and some of them cheered the class on. That improved our chorus.

At the chorus contest, we did our best and our chorus was great. We didn't win first prize, but everyone in the class said that the chorus contest was a good memory.

From this experience, I have learned that it is hard for only one member to improve the performance of the team. When each member shares the responsibility with the other members, the team can perform better.

(注) goose 雁（がん）（渡り鳥の一種，複数形は geese）　V-formation V字型の隊形　for the first time 初めて
farther より遠くへ　take turns ～ 交替で～する　lead 先導する　lead goose 先頭の雁
back 後ろ　load 負担　leader リーダー　brass band 吹奏楽部　loud 大きな声で
instead of ～ ～の代わりに　passion 情熱　wonder あれこれ考える
make a decision 決心をする　in turn 交替で　cheer ～ on ～を応援する　responsibility 責任
perform better よりよい結果を出す

1 次の(1)・(2)に対する答えを，それぞれ英文で書きなさい。
(1) Did Kenichi learn about the V-formation of geese in junior high school?
(2) Why did Kenichi get angry and say, "We cannot practice today"?

2 下線部①が意味の通る英語になるように，（　　）内の語を並べかえなさい。

3 下線部②について，その内容を表している英文を，次のア～エの中から２つ選び，その記号を書きなさい。
ア Kenichi decided to tell his classmates to smile and sing louder.
イ Kenichi decided to tell Kyoka that Kyoka and Kenichi should be leaders.
ウ Kenichi decided to ask his classmates to share what they thought about their chorus with the class.
エ Kenichi decided to stop practicing the song for the chorus contest.

4 本文中の[　　　]に適切な語を１語補って，英文を完成しなさい。

5 次のア～エの中で，本文の内容に合っているものを１つ選び，その記号を書きなさい。
ア When geese fly in a V-formation, the lead goose never feels tired.
イ In May, Kenichi's class started to practice singing for the chorus contest.
ウ Kyoka did not think that Kenichi was a good leader.
エ Kenichi's class won first prize in the chorus contest.

6 健一のクラスは，英語の授業で，ペアで互いの英作文を読み，読んだ感想を伝え合うことになりました。次の対話は，健一が，ペアを組んだ広子と，健一の英作文について話したときのものです。これを読んで，下の(1)・(2)に答えなさい。

Hiroko : Your essay was really good!
Kenichi : Thank you.
Hiroko : I like the beginning of your essay. I didn't know about the V-formation of geese. Have you ever [a] geese in a V-formation?
Kenichi : No, but I want to see them someday.
Hiroko : I also like your idea about improving the team performance. I am captain of the volleyball club, and I want our team to get stronger. After I read your essay, I realized that it is important for each team member to [b]. If we do so, our team will perform better, right?
Kenichi : Yes, I think that it is important for each member to do so.

(注) essay 作文　captain キャプテン

(1) 対話の流れに合うように，[a]に入る適切な英語を１語で書きなさい。
(2) 本文を踏まえて，[b]に入る適切な英語を７語以内で書きなさい。

1	(1)		(2)	
2				
3		4		5
6	(1)		(2)	

4 あなたは，英語の授業で，次のテーマについてクラスで意見交換をすることになりました。このテーマについて，賛成または反対のいずれかの立場で，あなたの意見を30語以上50語以内のまとまりのある英文で書きなさい。なお，2文以上になっても構いません。ただし，下の【条件】と【注意事項】に従って書くこと。

紙の本より電子書籍の方がよい。 E-books are better than paper books.

(注) e-book　電子書籍

【条件】
(1) 賛成か反対かの立場を明確にすること。
(2) 賛成か反対を選んだ理由を2つ挙げること。

【注意事項】
短縮形（I'll や don't など）は1語と数え，符号（ . や ? など）は語数に含めません。

令和6年度入試問題　数学（50分）

1 次の（1）～（8）に答えなさい。

(1)	
(2)	
(3)	
(4)	
(5)	
(6)	
(7)	
(8)	

（1）$9+4\times(-2)$　を計算しなさい。

（2）$\frac{5}{11}\div\left(-\frac{2}{3}\right)$　を計算しなさい。

（3）次の連立方程式を解きなさい。

$$\begin{cases} 3x+2y=-5 \\ -x+3y=9 \end{cases}$$

（4）$(\sqrt{6}+2)(\sqrt{6}-3)$　を計算しなさい。

（5）y は x の2乗に比例し，$x=6$ のとき $y=12$ です。このとき，y を x の式で表しなさい。

（6）1つの外角の大きさが40°である正多角形の辺の数を求めなさい。

（7）右の図のように，AB＝4cm，BC＝7cm，∠A＝90°の直角三角形ABCがあります。辺ACの長さは何cmですか。

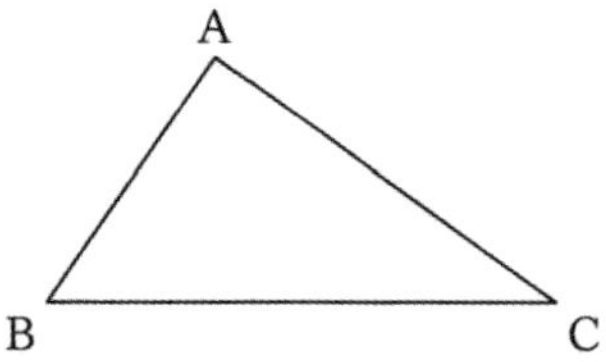

（8）袋の中に白玉と黒玉の2種類の玉が合計450個入っています。この袋の中の玉をよくかき混ぜてから，35個の玉を無作為に抽出したところ，白玉が21個，黒玉が14個ふくまれていました。はじめに袋の中に入っていた黒玉の個数はおよそ何個と考えられますか。次の**ア**～**エ**の中から最も適当なものを選び，その記号を書きなさい。

ア　およそ180個
イ　およそ210個
ウ　およそ240個
エ　およそ270個

2 次の（1）～（3）に答えなさい。

（1）右の図のように，円すいの展開図があり，側面となるおうぎ形OABは半径がOA＝3cm，中心角が∠AOB＝72°です。この展開図を組み立ててできる円すいの表面積は何cm^{2}ですか。ただし，円周率はπとします。

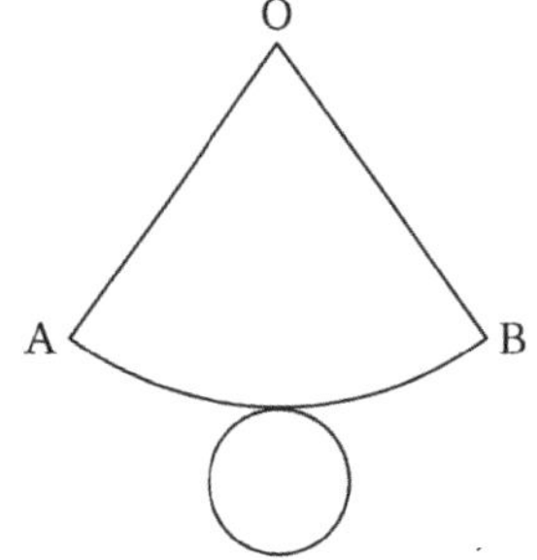

（2）次の図のように，8段の階段があり，川口さんは床の位置にいます。川口さんは，正しく作られた大小2つのさいころを同時に1回投げて，下の【規則】に従ってこの階段を移動します。

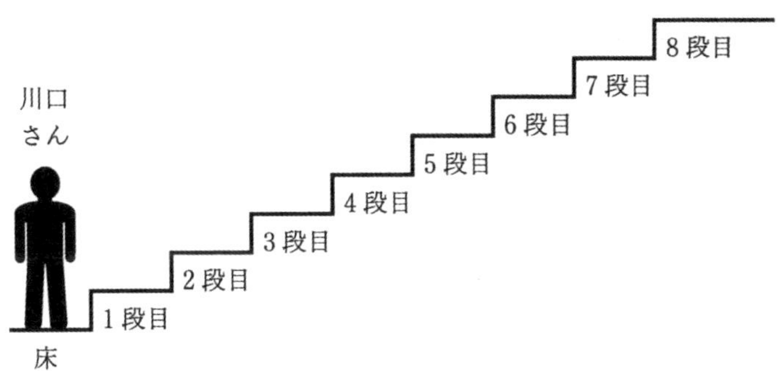

【規則】

> 床の位置から，大小2つのさいころの出た目の数の和だけ，上に向かって1段ずつ移動する。8段目に到達したときに移動する数が残っていれば，8段目から，残っている数だけ下に向かって1段ずつ移動する。

川口さんが，この2つのさいころを同時に1回投げて，【規則】に従って移動を終えたとき，6段目にいる確率を求めなさい。

（1）		（2）	

（3）次の図は，ある中学校のA班23人とB班23人のハンドボール投げの記録を班ごとに箱ひげ図に表したものです。この箱ひげ図から読み取れることとして必ず正しいといえるものを，下の**ア～オ**の中から全て選び，その記号を書きなさい。ただし，記録はメートルを単位とし，メートル未満は切り捨てるものとします。

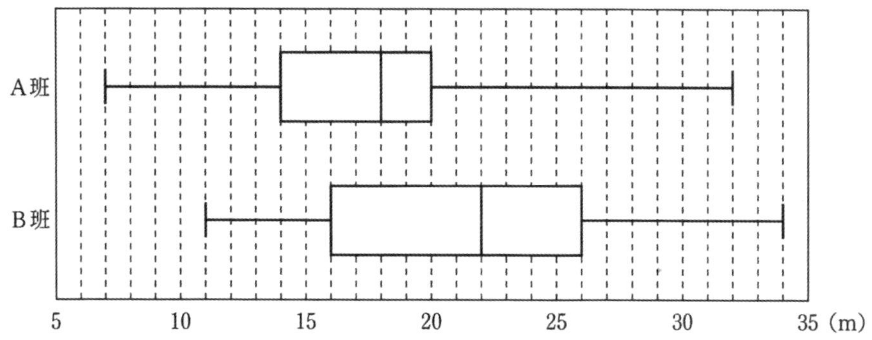

ア　A班の記録の平均値は18mである。

イ　B班で，記録が16mの人は，少なくとも1人はいる。

ウ　A班の記録の範囲は，B班の記録の範囲より小さい。

エ　B班の記録の四分位範囲は，A班の記録の四分位範囲より大きい。

オ　記録が22m以上の人は，B班にはA班の2倍以上いる。

（3）	

3 次の図のように，関数$y=\dfrac{18}{x}$のグラフ上に，y座標が9である点Aとx座標が6である点Bがあります。また，このグラフ上に，$x<0$の範囲で動く点Cがあります。点Aを通りx軸に平行な直線と，点Bを通りy軸に平行な直線との交点をD，点Bを通りy軸に平行な直線と，x軸との交点をEとします。

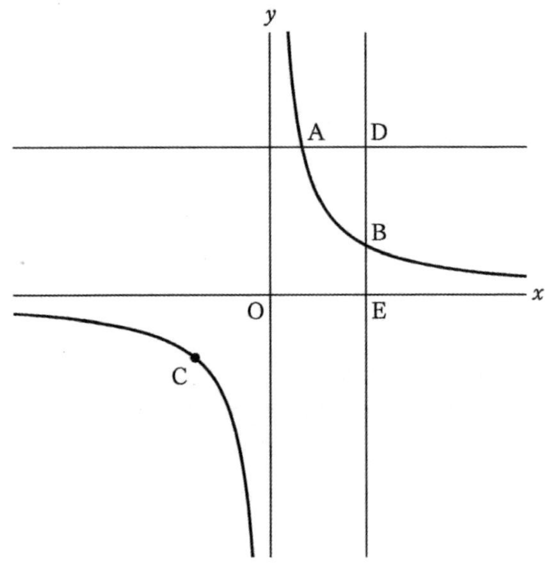

次の（1）・（2）に答えなさい。

（1）点Cのx座標が-6のとき，直線CDの式を求めなさい。

（2）△ABDと△BCEの面積の比が3：4となるとき，点Cのx座標を求めなさい。

(1)		(2)	

4 次の図のように，△ABCは鋭角三角形で，頂点A，B，Cは円Oの円周上にあります。点Aから辺BCに垂線ADを引きます。また，点Bから辺ACに垂線を引き，線分ADとの交点をE，辺ACとの交点をF，円Oとの交点をGとします。さらに，点Aと点Gを結びます。このとき，△AEF≡△AGFであることを証明しなさい。

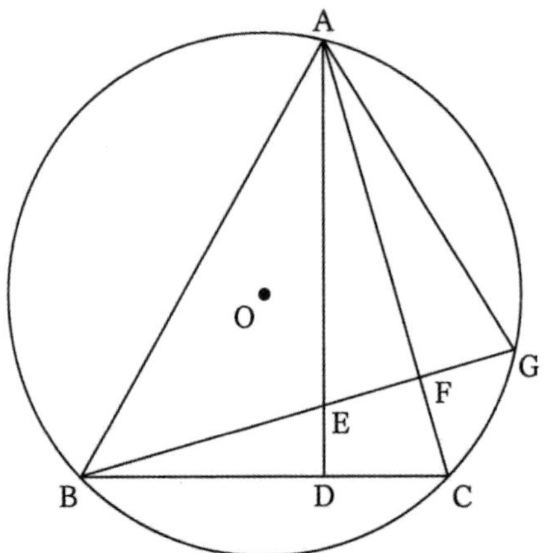

5　ある観光地には，自転車をレンタルすることができるお店がA店とB店の２店あります。次の表１は，A店のレンタル料金表であり，表１中の料金欄には，借りた時間の区分ごとの自転車１台当たりの料金を示しています。A店で自転車を借りることができる最大の時間は12時間です。自転車１台をx時間借りたときの料金をy円として，表１を基に，A店におけるxとyの関係をグラフで表すと，図１のようになります。

表１

借りた時間	料金
3時間以内	900円
6時間以内	1400円
9時間以内	1800円
12時間以内	2100円

図１

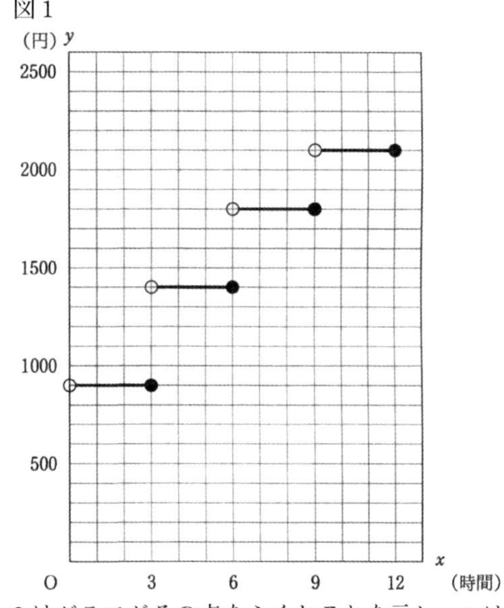

●はグラフがその点をふくむことを示し，○はグラフがその点をふくまないことを示している。

次の（1）・（2）に答えなさい。

（1）A店におけるxとyの関係について，yはxの関数であるといえます。その理由を書きなさい。

(1)	

（2）次の表２は，B店のレンタル料金表であり，表２中の料金欄には，借りた時間の区分ごとの自転車１台当たりの料金を示しています。B店で自転車を借りることができる最大の時間は12時間です。表２を基に，B店におけるxとyの関係を表すグラフを，A店にならって，図１にかき入れなさい。

また，下の【自転車１台をA店で借りたときの料金とB店で借りたときの料金の比較】の ア ・ イ に当てはまる数をそれぞれ書きなさい。

表２

借りた時間	料金
4時間以内	800円
8時間以内	1600円
12時間以内	2300円

【自転車１台をA店で借りたときの料金とB店で借りたときの料金の比較】

B店よりA店の方が料金が安いのは，借りた時間が ア 時間より長く イ 時間以内の場合と８時間より長く12時間以内の場合であり，借りた時間がそれ以外の場合はA店よりB店の方が料金が安い。

(2)	ア		イ	

6 石田さんは，連続する３つの整数のそれぞれの２乗の和からある自然数をひいた数について，どのようなことが成り立つかを調べています。

1，2，3では，$1^2+2^2+3^2-2=12=3\times2^2$
2，3，4では，$2^2+3^2+4^2-2=27=3\times3^2$
3，4，5では，$3^2+4^2+5^2-2=48=3\times4^2$

上の計算の結果では，連続する３つの整数のそれぞれの２乗の和から２をひいた数は，その連続する３つの整数の中央の数を２乗して３倍した数と等しくなっていました。そこで，石田さんは，上の計算の結果から次のことを予想しました。

【予想】

> 連続する３つの整数のそれぞれの２乗の和から２をひいた数は，その連続する３つの整数の中央の数を２乗して３倍した数と等しくなる。

次の（１）～（３）に答えなさい。

（１）石田さんは，この【予想】がいつでも成り立つことを，次のように説明しました。

【説明】

> nを整数とすると，連続する３つの整数は，n，$n+1$，$n+2$と表される。
>
> [　　　　　　　　]
>
> したがって，連続する３つの整数のそれぞれの２乗の和から２をひいた数は，その連続する３つの整数の中央の数を２乗して３倍した数と等しくなる。

【説明】の[　　]に説明の続きを書き，説明を完成させなさい。

（1）	

（２）次に，石田さんは，連続する３つの整数のそれぞれの２乗の和から５をひいた数について調べたところ，次の【性質Ⅰ】がいつでも成り立つことが分かりました。

【性質Ⅰ】

> 連続する３つの整数のそれぞれの２乗の和から５をひいた数は，その連続する３つの整数のうち[ア]を[イ]倍した数と等しくなる。

【性質Ⅰ】の[ア]には，当てはまる言葉を次の①～⑥の中から選び，その番号を書き，[イ]には，当てはまる数を書きなさい。

① 最も小さい数と中央の数の和
② 最も小さい数と最も大きい数の和
③ 中央の数と最も大きい数の和
④ 最も小さい数と中央の数の積
⑤ 最も小さい数と最も大きい数の積
⑥ 中央の数と最も大きい数の積

（３）さらに，石田さんは，連続する４つの整数のそれぞれの２乗の和から５をひいた数についても調べたところ，次の【性質Ⅱ】・【性質Ⅲ】がいつでも成り立つことが分かりました。

【性質Ⅱ】

> 連続する４つの整数のそれぞれの２乗の和から５をひいた数は，その連続する４つの整数のうち最も小さい数と最も大きい数の和を２乗した数と等しくなる。

【性質Ⅲ】

> 連続する４つの整数のそれぞれの２乗の和から５をひいた数は，その連続する４つの整数のうち[ウ]を２乗した数と等しくなる。

【性質Ⅲ】の[ウ]に当てはまる言葉を，次の①～⑤の中から選び，その番号を書きなさい。

① 最も小さい数と小さい方から２番目の数の和
② 最も小さい数と大きい方から２番目の数の和
③ 小さい方から２番目の数と大きい方から２番目の数の和
④ 小さい方から２番目の数と最も大きい数の和
⑤ 大きい方から２番目の数と最も大きい数の和

（2）	ア		イ	
（3）				

令和６年度入試問題　理科（50分）

1　植物の観察と分類の仕方に関して、あとの１・２に答えなさい。

１　植物の観察に関して、次の（１）～（３）に答えなさい。

写真１

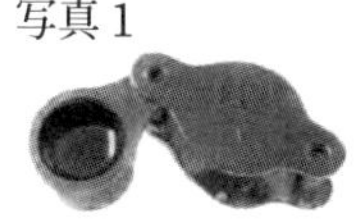

（１）　次のア～エの中で、切り取った花を手に持って右の写真１のようなルーペで観察するときの方法として最も適切なものはどれですか。その記号を書きなさい。

ア　ルーペを目から離して固定し、顔を前後に動かしてピントを合わせる。
イ　ルーペを目から離して固定し、切り取った花を前後に動かしてピントを合わせる。
ウ　ルーペを目に近付けて固定し、顔を前後に動かしてピントを合わせる。
エ　ルーペを目に近付けて固定し、切り取った花を前後に動かしてピントを合わせる。

（２）　右の図１は、マツの雌花のりん片をスケッチしたものです。図１において、胚珠はどの部分ですか。図中のその部分を全て黒く塗りつぶしなさい。

図１

（３）　右の図２は、シダ植物のイヌワラビをスケッチしたものです。次の文章は、図２のスケッチから分かることについて述べたものであり、下線を引いたア～ウの語のうちの１つに誤りがあります。誤った語をア～ウの中から１つ選び、その記号を書きなさい。また、その誤った語に代わる正しい語を書きなさい。

図２

> 葉、茎（ア）、仮根（イ）がある。また、葉の裏には胞子のう（ウ）がある。

1	(1)			
	(3)	記号	正しい語	

２　次の表１は、ジャガイモ、トウモロコシ、ダイコン、ナス、キャベツの５種類の植物の特徴をまとめたものです。下の（１）～（３）に答えなさい。

表１

特徴＼種類	ジャガイモ	トウモロコシ	ダイコン	ナス	キャベツ
ふえ方	主に無性生殖	有性生殖	有性生殖	有性生殖	有性生殖
根のつくり	太い根とそこからのびる細い根	たくさんの細い根	太い根とそこからのびる細い根	太い根とそこからのびる細い根	太い根とそこからのびる細い根
葉脈のつくり	網目状	平行	網目状	網目状	網目状
花弁のつくり	花弁が１つにくっついている	（花弁はない）	花弁が互いに離れている	花弁が１つにくっついている	花弁が互いに離れている
花弁の色	主に白色	／	主に淡紫色	主に紫色	主に淡黄色

（１）　ジャガイモは、いもを植えれば新しい個体として芽や根を出します。このように、植物がからだの一部から新しい個体をつくる無性生殖のことを何といいますか。その名称を書きなさい。

（２）　次の文は、トウモロコシの根の様子から考えられることについて述べたものです。文中の［ａ］に当てはまる適切な数字を書きなさい。また、［ｂ］に当てはまる適切な語を書きなさい。

> たくさんの細い根をもっていることから、トウモロコシは、子葉が［ａ］枚の植物である［ｂ］類と考えられる。

（３）　表１を見た平田さんは、家で育てているブロッコリーを表１中の植物と比較して分類することにしました。平田さんはブロッコリーを観察したり、図鑑で調べたりして、ブロッコリーが示す特徴を表１にならって整理した上で、表１中の植物と比較して分類を行いました。あとの文章は、平田さんがその分類についてまとめたものです。文章中の［ｃ］に当てはまる内容を下のア～エの中から選び、その記号を書きなさい。また、文章中の［ｄ］に当てはまる内容を簡潔に書きなさい。なお、文章中の２か所の［ｃ］には同じ内容が入ります。

・ブロッコリーの根の様子を観察すると、太い根とそこからのびる細い根をもっていることが分かった。根のつくりに注目すると、ブロッコリーは、「ジャガイモ、ダイコン、ナス、キャベツ」と同じグループに分類できる。
・ブロッコリーの[c]を図鑑で調べると、[d]ことが分かった。[c]に注目すると、上で分類した「ジャガイモ、ダイコン、ナス、キャベツ、ブロッコリー」のグループは、「ダイコン、キャベツ、ブロッコリー」のグループと、「ジャガイモ、ナス」のグループに分類できる。

ア　ふえ方　　イ　葉脈のつくり　　ウ　花弁のつくり　　エ　花弁の色

2	(1)		(2)	a		b		(3)	c	
	d									

2 太陽系の天体に関して、あとの1～3に答えなさい。

1　ある日、写真1のように、太陽投影板をとりつけた天体望遠鏡を用いて、太陽を観察しました。太陽投影板に図1のようなあらかじめ円が描かれた記録用紙を固定し、投影した太陽の像の大きさを記録用紙の円の大きさに合わせ、黒点の位置と形を素早くスケッチしました。図2は、そのときのスケッチです。下の（1）～（3）に答えなさい。

写真1

図1

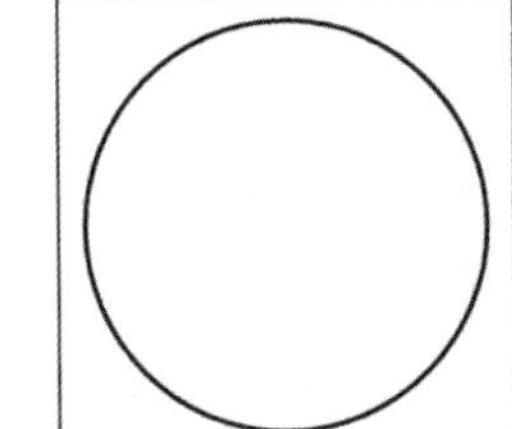

図2

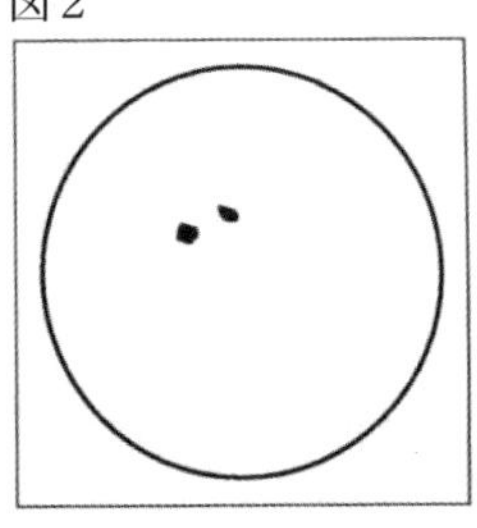

（1）　太陽のように自ら光や熱を放つ天体を何といいますか。その名称を書きなさい。

（2）　スケッチを行った後も、天体望遠鏡を固定しておくと、図2のスケッチを行った記録用紙の円から太陽の像がゆっくりと一方向にずれていきました。この現象と同じ原因で起こる現象について述べた文として最も適切なものを、次のア～エの中から選び、その記号を書きなさい。

ア　北半球では、太陽の南中高度は、夏至のころは高く、冬至のころは低い。
イ　南中していたオリオン座が、時間とともに移動し、西の地平線に沈む。
ウ　月によって太陽が隠され、太陽の一部または全部が欠けて見える。
エ　同じ時刻に真南に見える星座は季節によって異なる。

（3）　右の図3は最初の観察から2日後のスケッチ、図4は最初の観察から4日後のスケッチです。また、次の文章は、図2～図4のスケッチに描かれた黒点の様子から分かることについてまとめたものです。文章中の[　　]に当てはまる適切な語を書きなさい。

図3

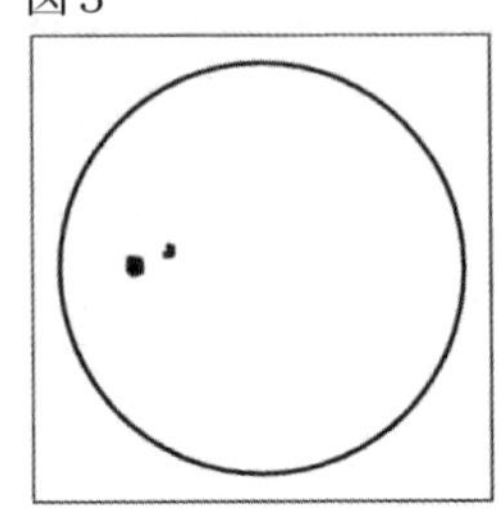

図4

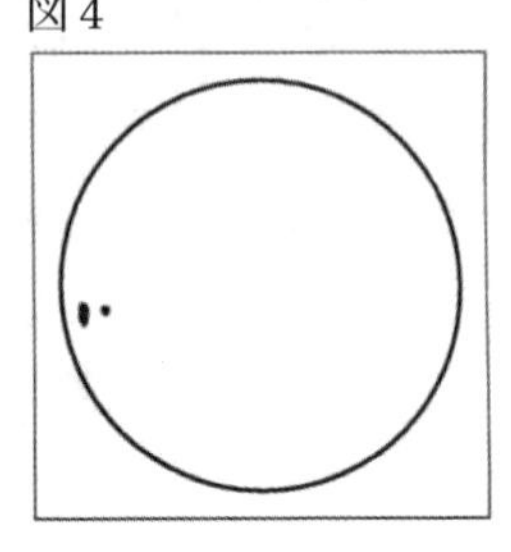

図2で太陽の中央部に見えた黒点は、数日経(た)つと、図3・図4のように、その位置が少しずつ一方向へ移動している。また、図2で太陽の中央部で円形に見えた黒点は、図4では周辺部へ移動し、だ円形に見える。このような黒点の位置や形の変化から、太陽が[　　]であり、自転していることが分かる。

1	(1)		(2)		(3)	

2　次の表1は、太陽系の一部の惑星の特徴をまとめたものです。表1中のア～エの惑星を太陽からの距離が近い順に左から並べ、その記号を書きなさい。

表1

惑星	質量（地球＝1）	平均密度〔g/cm^3〕	大気の主な成分
地球	1.00	5.51	窒素、酸素
ア	95.16	0.69	水素、ヘリウム
イ	317.83	1.33	水素、ヘリウム
ウ	0.06	5.43	（大気はほとんどない）
エ	0.11	3.93	二酸化炭素

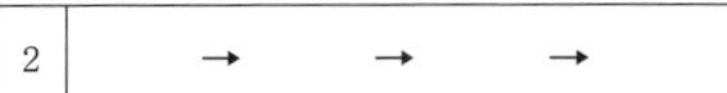

3　次の図５は、ある年の６月から12月の太陽、金星、地球の位置関係を模式的に示したもので、↶は地球の自転の向きを示しています。下の（1）・（2）に答えなさい。

図５

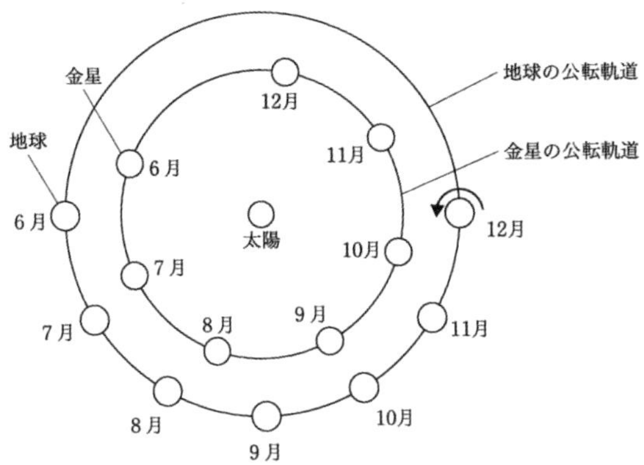

（1）　この年の８月と12月に、日本のある場所で、同じ倍率の望遠鏡で金星を観察すると、12月に観察した金星の見かけの大きさや形は、８月に観察したときと比べて、それぞれどのようになりますか。次の**ア**～**エ**の組み合わせの中から適切なものを選び、その記号を書きなさい。

ア［大きさ：大きくなる／形：欠け方が大きくなる］　**イ**［大きさ：大きくなる／形：欠け方が小さくなる］

ウ［大きさ：小さくなる／形：欠け方が大きくなる］　**エ**［大きさ：小さくなる／形：欠け方が小さくなる］

（2）　この年の12月のある観察日からちょうど１年後の同じ日に、同じ場所で金星を観察すると、金星は、いつごろ、どの方角の空に見えると考えられますか。次の**ア**～**エ**の中から最も適切なものを選び、その記号を書きなさい。ただし、地球の公転周期は１年、金星の公転周期は0.62年とします。

ア　明け方の西の空　　**イ**　明け方の東の空

ウ　夕方の西の空　　**エ**　夕方の東の空

3	(1)		(2)	

3

電磁誘導と発電に関して、あとの１～３に答えなさい。

1　次に示したものは、コイルに流れる電流について調べる実験の方法と結果です。あとの（1）～（3）に答えなさい。

◆実験１

〔方法〕

右の図１のように、検流計につないだコイルを手で持って、固定したアクリルのパイプが中心にくるようにコイルをパイプに通してＡの位置でコイルを固定する。Ｎ極を下にした棒磁石を図１中のＸの位置から、アクリルのパイプの中を通るようにして、コイルに近付ける。

〔結果〕

検流計の針が左にふれた。

図１

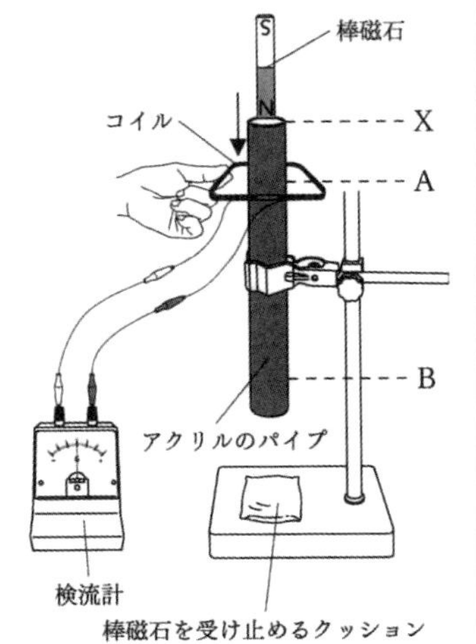

◆実験２

〔方法〕

実験１とコイルの位置を変えずに、Ｓ極を下にした棒磁石をアクリルのパイプの中を通り抜けるように、図１中のＸの位置から静かに落下させる。

〔結果〕

落下する棒磁石のＳ極がコイルを固定していたＡの位置に近付き、Ｎ極がＡの位置から遠ざかるまでの間に、［　　　］。

（1）　実験１の〔結果〕から分かるように、磁石をコイルに近付けると、コイルに電圧が生じ、コイルに電流が流れます。このときに流れる電流を何といいますか。その名称を書きなさい。

（2）　実験２の〔結果〕中の［　　　］に当てはまる最も適切な内容を、次の**ア**～**エ**の中から選び、その記号を書きなさい。

ア　検流計の針が、右にふれた

イ　検流計の針が、左にふれた

ウ　検流計の針が、右にふれた後、左にふれた

エ　検流計の針が、左にふれた後、右にふれた

1	(1)		(2)	

(3)　コイルを図1中のBの位置で固定し、S極を下にした棒磁石を、図1中のXの位置からアクリルのパイプの中を通り抜けるように、静かに落下させると、コイルに流れる電流の大きさは、実験2のときと比べてどのようになると考えられますか。次の**ア**・**イ**から適切なものを選び、その記号を書きなさい。また、その記号が答えとなる理由を簡潔に書きなさい。

ア　大きくなる　　　**イ**　小さくなる

1	(3)	記号	
		理由	

2　コイルCとコイルDがあり、コイルCには鉄心が入っています。次の図2のように、コイルCの右側にコイルDがくるようにしてそれぞれ棒に糸でつるした上で、コイルCを電源装置に、コイルDを検流計にそれぞれつなぎました。また、図2のように、方位磁針を台の上に置きました。なお、コイルCに電流が流れていないとき、方位磁針のN極は北を指していました。　図2

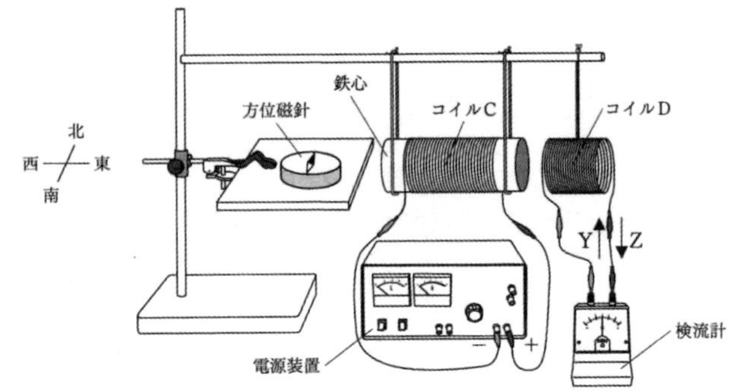

次の文章は、コイルCに電流を流したときの、コイルCとコイルDと方位磁針の様子をまとめたものです。文章中の［a］・［b］に当てはまる内容はそれぞれ何ですか。あとの**ア**～**エ**の組み合わせの中から適切なものを選び、その記号を書きなさい。

> コイルCに電流を流すと、その直後にコイルDには図2中のZの向きに電流が流れ、コイルCとコイルDはしりぞけ合った。また、コイルCに電流が流れている間、方位磁針のN極は東を指していた。
> 次に、コイルCに先ほどとは逆向きの電流を流すと、その直後にコイルDには図2中の［a］の向きに電流が流れ、コイルCとコイルDは［b］。また、コイルCに電流が流れている間、方位磁針のN極は西を指していた。

ア ［a］：Y　［b］：引き合った
イ ［a］：Y　［b］：しりぞけ合った
ウ ［a］：Z　［b］：引き合った
エ ［a］：Z　［b］：しりぞけ合った

2	

3　次の図3は、LED電球、プロペラ付きモーター、スイッチ、送風機を用いた装置を示しており、LED電球とプロペラ付きモーターとスイッチは導線によりつながっています。また、下の文章は、図3の装置を用いた発電の様子について述べたものです。あとの(1)・(2)に答えなさい。

図3

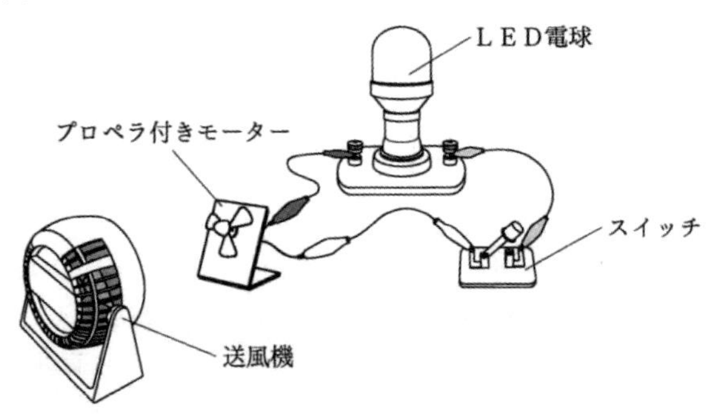

【図3の装置を用いた発電の様子】

> 図3の装置のスイッチを切った状態で、送風機を使ってプロペラ付きモーターのプロペラに向かって一定の風量で風を送ると、プロペラとモーターは一定の速さで回る。その状態のまま、スイッチを入れると①LED電球が点灯する。

(1)　次の文は、下線部①について述べたものです。文中の［　］に当てはまる適切な語を書きなさい。

> LED電球が点灯したのは、［　］発電によるものである。

(2)　【図3の装置を用いた発電の様子】において、プロペラの回転する速さは、スイッチを入れる前より入れた後の方が小さくなります。このように、スイッチを入れるとプロペラの回転する速さが小さくなるのはなぜですか。その理由を、「エネルギー」の語を用いて簡潔に書きなさい。

3	(1)	
	(2)	

4 酸とアルカリに関して、あとの１・２に答えなさい。

1　次のア～エの中で、酸性の水溶液の性質について述べた文として最も適切なものはどれですか。その記号を書きなさい。

ア　フェノールフタレイン溶液を赤色に変える。

イ　マグネシウムリボンを入れると、水素が発生する。

ウ　酸性が強い水溶液ほど pH の値が７より大きくなる。

エ　ＢＴＢ溶液を青色に変える。

1	

2　小川さんは、水溶液に含まれているイオンと水溶液の性質との関係を調べるため、うすい塩酸とうすい水酸化ナトリウム水溶液を用いて実験を行い、レポートにまとめました。次に示したものは､小川さんのレポートの一部です。あとの（1）～（5）に答えなさい。

〔方法〕

Ⅰ　うすい塩酸とうすい水酸化ナトリウム水溶液を用いて、次の表に示す体積の割合で水溶液Ａ～水溶液Ｅをつくる。

	水溶液A	水溶液B	水溶液C	水溶液D	水溶液E
うすい塩酸の体積〔cm^3〕	10	10	10	10	10
うすい水酸化ナトリウム水溶液の体積〔cm^3〕	0	4.0	8.0	12	16

Ⅱ　下の図１のように、スライドガラスの上に、①硝酸カリウム水溶液で湿らせたろ紙をのせ、２つの金属のクリップでそのろ紙を挟むようにしてスライドガラスの両端を留めた後に、それぞれのクリップを電源装置につなぐ。

Ⅲ　下の図２のように、図１のろ紙の上に、硝酸カリウム水溶液で湿らせた赤色と青色リトマス紙をのせ、さらにその上に水溶液Ａで湿らせたろ紙を置いた後に、一定の電圧を加え、リトマス紙の色の変化を観察する。

Ⅳ　水溶液Ｂ～水溶液Ｅについても、水溶液Ａと同じように、図１のろ紙の上に、硝酸カリウム水溶液で湿らせた別の赤色と青色リトマス紙をのせ、さらにその上に水溶液Ｂ～水溶液Ｅそれぞれで湿らせたろ紙を置いた後に、一定の電圧を加え、リトマス紙の色の変化を観察する。

図１

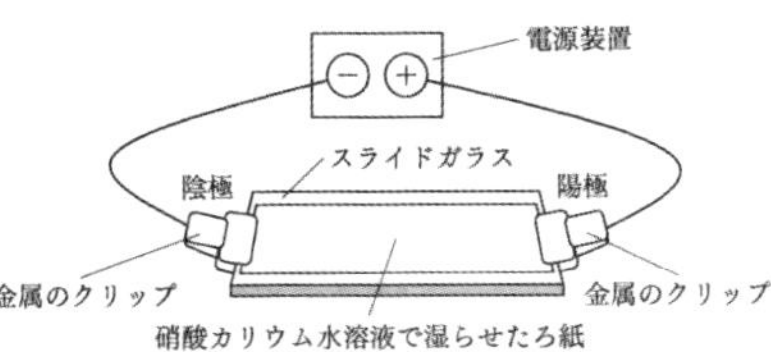

図２

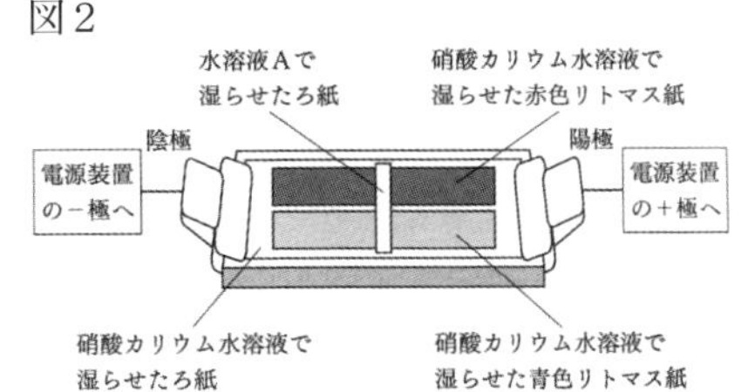

〔結果〕

水溶液Ａと水溶液Ｂでは、青色リトマス紙の陰極側が赤色に変化し、赤色リトマス紙は色が変化しなかった。水溶液Ｃでは、どちらのリトマス紙も色が変化しなかった。水溶液Ｄと水溶液Ｅでは、赤色リトマス紙の陽極側が青色に変化し、青色リトマス紙は色が変化しなかった。

〔考察〕

水溶液Ｃでどちらのリトマス紙も色が変化しなかったのは、水溶液Ｃでは、塩酸に含まれていた水素イオンと水酸化ナトリウム水溶液に含まれていた水酸化物イオンとが、全て結びついて、互いの性質を打ち消し合ったためだと考える。このことより、この実験で用いた塩酸と水酸化ナトリウム水溶液は、同じ体積であれば、塩酸中の水素イオンの数は水酸化ナトリウム水溶液中の水酸化物イオンの数の□倍となるといえる。

（1）　この実験を行うために、100mL まで測定できるメスシリンダーを用いて、うすい塩酸 50cm^3 を測りとることとします。右の図３は、そのメスシリンダーに入っている塩酸の液面付近を真横から水平に見たときの様子を示したものです。塩酸 50cm^3 を測りとるには、さらに何 cm^3 の塩酸を加えたらよいですか。次のア～エの中から最も適切なものを選び、その記号を書きなさい。

図３

30

20

ア　23.5cm^3　　**イ**　24.0cm^3　　**ウ**　24.5cm^3　　**エ**　25.5cm^3

（2）　下線部①について、ろ紙を硝酸カリウム水溶液で湿らせるのは、ろ紙に電流を通しやすくするためです。硝酸カリウムのように、水に溶かしたときに電流が流れる物質を何といいますか。その名称を書きなさい。

（3）　水溶液Ｂの一部をスライドガラスにとり、水溶液から水を蒸発させると白い結晶が得られました。この物質の化学式を書きなさい。

（4）〔考察〕中の□に当てはまる値を書きなさい。

（5）　次のア～オの中で、水溶液Ａ～水溶液Ｅの説明として適切なものはどれですか。その記号を全て書きなさい。

ア　水溶液Ａに存在している陽イオンの数は、陰イオンの数よりも多い。

イ　水溶液Ｂには、水素イオンが存在している。

ウ　水溶液Ｃには、イオンが存在していない。

エ　水溶液Ｄには、中和により生成した水は含まれていない。

オ　水溶液Ｅは、水溶液Ａ～水溶液Ｅの中で、水溶液に存在しているイオンの総数が最も多い。

2	(1)		(2)		(3)	
	(4)		(5)			

令和６年度入試問題　社会（50分）

1　日本の地理に関して，あとの１～４に答えなさい。

１　次の地図Ⅰを見て，あとの（1）・（2）に答えなさい。

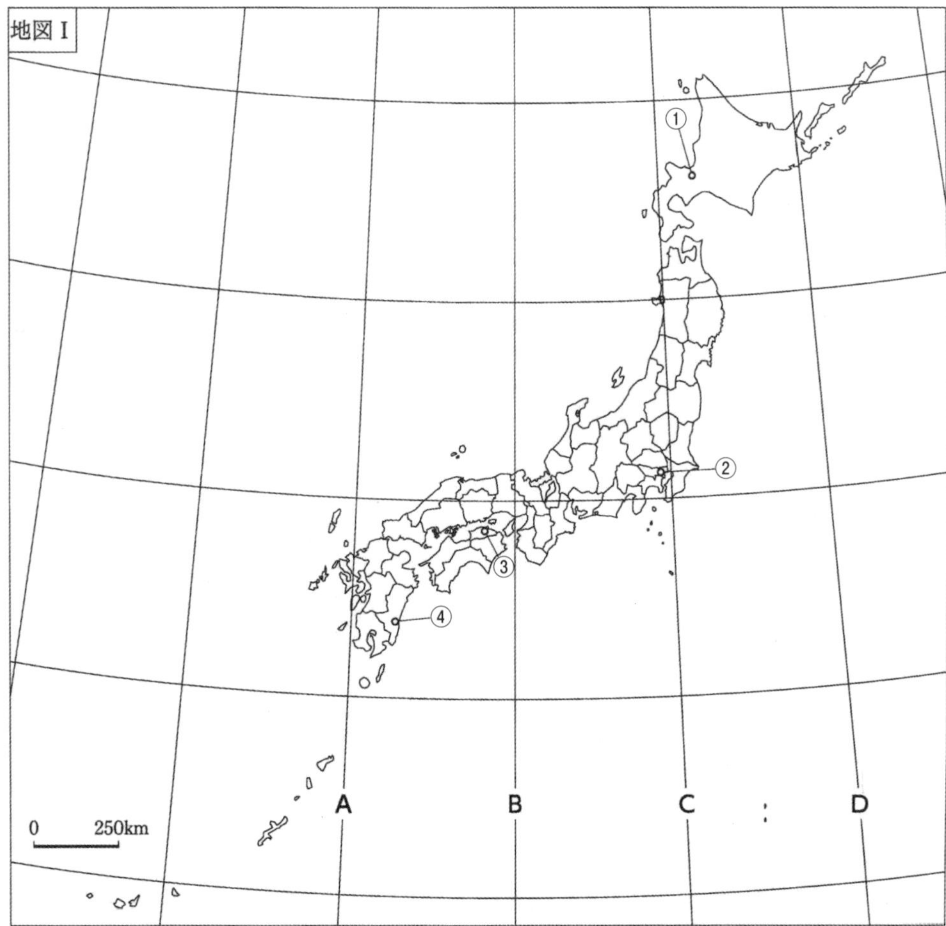

（1）　地図Ⅰ中のＡ～Ｄの経線の中で，日本の標準時子午線に当たるものはどれですか。その記号を書きなさい。

1	(1)	

（2）　次のア～エは，地図Ⅰ中の①～④の都市のいずれかの雨温図を示しています。ア～エの中で，③の都市の雨温図に当たるものはどれですか。その記号を書きなさい。

ア

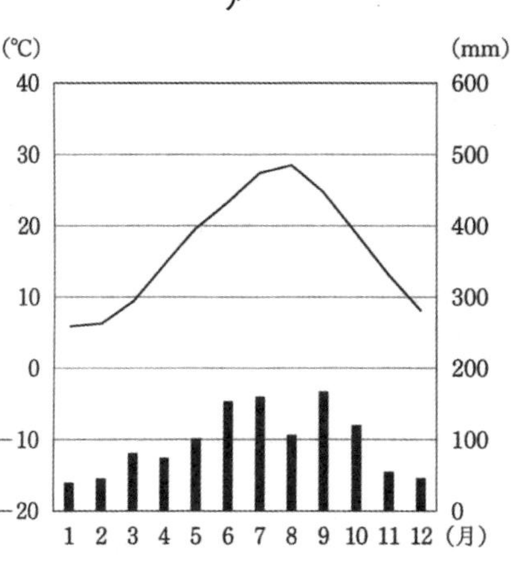

イ

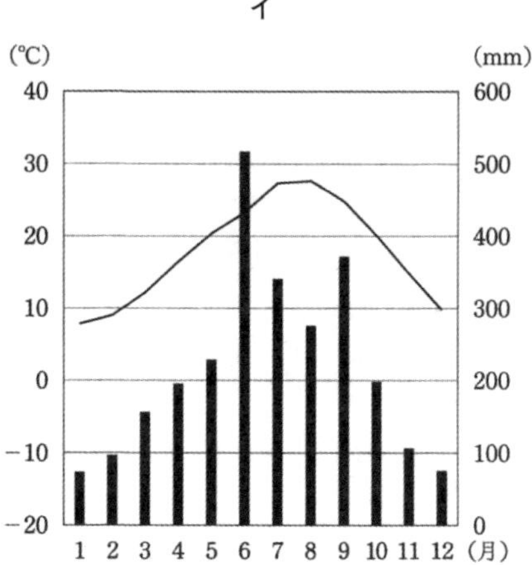

ウ

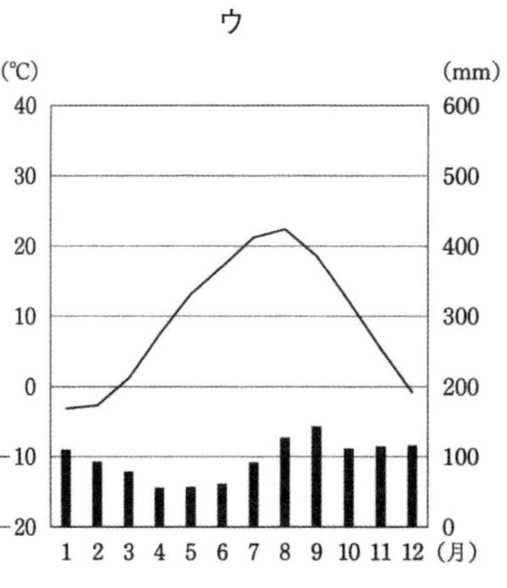

エ

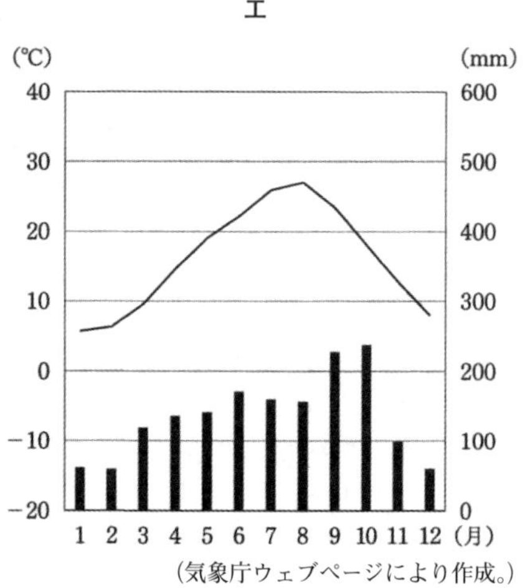

（気象庁ウェブページにより作成。）

1	(2)	

2　次のア～エの地図には，火山災害，高潮，津波，土砂災害の，いずれかの災害の自然災害伝承碑の位置を示しています。ア～エの中で，津波の自然災害伝承碑の位置を示したものはどれですか。その記号を書きなさい。

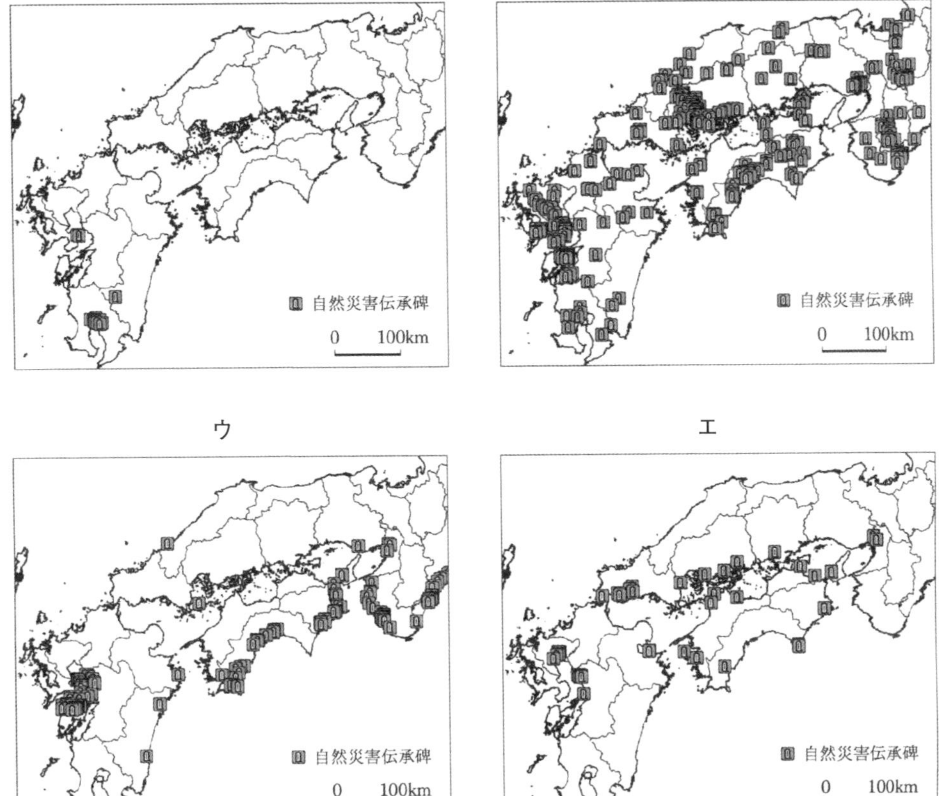

（地理院地図ウェブページにより作成。）

2	

3　次の地形図Ⅰ・地形図Ⅱは，それぞれ2002年と2015年に発行された，富山市の同じ地域の２万５千分の１の地形図の一部であり，いずれも同じ範囲を示しています。下のア～エの中で，地形図Ⅰ・地形図Ⅱを比較して読み取れることについて述べた文として最も適切なものはどれですか。その記号を書きなさい。

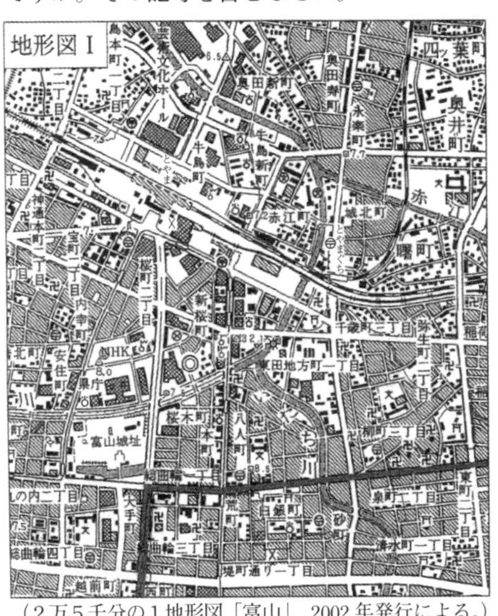

（２万５千分の１地形図「富山」　2002年発行による。）

地形図Ⅱ

（２万５千分の１地形図「富山」　2015年発行による。）

ア　地形図Ⅰ中でも地形図Ⅱ中でも，富山口（とやまぐち）駅を通るＪＲ線が存在している。
イ　地形図Ⅰ中で富山（とやま）駅の東寄りにある消防署が，地形図Ⅱ中では富山駅の西寄りにある。
ウ　地形図Ⅱ中では，路面電車の軌道が環状になっている。
エ　地形図Ⅱ中では，変電所の北側に面した道路に路面電車が通っている。

4　右の表１は，東京都中央卸売市場への３月及び９月の菊の出荷総量と，そのうちの沖縄県産の菊の出荷量を示したものです。沖縄県産の菊の出荷量が，９月に比べて３月に多いのはなぜだと考えられますか。その理由を，「輸送費」，「気候」，「生産費」の語を用いて簡潔に書きなさい。

表Ⅰ　東京都中央卸売市場への菊の出荷量（月別，2022年）

（万本）

	3月	9月
菊の出荷総量	3,023	2,933
沖縄県産の菊の出荷量	1,236	3

（東京都中央卸売市場ウェブページにより作成。）

3	
4	

2 次の年表は，日本の交通に関することがらについてまとめたものです。あとの1～6に答えなさい。

時代	日本の交通に関することがら
平安時代	①平安京と地方を結ぶ道路を通って調・庸が運搬された。
鎌倉時代	鎌倉幕府によって，②鎌倉と京都を結ぶ道路が整備された。
室町時代	馬借とよばれる運送業者が，年貢などの物資を運搬した。
安土桃山時代	③織田信長によって，各地の関所が廃止された。
江戸時代	江戸幕府によって，④五街道が整備された。
明治時代	新橋・横浜間に⑤鉄道が開通した。

1 下線部①に関して，794年に都が平安京とされました。このときの天皇は誰ですか。次のア～エの中から選び，その記号を書きなさい。

ア 天武天皇　　イ 聖武天皇　　ウ 桓武天皇　　エ 後醍醐天皇

2 下線部②に関して，次の文章は，鎌倉幕府が各地と迅速に通信や連絡ができるよう設けた制度について述べたものです。下のア～エの中で，文章中の［　　］に当てはまる内容として最も適切なものはどれですか。その記号を書きなさい。

> 鎌倉幕府は東海道の整備に努め，一定距離に馬・人夫を常備し，人・物を素早く順々に送る駅制を設けたため，鎌倉―京都間は3日間で連絡することができるようになった。やがて，［　　］ため，駅制を九州にまで延長した。

ア 応仁の乱が起こった
イ 奥州藤原氏を滅ぼす
ウ 保元の乱が起こった
エ 元軍による襲来を受けた

3 下線部③に関して，次のア～エの中で，織田信長が各地の関所を廃止した主な理由について述べた文として最も適切なものはどれですか。その記号を書きなさい。

ア キリスト教が広がることを防ぐため。
イ 商工業者に自由な経済活動を行わせるため。
ウ 百姓による一揆などの抵抗を防ぐため。
エ 朝鮮通信使の移動を円滑にするため。

1		2		3	

4 下線部④に関して，次の文章は，江戸時代の絵画と庶民の旅への関心の高まりとの関連について述べたものであり，資料Ⅰは，江戸時代に描かれた絵画です。文章中の［　　］に当てはまる適切な語を書きなさい。

> 江戸時代に発達した絵画である［　　］では，錦絵とよばれる多色刷りの技術が進んだ。旅人が東海道を通る様子が描かれた資料Ⅰのような風景画が流行したことなどにより，庶民の旅への関心が高まった。

(国史大辞典による。)

5 下線部⑤に関して，右の資料Ⅱは，明治時代に整備された鉄道の路線の一部を示しています。資料Ⅱ中の「1884年以降に開通した鉄道の路線」が整備されたことによって，資料Ⅱに示した群馬県の五つの都市から横浜までの区間が鉄道でつながるようになりました。この区間が鉄道でつながるようにしたのはなぜだと考えられますか。その主な理由を，資料Ⅱに示した群馬県の五つの都市で当時共通して盛んだった産業と，当時の輸出の特徴とに触れて，簡潔に書きなさい。

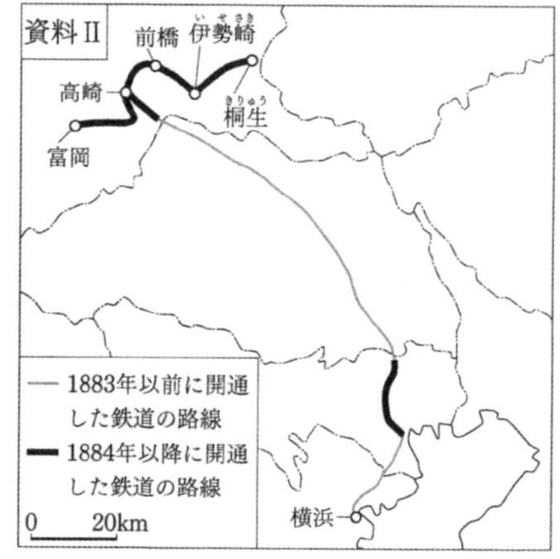

6 次の文章は，ある時期に発達した米市について述べたものです。下のア～エの中で，この文章中の米市が発達した背景について述べた文として最も適切なものはどれですか。その記号を書きなさい。

> 北浜は淀川(よどがわ)に面して水運の便がよく，当時の豪商であった淀屋(よどや)が米市を開いた。この淀屋の米市は，北浜の米市ともいわれ，当時の書物には，北浜の米市は，大阪が日本第一の港だからこそ，二時間ぐらいの間に五万貫目もの取り引きがあるという内容が書かれている。

ア 15世紀に，定期市での米などの取り引きにおいて，輸入された明銭が使用された。
イ 17世紀に，諸藩の蔵屋敷が置かれ，年貢米や特産物が売りさばかれた。
ウ 19世紀に，地租改正が行われ，税が米ではなく現金で納められるようになった。
エ 20世紀に，シベリア出兵に向けて，米の買い占めが行われた。

4		6	
5			

3 あとの１・２に答えなさい。

１　次の図Ⅰは，日本の三権分立のしくみの一部を示したものです。下の（１）～（３）に答えなさい。

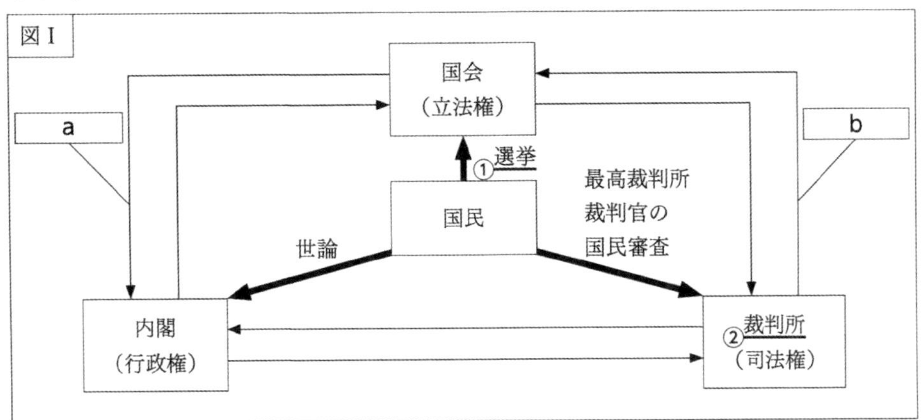

（１）下線部①に関して，日本の選挙の原則のうち，一定の年齢以上の全ての国民が選挙権をもつことを何といいますか。次の**ア**～**エ**の中から最も適切なものを選び，その記号を書きなさい。

ア　直接選挙　　**イ**　平等選挙　　**ウ**　秘密選挙　　**エ**　普通選挙

（２）図Ⅰ中の［　a　］・［　b　］に当てはまる内容はそれぞれ何ですか。次の**ア**～**エ**の組み合わせの中から最も適切なものを選び，その記号を書きなさい。

ア［a　内閣不信任の決議　b　違憲立法審査
イ［a　内閣不信任の決議　b　弾劾裁判
ウ［a　衆議院の解散　b　違憲立法審査
エ［a　内閣不信任の決議　b　弾劾裁判

（３）下線部②に関して，次の文章は，日本国憲法第33条の内容について述べたものです。下の**ア**～**エ**の中で，文章中の［　　］に当てはまる内容として最も適切なものはどれですか。その記号を書きなさい。

> 日本国憲法第33条の規定により，現行犯逮捕などの場合を除き，警察官が被疑者を逮捕するときには裁判官の発する令状が必要である。このことは，［　　］ためのしくみの一つである。

ア　不当な人権侵害を防止する　　**イ**　捜査を早急に進める
ウ　裁判員裁判の件数を増やす　　**エ**　国民の意見を尊重する

1	(1)		(2)		(3)	

２　税に関して，次の（１）・（２）に答えなさい。

（１）所得税や法人税のように，税を納める人と負担する人が一致する税を何といいますか。その名称を書きなさい。

（２）日本政府は，社会保障の財源として消費税をあてることが望ましいと考えています。政府がこのように考えているのはなぜですか。その理由を，次のグラフⅠを基に簡潔に書きなさい。

グラフⅠ　日本政府の所得税，法人税，消費税のそれぞれの税収及び消費税率の推移

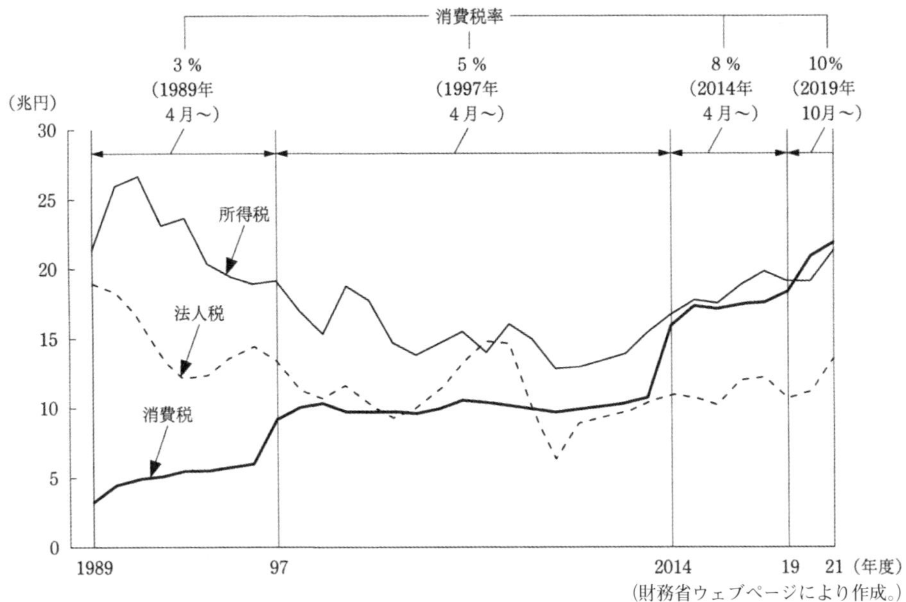

（財務省ウェブページにより作成。）

2	(1)	
	(2)	

4 ある学級の社会科の授業で，「Ｇ７広島サミット」に関して，班ごとに分かれて学習をしました。次の資料は，この授業のはじめに先生が配付したプリントの一部です。あとの１～５に答えなさい。

豆知識
第１回サミット
①第１回サミットは，1975年にフランスで開催されました。

豆知識
お好み焼きでおもてなし
Ｇ７広島サミットの開催前には，このサミットを盛り上げるために，④Ｇ７メンバーの７か国の食材や食文化をいかしたお好み焼きが開発されました。

〔Ｇ７サミット〕
Ｇ７サミット（主要国首脳会議）とは，②フランス，アメリカ，イギリス，ドイツ，日本，イタリア，カナダ（議長国順）の７か国（Ｇ７メンバー）及び③ヨーロッパ連合（ＥＵ）が参加して毎年開催される国際会議です。

〔Ｇ７広島サミット〕
2023年５月19～21日に開催されたＧ７広島サミットには，Ｇ７メンバーの７か国以外の招待国や国際機関も参加し，国際社会が直面する諸課題について議論されました。
議論の中では，⑤人工知能（ＡＩ）などのデジタル技術の飛躍的な進展が経済や社会にもたらす影響についても取り上げられました。

1　下線部①に関して，西川さんの班では，Ｇ７サミットの歴史について興味をもち，Ｇ７サミットが開催されるようになったきっかけについて調べ，次のようにまとめました。まとめの中の［　　　］に当てはまる適切な語を書きなさい。なお，文章中の２か所の［　　　］には同じ語が入ります。

西川さんの班のまとめ
1973年に中東で起こった戦争の影響を受けて発生した［　　　］という経済的な混乱により，日本を含む多くの国々でインフレーションが起こり，世界的な不況となった。［　　　］などの諸問題に直面した先進国の間では，経済，通貨，貿易，エネルギーなどに対する政策協調について総合的に議論する場が必要であるとの認識が生まれ，フランスの大統領の提案により，フランス，アメリカ，イギリス，ドイツ，日本，イタリアの６か国による第１回サミットが開催された。

1	

2　下線部②に関して，山本さんの班では，Ｇ７メンバーの７か国の特徴について考えるために，各国の人口，面積，国内総生産（ＧＤＰ）を次の表Ⅰのとおりまとめ，比較することとしました。表Ⅰ中の**あ～え**は，アメリカ，カナダ，日本，フランスのいずれかの国と一致します。**あ～え**の中で，アメリカに当たるものはどれですか。その記号を書きなさい。

表Ⅰ　2020年におけるＧ７メンバーの７か国の人口，面積，国内総生産（ＧＤＰ）

国名	人口（万人）	面積（万 km^2）	国内総生産（ＧＤＰ）（億ドル）
イギリス	6,789	24.2	27,642
イタリア	6,046	30.2	18,887
ドイツ	8,378	35.8	38,464
あ	6,527	55.2	26,303
い	33,100	983.4	208,937
う	3,774	998.5	16,440
え	12,615	37.8	50,397

（世界の統計2022年版，2023年版により作成。）

3　下線部③に関して，中山さんの班では，ＥＵ加盟国間の協力関係について調べ，次の資料Ⅰと下のグラフⅠを見付けました。中山さんの班では，これらを基にシェンゲン協定加盟国の労働者にとっての利点についてあとのようにまとめました。まとめの中の［　　　］にはどのような内容が当てはまりますか。資料ⅠとグラフⅠを基に簡潔に書きなさい。

資料Ⅰ
ＥＵ市民は，ＥＵ内のどの国においても，居住し，働き，学び，隠居することができます。こうした移動の自由は，シェンゲン協定によって担保されています。ＥＵ加盟国22カ国と非加盟の数カ国は，シェンゲン協定の下，域内国境の廃止に合意しています。

（駐日欧州連合代表部ウェブページによる。）

グラフⅠ　ＥＵ加盟国のうちシェンゲン協定に加盟している４か国の１か月当たり最低賃金（2023年７月１日時点）

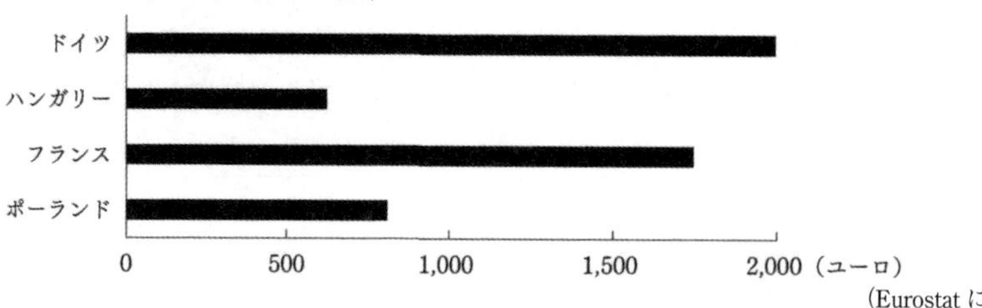

（Eurostatにより作成。）

中山さんの班のまとめ
シェンゲン協定加盟国の間では，労働者にとっては，［　　　］ことがしやすいという利点がある。

2		3	

4　下線部④に関して，池田さんの班では，Ｇ７メンバーの７か国の食文化に興味をもち，食料の生産や貿易の特徴について考えるために，各国の主な農産物の食料自給率を調べ，次の表Ⅱのとおりまとめることとしました。表Ⅱ中の［ a ］・［ b ］に当てはまる語はそれぞれ何ですか。下の**ア**～**エ**の組み合わせの中から，最も適切なものを選び，その記号を書きなさい。

表Ⅱ　2019年におけるＧ７メンバーの７か国の主な農産物の食料自給率

（%）

	a	豆類	果実類	b
フランス	199.7	118.0	65.6	103.3
アメリカ	175.0	136.5	55.9	114.8
イギリス	98.8	102.6	12.4	78.1
ドイツ	125.2	77.9	32.4	129.1
日本	15.7	43.1	51.1	61.0
イタリア	61.5	46.6	107.8	81.7
カナダ	350.6	469.9	24.7	141.8

（世界の統計　2023年版により作成。）

ア［a 米　b 卵類］　**イ**［a 米　b 肉類］　**ウ**［a 小麦　b 卵類］　**エ**［a 小麦　b 肉類］

4	

5　下線部⑤に関して，木下さんの班では，デジタル技術の活用に興味をもって調べ，宅配事業者Ｚ社のデジタル技術を活用した取り組みを知りました。さらに，木下さんは，日本の宅配事業者を取り巻く状況についても調べました。次のノートは，木下さんが調べたことをまとめたものであり，下の会話は，班員が，このノートを基に話し合いをしたときのものです。会話中の［ A ］・［ B ］には，どのような内容が当てはまりますか。それぞれ簡潔に書きなさい。

ノート

〔宅配事業者Ｚ社のデジタル技術を活用した取り組み〕

・自社のアプリによって様々なサービスを提供している。サービスの内容としては，アプリに荷物の配達予定日時の通知が届くこと，配達前にアプリを使って荷物の受け取り日時や受け取り場所を変更できることなどがある。

〔日本の宅配事業者を取り巻く状況〕

・宅配便の取扱個数は，右のグラフⅡのように推移している。

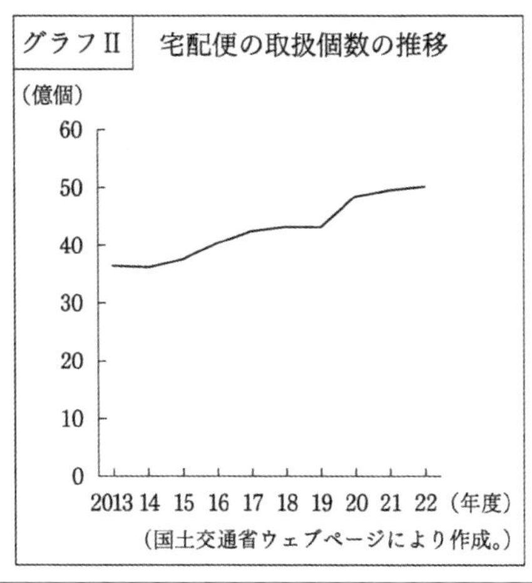

（国土交通省ウェブページにより作成。）

・自動車の運転業務の時間外労働については，これまでは法律による上限規制がなかったが，「働き方改革関連法」に基づき，2024年４月から，年960時間の上限規制が適用される。

村田：物流の「2024年問題」があると聞いたことがあるけど，宅配事業者にとってはどのような問題が生じるのかな。

中野：〔日本の宅配事業者を取り巻く状況〕に書かれている２点を基に考えると，この状況のまま何も対策をしなかったとしたら，2024年４月を迎えるときには，宅配便の取扱個数が［ A ］ためにこれまでと同じ日数で配達できなくなるという問題が生じるかもしれないね。

村田：〔宅配事業者Ｚ社のデジタル技術を活用した取り組み〕は，この問題の解決につながるのかな。

中野：荷物の受け取り人にこのアプリのサービスをもっと活用してもらえば，宅配事業者の［ B ］ことができて効率よく配達できるようになるから，この問題の解決につながると考えられるね。

村田：宅配事業者が他にどのような取り組みをしているか調べてみよう。

5	A		B	

三

次の文章を読んで、あとの問いに答えなさい。

（魯の国には、他国に捕らわれた自国の人を、金を払って救出した人に対して、後に国がその金を支払うという法があった。孔子の弟子の賜は、金を払って魯の国の人を救出したが、国からの金を受け取らなかった。）

【書き下し文】

孔子①曰はく、「賜之を失せり（間違っている）。今より以往、魯人、人を贖はざらん（救出しなくなるだろう）。其の金を取るとも、則ち行ひに損する（善行を損なう）無く、其の金を取らざれば、則ち復た（二度と）人を贖はず。」と。

子路、溺者を拯ふ（救助した）。②其の人之を拝する（謝礼する）に牛を以てし、子路之を受く。孔子曰はく、「魯人必ず溺者を拯はん（救助するだろう）。」と。

孔子之を見るに細を以てし、化を観ること遠きなり（成り行きを遠くまで見通していた）。

【漢文】

孔子曰、「賜失之矣。自今以往、魯人不贖人矣。取其金、則無損於行、不取其金、則不復贖人矣。」

子路拯溺者。其人拝之以牛。子路受之。孔子曰、「魯人必拯溺者矣。」

孔子③見之以細、観化遠也。

（注）子路＝孔子の弟子。

（『呂氏春秋』による。）

1 ①曰はくの平仮名の部分を、現代仮名遣いで書きなさい。

2 ②其の人とは、誰のことですか。次のア～エの中から最も適切なものを選び、その記号を書きなさい。

ア 孔子　イ 賜　ウ 子路　エ 溺者

3 ③見之に、【書き下し文】の読み方になるように、返り点を書きなさい。

4 国語の時間に生徒がこの文章を読んで、班で話し合いをしました。次の【生徒の会話】はそのときのものです。これを読んで、空欄Ⅰに当てはまる適切な表現を、現代の言葉を用いて、八十字以内で書きなさい。

【生徒の会話】

青木：賜も子路も、人を救ったんだよね。それなのに、孔子は、どうして賜のことを「間違っている」と言ったのだろう。

西田：私もそう思う。孔子は、人々の手本となるような行動を取るように弟子たちを教育していたらしいし、人を救って、金を受け取らなかったという賜の行動は、それにふさわしいと思うけど。

今井：「化を観ること遠きなり」とあるよね。孔子は、弟子たちの行動が、後々に与える影響を考えたのだと思うよ。人々の手本となるべき賜の取った行動が、後々に与える影響を考えてみたらよいと思うよ。

青木：それを踏まえると、孔子は、（　Ⅰ　）から、「魯人、人を贖はざらん」と考えて、賜の行動を「間違っている」と言ったのかな。

西田：なるほど。そういえそうだね。

1	2

3
見之

4

1　[a] に当てはまる最も適切な語を、この文章の第一段落から二字で抜き出して書きなさい。

2　[b] に当てはまる最も適切な語を、次のア～エの中から選び、その記号を書きなさい。

ア　たとえば　**イ**　しかし　**ウ**　または　**エ**　さらに

3　[c] に当てはまる最も適切な表現を、次のア～エの中から選び、その記号を書きなさい。

ア　進化の速度が気候変動の速度よりも緩やかであれば、絶滅を避けることができるかもしれませんが、進化の速度が気候変動の速度よりも速ければ絶滅します

イ　生物によっては、気候変動によって世代時間が短くなり、それが要因となり絶滅します

ウ　気候変動の速度に比べ進化の速度が十分に速ければ、絶滅せずに「変化しながら残る」ことになり、逆に進化の速度が追いつかなければ絶滅します

エ　生物の世代時間が長ければ、遺伝子の変化が世代を超えて生じ、絶滅せずに「変化しながら残る」ことになります

1	2	3

4　①気候変動は地球の生態系の姿を大きく変える可能性があり　とあるが、気候変動が生態系の姿を大きく変える可能性がある理由を、この文章における筆者の主張を踏まえて、八十字以内で書きなさい。

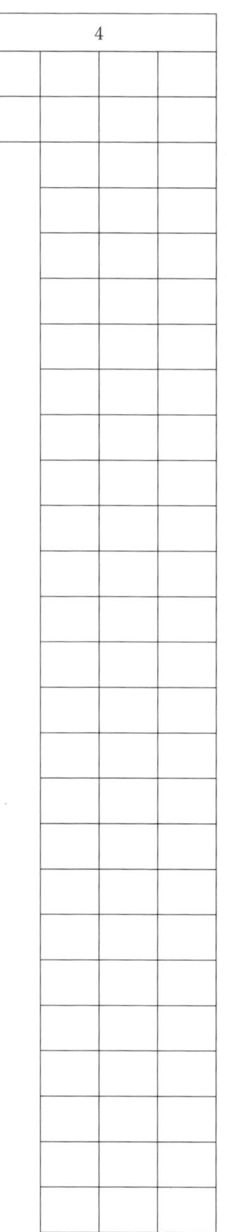

5　総合的な学習の時間に海の環境問題をテーマに学習しているある班の生徒は、本文を読んで、気候変動が生物に与える影響について関心をもち、海洋生物に対する影響について、インターネットで調べることにしました。次の【記事の一部】は、この班の和田さんが見付けたものです。また、【生徒の会話】は、班員が【記事の一部】を読んで行ったものです。これらを読んで、あとの(1)・(2)に答えなさい。

5 (1)	5 (2)

【記事の一部】

気候変動による海水温の上昇と海水に溶ける酸素の減少によって、マグロやハタから、サケ、オナガザメ、タラに至るまで、数百種の魚がこれまで考えられていた以上のペースで小型化している。二〇一七年八月二十一日付の科学誌「Global Change Biology」誌に掲載された論文でそんな結論が導き出された。

海水の温度が上昇すると、海の生きものの代謝が盛んになる。そのため、魚やイカをはじめ、生物は海水からより多くの酸素を取り込む必要が生じる。しかしその一方で、海水に溶ける酸素の量は水温が高くなるほど減る。この酸素の減少は、多くの海ですでに起きていることが指摘されている。

（日本経済新聞ウェブページによる。）

【生徒の会話】

和田：記事に書かれている魚の小型化は、本文で筆者が述べている分布域の変化、順応、進化という（　Ⅰ　）の一つの具体的な事例として捉えることができるよね。

田中：そうだね。気候変動による海水温の上昇によって魚が小型化するんだね。知らなかったな。この記事を私たちのまとめるレポートに引用しようよ。きっとみんなも驚くと思うよ。

木村：ちょっと待って。魚が小型化しているのは、人間がかつてある時期にその魚の大型の個体を乱獲したからだという説を、前に聞いたことがあるのだけれど、魚の小型化には、海水温の上昇と乱獲のどちらが影響しているのだろう。

田中：引用するなら、調べておいた方がいいよね。

和田：仮に、海水温の上昇が魚の小型化に影響しているとするならば、（　Ⅱ　）があればいいのではないかな。

木村：そのようなデータがあれば、よさそうだね。

(1)　空欄Ⅰに当てはまる最も適切な表現を、本文の第三段落から第六段落までの中から十四字で抜き出して書きなさい。

(2)　空欄Ⅱに当てはまる最も適切な表現を、次のア～エの中から選び、その記号を書きなさい。

ア　乱獲された時期に関係して、魚が小型化していることを示すデータと、海水温の上昇に伴って、魚が小型化していることを示すデータ

イ　乱獲された時期に関係なく、魚が小型化していることを示すデータと、海水温の上昇に伴って、魚が小型化していることを示すデータ

ウ　乱獲された時期に関係して、魚が小型化していることを示すデータと、海水温の上昇に関係なく、魚が小型化していることを示すデータ

エ　乱獲された時期と海水温の上昇のどちらにも関係なく、魚が小型化していることを示すデータ

二

次の文章を読んで、あとの問いに答えなさい。

生物は、それぞれの生息・生育環境での暮らしに適した性質をもっています。雪が降る季節には体色を茶色から白に変えて敵から見つかりにくくなるウサギは、わかりやすい例でしょう。これは、生物がおかれた環境のもとで上手く暮らせる性質をもったものが生き残り、より多くの次世代を残してきた結果と考えられます。生物の［ a ］が環境条件にうまくあっていることを、「生物が環境に適応している」といいます。

温暖化のような気候変化は、それまでの環境に適応していた生物に不利益をもたらすことがあります。一例を挙げましょう。北海道で早春に咲くエゾエンゴサクという植物は、やはり早春に花の蜜を吸うために盛んに活動するマルハナバチの女王に花粉を運んでもらうことで、種子をつくることができます。エゾエンゴサクは雪解けを主な刺激として開花します。近年、気候変動により雪解けの時期が早まっているため、このままの傾向が進むとマルハナバチが冬眠から目覚める前に花を咲き終えてしまうため、エゾエンゴサクは繁殖に失敗しやすくなることが指摘されています。このようなことが続くと、生物は絶滅してしまうかもしれません。

［ b ］、気候変動が常に生物の絶滅をもたらすわけではありません。一般論として、環境の変化に対する生物の反応は主に三つに分けられます。分布域の変化（＝暮らしやすい場所への生物の移動）、順応（＝遺伝子の変化を伴わない性質の変化）、進化（＝遺伝子の変化を伴う性質の変化）です。

分布の変化は、その生物の生育・生息に適した場所が大きく繋がり広がっている場合や、高い移動・分散をする能力を備えている場合の反応です。海洋の魚類では、気候変動に対応した分布の変化が多数報告されています。

順応とは、個体の生涯の期間で生じる「環境に対応した変化」です。温帯で暮らしていた人が熱帯に移住すると、発汗機能が向上したりします。これは遺伝子が変化したわけではないので、進化とは呼びません。生物の多くは環境の変化に対して順応する能力をもっていますが、反応できる変化の幅には限界があります。

進化は、ある環境で何度も世代を経ることで、その集団の遺伝的な特徴が変化する現象を指します。進化は次の三つの条件がそろったときに生じます。それは、①集団の中に特徴の異なる個体が存在すること、②その特徴の違いが遺伝子の違いに起因すること、③その特徴の違いに応じて生存率や繁殖率が異なること、という条件です。生物集団の中に「暑さへの耐性」に関する性質に違いがある個体が存在し、その性質は遺伝的なものであり、かつその性質をもった個体が他の個体よりも多くの子孫を残すならば、その生物は暑さへの耐性をもつように進化します。

気候変動は急速に進行する、大きな環境変化です。順応によって対応できる範囲を超えることもしばしばあるため、生物が長期にわたって存続するためには、分布域を変化させるか、進化するしかありません。分布域の変化も、順応も、進化もうまくいかなかった場合、待っているのは絶滅です。

気候変動が生物の進化を引き起こしたと考えられている実例は、すでに報告されています。イギリスの湖においてミジンコの性質の変化を調べた研究では、一九六〇年代から二〇〇〇年代までの間に、高温に耐性をもつ個体が増加したことが示唆されています。また、フランスの耕地雑草である一年生植物ヤグルマギクの研究では、一九九二年に採取し保存されていた種子と、二〇一〇年に採取された種子を同じ条件の畑に蒔いて育てた結果、二〇一〇年の種子のグループの方が平均四日ほど早く開花し、これは開花にかかわる遺伝子が変化した結果であることが示唆されています。

このような例はあるものの、気候変動がもたらした進化の例は、多くはありません。上で挙げたミジンコとヤグルマギクに共通する特徴として、世代時間（次の世代を残すまでの時間）が短いことが挙げられます。進化は世代を超えた遺伝子の変化なので、世代時間が短い生物の方が高速に進みます。逆に、樹木のように世代時間が長い生物は進化の速度が遅いため、気候変動に追随した変化が容易ではありません。

［ c ］。気候変動という急流に流されずに存続するのは容易ではないのです。

現在進行している気温上昇などの気候変動の特徴は、過去の地球で生じた気候変動よりも速度が速いことが特徴です。そのため多くの生物にとっては存続を脅かす危機になります。現代から二〇五〇年までの間に二度を超える気温上昇が生じた場合、地球全体では三割以上の種が絶滅する危険があるという予測もあります。現在進行中の気候変動はそれほど深刻なのです。

ここまで、気温の上昇に追随した進化が可能か？　という観点から説明してきました。しかし、気候変動が生物に与える影響はより複雑です。生物は、温度や降水量といった気象条件だけでなく、餌の分布と種類、天敵や病原菌の種類など、さまざまな要因に対して適応しています。気候変動に伴って生物の分布や性質が変化すると、その生物と関係して暮らしていた他種の生物も影響を受けます。それは時には絶滅をもたらすほどの効果をもつこともあります。

たとえば氷河期に大繁栄したマンモスは「暑さに耐えられずに」絶滅したわけではないと言われています。複数の要因が影響したと考えられていますが、特に影響が強かった要因として「植生の変化」を挙げる説があります。気候の温暖・湿潤化に伴い、それまで餌場として利用していた草原が樹林に変化したために、個体数が大幅に減少したという意味です。もしそうなら、草や木の分布や量の変化が、それを餌としていた動物の絶滅をもたらした例と言えます。

いままで花粉を運んでくれていたハチが北に移動してしまったら？　これまで害虫を食べてくれていたカエルが別の食べ物を選ぶようになったら？　気候変動がもたらしうるこれらの変化は、間接的に別の種の衰退をもたらすかもしれません。

①気候変動は地球の生態系の姿を大きく変える可能性があり、その影響は十分に予想できません。なるべく進行を遅らせる努力をしつつ、自然の仕組みの理解や、賢明な適応のあり方の検討を進めることが重要です。

（気候変動適応情報プラットフォームウェブページによる。）

「当時、『科学』と『学習』という雑誌が出ていて――。各学年ごと、その学年にあった読み物がたくさん載っていて、付録も魅力的で。」

花井さんがそう言うと、会場にいた大人たちから、大きな反応があったのがわかった。亜紗も雑誌の存在は知っていたが、上の年代の人たちにはより馴染み深く思えるのだろう。

「私は、クラスの子の多くが『学習』を買ってもらう中、圧倒的に自分の興味が『科学』派だ、とその本を読む中で気づきました。特に、小学五年生の時、毛利衛さんがスペースシャトル、エンデバーに㋔搭乗した際には、その詳細な記事が読みたくて、学年の違う姉にも、その時だけ『科学』の方を買ってほしいと頼み込んで大ゲンカになったり。姉は『学習』派だったので。」

花井さんが、ふふっと笑った。

「皆さんも、自分が何を好きなのか、ある日、気づいたらそうだった、ということがあると思います。そして、私は、そういうものに恵まれた自分がとても幸せだったのだということを、今、実感しています。皆さんは高校生ですよね？」

亜紗たちがぎくしゃくと頷くと、花井さんが言った。

「現実的に進路を考えると、好きなことと向いていること、得意なことや苦手なことのギャップで苦しむ時もくるかもしれない。好きだけど、進学先や、職業にするのには向いていない、ということもひょっとするとあるかもしれません。だけど、もし、そちらの方面に才能がない、と思ったとしても、最初に思っていた『好き』や興味、好奇心は手放さず、それらと一緒に大人になっていってください。」

花井さんのその時の答えは、Ⓑあまりにぽーっとなりすぎたせいで、正直、その場で完全に理解できたとは言えなかった。

（辻村深月「この夏の星を見る」による。）

1 ㋐～㋔について、漢字には読みを書き、カタカナにはそれに当たる漢字を書きなさい。

2 [a]に当てはまる最も適切な語を、次のア～エの中から選び、その記号を書きなさい。

ア 安心感　イ 高揚感　ウ 親近感　エ 解放感

3 ①花井さんの表情に明るい光が差したとあるが、次の文は、花井さんが、このような表情になった理由について述べたものです。空欄Ⅰに当てはまる最も適切な語を、本文中から四字で抜き出して書きなさい。

質疑応答の際に質問してきた綿引先生が、以前からの（ Ⅰ ）だったから。

4 [b]に当てはまる最も適切な表現を、次のア～エの中から選び、その記号を書きなさい。

ア そっと目をそらして　イ ぎゅっと口を結んで

ウ 目をまん丸にして　エ 口をつんととがらせて

5 ②亜紗はそういう感じの質問がとても嫌いだとあるが、次の文は、亜紗がそうした質問を嫌う理由について述べたものです。空欄Ⅱに当てはまる適切な表現を、四十字以内で書きなさい。

綿引先生が花井さんにした質問は、「子どもたちに一言」というような質問であり、それは、（ Ⅱ ）と感じられるから。

6 Ⓐ・Ⓑの描写について、国語の時間に生徒が班で話し合いをしました。次の【生徒の会話】はそのときのものです。これを読んで、空欄Ⅲに当てはまる適切な表現を、二十五字以内で書きなさい。また、空欄Ⅳに当てはまる適切な表現を、四十五字以内で書きなさい。

【生徒の会話】

清水：「ぽーっと」という描写が二回出てきているけど、何か違いはあるのかな。

川上：Ⓑでは、「あまりにぽーっとなりすぎた」とあるよね。Ⓐのときよりも、「ぽーっと」した感じが強くなっている感じがするね。

藤井：Ⓐのときは、講演会での花井さんの話を聴いたり、凜々しい姿を見たりして「ぽーっとなった」のではないかな。

村上：そうだね。だけど、それだけかな。本当に宇宙に行ったことのある宇宙飛行士の花井さんと（ Ⅲ ）ことも、「ぽーっとなった」ことに関係していると思うよ。そして、Ⓑのときは、（ Ⅳ ）から「あまりにぽーっとなりすぎた」のだと思うよ。

清水：なるほど。そうかもね。だから、Ⓑでは、「あまりにぽーっとなりすぎた」と描写されているのかもしれないね。

令和6年度入試問題　国語(50分)

一

次の文章を読んで、あとの問いに答えなさい。

高校二年生の亜紗は、綿引先生が顧問を務める天文部に所属し、先輩の晴菜たちと活動している。亜紗たちは、昨年度、天文部の活動で宇宙飛行士の花井うみかの講演会に参加した。亜紗がそのときのことを回想しながら、後輩の深野と広瀬たちに話をしている。

花井さんの話はとてもおもしろかった。

会場には、老若男女、さまざまな㋐ソウの人たちが集まっていた。亜紗たちのような高校生や、それより小さい小学生、天文ファンらしき親子連れなどの姿も多く、その全員が顔を輝かせて花井さんに注目していた。本物の宇宙飛行士に会える、という［ a ］もあったろうけど、花井さんが、人を惹きつける明瞭な話し方をしてくれるおかげで、その場の誰ひとり退屈していなかったと思う。

会場に子どもの姿が多いのを見て取って、自分がどんな小学生だったか、子ども時代、宇宙関係の本や特集記事を多く読み込んだことが現在の自分につながっていることなどを語り、来年からまた宇宙ステーションの活動に従事するにあたっての決意を口にする姿も凛々しくて、亜紗はⒶぽーっとなった。

今、頭上にある空の向こう――宇宙に、この人は本当に行ったことがあるんだ、と思ったら、そんな人とこの距離で同じ空間にいることが奇跡のように思えた。

すると、講演の最後に質疑応答の時間があり、司会の男性の「何か、会場から質問はありますか？」という問いかけに、亜紗たちの横に座っていた綿引先生がすっと手を挙げたのだ。

亜紗たちは――、たまげた。

「え、こういう時って、子どもに質問するのを譲ったりするもんじゃないの？　先生が質問するの？　ってめちゃくちゃ驚いて……。他の聴衆はみんな、花井さんの話に圧倒されてて、誰も手を挙げていないし。」

「そりゃそうですよ。え、で、綿引先生、質問したんですか？」

「うん。で、そこからがもっと驚き。」

司会が綿引先生を指し、マイクが回ってくると、綿引先生がいきなり「こんにちは、うみかさん。」と呼びかけたのだ。

それはさすがに馴れ馴れしいんじゃないか――と部員はみんなハラハラした。しかし、次の瞬間、①花井さんの表情に明るい光が差した。マイクを持って立つ綿引先生の姿に目を留めた彼女が、なんと、「あ、先生。」と呼びかけたのだ。

「えええええーーー!!」

深野と広瀬、二人が［ b ］叫ぶ。当時の亜紗や部員たちも、さすがにその場では声にしなかったものの、心の中で激しく絶叫したから、その思いはよくわかる。

「えっ、花井さん、先生のことを知ってたってことですか？」

「まさか、教え子だったとか……？」

深野だけでなく、それまで㋑シズかに話を聞いていた広瀬までもが聞く。問いかけに、今度は晴菜先輩が答えた。

「教え子じゃないですよ。花井さんは確かに茨城出身ですが、先生とは全然、無関係です。ただ、後で聞いたら、先生はそれまでも、花井さんが㋒登壇したイベントや著作のサイン会にファンとして通っていたみたいで、挨拶したり質問したりするうちに、顔を覚えてもらったようです。学校の先生だということも伝えたので、『先生』と呼ばれているんだ、と話していました。」

「すごい。」

深野が呟いた。

「教え子とかより、ある意味すごくないですか？　要するに、熱心すぎる単なるファンってことですよね。それで顔なじみになるって相当ですよ。」

「うん。だけど、そういうことを飄々とやれる人だから、花井さんも記憶に残ったんだと思う。」

綿引先生は、そうやって人の懐に入っていくのが上手だ。相手を不快にさせることなく、気づくと距離を詰めている。オンライン会議でのふるまいを見ていても感じることだった。

「先生はその時、なんて、質問したんですか？」

広瀬が聞いた。亜紗が答える。

「『今日、僕の高校の天文部の生徒たちと一緒に来ているんですが、彼らに何かメッセージをお願いしてもいいですか。』って。」

なんてことを聞くんだ――と思った。実を言えば、②亜紗はそういう感じの質問がとても嫌いだ。何かの分野の第一線で活躍している人に対してよく聞かれる「子どもたちに一言」は、大人がとりあえずする質問だ、という気がする。実のところ、そういう質問の答えを求めているのは「大人」の都合で、花井さんのことも、当の子どものこともちゃんと考えていない気がする。

だけど、この時ばかりは、亜紗はごくり、とつばを飲み込んで、花井さんの言葉を待った。ステージの上の、明るい水色のパンツスーツを着た花井さんが先生の横に座る亜紗たちを見た。通りのよい透明感のある声が一言、「星が好きですか？」と聞こえた時、全身から汗が噴き出た。自分たちに向けられた言葉だと思ったら、全身が一瞬で熱くなった。

大人の女性の、しかもとても尊敬している人の視線がこちらに向けられているのを感じると、あまりに恐れ多くて、声がうまく出せなかった。亜紗も晴菜先輩も、当時の三年生たちでさえ全員が言葉を発することなく、ただ頷いた。

花井さんがふっと微笑み、「私の㋓憧れも、子ども時代から始まっています。」と答えてくれた。

広314→

1 放送を聞いて答えなさい。

問題A　これから，No. 1～No. 3まで，対話を3つ放送します。それぞれの対話を聞き，そのあとに続く質問の答えとして最も適切なものを，下のア～エの中から選んで，その記号を書きなさい。

(放送の内容)

No. 1 A：Can we have dinner at a restaurant, Mom?
B：Sure, Jack. What did you have for lunch today?
A：I had a hamburger.
B：Well, we will not have hamburgers for dinner, then. How about pizza or spaghetti?
A：I want to eat something else today. How about Japanese food?
B：OK. Let's go to a sushi restaurant, then.
A：Great idea!
Question No.1: What are Jack and his mother going to eat for dinner?

No. 2 A：Hi, Yuta. What does this graph show?
B：Hi, Ms. Green. It shows how many books students in my class read each month.
A：Students read more than three hundred books in both August and January.
B：We had vacations and had a lot of time to read books.
A：I see. Oh, students read only about one hundred books in June. Why?
B：We had tests and also had to practice for Sports Day after school, so we were very busy.
Question No.2: Which graph are Yuta and Ms. Green looking at?

No. 3 A：Tom, I heard that you are going to go to the Christmas party at Kenta's house today.
B：Yes. I know Emily will join it, too. Do you know how many people are going to join the party?
A：Five people. You, Kenta, Emily, Nozomi, and me.
B：Oh, Emily told me that Nozomi is not going to come because she is sick.
A：I didn't know that. I hope she will get better soon.
Question No.3: How many people are going to join the Christmas party?

No. 1

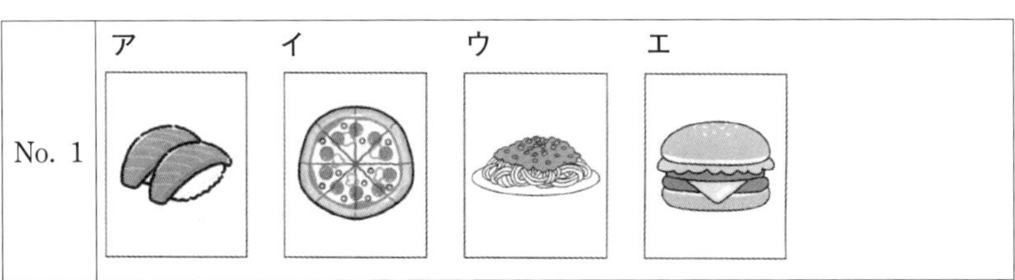

No. 2

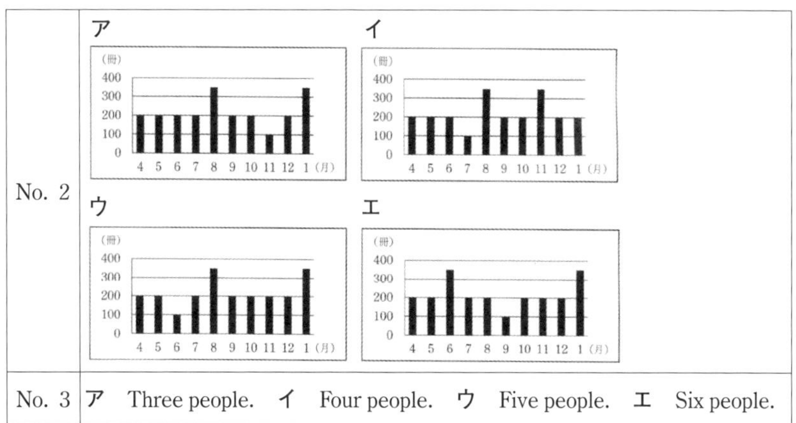

No. 3	ア Three people.	イ Four people.	ウ Five people.	エ Six people.

問題B　これから放送する対話は，高校生の信一と留学生のカレンが，ある話題に関して話したときのものです。下の【対話】に示されているように，まず①で信一が話し，次に②でカレンが話し，そのあとも交互に話します。⑤では信一が話す代わりにチャイムが1回鳴ります。あなたが信一なら，この話題に関しての対話を続けるために，⑤でカレンにどのような質問をしますか。⑤に入る質問を4語以上の英文で書きなさい。

(放送の内容)

Shinichi：Hi, Karen. Did you have a nice weekend?
Karen　：Yes, I did. I saw a movie with my family.
Shinichi：Did you see the new movie that you wanted to see?
Karen　：No. We watched a different one.
Shinichi：（チャイム1点）

【対話】

Shinichi:	①
Karen　:	②
Shinichi:	③
Karen　:	④
Shinichi:	⑤ チャイム

問題C　これから放送する英文は，留学生のルーシーが高校生の次郎に対して話したときのものです。ルーシーの質問に対して，あなたならどのように答えますか。あなたの考えをその理由とともに英文で書きなさい。なお，2文以上になっても構いません。

(放送の内容)

I have been studying Japanese since I came to Japan three months ago. I can read Japanese better now, but I am still not good at listening to it, I want to listen to Japanese and understand it better. What should I do?

英語

問題番号			正答〔例〕	配点
1【リスニング】	問題A	No. 1	ア	各2
		No. 2	ウ	
		No. 3	イ	
	問題B		What movie did you watch? (5語)	3
	問題C		I think you should watch Japanese anime. You can enjoy listening to Japanese and learn many words Japanese speakers often use.	4
2	1		エ	各2
	2		イ	
	3		ウ	
	4		い	
	5	a	ウ	各1
		b	エ	
		c	イ	
		d	ア	
3	1	(1)	No, he didn't.	各2
		(2)	Because only half of the class came.	
	2		how to make the chorus	2
	3		イ，ウ	2
	4		good	2
	5		イ	2
	6	(1)	seen	2
		(2)	share the responsibility with the other members (7語)	3
4			I agree with the idea for two reasons. First, we can change the size of words and pictures on e-books. If some pictures are small, we can make them bigger. Second, e-books are easier to carry around. For example, ten paper books are usually heavy, but ten e-books are not. (50語)	8

数学

問題番号		正答〔例〕	配点
1	(1)	1	各2
	(2)	$-\frac{15}{22}$	
	(3)	$\begin{cases}x=-3\\y=2\end{cases}$	
	(4)	$-\sqrt{6}$	
	(5)	$y=\frac{1}{3}x^2$	
	(6)	9	
	(7)	$\sqrt{33}$	
	(8)	ア	
2	(1)	$\frac{54}{25}\pi$	各3
	(2)	$\frac{2}{9}$	
	(3)	イ，エ，オ（順不同全解）	
3	(1)	$y=x+3$	2
	(2)	$-\frac{14}{3}$	3
4		△AEF と△AGF において AC⊥BG であるから ∠AFE＝∠AFG＝90° ………① 共通な辺であるから AF＝AF ………② また，$\overset{\frown}{AB}$ に対する円周角は等しいから ∠ACD＝∠AGF ………③ △ADC は，∠ADC＝90°の直角三角形であるから ∠EAF＝90°－∠ACD ………④ △AFG は，∠AFG＝90°の直角三角形であるから ∠GAF＝90°－∠AGF ………⑤ ③，④，⑤より， ∠EAF＝∠GAF ………⑥ ①，②，⑥より，1組の辺とその両端の角がそれぞれ等しいから △AEF ≡△AGF	5
5	(1)	xの値を決めると，それに対応するyの値がただ1つ決まるから。	2
	(2) グラフ	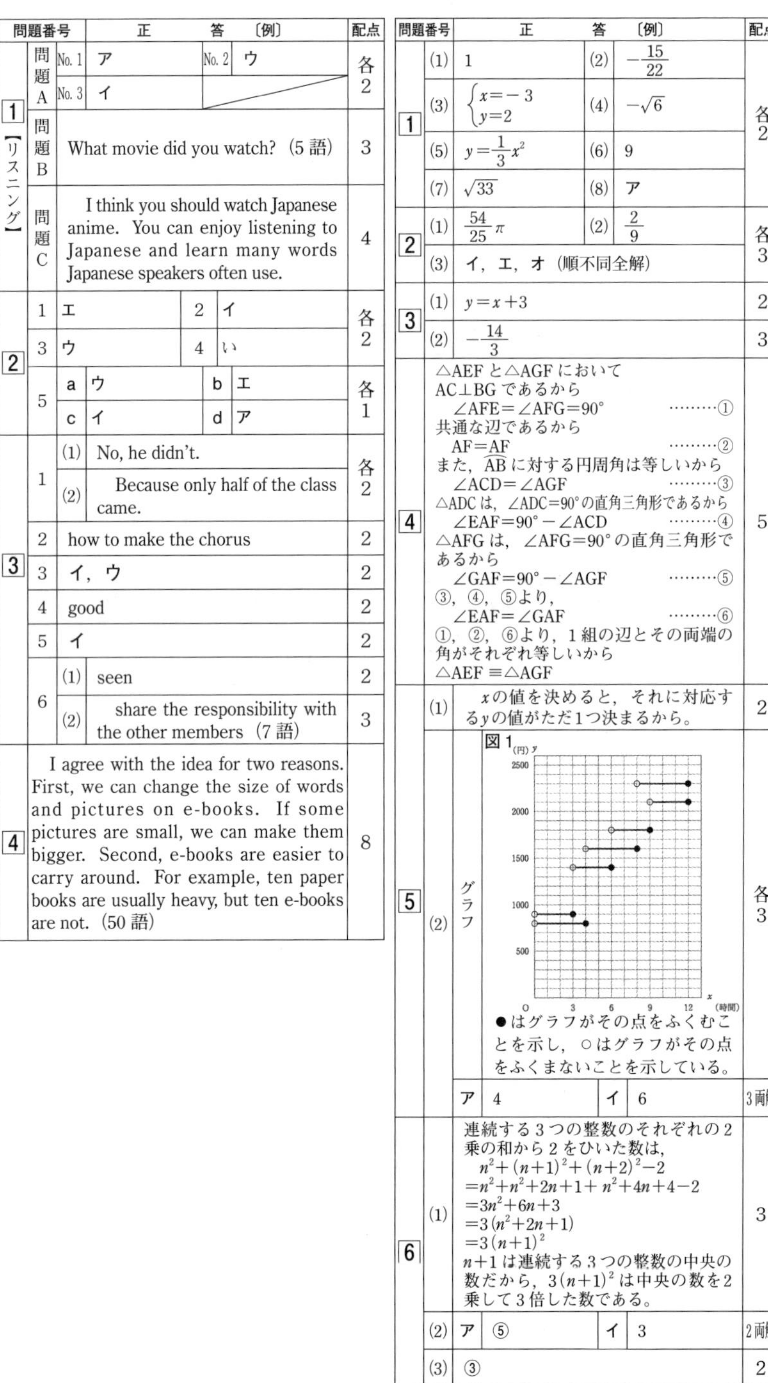 図1 ●はグラフがその点をふくむことを示し，○はグラフがその点をふくまないことを示している。	各3
		ア 4　イ 6	3両解
6	(1)	連続する3つの整数のそれぞれの2乗の和から2をひいた数は， $n^2+(n+1)^2+(n+2)^2-2$ $=n^2+n^2+2n+1+n^2+4n+4-2$ $=3n^2+6n+3$ $=3(n^2+2n+1)$ $=3(n+1)^2$ $n+1$は連続する3つの整数の中央の数だから，$3(n+1)^2$は中央の数を2乗して3倍した数である。	3
	(2)	ア ⑤　イ 3	2両解
	(3)	③	2

理科

問題番号				正答〔例〕	配点
1	1	(1)		エ	各2
		(2)		（図）	
		(3)	記号	イ	2
			正しい語	根	
	2	(1)		栄養生殖	2
		(2)	a	1	2
			b	単子葉	
		(3)	c	ウ	3
			d	花弁が互いに離れている	
2	1	(1)		恒星	各2
		(2)		イ	2
		(3)		球形	2
	2			ウ→エ→イ→ア	2
	3	(1)		エ	各2
		(2)		ウ	
3	1	(1)		誘導電流	各2
		(2)		ウ	
		(3)	記号	ア	2
			理由	コイルを通過する棒磁石の速さが，Bの位置の方が大きくなるため。	
	2			イ	各2
	3	(1)		風力	
		(2)		運動エネルギーが電気エネルギーに変換されるため。	3
4	1			イ	各2
	2	(1)		ウ	
		(2)		電解質	1
		(3)		NaCl	各2
		(4)		0.80	
		(5)		イ，オ	3

社会

問題番号			正答〔例〕	配点
1	1	(1)	B	各2
		(2)	ア	
	2		ウ	
	3		ウ	
	4		東京都に出荷するためには他の産地より高い輸送費がかかるが，冬期には他の産地より温暖な気候をいかして生産費を安く抑えられるため。	4
2	1		ウ	各2
	2		エ	
	3		イ	
	4		浮世絵	
	5		主要な輸出品だった生糸を，製糸業が盛んだった都市から輸出港のある横浜まで，鉄道で輸送できるようにするため。	3
	6		イ	2
3	1	(1)	エ	各2
		(2)	ア	
		(3)	ア	
	2	(1)	直接税	
		(2)	グラフⅠから，消費税は，税収が所得税や法人税より安定していることが分かり，国民の生活を支える社会保障の財源としてふさわしいといえるため。	4
4	1		石油危機（オイル・ショック　もよい）	各2
	2		い	
	3		より賃金が高い国に移動して働く	3
	4		エ	2
	5	A	増えてきているのに，配達にかけられる労働力が限られる	各2
		B	再配達を減らす	

国語

問題番号			正答〔例〕	配点
一	1	㋐	層	各1
		㋑	静	
		㋒	とうだん	
		㋓	あこが	
		㋔	とうじょう	
	2		イ	各2
	3		顔なじみ	
	4		ウ	
	5		「大人」の都合でとりあえずされるもので，回答者や子どものことを考えていない（37字）	4
	6	Ⅲ	近い距離で同じ空間にいることが奇跡のように思えた（24字）	3
		Ⅳ	遠い存在だと感じていた尊敬する人が，視線を向けながら，自分たちに向けた言葉を送ってくれた（44字）	4
二	1		性質	各2
	2		イ	
	3		ウ	3
	4		気候変動に伴ってある生物の分布や性質が変化すると，それによりその生物と関係して暮らす他種の生物に，衰退や，時に絶滅を引き起こすほどの影響が及びかねないから。（78字）	5
	5	(1)	環境の変化に対する生物の反応	各3
		(2)	イ	
三	1		わく	1
	2		エ	2
	3		見ルレ 之ヲ	1
	4		賜の行動を手本とすると，魯の国の人が自国の人を金を払って救っても，国からの金を受け取れず，自国の人を救うためには，自ら金を負担しなければならないことになる（77字）	6

令和６年度　問題解説

〈英　語〉

2

春花　：私たちの学校は去年中古の服を寄付しました，ですから私たちはそれについて話したいと思います。

ジョン　：わかりました。私たちの学校は以前，食べ物やその他のものを何度か寄付したことがあります，ですから，私は私たちの経験をあなたと共有することができます。

太郎　：すばらしい！まず，私はなぜ中古の服を寄付することに決めたのかを話そうと思います。社会の授業で，私たちの先生がこのグラフを見せ，日本では人々が中古の服をどのように手放しているか教えてくれました。グラフは［　A　］パーセントの服が捨てられたことを示しています，そして，たった3％の服が誰かにあげたり，寄付されたりしました。先生はまた人々はまだ再利用やリサイクルができる服を捨てていると言いました。私たちがもし私たちが中古の服を寄付すれば，私たちは捨てられる服の量を減らすことができるのではないかと考えました。

春花　：［　あ　］私たちが中古の服を寄付すると決めた後，私たちはアジアのいくつかの国の人々に中古の服を寄付しているNPOをみつけました。それから，私たちは私たちの学校の生徒から中古の服を集めました。

ジョン　：なるほど。それで，何も問題はありませんでしたか？

太郎　：いいえ。［　い　］私たちがたくさんの種類の中古の服を集めた後，私たちはそのNPOが冬服を受け入れていないことに気付きました。彼らは服をアジアの暑い地域に住んでいる人々にだけ送っていたのです。ですから，私たちは生徒からもらった中古の服から冬服を取り除き，残りをそのNPOに送らなければなりませんでした。①これは人々の本当に必要としているものについて私たちが考えなかったことから起こりました。

春花　：私たちは中古の服を受け取る予定の人々についてもっと学ぼうとすべきです。もし私たちが彼らのことをよりよく理解すれば，私たちは彼らが必要としているものがわかるでしょう。では，あなたたちの学校での活動について教えてくれませんか？

ジョン　：［　う　］私たちはあなたたちと同じような経験をしました。私たちの学校が最初に寄付をしたとき，私たちは私たちが使わない物を集めました。私たちはこれらの物を私たちの町で困っている家庭にあげようとしましたが，いくつかの家庭はそれを受け入れませんでした。

春花　：それから，［　B　］？

ジョン　：私たちは何を必要としているか彼らに尋ねました。彼らは私たちに食べ物が必要だと教えてくれました。私たちは私たちの学校の生徒から集めた物を売ることに決めました。私たちはそれらの物を売ることによってお金を手に入れました，それからその手に入れたお金で，私たちは食べ物を買いそれらを家庭にあげました。

太郎　：なるほど。物をあつめて売ることはいい考えだと思います。

ジョン　：［　え　］人々を助ける方法はたくさんあります。結局，私たちが人々を助けたいのであれば，他人を，そして彼らが何を必要としているかを理解することが重要です。

1．グラフ１より68％の服がごみとして廃棄されている。

2．ア　太郎と春花は中古の服を捨てることに決めた。

　イ　太郎と春花は彼らの学校の生徒にもらった中古の服からいくつかの服を取り除き，残りをNPOに送らなければならなかった。

　ウ　太郎と春花は中古の服をいくつかの外国に送っているNPOをみつけた。

　エ　太郎と春花は彼らの学校の生徒からもらった中古の服を売ることによってお金を手に入れた。

　下線部①の直前の太郎の発言の内容に着目する。

3．［　B　］を含む春花の発言の次のジョンの発言で具体的な行動が書かれているので何をしたのかを聞いていることがわかる。

4．［　い　］の直前の「それで，何も問題はありませんでしたか？」というジョンの問いかけに対して太郎が「いいえ。」と答えていることから何か問題があったことがわかる。

5．

> 親愛なるジョンへ
> 　先週は学校を訪ねてくれてありがとう。私たちは私たちの経験をあなたたちに（　a　）できてうれしかったです。私たちがあなたたちと話したように，他人を助けるためには，私たちは彼らが何を（　b　）しているかを理解すべきです。ですから，私たちが次に中古の服を寄付する前に，私たちは服を受け取る予定の人々についてより多くの情報を（　c　）するつもりです。もし，私たちが彼らや彼らの生活についてもっと知ることができれば，私たちは役に立つ服を彼らに（　d　）することができます。近いうちにまた話をしましょう！
> 太郎より

　ア　与える　　　イ　見る（look for：探す）

　ウ　共有する　　エ　必要とする

　ジョンの第１発言，第５発言に着目する。cはforが続いていることに着目する。

3

　あなたは雁がＶ字隊形で飛ぶことを知っていますか？私はこの隊形について高校の授業で初めて聞き，このようにして彼らがより遠くまで飛ぶことができることを学びました。雁がＶ字隊形で飛んでいる間，彼らは交替でこの隊形を先導します。先頭の雁が疲れたら，その雁は後ろに下がり別の雁が前に来ます。このようにして彼らは負担を共有し，より遠くへ飛ぶのです。

　私がこの話を聞いた時，私は中学生のときにあった合唱コンクールについて思い出しました。そのコンクールでは，私が吹奏楽部で①私が合唱をよりよくする方法を知っていると思ったので，私がクラスのリーダーになりました。

　５月に，私たちはコンクールのために歌を歌う練習を始めました。私はクラスメイトに「一生懸命練習して優勝しよう！」と言いました。私たちは毎日歌う練習をしました，しかし，私は私たちの合唱はよくなっていないと思いました。私は私たちの合唱の悪いところをいつもクラスメイトに話していました。

　コンクールまであと２週間となったある日，私たちは音楽室で歌う練習をしようとしていて，私はみんなに来るように頼みました。しかし，クラスのたった半分しか来ませんでした。私は怒って「今日は練習できない。」と言いました。すると，クラスメイトの一人が「何だって？私たちは練習するためにここに来たんだ！」と言いました。私は何も言えませんでした。そのとき，別のクラスメイトのキョウカが言いました。「健一はいつも私たちの合唱のことについて考えているから疲れている。私たちは彼を助けるべきだよ。」彼女は前に来て言いました。「今日は何を練習したい？」何人かの生徒は彼女に歌の最初を練習したいと言いました。彼女は「わかった。そのパートの練習をしましょう。いいよね，健一？」と言いました。私は「うん…」と言いました。キョウカは「みんな，笑顔で！そう！完璧！」と言いました。全員が笑顔で，より大きな声で歌いました。彼女は「私たちの合唱はよくなってる！私たち，優勝できるよ！」と言いました。

　練習の後，私は彼女のところへ行き「僕を助けてくれてありがとう。」と言いました。彼女はただ微笑んだだけでした。私は「君は僕よりも彼らのことをわかっているから，僕の代わりにリーダーになるべきだよ。」と言いました。彼女は「あなたはよいリーダーだと私は思う，だってあなたは強い情熱を持っているから。コンクールまでまだ２週間ある。私たちは優勝することができる！」私はキョウカと話した後，私は何がクラスにとって一番良いかをあれこれ考え，②いくつかの決心をしました。

　次の日，私はキョウカに私と一緒に交代でクラスのリーダーをやってほしいと頼みました。私は彼女に「君はクラスメイトが歌う練習をしているときに［　　　］事を言うことができる。もし僕と君がリーダーになれば，僕たちの合唱はもっとよくなるだろう。」キョウカは数分考えて「はい。」と言いました。キョウカと私は合唱についてクラスに向かって交代で話しました。

　私はまた，ほかのクラスメイトにも合唱についてどう考えているかをクラスに向かって話すよう頼みました。たくさんのクラスメイトが合唱についてどう考えているかを話し，何人かの生徒はクラスを応援しました。それが私たちの合唱をよくしました。

合唱コンクールでは，私たちはベストを尽くし，私たちの合唱は素晴らしかったです。私たちは優勝することはできませんでしたが，クラスの全員が合唱コンクールはいい思い出だと言いました。

この経験から，私はたった一人のメンバーでチームのパフォーマンスを向上させることは難しいことを学びました。メンバーそれぞれがほかのメンバーに対する責任を共有すると，チームはよりよい結果を出すことができます。

1．⑴ 健一は雁のＶ字隊形を中学校で学びましたか？
→第１段落第２文より高校で学んでいる。
⑵ 健一はなぜ「今日は練習できない」と怒って言ったのですか？
→第４段落第１文から第２文で全員に練習に来るように言ったのにクラスの半分しか来なかったから。

2．how to 動詞の原形：～の仕方

3．ア 健一はクラスメイトに笑顔でもっと大きな声で歌うように言うことを決めた。
イ 健一はキョウカと健一がリーダーになるべきだとキョウカに言うことを決めた。
ウ 健一はクラスメイトに自分たちの合唱についてどう考えているかクラスで共有してもらうように頼むことを決めた。
エ 健一は合唱コンクールのために歌の練習することをやめることに決めた。

第６段落の健一の発言第２文に「もし僕と君がリーダーになれば，僕たちの合唱はもっとよくなるだろう。」，第７段落第１文に「私はまた、ほかのクラスメイトにも合唱についてどう考えているかをクラスに向かって話すよう頼みました。」とある。

4．第３段落第４文の「私は私たちの合唱の悪いところをいつもクラスメイトに話していました。」という健一と，第４段落の練習で「そう！完璧！」「私たちの合唱はよくなってる！私たちは優勝できるよ！」などのキョウカの発言との対比から考える。

5．ア 雁がＶ字隊形で飛ぶとき，リーダーの雁は決して疲れを感じない。
イ ５月に，健一のクラスは合唱コンクールの練習を始めた。
ウ キョウカは健一はよいリーダーだと思っていなかった。
エ 健一のクラスは合唱コンクールで優勝した。

第３段落第１文に「５月に，私たちはコンクールのために歌を歌う練習を始めました。」とある。

6．

広子：あなたの作文は本当に良かったです。
健一：ありがとう。
広子：私はあなたの作文の冒頭が好きです。私は雁のＶ字隊形について知りませんでした。あなたは今まで雁のＶ字隊形を［ a ］ことがありますか？
健一：いいえ，しかしそれらをいつか見てみたいです。
広子：私はチームのパフォーマンスを向上させる方法についてのあなたの考えも好きです。私はバレー部のキャプテンです，そして私は私たちのチームをもっと強くしたいです。私はあなたの作文を読んだ後，私は部員それぞれが［ b ］することが重要であることがわかりました。もし私たちがそうすれば，私たちはよりよい結果を出すことができます，よね？
健一；はい，私はメンバーそれぞれがそうすることが重要だと思います。

⑴ 直後の健一の発言で「いつかそれら（＝雁のＶ字隊形）を見てみたい」とある。また，現在完了の経験用法であるから過去分詞にする。
⑵ 健一の作文の第９段落第２文に同じ内容が書かれている。

4 省略

〈理　科〉

1 1 （1） 広い視野を確保するためにルーペを目に近づけて固定し，観察する物が動かせる物であれば観察する物を動かし，動かせない物であれば顔を動かす。
（3） シダ植物は根・茎・葉の区別があり，仮根ではなく根が正しい。
2 （2） たくさんの細い根（＝ひげ根）を持っているのは子葉が１枚の単子葉類である。
（3） 太い根（＝主根）とそこからのびる細い根（＝側根）を持つグループの双子葉類からさらに２つのグループに分かれるのは，合弁花類，離弁花類の区別である花弁のつくりが当てはまり，ブロッコリーはダイコン，キャベツと同じ分類であるから，表１より花弁が互いに離れている離弁花類であることがわかる。

2 1 （2） 時間の経過によって天体が動いているように見えるのであるから，自転によっておこる見せかけの運動である日周運動を選べばよい。
（3） 黒点の位置が移動していることから太陽が自転をしていることがわかり，形が中心部では円形，周辺部ではだ円形に見えることから球体であることがわかる。
2 太陽から近い惑星は密度の大きい地球型惑星，遠い惑星は密度の小さい木星型惑星である。地球型惑星はウとエであるが，大気がほとんどないウは太陽に最も近い惑星の水星であり，ウ→エの順になる。また，木星型惑星のアとイについてみると，質量が最も大きいのが木星型惑星の中で最も内側にある木星であり，イ→アの順になる。
3 （1） ８月と比べて 12 月は地球と金星との距離が離れている。地球と金星との距離が離れれば離れるほど大きさは小さくなり，形は欠け方が小さくなる。
（2） 地球の公転周期は１年であるから１年で１周し，この年の 12 月と同じ位置にある。これに対し金星の公転周期は０．６２年であるから，１÷0.62 ≒ 1.6 周し，大体９月の位置にあると考える。よって，夕方に太陽と同じ方角である西の空に見える。

3 1 （2） 実験１で上からＮ極を近づけると検流計の針が左にふれていることを基準にして考える。実験２でＳ極を下にした棒磁石を落下させることは，上からＳ極を近づけた後，下からＮ極を遠ざけていることであると考える。まず上からＳ極を近づけていることは，実験１と極が逆でそれ以外は同じなので実験１と逆の右にふれる。次に，下からＮ極を遠ざけると考えると，実験１と方向と動かし方が逆なので，実験１と同じ左にふれる。
（3） 物質を落下させると速度が時間の経過とともに大きくなるので，Ａの位置よりもＢの位置のほうが棒磁石の速度は大きい。また，誘導電流はコイルを速く近づけると大きくなる。
2 コイルＣに電流を流すと磁界が発生し電磁石になる。電磁石となったコイルＣをコイルＤに近付けると，コイルＤは電磁石をしりぞけようとする磁界を作り，この磁界を作るために誘導電流が流れる。
コイルＣに逆向きの電流を流した場合，コイルＣの磁界の向きは逆になり，実験１同様コイルＤはコイルＣをしりぞけようとするので，コイルＤにできる磁界の向きも逆になる。磁界の向きが逆であれば流れる電流の向きも逆になり，Ｚの向きに電流が流れる。
3 （1） 風力エネルギー→運動エネルギー→電気エネルギー→光エネルギーのようにエネルギーが移り変わる風力発電である。
（2） 風力エネルギーを全て運動エネルギーに変えていたのが，運動エネルギーを電気エネルギーに変換した分運動エネルギーが減少し，プロペラの回転する速さが小さくなる。

4 1 イ以外はアルカリ性の水溶液の性質である。
2 （1） メスシリンダーは真横から水平に見て，液面の平らになっている部分を１目盛りの 10 分の１まで読む。図３よりメスシリンダーに入っている塩酸の体積は 25.5cm^3 なので，50 － 25.5 ＝ 24.5(cm^3) 加えたらよい。
（3） 塩酸と水酸化ナトリウムの中和の化学式は
$HCl + NaOH \rightarrow NaCl + H_2O$
水溶液Ｂは酸性であり完全には中和していないことがわかる。

酸性の水溶液中にはCl^-とH^+とNa^+が存在し，Cl^-のほうがNa^+より数が多く，蒸発させると，中和によってできた塩である$NaCl$とH_2，Cl_2が得られるが，H_2，Cl_2は気体であるため，$NaCl$の結晶のみが得られる。

（4） 中性の水溶液である水溶液Cは水素イオンと水酸化物イオンの数が同じであり，このときの体積比が

塩酸：水酸化ナトリウム水溶液＝10：8.0＝5：4

であるから，同じ体積中のイオンの数の比は

塩酸：水酸化ナトリウム水溶液＝4：5

となる。よって，同じ体積の塩酸中の水素イオンの数は水酸化ナトリウム中の水酸化物イオンの数の4÷5＝0.8倍である。

（5） まず，酸性の水溶液中には水素イオンが含まれているので，イは正しい。

次に，塩酸に水酸化ナトリウム水溶液を加える時の水溶液中のイオンの数について考えると，水酸化ナトリウム水溶液を加えると電離して同数の水酸化物イオンとナトリウムイオンになる。水酸化物イオンは塩酸の中の水素イオンと結びついて水になり，塩酸中の水素イオンが減少するが，同数のナトリウムイオンが増えるので結果としてイオンの数は変化しない。水溶液Cが中性になってからは，中和は起こらないため，水酸化ナトリウム水溶液を加えた分だけ，水溶液中のイオンの数は増加する。

〈数　学〉

1 (1) $9+4\times(-2)=9-8=1$

(2) $\frac{5}{11}\div\left(-\frac{2}{3}\right)=\frac{5}{11}\times\left(-\frac{3}{2}\right)=-\frac{15}{22}$

(3) $\begin{cases}3x+2y=-5 & \cdots① \\ -x+3y=9 & \cdots②\end{cases}$

①＋②×3 より　$11y=22$，$y=2$

②に代入して，$-x+6=9$，$x=-3$

(4) $(\sqrt{6}+2)(\sqrt{6}-3)=6-3\sqrt{6}+2\sqrt{6}-6$

$=-\sqrt{6}$

(5) $y=ax^2$ とすると，代入して，$12=36a$，$a=\frac{1}{3}$ より，

$y=\frac{1}{3}x^2$

(6) $360\div40=9$

(7) 三平方の定理より，$AC=\sqrt{7^2-4^2}=\sqrt{33}$

(8) はじめに袋の中に入っていた黒玉の個数を x 個とすると，

$35:14=450:x$　　　$\therefore x=180$

2 (1) ・側面積…$3\times3\times\pi\times\frac{72}{360}=\frac{9}{5}\pi\,\mathrm{cm}^2$

・底面積…$\overset{\frown}{AB}=3\times2\times\pi\times\frac{72}{360}=\frac{6}{5}\pi\,\mathrm{cm}$ より，

底面の半径を $x$cm とすると，$2x\times\pi=\frac{6}{5}\pi$，

$x=\frac{3}{5}$ より，底面積は$\frac{3}{5}\times\frac{3}{5}\times\pi=\frac{9}{25}\pi\,\mathrm{cm}^2$

したがって，表面積$=\frac{9}{5}\pi+\frac{9}{25}\pi=\frac{54}{25}\pi\,\mathrm{cm}^2$

(2)

	1	2	3	4	5	6
1	2	3	4	5	⑥	7
2	3	4	5	⑥	7	8
3	4	5	⑥	7	8	7
4	5	⑥	7	8	7	⑥
5	⑥	7	8	7	⑥	5
6	7	8	7	⑥	5	4

より，$\frac{8}{36}=\frac{2}{9}$

(3) ア　18m なのは中央値なので不適。

ウ　A 班の範囲＝32－7＝25

B 班の範囲＝35－11＝24

より，不適。

3 (1) $x=-6$ を $y=\frac{18}{x}$に代入すると，$y=\frac{18}{-6}=-3$ より，$C(-6,\ -3)$，$D(6,\ 9)$より，直線 CD を $y=ax+b$ とおいて，$(-6,\ -3)$，$(6,\ 9)$を代入して，連立方程式を解けばよい。

(2)

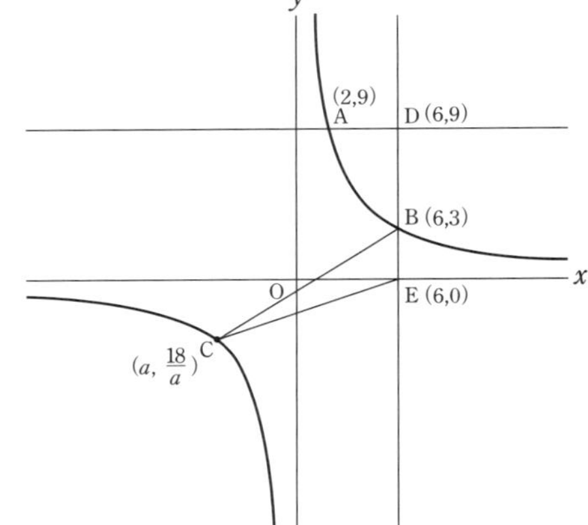

D(6, 9)，E(6, 0)

A…$y=\frac{18}{x}$に $y=9$ を代入して，$x=2$　　$\therefore A(2,\ 9)$

B…$y=\frac{18}{x}$に $x=6$ を代入して，$y=3$　　$\therefore B(6,\ 3)$

したがって，$\triangle ABD=4\times6\times\frac{1}{2}=12$

$\triangle ABD:\triangle BCE=3:4$ より，$\triangle BCE=12\times\frac{4}{3}=16$，　ここで，点 C の x 座標を a とすると，点 C は $y=\frac{18}{x}$上にあるので，$C\left(a,\ \frac{18}{a}\right)$

よって，$\triangle BCE=3\times(6-a)\times\frac{1}{2}=16$

$a=-\frac{14}{3}$

6 (2) $n^2+(n+1)^2+(n+2)^2-5$

$=3n^2+6n$

$=3n(n+2)$

(3) $n^2+(n+1)^2+(n+2)^2+(n+3)^2-5$

$=4n^2+12n+9$

$=(2n+3)^2$

$=\{(n+1)+(n+2)\}^2$

〈国　語〉

一 2　直前の「顔を輝かせて」に注目する。

4　花井さんが綿引先生のことを知っていたことで，驚いた様子が読み取れる。

5　傍線部②直後に注目する。

6　Ⅲ　Ⓐ直後に注目する。

Ⅳ　尊敬している花井さんが生徒に視線を向けながら話をしている場面である。

二 1　直前の「上手く暮らせる性質をもったものが生き残り」に注目する。

2　直前の「絶滅してしまうかもしれません」、直後の「絶滅をもたらすわけではありません」に注目すると、逆接の接続詞が入ることがわかる。

3　直前の段落に注目する。

4　第十二段落をまとめればよい。

5　(1)　第三段落に書かれてある。

(2)　海水温上昇と小型化の影響について調べるには、乱獲された時期は関係ない。

三【現代語訳】

孔子が言うには,「賜、これは間違っている。これから後の魯の国の人は、人を救出しなくなるだろう。その金をもらっても、善行を損なうことはなく、その金をもらわなければ、二度と人を救出しない。」と。

子路は、溺れている者を救助した。その人は牛を謝礼としてあげ、子路はこれを受け取った。孔子が言うには、「魯の国の人は必ず溺れている者を救助するだろう。」と。

孔子は細部まで見て、成り行きを遠くまで見通していた。

広319→

広 320 →

広島県公立入試（社会）に出た年号のすべて

㈱ガクジュツ

57	倭の奴国が後漢より金印をうける
603	聖徳太子が冠位十二階を定める
604	聖徳太子が十七条の憲法を制定
607	法隆寺建立／小野妹子が遣隋使として派遣
618	唐建国
630	遣唐使の始まり
663	白村江の戦い
672	壬申の乱
676	新羅が朝鮮半島統一
701	大宝律令の制定
708	和同開珎
743	墾田永年私財法の制定
752	東大寺の大仏がつくられる（開眼供養）
759	鑑真が唐招提寺を開く
794	都を京都に移し平安京とする
894	遣唐使の廃止
935	平将門の乱
1016	藤原道長が摂政となる
1017	藤原頼通が摂政となる
1053	平等院鳳凰堂が建てられる
1086	白河上皇が院政を始める
1124	中尊寺金色堂が建てられる
1156	保元の乱
1159	平治の乱 ➡ 67平清盛が太政大臣となる
1179	平清盛が宋と貿易をはかる（日宋貿易）
1185	守護・地頭が認められる
1192	源頼朝が征夷大将軍となる
1221	承久の乱／六波羅探題の設置
1232	北条泰時が御成敗(貞永)式目を定める
1274	文永の役 ］元寇
1281	弘安の役 ］元寇
1297	永仁の徳政令
14C 初め	イタリアでルネサンスがおこる
1333	鎌倉幕府滅ぶ
1336	南北朝時代（～92）
1392	足利義満が南北朝統一
1397	足利義満が金閣寺建立
1404	勘合貿易が始まる
1467～77	応仁の乱
1488	加賀の一向一揆
1489	銀閣が建てられる
1498	バスコ＝ダ＝ガマのインド到着
1517	ルターの宗教改革
1543	ポルトガル人が種子島に鉄砲を伝える
1549	キリスト教伝来（フランシスコ＝ザビエル）
1582	秀吉の太閤検地
1583	大阪城を建て始める
1588	刀狩令を出す
1603	徳川家康が征夷大将軍になる（江戸幕府成立）
1607	第一回目朝鮮通信使
1615	武家諸法度
1635	参勤交代の制度（武家諸法度改定）
1637	島原の乱
1639	鎖国が完成
1641	出島にオランダ商館を移す
1716	享保の改革
1772～	田沼意次の政治
1787	寛政の改革
18C 後半	イギリスで産業革命
1776	アメリカ独立宣言
1837	大塩平八郎の乱
1840	アヘン戦争 ➡ 42南京条約
1841	天保の改革
1853	ペリーが浦賀に来る
1857	インドの大反乱（対イギリス）
1858	日米修好通商条約（函館・神奈川・長崎・新潟・兵庫の5港開く）
1866	薩長同盟
1867	大政奉還
1868	戊辰戦争／五箇条の御誓文　～明治維新～
1871	郵便制度制定／岩倉具視ら欧米へ派遣／廃藩置県
1872	太陽暦の採用／富岡製糸場開設／鉄道開通
1873	地租改正（⬅ 72地券の発行）
1874	板垣退助ら民撰議院設立建白書 ➡ 自由民権運動
1880	国会期成同盟をつくる
1881	自由党の結成
1882	福島事件／伊藤博文をヨーロッパへ派遣（憲法取調べの為）
1883	鹿鳴館が建てられる
1884	秩父事件
1889	大日本帝国憲法
1890	第一回帝国議会開催
1894	日清戦争／治外法権の撤廃
1895	下関条約／三国干渉
1901	八幡製鉄所の操業開始
1905	ポーツマス条約
1911	関税自主権の回復（条約改正）
1912	護憲運動
1914	第一次世界大戦始まる
1918	米騒動
1919	パリ講和会議／ベルサイユ条約／五・四運動
1920	国際連盟発足
1921	ワシントン会議 ➡ 日英同盟廃棄
1925	普通選挙法の制定／ラジオ放送開始／治安維持法公布
1929～32	世界恐慌
1933	国際連盟脱退／ルーズベルトのニューディール政策
1938	国家総動員法公布
1940	日独伊三国軍事同盟
1945	ポツダム会談／財閥解体
1946	農地改革／日本国憲法公布
1947	独占禁止法／教育基本法公布
1948	イスラエル共和国成立
1951	サンフランシスコ平和条約／日米安全保障条約締結
1953	テレビ放送開始
1955	インドネシアのバンドンにてアジア・アフリカ会議
1956	日ソ共同宣言 ➡ 日ソ国交回復／国際連合加盟
1961	ベオグラード会議（非同盟諸国会議）
1965	日韓基本条約の締結
1967	公害対策基本法／ASEAN 結成
1968	日本の国民総生産が資本主義国第2位となる
1970	大阪で万国博覧会開催
1972	スウェーデン・ストックホルムで国連人間環境会議開催（かけがえのない地球）
1972	日中国交正常化 ➡ 78日中平和友好条約調印
1973	石油危機（オイルショック）⬅第四次中東戦争
1975	主要先進国首脳会議（サミット）始まる
1978	国連軍縮特別総会、日中平和友好条約の締結
1979	エジプト・イスラエル平和条約調印
1986	バブル経済の開始
1989	ドイツ・ベルリンの壁撤去
1990	東西ドイツ統一
1993	パレスチナ暫定自治協定（イスラエルと PLO「パレスチナ解放機構」）
1997	香港・中国に返還

過去に出た文化

天平文化	大伴家持「万葉集」・「風土記」・「日本書紀」
	正倉院・空海の真言宗
国風文化	紫式部「源氏物語」
	紀貫之ら「古今和歌集」
	清少納言「枕草子」
	平等院鳳凰堂
鎌倉文化	（作者不詳）「平家物語」「新古今和歌集」
東山文化	能楽が大成される・水墨画・書院造・石庭
桃山文化	千利休が茶の湯を大成
元禄文化	宮崎安貞「農業全書」
	井原西鶴→浮世草子「好色一代男」
	松尾芭蕉→俳諧を芸術として成立「奥の細道」
化政文化	杉田玄白・前野良沢「解体新書」
	本居宣長が国学を大成／浮世絵
	十返舎一九「東海道中膝栗毛」
	伊能忠敬「大日本沿海輿地全図」
	滝沢馬琴「南総里見八犬伝」
	与謝蕪村→俳諧を民衆に広める

知っておくべき重要年代

645	大化の改新
1185	壇ノ浦の戦い
1334	建武の新政が始まる
1649	慶安の御触書
1742	公事方御定書
1782	天明の大飢饉
1789	フランス革命／フランス人権宣言
1825	外国船（異国船）打払令
1841	株仲間の解散
1851～64	清で太平天国の乱
1854	日米和親条約
1861	アメリカの南北戦争
1863	リンカーンが奴隷解放宣言／長州藩が外国船を砲撃
1877	西南戦争
1899	義和団事件（の乱）
1902	日英同盟
1904	日露戦争が始まる
1907	三国協商成立（英・仏・露）
1911	辛亥革命 ➡ 12中華民国成立
1915	二十一か条の要求
1917	ロシア革命
1919	ワイマール憲法
1919	三・一独立運動（朝鮮）
1931	満州事変
1948	世界人権宣言
1950	朝鮮戦争勃発
1979	国際人権規約を日本批准

社会資料集 ①

鑑真　奈良時代：天平文化

平等院鳳凰堂　平安時代：国風文化

1053 年　藤原頼通

かな文字（「高野切第一種」の一部）

平安時代：国風文化

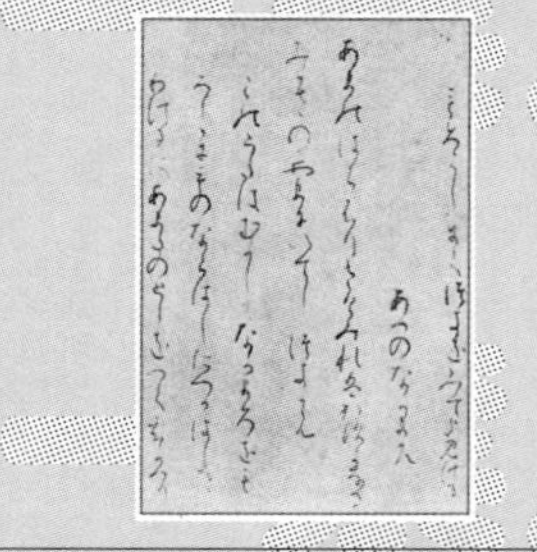

元寇（「蒙古襲来絵詞」）

1274 年　文永の役
1281 年　弘安の役　元寇

定期市（備前国福岡市）（「一遍上人絵伝」）

鎌倉時代

金閣　室町時代

北山文化：足利義満

正長の土一揆の碑文

1428 年

銀閣　室町時代

東山文化：足利義政

南蛮貿易の様子（「南蛮屏風」）　安土桃山時代

江戸時代の農具の進歩

耕作　水あげ　脱穀　選別（もみ殻と玄米を区別する）

寺子屋（渡辺崋山「一掃百態」）

江戸時代

富嶽三十六景（葛飾北斎）

江戸時代：化政文化

北方領土

広 322 →

社会資料集 ②

十七条の憲法の制定（604年）飛鳥時代

一に曰く、和をもって貴しとなし、さからうことなきを宗となせ。（和をたいせつにして、人といさかいをしないようにせよ。）
二に曰く、あつく三宝を敬え。三宝とは仏・法・僧なり。（あつく仏教を信仰せよ。）
三に曰く、詔（天皇の命令）を承りては必ずつつしめ。（天皇の命令をうけたら、かならずしたがえ。）

鎌倉幕府のしくみの一部

将軍―執権
（中央）侍所・政所・問注所
（地方）六波羅探題・守護・地頭

楽市・楽座令（1577年）

一、この地を楽市と命ぜられたからには、いろいろな座の特権や座役などはすべて免除する。
一、往来する商人で、中山道を通る者は、この町（安土）に来て寄宿すること。
一、領国内で徳政を行っても、ここでは免除する。
一、他国からの移住者は、だれでも前からの住民と差別しない。
（安土山下町定「近江八幡市共有文書」）

刀狩（1588年）

一、諸国の百姓が刀・脇指・弓・槍・鉄砲その他、武具を持つことを堅く禁止する。

（「小早川家文書」）

武家諸法度

一、学問と武道にひたすら精を出すようにしなさい。
一、諸国の城は、修理する場合であっても、必ず幕府にもうし出ること。まして新しい城をつくることは厳しく禁止する。
一、幕府の許可なしに、婚姻を結んではならない。（部分要約）

五箇条の御誓文

一　広ク会議ヲ興シ万機❶公論ニ決スベシ
一　上下心ヲ一ニシテ盛ニ経綸❷ヲ行ウベシ
一　官武一途庶民ニ至ル迄、各其志ヲ遂ゲ、人心ヲシテ倦マザラシメン❸コトヲ要ス
一　旧来ノ陋習❹ヲ破リ、天地ノ公道❺ニ基クベシ
一　智識ヲ世界ニ求メ、大ニ皇基❻ヲ振起スベシ

❶すべての政治。❷国を治め民を救う方策。❸あきさせない。❹悪い習慣。攘夷の風潮のこと。❺国際法。❻天皇の政治の基礎。

日本の外交

飛鳥時代⇒隋（遣隋使）
奈良・平安時代⇒唐（遣唐使）
平安終わり⇒宋（日宋貿易、平清盛）
鎌倉時代⇒元（元寇）
室町時代⇒明（勘合貿易、足利義満）
安土桃山時代⇒ポルトガル、スペイン（南蛮貿易）
江戸時代⇒東南アジアの国々（朱印船貿易）
⇒（鎖国、出島）

文化の名前と特色、代表的なもの

飛鳥文化⇒法隆寺（世界最古の木造建築）
天平文化⇒国際色豊か、日本書紀、古事記、万葉集、東大寺大仏、東大寺正倉院
国風文化⇒日本風の文化、寝殿造り、かな文字、源氏物語（紫式部）、平等院鳳凰堂
鎌倉文化⇒素朴で力強い武士の文化、東大寺南大門金剛力士像、平家物語、徒然草（兼好法師）
室町文化⇒北山文化、金閣、能
⇒東山文化、銀閣、書院造、水墨画（雪舟）
桃山文化⇒豪華で壮大な文化、唐獅子図屏風（狩野永徳）、茶の湯の流行（千利休）
江戸時代⇒元禄文化　上方中心、町人中心の派手な文化、浮世絵（見返り美人図）、朱子学、奥の細道（松尾芭蕉）
⇒化政文化　江戸中心、庶民を中心とした文化、蘭学（解体新書）、富嶽三十六景（葛飾北斎）、大日本沿海輿地全図（伊能忠敬）

裁判のしくみの一部

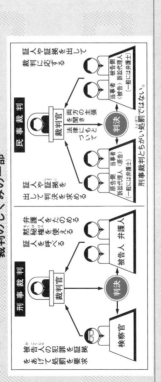

わが国の三権分立

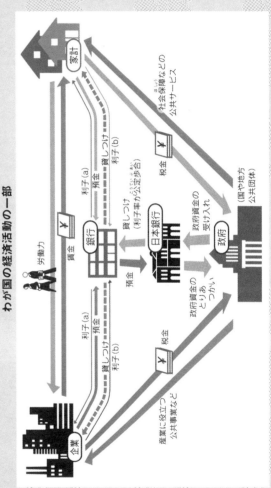

わが国の経済活動の一部

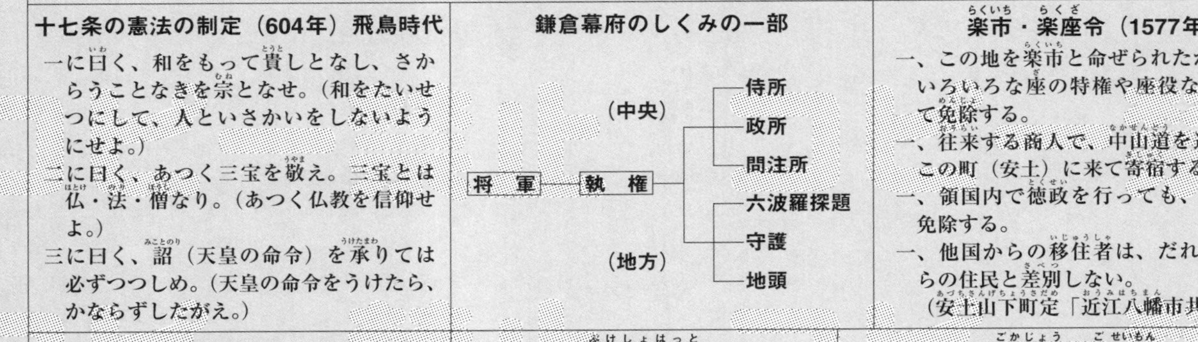

広 323 →

公立高校英単パーフェクト　585

㈱ガクジュツ

able (be able to)
activity
after (↔ before)
ago
alone
always
animal
anyone
arrange
at
away
bank
bear
bed
best
big (↔ little)
blue
borrow
bridge
building
buy (↔ sell)
camp
card
catch
child (children)
clean
cloth
collect
comic
cool (↔ warm)
crane
cup
daughter (↔ son)
delicious
difference
do
draw
drive
earth
else
enough
event
everything
excuse
face
farm
feel
find (→ found)
fish
foot (feet)
forward
front
future
girl

about
actually
afternoon
agree
along
among
another
anything
arrive
ask (↔ answer)
back
baseball
beautiful
before (↔ after)
better
bike
boat
both
bring (↔ take)
bus
cake
can (= be able to)
carefully
chair
choose
clear
cloud (→ cloudy)
college
communicate
country
create
cut
day
desk
difficult (↔ easy)
doctor
dream
during
easy (↔ difficult) (→ easily)
e-mail
enter
ever
exam
expensive
family
fast (↔ slow)
festival
fine
flower
for
free
fruit
game
give

abroad
advice
again
all
already (↔ yet)
and
answer (↔ ask , question)
apple
art
aunt (↔ uncle)
bad (↔ good)
basketball
because
begin (↔ finish)
between
bird
book
boy
brother
busy
call
cap
carry
chance
city
climb
club
color
computer
course (of course)
cry
dance
dear
dictionary
dinner
dog
dress
each
eat (→ ate)
English
even
every
example (for example)
experience
famous
father
few (a few)
finish (↔ begin)
fly
foreign
friend
full
garden
glad

across
afraid
age
almost
also
angry
any
around
as
Australia
ball
bathroom
become
believe
bicycle
birthday
bore
breakfast
build
but
camera
car
cat
change
class
clock
cold
come (↔ go)
cook
cousin
culture
dark
decide
different (↔ same)
dish
doll
drink
early (↔ late)
egg
enjoy (=have a good time)
evening
everyone
exciting
eye
far
favorite
finally
first
food
forest
from
fun
get (→ got)
go (↔ come → went)

広324→

good (↔ bad)
great
guitar
happen
health
high (↔ low)
hold
hope
hour
hungry
important
interesting
invite
junior
kind
language
later
lend
library
listen
look
lunch
many
maybe
memory
minute
more
mountain
museum
national
never
nice
note
number
often
open (↔ close)
out
paper
party (parties)
people
place
play
pool
present
program
racket
raise
really
restaurant
river
sad (↔ glad)
school
season
shall
should
since

goodbye
green
gym
happy
hear
hill
holiday
horse
house
idea
improve
international
job
just
kitchen
large (↔ small)
learn
lesson
life
little
lose
main
map
mean
message
money
morning
move
music
nature
new (↔ old)
night
notebook
o'clock
old (↔ young, new)
orange
outside
parent (parents)
pay
person
plan
player
poor
pretty
put
radio
reach
record
rice
road
salt
schedule
see (→ saw)
shoe(s)
shout
sing

grass
group
half
hard
help
history
home
hospital
how
if
in
into
join
keep
know
last
leave
let
light
live
lot (a lot of)
make (→ made)
math
meet (meeting)
milk
month
most
movie
must (= have to)
near
news
noon
nothing
of
once
other
over
P.E.
peace
piano
plane
please
popular
prize
question (↔ answer)
rain
read
red
ride
room
same (↔ different)
science
sell (↔ buy)
shop
show
sister

graph
grow
hand
have (has → had)
here
hobby
homework
hot
however
imagine
information
introduce
juice
key
lake
late
left (↔ right)
letter
like
long
love
man (men)
may
member
mine
moon
mother
much
name
need
next
north
now
off
only
our
own
park
pencil
picture
plant
point
practice
problem
quickly
rainy
ready
remember
right (↔ left)
run
say (→ said)
sea
send
short
sick (↔ well)
sit (↔ stand)

広 325 →

situation	size	sky	sleep
slowly	small (↔ large)	smile	snow
snowy	so	soccer	some
someday	someone	something	sometimes
son (↔ daughter)	song	soon	sorry
sound	speak	special	speech
spend	sport(s)	stand (↔ sit)	star
start (↔ stop)	station	stay	still
stop (↔ start)	store	story (→ stories)	street
strong	student	study	such
suddenly	sun	support	sure
surprise	swim	table	take (↔ bring)
talk	tall (↔ short)	tea	tear
teach (→ taught)	teacher	team	telephone
television	tell	tennis	test
than	thank	that (↔ those)	then
there	they	thing	think (→ thought)
this (→ these)	through	time	tired
today	together	tomorrow	tonight
too	town	traditional	train
travel	tree	trip	try
turn	umbrella	uncle (↔ aunt)	under
understand	university	until (又は till)	us
use	useful	usually	vacation
very	video	village	visit
voice	volunteer	wait	walk
wall	want	wash	watch
water	way	weak	wear
weather	week	weekend	welcome
well	what	when	where
which	while	white	who
whose	why	will (= be going to)	win
wind	window	winter	with (↔ without)
woman (women)	wonderful	word	work
world	worry	would	write (→ wrote)
year	yellow	yesterday	yet (↔ already)
young (↔ old)			

<季節> spring summer fall (autumn) winter

<曜日> Sunday Monday Tuesday Wednesday Thursday Friday Saturday

< 月 > January February March April May June July August September October November December

< 数 > one two three four five six seven eight nine ten eleven twelve thirteen … twenty thirty forty fifty sixty seventy eighty ninety hundred thousand

<順序> first second third fourth fifth sixth seventh eighth ninth tenth eleventh twelfth

<方位> east west south north

<英熟語・慣用句>

It takes 時間 to do.	in front of	as soon as	listen to ～
That's too bad.	by oneself	be good at	over there
come in	go out	on one's way to	get up
a lot of (＝ many, much)	leave for	more than	walk to school
Here you are.	be looking forward to	how to ～	thank you for ～
You're welcome.	want to	far from	tell 人 to do
There is/are ～	be tired	belong to	be interested in
That's sounds good (great).	be looking for ～	get off	want 人 to do
By the way	take a picture	I see	would like to (＝ want to)

広 326 →

不規則動詞活用表

意味	原形（現在）	過去形	過去分詞	現在分詞	意味	原形（現在）	過去形	過去分詞	現在分詞
	be/am,is/are	was/were	been	being		become	became	become	becoming
	begin	began	begun	beginning		break	broke	broken	breaking
	bring	brought	brought	bringing		build	built	built	building
	buy	bought	bought	buying		catch	caught	caught	catching
	come	came	come	coming		cut	cut	cut	cutting
	do,does	did	done	doing		draw	drew	drawn	drawing
	drink	drank	drunk	drinking		drive	drove	driven	driving
	eat	ate	eaten	eating		fall	fell	fallen	falling
	feel	felt	felt	feeling		find	found	found	finding
	fly	flew	flown	flying		forget	forgot	forgot(ten)	forgetting
	get	got	got(ten)	getting		give	gave	given	giving
	go	went	gone	going		grow	grew	grown	growing
	have,has	had	had	having		hear	heard	heard	hearing
	keep	kept	kept	keeping		know	knew	known	knowing
	leave	left	left	leaving		lend	lent	lent	lending
	lose	lost	lost	losing		make	made	made	making
	mean	meant	meant	meaning		meet	met	met	meeting
	pay	paid	paid	paying		put	put	put	putting
	read	read	read	reading		ride	rode	ridden	riding
	ring	rang	rung	ringing		rise	rose	risen	rising
	run	ran	run	running		say	said	said	saying
	see	saw	seen	seeing		sell	sold	sold	selling
	send	sent	sent	sending		set	set	set	setting
	show	showed	shown	showing		sing	sang	sung	singing
	sit	sat	sat	sitting		sleep	slept	slept	sleeping
	speak	spoke	spoken	speaking		spend	spent	spent	spending
	stand	stood	stood	standing		swim	swam	swum	swimming
	take	took	taken	taking		teach	taught	taught	teaching
	tell	told	told	telling		think	thought	thought	thinking
	throw	threw	thrown	throwing		understand	understood	understood	understanding
	wake	woke	woken	waking		wear	wore	worn	wearing
	win	won	won	winning		write	wrote	written	writing

形容詞・副詞の比較変化表

語尾の子音字を重ねて，-er，-estをつける語

意味	原級	比較級	最上級
大きい	big	bigger	biggest
熱い	hot	hotter	hottest
うすい	thin	thinner	thinnest
赤い	red	redder	reddest
太った	fat	fatter	fattest

語尾のyをiにかえて-er，-estをつける語

意味	原級	比較級	最上級
忙しい	busy	busier	busiest
簡単な	easy	easier	easiest
早い・早く	early	earlier	earliest
乾いた	dry	drier	driest
幸福な	happy	happier	happiest
騒がしい	noisy	noisier	noisiest
かわいい	pretty	prettier	prettiest
重い	heavy	heavier	heaviest

不規則変化をする語

意味	原級	比較級	最上級
悪い	bad		
悪く	badly	worse	worst
病気の	ill		
良い	good	better	best
健康な・じょうずに	well		
後の〈順序〉	late	latter	last
少量の	little	less	least
多数の	many	more	most
大量の	much		
遠くに	far	farther [further]	farthest [furthest]

前にmore，mostをつける語

beautiful	（美しい）	interesting	（おもしろい）
difficult	（難しい）	useful	（役に立つ）
famous	（有名な）	important	（重要な）
careful	（注意深い）	carefully	（注意深く）
popular	（人気のある）	slowly	（ゆっくりと）

高校入試理科重要公式集

■気体の性質

性質＼気体	水素	酸素	二酸化炭素	アンモニア	塩素	窒素
色	ない	ない	ない	ない	黄緑色	ない
におい	ない	ない	ない	刺激臭	刺激臭	ない
空気と比べた重さ	最も軽い	少し重い	重い	軽い	最も重い	少し軽い
水への溶け方	溶けにくい	溶けにくい	少し溶ける	非常に溶ける	溶けやすい	溶けにくい
集め方	水上置換	水上置換	水上(下方)置換	上方置換	下方置換	水上置換
その他の性質	・マッチの火を近づけると音を立てて燃える。 ・亜鉛にうすい塩酸を加えると発生。	・火のついた線香を近づけると炎が明るくなる。 ・二酸化マンガンにオキシドールを加えると発生。	・石灰水を白くにごらせる。 ・水溶液は酸性 ・石灰石にうすい塩酸を加えると発生。	・水溶液はアルカリ性 ・塩化アンモニウムと水酸化カルシウムの混合物を加熱すると発生。	・漂白作用 ・殺菌作用 ・水溶液は酸性	・空気の約4/5を占める ・燃えない。

■指示薬

	リトマス紙	BTB液	フェノールフタレイン溶液
酸　性	青色　→　赤色	黄色	無色
中　性		緑色	無色
アルカリ性	赤色　→　青色	青色	赤色

■試薬

・石灰水…二酸化炭素があると白くにごる
・塩化コバルト紙…水があると赤色に変化する
・酢酸カーミン（酢酸オルセイン）溶液…核を赤く染める
・ヨウ素液…デンプンがあると青紫色に変化する
・ベネジクト液…糖があると赤かっ色の沈殿ができる

■化学反応式・イオン集

①酸化

・$2H_2 + O_2 \rightarrow 2H_2O$
水素＋酸素→水

・$2Mg + O_2 \rightarrow 2MgO$
マグネシウム＋酸素→酸化マグネシウム
質量比 3 ： 2

・$2Cu + O_2 \rightarrow 2CuO$
銅 ＋酸素→酸化銅
質量比 4 ： 1

・$C + O_2 \rightarrow CO_2$
炭素＋酸素→二酸化炭素

・$4Ag + O_2 \rightarrow 2Ag_2O$
銀 ＋酸素→酸化銀

・$3Fe + 2O_2 \rightarrow Fe_3O_4$
鉄 ＋酸素→酸化鉄

②還元

・$2CuO + C \rightarrow 2Cu + CO_2$
酸化銅＋炭素→銅 ＋二酸化炭素

③化合

・$Fe + S \rightarrow FeS$
鉄＋硫黄→硫化鉄

④分解

・$2H_2O \rightarrow 2H_2 + O_2$
水 →水素＋酸素

・$2NaHCO_3 \rightarrow Na_2CO_3 + CO_2 + H_2O$
炭酸水素ナトリウム→炭酸ナトリウム＋二酸化炭素＋水

・$2HCl \rightarrow H_2 + Cl_2$
塩酸 →水素＋塩素

⑤イオン

・$HCl \rightarrow H^+ + Cl^-$
塩酸→水素イオン＋塩化物イオン

・$NaOH \rightarrow Na^+ + OH^-$
水酸化ナトリウム→ナトリウムイオン＋水酸化物イオン

・$NaCl \rightarrow Na^+ + Cl^-$
塩化ナトリウム→ナトリウムイオン＋塩化物イオン

■公式

・密度〔g/cm³〕＝ $\dfrac{質量〔g〕}{体積〔cm^3〕}$

・湿度〔%〕＝ $\dfrac{空気1m^3中に含まれている水蒸気量〔g〕}{その気温の空気1m^3中の飽和水蒸気量〔g〕} \times 100$

・圧力〔Pa〕＝ $\dfrac{力の大きさ〔N〕}{力がはたらく面積〔m^2〕}$

・速さ〔m/秒〕＝ $\dfrac{物体が移動した距離〔m〕}{移動にかかった時間〔秒〕}$

・質量パーセント濃度〔%〕＝ $\dfrac{溶質の質量〔g〕}{水溶液の質量〔g〕} \times 100$

・電圧〔V〕＝抵抗〔Ω〕×電流〔A〕

・電流〔A〕＝ $\dfrac{電圧〔V〕}{抵抗〔Ω〕}$　・抵抗〔Ω〕＝ $\dfrac{電圧〔V〕}{電流〔A〕}$

・電力〔W〕＝電流〔A〕×電圧〔V〕

・熱量〔J〕＝電力〔W〕×時間〔秒〕

・仕事〔J〕＝力の大きさ〔N〕×力の向きに動いた距離〔m〕

・仕事率〔W〕＝ $\dfrac{仕事〔J〕}{仕事にかかった時間〔秒〕}$

■顕微鏡の使い方

〈ピントの合わせ方〉

横から見て，プレパラートを対物レンズに近づける。

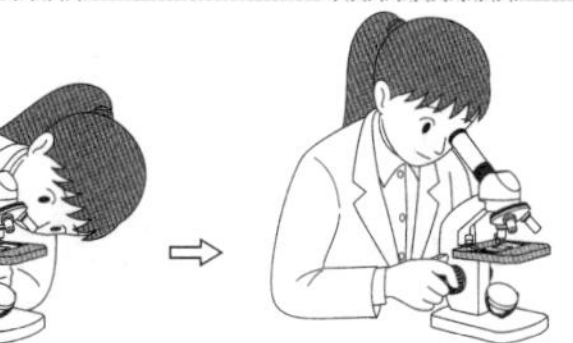

接眼レンズをのぞきながら，プレパラートをはなしていく。

■ルーペの使い方

見たいものを前後に動かす。

見たいものが動かせないときは，顔を前後に動かす。

■ガスバーナーの使い方

〈火の消し方〉

①空気調節ねじ，②ガス調節ねじ，③調節棒の順にねじやコックを閉める。

■メスシリンダーの使い方

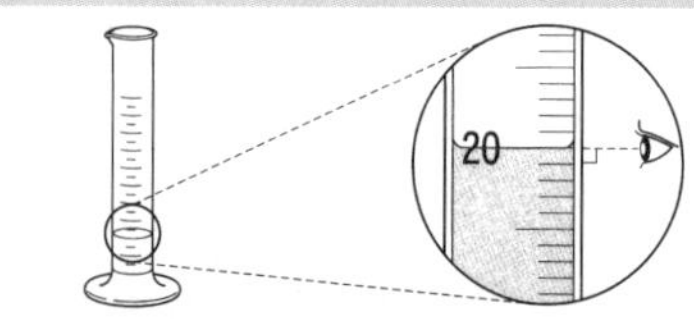

①水平な台の上に置く。
②目もりは，管の中央を真横から読む。
③目分量で1目もりの $\frac{1}{10}$ まで読む。

■とつレンズを通った光の進み方

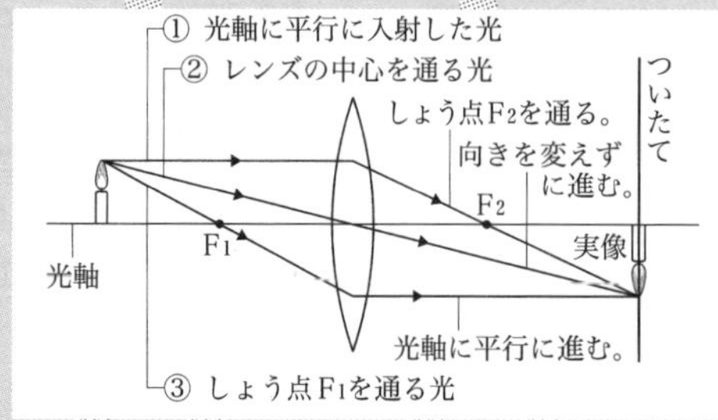

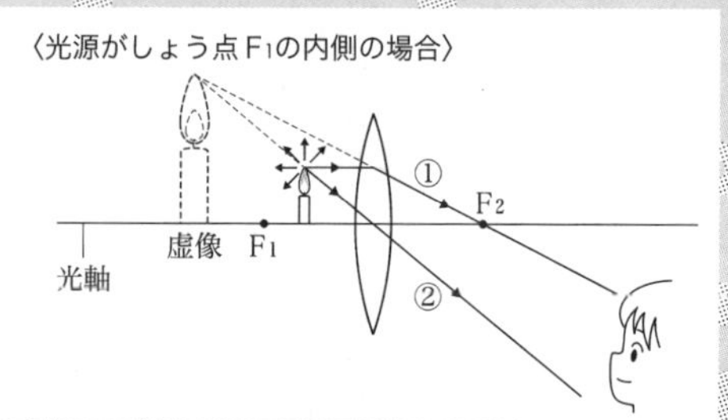